U0946939

图为国际媒介与传播研究学会（IAMCR）政治经济学分会年度会议现场。

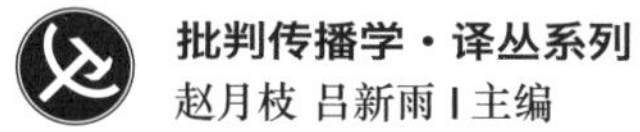

批判传播学·译丛系列
赵月枝 吕新雨 | 主编

传播政治经济学手册

[英]格雷厄姆·默多克（Graham Murdock）
[美]珍妮特·瓦斯科（Janet Wasko）
[葡]海伦娜·索萨（Helena Sousa）编
传播驿站 译

The Handbook of Political Economy of Communications

华东师范大学出版社
·上海·

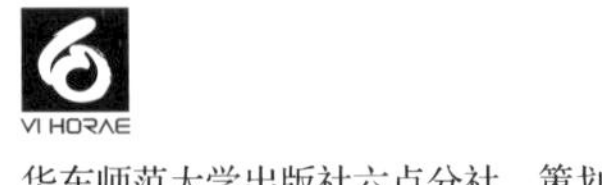

华东师范大学出版社六点分社　策划

华东师范大学-康奈尔比较人文研究中心资助

总　　序

当今世界正处于全球化发展的转折点，资本的全球化流动所带来的政治、经济、社会、文化与生态等方面的危机不断加深。如何面对这些问题，全世界的人文与社会科学都面临挑战。作为对资本主义的批判和对人类解放的想象与信念，马克思主义并没有随着柏林墙的倒塌而消亡，反而在这些新的问题与危机中，在新的历史条件下获得了生机。马克思的“幽灵”在世界各地正以不同的方式复活。

与此相联系，世界范围内的传播体系与制度，一方面作为技术基础和经济部门，一方面作为文化意识形态领域和民主社会的基础，也面临着深刻的转型，而转型中的巨大困惑和危机也越来越多地激发人们的思考。一系列历史与现实中的问题亟需从理论上做出清理与反思。以马克思主义为重要理论资源的批判传播研究在长期复杂的历史与现实中，一直坚持不懈地从理论和实践层面推动传播学的发展，在国内和国际层面上促进传播制度朝向更平等、公正的方向转型，并为传播学理论的多元化作出了重要贡献。今天，时代迫切要求我们在世界范围内汇聚马克思主义传播学研究的各种力量、视角与方法，探索以马克思主义为基础的新批判理论的新路，对当代社会的危机与问题做出及时而有效的回应。

由于中国问题和传播问题是讨论全球化危机与出路的两个重要领域，中国传播学界具有担当起自己历史责任的义务和条件。马克思主义新闻传播理论与实践在20世纪以来的中国新闻史上有着极其重要的历史地位，在全球视野中整理、理解与反思这一理论传统，在新的历史条件下促进这一历史传统的更新与发展，是我们孜孜以求的目标。这个全球视野不仅面对西方，同时更向非西方国家和地区开放，并希冀在不同的比较维度与视野中，重新确立中国当代马克思主义传播研究的立场、观点与方法。

近一个世纪前，在1929—1930年的世界资本主义危机后的欧洲，在法西斯主义屠杀共产党人、扼杀左派思想的腥风血雨中，法兰克福学派的学者们用大写的“批判”一词代指“马克思主义”，在他们所处的特定的历史语境下丰富与发展了马克思主义传播研究。此后，“批判”一词，因其体现了马克思主义学术思想的内核，几乎成为马克思主义和一切以追求人类解放和挑战不平等的社会关系为价值诉求的学术取向的代名词。今天，我们不愿也无需遮掩自己的马克思主义立场。我们把本书系定名为“批判传播学”，除了出于文字的简洁性考虑之外，更是为了突出我们的批判立场，强调我们弘扬以挑战不平等社会关系为价值诉求的传播学术的主旨。当然，批判的前提与归宿是建设，批判学术本身即是人类自我解放的建设性理论实践。在此，我们对传播的定义较为宽泛，包括任何涉及符号使用的人类意义分享实践以及这些实践所依托的传播技术和知识基础。

本书系以批判的政治经济学与文化研究相结合的道路，重新检讨作为马克思主义新闻传播理论前提的观念、范畴与知识谱系，反思马克思主义传播理论在历史和当代语境下中国化的成就与问题，探讨中国革命与建设的传播实践对马克思主义传播理论的丰富、发展和挑战，分析当下的经济危机与全球媒体、信息与文化产业的状况和相关法规、政策，以及全球、区域与民族国家语境下的传播与社会变迁。我们尤其关注当代全球政治经济格局中的中国传播定位和文化自觉问题以及发展中国家的信息社会现状，社会正义与批判的生态学视野下的信息技术与社会发展，文化传播、信息产业与阶级、种族、民族、性别以及城乡分野的互构关系，阶级意识、文化领导权的国际和国内维度，大众传媒的公共性与阶级性的动态历史关系、文化传播权利与全球正义等议题。我们还将挑战横亘于“理论”与“实践”、“观念”与“现实”、以及“批判传播”与“应用传播”间的简单二元对立，不但从批判的角度检视与质询那些维系与强化不平等社会关系的传播观念与实践，而且致力于促进与发展那些挑战和变革现有不平等社会传播关系的传播政策、观念与实践，并进而开拓批判视野下的组织传播、环境传播、健康传播等应用传播领域的研究。最后，我们也致力于马克思主义传播研究方法论发展与经验研究的批判性运用，探讨文化研究如何在当下传播情境中更新其批判活力，关注媒介教育、文化赋权和社区与乡村建设的理论与实践，以及大众传媒与网络时代的大学、学术与跨国知识流通如何强化或挑战统治性知识权力关系等问题。

本书系包括"批判传播学译丛"、"批判传播学文论"和"批判传播实践"三个系列。"译丛"系列译介国外批判传播研究经典文献和最新成果；"文论"系列以专著、讲义、论文集、工作坊报告等形式展示当代中国马克思主义批判传播学研究的前沿；"实践"系列侧重传播实践的译作和中国经验，包括有关中外传播实践和劳动过程的实证研究、卓有成就的中外传播实践者有关自己的传播劳动和传播对象的反思性与传记性著作、以及富有批判性的优秀新闻作品。

华东师范大学—康奈尔比较人文研究中心（ECNU-Cornell Center for Comparative Humanities）和 2013 年 7 月成立于北京的中国传媒大学"传播政治经济学研究所"是这套书系依托的两家专业机构，并得到华东师范大学传播学院的支持。宗旨是在当代马克思主义和跨文化全球政治经济学的视野中，推动中国传播学术的创新和批判研究学术共同体的发展，尤其是新一代批判传播学人的成长。

在西方，面对信息资本主义的持续危机，"马克思回来了"已然成了当下批判传播学界的新发现、新课题和新动力。在中国，在这片马克思主义自 20 世纪初就被一代思想家和革命家所反复思考、探索与实践的古老土地上，我们愿以这套书系为平台，为发展既有世界视野又有中国学术主体性的 21 世纪马克思主义传播学而努力。在这个过程中，我们既需要对过去一个多世纪马克思主义传播理论与实践做出深刻反思，需要与当代西方马克思主义传播研究与实践前沿建立有机的联系，需要在克服媒介中心主义的努力中与国内外人文与社会科学的其他领域产生良性互动，更需要与各种不同的传播研究学派、观点进行真诚对话，彼此砥砺，以共同加强学术共同体的建设，推动以平等与民主为目标的中国社会发展，促进以和平与公正为诉求的世界传播新秩序的建立。

是所望焉。

目　　录

第三部分　创造力的条件:工业、生产与劳动

第四部分　消费的动力学:选择、动员与控制

第五部分　新兴议题与研究方向

中文版导读[1]

赵月枝

政治经济学是社会科学皇冠上的明珠,也是马克思主义理论最深刻和最具实践性的部分。面对信息、传播与文化这三个相互关联的领域在二战以来资本主义发展过程中越来越核心的双重地位——作为一个产业群和作为人类交往的载体与精神生活的源泉——国外传播学者把马克思主义政治经济学一般原理应用于这一领域,不但发展出了一整套传播政治经济学理论和分析模式,而且从传播视角丰富和发展了马克思主义政治经济学。从对技术的社会性和政治本质的揭示,到对信息、传播和文化在资本主义再生产过程中不断上升地位的分析,从对私人资本主导和以牟利为动机的资本主义传播体制与民主政治之间的矛盾的展露及对资本主义国家角色的批判,到对传播体系内外从生产到消费领域的控制与反控制斗争的研究,国外传播政治经济学者在西方冷战社会科学的压制性学术逆境中以"反主流"的姿态崛起,围绕信息、传播、文化与政治经济权力的互构关系发展出了一整套学术话语体系(赵月枝 2020,14)。基于马克思主义的历史唯物论,这套话语以分析社会关系的整体性,关注长时段的社会"转型、变迁与矛盾"的历史性,关注什么是"良好社会"的明晰规范性价值取向,以及"知行合一"的实践特性而独树一帜。针对美国实证传播研究的偏颇,美国传播政治经济学重要学者麦克切斯尼(Robert McCheseny)曾指出,传播研究如果没有以政治经济学为基础,就像"戴着手套弹钢琴"(2000,115)。这一形象比喻,凸显了政治经济视野之于整个传播学科的基础性地位。

---

① 在本书中文版经过多年努力终于付梓之际,谨向所有翻译和编辑工作者表示感谢。尤其要向所有参与过此书各章最初翻译的"传播驿站"共同体成员表示感谢。没有你们当初的参与,就没有这个项目的启动。由于书稿经过了漫长的修改和完善过程,每一个章节多多少少都成了集体努力的结果,所以全书译者只以"传播驿站"工作坊的集体名义出现。

2011年，国际媒介与传播研究学会（International Association for Media and Communication Research，IAMCR）出版了反映国外传播政治经济研究历史、现状和未来方向的大型英文文集《传播政治经济学手册》（以下称《手册》）。此书由“导论”和26篇综述性文章组成，从理论遗产与辩论焦点，所有权、广告和国家权力运作模式，传播产业结构、生产过程与劳工，消费领域的动能、选择与控制，以及新兴议题与研究方向等五个层面，丰富和发展了当代国外传播政治经济学的学术话语体系和系统性学术叙事。这一叙事在重新检视该领域的思想前提和道义经济基础以及学科基本理论框架的基础上，不仅对半个多世纪以来的研究成果及其与文化研究、创意产业研究和媒介社会学等相关领域的关联与分歧进行了有一定反思性的总结和评述，而且对2008年资本主义金融危机后的全球传播现状和学科发展方向提出了许多前瞻性的分析与建议。与几乎同时出版的《马克思归来》英文特刊①相辅相成，这一里程碑式的集大成之作，展现了英文传播政治经济学界的代表性前沿成果以及这一领域资深学者对学科历史、现状与未来的反思性和建设性分析。而此书作为全球传播学界唯一一个附属于联合国教科文组织的国际传播学术机构——国际媒介与传播研究学会——的官方学术出版项目推出，也为它的国际权威性和重要性做了注脚。考虑到传播政治研究是国际媒介与传播研究学会最有影响甚至是安身立命的一个研究领域，也考虑到这个学会在成立之时，有与主要基于美国实证研究的国际传播学会（International Communication Association，ICA）分庭抗礼的因素，把这部《手册》当作国外传播政治经济研究在本世纪的标本性学术资源来看待，应该是没有疑问的。而这部书出版至今将近10年，这也为我们提供了一定的后视距离和反观空间。

一、政治经济学与“良好社会的构成问题”

在《手册》的“导论”中，分别来自美国、英国和葡萄牙的三位欧美主编把政治经济学的起源追溯到欧洲启蒙运动，认为这一领域的理论和实证研究从一开始就与基于社会正义和民主实践的“良好社会的构成问题”相联系。基于国际媒介与传播研究学会政治经济学分支的共识，三位主编

① 此书最新中文版由华东师范大学出版社与重庆出版社于2017年联合出版，见（[瑞典]克里斯蒂安·福克斯与[加]文森特·莫斯可 2017）。

和“导论”合作者聚焦中介化传播的生产、分销和交换中的权力角色，以“不忘初心”的学术立场，重申了马克思的核心结论，即这一“良好社会”只有在废除资本主义的前提下才能实现；同时，他们也指出，一种更为渐进的取向，是用强大的公共管制和实质性的公共服务投资来管控资本主义动能的负面作用。三位主编还指出，面对资本逻辑在全球层面的扩展并成为“普遍化的现象”，面对由此带来的私人利益和公共福祉间不断深化的矛盾，以及信息、传播和文化领域在经济中越来越核心的地位，发展传播政治经济研究比任何时候都重要。书中许多作者在检视和反思传播政治经济学的理论基础后，提出了一系列颇有新意的观察和洞见。然而，总体而言，这些研究很难突破那个“可预料”的、学科内学者耳熟能详的国外传播政治经济研究叙事：新自由主义全球化与数字化资本主义条件下，传播技术的创新、产业的融合与重组、国家管制机制的变迁，以及劳动、消费和个人信息领域的转型，进一步深化了传播领域的私人控制和资本积累与公民表达和公共利益之间的矛盾，也催生了新形式和新场域的抗争。

由于有马克思主义和世界体系理论的根源，国外传播政治经济研究从一开始就有广阔的国际视野。因此，当代信息资本主义的全球性和以外包为特征的新全球文化劳动分工，就成了研究者的核心关切。然而，与《马克思归来》一样，不管在国家和地区的代表性层面，还是在更实质的学者立场层面，这依然是一个西方中心主义主导的叙事。毕竟，正如三位主编从一开始就明言的那样，政治经济学传统的问题意识来源于欧洲启蒙运动。更何况，英文学术语境下，传播研究终究是欧美学者主导的学术场。因此，英美和欧洲大陆的传播制度与产业发展经验，包括基于战后西方福利社会经验的传播公共利益管制、劳工体制及消费模式在全球化与数字化新自由主义时代的转型与危机，成了学者们聚焦的核心问题。在《手册》最具思想性的“理论遗产与辩论”部分，一篇有关“传播经济”研究路径的“拉美取向”的文章，让人回想起基于拉美经验的“依附理论”在战后国外政治经济学发展中的历史性贡献。但是，该文章不但因为局限于传播业与经济的关系而没能反映拉美传播政治经济研究的丰富内涵，而且因脱离了 21 世纪初拉美的政治经济和社会文化斗争现实，尤其是这一地区“粉色浪潮”兴衰中围绕传播的控制与反控制的全球地缘政治和本区域社会政治和文化斗争，显得学究气十足，成了整个传播学科“内卷化”倾向在政治经济研究领域也有所表现的例证。更重要的是，这篇文章所存在的问题让人意识到，虽然“依附理论”余音绕梁，离开了传播领域内外依附与反依附斗争和争取社会主义未来的斗争，曾经以“反主流”姿态和争取更为平等与公正的世界传播秩序在国际传播学术界登场的传播政治经济研究，也会因失去源头活水，而变成“常规科学”。

因此，如果传播研究没有政治经济学就像“戴着手套弹钢琴”一样让人不着边际与力不从心，那么，以对资本主义的批判为出发点的国外传播政治经济研究，如果失去了与国际共产主义运动理论和实践的有机联系而变成“常规科学”，就会失去它的批判潜力和实践品格。让人觉得意味深长的是，如果拉美因其“依附理论”遗产而在书中打头阵的“理论遗产与辩论”部分获得最后一席之地的话，笔者的《中国的挑战：对 21 世纪跨文化传播政治经济学的贡献》一文，是书中仅有的另外一篇完全基于非西方国家经验的文章。此文收录在《手册》最后部分“新兴议题与研究方向”的最后一篇。不过，与其说是“压轴”，此文毋宁是一个开端。

进入 21 世纪的第三个 10 年，世界已进入百年未有之大变局的深度漩涡之中。一方面，“二战”以后西方资本主义国家的社会民主式“渐进主义”改良成果，先遭遇新自由主义全球化的冲击，后被单边主义、孤立主义、右翼民族主义，甚至各种形式的法西斯主义倾向所侵蚀；作为联合国层面共识的“文化多样性”理念在欧洲也正经受着来自中东和北非地区的“难民潮”的考验。更让世人震惊的是，在新十年的开端，一场席卷全球的新冠病毒大流行，不仅进一步挑战了全球化进程，而且让全球社会不得不面对人与自然冲突和人类自身生存这一最基本问题。一方面，病毒作为最基本意义上的生物信息在跨越不同载体过程中的混杂与转型及其超越文化与文明边界的传播，不但使隔离甚至关闭国境成了防控的最主要手段，而且也把信息、传播与文化领域推到了最广泛与深刻的人类斗争前沿；另一方面，中国在以“四个自信”为理论基础，高举中国特色社会主义旗帜，把“文明互鉴”和“人类命运共同体”等理念作为中国方案和中国智慧的“热词”推向世界的过程中，通过“人民战争”的方式，赢得了抗击新冠病毒阶段性先期成果。[①] 然而，也许恰恰因为这些发展，中国进入了与美

① 参见新华网报道，《习近平提出文明交流互鉴的“中国方案”》，http://www.xinhuanet.com/politics/xxjxs/2019-05/16/c_1124502802.htm，2019 年 5 月 16 日；南方网报道，《“文明互鉴”成全球热词说明了什么？》，http://opinion.southcn.com/o/2019-12/03/content_189694569.htm，2019 年 12 月 3 日；《人民日报》报道，《凝聚起坚不可摧的强大力量——习近平总书记关于打赢疫情防控的人民战争总体战阻击战重要论述综述》，http://www.gov.cn/xinwen/2020-09/08/content_5541392.htm，2020 年 9 月 8 日。

国这个内外交困中的 20 世纪资本主义帝国以及其他一些国家和地区发生更加深入和更加复杂的全方位碰撞接触的历史关口。在这一全球权力关系重构持续加速,不同社会制度、价值规范和文化体系间的竞争不断深化的语境下,我们如何在《手册》所构建的国外传播政治经济学的问题意识和学术成果基础上,发展出有社会主义视野的 21 世纪跨文化传播政治经济学,从而为开拓马克思主义政治经济学的新境界做出新闻传播学科的应有贡献？这是我们引介此书的目的。而要做到这一点,首先要对《手册》所代表的国外传播政治经济学进行批判的借鉴和具有中国立场的评析。在接下来的两个主要部分中,笔者希望本着这一目的做一点抛砖引玉的努力。

具体而言,本文第二部分聚焦《手册》中作为"现状分析"的前四个部分,而本文第三部分聚焦作为"新兴议题与研究方向"的第五部分。需要事先提醒读者的是,作为一个意在创新社会主义跨文化传播政治经济学而同时具有本学科"局内人"和"局外人"双重身份的华人学者,笔者对本书的批判性评价已经毫无疑问地超出了一般中译文献中文导读的尺度,这是为了在更高层次上理解此书对学科未来发展的参考意义,而绝非对原书价值的否定。

二、失去"共产主义地平线"的国外传播政治经济学

尽管《手册》在学科理论和产业现状方面的综述与分析十分细致与周密,许多资深学者却都流露出一种对学科现状的不满及对其后劲不足的担忧。实际上,苏东解体,国外批判学界失去国际共产主义运动作为资本主义代替性制度这一"地平线"和资本主义内部的左翼社会运动的支撑以后,曾经为传播学带来生机的传播政治经济研究"内卷化"问题已经不可避免。这是学科面临的比任何"盲点"更为严重的挑战。"二战"以后在西方马克思主义框架内发展起来的传播政治经济研究,不但可以溯源到 20 世纪三四十年代的世界反法西斯主义斗争,而且与国际范围内的民族解放斗争和争取社会主义未来的斗争有密切关系。笔者在别处已经论及,作为这一理论和实践关系的历史性学术见证,传播政治经济学的主要奠基人之一,法国学者阿芒 · 马特拉(Armand Mattelart)主编的国外学界第一部系统梳理马克思主义传播理论和实践的上下两卷《传播与阶级斗争》大型文集,于 1979 年至 1983 年间应运而生。这部学科奠基性文献收

集了128篇世界阶级斗争历史背景中传播实践和理论发展关系的文章，第一卷以"资本主义"和"帝国主义"为总揽性主题，第二卷以"解放"和"社会主义"为主题，展示了包括20世纪中国革命和建设中出现的传播思想和实践在内的全球最广泛的民族解放和社会主义传播理论与实践。正是这一部文集，教育了以《手册》作者为代表的一整代国外传播政治经济学中坚（赵月枝2019a）。

从头再来？被遗忘的20世纪与需要重新定义的研究对象

2011年《手册》出版之际，欧美传播政治经济学的第一代奠基者中，北美的两位先驱，"意识工业""依附之路"与"受众商品"批判者达拉斯·斯迈思（Dallas Smythe）和"文化帝国主义"批判的先锋赫伯特·席勒（Herbert Schiller）都已离世。虽然传播政治经济研究在批判层面更加深入细致，而且也更具有反思性，但是在建设性和替代性想象方面，这些研究乏善可陈。英国的两位当代政治经济学重要学者中，默多克（Graham Murdock）既是《手册》主编之一，也是其最主要的理论旗手。他以宏大的理论视野，围绕"作为道义经济的政治经济"这一高屋建瓴的主题，在《手册》的开篇文章中讨论了资本主义体制下的"商品"、福利社会体制下的"公共产品"和加拿大温哥华原住民部落历史上的"赠礼节"所代表的"礼物"三种道义经济及其相应的传播政治经济模式。他呼吁建设既超越资本主义商品经济和消费文化理性，又基于专业知识的民主化和公共参与的数字时代"公共文化公地"（public cultural commons），并把探究可能支持这样一个公地的"体制安排"以及围绕它的不同力量的斗争，当作"当前批判文化和传播政治经济学的主要任务之一"（p. 37[①]）。然而，在寻求市场自由主义所代表的"商品"和福利社会所代表的"公共产品"之外的第三种道义经济基础的时候，默多克完全忽视了国际共产主义运动及其所包含的共产主义理念，而是从原住民部落的"赠礼节"遗产中寻找数字时代互惠经济的理论和实践资源。这一点让人深思。它意味着社会主义国家在整个20世纪中，在传播与文化领域开展的斗争以及支撑这些斗争的人类解放理论和实践，被一笔勾销了。

曾经为传播政治经济学发展做出过重要贡献的另一位英国学者加汉姆（Nicolas Garnham）在对这一传统进行反思的过程中，几乎走到了对其

---

① 本文所有《手册》引文页码，均为英文原文页码。

全盘否定的边缘。加汉姆一开始就对本领域的定名和研究对象进行了反思和重构。他指出，尽管自己也用“传播政治经济学”一词，但是，他更希望用“文化政治经济学”，因为后者比前者所包含的传播渠道、过程和媒介研究更广泛，包含了对所有符号形式的生产、流通和消费的历史唯物主义研究。然而，加汉姆又认为，“文化政治经济学”也容易引起歧义，因为它导致对作为人们在空闲时间所购买的文化产品和服务的聚焦，而忽视了对更基本的“非物质生产者产品与服务市场”(immaterial producer goods and service markets)以及与之相关的更广泛的非物质劳动和非物质商品的分析，而这恰恰是“信息”或“信息经济”或“信息社会”这一组词汇所包括的。基于此，他认为，“信息政治经济学”的表述更恰当。当然加汉姆也承认，“信息”一词也有许多问题。虽然他没有指出问题所在，但是正如丹·席勒(2008)指出的那样，以中立和去政治化色彩出现的“信息”与“信息社会”话语是被当作 20 世纪 60 年代被“反文化运动”政治化了的“文化”一词的对立面提出来的。也就是说，以中性和科学面貌出场的“信息”话语所要代替的，恰恰是“文化”一词所包含的符号与意义领域的社会斗争的内涵。总之，“信息”“传播”与“文化”三者既有特定内涵，又有联系。更重要的是，各个概念本身的内涵及其相关话语，又是具体社会历史斗争的焦点。加汉姆对信息技术和信息经济作为研究对象的强调反映了信息资本主义时代的新发展，他要求政治经济研究者超越简单的“市场—非市场”二元论，不要仅仅关注资本与劳工在分配层面的对立，而且要认真对待信息社会的生产力和效益问题，包括具体的市场和信息经济内部的竞争动力。这当然不无道理。但是，加汉姆不仅把传播政治经济研究的基石贬谪为“只是一种粗糙的、未经检验的、浪漫主义的马克思主义对于市场的排斥思想”(p. 42)，而且否定了这一传统在私人资本对所有权的控制和产业集中、资产阶级主导意识形态统治，以及对“文化帝国主义”的批判这些关键问题上的贡献。他进一步主张把研究焦点转向技术发展，尤其是围绕网络的经济与规制，以及资本主义信息/产权/创意经济作为新的经济增长领域的活力以及文化产业与信息经济内部的市场结构和竞争动能。然而，这样一来，他就等于把自己所倡导的“信息社会政治经济学”变成了对信息资本主义去政治化和去主体化的分析。当他以凯恩斯为例，认为“事实”的改变导致他观点的转变，并在最后得出所有权、控制、意识形态统治这些概念对理解资本主义再生产和增长过程“没有作用”，资本主义现代性发展的过程复杂，其结果“总是不确定”，甚至“正如当下这个历史当口所示，没有人在控制”(p. 60)这样一些结论时，这位曾经的传播政治经济学重要学者，事实上已经通过《手册》把传播政治经济学埋葬了。虽然加汉姆在文章开头也重申了马克思关于资本主义发展的辩证法，即资本主义的发展为自身被取代生产了“有文化和受过教育的工人和公民”(p. 46)，但是，就像共产主义理念和20世纪社会主义实践在默多克的“道义经济”模式中是缺席的一样，在加汉姆这篇否定了自己以前对这一领域的奠基性贡献的文章中，不仅围绕信息技术和信息经济的文化政治和地缘政治不在考虑之列，而且那些有文化和受过教育的工人和公民如何获得自我解放的政治主体性并组织起来取代资本主义，也是一个黑洞。

实际上，如果国外政治经济研究和文化研究有一个特别有力的批判性叙事的话，那就是，加汉姆所指的那些工人和公民不会自然而然地产生对社会主义的阶级政治认同，成为资本主义的掘墓人。正如传播市场的形成过程与资本主义的发展过程不是自然而然的，传播资源和意识形态领域的控制和反控制斗争，以及工人和公民在意识形态和主体认同上的锻造，是资本主义和帝国主义被维护或被挑战的关键斗争。在这一点上，《手册》第一部分中加汉姆的美国和法国同侪提供了有力证据。在米汉和托尔(Eileen Meehan and Paul Torre)对美国国内视听率市场和全球电视类型市场形成的不同法律和制度机制的比较研究中，两位学者强调了知识产权的法律基础在型构这两个传播市场中的关键作用，从而重申了政治经济研究关于国家权力和市场权力相互构建的基本理论立场(p. 80)。与此相辅相成，法国学者米耶热(Bernard Miege)则在对文化工业各个领域一系列全球层面的蜕变和转型进行综合分析后指出，在这个领域，现存世界秩序的统治性力量通过竭力斗争，维持了它们的历史性竞争优势(p. 105)。

所有权、广告和国家权力

仿佛是对加汉姆的进一步回应，在《手册》最重头的第二部分的八篇文章中，10位欧美和拉美学者从不同的角度检视了所有权、广告和国家这三种权力对信息、传播和文化体系的影响，细化与强化了政治经济研究中关于私人资本、市场化机制和资本主义国家在传播控制问题上的基本结论。作为这部分的开篇，瑞士学者朱塞佩·里盖利(Giuseppe Richeri)考察了资本主义体制下的媒体企业、公众和国家三者的关系，并表达了通过学者的统合性研究为倾向于“重大集体利益”的国家和国际性机构对媒体产业的干预提供有效知识的改良主义社会民主愿望(p. 137)。接下来,四篇聚焦所有权、产业结构变迁和广告的文章发展并细化了传播政治经济学者在控制问题上的研究。在所有权这一政治经济学核心问题上,约翰·唐宁(John D. H. Downing)采用文献综述方法,全面梳理了传播政治经济学者与自由主义学者、新古典经济学派学者和制度经济学者就传播业私人资本所有权、产业集中和控制问题的论争。作为对传播政治经济学关于私人资本和垄断资本所有权如何影响传播内容方面现有定论的补充以及在文化层面的拓展,唐宁用葛兰西的文化霸权理论统合不同学派的观点,提出需要在“长时段的文化框架”“权力与控制的更宏大历史叙事”与当下具体情景的结合中,阐释私有资本大公司对所有权的控制与媒体内容间的联系。为此,唐宁在文章最后举例指出,英国殖民主义意识形态在北美的移植和针对原住民的战争,不仅是美国流行文化和好莱坞电影中战争故事的根基,而且可以解释为什么美国公众会如此轻易容忍甚至支持对外战争(p. 165)。

与唐宁关于资本主义媒体控制的宏观学术史视野和他在文章最后所倡导的长时段文化和历史框架相反,内森·沃恩(Nathan Vaughan)的文章则聚焦资本主义文化产业在中观和微观方面的一些新发展。他以美国电影业为例,从私有传播产业结构的变迁和企业内部组织结构变化的角度,分析了新近出现的经济和文化两个维度不同层次(企业/产权和产业/产品)和不同形式(内涵型与外延型)的协同(synergy)现象,指出这一现象的实质,是利润的最大化。把唐宁的分析和沃恩的分析加以整合,我们可以得出如下结论:如果英国殖民主义和北美垦殖主义为美国媒体中的战争故事和战争新闻提供了文化根基,那么,在资本主义私人控制、利润动机以及寡头垄断与集中化企业结构条件下,这样的故事和新闻主题可能会因为各种形式的“协同”机制而得到进一步放大和强化。

从传播政治经济研究的角度来看,广告既是维持资本主义再生产的关键性环节,也是资本主义传播业的血液。在《手册》第九章中,罗克·法罗(Roque Faraone)以坚持对资本主义生产体系采取历史化和去自然化的立场,分析了广告在资本主义经济中的历史性地位,其对传播技术发展和产业扩张的影响,及其为资本主义制度提供合法性的意识形态作用。不过在理论层面,作者对传播技术所代表的“进步幻象”的生态角度批判只做了点到为止的处理;在实证层面,作者对广告从传统媒体向互联网媒体转移及其对传统新闻业的影响,以及网络广告与传播内容的关系等前沿问题,还缺乏研究。在接下来的《品牌化与文化》一文中,约翰·辛克莱(John Sinclair)从品牌化(Branding)的角度,分析了商品的文化意义,从而拓展了传播政治经济学对广告研究的广度。辛克莱认为,须要超越政治经济研究对生产领域的关注而采纳"消费文化"和"文化经济"(cultural economy)的研究取向。在此基础上,他把品牌化与现有资本主义国家体系中的"民族文化"和全球消费主义文化中的"民族品牌"关联起来进行讨论。但是,在这一统合传播政治经济研究与文化研究的努力中,辛克莱在自然化了现有民族国家体系中的资本主义文化生产和消费型民族主义(consumer nationalism)的同时,也把自己的研究变成了对资本主义商品文化的营销策略和全球资本主义消费文化内部的"多样性"的描述。

在现有民族国家体系中,美国无疑是一个"超级品牌"。这个 20 世纪的资本主义新帝国不但在跨国商品品牌营销和国家形象营销中有最为广泛的"协同"效应,而且其传播产业和传播制度有着全球性的影响。因此,美国国家在传播领域的权力运作,成为《手册》作者聚焦的对象,也就顺理成章了。在《自由的假象》一文中,安德鲁·卡拉布雷塞(Andrew Calabrese)和柯林·米哈尔(Colleen Mihal)从政治自由主义理论中有关公私二元关系的假定切入,提供了对美国国家在传播管制中的资本主义本质的全面而深刻的批判。与《手册》第一部分中米汉和托尔有关国家在型构媒体市场中的关键角色的讨论相呼应,卡拉布雷塞和米哈尔形象地指出,管制传播市场的不是什么"看不见的手",而是国家这只"隐藏得好的手"(p. 246)。更重要的是,作者通过多层面和多案例的细致分析,展示了在美国传播体系的发展和规制中私人资本的利益是如何凌驾于公共利益之上的。他们进一步指出,虽然 2008 年金融危机宣告了新自由主义经济信条的破产,但没有迹象表明,美国国家会在以公共利益名义管制市场的腐败和失败方面更有作为。

作为对这两位作者悲观判断的进一步深化,以及对他们从政治自由主义意识形态内部批判的超越,更是把唐宁对美国传播体系中的英国殖民主义和北美垦殖主义历史文化基因一笔带过的辨识上升到系统的当代政治经济分析层面,丹·席勒(Dan Schiller)在《美国通信系统的军事化》一文中,通过揭露美国国家为了维护其帝国地位如何不遗余力地在网络时代把传播军事化并强化帝国主义意识形态致使整个社会成为信息总体战的战场,尽显传播政治经济学在统合资本与国家关系基础上的批判锋芒。他指出,监视和型构不断变化的世界市场,以及打击美国主导的全球秩序的可能挑战者,构成了加速军事化的美国信息传播体系的发展动能。与此同时,丹·席勒关于资本积累必然与压制紧密关联的洞见(p. 277),揭示了美国这个全球资本主义体系核心国家与军事帝国主义之间的一体两面关系。他在文章的结尾写道,虽然美国的霸权地位在走下坡路,但是,"直到美国民众意识到需要在政治上对这种帝国主义遗产采取行动之前,通往民主重建的道路依旧是封闭的"(p. 279)。

丹·席勒的这句话,对于我们站在当下世界所面临的百年未有之大变局背景下来思考美国帝国的未来并重构跨文化传播政治经济学,具有深远的意义。回到《手册》第二部分本身来思考西方语境下的帝国主义遗产和民主重建问题,我们则可以提出如下问题,当年欧洲老牌殖民主义国家的今天,能否昭示美国这个 20 世纪新帝国的明天?

无巧不成书。紧接在丹·席勒文章之后,主编之一的葡萄牙学者海伦娜·索萨(Helena Sousa)和华金·菲达尔戈(Joaquim Fidalgo)提供了对今天已经处在西方资本主义体系边缘的葡萄牙在民主重建中如何治理新闻业的案例研究。一方面,两位葡萄牙学者体认到,国家作为立法者、拥有者(公共广播电视)以及媒体体系资助者,扮演着"最强大的角色"(p. 279);另一方面,他们也强调行业自治和公众参与——包括公众媒介素养在营造"一个负责任和可问责的媒介文化"环境方面的关键角色——的重要性(p. 297—298)。然而,虽然两位作者在文章开头强调他们的视角与政治经济学注重"社会变革和历史"等特征的一致性,但是通篇文章没有任何葡萄牙媒体制度变迁的全球历史与葡萄牙本国政治文化背景,而是一开始就把媒体管制体制放在(西方)福利主义社会民主的规范性和(普遍性)理论框架中讨论。直到文章的最后,两位作者才指出,葡萄牙的情况,需要与"这是一个在长时段的独裁和新闻自由完全缺失后直到 20 世纪 70 年代中期才成为民主制的国家"这样的本国政治和社会语境相联系(p. 299)。

回到前面丹·席勒在文章最后表达的美国民众的去帝国化政治觉醒问题,这里需要补充的是,葡萄牙曾是最早的西方殖民强国,不仅在南美有过巴西这块巨大的殖民地,而且在非洲有长达 500 年的殖民历史。更重要的是,二战以后,面对汹涌澎湃的非洲民族解放运动,有强烈殖民情结的葡萄牙军事独裁政权,不但没有顺应去殖民化的历史潮流,反而在冷战语境中在英美的支持下,一边维护自己在本国的法西斯主义强权统治,一边变本加厉地用武力和暴力维持该国在非洲的庞大殖民统治体系。直至1961年到1974年间的非洲葡属殖民地战争几乎在经济上把这个西欧最穷的殖民地宗主国拖垮，才导致该国人民在政治上的最后觉醒和行动。1974年4月25日，葡萄牙发生了中下级军官主导的"康乃馨革命"。这次革命不但使该国宣布结束殖民历史，重现一个南欧小国的"原形"，而且在本国结束了20世纪西欧最长的军事独裁统治。回到国外传播政治经济学把资本主义在欧洲的崛起作为其"历史感"的起点这一框架内部，也许我们可以对《手册》第二部分做如下归结与引申：与索萨和菲达尔戈所讨论的葡萄牙新闻体制民主化建设相悖，也印证了卡拉布雷塞与米哈尔以及丹·席勒所代表的美国传播政治经济分析的冷峻性与犀利性，更彰显了资本主义与自由民主之间的历史性张力和非必然联系的是，美国这个当代资本主义核心国家与通过冷战挫败苏联的"自由世界"领导国家的传播体系，在《手册》出版后的21世纪前十年，加速了从福利主义时代的"嵌入式自由主义"管制体制向寡头垄断集团控制，以及为了资本在海外的扩张与阻击日益多元化的世界政治经济格局而进一步军事化转型的过程。

生产与消费领域的控制与抗争现状

《手册》第三和第四部分关于生产过程、劳工和消费者的八篇综述性和实证性研究展现了媒体生产和消费领域的变迁以及控制与反控制斗争。总体而言，这些研究没有能够帮助照亮《手册》第一部分加汉姆文章中的黑洞，也没能让人看到《手册》第二部分中丹·席勒所期望的美国民众的政治觉醒。第三部分的前两篇文章分别是对美国电影产业和录制音乐产业的生产过程、组织结构和技术变迁的描述性分析，后两篇文章则聚焦传播和文化创意工业中的劳工和劳动者主体性问题，希望以此照亮传播政治经济研究的现有盲点，同时，也挽回"传播政治经济研究自它在20世纪七八十年代的高峰期以来，已然开始衰落"(p. 381)这一局面。其中，莫斯可(Vincent Mosco)对技术和产业融合背景下的传播业劳工组织和劳工运动的变迁进行的系统研究，在《手册》的后半部分无疑有重要地位。这一研究不但回顾了北美传播与文化领域的劳工在20世纪前半叶的激进斗争和他们的社会民主理想，而且围绕"全世界传播工人会联合起来吗"这一衍生于《共产党宣言》著名结束语的问题展开。因此，这项研究可以说是莫斯可这位当代国外传播政治经济学领军人物之一投入加汉姆所留下的"黑洞"最直接的一束光亮。然而,不管莫斯可对国际工运的研究多么具有形式上的全球视野,他站在西方工联主义立场上要在全球化时代的新国际文化劳动分工中"重新夺回"西方工人"失去的工作"的表达,展露了其所代表的传播政治经济研究在克服了劳工问题"盲点"的同时,因缺乏实质性的阶级与民族、种族维度的交叉性(intersectionality)视角和陈光兴(2006)所倡导的殖民、去冷战和去帝国"三位一体"学术立场,而依然无法反思性地直视丹・席勒所批判的美国帝国主义遗产这一深层次的问题。毕竟,美国白人劳工阶层在福利主义时代的所得,既是他们自己在特定历史时期的斗争成果,也是他们放弃国际社会主义立场,选择支持或起码默认本国统治阶级对社会主义国家进行冷战的有限物质性"红利"。更何况,无论莫斯可采用多么宽泛的"传播工人"定义,考虑到"整体性"是政治经济学的重要特征,传播研究者把"全世界无产者"如何联合起来的问题,化约为传播业的全球工人如何联合起来的问题,难免让人感到有化约主义和莫斯可自己在他的《传播政治经济学》教科书里曾经批判过的"传播本质主义"的偏颇(Mosco 2009)。而对北美战后福利资本主义体制下的劳工地位所赖以存在的美国帝国主义问题和冷战结构的知识论高度的漠视,更使这样的劳工研究显得陈旧、保守,甚至有与美国帝国主义和冷战结构同谋的嫌疑。与其说其具有《共产党宣言》那句结束语所包含的向前看和人类普遍解放的特质,毋宁说,这样的研究让人感觉是往后看——那个一去不复返的欧美战后福利社会及其所依存的冷战地缘政治经济结构,包括这一结构在欧洲内部的葡萄牙和亚非拉许多后殖民国家所依靠和维系的依附性军事独裁和威权政权。也许,正如默多克所言,面对新自由主义资本主义对战后福利社会的反扑和工会力量的式微,批判传播政治经济学把挑战"市场原教旨主义"核心信条和捍卫作为福利社会成果的公共利益和劳工福利当作优先考虑,不足为怪(p. 7)。然而,正如笔者在别处已经指出,在一个不平衡的国际体系内,劳工视角如果不能实质性地与民族国家、帝国主义政治、种族、性别等视角的交叉分析有机结合在一起,很可能是后视的和狭隘的(赵月枝 2020)。对于中国读者来说,这意味着,要把唐宁、卡拉布雷塞、丹・席勒、索萨、莫斯可等人所代表的研究当作一个相互补充的整体来把握。

总体而言,在当下英美传播政治经济学者最有代表性的学术叙事中,我们不但早已看不到社会主义——不管是历史上的,还是现实斗争中的——作为一种可选择的资本主义替代性制度——的地平线,而且也很少看到像唐宁和丹·席勒各自在文章最后提及但只是一言带过的反帝和反殖民主义视野。考虑到在21世纪10年代后半期,等待他们的是以英国脱欧和美国特朗普当选为代表的本土主义和右翼民粹主义的崛起,《手册》大部分作者在政治想象力方面的保守,包括对政治经济学叙事本身的“抱残守缺”和对更深层的帝国文化和身份认同问题缺乏深入研究,都是客观现实和学科“内卷化”问题的折射。前文已经提及,资本主义条件下的劳工和消费者不会自然而然地获得成为资本主义掘墓人所必需的政治意识和主体性。正如切萨雷奥(Giovanni Cesareo)在《手册》第四部分第一篇文章中讨论了寡头垄断体制下的网络化信息消费、“产消者”原创内容(User-Generated Content,UGC)和以“公民新闻”为代表的自媒体现象背后的复杂社会权力关系,以及由此产生的民主化和威权化趋势共存的混沌状态后,所指出的那样,“我们可能处在新生产方式的黎明时分,或是处在一个巨大的危险的欺骗之中”,而“现在对于这些理念的讨论正在不断减少”本身,是“一个重要的迹象”(p.413)。

与《手册》第二部分中索萨和菲达尔戈所期望的基于公众媒介素养提高的“一种负责任和可问责的媒介文化”环境相反,也是对切萨雷奥在文章中所担心的情形的深入讨论,《手册》第四部分其他两篇有关受众和个人信息(包括交易生成信息,Transaction-Generated Information,TGI)的文章,讨论了受众和个人信息与数据如何被商品化、市场细分化、监控以及个性化的定向商业与政治营销所操纵等一系列议题。一方面,受众不是消极信息接受者,消费过程也是劳动和创造过程这些认识早已是定论,信息寡头在把个人信息商品化的过程中也面临如何捕捉信息、如何对其进行计价和如何平衡个人隐私权等各种挑战;另一方面,美国资深政治经济学者小奥斯卡·甘迪(Oscar Gandy,Jr.)在他的文章最后对“明天的市场”表达了如下的担忧:在以谷歌为代表的信息巨头许诺提供“我们每一个人认为自己需要”的任何信息,成功实现“数字圈地”的过程中,公民—消费者“成为我们自己所钦佩的样子”的机会将会实质性地受到限制。甘迪担心,这样的信息环境尤其让人难以成为相信“有私人的时间来思考以及与那些我们信任的人交往是有价值的”那种人(p.453)。虽然甘迪用词非常委婉和小心,也没有像卡拉布雷塞和米哈尔那样,直接挑战自由主义政治理论,这位以研究信息监控著称的美国学者的言下之意已经呼之欲出:要想成为自由主义政治理论所假定的那个自主与理性的个人主体,已经更为困难了。

作为对甘迪的担忧的进一步实证研究，在《手册》第四部分的最后，希腊学者索菲亚·凯塔兹-惠特洛克（Sophia Kaitatzi-Whitlock）在一篇名为“政治无知的政治经济学”的文章中指出，在西方社会内部“知识社会”的条件下，悖论式地普遍存在着一种不断深化的公众的“传播赤字、政治无知和不满”。凯塔兹-惠特洛克解释道，这种政治无知根植于资本主义传播政治经济本身，是商业化媒体、市场审查机制及其对“人类商品”的控制和剥削所“诱导的灾难”。她还不无悲观地指出，在资本主义不仅把传播内容、过程和系统，而且把公民本身商品化的前提下，政治无知的情形很难逆转。鉴于政治知识是民主体制的重要组成因素，当代资本主义的失败在于它拿自身的超级利润与生产无知的媒介体制做了交易。由此换来的，是“民主的基本消亡”。总之，知识和民主赤字是把公民和政治家商品化和边缘化的资本主义自身得以维护其统治地位的结构性前提（p. 470）。作为《手册》前四个部分的“压轴”，凯塔兹-惠特洛克的文章深刻揭示了传播领域资本主义与民主之间不可调和的矛盾，也表露了西方传播政治经济学者对资本主义的幻灭，从而把《手册》所代表的当代传播政治经济学的批判性学术叙事从主体性的角度推向一个新的高峰。

小结：十年后的现状

综上所述，尽管加汉姆事实上已经与传播政治经济研究分道扬镳，《手册》中的许多分析也有各种局限，整体而言，国外传播政治经济研究对资本主义体制下的信息、传播与文化领域所提出的批判依然是奠基性和开拓性的。到了 2018 年，随着“剑桥分析”公司涉嫌窃取 5000 万“脸书”用户的信息，操纵美国大选及英国脱欧公投的丑闻曝光，我们不但可以从后视镜中反观国外传播政治经济研究的批判效力，而且可以说，现实存在的信息资本主义社会中资本与民主的矛盾，比学者所能揭示的更加尖锐。毕竟，在丹·席勒所分析的传播总体战的语境下，除了学术政治环境的局限，即使最严谨的学者，也往往只能依靠已经公开或最多通过繁琐的信息公开程序获得关于权力运作的历史资料。更重要的是，由于信息是需要在既有的文化和意识形态框架中被传播、解读、吸收、处理和成为行动依据的，西方世界对 2020 年新冠疫情的疏于防范与推卸责任，及其发起的针对中国的舆论战，不仅让我们看到了凯塔兹-惠特洛克所担心的“政治无知”加上“文化偏执”在西方尤其是美国所诱导的巨大灾难，而且也让我们看到了丹·席勒所描述的美国垄断资本集团为了维护自己的霸权地位不顾美国民众福祉而展开的传播总体战的最新冒险。

三、"跨国性理论构建"与"中国的挑战"的问题意识

出路何在？这是《手册》最后的"新兴议题与研究方向"部分在十年前所探索的问题。这部分的五篇文章涵盖跨国性的理论构建、传播政治经济议题的时空维度开拓、文化多样性问题探索和"中国的挑战"。开篇收录了已于2007年去世的瑞典学者简·埃克克兰茨(Jan Ekecrantz)的《媒介与传播研究迈向全球化》遗作，从"媒介与欠发展的发展"(media and the development of underdevelopment)和"后现代语境下的贫困"(post-modern poverty)两个层面，反思了媒体与全球不平衡发展问题，彰显了通过解决"欠发达"问题来实现全球社会正义之于传播政治经济学的规范性意义。从学科研究方向的角度，埃克克兰茨提出了以去学科化来实现去西方化(Dewesternizing as Dedisciplining)，以及承认不同"媒体现代性"并存和复杂交错局面的呼吁。最重要的是，埃克克兰茨认为，需要"对世界体系中心以外的经验和现实敞开大门"，在理论架构和实证研究层面"同时跨越学科与社会文化两条边界"，并通过引入"去疆界化的文化概念"来理解"跨地域性"(translocality)和"跨现代性"(transmodernity)，进而通过开启"跨国性的理论建构"，来超越那些基本从"欧洲与英美"轨道里发展起来的分析范畴(p. 491)。

重访国际辩论和时空维度

从何入手？《手册》接下来提供了四个方向性的答案，前面三个分别围绕国际辩论和时空议题展开，最后一个围绕"中国的挑战"展开。阿芒·马特拉(Armand Mattelart)这位曾经以"传播与阶级斗争"为主导叙事，以"资本主义与帝国主义"和"解放与社会主义"的对立框架教育了一代传播政治经济学者的旗帜性人物，聚焦20世纪80年代"世界信息与传播新秩序"斗争遭到挫败以后，国际领域围绕文化、信息和传播问题的"新辩论"，尤其是联合国教科文组织在缔结2005年《保护和促进文化表现形式多样性公约》的历史性进程中的论争以及这一公约的意义。通过这篇文章，马特拉在"信息、传播、文化"这相互构建的"三元一体"场域中，恢复了作为复数的"文化"这一不稳定和充满斗争的范畴的关键地位。在此基础上，他把当年在"世界信息与传播新秩序"斗争中和其后在体现新自由

主义“去政治化政治”的“信息社会”叙事中被排斥的文化问题，和信息技术、传播与发展问题重新关联了起来。马特拉指出，随着基于欧美经验的功能主义线性发展观和技术扩散论者的“发展/现代化”范式被质疑，“人们开始意识到文化是身份认同、意义、尊严和社会创新的源泉”，而“伴随着价值观念传递的线性视角的分崩离析，多样性就成为走出所谓的欠发达困境的先决条件”（p. 506）。

正是基于“文化”问题的重要性、复杂性以及马特拉文章的承前启后意义——他和其他一些作者在文章中也用“传播与文化政治经济学”这个词——我们需要进一步厘清“文化”与“跨文化”的意涵（赵月枝 2019b）。在这里需要指出的是，任何文化都是特定时空中的存在，也包含着不同的时空概念和逻辑。也许正因为如此，《手册》在马特拉文章恢复了文化议题的核心地位后，分别由韦恩·霍普（Wayne Hope）和迈克尔·柯廷（Michael Curtin）这两位学者来讨论全球资本主义媒体生产与消费过程中的时间逻辑和空间逻辑，以此深化对本领域前沿议题的开拓。在时间层面，霍普导入了一系列有深刻意义的批判性分析范畴，为挑战线性发展逻辑提供了新的洞见。他指出，一方面，不但“实时的全球媒介化掩盖了全球资本主义的历史真实性和地缘社会总体性（geosocial totality）”，而且“民族国家从而失去设定宏观经济未来的财政和时间上的能力”；另一方面，全球现代性、时间上的同期性以及实时通信网络共同描绘出一个由跨国性的、全球—地方间的以及跨地域性的互动，构成一个由人际、侨民、不同文化间以及全世界范围的活动所组成的巨大的集合体，也为塑造一个“四海一家”的世界提供了可能。霍普讨论中的一个关键概念是“共生性”（coevality）。与同步（synchronous，事件发生在物理上的同一个时间过程中）和同期（contemporary，事件发生在人为定义的同一个时间阶段内）不同，“共生性”通过重塑历史时刻的方式给相对于自己的“他者”以认同，并为对那些原本毫不相干的生活方式在同一时代背景下的理解打开了大门。这一范畴使人认识到，这些同时产生的关联性——如富裕和贫困——是深深地根植于更为广阔的全球社会总体性和权力关系当中的。因此，“共生性”被否定的情形，也就是边缘群体和殖民地人民被当作“他者”以凸显作为西方“我们的”时间的中心性（诸如落后的、传统的、未现代化的、部落的、乡村的、农民的）的情形，或者当关于某一历史时期的单一话语否定或者掩盖了这些受压迫群体经历的特殊性的情形。在霍普看来，在一个经济上相互依存的世界里，在即时的知识和信息传输的驱动下，一个人对于自己生活的定位很可能会潜移默化地与其他地方人们的生活联系在一起，而诸如独立媒介（indy media）这样的实时另类新闻论坛的纷纷涌现，也迫使全球权力结构以及同时存在的贫富之间的失联走进公众视野，从而动摇否定“共生性”的欧洲中心主义根基（p. 518）。

在空间逻辑层面，柯廷通过对“媒介之都/媒介资本”（media capital）这一语双关的议题的讨论，展现了西方之外的“媒介之都/媒介资本”的崛起，以及相关的地方性媒体政策及其对全球文化多样性的影响。不过，柯廷的分析在显现了全球资本主义媒介生产中的“中心”和“边缘”关系的动态变化的同时，也暴露出了媒介中心主义和都市中心主义的倾向。同时，与辛克莱尔关于“民族品牌”的讨论和《手册》中其他许多局限于产业变迁的描述性分析类似，柯廷的分析也局限于“文化产业”的框架。这两个局限因柯廷主要聚焦传统媒介生产领域，尤其是资本密集型的商业影视业生产环节而忽视了更为分散和社会化的网络媒体和社交媒体而进一步被强化，导致这篇文章的理论框架在缺乏包容性和前瞻性的同时，也缺乏陈光兴在《去帝国》（2006）中所展示的“殖民—地理历史唯物主义”分析的深度。

需要承认的是，尽管讨论的深度和广度有所不同，霍普和柯廷对全球资本主义条件下传播时空逻辑的讨论，深化了马特拉的如下观点：“文化多样性”必然涉及“社会时间的多元性”（the plurality of social time），构建身份认同不能绕开“从结构到事件”“从自由到归属”“从普遍到地域性和多样性”的转移。然而，值得注意的是，马特拉在《手册》最后部分的这篇方向性文章中，在地域性层面重复了其他学者对包括中国社会主义理论和实践在内的 20 世纪国际共产主义运动的遮蔽。实际上，正如笔者在别处已经论及的，在他以前的著作中，尤其在 1989 年四卷本《传播学国际百科全书》的“马克思主义传播理论”的“第三世界取向”的词条解释中，马特拉曾把毛泽东新闻思想作为这一取向的最重要范例加以阐述，指出毛泽东对传播理论的贡献包括人民战争和群众路线，强调传播在教育、鼓舞和组织人民斗争中的作用，通过致力于建立知识分子与其他社会阶级的有机联系，把传播放在更普遍的文化背景中。他在对毛泽东思想区别于国际共运中的经济主义传统和阶级化约论给予认可的同时，还赞同毛泽东和甘地（Mahatma Gandi）所倡导的“自力更生”思想，认为这一思想指导了无数关于先进传播技术扩散的批判研究，并为文化多样性和另类发展模式的讨论开启了理论空间（赵月枝，2019a）。然而，在 2011 年《手册》中的这篇文章里，马特拉在谈到第三世界思想家在地域、民族、全球团结、公民参与以及生物多样性等问题上的思想遗产时，只提及了印度的甘地和巴西反殖民主义教育家保罗·弗雷勒(Paul Freire)这两个例子。同时，尽管马特拉讨论了“2008 年 10 月金融泡沫的破灭使得国家衰亡论成了一个天大的谎言”(p. 513)，提出要“反对本质主义人权观”，承认“传播权利与公民和社会权利是不可分割的”，以及“摆脱新自由主义全球化逻辑的激进式的转向意味着需要将政治的首要性、人民的主人翁地位、公共干预和国家经济角色的意义放回到议程中去”(p. 515)，他最后还是把全球领域的传播民主化斗争落脚到以拉美公民社会为主体的模式上。与默多克在寻找替代性道义经济模式时虚无了共产主义道义经济模式一样，在马特拉的这一分析中，不仅苏联和东欧在文化与传播方面的经验和教训完全缺位，而且中国在发展和转型过程中的经验和教训也是完全被忽视的。这一经验的关键就是毛泽东时代独立自主的国家建设和改革开放时代“以务实姿态采取‘博弈式融合’参与全球体系，又辩证地在物质、体制、观念层面保留关键性的自决能力”(洪宇 2019，p. 65)。也许，对于马特拉来说，由于欧美和拉美是传播政治经济学的发源地，因此，这两个地区是传播民主化斗争当然的“前沿地”，而“国家对公民社会”的二元对立则是资本主义语境下不言自明的分析框架。然而，这恰恰是埃克克兰茨呼吁需要克服的问题。

须提到的是，马特拉在 20 世纪 70 年代初参与过智利在资产阶级议会民主框架内的社会主义斗争，并深刻总结过阿连德民选社会主义政权在媒体控制和文化领导权建设方面的经验与教训。虽然他以往对毛泽东的传播理论的理解体现了国外传播政治经济学界曾经拥有的国际马克思主义视野和社会主义视野，他在 2011 年的《手册》文章中对拉美的关注也顺理成章，但是，他在这篇文章中对前者的选择性遗忘成了后冷战时代西方左派的普遍知识症候。这不是对马特拉这样一位杰出的传播政治经济学者吹毛求疵，也不是苛求他在一篇文章中面面俱到，而是通过考察像马特拉这样一位标杆性学者在其重要文章中的微妙学术话语变化，来反思传播政治经济研究在 20 世纪的过去、21 世纪初的现在，以及我们如何在 21 世纪开创未来。这其中的关键一步，是理解“中国的挑战”问题意识的来龙去脉及其所包含的全球学术话语政治的内涵。

实际上，除了马特拉对毛泽东新闻思想的总结之外，冷战期间，中国的社会主义理论和实践并没有完全外在于国外传播政治经济研究的更重要例证，是斯迈思在 20 世纪 70 年代初期和末期的两次实地考察。这也从另一个层面挑战了任何文化本质主义和学术种族主义偏见。正如笔者在《手册》第二十六章《中国的挑战》一开始就指出的，斯迈思是一位对中国社会主义传播理论和实践的探索抱有深厚同情和兴趣的学者。在两次实地调研的基础上，斯迈思讨论了中国传播理论与实践中所存在的社会主义和资本主义"两条道路"的斗争，强调了中国探索社会主义道路的曲折性。这使得他与国际共产主义运动中中国共产党的传播思想和政治实践联系了起来，从而"不仅展示了中国社会主义实践与传播政治经济学两者共有的国际性和跨文化性，更预示了这两者之间从一开始就结下了不解之缘"(p. 558)。更令人深思的是，几乎是列宁在 1913 年所写的《落后的欧洲和先进的亚洲》的文章主题在 20 世纪 70 年代的回响，斯迈思在他的 1971 年至 1972 年中国调研笔记中讲到，自己在中国大陆调研之后回到可视为资本主义世界一部分的中国香港时，经历了仿佛从社会理论和实践层面都更先进的"未来"回到资本主义现实的奇特体验。也就是说，对斯迈思来说，这是在现实存在的"社会主义"与"资本主义"之间的跨文化"穿越"[①]。在前文中，笔者分别讨论了霍普的关键概念"共生性"和马特拉关于"文化多样性"必然涉及"社会时间的多元性"的洞见。在霍普的文章里，"共生性"概念被用来批判作为"我们"的西方资本主义的"时间中心性"和凸显他所列举的"诸如落后的、传统的、未现代化的、部落的、乡村的、农民的"这些边缘和受压迫群体的经历的"特殊性"。在斯迈思的学术实践和作为知识主体的体验中，我们看到了一种反转：在西方殖民主义的"文明等级论"中被认为带有以上几乎所有"落后"特征的中国，经过社会革命和文化革命成了"先进的"和有未来指向的社会主义中国，作为资本主义的"共生性"现象而存在。中国这个曾经的资本主义边缘国家在经历了 1949 年革命胜利的"事件"之后，所感受到的诗人胡风意义上的"时间开始了"的体验，也恰恰证明了马特拉的"社会时间的多元性"的洞见。

总之，埃克克兰茨遗作中的"跨国性的理论建构"呼吁十分真挚与迫切，马特拉和霍普开拓的新视野挑战了线性发展逻辑及其相应的时间观，柯廷所引入的全球文化生产空间维度为后殖民地理批判提供了契机，而斯迈思 20 世纪 70 年代在东西方之间的"学术穿越"则提供了一位国外传

① 这是笔者在查阅西门菲莎大学档案馆所存的斯迈思中国之行原始笔记时所发现的斯迈思所表达的主体感受。

播政治经济学者对现实存在的中国社会主义传播理论和实践的认识与体验。然而,冷战意识形态遗产在西方学术界的寒蝉效应,基于白人种族主义和冷战双重意识形态的"汉学东方主义"(Vukovich 2019)的影响,以及对复杂的中国改革开放进程的偏向性认识,使得 20 世纪 90 年代以来的整个西方左翼学术界陷入了齐泽克所承认的困境:通过学院化理论生产,在对全球资本主义进行大批量大同小异的批判理论"创新"的同时(仅在传播领域,就有"数字资本主义""信息资本主义""传播资本主义""平台资本主义"和"监控资本主义"等),花费越来越多的精力去占据道德高地,以此掩盖他们无法全面提出一套关于自身诉求的蓝图且没能找到一种社会主义实践形式的困境(吕新雨 2020)。如果帝国主义和冷战体制中的西方工人阶级在一定程度上是全球层面的"工人贵族"的话,那么,西方左翼批判学者就是全球层面的知识分子"精神贵族"中的"精神贵族":在西方学术体制内,从诸如"全世界信息劳工能否团结起来"的道德高度,提出研究问题,并联合世界各地的学者,生产能支持他们假设的案例研究。虽然"去西方化"的理论呼吁很高,并偶有学术实践中的例外,在总体上,这还是"西方理论,各国经验"的套路。

作为西方左翼学术界的一个重要分支,传播政治经济学也到了这样一个关键的路口:一方面,许多分析都指向对资本主义传播体制的批判和对其超越的愿景。这包括对不平等的国际传播体制的批判和对美国军事帝国主义传播体系及其压迫性的揭露,对传播资源的私人资本拥有和控制、资本主义生产目的与市场审查机制的批判和对其作为"公共产品"的期望,对"国家与市场"迷思在国家传播政策和管制过程中的批判和对资本利益主导的传播治理体制的超越,对精英主义的警惕和对专业知识民主化与公众参与的呼吁,传播生产中超越资本主义劳动关系和消费领域超越"受众商品"的愿景,等等。另一方面,中国这个世界上最大的发展中国家 70 年来对社会主义道路的持续探索及其传播理论和实践,不但被排斥在国外传播政治经济学者关于资本主义替代性传播理论和实践的视野之外,而且往往被当作"政府控制"的典型而一笔勾销。在后面这个问题上,可以说,国外传播政治经济学者与自由主义学界和媒体界基本没有区别。王维佳曾指出,"在'后冷战'时代,国际主流知识界的声音中,已经系统清除了 20 世纪遗产"(王维佳 2020,83)。也许,传播政治经济学这一处于"国际主流知识界"边缘的马克思主义批判性学术叙事,不但也清除了 20 世纪国际共运的遗产,而且否定了作为 20 世纪民族解放产物的后殖民主权国家作为社会正义捍卫者的角色，才更让人感觉到一种令人窒息的“历史终结论”的学术氛围。

然而，没有比这样的理论前提更历史虚无主义的了。正如林春所强调的那样，考虑到非西方因素在资本主义发展过程中的贡献，尤其是欧美资本主义发展不可或缺的殖民主义和帝国主义维度，马克思主义意涵上的资本主义时代(capitalist epochalization)的世界历史，从一开始就内在于所有国家了，这包括那些“非资本主义”但不必然是“前资本主义”的国家(Lin 2013,184)。也正是从这个角度，中国最晚至鸦片战争时期，就不是一个“前资本主义”国家了。与此相关，林春提到了另一个“被遗忘的洞见”，这就是，“资本主义阻碍在其核心之外的发展”，更确切地说，“资本积累运作逻辑带来的剥削、宰制、颠覆，阻碍边缘地区的民族发展”(Lin 2013,184)。其结果是，在核心国家，由于工人在物质层面能在一定程度上以“工人贵族”的身份享受本国资本主义在海外攫取的“帝国主义红利”，在意识形态和文化层面受到寡头垄断传播业的控制和种族主义和军事主义钳制等原因，阶级矛盾得到缓和，马克思所想象的无产阶级革命进程被压制。与此形成对照，也是历史辩证法在全球史范围内的演绎，正是由于全球资本主义在边缘国家的失败，使这些地区在阶级矛盾和民族矛盾交集的情形下，发生了共产主义革命。总之，“民族解放运动和社会主义革命不是发生在资本主义成功的地方，而是彻底失败的地方。因此，资本主义不曾是，也不可能是现代性和发展的必由之路，遑论唯一形式”(Lin 2013,186)。如果非得套用“历史阶段论”，那么，甚至可以说，在世界的东方，1949 年在推翻了帝国主义、封建主义和官僚资本主义“三座大山”基础上建立的中华人民共和国，在政权性质和全球史“阶段”上，已经比资本主义核心国家更先进了，而中国工人阶级历史性斗争的阶段性成果，也已经历史性地体现在中华人民共和国宪法所宣称的国家的社会主义性质中了(赵月枝 2020,18)。

总之，在新自由主义全球化所形成的全球产业链范围内，“信息劳工”与其他劳动者以及消费者的关系十分复杂。劳资关系不能被凌驾于其他权力关系之上，尤其是一个不平等的全球秩序中的国家与国内外资本、工人与农民等复杂关系上来讨论。在中国这样一个后革命农业大国的语境下，还存在一个如何把工人阶级传播问题与宪法所规定的中国国家性质和作为社会主义国家权力基础的“工农联盟”在新时代的实现形式等中国内部社会政治和阶级关系相联系的问题。也就是说，尽管中国与全球资本主义整合过程中的工人阶级的传播问题十分重要，然而，是套用核心资本主义国家语境下的劳资关系框架或后殖民语境下的“底层抗争”框架来分析，还是从中国革命、建设和改革开放过程的复杂内外权力关系逻辑来理解，这是一个根本性的学术政治与学术立场问题(赵月枝 2020,18)。

四、结语:“中国的挑战”的双重意义

正是部分出于以上考量，笔者在《手册》最后的《中国的挑战》一文中，针对“中国崛起”的语境，通过讨论中国国家的性质、阶级、民族、国际斗争和知识去殖民化，以及历史、文化与中国“软实力”等议题，提出了 21 世纪跨文化传播政治经济分析的初步框架。这是笔者围绕中国议题，对于意在创新传播政治经济学的《全球传播:迈向跨文化传播政治经济学》一书所开拓的理论框架的深化。针对后冷战时代西方左翼普遍存在的“社会主义失败论”知识症候，及其对中国探索社会主义道路实践所采取的历史虚无主义立场，笔者坚持从中国革命和建设的内部逻辑以及围绕中国国家性质、国家发展方向的国际和国内政治经济和社会文化斗争动态过程出发，强调中国国家中的社会主义意识形态和革命历史遗产对资本主义市场关系的调节与抑制作用。近十年来，面对全球资本主义不断深化的多重危机，尤其是主要资本主义国家政治的本土主义化和右翼民粹主义化，以及随之而来的大国关系的紧张，回应“中国的挑战”成了更加急迫、重要且越来越棘手的问题。

进入 21 世纪 20 年代，传播政治经济学的“中国的挑战”的核心议题就是，如何把中国重新纳入到一个有社会主义视野的跨文化传播政治经济研究框架中？从这个角度，回到《手册》最后部分的传播政治经济学跨国和跨文化理论构建议程，中国既是“新兴研究议题”，也是“研究方法”——即为东亚学者所讨论的“作为方法的亚洲/作为方法的中国”意义上的另外一种“认识自身、认识世界”的认识论和知识主体提供启示(沟口雄三 2011,130;另见陈光兴 2006;孙歌 2019)。也就是说，“中国的挑战”包含两个方面的问题:第一，中国对现有的资本主义传播政治经济研究提出了什么样的理论、方法论和实践挑战？第二，中国学者在现有资本主义传播政治经济学基础上，发展有社会主义视野的跨文化传播政治经济研究的过程中，又面临什么样的挑战？这需要我们针对《手册》内外的传播政治经济研究，以中国革命和中国对社会主义道路的探索为参照，结合传

播学内外相关人文社会科学前沿分析，来回应这些问题。首先，我们需要在破中立，通过进一步系统检视现有传播政治经济研究在其理论和方法论层面的偏颇，来确立有社会主义视野的21世纪跨文化政治经济研究的理论和方法论基础；然后，我们需要从厘清传播政治经济研究与文化研究的复杂纠缠开始，通过汲取后殖民学术资源，尤其是东亚后殖民批判学者与海内外华人马克思主义学者的学术贡献，从而进一步构建跨文化传播政治经济研究的理论和方法论框架。最后，我们需要通过对国际共产主义运动和中华文化双重视阈下的中国社会主义传播理论和实践的梳理与反思，勾勒有中国社会主义视野的21世纪跨文化传播政治经济体系的主要内涵。当然，这已经超出了这篇导读所涉及的范围。[①]

参考文献：

中文部分：

[日]沟口雄三，2011，《作为方法的中国》，孙军悦（译），北京：生活·读书·新知三联书店。

[瑞典]克里斯蒂安·福克斯[加]文森特·莫斯可主编，2017，《马克思归来》，"传播驿站"工作坊（译），上海与重庆：华东师范大学出版社，重庆出版社。

陈光兴，2006，《去帝国：亚洲作为方法》，台北：行人出版社。

冯象，2005，《国歌赋予自由》，载《北大法律评论》2005年第1辑。

洪宇，2019，《立足问题意识，唱响"世界之中国"》，《新闻战线》2019年第11期（上）。

吕新雨，2020，《视差之见与齐泽克的"兔子"》，《读书》2020年第1期。

孙歌，2019，《寻找亚洲：创造另一种认识世界的方式》，贵阳：贵州人民出版社。

王维佳，2020，《媒体化时代》，北京：人民出版社，2020。

赵月枝，2019a，《否定之否定？从中外传播学术交流史上的3S说起》，《国际新闻界》2019年第8期，6—37页。

赵月枝，2019b，《跨文化传播政治经济研究中的"跨文化"涵义》，《全球传媒学刊》2019年第1期，115—134页。

赵月枝，2020，《社会主义跨文化传播政治经济学——理论路径与问题意识》，《学术前沿》2020年第11期（上）14—41页。

赵月枝、吴畅畅，2015，《网络时代社会主义文化领导权的重建？——国家，知识分子

---

① 笔者的《社会主义跨文化传播政治经济学——理论路径与问题意识》一文既是《中国的挑战》一文的继续，也是本文所开启的学术议程的继续，更是在跨文化语境下将传播政治经济学的重心从批判性转向建设性的一种尝试（见赵月枝，2020）。

与工人阶级政治传播》,《开放时代》2015 年第 3 期,第 158—173 页。

英文部分:

Anderson, Perry, 2010, "Two Revolutions", *New Left Review* 61(Jan.-Feb. 2010).

Lin, Chun, 2013, *China and Global Capitalism: Reflections on History and Contemporary Politics*, Palgrave.

McChesney, Robert W., 2000, "The Political Economy of Communication and the Future of the Field", *Media, Culture & Society* 22(1).

Mosco, Vincent, 2009, *Political Economy of Communication*, 2nd edition, Sage.(中文版:[加]文森特·莫斯可,《传播政治经济学》[第二版],胡春阳、黄红宇、姚建华[译],上海:上海译文出版社,2013。)

Schiller, Dan, 2006, *How to Think about Information*, Urban, Illinois: University of Illinois Press.(中文版:[美]丹·席勒,《信息拜物教:批判与解构》,邢立军、方军祥、凌金良[译],北京:中国社会科学文献出版社,2008。)

Vukovich, Daniel, 2019. *Illiberal China: The Ideological Challenge of the People's Republic of China*. SAR, Hong Kong: Palgrave Macmillan.

导言:传播政治经济学的核心关切与主要议题

珍妮特·瓦斯科(Janet Wasko)
格雷厄姆·默多克(Graham Murdock)
海伦娜·索萨(Helena Sousa)

何谓批判传播政治经济学?

纵观那场被称为"启蒙运动"的欧洲思想革命运动,它主要包括三个核心主张。首先是发展出一套基于实证主义,并通过理性化的理论体系话语表达的,关于自然与社会世界的新的阐释方式。第二是用一种新的统治体系替代独断专行的专制王权。其中每一位成年人都可凭借其自由和平等的公民身份,参与到政治辩论与决策过程之中。第三是提供一套非宗教的道德行为准则,以此在个人利益追求与公共利益需求之间建立平衡。

政治经济学从甫一开始就与这三项计划环环相扣。对例如亚当·斯密等早期的实践者而言,那些关于如何组织经济生活,如何平衡市场与国家干预的理论和经验问题,都与良好社会的构成问题紧密相连。将其恢宏巨著《资本论》称为"政治经济学批判"的马克思对这一道义关切也表示认同,但他同时也掷地有声地指出,这需要通过废除资本主义的方式得以实现。其他的社会主义者则选择更为渐进主义的路径,即资本主义动态机制的负面影响能够受到强有力的公共管控规制,另外,在公共服务领域的实质性投入也可以对其形成牵制。

以上两种立场都对资本主义的自我认定持有强烈的观念批判,并一直对它在日常运作中如何置入剥削与非正义、生产不平等,以及削弱关联性和团结性等问题展开了实证考察。这一批判传统已对文化与传播政治经济学研究产生了重要影响。这是由于传播工业在现代社会中扮演了双重核心角色,即一种在自身权利范围内的工业体系,以及一种令政治辩论得以再现和开展的重要平台,而关于总体系的想象和论证则贯穿其中。

批判政治经济学者对这些问题的分析路径，与绝大多数的经济学家对文化和传播的分析不同，这主要体现在四个重要方面。第一，它是整体性的。它并没有将“经济”视为一个专门的、被圈限的领域，而是关注经济实践与社会以及政治组织之间的关系。第二，它是历史性的。它并不是仅仅或首先关注即刻发生的事件，而是一贯主张，对于当代权力转移问题的完整理解，需要扎根于对长时间段内循环往复的社会转型、权力转移，以及矛盾问题的分析。第三，与那种将自身与道德哲学的历史联系切断，并努力将自身展现为客观科学的经济学形成鲜明对照，批判政治经济学仍然将文化传播组织与良好社会的构成——后者基于社会正义和民主实践——之间的关系问题作为核心关切。第四，批判分析鼓励那些实践者将他们的分析逻辑贯彻到创造变革的实践行动中去。本书的诸多作者都将自己视为公共知识分子、学者以及参与公共政治辩论的知情公民（informed citizens）。

为何是政治经济学？为何是现在？

显而易见的是，资本主义逻辑本身已经作出了重大的衍生，在近数十年内，市场化作为决定性的力量而出现。资本主义正经历着前所未有的全球化过程，它不仅出现在北美和欧洲，也蔓延到包括中国以及其他关键区域的世界各地。的确，随着市场的全球化如今变成一个核心话题，资本主义业已成为一种普遍化的现象。与这些发展进程一道，个人利益与公共利益之间的张力也被极大地激发了。尽管公共政策不断逼近，私有化进程仍然阔步向前，私权力滥用的现象不断凸显，愈发猖獗（正如默多克在本书第一章的开篇所论述的）。

对于理解这些发展进程，以及理解当代媒体与传播而言，批判政治经济学比以往任何时候都更为重要。一种普遍性的观念认为，文化或“创意”产业不再是边缘的产业，而是在经济体中占据了核心地位。然而，对这一现象的分析往往存在诸多问题，论证也不够充分。有必要在此提及（以及批判）当代常见的一些分析路径。

政治经济学及其他路径

媒介经济学

正如上文所论述的，可以从新古典经济学中区别出批判政治经济学一样,媒介政治经济学的批判研究也与媒介经济学研究大相径庭。

自从20世纪80年代晚期以来,传播与媒介研究领域愈发关注经济议题,其中也有学者单独将媒介经济学辟出展开研究。早期代表包括康佩恩的《谁拥有媒体》(*Who Owns the Media?*,Compaine 1979),以及罗伯特·皮卡德(Robert Picard 1989)、艾莉森·亚历山大等人(Allison Alexander et al. 1993)、艾伦·阿尔巴隆(Alan Albarron 1996)和近期吉莉安·道尔(Gllian Doyle 2002)编写的一系列教材。《媒介经济学刊》(*The Journal of Media Economics*)于1988年创刊。在其投稿要求(Contributor Information)部分,学刊如此表明它的目标:"扩大对媒体运行和管理决策过程中的经济和金融活动的理解和讨论"。一般来说,这些媒介经济学论文和期刊回应了主流(新古典)经济学的关切。

在绝大多数情况下,媒介经济学重点强调微观经济议题,而不是宏观分析。它首要关注媒介市场中的生产者和消费者。其具有代表性的问题关切是,媒体产业和公司如何才能获得成功、繁荣兴盛,或是向前推进。尽管会讨论到竞争过程,但它几乎不关注所有权问题,或所有权集中和控制的影响问题。这些路径回避了政治经济学者一贯主张的道义基础问题,绝大多数的研究只落脚于描述层面,而不是批判层面。其中,产业组织模式是一种常见的分析路径,正如道格拉斯·戈梅里(Douglas Gomery)所述:

> 关于结构、经营和业绩的产业组织模式,提供了一个强有力的、行之有效的经济学分析框架。通过这一模式,分析者试图对产业结构的规模和范畴作出界定,并借此检测它的经济行为。这两个步骤都需要对产业状态及其运行情况展开分析,不能由分析者想当然决定。它的最终步骤是业绩评估,即在"实际情况是什么"与"应该是什么"之间进行仔细评估。(Gomery 1989,58)

一般而言,媒介经济学代表了一种将新古典经济学应用到媒介领域的研究路径。尽管或许政治经济学与媒介经济学共享了部分议题以及分析形式,在绝大多数情况下,两者的基本假设和研究动机都是截然不同的。在大多数条件下,媒介经济学回避了政治和历史分析,这两者是政治经济学批判研究的基本构成。重要的是,媒介经济学基本接受现状,而政治经济学则代表一种对媒介研究的批判取向,并不断挑战非正义的、不平等的权力体系。

创意产业

作为在二战时期从纳粹德国流亡美国生活的文化分析学者，西奥多·阿多诺(Theodor Adorno)亲眼目睹了世界上最为庞大，同时也是最为成功的商业媒介体系的形成，并由此断定，通过将思想创意倾倒入现存的支配性的商业模式，文化的工业化过程会不断缩小语言表达的空间以及大众选择的余地。他见证了大众媒介将标准化表达和理性化分销合二为一，并创造出新的、严重限制了社会想象力的“文化工业”(Cultural Industry)的过程(参见 Adorno 1991)。这个激起强烈共鸣的词语被广为传播，它批判性地关注到了在受众和销售最大化等商业追求中，表达多样性被贬损的诸多状况。

这一批判视野如今已经几乎被商业媒体对新兴“创意产业”的兼并潮流所吞噬。发达资本主义经济体的政府部门已将媒体和信息产业视为“知识经济”的关键部分，并以此替代曾经对重工业的依附。那些身在学界的拥护者们继续补充，随着互联网的兴起，以追逐利润为根本目的的创意产品开发不再由主流媒体公司所独享；它已经被民主化，并通过新的数字对等交换网络实现流动，将从事创新和控制的地点从公司董事会的会议室转移到青少年用户的卧室之中(Hartley 2009)。在这个意义上，商业不再对创新有所限制，而是为其提供可能性和提升空间。正如本书诸多作者所指出的，该论断忽视了这一事实，即互联网的扩散恰恰与市场化的兴起、公司权力的巩固，以及将流行创意兼并入利润生产的策略扩张相契合。

新媒体

对互联网作用的过高评估，从逻辑上承接了一种短视的时间观念，和对不平等结构本身的快速恢复能力以及权力结构中持续性内在因素的不充分的分析。从“新媒体”这个词如今已无所不在就可见一斑。无论以什么样的形式出现，这都会不可避免地招致学术分析朝向技术决定论的方向发展，并认为社会变革是由新的传播机制产生的。批判分析并非从技术层面，以及追问其可能的影响展开分析，而是从不断发展的权力分配和不平等出发，追问谁的利益最会在这一新的可能性中大为获益。从这个视角看，数字媒体并非牵动社会变革的初始杠杆，而是一个新的斗争领域，并且仍然被存在已久的竞争集团所支配。尽管参与的地点和时刻会发生改变，但博弈的局面仍保持不变。

本手册的组织构成

本书的各个章节中包括了对理论辩论和理论遗产的概述，以及对具体议题和主题的讨论。这些议题均已被纳入到传播与媒介的政治经济学研究范畴之中。

第一部分　理论遗产与辩论

该部分作者所讨论的议题和主题，均常见于传播与媒介政治经济学批判研究。虽然他们的研究路径或许各不相同，然而我们发现，就这些差异展开讨论是极为必要的，它会有助于推动这一研究路径的发展。第一部分的各个章节再现了媒介与传播研究领域中政治经济学传统的差异性。

格雷厄姆·默多克(Graham Murdock)在《作为道义经济的政治经济学：商品、礼物与公共产品》一文中探究了竞争性的道义经济议题。它由三种生产和交换体系——商品、礼物以及公共产品——所支撑。本文也考察了这些体系之间的关系在当代互联网领域中如何发生变化的问题。

在随后的一章中，尼古拉斯·加汉姆(Nicholas Garnham)重访了传播政治经济学理论，认为这一传统长期以来都关注一成不变的问题，并没有意识到该领域以及世界范围正发生诸多变化。他指出，大众文化的政治经济学批判中存在一些问题，即将公共服务模式作为理想的替代形式，以及不断突出强调讨论“市场—反市场”问题，这也在政治经济学研究中占主导地位。加汉姆呼吁一种关于文化的政治经济学研究，注重信息服务与文化之间的交叉关系，并将其作为未来研究的重要切入点。

艾琳·米汉(Eileen R. Meehan)和保罗·托尔(Paul J. Torre)分析了作为资本主义基础构成的市场问题。它们经由亚当·斯密以及自由市场理论，而被理想化和理论化。两位作者关注媒介市场，特别是电视市场的生成过程。更具体地说，该章讨论了收视率及其构成，以及法律规章制度对此类市场所产生的影响问题。

贝尔纳·米耶热(Bernard Miège)将文化工业理论的知识遗产作为研究路径，进一步展开传播政治经济学分析。米耶热追溯了从法兰克福学派到北美政治经济学传统以来，文化工业分析的知识谱系，以及它如何从 20 世纪 90 年代开始重新发展的问题。

在第一部分的结尾，马丁・贝塞拉(Martin Becerra)和吉列尔莫・马斯特里尼(Guillermo Mastrini)通过对埃里韦托・穆拉洛(Heriberto Muraro)自 20 世纪 80 年代后期以来的学术论述展开分析，研究了拉美地区的媒介政治经济学研究路径。穆拉洛主张超越物权关系的研究范式，其中包括经济行为中的新技术角色，以及大众媒介在经济政策制定过程中的角色等，并发展出一套关于信息和通信传输问题的更为广阔的分析模式。作者将这些议题与国际传播和全球化理论充分接合，探讨了拉美地区(特别是伊比利亚美洲地区)的传播政治经济研究在近年的发展状况。在总结部分，作者认为这些文化工业已经受到媒介政策、技术发展、经济发展及其文化影响等因素的塑造。

第二部分　权力的形态：所有权、广告与政府

本书第二部分的作者讨论了与媒介和传播休戚相关的权力机制问题。政治经济学一直以来都将其作为理解媒介与传播在社会中的角色问题的关键部分。举例来说，朱塞佩・里盖利(Giuseppe Richeri)开篇就着重分析了媒体企业、公众与国家之间的关系问题，并指出了今后可以深入研究的重要领域。约翰・唐宁(John Downing)研究了所有权与控制等基础问题，并对这一议题所引发的重要学术辩论展开了详细追溯。在内森・沃恩(Nathan Vaughan)的章节部分，作者充分讨论了"协同效应"(synergy)这一概念。作者着重分析了影响经济的不同变量因素和文化协同效用，并考察了媒介政治经济学者对这些发展议题展开的研究。

在罗克・法罗(Roque Faraone)与约翰・辛克莱(John Sinclair)的章节部分，作者讨论了广告在意识形态和品牌塑造方面所扮演的重要角色。法罗着重分析了那种关于广告是自然而然、促进生产发展的典型说辞，并举例重点批判了这类特殊的意识形态。辛克莱提供了一套针对品牌研究的历史性分析视角，在政治经济学范畴内检视了这一概念，并提出一种文化经济学的分析路径。

第二部分随后几个章节分析了与国家相关的议题。安德鲁・卡拉布雷塞(Andrew Calabrese)和柯林・米哈尔(Colleen Mihal)直接关注媒介与政府的关系，并分析了当前正在进行的关于公共政策与私权的学术辩论。国家也是丹・席勒(Dan Schiller)在讨论美国传播通信业军备化的

历史演进和当代发展时的核心议题。他的关于通信业军事化的政治经济根源研究表明,这是一个极为深入的、多面性的过程,值得进一步关注。最后,海伦娜·索萨(Helena Sousa)和华金·菲达尔戈(Joaquim Fidalgo)分析了国家权力与专业记者之间的关系,并以葡萄牙为案例展开论述。

第三部分 创造力的条件:工业、生产与劳动

媒介政治经济学研究需要对传媒公司及其产业,以及与劳动相关的议题有彻底的理解。第三部分的各个章节通过对美国电影产业(或好莱坞)的近期发展、唱片业的历史与当代状况等议题的分析,丰富了此类研究范式。珍妮特·瓦斯科(Janet Wasko)讨论了近来"好莱坞已死"的议题,认为这种观点缺乏历史视野。在紧随其后的章节中,安德烈·罗伊斯(Andre Sirois)和珍妮特·瓦斯科补充说明了历史视野在理解唱片工业时的重要性,并指出,对唱片业的研究在当前更多属于技术范畴,而更少属于其最原初的艺术/音乐范畴,技术已经将音乐变为商品。

劳动是这一部分其他两个章节的核心问题。文森特·莫斯可(Vincent Mosco)指出,劳动至今仍然是西方传播研究的盲点,即便在政治经济学传统中也是如此。为弥补这一空缺,莫斯可描绘了与媒介劳动过程最为相关的研究,并涵盖了不同的理论和地域视角。最后,大卫·赫斯蒙德夫(David Hesmondhalgh)和莎拉·贝克(Sarah Baker)对政治经济学取向作出批判,他们指出,随着媒介研究领域新的竞争性理论的出现,政治经济学"在互联网与新媒体的主流批判研究中被最大程度地边缘化了"。他们认为,"政治经济学……已经对创意产业政策在世界各地广泛兴起这一现象失去了阐释能力……也不能关照作为媒介与文化生产和消费基础议题的版权问题"。他们也回应了莫斯可的论述,认为对劳动与媒介相关议题的关注正愈发减少,应当结合对权力、制度与主体性的分析,对"创意劳动"展开更多的学术研究。

第四部分 消费的动力学:选择、动员与控制

尽管存在着相反的说法,媒介政治经济学研究已对消费相关议题表现出了特别的关注。第四部分的各个章节即从不同方面关注这一议题。

乔凡尼·切萨雷奥(Giovanni Cesareo)提出了"应该如何界定消费者""如何认识消费劳动"等核心问题。他同时引介了"生产消费者"(producer-consumers，又被称为“产消者”[prosumers])这一新理念。这个新的群体随着博客等培养公民记者的新媒体平台的出现而逐步兴起。

丹尼尔·比特里斯特(Daniel Biltereyst)和菲利普·米尔斯(Philippe Meers)指出，政治经济学视角在理解与媒介受众相关的诸多核心议题时起到了重要作用。他们认为，针对受众的政治经济学研究有助于厘清关于媒介、权力与社会的关键议题。比特里斯特和米尔斯解构了复杂的受众概念，并结合政治经济学的研究方法展开研究，后者被认为对调查分析媒介权力，特别是文化生产、控制与治理的条件和限制等议题而言极为重要。他们认为，“在其参与讨论关于‘正义、平等与公共产品’等问题的过程中，正如戈尔丁(Golding)和默多克(Murdock)……已经强调指出，批判政治经济学已不仅仅是关于文化生产(范畴内)及其文本背后的结构与经济动态的研究，它也涵盖了文化消费、近用(access)与文化能力(cultural competence)等议题”。

小奥斯卡·H. 甘迪(Oscare H. Gandy, Jr.)进一步论述了消费议题，并对个人信息的政治经济学展开研究。甘迪关注一种特殊形式的商品：有关个体的信息或个人信息，及其在身份识别、阶级划分以及个体评估等方面的角色。尽管个人信息的确属于商品，从价值的角度来说，它却是十分棘手的议题。

最后，索菲亚·凯塔兹-惠特洛克(Sophia Kaitatzi-Whitlock)关注了政治无知的政治经济学。在她看来，尽管我们表面上生活在“知识社会”以及科技空前发达的时代，政治无知现象却在不断增多。凯塔兹-惠特洛克将“知识”与“无知”等术语概念化，讨论了政治无知的案例，及其在过去数十年内在欧洲范围内的增长状况。她认为，政治无知的生产是内在于通行的政治经济体系，特别是符号化产品中的。她将其称为“媒介化的困局”(media-induced affliction)。

第五部分　新兴议题与研究方向

正如前四个部分所指出的，媒介政治经济学研究是(或者至少应该是)相当灵活和动态的，能够从历史语境对社会变革作出回应。本书最后一部分也将重点考察一些新兴议题和研究方向。

在2007年辞世前的一篇遗作中，简·埃克克兰茨(Jan Ekecrantz)呼吁应该开展更多跨学科、关注全球不平等和社会转型的跨国研究，并与非西方理论积极开展对话。尽管作者在文章中并没有明言政治经济问题，他的学术研究却大多触及了政治经济学这一理论取向。这在其发展"媒介宏观社会学"(macrosociology of media)的学术主张中显而易见,他主张吸收其他学科的成果,采用比较历史分析方法研究全球和国家阶级体系问题。

在随后的章节中,阿芒·马特拉(Armand Mattelart)也在梳理关于文化、信息与传播的全球学术论战的过程中,进一步分析了跨国议题。这一章详细展示了不同跨国组织之间的讨论过程,它们参与到文化多样性、视听流(audiovisual flows)、信息社会、知识产权等原则议程的制定中。马特拉观察到,尽管例如职业联盟和公民集团等其他新兴势力也正日益卷入这场跨国辩论,工业贸易协会和游说团体正试图以自由贸易和自我管制的名义,不断地施加压力,反对公共管制。

韦恩·霍普(Wayne Hope)讨论了"时间性"(temporality)这一概念及其与全球资本主义的关系问题,这是传播政治经济学另一个新的理论突破。他指出了信息传播技术使得全球资本主义不断加速这一现象,并讨论了包括卫星电视和全球新闻等现象在内的代表性案例。

迈克尔·柯廷(Michael Curtin)提供了一套空间化的分析范式,将城市视为跨国媒介经济的创意和运行中心。柯廷指出了边缘地带媒介中心的多样性和重要性,它们部分受到经由卫星、有线电视、互联网和家庭影像推动的媒介产品跨国流动的影响,自 20 世纪 80 年代以来取得了实质性的进展。本章解释了屏幕媒体(screen media)在超过一个世纪的时间段内,获得长足商业发展的根本原因,也讨论了全球化时代媒介之都/资本的政策影响问题。

中国是本书最后一章的核心议题。该部分由赵月枝完成。本章致力于发展一种"跨文化"传播政治经济学,试图超越欧美国家在该领域的学术偏见。她以中国为案例,分析探讨了与传播相关的政治经济学研究的基本概念议题:包括国家性质问题;阶级、国家与帝国的关系问题;历史与文化的问题;以及最后,变革主体与替代性方案的问题。

本书集中展示了国际媒介与传播研究学会(the International Association for Media and Communication Research,简称 IAMCR)政治经济学分会自其于 20 世纪 70 年代后期成立以来所涉及的主要研究议题。以下部分是对该分会的介绍。该部分由前分会会长文森特·莫斯可负责完成。

IAMCR/政治经济学分会

政治经济学分会主要研究媒介化传播的生产、分配和交换过程中的权力角色问题。得益于政治经济学丰硕的历史积淀，分会成员从总体的角度研究社会关系，探讨这些关系如何历史性地得到发展，根据社会正义的标准对它们进行评估，并介入其中，以推动更为正义和民主的世界的形成。

分会成员的研究领域包括，通过考察权力结构——特别是在将信息转化为商品的过程中——如何运行，并以此发展出一套更为丰富的传播理论基础。换句话说，这意味着对全球政治经济议题展开研究，全球政治经济正高度依附于传播的发展以及跨国媒体公司，后者也正在日益把控着传播体系。这些研究也包括，全球政治经济形态如何由那些调节全球和地方权力的因素——各个国有企业、政府机构以及阶级团体等——所构成等问题。

研究领域还包括，对"由谁掌控传播资源的控制权"这一议题产生的分歧和冲突的讨论。此类研究关注工人——特别是在国际传播劳动分工日益复杂化，以及妇女和少数族裔寻求对全球传播权力不平等基础进行纠正的条件下——的政治干预行为。近年来，此类研究已发展到涵盖传播领域内的社会运动问题，视听空间日益私有化条件下的公共领域状况问题，以及在现实世界用消费者替代人民这一概念时的公民身份问题等议题。

参 考 文 献

Adorno, T. (1991) Culture industry reconsidered. In: Adorno, T. W., *The Culture Industry: Selected Essays on Mass Culture*. Routledge, London, pp. 85—92.

Albarran, A. (1996) *Media Economics: Understanding Markets, Industries, and Concepts*. Iowa State University, Ames, IA.

Alexander, A., Owers, J., and Carveth, R. M. (eds) (1993) *Media Economics: Theory and Practice*. Lawrence Erlbaum, Hillsdale, NJ.

Compaine, B. (ed.) (1979) *Who Owns the Media?* Harmony Books, New York.

Doyle, G. (2002) *Understanding Media Economics*. Sage Publications, London.

Gomery, D. (1989) Mediaeconomics: Terms of analysis. *Critical Studies in Mass Com-*

munication,6(2),43—60.

Hartley,J. (2009) *The Uses of Digital Literacy*. University of Queensland Press,Brisbane.

Picard,R. G. (1989) *Media Economics: Concepts and Issues*. Sage Publications,London.

第一部分

理论遗产与辩论

第一章　作为道义经济的政治经济学：商品、礼物与公共产品

格雷厄姆·默多克(Graham Murdock)

商品与良好生活

经济学作为一门学科始于19世纪末、20世纪初，旨在为经济事务的研究提供一个科学的基础。它的主导流派将资本主义看作是一个由理性自主调节的市场之网，其组织和结果都能用数学模型精确地模拟。实证研究置价值问题于外，斩断一切与居政治经济学课题核心地位的道德哲学之间的联系。而政治经济学兴起于18世纪晚期，是作为对道德行动的世俗基础更普遍追寻的一部分。2008年9月由雷曼兄弟银行破产引发的灾难性金融崩溃以极其残酷的方式迫使道德伦理问题重新回到经济事务的讨论当中。

这种"道义转向"在英国尤为明显。十多年来，伦敦市一直被无可挑剔地奉为新资本主义的关键枢纽之一，几乎不受监管地置身全球市场中搏击。社会和人力成本被算作引起失业率不断攀升、退休储蓄急剧减少和公共产品供给大幅削减的原因，而原本用作基本服务的资金被转而用来偿还政府为银行纾困所借的空前规模的贷款。尽管无数人的职业生涯面临灾难，但许多银行家仍然表现出对普罗大众的不幸的无情漠视，继续为自己发放巨额奖金。面对这样的自私自利，金融圣坛上不少知名的欢庆者开始感到幻灭或对他们之前的信仰公开表达强烈的质疑。作为世界最大银行之一的汇丰银行集团主席，斯蒂芬·葛霖(Stephen Green)也发生了动摇，他认为"21世纪的资本主义需要一套全新的道德体系来支撑"，即一套询问如下问题的体系——"究竟什么才是进步？是财富的积累吗？或者说它与对生活的幸福与质量的更宽泛和更综合的理解有关

吗?"(Green 2009,35)英国前财务大臣戈登·布朗(Gordon Brown)曾执掌一个超级自由放任的财政部门。在担任首相时才事后诸葛般地总结说,"我们付出了代价后才发现,如果没有价值观的指引,自由市场会将一切关系降格为交易,从而肆无忌惮地成为良好社会的敌人"(Brown 2010)。

这一番坦言应该早在布朗的同乡、同样出生于苏格兰可卡迪的亚当·斯密的意料之中。亚当·斯密是致力于发展一门复杂社会的政治经济学的奠基人之一。从一开始,政治经济学家就将商品的生产和流通应该如何组织的问题,视为良好社会的构成这一更综合的哲学命题的一个组成部分。由于新自由主义者将斯密宣传为激进的自由市场的倡导者,人们很容易忽略他思想深厚的道德基础。他的第一本著作《道德情操论》(*The Theory of Moral Sentiments*,1759)就是他在格拉斯哥大学当道德哲学教授时所作讲演的基础上写成的。在书中,他提出了这样一个著名的观点:虽然富人可能只感兴趣于"满足他们自身的空虚而不厌的欲望……他们受看不见的手的引导",像这样通过分享"自己所有改良的成果于穷人",并非有意地或毫无预料地"促进了社会的利益"(Smith 1969,264—5)。正如极左政治经济学家琼·罗宾逊(Joan Robinson)所尖锐指出的,即"以意识形态来终结意识形态"(Robinson 2006,76)。这是一种知识的炼金术,将自利的廉价金属转化为社会公平的黄金。由于假设积累总是带来理想的结果,这很容易将剥削一笔勾销。但正如斯密在该文章的另一处所承认的,虽然商业上的算计为社会秩序提供了一个现实基础,但它本身并不直接带来一个良好的社会。这需要人们慷慨大方、互惠互利。他认为,"可以某种公认的价值为准,以有利可图为前提,交换彼此的帮助,以此使社会得以维系",但并"不处在最佳状态"(Smith 1969,125)。在斯密看来,"人类社会的所有成员都需要彼此帮助。若人们出于爱意、感激、友情及尊重,愿意彼此提供必要的帮助,社会就必定繁荣而幸福。这令人愉悦的爱意的纽带将各个不同的成员彼此相连,引领他们走向互助互利的中心"(p. 124)。

然而,以斯密的观点来看,既然利己主义是一种比利他主义更强烈的驱动力,我们就不能指望仁慈和互惠的精神能承受一个复杂社会之重。仁慈"只是替社会这座大楼锦上添花的装饰品,而不是其基础"(p. 125)。社会秩序的维持需要有一套行之有效的司法体系,以惩罚作恶者。

将“政治性”注入政治经济学

1776 年斯密出版了他的第二本巨著《国富论》。在该书问世几个月后，美国独立宣言的发表加速了全民充分参与政府运作的斗争。美国和法国的革命宣告了臣民的消逝和公民的诞生。人们不必再服从于君主、帝王、暴君独断专行的权力，他们将是独立自主的政治行动者，有着充分而平等的参与社会生活和影响他们生活的政治决策的权利。从那一刻开始，辩论的用语发生了无可逆转的改变。如何更好地应对资本主义扩张及其从商业基础向工业基础的过渡，这样的探讨与有关公民权利的构成，以及关于国家在保护支持人们充分参与政治的具体资源时所扮演的角色的辩论息息相关。对经济秩序的分析无法与对扩大的国家干预及其本质、理论基础和限制性的考量截然分开。政治经济学问题比以往任何时候都更加关注其政治性的一面。

斯密看到了国家在应对市场的限制方面所发挥的清晰的作用，认为“凡有利于全社会的各种机构和市政工程……如果不能由那些最直接受益的特殊社会成员分摊费用来维持，那么，在大多数情况下，缺口必须由全社会的整体分摊来弥补”(Smith 1999，406)。

然而，哪些机构有资格获得公共补贴则成为激烈争论的焦点。斯密本人也很审慎。他看到了公共资金在支持普及型基础教育方面可以发挥的作用，但同时又认为国家可以通过“听任那些为了自己利益而从事艺术的人们完全自由发展”来最有力地支持普通文化生活，“绘画、音乐……戏剧表演”(1999，384)。不过，随着争取完全公民权的斗争升级，市场有无能力保障文化权利引发越来越多的质疑。

在过去，一直很明显的是，有一些全民参与所必需的核心资源(最低工资、养老、失业和残疾福利、假期、住房、医疗)具有物质性，成为殊死斗争的战场，而大家在这里围绕集体福利的条件和范围问题争论不休。同样显而易见的是，仅有这些物质资源是不够的，还得有很多其他资源相匹配，例如核心的文化资源、对全面而准确的时事信息和人们自发形成的各种意见的获知权、获取知识以及了解将事件置于一定背景中追根溯源并评估结果的分析和阐释框架的权利、不带成见和贬损地自我展现生命和抱负的权利、参与建设公共形象和记录及公共辩论的机会(Murdock 1999)。

公平、公正地提供这些资源使得国家从极简主义角色到有了更宽泛的作用。除了制止犯罪和保障商业交易必需的稳定有序的社会和金融环境，人们日趋指望国家能兑现公民权的承诺。作为这一过程的一部分，通过规制和补贴等多种组合来实现对文化供给和大众传播的管理，在很大程度上已成为公共政策的一部分。规制的运用旨在确保公共利益并不完全服从于媒介所有者和广告商的私人利益。补贴的存在是为了弥补市场在兑现全方位的文化权利方面显而易见的不足，而应对的办法是在财政上资助围绕“公共服务”理想而非创收目的组建起来的文化机构。

这些动议推动建立起来一个文化和传播的双重体系。一方矗立着占主导地位的商业部门，要么直接向顾客售卖文化商品（书籍、杂志、电影票、畅销唱片），要么将受众的注意力售卖给广告商而免费提供产品（商业广播和电视节目）；另一方矗立着财力并不那么充足的公共部门，提供一定的公共文化物品和服务：图书馆、博物馆、美术馆、公共广播机构。这就是西方资本主义世界的传播政治经济学作为一个专门的学术领域在二次大战之后兴起时所面临的境况。

这种境况决定了传播政治经济学先入为主地关注资本与国家的关系，应对的是当时资本主义的组织方式转变的问题。欧洲的资本主义重建工程展现出了多样的福利资本主义形态，而这当中，国家承担起越来越多的文化和传播供给的责任。在去殖民地斗争中涌现出的一大批新独立的国家中，有很多都采取了在文化和传播之类的大型部门中依靠国家统一干预的“发展”策略。美国资本主义的全球崛起以及媒体不断增强的权力和影响力迫切地提出了国内规制和国际文化帝国主义的问题。然而，作为缺乏合法对等私营部门的中央计划经济体，苏联这样的共产主义阵营基本上一直徘徊在这一辩论的范围之外。结果，尽管政治学家对它们充满浓厚的兴趣，但它们总体上是被传播政治经济学家所忽视的。

这种状况直到 20 世纪 70 年代后期才再次改变。当时资本与国家之间的平衡发生决定性的转变，开始偏向资本一方。苏联的解体、中国的市场转向以及印度对甘地自给自足精神气质的偏离，令这三大经济区域在经历几十年的隔绝或相对距离之后重新与全球资本主义电路产生连接。与此同时，新自由主义对公共部门的效率低下、反应迟钝的一致攻击在包括英国在内的诸多新兴和成熟的经济体中引发了一场激进的市场化过程（Murdock and Wasko，2007）。在这样的背景下，批判的传播政治经济学将挑战“市场原教旨主义”的核心信条和保卫公共服务机构的使命赋予优先权也就不足为怪了。

这种非此即彼的二元思维几乎完全没有考虑到礼物经济和互帮互助互惠互利的持续存在,而后者一直以多样的实践形态展现于现代资本主义的历史中。赠与是公民社会的一个核心组织原则。每当人们自发地组织起来保卫或追求他们的共同利益时,我们会看到人们自愿地付出或交换劳动,并不期待有金钱上的回报。“公民社会就是我们表达‘我们’而不是‘我’,就是我们和其他人一起行动,而不仅仅是为了其他人做事情的社会。”(Carnegie Uk Trust 2010,148)随着互联网的崛起及其所支持的协作式活动的涌现,这种曾遭忽视的经济被重新发现,“多数激进的部分……从开放源代码运动和知识共享组织到围绕社交网络改革创新的活动分子”都被视为公民社会的一个新基础(p. 148)。不幸的是,狂热的拥趸并没有将其视为必要的第三方势力,而是又建立起另外一种二分法,使在线社会共享陷入了不断升级的战斗中,而斗争对象则是那些热衷于通过霸占无偿的创意劳动和开发新的收入来源来扩张他们影响力的公司。这种斗争是切实存在的,但还不是事情的全貌。它忽略了互联网的扩张也重新激活了公共文化机构这一面。

相互竞争的道义经济

每当我们卷入涉及物品消费或交换的交易中时,我们就进入了一个随着时间而延展的社会关系的链条。回首过去为我们提出生产条件及其招致的社会与环境成本的问题,迫使我们在辩论的最前沿考虑公平与正义。未来的展望则为我们提出了浪费、用完即扔、可持续性和共同命运的问题。这些担忧的背后实则是我们对那些我们永远也无法碰面的人们的责任和义务的问题,他们的生命机会和自我实现的机遇都被我们选择进入的生产方式和交换形态所影响。这是现代社会面临的核心道德问题,但它会直接遭遇对支撑资本主义的占有性个人主义精神的激进的推广。

如果我们追溯法国大革命时所宣称的对自由、平等和博爱的诉求的命运,我们会发现个人自由的修辞被支持小政府和“消费者社会”的人吞并,平等则嬗变为为争取个人进步而进入结构不平等的竞争的机会,而互惠互利则是一个惨遭贬低的第三种语汇。正如理查德·蒂特马斯(Richard Titmuss)提醒我们的,资本主义总是促使我们问:“为什么人们不能不受‘社会’的约束,只为自己的眼前利益行事?为什么要为陌生人付出？——一个引发更根本的道德议题的问题：在一个相对富足、贪婪、分裂的社会里，谁是我的陌生人？如果义务得以延伸，那么彼此靠什么联系？”(Titmuss 1970，58)我们如何回答或避开这一核心道德问题取决于我们所从事的交易的性质。当今社会里构建交换关系的三种主要方式——商品、公共产品和礼物——都需要我们采取某种身份，以某些具体的方式来平衡私人利益与公共利益的关系，来承认或拒绝我们对陌生人的责任。因此这三种政治经济都属于道德经济。表1.1勾画出他们三者的主要区别。在本章下文里，我将详细阐述这些区别，探究他们对文化与传播的构建所产生的影响，并考察他们之间的关系如何在新兴的数字环境中发生转变。

表1.1 竞争性的道德经济

资　本	国　家	市民社会
商　品	**公共产品**	**礼　物**
价　格	税　收	互　惠
个人占有	共享受用	共同创造
消费者	市　民	共享者
自　由	平等性	相互性

商品：占有与剥夺

商品就是市场里以某种价格售卖的任何物品或服务。很多经济制度中都包含商品交换的元素。计划经济也有稀缺物品的“黑”市。在殖民社会中，商品与物物交换和礼物交换并存。但只有在发展成熟的资本主义制度中，商品的生产和营销才成为增长和利润的核心推动力。马克思在写于1847年的著作中观察到，社会秩序是根据工业资本的利益而重新塑造的。他毫无疑问地确信，寻求将一切转换为卖品的商品化过程是这一过程的核心。他看到新兴资本主义引入了“一个时代，过去有过交换但从未交易、有过赠与但从未买卖、有过斩获但从未购买的——美德、爱、良知——所有这些最终都过渡到商业中，在这个时代里，一切的一切，精神的或物质的，都变成可销售的商品，被带入市场”(Marx 2008，86—7)。

不少评论人士已经看到，商品化进程作为一种普遍的圈地形式已经延伸到越来越多种类的资源中(Mrudock 2001)。第一波圈地运动始于都铎王朝时代，当时农业企业家圈占了先前由农民掌握的用以放羊、打柴、采集野生食物的土地，并将其纳入自己的私人地产。这是一个很有用的比喻，因为它突显了这样一个事实：资本主义积累总是必然产生剥夺(Harvey 2005，137—82)。

农民原本赖以自给自足的许多资源被剥夺使用权以后，原始的圈地运动迫使他们成为供雇佣的、出卖劳动来换取工资的农业工人。此时，当他们迈入新的工业城市，他们在建筑、自我医疗、种植和保存食物等方面的乡土知识和技能逐渐退化萎缩，而被召唤着进入新的消费者体系。在这里，他们的自我决定权被工业劳动过程剥夺，取而代之的是休闲时间，即在相互竞争的商品中做选择的主权。日常的工业和事务性工作是重复乏味、彼此疏远的，也不会赋予工人多少内在的满足感或自我表达的机会，在这样的背景下，将消费宣传为一个人可以在其中自由自在地完全做自己的领域是非常重要的。商品化过程通过将人们奉为可以在市场上做个人选择的头等重要的消费者，而不是从事共同事业的工人，在确保不断上升的生产水平与不断上升的需求水平相匹配的同时，有力地维护了社会稳定。

正如马克思在其《资本论》第一卷开篇章节的著名讨论中所指出的，商品掩盖了生产的秘密，以神奇物品的面目出现，就像宗教偶像一样被赋予了改变生命的力量。和福音派传教士说服信徒所说的他们可以“重生”相同的是，商品展示出了一个永恒的更美好、更舒适、更令人满意的生活的前景。马克思去世以后所发生的从无厂家商标商品到品牌商品的过渡更加强化了商品的这一号召力。品牌上要么带有生产厂家的名字(科尔曼芥末、立顿茶、吉列剃须刀)，以充满创意和企业家精神的独家产品的面貌出现，要么像柯达那样取了一个虚构的名字，话语清新脱俗。这样带来的效果是，消灭了对劳动过程、剥削性的工作条件和环境恶化的谈论，将人们的注意只集中到物品本身及其投射的快感和拥有的好处上。品牌不仅体现在质量或特性等外在标记上，而且是个人身份的象征，是一个人宣扬自己是谁和想要成为谁的方式。

消费者都被鼓励标榜自己的品牌，以不受“社会”的约束，专注在个人购物的变革力量上。商品交易不承担任何社会义务。他们支持的是一种植根于无拘无束和利己主义的道义经济。在这种经济中，个人的选择自由就是唯一的至高无上的价值观。除了品牌用户的圈子之外，他们与所有相互依存的关系都格格不入。

文化和传播商品与商品文化有一种独特的三重关系。首先，相当一部分媒介产品和文化服务本身就是商品。这带来两重影响，已成为批判政治经济学的两大研究领域。它将对公共文化和辩论的巨大的潜在控制权割让给了私人所有权和利润最大化动力学，并通过将传播权限与支付能力相绑定制造了在参与能力上的实质性的不平等。第二，媒介为一般商品的广告和推销提供了主要的平台。通过付费安置自创的宣传，唯一的意识形态阵地确保了对公共文化核心地带的持续的访问权限，给予了消费主义一个独特的优势。第三，大众媒介的主导流派通过用地点和人物的形象填充表达空间延伸了这种对商品文化的驯化，而这些地点和人物将其作为社会行动理所当然的背景。他们的主导美学就是展示"值得仿效的生命和生活"的"资本主义现实主义"(Schudson 1984,215)。苏联的"社会主义现实主义"夸耀地展示了他们的生产英雄——跨入未来沐浴在阳光下的钢铁工人、微笑着的拖拉机司机从阳光普照的大丰收的田野满载而归。"资本主义现实主义"则为过着丰足的物质生活、对时尚高度敏感的消费英雄而欢呼喝彩——妻子抚摸着她们新买冰箱的圆形门，丈夫欣赏着他们新买轿车的流线型线条。

正如格里菲斯(Griffith)在1923年所抱怨的那样："电影已经受到，也应该受到，诸多关于他们取景的房间类型总是呈现富人家庭的批评……那些富裕、有家有室、受过高等教育的人在家居店或拍卖行展厅的氛围里炫耀他们的珠宝首饰。房间里的东西琳琅满目……"(Griffith 1923,13)十年后，颇具影响力的批判文化分析的法兰克福学派创始人马克斯·霍克海默(Max Horkheimer)认为，即便是大众电影中的背景画面也被融入了宣传美学中。他指出："长期以来，拉斐尔画中的蓝色地平线已成为迪士尼风景中丝丝入扣的一部分。阳光几乎是乞求着要用一个肥皂或牙膏的名字来装饰自己。除了作为此类广告的背景，它们没有任何意义。迪士尼和他的受众……坚定不移地代表着蓝色般的纯净。"(Horkheimer 1972,281)

然而，这种对商品文化的宣传推广并非所向披靡。通过重新认领公地概念，为完全的公民权提供文化和传播资源的长期抗争，就是对这一趋势的纠正。

公共产品：重新认领公地

在新兴工业城市建设一个公地的斗争在两条战线上展开：一为共

享的公共空间，一为公共文化供给。两者都是对于完全的公民权意义重大的资源。政治表达是以公共空间的存在为前提的，因为在这里人们可以聚集起来讨论问题、参加集会和游行。然而，正如《星期六评论》在1856年所观察到的，伦敦市中心仓促盲目的扩张是由"被送入市场的敌对地产之间你推我搡、不受约束的竞争"所驱动的(引自 Minton 2009,19)。新的开发是由昔日贵族阶级成员(贝德福德、南安普敦伯爵和威斯敏斯特公爵)所领导的私人土地所有者控制的。他们借助屡试不爽的圈地运动，竖起围栏和大门，由过去的军人和监狱官把守巡逻。当时的人们围绕着开放权限问题争论不休，对所谓的政府"允许这些广场和场所对公众关闭"的"可耻"行为的抵制情绪日益高涨。面临这种情况，城市空间的控制权逐渐过渡到了地方当局的手中，自1864、1865年起开始向公众开放(Minton 2009,20)。第二年，即1866年，爆发了群众抗议旨在扩大选举权范围的改革法案失败的活动，成为另一次转折点。当时，抗议群众到达海德公园，准备在此举行一个集会，却发现大门紧锁，便移除了部分栏杆，进入自那以后一直被用作富人游乐园的一处空地(Murdock 2001,444—5)。

与再次主张对公众共享型物理公地接近权相伴随的是集体文化资源——由中央或地方政府管理的博物馆、美术馆、图书馆和成人教育设施——的迅速扩张。这些设施在三层意义上都属于公共物品，首先，相较属于私人财产的商品而言，它们开放给大家共同使用；第二，它们的运营资金靠税收来筹集，因此弥补了市场体制下支付能力的不平等所带来的社会排斥问题的缺陷。人们也许不具备购买娱乐和自我发展所需的所有书籍的经济能力，但他们可以从一个公共图书馆借来这些书；第三，它们旨在通过宣扬权益平等观，鼓励形成一种面临共同问题时对想象世界共同体的一种归属感来促进公共福利。

然而，开放而平等的使用权的承诺依然受到场所限制和人数压力等因素的局限。要从一家公共图书馆借书，用户必须亲自来到这幢楼里，而这幢楼只在一定时段开放。一旦真的到了那里，他们可能会发现他们想要的那本书已被其他借阅者借走。同样，公共美术馆和博物馆只能在它们仅有的空间里展示一部分藏品，而其他的藏品只能储存备用，而观看最受欢迎的展品总是意味着拥挤的人群为了争取一个有利位置而相互推搡。

另外，公共文化机构从一开始就是权力斗争的场所，持续面临着国家和政府利用它们作社会控制工具的压力。它们称赞用户为国家和本地社区的一员，从而替代了阶级的团结。与此同时，它们的日常管理由不断壮大的文化专业人士队伍——博物馆馆长、档案保管员、图书馆馆员和演讲者——来担任。这些专业人士将自己视为传教士，将人类知识和表达的伟大成就普及到所有可触及的范围。关于应该收藏什么书、展示什么艺术、讲授什么思想的决定应该交由专业人士判断而不是掺杂政治考虑。这种主张在国库供养的文化工作者的"相对自主性"概念上制造了永久的矛盾，一方面，这种对知识专长和高雅品位的主导地位的强调在一定程度上保护了文化机构免受政治侵扰；但另一方面，它在执行过程中会很大程度上将民俗知识和民间文化表达排斥在外。公共文化机构所推广的文化都是一边倒的"大文化"，认同上偏向已经进入被文化精英选出的，知识和创意英雄榜单上有名的思想家、作家、艺术家和音乐家的作品。诚然，出于希望提高民众的知识和想象力水平这一纯粹高尚的动机，告诉人们"首先尝试一下这个，然后那个，之后再回来问问我们你接下来该阅读什么"(Williams 1989，25)是明智的做法，但对于许多只能乖乖接受的人们而言，这透着一股家长制的味道。

然而，受众根本不是等待文化专业人士执笔挥毫写出曼妙讯息的白纸。"在 19 世纪末期和 20 世纪初期，大众识字率已有大幅提升但广播电视尚未出现之时，工人阶级文化充满了互助教育的精神……知识是一种可以共享的东西。"(Rose 2002，83—9)报纸和小说在从办公室、酒吧、街角到教室等诸多工人教育协会(Workers' Education Association)组织的社交场合中被高声朗读和讨论。这种对分享和共同创造的投入也是从铜管乐队、合唱团到业余画家等诸多集体文化表达形态的特征。

然而，20 世纪 20 年代出现在许多欧洲和其他地区国家的公共广播机构基本忽视了这些本意。免费广播技术通过摆脱物理空间限制介入公共文化，使得同样的资料可以同时被有接收设备的任何人享用，由此在普及化的过程中进一步巩固了风行的文化价值地图。通过稳住家庭作为文化碰撞中心的地位，免费广播也加速了大众文化活动的家庭化进程。然而，那时观察家已开始另觅互惠的表达途径。

礼物：寻找慷慨

公共广播的出现，与基于长期的第一手观察和对本土知情人的访谈建立起来的人类学学科的兴起，在时间上不谋而合。从一开始，礼物的交换就成为人类学关注的核心问题，原因有二：首先，由于它们将经济的、社会的和象征的领地集于一身，因此构成了理解本土体系的总体架构的一个便捷的切入点；第二，在一个商品关系和个人得失算计已经进入越来越多社会生活领域的环境中，免费赠送的礼物看起来就像是眼看就要从资本主义社会消失殆尽的"人类团结协作和慷慨大方之美德的最后避难所"(Godelier 1999，208)。"相应地，有关礼物的理论的主要功能之一就是为作为社区存在基础的非剥削性的互惠互利关系提供一种说明。"(Frow 199，104)然而，随着田野调查证据的累积，越来越显而易见的是，礼物交换不仅不会疏于算计，反而对于个人利益的竞争至关重要。

对这个结论最有影响力的阐述莫过于莫斯(Marcel Mauss)1925 年的名著《礼物》(*The Gift*)。莫斯在该书中提出，"总而言之，礼物的赠予并不是……无关利益的，(而是)带着达成利益联盟的目的"(Mauss 1990，73)。赠予的价值在于其巩固和再确认社会联系和声望的能力。莫斯认为赠予里有算计性入侵的观点最有力的证据来自他对弗朗茨·博厄斯(Franz Boas)关于温哥华周围地区夸丘特尔人冬季赠礼节(potlatch，切奴克族印第安人在表达"赠送"之意时所用的词)所做的研究与解读。博厄斯第一次来到当地做田野调查是 1886 年，当时禁止过赠礼节的法令刚刚生效。他的受访者纷纷缅怀他们生命中那个因与资本主义现代性发生冲撞而被彻底改变的制度。

夸丘特尔人的社会是由自称是开山祖先动物灵魂化身的一群贵族所领导的。他们通过举办以财产分配为中心的庆典仪式来合法化他们的社会地位和他们自称拥有的再造自然界的超自然能力(Masco 1995，44)。赠送的礼物中含有动物毛皮，而这是物质世界和精神世界之间一种真实可感的连接物。自 1750 年开始，建立在毛皮特别是时尚业的"软黄金"——海獭毛皮——基础上的生意已获利丰厚。尽管这使得夸丘特尔人与英国商人及其使者有了越来越频繁的接触，但他们在文化上仍保持相对的独立性。他们将毛皮贸易所得——主要是哈德逊湾毛毯，融入他们的赠礼节仪式中，将其作为动物毛皮的替代品，并注入新的仪式意义。接着，1849 年，英国占领了温哥华岛，开始齐心协力将当地土著居民纳入资本主义的社会和道德秩序中。殖民化所开辟的新的商业机会却使得本地人口内部的竞争不断升级。有史以来第一次，本地的知名人士而不是酋长有能力聚集足够的资源举办赠礼节仪式。由此引发的地位竞争使得赠礼节举办得越来越宏大而频繁。在节日中被赠送的礼物越来越多，而当中的诸多商品是从英国人那里购得的。这带来了相互矛盾的结果：支持本地身份认同所必需的"保留宇宙观"日益依附"对殖民经济的参与"，因此"资本主义日益占据了它的中心位置"(Saunders 1997,143)。

读到这里，人们很容易将它解读为资本主义融入过程的一个经典案例，但在这里，正如在其他殖民语境中一样，当地道德体系与资本主义贸易的纠缠不清带来了更复杂的结果(Thomas 1991)。1862 年，一位被淘金热吸引到弗雷泽河的淘金人引发了一场天花传染，"不出三年，毁灭了……当地三分之二的人口"(Masco 1995,55)。在这种背景下，赠礼节的规模升级也可以视作"垂死挣扎的人们……想要重新掌控自己生活的一种努力"(Masco 1995,57)。正是这种对融入资本主义的象征性抵制促成 1884 年《加拿大法令》的修订，将赠礼节视为刑事犯罪。

莫斯并未涉及这一另类的解释，但以上情形与他本人在撰写《礼物》一书时所面临的境况有很多相似之处。他在观察 20 世纪 20 年代初的法国时发现这个被一战浩劫弄得千疮百孔的社会变得日趋商业化，而巴黎仍号称是消费者文化的先锋，首创了两种最有影响力的宣传推广机制——百货商场和电影院。但他坚持认为，商业圈占还远未结束。正如他所指出的，"还好并非所有的东西都被分成买或卖两类……我们的道德原则和生活中仍然有相当一部分渗透着与赠予相同的气氛，兼具责任与自由……我们拥有的不只是生意人的道德观"(Mauss 1990,65)。关键的问题是如何才能最好地保护和支持这种"互惠式慷慨"(Mauss 1990,83)的精神来抵御"冰冷的功利主义算计"(p. 76)的入侵。

莫斯是一位笃定的社会主义者。虽然他是一位渐进主义者，而非革命者，但他最开始时是被布尔什维克在俄国掌权引发的社会实验所吸引的。不过，他很快幻灭了。1925 年他发表了一篇猛烈的抨击文章(Mauss 1992)，特别把矛头指向苏联国家权力的高度集中，认为它教会了"那些思谋改革的国家如何避免改革"(Mauss 1992,203)。在寻找一种替代方案的过程中，他从长期参与的坚持强调公民社会紧迫性的合作运动中借鉴了经验，提出要建设一系列与国家和市场都保持相对独立性的"中间机构"(1992,191)。与此同时，他还给政府分派了一个关键角色，即"代表社会"。政府要承认除了雇主以外，"劳动者还将他们的生命和劳动都付出给了集体"，要履行"工资支付没法承担的"社会责任(Mauss 1990,67)。他脑海里想到的"应对失业、疾病、衰老的安全"(p. 67)保障是一种新型福利国家的基本构件。同时他认为“行政管理型社会主义已流行多时的”英国最有可能发展这种福利国家模式（Mauss 1992，206）。

莫斯的政治观点几乎在后来的有关礼物交换的人类学作品中删了个精光，因为它们更倾向于找寻“达到了可称为掩盖隐藏的自私心理程度的所有行为”（Graeber 2010，5）。一个显著的例外是瑞士人类学家杰拉德·伯绍德（Gerald Berthoud）。他于1981年和法国社会学家阿兰·盖伊（Alain Caille）一起发起了“反功利的社会科学运动”（Mouvement Anti—Utilitariste dans les Sciences Sociales，MAUSS），反对用工具性的眼光看待社会民主，反对持续鼓吹法国采取更加市场化的国家模式。他们的核心主张再次激活了18世纪革命者托马斯·潘恩（Tom Paine）首先提出的想法——政府应该给每位公民支付社会工资，支持他们的社会参与。

这一主张并不在二战后英国当选的工党政府的施政纲领之列，但是新政府却以多样的其他方式有力地为公民权提供集体资源。高速扩张的国民保险计划、耗资不菲的社会住房计划、焕然一新的国民医疗服务体系等社会供给与一系列的文化举措双管齐下。义务教育被延至15岁。BBC对广播的垄断得到巩固确认，并延伸至电视领域。资助创意活动的艺术理事会（建立管理资本主义的新正统理论的主设计师——政治经济学家约翰·梅纳德·凯恩斯的主意）得以成立。观察了1951年这一系列行动的年轻社会政策研究专家理查德·蒂特马斯（Richard Titmuss）认为其背后的动力是“被战争所激发的追求一个更慷慨的社会的冲动”（Titmuss 1950，508）。二十年后，他的观点更加暗淡无望。在目睹了新自由主义的经济思想在20世纪60年代稳步地攻城略地之后，他认为福利国家的堡垒——“医院、学校、大学”——逐渐面临被“经济算计力量和市场法则”（Titmuss 1970，213）裹挟的风险。玛格丽特·撒切尔担任首相以后，蒂特马斯的预言得到印证：政府将公共资产卖给私人投资者，将原本受限的市场和受保护的活动领域予以开放，将政府管制调节到一个更加富有商业便利性的模式，强迫公共机构像商业公司一样思考和行动并将它们的资产“货币化”，从而将国家拉回到了原位，扩大了市场关系的范围。

蒂特马斯没能活着看到市场化的崛起，但是他在其最后一本书《礼物关系》（*The Gift Relationship*）中（Titmuss 1970）对市场化进行了强烈的驳斥。他认为慷慨才是良好社会的基础。他以义务献血这一没有任何回报或好处的极端赠予行为为例，得体而有力地说明，与卖血相比，献血更有效率，在道德上也更为高尚。义务献血不仅降低了污染的机会、减少了浪费，而且它以最亲密直观的方式确认了慷慨在维持互惠互利的民主社会过程中发挥的重要作用。

批评家刘易斯·海德(Lewis Hyde)在分析“内在的”创造性天赋与其借以表达和流通的“外在的”文化形态之间的关系时承继了这种对流通中未必有任何回报的礼物现象的关注。在海德看来，“礼物精神正因其不断的捐赠而焕发了生机”，“在商业纯属是一种商品贸易的地方，被赠予的礼物是无法进入到确保其精神存在的公平交易中的”(Hyde 1979，xvi)。然而，对于许多依靠作品报酬来养活自己的文化工作者而言，考虑经济上的生计是第一位的。莫斯对于作者权益的伸张是持同情态度的，认为尽管每个人都希望艺术和文学作品“尽可能快地……归属到公共范畴”，但是法律保护创作者从其不断的劳动付出上获取经济收益是完全正当的(Mauss 1990，67)。随着互联网的崛起，在网上复制和流通作品变得前所未有地容易，扩大知识产权的捍卫者与不受限制共享的拥护者之间的冲突已成为贯穿时下辩论的主要分水岭。尽管围绕这个问题已有大量专业文献产生，但更现实的是将其看作是关于礼物、商品和公共产品相互竞争的道义经济之间矛盾升级的一个方面。如今这一矛盾蔓延到了数字技术的整个范围，当然聚焦点还在互联网上。

互联网破坏既定结构和机构分支的力量体现在它同时促进自上而下和自下而上的交换体系。一方面，它为既已成熟的商业和公共文化机构提供了更高效和更灵活的途径开发产品、追踪受众的反应和反馈。另一方面，它支持多样的点对点的共享与合作网络。当前的争议主要围绕垂直面向与平行面向关系的组织方式上。

《连线》杂志的创始人兼执行总编凯文·凯利(Kevin Kelly)是多个数字乌托邦的代言人。他声称新的合作型社会技术正在锻造一种“单独针对网络化世界的社会主义”，因为在这里“拥有生产资料的人民群众朝着一个共同的目标一起免费分享他们的成果”(Kelly 2009，122—3)。他认为这种新的“第三条道路……使得老的自由市场个人主义与中央集权之间的零和权衡变得无关紧要”(p. 124)。这种观点既忽视了企业界包围数字赠予的一致努力，也对政府在保障社会参与所必需的文化资源使用权方面的核心角色视而不见。正如我们以往主张的，“对良好社会的社会民主想象意味着政府和公共部门”在建设和捍卫一个真正开放多姿的文化公地时“从一开始就要发挥更大的作用”(Judt 2010，2)。尽管自那以后市场化的推进已招致人们近期对公共文化机构的攻击，但互联网仍为重新激活这一工程提供了前所未有的机会。

数字赠予：网络回报

处于价格体系之外的数字赠予是在三个基础层面上展开的。首先存在着一种个人利用自己的网站或网络空间将自己生产的或找到的资料流传开来的共享行为。这一类共享，从在个人社交网络页面上贴照片、在YouTube上添加视频片段，到交换下载的音乐文件，包含甚广。在下一阶段存在着一种合作，即个人纷纷出力使共享领域更加实用，比如用关键词标识一下他们贴在Flickr（译注：雅虎旗下图片分享网站）上的照片使档案更方便检索。最后存在着一种旨在创造一种新的可以自由共享的文化产品或资源的合作行为。成功的动作冒险类视频游戏《战地1942》，以二战为背景，其忠实粉丝制作的可以自由下载的游戏附加品"国土防线"（Home Front）就是一个典型的例子（Postigo 2007）。另外一个例子是耗资更大的《希望的诞生》（Born of Hope）。它是极其火爆的电影《指环王》三部曲的前传，片长70分钟，由独立电影人凯特·麦迪逊（Kate Madison）制作。电影预算靠捐助筹集。演员免费奉献时间出演，技术支持依靠一个全球网络。"服装设计寄自荷兰。主角的剑在加拿大安大略省设计……树林的镜头源自德国，而闪电效果由希腊的特效奇才加上。"（Lamont，2010）该电影在三个流媒体站点免费播映时吸引了将近百万的观众。

正如这些例子所表明的，在真正原创的领域，谈及互联网这个不断壮大的"业余"活动场所，人们"不是在欠缺经验的意义上而是在免费无偿的意义上"（Lessig 2004，44）使用"业余"这个词的。即便这些项目对更广大的居民开放，但绝大部分活跃的免费投稿人仍集中在一小撮忠实的发烧友身上。在线百科全书Wikipedia只有不到2%的用户贡献过词条（Shirky 2008，125）。同样，对专门为篮球运动员球鞋提供改进建议的网站Niketalk而言，"到目前为止数量最大、质量最佳的创新点子"都是由20位左右的投稿"设计师"提出的，而该网站登记的会员人数有34000之巨（Fuller et al. 2007，66）。

观察这些介入行为所付出的时间和精力，很容易得出结论"认为对于多数的大众生产者（peer producers）而言，志愿性的大众生产（peer production)对他们生活中的身份认同和意义建构非常重要,因为在这个地方激情、共享感和创造力可以以一种在企业环境中无法实现的方式得以释放"(Bauwens 2009,131)。"获得社会承认的自我实现"——施展一技之长、制定一个难题解决方案在同侪圈子里赢得尊敬和地位——肯定是主要的动力来源(Arvidsson 2008,332)。但是志愿性参与很容易成为"企业环境"下的工作的一个前奏,作为自身的补充或与自身对抗。Niketalk 网站的"设计师""梦想成为某个大型品牌的专业篮球鞋类设计师",而当中有一些,比如像被耐克接手的"阿尔法项目"(Alpha project)则取得了成功(Fuller et al. 2007,66—7)。类似地,研究最积极的游戏"改装者"(modders)的海克特·波斯蒂格(Hector Postigo)发现创新游戏插件是为在自己的履历里"展示/提升技能和增加内容的一种很好的方式"(Postigo 2007,310)。

在创意产业中,劳动变得越来越临时工化,越来越多的功能被外包。在这样的环境下,"网络社交"和网络与人脉关系的维护,也即是莫斯所称的"利益联盟",成为一个核心资源(Wittel 2001,51)。"在网络所创造的思想的数字经济中,你就是……你所联系的人,你所交流的人。"(Leadbeater 2008,6)

在互联网创造的相互连接、清晰可见的行动舞台上,期待受聘的或只是想要表达自己、赢得同侪尊敬的参与者都会被致力于征用他们技能和参与的企业所强烈吸引。

数 字 圈 地

尽管在过去十年里个人信贷的迅速膨胀令消费主义愈演愈烈,打造了一个"超快感的消费者社会"(Lawson 2009,2),但是要动员互联网来销售文化商品到目前为止被证明是很困难的。用户,特别是与网络一并成长起来的年轻用户,都期待免费使用而讨厌付费。这在唱片业尤其明显。国际唱片工业联盟(International Federation of the Phonographic Industry)声称 95%的下载都是非法的(Singing a different tune 2009,79)。作为回应,音乐和视听行业通过艰难的游说,终于成功将美国自 1973 年开始的版权平均年限延长了两倍,从 32.2 年延至 95 年(Lessig 2004,135)。如同第一次圈地运动,与树立新篱笆相伴的是对违规者的惩罚,尽管起诉用户非法下载的原始策略被替换成了分阶段的警告和断开后续的服务。不过,那种认为免费下载时时处处意味着潜在收入损失的观点也是有争议的。最热衷下载的人通常也正是最热衷音乐的粉丝。当 Boxer Rebellion 乐队的一首曲目在苹果 iTunes 收费下载体系中被选为"一周最佳免费单曲"后,它在第一周所吸引的 560000 次下载帮助他们的专辑成为首个进入 Billboard 排行榜前 100 名的独立乐队的作品(Topping 2009,13)。

非法下载也许可以作为亏本引诱品来操作,但是由于链接存在问题,各家公司都选择了将免费音乐下载权限与其他服务绑定的体系,以获取更安全的收入流。互联网服务提供商,例如像英国的维京(Virgin)公司,都是将宽带接入与用户权限捆绑销售的。移动电话公司也将下载系统的价格算进手机的价格中。报纸从互联网发展的早期阶段开始就在用户订阅和购买纸质版的前提下附送网络版内容的免费阅读权限,但如今却在追寻一个不同的策略。鲁伯特·默多克(Rupert Murdoch)掌管的诸多报纸都大幅减少了免费网络阅读权限的数量,移走了新树立的电子围墙背后的内容,只对订阅用户开放。这就是"免费增值"策略的一个版本,也即是"让少部分的付费客户补贴多数的不付费的顾客"(Anderson 2009,165)。然而,到底有多少人愿意为先前免费的资料付费仍是一个待解的问题。围绕着这些商业模式的不确定性加深了对另外一种主要选择的依附——广告支持。到 2009 年底已在欧洲 600 万台电脑上安装的音乐软件"声破天"(Spotify)就是一个典型的例子。它为用户提供了一种免费的插播广告的流媒体服务。用户如果不想要广告侵扰的话,就得按月付费。

达拉斯·斯迈思(Dellas Smythe)在其对商业免费电视富有开创性的分析中,打了一个著名的比喻,说电视节目就好比"酒吧里或鸡尾酒会上送给顾客的薯片和花生",用作让顾客放松和愿意买更多饮料的免费诱饵(Smythe 1981,37—8)。商业电视是一种注意力经济。一个 30 秒时段的价格主要取决于正在观看的观众人数(即收视率)。另外,电视节目本身还被要求提供一种"积极的售卖环境",优先考虑那些采取了与围绕节目的广告相同的资本主义现实主义审美观的节目流派。在斯迈思看来,观看电视的乐趣和受众的活力已被纳入"向他们自己营销消费商品和服务"的无休止的劳动中了,并且再次巩固了消费作为自我选择认同感主要来源的地位。由于互联网开辟了崭新的巨大操作空间,加之追踪消费者的偏好和选择变得更加容易,这就将"广告驱动型商业模式"推广到了"无穷多的其他产业中”(Anderson 2009,143—4),同时也拓展了商品化进程。在斯迈思的分析中,受众注意力是广告商和电视公司之间交易的一种商品。互联网上正兴起一种社会关系和日常互动的交易,而这可从英国营销公司 Dubit 向青年人发出的邀请中窥见一二:

> Dubit 相信你们就是推广品牌、产品和服务的最佳人选……Dubit 知情者(Insider)让 7 至 24 岁的年轻人做的正是这个……你将与英国的一些顶级品牌共事。除了一路赢得一批免费赠品之外,你还可以利用这个经验来刷新你的履历,乃至为自己小小地挣上一笔。你所需做的只是告诉你的朋友“你”喜欢的品牌!(Dubit Informer 2010)

这只是日渐增多的营销举措中的一个。这些营销举措将个人在日常人际接触或在社交网站中的聊天商品化了,并且利用植根于友情的信任来获利。它表明赠予关系已被更广泛地纳入商品经济中。

1980 年,未来学家阿尔文·托夫勒(Alvin Toffler)发明了“生产性消费”这个词,用来形容“直接由人们自己或他们所在社区付出的无偿劳动”中包含的生产与消费的结合体,并认为这一点几乎被经济分析排除在外,因为它对生产的交换没有贡献(Toffler 1980,277)。互联网使得这种遭受忽视的经济被全方位纳入,新近引发两位研究数字经济的作家提出“消费者以一种积极而持续的方式参与到产品的生产过程中的一种新的生产性消费模式”(Tapscott and Williams 2008,127)。这种模式不仅掩饰了剥削的加剧,而且它对企业的文化生产控制权的漠不关心为那些视批判政治经济学过时、保守的“创意产业”分析提供了支持。

创造性、融合和剥削

当前渐已形成的共识是,先进资本主义经济的生产核心已从“重”工业基础过渡到“失重的”信息和文化商品领域的新中心上,导致许多评论人士因此都给被定义为所有那些“依附符号意义的作用而产生价值的”部门的“创意产业”分派了一个关键角色(Bilton and Leary 2002,50)。在梅尔文·布拉格(Melvin Bragg)看来,英国免费博物馆和美术馆里的那些蜂拥而至的人群在“帮助(这个)国家从一个以重工业的辛劳和财富为基础的国家转化为一个被来自创意产业的愉悦和平等承诺的财富所滋养的国家”（Bragg 2010，51）。对其他人而言，文化接触不仅仅“帮助”达成转变，其本身就是主要的引擎。

2006年，《时代》杂志将“你”——大街上“普通的”女人和男人题名为“年度人物”，认为更快、更广阔的因特网Web2.0的到来使“共享与合作达到了前所未有的规模……多数人向少数人争夺权力并别无所求地互相帮助……我们正在目睹生产力和创新力的爆发……原本可能湮没无闻的数百万的头脑都被拉到全球知识经济中”（引自Siegel 2008，129）。在这一短暂的过渡空间里，正如我们顺畅地从赠予过渡到商品生产中一样，被“多数人”的权力弄得上下颠倒的世界将很快再次被调整到合适的方向，从“别无所求地互相帮助”过渡到被拖拽到、“拉回到”“新的”资本主义中。

在“创意产业”观点的领衔倡导者之一约翰·哈特利（John Hartley）看来，这个部门不仅具有中心地位，而且是“先进的知识经济中的创新所采取的经验形态”（Hartley 2009，204）。事实上这是一个大胆的断言。首先，在生物科技和纳米技术两大新兴的关键领域里，创新仍然属于中央集权和资本密集的状态；第二，“这种经济中的很大一部分”，也就是食品生产、能源供应、交通基础设施、金融服务，“不太容易受到这种合作的、开放精神的影响”（Leadbeater 2008，24），至少目前不受影响。然而，对这些明显的局限视而不见并一味将注意力集中在“创意”生产上的哈特利争辩说，在“新经济”中理解创新就要求我们“将重心从封闭的专家过程（垂直整合的公司里的专业生产）和结构分析”转移到“开放的创新系统和复杂的自适应网络上”（Hartley 2009，217）。他批评“基于意识形态的政治经济学路径”投入了太多注意力来分析媒介产业的实务，而“对消费者和市场的注意力太少”（p. 39），并且没能认真地看待媒介在“大型企业也在从中起作用的整个系统中的”（p. 49，笔者强调）能动作用。在这种新的横向景观中，他发现社交网络“在无处不在的数字媒介的支持下，正在成为一个比工业创新更具活力的生产力来源”（p. 216）。在这种情况下，“批判性分析不需要站在一边”，因为反对“新媒体的发展及其市场化”不仅错失了正在进行的变革的程度和激进主义，而且对于希望在未来有效竞争的经济体来说，这是“工业自杀”（p. 41）。

如何避免这一后果一直是亨利·詹金斯（Henry Jenkins）关注的一个重大问题。他和哈特利一样长期以来一直都为受众活力庆贺。他发现“有意跨媒体扩张的公司董事会所作的自上而下的决策与青少年卧室里作的自下而上的决定”(Jenkins 2006b,1)有逐渐融合的趋势。面对这种“赋予普通人”以数字工具“对内容进行批注、挪用和再流通”带来的“新的参与性民间文化”,他认为各家公司有必要“拓展这种文化以培植消费者的忠诚、制作低成本的内容”(Jenkins 2001)。为了协助他们完成这个任务,当时还在麻省理工学院的他成立了一家融合文化集团(Convergence Culture Consortium),以提供“一些开拓联系消费者、管理品牌和积累参与体验的新途径的思路,穿越日渐混乱的媒介环境,而从新兴的文化和技术潮流中受益”(Convergence Culture Consotium 2009)。

用“创意产业”或“融合文化”分析来代替批判文化和传播政治经济学存在两大问题。从伦理层面看,他们把公共利益等同于商业利益,重消费活动轻公民参与,从而再生产了企业意识形态。从这个角度来看,对资本主义的批判分析似乎成了变革的阻碍而不是资源。正如约翰·哈特利所认为的,“面对动态的不平衡(变革和成长),要维持(不平等、抗争和敌对的)结构化模式是……在否定有开放的未来”(Hartley 2009,202)。从经验层面看,他们没能对抗企业权力上升所带来的全部文化后果。市场化引发的商品化范围的扩大不仅加速了规模和范围都史无前例的多媒体集团(包括年度人物“你”的倡导者——时代华纳)的形成,而且还促成了互联网的集中化而非分散化,以至于每个互联网大型应用领域都涌现了占主导地位的公司,新的集团正在酝酿之中。谷歌已利用在其主要搜索站点上售卖广告所得的利润来拓展诸多其他领域,制造了新的事实上的垄断和新的圈地运动。它将一些世界顶尖图书馆的藏书进行数字化的工程就是一个明证。截止到2008年底,谷歌数字化处理的700万本书中,有100万属于公共领域,开放给所有人免费阅读,其余的书还在版权保护的范围内,只能看到摘录片段。任何人想要看到全文,就必须购买一本或从公共图书馆借纸质版。不仅如此,谷歌签署的版权协议赋予了它“只能被称作垄断的权利……因为没有新的企业有能力在这个被隔离的禁区里进行图书的数字化,即便他们在经济上是负担得起的”(Darnton 2009,6)。其结果倒不仅仅在于丧失了创造另一个能与之媲美的公共数字文献库的机会,而在于核心文化资源的控制权被拱手让给了一家私营公司。

哈特利将消费者看作价值创造的平等参与者。在这一点上,他与詹金斯的看法不尽相同。为媒介专业做分析服务的詹金斯深刻地意识到权力天平中持续存在着结构上的倾斜。他承认“并非所有的参与者都生而平等。公司——乃至媒介公司里的个人——仍然比个体消费者或消费者群体掌控更大的权力。而且有些消费者比其他人的参与能力更强”(Jenkins 2006a,3)。抑或正如维基百科(Wikipedia)的创始人吉米·威尔士(Jimmy Wales)不带丝毫讽刺意味表明的,“某种程度上,维基百科处于无政府状态,(但)也存在着一些贵族制的元素:已经获得一定名望的人在圈子里有着更高的地位。然后呢还有君主制——就是我嘛”(引自 Leadbeater 2008,16)。哈特利在其后来放弃的一种说法中承认所有制权力在日益强大,并指出甚至在“一个每个人都是活跃的能动者的复杂的开放系统中……个体负责思想的原创,网络予以采用,(但只有)公司保有这些思想”(Hartley 2009,63,笔者强调)。合作生产(coproduction)和共同创造(cocreation)这种简单的修辞掩盖了剥削的实质。

正如虚拟世界“第二人生”(Second Life)(译注:一款网络游戏)一样,即便在用于自我生产的基本原材料也由企业提供的地方,这一逻辑也是行得通的。“第二人生”网站的拥有者——林登实验室——积极鼓励参与者使用他们提供的基石“来搭建你能想象到的任何东西”(Second Life 2007),前提是授予他们所生产的一切东西以知识产权。随着网站内的居民日益频繁地相互交易自己制作的物品和房屋,赚取可以转换为真实美元的虚拟货币,一种繁荣的内部经济得以形成。正是这种构建环境的创意劳动构成了网站的吸引力。若是少了这一点,那里几乎一无所有了。而拥有这个网站的公司在两个渠道盈利。参与者为他们从事主要作品创作的使用权限按月付会费,而他们的劳动每年也为所有者节省了大约4.1 亿美元的软件和研发成本(Hof 2006)。

这个例子很具代表性。正如一位颇具影响力的商业评论家坦白承认的,“透过合作生产,消费者给生产者和零售商减轻了围绕价值创造链要做的多种活动的负担”,不仅消化了付出的时间和精力成本,还有运用的知识和技能的成本,而后者往往可能需要付出多年的个人或公共投资才能获得(Etgar 2009,1—2)。比如,海克特·波斯蒂格(Hector Postigo)所研究的粉丝制作电脑游戏小型插件的工作就为公司节约了 250 万美元的平均劳动力成本(Postigo 2007,305)。他们透过粉丝网站为产品提供新的功能、免费为产品做营销,也有助于人们维持对原始商品的兴趣,让公司可以识别和跟踪“越来越杂乱无章、多种多样、不适合企业整合和控制的”消费模式(Bonsu and Darmody 2008,357)。而且,特别是对于针对青年人市场开发的产品而言,他们帮助提升了品牌有趣而亲和的形象。其结果是,工作的消费者面临双重剥削。首先,他们“为商品生产所付出的专门知识、激情和社会合作总体上并未得到报酬”。其次，由于合作创造的产品通常比那些标准化生产体系里出产的产品具有更高的使用价值，作为消费者，他们可能还要为“他们劳动的成果”支付更多的“溢价”(Cova and Dalli 2009，327)。

民间生产的附加价值在营销领域也是显而易见的。2007 年，炸玉米片生产商多力多滋(Doritos)发起了一场“粉碎超级杯”(Smash the Superbowl)的比赛，邀请消费者提交自制的产品广告，而最佳者可以在超级杯期间——美国足球赛季的高潮和电视广告的黄金档位——在荧幕上播放。最后获胜的片子是利用便携式摄像机和电脑软件制作的。一位赞助这次比赛活动的广告代理商的负责人指出，“我们发现技术能够大大协助消费者的发明创造，到了这样一个地步，以至于你分辨不出哪些是消费者制作的，哪些不是”(Jones 2009)。与此同时，业余生产“相比专业广告代理公司制作的广告”仍然显得“粗糙、欠缺精致，而似乎又更‘实在’、真实”(Keen 2008，61)。这种真实性的体现对于维护年轻消费者的信任和忠诚是至关重要的。

领衔共同创造的鼓吹者丹・泰普史考特(Don Tapscott)和安东尼・威廉姆斯(Anthony Wiiliams)认为，那些觉得他们在推广一种“无偿的志愿者被企业剥削”经济的人们没能注意到“参与大众生产(peer production)社区的人绝大多数都是得到好处的，有时直接体现在金钱收入上，有时则是利用他们的经验来拓展职业生涯或拓宽人际网络”(Tapscott and Williams 2008，xi)。诚然，确有一些劳动是获得酬劳的，尽管几乎总是要比专业人士获得的酬劳低一个档次。例如，T 恤生产商“无线”(Threadless)公司通过网站会员投票来决定哪些提交给他们网站的设计作品可以获选付诸生产，并为这些作品支付 2000 美元的报酬(Threadless 2010)。同样，正如我们在前文中指出的，不少最活跃的大众生产者(peer producers)都满怀成为全职文化工作者的雄心壮志。志愿性的在线劳动与没有报酬的实习毫无两样。如今后者已是媒介公司聘用实践中的一个标准组成，以致近来英国就有研究谴责这种实习乃是“对不断涌现的劳动者大军的公然剥削”(Arts Group 2010，2)。在两个例子中，权力的天平都一边倒地向公司一方倾斜。

比如，高端时尚鞋类生产商约翰・弗沃科(John Fluevog)借用并略微改动了合作生产最著名的实例“开源软件运动”的名称，发起了“开源制鞋”的倡议，邀请众人为他们的新品贡献创意。该机构在回答有关酬劳的常见问题时清楚地列明了交易的条件。“我会变富吗？你疯了吧？没有人因为设计获得报酬，因为设计不归任何人所有……一旦你将设计发给了我们，它就变成了公共领域，向全社会免费开放。”然而，既然设计稿是提交给该公司，而不是直接贴在公共网点，该公司就能够近水楼台先得月，获得明显的竞争优势。正如他们解释的，“我们可能会采用整个设计或只是部分”，然后霸占所有可能产生的利润。而设计者获得的奖赏纯粹是象征性的：“如果你被选上，我们会给你免费寄一双样鞋！”并“以你的名字命名”(Fluevog's Open Source Footwear 2010)。

在这个混杂了互惠关系的例子中，公司获得了零成本的研发成果并能对创意思维先睹为快，而参与者则获得了来自“思想变成现实的鞋子”的认可，而且他们的照片可以挂在网站上(Fluevog's Open Source Footwear 2010)。

既有的证据表明，即便不要报酬，跨入专业文化生产的门槛的机会也极不合理，明显眷顾那些已经有文化和社会资本积累的人。互联网主要通过“让那些人脉已然颇广的人们加强联络，巩固既有的优势”(Leadbeater 2008,2)的做法来回报他们，令这种机会不均等的现象再次得到确证。

互联网确实提供了机会让创意表达的机会均等化，调动专业技能为公共物品而不是企业利益服务，但要实现这些目标就得对公共物品的道义经济做出反思。莫斯曾指出礼物总是被个人利益的追逐玷污，而如果商业圈地的扩张只是确证了莫斯的这一悲观论调的话，那么公共文化机构的复苏就承载着振兴渗透着利他主义的礼物赠予的希望了。

公地数字化

旨在令商业公司的行动自由最大化的新自由主义工程对公共文化公地有着两大影响。首先，公共资产，无论是物质的还是精神的，都已被私有化并圈占。例如，多数由公共财政资助的研究所鉴定出的基因中大约有五分之一已被申请专利，使掌握了专利权的公司得以垄断未来的研究发现所带来的疾病诊断市场，届时他们再以“惊人的高价”卖回给公众(Sulston 2009,38)。其次，面对公共补贴的削减和压缩，文化机构既被鼓励也被迫向商业渠道求助以弥补差额。如今，若是没有商业赞助，就不可能举行大型的公共美术展出。由于自身无法筹集到必需的资金，顶尖的公共图书馆也将藏书数字化的工程拱手让给谷歌来做，而这将给未来的阅读权限的控制权归属制造难题。公共服务广播公司也开始采取与跨媒体集团相同的策略，最大程度地挖掘其符号资产的商业价值。BBC尤其积极。它的品牌已经扩展到与节目相关的一系列杂志上。成功的节目授权，例如天线宝宝（Teletubbies）和神秘博士（Doctor Who），为其在价值不菲的儿童和青少年市场上打造了一个迅速崛起的商业平台。那种认为产生的利润被返还到了节目预算并且有利于提升"公共价值"而非股东利益的观点，令这些商业活动取得了正当性。然而，在将围绕商品化潜力的算计引入机构策略的过程里，他们违背了公共物品的道义经济原则。

公共文化部门的商业举措受到企业管理新阶级的拼命追逐，这些人将公共机构主要视为企业，成功的衡量标准主要在于其创收的水平。但这种公共企业的看法在公共机构的雇员那里受到强烈的抵制，后者认同的是麻省理工学院校长苏珊·霍克菲尔德（Susan Hockfield）的观点。霍克菲尔德将他们的作品视为"造福全人类的公共物品"（MIT OpenCourseWare 2010），并坚持认为既然开支来源于税收，那么公众不该再为使用权付费。2000年，麻省理工的教师们将这一原则付诸实践，投票决定放弃商业远程教育产生的可观利润，在网上发布他们所有的教学资料，使任何人都可以免费阅读。这一决定相当于现实世界中无偿献血的一个象征性的对等物。两者都承认陌生人的需要和权利，都免费提供自身的核心资源，而不希求有形的回报。

由于数字存储和网络传递打破了只有有限空间的固定场所带来的使用限制，这种遍及公共文化机构的专业知识民主化的运动，其发展势头日趋强劲。英格兰艺术理事会（Arts Council of England）的艺术收藏始于1946年，一定程度旨在扩大前文提到的文化资源的开放程度，但是直到2009年也只有18%的藏品有机会得到公共展示。如今，经与BBC合作，全部藏品的免费数字库得以建立（Doward and Flyn 2010，18—19）。BBC扮演这一角色并非出自偶然。作为联系公共文化机构、为用户最大化既有资源的使用价值提供重要搜索和导航工具的网络中的关键节点，公共服务广播公司有诸多理由成为操作此事的不二人选（Murdock 2005）。

然而，如果互联网仅被当作发行系统使用以使专业文化工作者创造或遴选的资料更具开放性的话，那么它对再现和参与的核心文化权利的推进几无贡献。它的根本潜力在于它有能力构建专业知识与民俗知识之间、业余和专业创造性之间的新型关系，而这些关系是植根于赠予和公共物品的经济融合基础上的。

目前轮廓已清晰可辨。早在2010年，为了庆祝最早的公共馆所之一的大英博物馆开馆250周年，BBC制作了一套系列节目，透过该博物馆中100件藏品的故事来回顾世界历史。与此同时，他们也邀请受众为其数字库捐献他们自己的藏品。正如捐献邀请信里所强调的，这项工程“重在参与……将你的藏品添加到网站上，讲述它的故事，会确保我们及我们的祖辈如何成为历史一部分的故事永远被铭记”（BBC 2010）。这些希望和艰难兼具的民间故事是透过平凡的事物来讲述的：配给供应手册、出入境卡、大学的学位证。与此类似的举措以及它们开启的跨越专业和文化边界的连续对话承载着使“融合文化”过渡到“共同文化”的美好前景。在融合文化中，协议的条款是由公司董事会作出的决议拟定的，而植根于公民权精神、依靠草根参与注入活力的真正的共同文化则是外在于，乃至对抗商品经济和消费主义文化的。

这改变了专业知识发挥的角色，但并未取消它。背后为互联网所开辟的新机遇振臂欢呼的是一个“高尚的业余者”的形象，“卢梭所称的高尚的野蛮人的数字化版”（Keen 2008，36）。这一浪漫的形象既是自然和真实的来源，也是民主达成选择的担保人。它产生了两种影响：它认可受欢迎度的价值，并将信息和经验的地位提升到知识之上。

谷歌的广告收入是由它的佩奇（译注：Page，兼有网页之意，应是一语双关）排名系统（恰到好处地根据该公司的联合创始人拉里·佩奇[Larry Page]的名字来命名）生成的。这一系统根据网页所吸引的链接数量和密度对网页进行排名。“用户访问频次最高的”站点将跳至用户查询产生的“搜索结果的顶端”（Auletta 2010，38）。它是一种衡量受欢迎度而非价值的方法。在掌握大量知识及相关理论的基础上建立起来的专业知识是一种对于“区分何者重要何者不重要、何者可信何者不可信”（Keen 2008，45）以及将信息转化为知识都非常重要的资源。信息是由一揽子碎片化的事实、观察和经验组成的。互联网上的用户生成（user-generated）信息净是些“随机的照片、个人的胡言乱语……自制视频日记”以及个人博客和社交媒体的推送（引自 Siegel 2008，52）。这印证了杰里米·里夫金（Jeremy Rifkin）对资本主义的想象。他说资本主义的“产品就是对时间和精神的使用权”，在资本主义世界里，每位用户的“生命体验都将被商品化”（Rifkin 2000，29）。知识是独立性的核心保障，但它要求语境化，要掌握前因后果和概念框架。这就是为何建立一个公共数字公地除了要扩展大众参与，还必须将专业知识民主化的原因。

力主建立一个数字时代的公共文化公地，探究可能支持它的体制安排或与之对抗的力量以及为施展其全部潜力而斗争，是当前批判文化和传播政治经济学的主要任务之一。

参考文献

Anderson,C. (2009) *Free: The Future of a Radical Price*. Random House Business Books, London.

Arts Group(2010) *Emerging Workers: A Fair Future for Entering the Creative Industries*. The Arts Group, London.

Arvidsson, A. (2008) The ethical economy of customer coproduction. *Journal of Macromarketing*, 28(4), 326—38.

Auletta, K(2010) *Googled: The End of the World As We Know It*. Virgin Books, London.

Bauwens, M. (2009) Class and capital in peer production. *Capital & Class*, 33, 121—41.

BBC(2010) A History of the World: Join the Project. Online at http://www: bbc. co. uk/ ahistoryoftheworld/get-involved/join-the-project/(accessed April 22, 2010).

Bilton, C. and Leary, R. (2002) What can managers do for creativity? Brokering creativity in the creative industries. *International Journal of Cultural Policy*, 8(1), 49—64.

Bonsu, S. K. and Darmody; A. (2008) Co-creating Second Life: Market consumer cooperation in contemporary economy. *Journal of Macromarketing*, 28(4), 355—68.

Bragg, M. (2010) Cultural revelation. *New Statesman*, April 26, pp. 50—I.

Brown, G. (2010) Unbridled anduntrammelled, free markets become the enemy of the good society. *Saturday Guardian*, February 27, p. 2.

CarnegieUKTrust(2010) *Making Good Society: Final Report of the Commission of Inquiry into the Future of Civil Society in the UK and Ireland*. Carnegie UK Trust, London.

Convergence Culture Consortium(2009) Welcome to the MIT convergence culture consortium. Online athttp://www: convergenceculture. org/(accessed July 20, 2009).

Cova, B. and Dalli, D. (2009) Working consumers: the next step in marketing theory? *Marketing Theory*, 9(3), 315—39.

Darnton, R. (2009) Google & the future of books. *The New York Review of Books*, 56 (2), February20. Online at http://www: nybooks. com/articles/22281 (accessed September 11, 2009).

Doward, J. and Flyn, C. (2010) Online gallery will open forgotten art to the public. *The*

Observer, April 18, pp 18—19.

Dubit Informer(2010)Dubit Informer-S-cool: S-zone. Online at http://www: s-cool. co. uk/s-zone/page/ dubit-informer(accessed September 16, 2010).

Etgar, M. (2009) Ways of engaging consumers in co-production. *Open Source Business Resource*, December. Online at http://www:. osbr. ca/ojs/index. phplosbrI article. viewArticlel 1011 1972(accessed February 11, 2010).

Fluevog Open Source Footwear(2010)Online at http://www:. fluevog. com/flles_2/os-1. html(accessed February 1, 2010).

FroW; J. (1997) *Timeand Commodity Culture: Essaysin Cultural Theory and Postmodernity*. Clarendon Press, Oxford.

Fuller, J., Jawecki, G., and Muhlbacher, H. (2007) Innovation creation by online basketball communities. *Journal of Business Research*, 20, 60—71.

Godelier, M. (1999) *The Enigma of the Gift*. Polity Press, Cambridge, UK.

Graeber, D. (2010) Give it away. *Freewords*. Online at www:. freewords. org/graeber. html(accessed February 11, 2010).

Green, S. (2009) Seeking salvation. *New Statesman*, July 6, 34—5.

Griffith, D. W. (1923) Are motion pictures destructive of good taste? *Arts and Decoration*, September, 12—13, 79.

Hardey, J. (2009) *The Uses of Digital Literacy*. University of Queensland Press, Brisbane.

Harvey, D. (2005) *The New Imperialism*. Oxford University Press, Oxford.

Hof, D. B. (2006) My virtual life. *Business Week*, May 1. Online at http: www:. businessweek. comlmagazine IcontentI06_1SIb39S2001. htm(accessed March 20, 2010).

Horkheimer, M. (1972) Art and mass culture. In: Horkheimer, M., *Critical Theory: Selected Essays*. Continuum, New York, pp. 273—90.

Hyde, L. (1979) *The Gift: How the Creative Spirit Transforms the World*. Canongate, Edinburgh.

Jenkins, H. (2001) Convergence? I diverge. *Technology Review*, June, 93.

Jenkins, H. (2006a) *Convergence Culture: Where Old and New Media Collide*. New York University Press, New York.

Jenkins, H. (2006b) On convergence culture. *bigshinything*, August 14. Online at http://www:. bigshinything. com/henry-jenkins-on-convergence-culture(accessedSeptember 16, 2009).

Jones, c. (2009) Winning Doritos ad was made for less than $2,000. *USA Today*. Online at http://www. usatoday. com/moneyI advertisingI admeterI 2009-02-02-doritosadmeter-winner_N. htm(accessed February 2, 2010).

Judt, T. (2010) What is to be done? *Guardian Saturday Review*, March 20, pp. 2—3.

Keen, A. (2008) *The Cult of the Amateur*. Nicholas Brealey Publishing, London.

Kelly, K. (2009) The new socialism. *Wired*, July, 120—5.

Lamont, T. (2010) Film. *The Observer New Review*, March 7, pp. 16—17.

Lawson, N. (2009) *All Consuming*. Penguin Books, London.

Leadbeater, C. (2008) *We-Think*. Profile Books, London.

Lessig, L. (2004) *Free Culture: How Big Media Uses Technology and the Law to Lock Down Culture and Control Creativity*. Penguin Books, New York.

Masco, J. (1995) "It is the strict law that bids us dance": Cosmologies, colonialism, death, and ritual authority in the Kwakwaka'wakw podatch, lS49—1992. *Comparative Studies in Society and History*, 37, 41—75.

Mauss, M. (1990/1925) *The Gift: The Form and Reason for Exchange in Archaic Societies*. Routledge, London.

Mauss, M. (1992/1925) A sociological assessment of Bolshevism (1924—5). In: Gane, M. (ed.), *The Radical Sociology of Durkheim and Mauss*. Routledge, London, pp. 165—20S.

Marx, K. (2008/ l847) *The Poverty of Philosophy*. Cosimo Inc., New York.

Minton, A. (2009) *Ground Control: Fear and Happiness in the Twenty-First Century*. Penguin Books, London.

MITOpenCourseWare (2010) President's message. Online at http://ocw. mit. edu/about/presidents-message/ (accessed September 17, 2010).

Murdock, G. (1999) Rights and representations: Public discourse and cultural citizenship. In: Gripsrud, J. (ed.), *Television and Common Knowledge*. Routledge, London, pp. 7—17.

Murdock, G. (2001) Against enclosure: Rethinking the cultural commons. In: Morley, D. and Robins, K. (eds), *British Cultural Studies: Geography, Nationality, and Identity*. Oxford University Press, Oxford, pp. 443—60.

Murdock, G. (2005) Building the digital commons: Public broadcasting in the age of the Internet. In: Lowe, G. F. and Jauert, P. (eds), *Cultural Dilemmas in Public Service Broadcasting*. Nordicom, Goteborg University, pp. 213—30.

Murdock, G. and Wasko, J. (2007) *Media in the Age of Marketization*. Hampton Press, Cresskill, NJ.

Postigo, H. (2007) Of mods and modders: Chasing down the value of fan-based digital game modifications. *Games and Culture*, 2(4), 300—13.

Rifkin, J. (2000) *The Age of Access: How the Shift from Ownership to Access is Transforming Modern Life*. Penguin Books, London.

Robinson,. (2006) *Economic Philosophy*. Aldine Publishing Co.,Chicago.

Rose,J. (2002) *The Intellectual Life of the British Working Class*. Yale University Press,New Haven,CN.

Saunders,B. (1997) From a colonized consciousness toamonomous identity: Shifting relations between Kwakwaka'wakw and Canadian nations. *Dialectical Anthropology*,22,137—58.

Schudson,M. (19S4) *Advertising: The Uneasy Persuasion*. Basic Books,New York.

Second Life (2007) Create anything. Online at http://secondlife. com/whatis/create/ (accessed September 17,2010).

Shirky,C. (2008) *Here Comes Everybody: The Power of Organizing Without Organizations*. The Penguin Press,New York.

Siegel,L. (2008) *Against the Machine: Being Human in the Age of the Electronic Mob*. Spiegel and Grau,New York.

Singing a different tune(2009) *The Economist*,November 14,pp. 79—80.

Smith,A. (1969 / 1759) *The Theory of Moral Sentiments*. Arlington House, New York.

Smith,A. (1999/1776) *The Wealth of Nations*,Books IV—V. Penguin Books,London.

Smythe,D. (1981) *Dependency Road: Communications,Capitalism,Consciousness and Canada*. Ablex,Norwood,NJ.

Sulston,J. (2009) Science in shackles. *The Guardian*,November 26,p. 3S.

Tapscott,D. and Williams,A. D. (2008) *Wikinomics: How Mass Collaboration Changes Everything*. Adantic Books,London.

Thomas,N. (1991) *Entangled Objects: Exchange,Material Culture and Colonialism in the Pacific*. Harvard University Press,Cambridge,MA.

Titmuss,R. (1950) *Problems of Social Policy*. HMSO,London.

Titmuss,R. (1970) *The Gift Relationship: From Human Blood to Social Policy*. Allen and Unwin,London.

Threadless(2010) Submit. Online at http://www: threadless. com/submit(accessed April 21,2010).

Tomer,A. (1980) *The Third Wave*. Pan Books,London.

Topping,A. (2009) Net-savvy bands reshaping music business,say experts. *The Guardian*,May 19,p. 13.

Williams,R. (1989) Communications and community. In: Williams,R., *Resources of Hope: Culture,Democracy,Socialism.* Verso,London,pp. 19—31.

Wittel,A. (2001) Toward a network sodality. *Theory,Culture and Society*,18(6),51—76.

第二章　重访传播政治经济学

尼古拉斯·加汉姆(Nicholas Garnham)

从我开始在这个被称为"传播政治经济学"或者"与媒介相关"的广阔领域从事研究、政策辩论和宣传工作,到现在已有40年了。我个人对这个名称感到不满,因为它表明了对该领域的一种狭隘的认知,也就是将其研究主要指向人际传播的渠道和传播过程模式,或指向以报纸和广播电视为代表的大众传媒,这些研究方法阻断了许多对重要关系和动态的理解。我更愿意用文化领域的历史唯物主义分析来看待这项研究传统——包括一切符号形式的生产、流通、消费——大众传媒的传播渠道和过程研究只是它的分支领域。这种研究传统,我将之称为"文化政治经济学"(PEC)。

然而,文化政治经济学这个名称现在也是误导性的,我希望后文的分析能将其原因解释清楚。它对文化的分析有种倾向,即只把文化看作是人们在闲暇时光和家庭可支配收入内消费的商品和服务。另外,还有一个挥之不去的倾向,那就是把这个意义上的文化看作独立于经济等其他部门的存在,而不是将其看作更广泛的一系列发展和问题下的一个特例。这导致了非物质劳动和非物质商品,以及非物质生产资料和服务市场更多地被信息、信息经济和信息社会这些术语所占据,其动态而多样化的社会影响则被削弱或忽视。简言之,在这里我要说的是,尽管所有问题都使用"信息"这个术语,但是我们现在需要思考的领域是"信息政治经济学"。就像我接下来计划展示的那样,传播政治经济学的主要问题之一,是它依然纠缠在一套早已过时的问题和分析方法之中。

此刻我重访文化政治经济学传统的动机来自一个强烈的感觉,即这个领域正在联合起来,不管是实践者、捍卫者,还是它的批评者,都带着一种疲惫而狭窄的道统。"政治经济学"(PE)这个术语已经成为对某种模糊、粗糙、质疑性的马克思主义的委婉说法，与经常出现的偏执和激进主义的姿态和自我满足联结在一起。它讲述的故事熟悉得令人生厌：在全球范围内，资本主义大众媒体越来越集中，媒介集团和媒体大亨的控制导致文化多样性的下降，进步政治观点受到压制，本土文化遭到破坏。针对这种情况的药方则是某种形式的监管以及/或者国家支持的公共服务媒体，以及有时与草根参与及“民主化”挂钩的文化生产。在我看来，这个常见的观点不管是从经验上、理论上还是政治上看都是可疑的。我这一章剩余部分的写作目的，就是解释为什么我觉得这是一个问题，以及为什么我认为它确实对它声称所代表的传统是一种伤害。

这么一来，我将大致勾勒出文化政治经济学的发展史。它提出了什么样的研究和政策问题。在试图回答这些问题时，又有什么难题被揭示出来。最重要的是：它汲取了哪些教训？当前文化政治经济学工作的最大问题在于：它就像波旁王朝那样，抱残守缺，不肯进步。在我看来，强调政治经济学是一个开放的探索领域非常重要，其理论前提必须是开放性的，随着经验性证据的发现而改变——其对研究和政策优先项目的解释和评估也要随着周围世界的变化而改变。当前文化政治经济学的很多工作锁定在20世纪60年代末，也就是这一传统开始之时的立场，仿佛从那以后，无论是物质和社会世界，还是政治经济学的分析工具都没有发生变化。具体而言，当前的许多政治经济学研究，其基石只是一种粗糙的、未经检验的、浪漫主义的马克思主义对于市场的排斥思想，它已切实地阻碍了对实际市场如何运作和产生什么效果的分析。这意味着，像它所谓的对手文化研究一样，它没有用它本应有和必须有的严肃态度，把经济学纳入政治经济学研究。

源于亚当·斯密的政治经济学传统，从历史社会学的角度去思考，试图去理解一个新的社会形态的结构和动力学——更广为人知的说法是“现代性”。这种形态的中心是更大规模的发展，以及功能上越来越复杂的内部专业分工。它要求更复杂的中介网络以联结匿名的他人，进行社会协作与控制。这些网络中最主要的部分是物质生产领域内的以货币为基础的广阔市场，即人们熟悉的资本主义生产方式。在这个总体的发展中，在现代意义上特有的艺术和文化概念应运而生。需要强调的是，对于斯密和包括马克思在内的其他政治经济学家来说，现代性的资本主义形式是一个结局开放式的历史进程。它的成功是无法保证的。特别是，主要利益集团或阶层之间为分配剩余而普遍进行着政治斗争。由此，资本主义生产方式不能看作是自动平衡的。因此，即便是自由主义政治经济学家和新古典主义者之间的巨大分歧也不在于市场本身，而是市场在静态均衡状态和动态失衡状态间如何运作的问题。正是在这个重要的意义上，政治经济学是政治的。在斯密看来，市场是一种特殊的社会制度，需要一整套法律、制度和文化实践的支撑，而它们往往成为政治斗争的目标。这种政治斗争不仅仅存在于劳资之间，也存在于资本之间。在斯密的时代，它主要存在于土地所有者和工业、商业资本家之间。

因此，从它的起源开始，政治经济学一直与政策辩论紧密相连。这种密切的联系有两种结果：其一，政治经济学往往通过转变其关注的焦点和理论方法，以回应经济和社会以及所有参与者面临重大问题的总体变化；其二，在不同的时代，困扰着统治机构的具体政策问题，以及企业管理策略问题，都对它发生着影响，但是，不像一些人所宣称的，造成这些反应的仅仅是意识形态。当然，不同的政治经济学分析都会被不同的利益团体所采纳与传播，他们传播的通常是高度简化的版本，并在公开辩论和政治谈判时，努力主张和宣传符合自身利益的立场与视角。但要把这单纯看作是意识形态，就是假定各种各样的利益团体要么是懂得发生了什么，要么是对自己的利益何在有一个清晰的认识。而当下的共合性危机（conjunctural crisis）雄辩地证明，在大多数情况下这都不符合事实。

因此，政治经济学不是一种功能主义。从一开始，它就提出了合法性的问题——以此回应霍布斯主义者（Hobbesian）对现代政治提出的挑战。人们可能还记得，对于斯密而言，市场是一种为了整体公共利益，通过公开透明的互动，以约束破坏性的、私有的、掠夺成性的逐利本能的社会机制。所以，在斯密看来，市场不是私有超越公共的例子，相反是公众和公共利益超越了一切私下的、偷偷摸摸的形式，后者注定导致权力的腐败，当然这也包括经济权力。正是在这里，多元化和专业化的文化领域的发展就成了问题。在既得利益的统治精英眼中，批判知识分子的崛起，世俗主义的蔓延，识字率和阅读公众的增长，由此带来的印刷物发行量，都代表着颠覆和潜在的无政府状态。在我接下来的讨论中重要的事实是，这导致了一种反应：不管在政治和思想领域被称为“左派”还是“右派”的政治光谱，都共享一种明显相同的对现代性的罗曼蒂克的排斥，以“更纯净”的理想化社群与人类本质之名，拒绝商品，拒绝市场，拒绝一个日益商业化的文化领域。

文化政治经济学的发展

这个我称之为文化政治经济学的学派，最初是通过回到一系列旧的疑惑和问题而发展起来的。但它的发展有着特定的背景，其影响延续到今天。在20世纪60年代，发达的资本主义民主国家战后长期的经济繁荣走到了尽头。随着生产力增长和市场拓展的速度放缓，在被称为"意识形态的终结"的广泛政治共识下产生的劳工组织和资本之间的契约关系承受着越来越大的压力。欧洲，在社会民主福利国家的语境下，劳资纠纷数量上升，长期繁荣带来的期望和公共预算收紧之间的紧张关系日益加剧。在反核和反帝国主义的运动以及冷战白热化的背景下，这些广泛的社会斗争愈演愈烈。事实上，由赫伯特·席勒(Herbert Schiller)、达拉斯·斯迈思(Dallas Smythe)和托马斯·古贝克(Thomas Guback)所做的美国早期文化政治经济学工作并非偶然，他们的研究集中关注了美国的帝国主义，以及围绕联合国教科文组织针对信息自由流动的广泛斗争，这和今天围绕和针对全球化的辩论和斗争遥相呼应。

在欧洲，西方马克思主义普遍复苏的背景下，学者们对媒体和文化的研究回归到政治经济学的中心问题，尤其是对以下几方面的回应：(1)集中于"效果"的传播社会学；(2)在自由主义报业模式下，建立在不同政治立场互动基础上的自由主义/多元论的政治学；(3)建立在文化产品工业化和大发行量前提下的大众文化传统，这被保守主义者视为一种破坏性的低俗化过程，而被所谓的进步主义者视为类似于马戏团和鸦片烟的意识形态工具。

大众传媒中的所有权、控制、规制和意识形态

文化政治经济学的早期研究基于意识形态统治理论(Dominant Ideology Theory)，批判自由开放的新闻立场。它聚焦于报业和广播电视业，分析其纵向和横向整合过程，以及由此产生的企业所有权的集中。这种集中既发生在媒体行业内部，也发生在媒体和其他工商行业之间；既在全国范围内发生，也在跨国之间发生。它分析了商业和公共部门之间的竞争和不断变化的界限——尤其是在广播电视业——以及规制在这一过程中所扮演的角色，其潜在假设是资本主义的企业控制有助于主流意识形态的维持。这种控制带来了对资本主义明显有利的内容生产，总体上

降低了文化和信息的多样性，露骨地维护政治现状，而这一切尤其是通过广告来完成的。

这一常见的论点存在各种问题。首先，很快变得明显的是，资本主义相对稳定的再生产并不需要一个占统治地位的意识形态；虽然，伴随着普遍的现代性，资本主义社会中的生活可能有利于社会行为和相关思想、情感结构形成某些普遍的模式，但是资本主义的经济制度能够与许多不同的政治和社会制度兼容。第二，没有证据表明，资本主义经济的控制者和假想中他们的政治代表都分享着同一个意识形态立场。第三，想通过雇佣下属经济代理人生产出计划中的产品，从这个意义来理解控制的概念，即使在非文化产业，其可能性也是非常脆弱的。第四，就文化产业本身，即使有人发现一些偶然的案例，什么地方的广告商审查了拷贝，或者什么地方的老板安排了一些符合他们自己政治和经济利益的故事，也没有证据表明这是系统性的。与此相反，这个问题似乎应该正好倒过来。事实上，文化企业所有者越来越倾向于生产任何东西，只要它有利可图——问题是要找出什么是有利可图的东西。越来越清楚的是，更为可能的结论是文化生产和流通的工业化已经引起了意识形态控制的崩溃。而这种控制的崩溃，正是现代性和资本主义原来的封建与宗教对手所恐惧的。在我看来，集中化/多样性丧失理论也没有认识到现代大众传媒的一大典型特征，以及马克思对资本主义成熟的分析的核心特征。现代大众传媒的发展，广泛的发行，及其带来的文化消费相对民主化，虽然历史性地与读写能力和学校教育的普及相辅相成，是规模经济开发以及伴随而来的低廉价格的结果，而这些不可避免地与市场集中相关联。然而，随着资本主义经济增长，物质商品成本降低了，这导致更高比例的家庭支出释放在了满足非物质需求上，这种非物质需求包括文化产品和服务。为满足这些需求，商业性的文化产业得到扩张。这显然使文化多样性无论是在全国范围还是世界范围内都得到了扩大，尽管它的分布仍然不均衡。

因此，席勒和古贝克那些聚焦信息自由流动，尤其是电影和广告等行业，把它们看作美帝国主义的“软性”工具的观点，已被证明大部分是没有事实根据的，并且它们过于狭隘地建立在一个漫长发展过程中的短暂历史时期基础上。就电影而言，以欧洲为例，尽管欧盟特别是法国进行了国家干预，美国电影仍然保有欧洲票房的支配性份额，这是事实；但是，与此相伴的是，电视的发展带来了源自美国的节目市场份额的减少，全球电影市场的发展也意味着，美国电影业越来越依附非美国的市场销售。因此，当初反对自由流动与美国文化帝国主义的核心论点，即它在控制美国庞大国内市场的基础上通过倾销策略来占领其他市场，不再站得住脚。与此同时，有竞争力的本土化的媒体生产中心已经兴起。其证据是，随着各国越来越富裕，它们有愿望也有能力支持更多民族性、地区性的本土化产品；虽然全球多样性可能会在整体上下降，但由于规模经济和范围经济的运作，民族差异性可能会提高。应该说明的是，我一度也曾支持和宣扬关于所有权的集中、控制、对多样性的压制以及意识形态统治理论，但正如凯恩斯对一个批评者的回应："如果事实改变了，我就会改变观点。你会怎样做？"因此，我认为，证据并不支持有一个占统治地位的意识形态/美国文化帝国主义的论点，而是支持马克思关于资本主义发展的辩证性质的论断——它创造了那些取代它自身所必需的文化多元和受过教育的工人和公民群体。

文化政治经济学和规制

这一理论的第二个主要缺点是对规制与公共部门和私营部门的关系的处理。意识形态统治理论有一个基本的假设，那就是公共部门代表着一种障碍或者壁垒——这取决于你的立场——以反对利润基础上竞争的蔓延，即所谓的商业化。该理论认为：资本主义社会制定了那些促进和支持企业利益的规则制度，并且只能容忍这类规则制度。因此，政治经济学家在自己的战线上整装待发，抵抗新式野蛮人的进攻，以捍卫公共部门，特别是公共服务广播。这些新式野蛮人的代表，就是所谓"新自由主义"的主张解除管制者。这导致了这一争论的极端简化，忽略了对公共部门运作和监管制度二者的适当分析。这依次包括：对不同企业运作者和行业面对监管时多种多样的、相互冲突的利益的忽视，以及政治经济学从多样化视角对监管的丰富分析传统的忽视，从而导致的对不同市场领域具体且不同的监管问题的忽视。所有这些漏洞，有效地让许多公共利益管制和公共服务捍卫者缴了械，正如许多反全球化的活跃分子一样，他们的行动缩减到只剩下意识的反对，不管在理论上还是政治上都虚弱无力。

文化工业、文化劳动和文化商品

通过政治经济学对文化生产的总体性分析，简单的所有权和控制权理论的不足即变得更加明显。文化政治经济学的发展是社会学广泛文化转向的一部分，也是对被视为理想化精英主义者的大众文化批判者的一种回应。这些文化主义者相当正确地提出，对报纸、广播电视和政治信息、辩论和意识形态等更显著形式的关注，忽视了人们日益增长的份额更大的文化消费——音乐、电影，以及印刷、音频和视听形式的娱乐——因而也忽略了这些文化形式在霸权中可能扮演的角色。在这个意义上，那些从政治经济学转向文化的工业化分析的人，总体上把他们的出发点作为对法兰克福学派的"文化工业"理论的一种回归。广义的文化工业理论对我们来说很熟悉。艺术的潜在对抗和乌托邦的功能正在被文化的工业化所破坏，这些破坏主要包括：在生产方面，艺术家成为工业化的文化雇佣工人，因而艺术的自主性遭到摧毁；在消费方面，作为有计划的市场营销的结果，解读的可能性受到限制，文化产品成为它们自身的广告。有人认为这导致了文化产品的同质化，尽管表面上文化更加多样、选择空间更大。文化工业被比作美国的汽车产业，二者都是用本质上不变的基本产品获得重复消费，外表特征虽然千变万化，内在却陈旧过时。文化工业理论中存在的问题很快变得十分明显。

文化劳工

首先，正如费里奇和米耶热的开拓性工作所提出的（Flichy 1978，Miège 1989），文化工业展现出工业化和雇佣劳动迥然不同的各个层面。本来，文化工业仅限于他们所谓的流通工业——报纸和广播——它们需要稳定、快速的重复，因此要精心策划和协调生产周期。在职业雇佣模式下操作的文化工作者，其主体无疑是文化内容的关键生产者，甚至在流通工业中也是如此。重要的是，与物质生产的雇佣劳动不同，文化工作者的薪酬不能依附于可衡量的劳动力投入产出关系。因此，生产力和效率的相关概念，在资本主义政治经济学中如此重要，却无法应用在文化劳动中。鉴于劳动力投入产出关系本质上的不确定性，这就出现了被经济学家从不同角度称为委托/代理或劳动纪律的问题。虽然资本所有者和管理者可能希望控制生产，但他们对此几乎没有办法。尤其是，对于工业资本主义来说非常重要的过程，提高劳动生产率和规训劳工的一个主要方式——通过机械化（20 世纪 70 年代，这一过程引起了一场对于去技能化的经典争论，它给激进政治经济学带来了深刻影响）取代劳动力在生产中的首要地位——在文化工业中是行不通的。随着文化政治经济学向更广泛的被称为信息经济学/信息社会学分析的转向，文化劳动中的这些问题，在两个越来越显著的方向上呈现出来。首先，它带来了"鲍莫尔成本病”的发现(Baumol and Bowen 1976)。鲍莫尔认为,文化生产的劳动生产率增长是不可能的,因为这意味着文化生产的相对成本必然增加,从而文化产品和服务的相对价格也会上升。通过相对价格效应,会发生以下情况,即要么是消费者的文化消费支出比重上升,要么是文化消费下降。重要的是,这导致鲍莫尔自己为增加文化产品的公共补贴而辩护。此外,它带来了在分销领域对技术使用的强调,从而取得在生产领域本身无法达到的基于市场扩张的经济规模和范围。这随后引起了政治经济学领域对技术变化的辩论。这些辩论首先发生在文化产业;随着更广义的信息产业的扩展,它们扩展到了经济整体。这些基于对文化劳动的分析的洞见,随后因对文化商品和文化需求的分析的洞见,得以强化。

文化和商品化

文化工业理论的第二个主要问题是对于商品化的一般过程的假设。在马克思主义的传统中,商品拜物教一直都是意识形态统治理论之外的另一种替代理论。其论点是资本主义发展和统治的中心是不断扩大的商品交换过程,借此,货币化市场上的商品交换行为就越来越深地介入了人的社会关系,而这种权力关系的参与者并未察觉到这一点,特别是,商品被盲目崇拜。尽管商品是人类为了自己使用而创造的,却作为一种明显的自主力量统治了他们——这个过程也被称为异化。基于马克思主义和其他反资本主义、反现代性的“激进”传统,异化理论的影响至深,但现在我要在社会学和哲学的基础上对这整个理论说不。对我来说,任何名副其实的历史唯物主义都必须接受,人类与其物质环境以及他人的所有关系的本质都是有中介的,因而也是异化的。这种异化远远早于资本主义和现代性。事实上,我认为这是我们人类存在的一种方式。现在的我们全部都是符号互动论者,实际上也必须是。除非这个系统能够被移除,否则并没有什么“真正的”人性或人类本质可以让我们回归。因此,需要研究的问题是,尽可能清晰洞察经过中介的社会互动的实际结构与活动及其发展的动力。但为了此处论述的目的,我现在只集中于商品化的经济过程。

文化商品和文化需求

对于文化工业的研究很快就发现:商品化进程在文化领域中远远谈

不上势如破竹，相反，它遇到了很大问题。资本在文化产业中面临的实际的、根本的问题是变现和再生产。直到现在，也包括当下，很大程度上可以通过公司经理和投资人处理这个问题采用的各种战略来解读文化工业的发展史。从这个角度分析文化工业的发展，政治经济学需要利用工商业经济学。比起试图使用一个泛泛的工业化和商品化的理论，分析高度分化的文化工业更需要考虑特定市场、特定产业结构及其动力学。

复制和分销

对文化工业的研究很快揭示出，不仅文化劳动不遵循经典的资本主义发展路径，即大工业体制下的雇佣劳动，而且文化产品和服务也不能轻易或完全商品化。事实上，关于文化生产与消费的经济学，以及文化工业因此不可避免地需要各种形式的规制，广义自由主义政治经济学中关于公共品和市场失灵的概念提供了一种比马克思主义商品化理论更好的理解。对此问题的分析如今已广为人知。因为文化产品和服务的价值主要是非物质的，不会因使用而损耗。因此，它没有稀缺性，也没有重复购买的内在动机。在信息和文化领域，经济的再生产与增长依附于新奇廉价内容的持续生产。所以，在一个常规产业被称为产品的东西，在文化产业，则更接近于研究与开发(R&D)。因此，与经典的工业发展模式相比，通过创新的政治经济学视角能更好地理解这一点。这意味着，文化工业不是一个生产的体系，而是一个复制的体系。一旦原型被制作出来，额外拷贝的边际成本接近于零。这意味着，与文化劳动的本质相结合时，要想通过规模经济提高生产率，只能从分销领域去寻求了。因此，文化政治经济学的核心是分销网络及作为其基础的技术。

文化需求

与文化产品和服务的上述特点相联系的是需求方面的问题。因为没有固有的稀缺性，也由于消费者面对新产品时无法提前判断他们将获得的价值，文化商品的付费面临着很大阻力。这种阻力又被它们公共品的特性加强了——服务额外消费者的边际成本是零，某个人的消费不会使其他人的消费贬值，在某些情况下，与任何单个用户的潜在收益相比，防止吃白食的成本更高。吃白食问题在文化与信息市场上一直很常见，网络发展使它更为突出。因此，这个变现问题是长期存在的，在历史上，它曾通过广告、订阅和政府补贴等各种形式的间接支付得到了部分解决。

同时，与法兰克福学派提出的有计划控制和操纵消费者口味这一假设相反，需求的性质是非常不确定的。这个行业有一条关于市场需求的著名格言："没人知道。"风险在一系列产品中蔓延，除了漫无目的的方式和依附规模经济的存活模式之外，没有一个替代性方法能保证10%的利润，或者某个成功机会能提供一个可行的平均回报。如果没有某种程度的集中，形成规模经济，这类产业不可能持续存活。同时，这种经济模式绝对需要多样性。事实上，文化产业因此有生产过剩的恒定倾向。例如每年出版的书籍数量始终在增加。实际上，资本主义文化领域的特点就是生产过剩和消费不足——不管对稳定或者发展，这都不是一个良好的基础。

文化政治经济学的问题是，任何公共部门——例如公营的广播——都面临着同一个问题。需求的不确定性和不可知性很容易导致以下情况：要么是制作人主导，从而合情合理地被指控为精英主义、低效、额外雇工；要么做那些商业部门可以做而且确实做得很好的事情而被指控为"低俗化"。在特定的背景下这可能是事实：稳定流入的政府资助，使有内在风险的创造性革新达到较高程度成为可能。但是，如同历史所显示的，这种情况绝不是必然的。以下也是事实：文化产业商业模式的不稳定性曾经并将继续意味着，在被规制的公益文化机构和不受规制的私营商业领域之间，不存在简单的二分法。在文化领域，企业利益集团一直在寻求各种形式的监管支持，当下最明显地体现在知识产权领域之中。

文化消费时间

最后，人们认识到文化消费的差异分布是由有效的可支配收入和可用消费时间二者共同决定的。这就引出了一门非常重要的分析研究；分析的对象是文化产业的规模及增长，与社会经济变迁对于可用消费时间量之间各种影响机制的联系。在历史上，文化产业的增长一直与工作时间的长期下降趋势有关。由于尚不完全清楚的原因，这个过程最近开始反向发展，这一转向与女性被吸收成为有偿劳动力，以及与信息劳动扩大相关的生产率增长放缓都有关联。

从文化政治经济学到信息政治经济学

文化政治经济学现在处于一个关键转折点。到目前为止，文化政治经济学专注于研究文化生产中资本主义模式的影响、文化消费的方式、所生产的文化产品和服务的性质与质量，及其可能产生的意识形态影响。当下，重点转移到了狭义的文化产业与更广阔的经济领域的关系上。信息产业提供一系列信息产品和服务，其结构与动力由整体生产所塑造并驱动。提供最终文化需求的文化产业，现在被看作是更广阔的信息产业的一个子产业。非物质劳动和非物质商品的问题，越来越被视为整个资本主义生产方式的中心。

这一重点的转移也包含一个重要视角的转移。文化政治经济学的一个主要缺陷，来自对其马克思主义传统的偏颇解读，即片面注重由消费市场调节和国家斡旋的劳资之间的分配斗争。它忽略了资本之间的竞争性冲突，从而导致把生产系统看作一个黑匣子的倾向，而劳动者及代表其利益的国家的干预被看作是它的较顺利的再生产与扩展的唯一障碍。这在分析上带来了严重后果。首先，由于聚焦于资本主义的分配效应，忽略了它的生产率/效率—强化效应。这对任何文化政治经济学工作都很重要，因为这种情况一直持续，即庞大的、迄今自我维持的物质生产过程的增长，为文化生产与消费的极大扩张提供了必需的休闲时间和资源，而后者是历史性地与资本主义现代性相联系的。其次，在简单的市场—非市场二分法下，它难以分析不同的市场构造、规制体系和体制结构之间那些复杂的协同运作，因此对于协作过程中必然会产生的那些问题也就无能为力。

随着这种视角和关注点的总体转移，在资本主义发展及被称作信息经济学/信息社会视角的政策辩论研究上，文化政治经济学与政治经济学其他流派融合了起来。信息、信息经济学以及信息社会的概念，肯定像文化、传播或媒体这些概念一样不尽人意。此处使用它们，只是作为一种便捷的方式，来描述我认为重要且必需的视角转移。但是，认识到这一转变的重要性与必要性，并不包括接受在对信息社会政治经济学这一头衔下的所有具体分析，以及建立在它们基础上的远离正确性的任何政策。

这一转移包括关注重点在内的三个主要改变。首先，对现代文化生产方式，也就是技术基础上的复制系统与以特定的规模经济与范围经济为基础的分销的认识逐渐增加，导致了对技术进步，尤其是网络经济学和网络规制的关注。其次，对于非物质文化劳动的特殊性的认识，导致了对所谓信息工作者或知识工作者更为广泛的研究，以及关于增长中的服务业生产率的更普遍问题的研究。第三，对符号产品和服务的市场特殊性与不稳定性的认识，导向更广阔的信息政治经济学。以上三个进展的影响是关注焦点的决定性转向，从把文化看作最终需求的研究转向把信息产品、信息服务以及传播网络作为所生产的首要商品与服务的研究，这一进展不仅仅是由家庭文化需求所驱动的，其动力还来自总体的生产。

信息社会政治经济学(PEIS)

信息社会的政治经济学是一个复杂的领域，比之这里所阐释的，我在别处已进行过更深入的分析(Garnham 2005b)。我认为，这一领域的研究可以确定两条主要的轴线。围绕这两条研究轴线，“文化政治经济学”和“信息社会政治经济学”两门研究交织在一起。第一条研究轴线关注的是技术，是对“信息和通信技术”(ICTs)的发展及其影响所做的分析；第二条研究轴线关注的是信息，分析在经济领域中，不管信息以何种形式呈现，它作为一个整体的生产和分销状况的一般增长及其带来的影响。

信息和通信技术(ICTs)

现在我们很清楚地看到，文化政治经济学和信息社会政治经济学两者主要的交叉领域过去是围绕着信息和通信技术及其规制。正如上面已概述的分析结果，文化政治经济学在过去长久以来不得不承认的事实是，文化工业过去所呈现的状况是因为在历史上，文化工业已发展成为能利用复制技术，以及首要的是分销技术的多种形式。对于私营商业化和公共服务性的广播电视之间的核心争论，本质上是对规制和公共权力的争论，这种争论源起于对无线电波频谱的控制和分配。推动信息和通信技术发展及其经济利益发展的动力来源于总体生产的需求。在20世纪80年代，文化工业通过电信网络业的发展和规制参与了进来。

电信通信、网络及其规则

20世纪80年代以大规模的私有化和去管制化为特点，在此背景下，人们当时关注的中心是电信业及其所有制与规制。我认为，如果把这种现象一般性地描述为新自由主义、市场原教旨主义的推动就太过简单了。如果以反市场的原教旨主义之名来反对这种现象，在过去与现在都是无效的，因为它缺少对相关的政治经济学的严肃关注。政治经济学，尽管披着自由主义的伪装，但自亚当·斯密开始，就一直承认通信网络这一领域的特殊性。作为天然具有垄断特征的公共产品，他们要求而且一直以来都要求，要么是直接的政府条款约束，要么是严密的政府规制。在此要强调的很重要的一点是，有关规制的主要争论，不是针对普通消费者能否接触到通信网络，而是针对那些通信网络的控制者从其他生产和分销领域的垄断控制权中抽取租金的方式。这就是那些有关“普遍服务”的争论和之后有关所谓“数字鸿沟”的争论大部分都没说到点上的原因。电信网络和服务业当初是因为商业用途需要而发展起来的，其发展资金也大部分来源于此。商业上产生通信网络需求是因为市场在空间上的大规模扩展、工业生产和供应链在规模和复杂性上的增强，以及所有这些引起的互相协作的问题。家用扩张是因为，在网络化供给条件下，规模经济意味着家用可以从商用那里获得交叉补贴。一直到 20 世纪 70 年代，这一运作体系都符合各个方面，即通信网络所有者、商业客户与家庭用户的共同利益，因而恰如其分地维持着。但是，正如艾里·诺姆（Eli Noam，1994）所说，这个联盟在两种压力的作用下瓦解了。一方面，由于生产率增长陷入低迷，以及作为企业成本的一部分信息日常开支的上升，企业经济部门开始寻求降低成本；另一方面，作为回应，主要的信息和通信技术公司，如 IBM，既有技术能力，同时又有动力把自己的信息和增值服务提供给市场，而不是通过电信网络业。这就导致经济和游戏规则变得更加复杂。在我看来，技术发展、公司之间及其各行业之间的竞争，以及不同的公共利益这三者之间的相互作用是一个不断变化的动态领域，其中只可能有一个暂时可以容忍的妥协，而不会有真正的和解。在公司利益和公共利益之间，存在的当然不是一个简单的二分法。在任何一个时间点，都可能存在一系列需要权衡成本收益的问题，以及在政治上合乎情理的规制妥协。

电信与文化产业

从电信与文化产业的角度看，我希望这样描述：起源于总体生产的发展动力，如何通过电信网络的发展促进文化产业发展，从而应该怎样反思文化的政治经济学的早期争论，以及怎样反思当前对信息社会以及俗称的创意工业的争论。我想强调的是，我提倡把这仅仅作为一个可能的、局部的、从历史上看是权宜之计的解释。

信息通信业增长的动力，来自总体生产的间接成本，以及企业管理者提出的生产率/效率问题。这一动力导致了更庞大的交换网络容量、供应商之间更多的竞争，以及应用这种网络容量的更精致、廉价的外围设备。这种增长主要来自商业用户的需求。这带来了两个后果。在规制所导致的竞争，以及技术不确定性的共同驱策下，网络运营商，不管是在位者还是新进入者，都过量地建设网络，于是，为了支付高昂且日益增长的固定资产成本，寻求更多流量就成为必然。与此同时，随着纯粹的流量被商品化，以及它的价格被竞争和税率管制压低，网络运营商希望向价值链上游移动，在增值服务带来的收益增加中分一杯羹——例如持续追求视频点播服务（视频是一种重要的带宽消费项目）。另一方面，传媒产业相信融合这一说法，即数字化能够在各个竞争性传播平台上激活一系列内容开发，并且为了实现规模经济和范围经济，把内容放到所有的平台上也是必需的。维旺迪环球集团的消亡和美国在线—时代华纳的衰落，最直接有力地证明了这一战略的荒谬。正是这种双向运动，解释了相关各方何以会就网络的准入价格和准入条件展开持久而紧张的调控拉锯战；且又解释了网络控制权及所有权与信息服务市场之间的关系。

电信网络的总体发展，制造了大量额外的信息流通能力，为文化工业现有的企业和新进入者都提供了空间。然而，它没有为内容投资提供明显的新收益。因此，文化工业的竞争更激烈了，但这种激烈的竞争并不是市场扩大所带来的。同时，这种新的信息流通能力，尤其是互联网所具备的信息流通能力，其固有的缺陷侵蚀了现有企业和行业的商业模式，一方面它逃避版权更加容易，另一方面，它使广告收入的基础由以报纸为代表的成熟媒体，向以搜索引擎为代表的互联网企业转移。这整个过程的确有文化上的效果，但从任何意义上说，它们都不是有计划的、受控的，也无法通过局限在狭义文化产业部门内的分析来理解。另外，现在有一种主张，要求制定将创意产业作为新重点的经济增长政策。但没有证据表明，可以把文化产业的市场增长作为此种主张的依据。

信息经济学

我认为，总体而言，网络增长的动力受到商业领域内信息生产和使用扩张的驱动。于是，政治经济学的主要问题是，网络增长的原因是什么，以及它在经济学上的意义是什么？

致力于这一问题的信息社会学(IS)的主要分支是信息经济学以及在此基础上的企业分析。阿罗(Arrow 1979)和马克卢普(Machlup 1980—4)开创了这一学派。他们首先对新古典市场模型提出异议。新古典市场模型假设市场参与者都是理性的，建立理性所必需的知识都是无成本的。与此相对，阿罗提出信息不对称是市场互动的特征，其原因是信息并非免费的商品，而恰恰相反，搜寻信息既需花费时间，也要花费金钱。这产生两个重要后果：第一，市场作为一种博弈，搜寻信息的投资成本必须考虑；第二，通过进行更多投资或进行更有效的搜寻，获取信息以及把信息转化为有用的知识，市场参与者可以使市场向有利于自己的方向倾斜。当然，正因如此，在竞争性情报的管理上，会存在隐瞒信息。竞争性的过程既会导致信息相关活动的投入增加，如市场营销和广告；也会导致这些活动所雇佣的员工增加，即现在所谓的信息劳动力和知识工作者。但是请注意，这些支出的本质都是间接成本。

当这一分析运用于动态的市场互动而非静态的市场互动时，它就与经济决策中更为一般性的不确定性分析相联系。由于动态条件下的经济决策必然是依附时间的，政治经济学家们包括重要学者凯恩斯(Keynes)，长期以来主张经济活动必然是非理性的。在这个意义上，结果从来都不是完全可知的，所有经济决策都包含着风险，这种风险基于对博弈结果的概率计算。对于与信息经济学思想相伴的规制理论而言，重要的是：这一主张不仅削弱了所有市场有效和理性选择的理论，而且动摇了以下这条基本预设——事先的计划干预确实能够在未来取得预计的效果，这条预设是绝大多数政策的必要前提。

企业理论

信息经济学学派与企业理论有关。这一点非常重要，因为许多信息社会学思想关注公司结构和业绩的变化，并且得到管理咨询师和管理专家的普及推广。我们在卡斯特(Castell 1996)的研究中可以看到这两点，卡斯特重点分析了网络型企业组织以及更加一般的管理学讨论，包括公司重组、知识管理等。科斯(Coase 1952)著名的理论指出，企业存在的原因是作为规避市场力量的避风港。这是因为市场交易中总是存在成本(广为人知的交易成本，例如请律师起草契约的成本)和风险，把必要投入和生产过程之间的行政性关系通过建立企业而固化下来，才能达到更高效率。当交易涉及某些本质上难以评估和定价的因素（如白领的劳动时间）时更是如此。因此在科斯看来，企业尤其是现代大型工业公司的产生，并不是如钱德勒（Chandler 1977）所解释的那样是为了追求规模经济的效率，而是为了节省交易成本。科斯的结论是，企业成为一个经济组织，并不能用市场结果的高效率来解释，而恰好是它的反面。因为可以衡量投入和产出之间存在一定的关系，所以生产性劳动力和设备的直接投资受到市场的成本最小化的约束。然而交易成本学派指出，公司行政制度的成本（广义说就是白领的雇佣），无论是绝对数值还是相对比重都在上升，这一间接成本加剧了大型公司的低效率。这是通常所说的服务生产率低下问题的一种版本，在文化产业中就是我们已经看到的鲍莫尔成本病。这一说法也是在当代新管理学思想的环境中，对美国经济赢利能力危机的一种解释。这继而引出对日益膨胀的公司官僚体制（现今被称为信息工作者）的详细分析，思考信息劳动力是否可以遵循市场规则采用"外包"的形式或者用信息通信技术取代。在政治经济信息社会学中，这方面最经典的杰作是波拉特（Porat 1977）的《信息经济学》（*The Information Economy*）。

数字化和"无摩擦"经济

在此我们发现了信息社会学思想这一观念的根源，它被称为"新经济"。它聚焦于公司部门内部的信息和信息网络，以及从信息通信技术投资中可能获得的效率提升。特别是以互联网和电子商务为中心的这一愿景声称，数字化的主要影响来自所谓的"脱媒"（disintermediation），即通过电子商务来管理供应链，通过电子支付摆脱交易和交易成本。对这一信息社会学愿景的实证检验是"脱媒"实际发生的程度：财务回报、信息通信技术投资带来的生产率提高、公司重组、知识型管理以及与这一方式相关的所有流行风尚。我认为，公平地说，目前的研究将证实，虽然信息通信技术已获得巨大的投入，但是无论在私人公司还是公共部门，信息间接成本仍在继续无休无止地增长。至于在文化行业，问题在于以网络为基础的发行和交易系统是否已经彻底改变了符号生产和消费之间的关系乃至整个行业的经济学基础。尤其是，它是否摧毁了以发行为基础的大型企业集团的势力？显然目前争论的焦点是音乐工业，但它会迅速蔓延至其他传统媒体。我认为如今应当坦白承认，虽然我们清楚旧有结构正在经历动态重组,但我们不知道这一过程的结果将会是什么。

自由的技术以及"第三次浪潮"

在关于信息社会的观念中,有一项核心要素:即正是信息通信技术的日新月异和广泛普及,从技术上奠定了催生信息社会的经济、社会和文化进步。熊彼特长波学派(Schumpeterian long wave school)认为:信息社会所代表的进步,实质上是信息通信技术科技社会范式下,资本主义增长的下一个长波周期。此论点一般认为信息通信技术的发展与文化产业关系寥寥。它无非就是运用微处理器和数字网络,或使产品服务本身,或使它们的生产、流通环节的工艺流程更新换代。这波新浪潮的主要受益者,实为信息通信技术产业自身、金融服务业以及电信工业。然而,在上述这种技术决定论中,也有一派观点将传媒和通信业置于首要地位。

这派观点认为:福特主义式(Fordism)大众文化,以及鲍莫尔所发现的文化商品服务的真实相对价格上涨现象,乃是源于生产和分销两方面的高昂成本,而信息通信技术革命极大地降低了这些成本。根据这种观点,无论在私营还是公共部门,大型寡头组织对于文化产业的把持现象均应归咎于资本密集型生产的高昂成本,以及因渠道稀缺而被拉高的分销成本。于是,随着新的廉价编辑、录制技术进入印刷、音频、视听等传媒领域,多功能数字网络容量通过电缆、卫星,以及较新的光纤和无线技术而变得丰富和廉价起来,文化产业的所谓经济学生产函数也就获得了彻底改观,从而破除了昂贵的寡头体系,平息了关于管制该体系的论争。据说,信息通信技术开辟了一个属于原创者而非中间商的、丰富多样的文化时代。正是这种被阿尔文·托夫勒(Alvin Toffler)称为"第三次浪潮"(1981)的后工业化社会形态,支撑着人们寄予互联网革命的热望,支撑着文化话语对于数字技术的大量充满魔性的表述。

上述观念导致的后果是:"文化工业"更名为"创意工业"(Howkins 2001; Garnham 2005a; Department for Media, Culture and Sport 2008, 2009),进而文化政策也转化为工业政策。如同历史上这类产业增长一样,得益于生产函数的突飞猛进以及成本的降低,文化和通信产业已被人们视为新的主要经济增长领域。问题是:虽然分销成本确实已经相当低廉,但在高度发达的新式网络中,文化产品和文化服务的生产成本却并未降低。于是,就产生了一种在英国和其他欧盟国家居于创意工业思想核心地位的论点，那就是“内容为王”——经济增长的问题并不在于技术革新，而在于和网络的巨大容量相比，我们缺乏足够能满足需求的产品。该观点非常重视文化创新，它使用“创意工作者”一词，把（艺术和传媒领域中）那些关键的信息业工作者严格地定义出来。虽然在这次新的增长浪潮之初，是网络运营商和设备厂商赚走了钱，但现在则是内容生产商逐渐攫取了更多回报。在国家经济体之间的全球化竞争层面上，最后夺得市场份额、赚取出口利润的赢家，将会是那些注重发展内容制造业的国家，而非技术霸主。

作为新的增长领域的信息/版权/创意工业

在文化工业相关的研究者和工作者心目中，这种信息社会理论无疑格外诱人。但我认为：此类思想容易使人轻信那些对于文化产业的浅薄鼓吹（或愿景），也没能把内容生产经济与分销经济真正区分开来。关于后工业化和“第三次浪潮”的总体研究，已经逐渐同意文化产业才是这次进步的主要受益者。某份经济发展与合作组织（OECD）报告的标题“作为新兴工业的内容”（OECD 1998）一语道破了未来的政策趋势。要检验该论点的真实性，首先我们必须对“创意”这个难以把握的术语保持极端谨慎；其次，当我们把政策研究的焦点从媒体和信息工业转向创意工业时，也必须保持极端谨慎。当然，没人会反对创意。近期它在信息社会学研究中获得的高度评价，乃是源于（1）革新本身被赋予的高度价值；（2）人力资本回归为发达经济体带来的压力，以及它与高技能/高附加值型发展策略之间的关联——这种策略可以应付来自廉价劳动力经济的竞争；（3）人对人关系——而不是人对机器的关系——在服务业主导型经济中所占的核心地位。为了抢占“创意”这一概念，文化工业和某些教育部门已经开始使用创意工业那套术语了，但上述种种其实与艺术或文化意义上的创意毫无关系。

那么，这些进步究竟对于文化产业造成了何种影响呢？要在更广阔的经济语境——无论它是否属于信息经济——中理解文化产业的结构和运作，我们必须牢记一条经常被遗忘却又十分重要的区分规则：文化工业同时服务于两个截然不同的市场，一个是商品和服务的半成品市场，另一个是最终满足消费者需求的成品市场，也就是马克思理论中的第一部类和第二部类。这一点非常重要，因为第一部类和第二部类之间的协调问题，包括对于再生产、商业周期和经济危机等现象的分析，一直都是经典政治经济学的核心课题；又因近年来信息工业的增长主要集中在商业服务领域，并非用来满足最终消费需求。但人们却喜欢把文化工业当作休闲产品、休闲服务的供应商来进行关注和分析。在传媒业中，广告使这个问题变得更加复杂。广告是一种商业服务，其周期性增长的动力由企业盈利能力和公司间竞争强度所决定，但它又是消费性媒体的主要资金来源。于是文化产业就好像在唱一支双声部歌曲，而两个声部却经常不同步。随着广告大量流向网络，例如谷歌，传统的出版业和广播业就面临着越来越严峻的危机，而这只是更深层问题的冰山一角。

就最终需求而言，我们不妨观察一下美国。它或许是全世界最发达的信息社会，近二十年来信息产业增速略高于 GDP 增速。这些增长中的一大部分来自广告业的周期性繁荣（如今来了一次严重的滑坡），其中又有一大部分发生在信息产业内部（金融服务广告等）。然而在很大程度上，这种增长属于相对价格效应，因为消费并未同步提升。近年来文化工业的这种发展，与其说是源自需求的爆发性增长，还不如说是源自围绕着停滞不前的需求而展开的激烈争夺。争夺的后果，就是对消费者提升单位媒介消费时间的价格。在经济学理论中，这可不是促进产业活力的良方。当然，信息社会学理论家认定价格将会回落，因为分销成本正在降低。主张对"第三次浪潮"放松管制的人将该观点奉为圭臬，认为互联网能够无成本提供海量的信息。不幸的是，他们忽视了相对生产成本的上升（包括重要的营销成本上升），以及需求方的问题。其实，可支配收入的上升并未带来更多文化需求。它流向了支付能力以内那些更昂贵的休闲方式，例如旅游、大餐、室内装潢、健身和美容保健等。数十年来文化产业神话的背后，没有需求增长，只有以争夺分销渠道的形式表现出来的市场份额搏杀。后果呢？看看美国的数据：利润下跌、资产收益率下跌、利润率下跌。这在高速增长的有线电视和卫星电视行业中特别明显。透过泡沫，我们所发现的是在分销环节充满技术不确定性的时期，因急于寻觅市场份额而催生出的一场经典的过度投资性繁荣。

结　论

资本主义再生产与增长正面临着非物质劳动、非物质产品与非物质服务引发的问题，我试图证明：只有在上述背景下观察整体生产体系，才能够理解文化产业发展的主要驱动力。这要求我们认真看待生产率与效率的问题。我已经论述了所有权、控制和意识形态统治这些概念，以及简单的市场—反市场的二分法都无助于理解文化产业发展的过程及其所包含的风险。我认为我们必须接受，资本主义现代性的发展过程非常复杂，其结果总是不确定的。正如当前形势所显示的，没有人在把控。因此，对政治经济学者来说，应有相应的公正与坦诚，并接受这一事实：不存在一个能说清我们来龙去脉的总体性答案。所有的方法也许都能提供一些有价值的东西，也一定会受到证据与历史的检验。问题和答案都不是永恒不变的，它们永远只是用于应对局势的权宜之计。

参考文献

Arrow,K(1979)The economics of information. In:Dertouzos,M. and Moses,J. (eds), *The Computer Age: A Twenty-Year View*. MIT Press,Cambridge,MA,pp. 306—17.

Baumol,W. and Bowen,W. (1976)On the performing arts: The anatomy of their economic problems. In:Blaug,M. (ed.), *The Economics of the Arts*. Martin Robertson,London,pp. 218—26.

Castells,M. (1996)*The Rise of Network Society*. Blackwell,Oxford.

Chandler,A. (1977)*The Visible Hand: The Managerial Revolution in American Business*. Harvard University Press,Cambridge,MA.

Coase,R. (1952)The nature of the firm. *Economica* 4,386—405. Reprinted in Stigler, G. and Boulding,K(eds), *Readings in Price Theory*. Irwin,Homewood,IL,pp. 331—51.

Department for Culture, Media and Sport(2008)*Creative Britain -New Talents for a New Economy*. DCMS,London.

Department for Culture,Media and Sport(2009)*Digital Britain*. DCMS,London.

Flichy,p. (1978)*Contribution a une Etude des Industries de l'Audiovisuel*. Institut National de l'Audiovisuel,Paris.

Garnham,N. (2005a)From cultural to creative industries: An analysis of the implications of the creative industries approach to arts and media policy making in the United Kingdom. *International Journal of Cultural Policy*,11,15—29.

Garnham,N. (2005b)The information society debaterevisited. In: Curran,J. and Gurevitch,M. (eds),*Mass Media and Society*,4th edn. Hodder Arnold,London,pp. 287—302.

Howkins, J. (2001) *The Creative Economy*. Penguin, Harmondsworth, UK.

Machlup, F. (1980—4) *Knowledge: Its Creation, Distribution, and Economic Significance* (3 vols). Princeton University Press, Princeton, NJ.

Miège, B. (1989) *The Capitalization of Cultural Production*. International General, New York.

Noam, E. (1994) Beyond liberalization II: The impending doom of common carriage. *Telecommunications Policy*, 18(6), 435—52.

OECD(1998) *Content as a New Growth Industry*. Paris, OECD.

Porat, M. U. (1977) *The Information Economy*. Office of Telecommunications, US Department of Commerce, Washington, D. C.

Toffler, A. (1981) *The Third Wave*. Bantam Books, New York.

第三章　市场理论与电视市场

艾琳·米汉(Eileen R. Meehan)
保罗·托尔(Paul J. Torre)

当代话语为“市场”这个词创造了许多用途(uses),最具体的用法可能涉及以下三个方面:人们出售或购买商品及服务的场所;人们进行买卖活动的现实聚集;人们进行单一商品交易的抽象聚集。这些有关“市场”一词的标准用法,强调了市场的经济特性和进入市场中的人的自主性。其实,对“市场”一词,当代话语中还有更富想象力的使用方式:熊市或牛市其实与动物的买卖无关,而是通过一般认为是谨慎的熊和勇猛的牛的对比来呈现贸易的趋势。当我们用衰退的(ailing)、萧条的(depressed)、波动的(skittish)、迟缓的(sluggish)或是有活力的(exuberant)对其进行描述时,市场已经被人格化了。而针对公共政策的政治口号“让市场来决定”(let the market decide)似乎说明,市场已经超越了渺小的人类和他们的民主制度。这些极具想象力的用法,向市场灌输了生命力,使之具有了自己的内在特性、规律和智力(intelligence)。但问题在于,我们的注意力从构建市场的实际的经济政治关系、结构和基础(supports)上被转移了。

本文将分别从抽象和具体的层面来描述这些政经关系、结构和基础。我们将从亚当·斯密(Adam Smith)的自由市场模型(free market model)开始。斯密的自由市场模型是关于资本主义经济的第一个政治经济模型,它建构了一种理想化的、完全自由和竞争的市场。当代话语对这种市场褒扬有加,但在现实中却难得一见。引用斯密及其批评者的观点将帮助我们对市场下一个抽象的定义,使其既可以运用于市场理论分析,也有益于对电视市场的研究。随后,本文将对两种电视市场进行剖析,以明确这个定义如何有效地用于解释一个具体市场的起源、运作和结果,两个研究案例分别是美国视听率的全国市场和电视节目类型(format)的全球市场。

市场与自由市场模型

在《国富论》(2009/1776)中,亚当·斯密展示了一个有关市场如何运作的模型。他认为,完全自由和竞争的市场保证了全球经济中各国的经济增长和政治稳定。因此,政府应当为市场制定法律并提供服务。他亦承认其他类型的市场,例如垄断市场和寡头市场的存在,但认为它们都是无效率的。考虑到亚当·斯密的理想模型在当代话语中的重要性,我们将简要分析其自由市场模型中的关键要素。

首先,市场需要大量的买家和卖家。卖方竞争的目的是买方的货币,而买方竞相低价购买他们想要的商品。买方表达出对某些特定商品的需求,并与占有商品的卖方进行议价。卖方则力图把握趋势并预测需求的变化,以便通过满足买方需求而获取利润。亚当·斯密认为,对买方、卖方和政府而言,非经济诉求——例如宗教和道德信念——不应该影响需求的表达和满足。一个经济体系如果不能够持续满足买方的需求,就可能引发对政治现状的不满。自由市场的一个重要的附加效用就是政治稳定。

为了吸引买方和卖方进入市场,政府需要提供便捷的进出市场的通道。这意味着提供通道,并在通行者进入市场时保证其安全。具体而言,政府应当取消执照费、销售税及其他通过市场交易获取税收的方案,以及取消一些可能阻碍市场运作的规范、法律和限制。

因为需求驱动供应,广告的作用因此只限于提供有关时间、地点和价格的信息,再通过买家对所有相关商品价格和质量的考察使这些信息得以丰富。当然,卖方也可以自己收集信息,制定相应的价格以应对讨价还价。对完整信息的获取,使参与者得以在交易过程中考量自己的利益,竞争市场也因而更具效率。卖方希望以低成本生产商品并以高价卖出,买方希望低价获取高质量的产品,然后他们通过议价来决定上述自我诉求得以满足的程度。如果议价过程将各种利益考量融合到一起,交易就达成了。如果没有达成妥协,买家可以寻找新的卖家,或者退出市场。通过议价,卖方则可以了解买方实际愿意支付多少钱以及商品质量在多大程度上起作用。追踪这些信息,聪明的卖家可以判断需求是否在减少,或者在需求强劲的情况下,降低商品质量是否可行。议价为敏锐的卖家提供了有关需求趋势的信息。

在由需求驱动的市场中，卖方必须兼备创新能力和模仿能力。尽管具有风险，创新一旦成功却可以吸引买家为新产品支付高价。创新者因而将短暂地享有垄断地位和利润。然而，其他卖家随后会迅速进入这一有利可图的新领域，将几乎完全相同的产品引进市场。买家在购买创新产品时获得了更多的选择，因此他们会更努力地还价并最终导致价格下跌。但仍然会有许多卖家试图通过这种模仿行为获利，因而价格最终会跌至收支平衡点以下。不精明的卖家会因此破产，有耐心的买家则获益颇丰。亚当·斯密认为创新和模仿之间的这种关系确保价格将持续走低。这也意味着利润是稀缺的，想要获利就必须进行有冒险性的创新。

是什么使卖家不愿改变其行为而坚持保障利润、控制需求和限制竞争呢？因为卖家之间通过合作，就可以轻易达成这些目标。这就是亚当·斯密模式中存在的问题。如果建议政府通过"反托拉斯"(antitrust)法或类似的鼓励竞争的手段调控市场，这一问题是能够得以解决的。但是他一方面认为政府应该支持市场，另一方面又不希望政府干预市场，为此，斯密坚持认为自由市场的结构自身就确保了竞争。他认为，由于商人都是贪婪且急功近利的，原本相互合作的卖家总会为了巨大的利益而出卖同伴，导致合作破裂。用现代方式表述，我们可以说卖方是许多性格迥异的社会化个体，其中精明的竞争者可以恢复市场竞争。在那个诗意的时代，亚当·斯密认为利己主义(self-interest)的"看不见的手"(the invisible hand)可以纠正反竞争的错误。

针对斯密的自由市场模型，不同学派的政治经济学者做出了诸多不同的解读和深入的批评。为了说明市场力量是如何导致所有权的集中、对劳工的剥削和经济的不稳定，19 世纪以来，政治经济学激进学派一直致力于对劳动过程、劳工关系、公司控制以及宏观经济层面权力结构的研究(例如 Marx 1977/1887；Baran and Sweezy 1966)。约翰·梅纳德·凯恩斯(John Maynard Keynes 1936)亦持有一些相似的批判观点，他的研究旨趣在于如何降低不稳定性和减少剥削，正是以其理论为基础的革新政策拯救了 20 世纪 30 年代濒临崩溃的全球经济。但奥地利学派和芝加哥学派表达了不同的意见，他们认为通过改变货币供应(货币主义)、市场去管制化和政府服务的私有化，可以带来比凯恩斯主义政策所能实现的更多的经济增长(Hayek 1948；Friedman and Schwartz 1963)。

后一种观点，也就是我们所熟知的新自由主义(neoliberalism)理论，在美国被称作新保守主义(neoconservativism)，它于 20 世纪 80 年代享誉全球，并在超过二十年的时间里指导各国经济和全球市场的重建和整合。尽管频繁地向斯密的自由市场理论致意，新自由主义政策却并没有按照斯密的模式重建市场。相反，政策制定者不断放松市场监管的做法带来了所有权的集中（卖方减少），跨产业的公司合并（创新减少），对消费者保护措施的减少（信息不完整，价格浮动）等一系列后果。奥利地学派和芝加哥学派的观点招致激进学派和凯恩斯学派的猛烈抨击（见 Seabrook 1991；Reich 1991），并且随着 2008 年全球经济危机中金融业的垮台，这种批评显得更具预见性。

定义市场：法律基础

综合我们对自由市场模式所进行的讨论，以及对围绕该模式的不同观点的简要梳理，我们可以开始对“市场”进行定义。因为有许多层面需要涵盖，所以这个定义是抽象的，那就是：市场是一种经济结构，它源于一系列法律规范，能够参与交易的实体之间的经济关系，以及随着时间的推移可能在经济体制内制度化的因素所产生的结构。

这个定义的抽象程度使其既适用于个体进行买卖交易的市场，也适用于小公司、大企业、跨国联合集团、非盈利组织、非政府组织、政府机构、民族国家和国际组织等实体所依存的市场。它所要强调的一个现实是：市场是通过经济和政治领域的人类活动建构起来的，并不是把市场局限地理解为一个具体的场所或是人们的现实聚集，而忽视电子交易在国内和国际市场中所扮演的重要角色。按照亚当·斯密、马克思和凯恩斯的观点，我们强调法律结构的重要性：法律、规章、宪法、条约等在市场中起到了基础的、形塑的作用，也可判定具体的交易形式和交易行为的不合法性。买方和卖方对商品进行议价，呈现的是一种独立个体间的平等关系，在市场中这种关系转向了经济实体间的关系。激进政治经济学者针对这一过程指出，生产、分配和消费过程中所涉及的权力和控制通常是不平等的。考虑到交易的一般特性，我们还将分析涉及买断交易（outright purchase）、出租、许可贸易和下载交易等情况的市场。最后，我们所做的定义还参考了市场演变成制度化结构的历史过程。尽管参与者正在不断进入和离开，特定市场的结构依然存在，并决定了参与者进入、行动和离开的参数（parameter）或条件。

每个具体的市场都具有与众不同的特性，但这个抽象的定义使我们能够了解市场中存在的一些共性。每个市场都有一个法律基础，这一基础首先涉及商品交易的合法或不合法程度。例如，色情电影的国内和本土市场在不同国家是有差异的，这种差异取决于色情电影生产、交易、占有和观看获取的权利在该国或地区的合法程度。即使在色情电影交易合法的地区，政府仍然会设置一些限制，例如，规定谁可以合法地购买色情片，谁有资格获得销售的许可，影片是否可以在有线电视平台上播出等。不同国家在合法性和贸易限制上的这种区别塑造了色情电影的全球市场。

如果要保证一个媒介市场交易的是合法的产品，则需要一个重要的法律保障——知识产权法来促进贸易发展。每个国家就知识产权都有明确的理论和法律法规，处理的是思想、具体的表达、技术和实践的所有权。在知识产权法中，版权法（copyright law）强调具体表达的所有权。具体表达指的是诸如《赏金猎人》（*Dog the Bounty Hunter*）的电视系列剧或是节目的原声配乐等（Bettig 1996）。版权法在电视节目类型市场中扮演了重要的角色，这一市场中出售的是一个具体的系列节目的概念及其生产准则（guidelines）。商标法（trademark law）涉及的是用于识别一个公司、其行为和产品的标志或符号的使用，例如英国广播公司使用 BBC 作为其标识。专利法（patent law）处理的是发明的所有权，也包括技术，如 DVD 录像机，以及化学产品，如胶片感光乳剂。知识产权法还包括专利之外的一些操作知识，例如必须合理运用专利（专业知识）以及涉及公司政策、行为和机密的信息（具有所有权的知识）。对媒介市场而言，具有所有权的知识在电影公司的财务实践（accounting practices）（Kunz 2007）和电视观众的测量（Meehan 2005）中都扮演着重要角色。索尼（Sony）公司等同时拥有媒介生产和技术业务的公司，则向技术和系统进行了大量投资，以提高它们对消费者的媒介产品接触和使用进行控制的能力（Burkart and McCourt 2006）。

各个国家对知识产权法的具体应用不尽相同。一些国家，例如美国，只将版权作为经济术语（economic terms）：作者可以持有或者出售作品的版权，但是如果他们是被人雇佣的，作者在最终的作品中就不享有权利。拥有著作版权的公司可以对作品任意处理，甚至拒绝发表（suppressing）作品。在其他国家，例如法国，即使作者是被雇佣的，也承认作者对其作品的道德权利（moral rights）。道德权利通常包括对作者的确认以及优先于所有权的对作品完整性的保护。通过《伯尔尼公约》（*Berne*

Convention)等国际协定,以及世界知识产权组织(World Intellectual Property Organization)等机构,各国尝试协调其行动以促进知识产权的全球贸易的发展。

一个市场的法律基础要置于作为买卖关系基本准则而运作的法律规范中。法律法规会对一些活动进行鼓励,也会劝阻或禁止另一些行为。买方和卖方可以通过尝试改变基本准则以获取更有利的法律法规。例如,1986 年,新闻集团(News Corporation)曾经利用其对英国前首相撒切尔夫人(Margaret Thatcher)的政治影响促成了美国前总统罗纳德·里根(Ronald Reagan)修改有关美国电视台所有权的法律。新闻集团因此得以掌控七家电视台,而在此前,这被认定为是不合法的。

定义市场:经济关系和能力实体

市场这个抽象的定义所关注的第二个要素是具有交易能力的实体间的经济关系,其中最显著的是供需关系。一些实体产生需求,也就是说,它们具有自己的明确目标,可以就此与潜在的销售者进行沟通,并且拥有购买所需商品的资金。一个实体要成为真正的买家,就必须同时具备以上三个要素。当市场被需求驱动时,如同亚当·斯密所认为的,卖方相互竞争以确定需求的具体层面并满足这一需求。在这样的市场中,具有吸引力的广告是非生产性的:卖方不需要劝说买方对他们本来就需要的东西产生兴趣。在需求导向的市场中,相关的实体是可以变化的。在农业市场中,独立的个人可以进行交易;在食品市场中,沃尔玛(Walmart)向相互竞争的小公司买入商品。因为需求的货品数量庞大,沃尔玛有能力在价格上对小公司进行施压。与之相似的是,在一些国家的国民医疗健康系统中,政府因在需求方面居垄断地位而可以压低价格。在考察一个需求导向的市场时,我们需要明确相关的那个实体,或者行使需求的那些实体,并且对需求的结构进行分析,以便了解其不可变通或可协商的程度。还需要考虑的是供应商为避免成为需求的奴隶,在面对强势需求时所使用的策略。最后,我们需要在法律原则中挖掘具体的市场关系的基础。

市场也可能是由供应驱动的,特别是当少数几个公司控制并垄断市场的时候。(垄断是针对供应导向的市场而言的。)在由供应驱动的市场中,公司针对所供应产品的种类、时间、价格以及产品的淘汰期限作出长期的规划。公司用基于图像(image-based)的广告制造先于产品满足的欲望,从而创造需求。在一个寡头垄断的市场中,卖家通常总是提供功能相同(可替代的)但宣传和品牌不同的产品。这便阻碍了买家对自己的利益进行考量,而鼓励他们成为品牌产品的忠实的、冲动的消费者。这个明显的矛盾,是消费主义成为一种社会文化世界观的基础。如同激进政治经济学者和凯恩斯主义者所指出的,普通人购买产品所在的大部分国内和全球市场都是由供应和图像广告驱动的寡头垄断市场。在考察这些奉行消费至上观的市场时,我们需要明确相关的供应商,并且分析它们公司的结构、生产线和广告策略。我们还需要考察供应与需求的匹配度,以及非消费主义(nonconsumerist)或反消费主义(anticonsumerist)实践的形成和发展。对市场法律基础的进一步考察将作为补充,以确定哪些法律法规保护了供应商或消费者。

在有些市场中,人本身既非买方也非卖方,市场角色由组织化的实体所承担。企业与其他企业、政府机构或者民族国家进行商业交易。这些市场的准入通常是由政府行为或者企业偏好所严格控制的。在这个已有的和封闭的市场中,因为买方作为强大实体所拥有的权利,需求会不断增强。买方经常成为看门人,准许一些潜在的供应商进入而将其他人挡在门外。一些公司按照设计好的、有利于自身利益的方式行动,可能会损害或者限制其他公司的利益。这样的市场通常是寡头垄断的或是高度分化的,正如众所周知的"大亨"(big boys)对市场的塑造和运作具有最大的影响力。在考察组织作为相关实体的市场时,我们需要首先明确这个市场还在形成中或是已经建立。形成中的市场相对而言更具活力,成形的市场则更加稳定。对一个形成中的市场,我们需要追踪相关实体间的互动,分析产品和企业联盟以查看市场的发展轨迹,勘察政治实体间关于市场法律基础的博弈和对话。对成熟的市场,我们追寻市场的起源,勘测其现行路径,描绘其法律基础的特点。在这两种市场中,我们都要密切关注不同实体间的张力、对抗、联盟及其并行的利益。

定义市场:制度化结构

市场定义中的最后一个要点认为,随着时间的推移,市场中的要素会制度化,并形成相对稳定的结构。制度化的一个途径是将市场的法律基础扩展到让政府实体承担起监管(oversight)职责。监管意味着政府对具体市场、市场实体及其关系的一种承诺。政府对媒体和通信公司使用天然资源如电磁波谱(electromagnetic spectrum)的行为,制定技术标准予以规范,以确保进行中的操作不会相互干扰,新的操作不会干扰已有的操作,以及内容符合法律标准等。作为官僚实体,监管机构习惯于保持自身的影响力,这也为维护这些机构赖以生存的条件——比如市场现状——提供了基础(Weber 1957/1925)。除了明显的监管功能,这些机构还承担着潜在的保护市场的职能。20 世纪 50 年代至 70 年代,美国联邦通信委员会(FCC)的首要任务就是保护电视广播网中的寡头。它们曾经阻止好莱坞(Hollywood studios)等潜在的竞争对手拥有广播网(Hilmes 1990),并且试图通过繁复的规制扼杀正在兴起的有线电视产业(Mullen 2008)。

鉴于电磁波谱是一种全球性的资源,国际协议的签订对分配国家间的资源,协调频谱空间的使用起到了积极的作用。历史上,地缘政治的等级给西欧和北美等发达地区带来了优势,它们获得了比不发达地区所得到的更大的频谱空间。1865 年,20 个欧洲国家成立了国际电报联盟(ITU),制定了电报的技术标准。随着无线电报(19 世纪 90 年代)和无线电广播(20 世纪 20 年代)的出现,以欧洲为基础的国际电报联盟逐步发展成一个国际性组织,为各个国家、企业和非法人组织共同讨论波谱的使用提供了场所。这个组织现在称为国际电信联盟(International Telecommunications Union),作为联合国的一个专门机构继续发挥作用。在 1989 年的全权代表大会(Plenipotentiary Conference)上,国际电信联盟(ITU)进行了改组,以应对新自由主义政策对国家和全球市场的影响。发达国家和发展中国家之间存在的电信鸿沟也在联盟关注的议程之内。但要使这种鸿沟去制度化,则需要发达国家出让一部分频谱空间。

国内和国际法规的交互影响,扩展了市场的法律基础,并且促进了市场的制度化。然而,这些并不是推动制度化的唯一力量。一旦供需过程成为一种固定的常规,市场就走向了制度化。当需求可以预测时,对需求的回应就成为一个常规性的过程,供应商借机不断提供同质化的产品,而这些产品的区别只在于标榜了不同的风格。市场因此趋于稳定,但活力和创新性也随之减弱。制度化的市场中往往只存在极少的卖家(寡头),甚至只有一个卖家(垄断)。当买方是独立的个人时,卖方通过品牌和广告努力展现产品差异化的风格,但事实上,这些由不同供应商提供的产品往往都是同质化的(例如所有可乐味的苏打水和可口可乐);同一家公司生产线产出的更是几乎相同的产品(可口可乐、经典可乐、健怡可乐、不含咖啡因的健怡可乐、樱桃可乐、不含咖啡因的樱桃可乐、零度可口可乐以及酸橙味、柠檬味、覆盆子味的可口可乐等）。在买卖双方均是企业的市场中，相互竞争的卖家经常进行各种推广活动，尽力将自己的产品与对手区别开来。在这些市场中，制度化同样为企业提供了稳定性：企业可以持续地供应同质化的产品，这些产品能够以合适的价格出售，并且往往会有不错的销售表现。这种稳定性还表现在，企业买家无须每一次都斥巨资用以搜集信息，就能购买到价格合适的产品；企业卖家也不会面对千变万化的需求。制度化使制定长期计划成为可能。尽管特定的参与者可能进入或者离开具体的市场，总体的结构始终是存在的，每个参与者进入、行动、离开的参数也因此建立起来。现在我们就以一个制度化的电视市场为例，首先阐释它的起源和法律基础，然后对其关键发展阶段进行分析。

国家广播网的受众测量：美国视听率市场

从历史上来看，对无线电和电视的国家广播网而言，最核心的关系存在于广告主、广告代理商和广播网之间的金钱流动中：广告商聘请广告代理商推广自己的品牌，广播网（或现在的广播网和有线频道）吸引、聚集广告商的目标受众，将受众置于品牌商业推广的影响之下。广告商对消费者的刚性需要成为驱动市场的主要动力。在这个市场中，广告代理商为了取得广告主的独家合同而竞争，而有能力吸引观众的广播网则为了广告费而相互竞争。对代理商和广播电视网而言，问题在于如何展现它们吸引受众的能力。它们的目标受众是拥有可支配收入、经常接触零售商、愿意购买因推广和广告而价格上涨的品牌商品的消费者。站在广告商的角度，广告代理商和广播网必然会夸大自己的成功，问题在于如何对它们的能力进行评估。一旦广告商获得了受众，如何定价就变得非常复杂，因为在这一问题上，广告商和广播网的利益是有冲突的。为了了解定价和测量有效性的问题是如何解决的，我们将对视听率市场的形成进行简要的叙述。

在美国，第一个国家性的收听率市场是在1927年至1930年间由全国广告商协会（ANA）和美国广告代理商协会（AAAA）组织起来的。这两个协会都不愿意接受哥伦比亚广播公司（CBS）和美国无线电公司（RCA）发布的受众评估，前者拥有一家广播网，而后者拥有两家广播网。在广播收听报告中，哥伦比亚广播公司和美国无线电公司都声称他们的广播网拥有大量由主动消费者构成的受众。这意味着广告商需要向广播网支付大量的资金以接近这些受众。作为节目的赞助者,广告商有效地传达了对作为主动消费者的广大受众的刚需,广播网作为卖方,迅速回应了明确的信息。但是,作为广播网时间的购买者,广告商的利益诉求是更低的价格。这种定价关系必然使广告商对广播网有关受众的说法产生质疑。广告商开始寻求方法以反制哥伦比亚广播公司和美国无线电公司的报告。

为了解决这个问题,1927 年,全国广告商协会和美国广告代理商协会雇佣了市场调查者阿奇博尔德·克罗斯利(Archibald Crossley),请他设计了一个测量受众的方法。这里的潜在意图是,需要一个能够使广告商在与哥伦比亚广播公司和美国无线电公司的价格谈判中获益的收听率调查数据。克罗斯利提出了一个以电话访问为基础的测量系统。通过从电话号码簿中获取的随机样本,克罗斯利的调查员联系受访者(依据是否为家庭的户主或主妇进行分类),询问受访者在前一天是否收听了无线电台广播。如果受访者收听了广播,他们会被进一步要求说出当天收听的每个节目的名称。因为节目从早到晚每 15 分钟连续播出,说出每个节目的名称是一件相当令人生厌的事情。

在调查方法上,克罗斯利的做法有三个严重的问题。首先,广播节目为数众多,受访者可能会忘记提及一些节目,而提到其他他们经常收听但这次可能错过了的节目,或者将一些节目的名称和其他类似的节目混淆。第二,电话服务主要集中在美国电话电报公司(AT&T)认为是有利可图的市区和城镇。美国电话电报公司主要为商业服务,仅将住宅服务当作一种把业务连接到户主所拥有或从事的生意的一种方法(Danielian 1939)。第三,大部分家庭只拥有收音机而没有电话。当时住宅电话在家庭中并没有广泛普及。家庭拥有一部电话和一本电话簿在当时实际上是地位的象征。从社会科学的角度来看,克罗斯利的访问和样本既不能得出一个有关一般人口收听广播情况的合理准确的数据,也不能提供一个关于拥有电话家庭的广播收听的合理准确的数据。

然而,克罗斯利的样本对象是在经济萧条时期能够用得起电话的人,说明他们或许有能力负担名牌消费、有意愿购买名牌并经常光顾适合的零售商。这满足了广告商对真正的消费者的需求,他们需要的不是仅仅收听电台广播的人。人们在克罗斯利的采访中,很容易出现对自己收听行为的少报或误报,并且,这一时期上层社会的观念也会对受众测量的结果造成影响。当被要求复述一天的收听行为时，因为任务太过麻烦，为了逃避任务而又不显得无礼，受访者会突然想起他们昨天并没有收听广播。

1929年，全国广告商协会和美国广告代理商协会宣布克罗斯利的方法是唯一可接受的受众测量方式。它们通过联合拥有的广播分析合作社(CAB)将这一点确立下来，并邀请克罗斯利进行管理。全国广告商协会和美国广告代理商协会的会员可以订阅广播分析合作社的收听率报告。广播分析合作社的用户则被警告不要向非用户或圈外人传阅报告，哥伦比亚广播公司和美国无线电公司是特别被禁止订阅的。全国广告商协会和美国广告代理商协会就此建构了一个封闭的全国性的收听率市场，其收听率报告的目标是高收入的消费者，并低估了听众的数量。这个市场严重地偏向了广告商的利益，而广告代理商的支持则说明它们对广告商的依附程度。然而，全国广告商协会和美国广告代理商协会对广播网的禁令，却恰恰导致了这个收听率市场的不稳定。说明这一点之前，我们首先要考察的是这个收听率市场的法律基础。

处理版权、专有信息、合同和所有权的法律是这个市场所依附的法律基础。美国法律规定，版权指具体的想法的表达。雇员的想法表达不属于创造者，而属于雇主。因此，全国广告商协会和美国广告代理商协会拥有克罗斯利创造的访问调查法的版权，哥伦比亚广播公司和美国无线电公司都不能盗用克罗斯利的调查方法获取他们自己的收听率。但是，因为这种保护限于具体的表达，全国广告商协会和美国广告代理商协会则不能宣称对所有涉及无线电广播访问的所有权。鉴于针对专有信息的法律，联合会可以限制广播分析合作社对收听率的使用和流通。全国广告商协会和美国广告代理商协会在法律上的确可以禁止广播网获得或使用收听率数据，但在闲谈、商业谈判、小道消息以及行业报刊有关无线电广播节目的报道中，收听率信息必然会被泄露。这种泄露的可能性，使一些全国广告商协会和美国广告代理商协会的成员选择不订阅收视率报告，这就给广播分析合作社的运营带来了经济压力，但又因为其隶属于全国广告商协会和美国广告代理商协会，广播分析合作社亦不能采取合理措施将收听率卖给哥伦比亚广播公司和美国无线电公司。

上述状况给另一个实体进入收听率市场提供了空间，至少是以哥伦比亚广播公司和美国无线电公司为目标的收听率市场。可以推测，只回应广播网要求的收听率与回应广告商和广告代理商共同需求的收听率是不同的。为广播网提供的一组数据和为广告商提供的另一组数据的同时存在，会使广播网出售时间给广告商的过程变得异常混乱。在达成交易的过程中，如果广播网和广告商各自依据相互矛盾的报告进行谈判，就会增加双方的成本。为了避免出现这种情况，一组能获得双方共同认可的收听率数据就显得十分必要。它必须符合广告商和广播网节省成本的共同利益诉求，平衡它们在收听率的定价策略中相互冲突的利益。广告商和广播网在观众市场中矛盾的利益经过相互碰撞，却恰能解决它们在收听率市场中的共同问题。

问题的解决方案最终是由胡珀公司(CEH)及其胡珀收听率(Hooperatings)完成的。首先，和广播分析合作社一样，胡珀公司使用电话采访，但是只针对大城市；其次，胡珀公司在访问时向受访者提出了更简单的问题，即受访者现在是否在收听广播(如果是，请说出节目名称)，以及他们在当前节目之前是否也在收听广播(如果是，请说出节目名称)；第三，胡珀公司向任何买家(例如收听率企业联合会)提供它的产品。最后，胡珀公司坚持不懈地进行自我推广，甚至将胡珀收听率宣传为一种科学性的突破，其鲜明的特点与广播分析合作社乏味的组织特性形成明显的对照。胡珀公司所提供的收听率产品满足了测量上流社会家庭的共同需要，也满足了广播网提高报告中听众数量的需要。胡珀公司的方法既增加了听众的评估数量，又提高了收听率的准确性。其将重点集中在城市消费者的策略，也对广播网和广告商有利。对广告商而言，胡珀公司的另一个优势在于，企业联合会因为卖出的收听率报告数量的增加，而降低了每份报告的成本。最终，虽然二者实际所测量的是相同的东西，胡珀公司却通过不同风格将自己与广播分析合作社的数据区分开来。通过胡珀公司的解决方案，广告商和广播网在收听率上的矛盾得以化解。需求变得可预测了，胡珀公司自然就成了收听率市场的垄断者。

至此，我们看到了视听率市场的实质(bare bones)。处理知识产权生产的法律、涉及生产者销售信息产品及控制专有信息能力的法规，以及与企业间合同相关的规范都是视听率市场赖以存在的法律基础。视听率购买者在三个层面具有共同的需求：偏好上层社会家庭；希望视听率报告的单位价格降低；要求单一的一组视听率数据以便简化广播网向广告商售卖广告空间的交易过程。视听率关注的是依据人口统计学特征进行描述的受众的数量，针对受众规模评估的需求是有差异的。广告商希望低估受众规模以降低成本，而广播网却希望高估受众规模以提高价格。买方对单一的一组收听率的偏好意味着它们只会选择一个卖家。这个垄断卖家需要满足共同需求并平衡有分歧的需求。平衡的过程给了卖家一个实施策略的机会,但共同需求使垄断者专注于所需的有限数目的测量。如果要形成对垄断者的挑战,一家新的公司需要满足共同需求,再平衡差异需求,将自己及其可替代的产品,与原有的垄断者的产品区别开来。新的视听率测量的仍然是受众规模和人口特征,但是获取信息的方式是不同的。

1942 年至今,美国的视听率市场经历了巨大改变。广告商、广告代理商和广播网被非广播媒体等购买、兼并,不断融合、扩张。作为市场中的需求来源,广告商、广告代理商和广播网的阵营中新加入了有线频道,有些频道所属的公司甚至拥有六家商业广播网。然而,视听率市场的制度化结构依然存在,共同需求和差异需求也仍然共存。视听率的垄断者依然以买家为服务对象。挑战继续存在于对可替代的视听率测量方法的探索上,新的方法也还是会被宣传为是科学性的突破。从 1950 年开始,由于测量仪调查开始超越电话访问,A. C. 尼尔森公司(ACN)开始垄断视听率市场。随后,辛德林格公司(Sindlinger & Co.)、阿比创市场研究公司(Arbitron)、AGB 公司和珀西公司(Percy)都致力于创造不同的测量仪进行相同类型的测量。A. C. 尼尔森公司通过改造测量仪、广泛开展推广活动,以及建立超越买方既定利益的联盟等方式战胜了这些挑战。作为近 50 年国家政治经济变化的一种象征,A. C. 尼尔森从一个家族公司发展为华尔街邓白氏(Dunn & Bradstreet)集团的一部分,后又成为 VNU 集团的核心部分,后者原本是一家荷兰信息公司,于 2007 年更名为尼尔森公司。尼尔森公司现在正在研发能追踪家庭电视和互联网联合使用情况的设备。这一设备甚至可以记录户外"智能"广告的接触情况。我们承认所有这些变化都是非常重要的,但同时应该注意到,这些变化都是发生在一个需求被常规化、买卖关系被制度化、垄断持续存在的市场之中。

再生产的权利:电视节目类型的全球市场

电视类型是构成一个电视系列节目的元素的组合。节目类型的卖家将元素打包出售给电视制作人或广播网:一个有剧本的连续剧,例如《丑女贝蒂》(*Ugly Betty*),会包括对背景、角色和剧情的具体描述;娱乐节目,例如《谁想成为百万富翁》(*Who Wants to be a Millionaire?*),和真人竞赛节目，例如《幸存者》(*Survivor*)，其元素组合里会包括竞赛的细节、环节设计方案、口号、灯光及音乐提示和其他制作细节。节目类型的买方使用这些元素的组合去制作自己版本的节目系列（Moran and Malbon 2006）。特别是在最近十年，电视类型的全球市场快速扩张。为了清晰地认识电视节目类型的全球市场，我们首先将讨论电视节目类型营销的法律基础，以及围绕这一具体的媒介节目市场的法律的复杂性。随后要关注的是能力实体间的经济关系，以及电视节目类型的买方和卖方。最后我们将考察全球电视节目类型市场是否出现了制度化的状况。

电视节目类型市场的法律基础是知识产权法。在国家层面，媒介产品被版权法所保护，在更小的范围内起作用的则是商标法，二者被立法系统明确规定和修订，并由司法系统进行诠释。在全球层面，因为国家知识产权法律和执行制度（enforcement regimes）之间经常出现矛盾，情况变得更加复杂。为了促进全球市场的发展，电视节目类型必须和电视节目一样被视作一种知识产权。因此，我们将关注管理国际知识产权的相关条约，以及对全球节目类型市场产生重要影响的知识产权案件。

为了促进国际贸易，各国之间签订的贸易协定内容已经从制造业和农产品扩展到了知识产权。例如，自 1886 年起，涉及文学、艺术和“电影艺术”(cinematographic)作品的《伯尔尼公约》就在知识产权全球市场中扮演重要角色，经多次修订，1971 年版（1979 年修订完成）得到了超过 160 个国家的支持。《伯尔尼公约》保护“以类似摄制电影的方法表现的作品”，这里包含了电视节目。但是《伯尔尼公约》同时规定，“作品如果未以某种物质形式固定下来便不受保护”[①]（*Berne Convention*，Article 2），这表明电视节目类型目前不在《伯尔尼公约》的保护范围之内。

世界知识产权组织（WIPO）作为联合国的一个专门机构，目前负责执行《伯尔尼公约》。世界知识产权组织同时制定《世界知识产权条例》，于 1996 年在日内瓦通过，以对《伯尔尼公约》进行补充，“承认信息与通信技术的发展和交汇对文学和艺术作品的创作与使用的深刻影响”[②]（*WIPO Copyright Treaty*；Preamble）。在这一条例中，知识产权保护再一次被限定于固定（fixed）的作品，“版权保护延及表达，而不延

---

① 译注：中译文请参见世界知识产权组织网站，http://www.wipo.int/export/sites/www/treaties/zh/ip/berne/pdf/berne-zh.pdf。

② 译注：中译文请参见中华人民共和国知识产权局网站，http://www.sipo.gov.cn/zcfg/flfg/bq/gjty/201310/t20131025_863143.html。

及思想、过程、操作方法或数学概念本身”(Article 2)。这一条款在世界贸易组织《与贸易有关的知识产权协议》(TRIPS)中再一次被重复。而世界贸易组织 153 个成员国,不论是否为《伯尔尼公约》的成员国,都要遵守被《与贸易有关的知识产权协议》所并入的《伯尔尼公约》的规定(Part II Article 9,2)。

《伯尔尼公约》《世界知识产权条例》和《与贸易有关的知识产权协议》所规定的这些原则,对于电视节目类型全球贸易的法律基础而言至关重要。《伯尔尼公约》要求知识产权必须“表现于一定物质形式”,方能受到版权法的保护。电视类型作为一系列元素的组合,以特定的节目版本进行表达,明显并不是固定的。一个类型是对节目的规定(prescription),其自身或内部并不是一个完整的作品。世界知识产权组织的版权条约所强调的正是文学表达与表达方案之间的直接的差异。在娱乐节目形式中通常是重要的元素的环节和操作方法,在知识产权协议中也是不受保护的。世界知识产权组织在其网站上特别强调:“电视类型并没有作为国际保护的独立对象被世界知识产权组织所关注。”(WIPO FAQS)

电视类型在法律上的地位所带来的不确定性(indeterminate),给抄袭或“克隆”的持续存在创造了空间,并导致全球市场的不稳定。频发的各类知识产权案件是对这一法律保护空白的一种试探。而遵从先例(yielding precedents)的判决在国家层面上最终可能为电视类型的全球贸易构成连贯的法律基础。类似的一个基础性案例是有关休吉·格林(Hughie Green)的。格林是 1956 年至 1978 年英国达人竞赛节目《机会在敲门》(*Opportunity Knocks*)的制作人和主持人,他提供了一系列侵权者败诉的案例以控告新西兰广播公司(BCNZ)的侵犯版权行为。案件首先在新西兰高等法院和上诉法院进行审理,之后他又向英国枢密院提起诉讼。在 1989 年这起格林状告新西兰广播公司的案件中,英国枢密院沿用新西兰法院的判决否决了格林的诉讼。枢密院认为,“宣称受到侵犯的版权按惯例只适用于脚本和戏剧形式”,然而本案“并没有证据证实脚本的生产”。枢密院认为,虽然新西兰广播公司的节目《机会在敲门》(*Opportunity Knocks*)使用了相同的“掌声测量计”去测试观众对选手表演的反应,同时使用了相同的三个口号:“机会在为……(选手姓名)敲响”“这是属于你的节目,说的就是你”和“到了下决心的时候了”,但无法因此证明格林的具体表达被挪用了。新西兰广播公司的版本确实拷贝了格林节目中的这些独特元素,而枢密院认为这些只是“附属的”。枢密院进一步指出，“版权提供的保护带来了垄断，这种涉及垄断主题的案件的判定必须依据确实性，以免造成不公正”(Green v. Broadcasting Corporation of New Zealand)。1989 年的这个判决确认了一般想法和具体表达之间的差异。

在荷兰恩德莫公司(Endemol)起诉巴西 SBT 电视台抄袭其公司节目《老大哥》(*Big Brother*)的案例中，法院的判决为保护节目类型提供了支持。这两家公司起初对节目类型版权进行了谈判，但是 SBT 电视台最终拒绝了《老大哥》的类型许可。随后 SBT 电视台就推出了一档明显相似的节目。巴西法院作出了对恩德莫公司有利的判决，认为 SBT 公司侵犯了版权。法院认为，电视节目类型“是一个非常宽泛的概念，不仅包括节目的核心想法，也广泛地涵盖一系列技术的、艺术的、经济的和商业的信息”(Endemol & TV Globo v. TV SBT)。最终，巴西法院判决被告赔付原告 200 万美元，但是这一判决只在巴西作为判例。

关于电视类型案件的判决并不总是仅仅依据知识产权法律，这些案件可能有着复杂的渊源。2002 年，卡斯特韦制作公司(Castaway Productions)在英国提起诉讼，指其公司以瑞典电视节目《鲁宾孙探险》(*Expedition: Robinson*)的类型为基础所制作的节目《幸存者》(*Survivor*)被加拿大 PLC 公司的节目《我是名人……让我离开这里》(*I'm a Celebrity……Get Me Out of Here*)抄袭。两个节目都在恶劣的户外环境中进行，需要参与者具备较强的生存能力，并且通过投票机制淘汰参赛者，直至产生胜者。但到 2003 年，卡斯特韦公司最终撤诉。在美国，哥伦比亚广播公司起诉美国广播公司，控诉后者的《我是名人……让我离开这里》节目抄袭了原告的节目《幸存者》。区别只在于，哥伦比亚广播公司节目中的参与者是普通人，而美国广播公司节目的参与者是例如明星珍妮弗·洛佩兹的前夫、喜剧演员琼·里弗斯的女儿等人。纽约地方法院拒绝发出禁止令，判决表示两个节目“在概念和感觉上”实质是有区别的。法院认为，除了一些基础的相似点，《幸存者》气氛严肃并具很高的生产价值，而《名人》是喜剧式的，看起来就像是家庭录像。法官判决“如果不考虑元素的呈现和表达就为这些元素的组合提供保护，会扼杀创新，也会扼杀产生了本案中这两个节目的创意过程”。更宽泛地说，电视节目是“一个连续的进化过程，会经常借用已经发生的事情”。在这些考量的基础之上，法官认为，如果把《名人》节目从二月的广告时间档移除，“会突然中止美国广播公司恢复收视率的进展”

(CBS Broadcasting Inc. v. ABC,Inc. 2003)。尽管美国广播公司在全国收视率市场中的表现与当时的案件无关,但这的确是美国法院判决中的一个要素。

这些案件表明,一个发展不完全的想法和一个实际、固定的表达之间的区别对知识产权保护的法律基础而言是根本性的。这个区别也是知识产权法律对全球电视类型进行保护的主要障碍。但是,还有针对不公平竞争、商标保护和违反保密协议及合同的国际法规,也同样可以作为法律基础。各国相关法律的区别促使制作公司随机应变,它们试图保护或者改变想法和表达之间的差异。但这中间具有深刻的复杂性。以英国为例,2003 年,议会调整了节目所有权法规,将原属于广播网的节目知识产权重新分配给制作公司。这就给英国节目类型制作者提供了推动世界范围内节目创意营销的动力。近年来,在盗版盛行的情况下,英国节目类型销售收入依然占到了电视产业出口总收入的 40%。然而,在 2006 年,针对政府有关知识产权政策的审查,英国广播公司(BBC)却建议反对任何形式的针对电视类型复制的法律修订。英国广播公司声称,"目前的法律已经提供了适当的保护","一个更具规定性的方式会带来麻烦"(Her Majesty's Treasury 2006)。很明显,关于电视节目类型全球市场的法律基础是存在问题的。不管是在国家还是全球层面,政府机构和知识产权法律都没有为一个节目类型全球市场的建立提供基础。针对这种情况,2000 年,节目类型认证和保护协会(FRAPA)成立,成员包括 30 个国家的 100 家公司。协会坚持,"只有排他的权利可以在市场中创造稀缺价值",但也指出,"如果不阻止竞争者未经授权的模仿,排他性就只是一个空虚的承诺"(FRAPA)。节目类型认证和保护协会推动类型版权的扩展,鼓励成员注册其原创的想法,但和许多其他自律性的努力一样,协会成效并不明显,抄袭依然猖獗。如果法律和自律规范不能保护卖方免受潜在买方的抄袭,那么卖家只有两种选择:离开市场,或者削弱抄袭的成本效益。后者对卖方而言或是一种动力,可以与买方单独就每次交易的条款进行谈判。

各类电视节是买方和卖方齐聚一堂的现实市场,例如在拉斯维加斯举行的北美国际电视节(NATPE)、法国戛纳电视节(MIP-TV)和新加坡亚洲媒体节(AMF)(Havens 2006)上,每笔交易都有其特性,进而形成了一种连续的、潜在的节目类型协议,可以用于在每个独立的交易中进行具体的协商。因此,买卖关系的独立性缓和了交易的常规化。有些节目形式的买家只要求尽快运送相关文件，它们更像是在购买一个既有的电视系列的许可权。另一些买家要求卖方提供一些咨询服务，或者可以解决困难的会议。还有买家倾向于类似传统的电视合作制作的方式，由卖方提供核心的工作人员和资源。例如索尼影视国际电视公司(Sony Pictures Television International)和富曼传媒公司(Fremantle Media Productions)的“制作飞人”(flying producer)，他们会去各地和买家的创作团队合作，监督最初的拍摄，帮助亚洲、欧洲和南美洲的买家进行后期制作。作为卖方的雇员，这些制作人具有专业知识，能帮助买方形成可充分开发类型的方案，同时提高在花费和操作中的效率。卖方之所以愿意提供更全面的制作帮助，原因之一是为了扼止买家进行抄袭的企图。卖家尽量扩大成本效应，让买家不必去认知(recognition)、借鉴(appropriation)和归纳(generalization)，卖家就可以在保护自己的专业知识的同时满足买家的需求。但这种紧密的节目类型关系的一个副作用，正是在交易的过程中，买家通常会自己了解、借鉴并且总结节目类型业务的诀窍，结果是，买家最终获取了业务操作、管理技术和提高效率的方法(Keane，Fung，and Moran 2007)。

通过对一个具体的节目类型制作过程进行简单的描述，我们便可以追踪这种潜在的结果。整个20世纪90年代，索尼公司的六季电视连续剧《天才保姆》(*The Nanny*)卖到了全世界90多个国家。此外，索尼还与十几个制作及广播公司合作，创作以原作形式为基础的不同版本，合作者包括波兰TVN广播公司、印度尼西亚的印多希亚尔(Indosiar)电视台、俄罗斯STS电视台等。在阿根廷，与索尼公司进行合作的是Telefe电视台，它们共同制作了本土版的《天才保姆》(*La Ninera*)，于2004年在阿根廷市场推出。有趣的是，Telefe电视台同时还和索尼公司合作制作了本土版的美国电视剧《拖家带口》(*Married with Children*)、《成长没烦恼》(*Who's the Boss*)、《家有仙妻》(*Bewitched*)和《霹雳天使》(*Charlie's Angel*)。

在与索尼合作中获取的经验使Telefe电视台具备了自己的节目制作能力。该电视台制作的电视肥皂剧《蒙特克里斯托》(*Montecristo*，2006)就曾经大获成功。就像索尼与《天才保姆》，阿根廷将《蒙特克里斯托》以原版方式卖给了40个国家，然后将节目类型卖给了墨西哥Azteca电视台、哥伦比亚卡拉科尔电视台(Caracol)、智利麦加电视台(Mega)、葡萄牙SIC电视台和俄罗斯Amedia公司。与世界各国广播公司打交道的过程中，Telefe 电视台使用了在与索尼合作中积累的经验和制作技术。鉴于买家通常更愿意与有经验的公司建立节目类型的合作关系，Telefe 与索尼的项目经验显然对它自己的节目类型销售起到了帮助作用。

因为节目类型的生产者通常是制作公司或者广播公司，这就为进入市场设置了障碍。广播公司控制着进入市场的通道，它们所拥有的本地经销渠道也是吸引区域性买家的前提条件。电视节目类型通过取得国内和区域性的成功，便可以产生业务记录（track record）或者达到临界状态（critical mass），这对全球营销十分必要，有利于进一步取得全球性的成功。即使在这种条件下，还是有新的能力实体加入了正在不断扩张中的电视节目类型市场。除了阿根廷的 Telefe 电视台，集制作、播放、营销为一体的机构正在迅速增加，包括以色列多利传媒集团（Dori Media Group）、哥伦比亚 RCN 电视台、巴西环球电视台（TV Globo）、委内瑞拉 Venevision 电视台、墨西哥 Televisa 电视台，以及日本的 TBS 电视台和中国的北京电视台等。

在更广泛的全球电视营销业务中，垄断依然存在。好莱坞的公司在完整剧集的销售市场中，依然发挥着巨大的影响力。制作和营销全球电视节目类型的公司所参与的是一个有活力的和不稳定的市场。想要将这个市场稳定下来，则需要法律基础，将知识产权保护所支持的范围从具体的表达扩展到可能的表达的方案。这样做的结果是很可观的：公司可以分别拥有具体的电视系列节目的产权和电视系列节目所依据的基础想法的产权。个人、组织和公司如果使用了类似的想法，将会被控告侵犯版权。这样的状况如果发生在 1998 年，梦工厂（Dreamworks SKG）的《小蚁雄兵》（*Antz*）和迪士尼皮克斯公司（Disney/Pixar）的《虫虫危机》（*A Bug's Life*）就会引发诉讼了。将版权拓展到节目类型或许可以稳定节目类型市场，但如果侵犯了表达自由和文化共享，就会影响其他知识产权交易市场的稳定性。

由于对节目类型的版权缺乏保护，盗版至今仍然是一个问题。自律性的努力因为始终不能达到临界状态而无法遏制盗版。为了让盗版不那么有吸引力，一些卖家在发展、制作和推广层面积极提供扩展性的帮助。它们希望定制化的、个性化的买卖关系可以削弱盗版的魅力。但是，买家可能会利用这种关系掌握生产诀窍，并随后作为卖方再次进入节目类型市场。买家不断增殖的这种状况保持了节目类型市场的活力，并且影响了市场的制度化过程。

结　　论

正如我们所描述的，美国视听率的全国市场与电视节目类型的全球市场形成了鲜明的对照。我们认为，与其说这源自国家与全球之间的差异，不如说这是不同市场间法律基础、实体经济关系以及制度化程度之间的差异。视听率市场具备一个坚实的法律基础，知识产权法处理具有具体形式的受众测量和专有信息，而只要版权继续将具体、固定的表达方案排除在外，节目类型市场就得不到保护。法律基础上的差异导致了能力实体间关系的差异，对此我们将逐一进行评述。为了在视听率市场中获得最大化效用，买家倾向于与单一卖家打交道，这便带来了供求关系的常规化。这种常规化通过买家对观众测量质量的统一需求进一步巩固。考虑到在观众规模上的需求差异，视听率的垄断者通过平衡在购买观众价格上的利益冲突，促成广告商、广播网和频道之间的妥协，这再一次推动了需求的常规化和视听率市场的制度化。

形成鲜明反差的是，节目类型卖家会尽量满足潜在买家的一系列需求。这些需求包括从一次性购买到准合作生产关系的建立。在准合作生产关系中，节目类型卖家事实上将买家逐步训练成了卖家，这种角色的转变促使新的竞争者进入市场。由于节目类型市场包括众多不同的买家，每一个都有不同的交易需求，在买家向卖家转化的过程中，一系列的产品和交易也会相应产生。这些要素给市场带来了多种可能，从而避免了常规化。

除了上述差异，美国视听率全国市场和全球节目类型市场中的贸易行为都受到市场的知识产权法律基础的影响。在视听率市场中，法律保护观众测量和专有信息的具体表达，视听率的垄断者在历史上就利用法律巩固自己的地位。从 20 世纪 30 年代开始，知识产权法和差异需求的结合，便将卖方和买方明确区分开。而这种明确性在全球节目类型市场中是不存在的。节目方案的所有权通常是缺少版权保护的，促使一些潜在的买家进行抄袭而另一些则通过准合作生产的关系变身卖家。在经济实体利用市场的法律基础为自己谋求地位的过程中，我们可以看到政治和经济是如何纠缠在一起的。政治经济的相互依附关系在不同市场中的具体表述是有差别的，也会因区域差异而有所不同，但对这种交错复杂关系的认识，正是所有政治经济学的基础。

参考文献

Baran, P. A. and Sweezy, P. M. (1966) *Monopoly Capital*. Monthly Review Press, New York.

Berne Convention for the Protection of Literary and Artistic Works, Paris Act of July 24, 1971, asamended on September 28, 1979. Online at http://www: wipo. int/treaties/en/ip/berne/trtdocs_woOO1. html(accessed September 21, 2010).

Bettig, R. V. (1996) *Copyrighting Culture: The Political Economy of Intellectual Property*. Westview, Boulder, CO.

Burkart, P. and McCourt, T. (2006) *Digital Music Wars: Ownership and Control of the Celestial Jukebox*. Rowman & Littlefield, Lanham, MD.

CBS BroadcaSting Inc. v. ABC Inc. (2003) US Dist. LEXIS 20258(SDNY January 14, 2003).

Danielian, N. R. (1939) *AT&T: The Story of Industrial Conquest*. Arno Press, New York. Endemol v. TV SBT(2004) Brazil.

Format Recognition and Protection Association (2010), About FRAPA. Online at http://www: frapa. org/about-frarla. html(accessed September 21, 2010).

Friedman, M. and Schwartz, A. J. (1963) *A Monetary History of the United States*. Princeton University Press, Princeton, NJ.

Green v. Broadcasting Corporation of New Zealand (1989) RPC 700.

Havens, T. (2006) *Global Television Marketplace*. British Film Institute, London.

Hayek, F. (1948) *Individualism and Economic Order*. University of Chicago Press, Chicago.

Her Majesty's Treasury. (2006) Response to Gowers Review from BBC and BBC Worldwide. Online at http://webarchive. nationalarchives. gov. uk/+/http://www. hm-treasury. gov. uk/ media/ 192/37/bbc_and_bbc_worldwide_ltd_142_83kb. pdf (accessed September 21, 2010).

Hilmes, M. (1990) *Hollywood and Broadcasting: From Radio to Cable*. University of Illinois Press, Urbana.

Keane, M., Fung, A. Y. H., and Moran, A. (2007) *New Television, Globalisation, and the East Asian Cultural Imagination*. Hong Kong University Press, Hong Kong.

Keane, M. and Moran, A. (2008) Television's new engines. *Television and New Media*, 9(2), 155—69.

Keynes, J. M. (1936) *The General Theory of Employment, Interest, and Money*. Harcourt, Brace, New York.

Kunz, W. M. (2007) *Culture Conglomerates: Consolidation in the Motion Picture and Television Industries*. Rowman & Littlefield, Lanham, MD.

Marx, K. (1887/1977) *Capital*, vol. 1. Fowkes, B. (trans.). Vrntage Books, New York.

Meehan, E. R. (2005) *Why TV Is Not Our Fault*. Rowman & Littlefield, Lanham, MD.

Moran, A. and Malbon, J. (2006) *Understanding the Global TV Format*. Intellect, Portland, OR.

Mullen, M. (2008) *Television in the Multichannel Age*. Blackwell, Malden, MA.

Reich, R. (1991) *The Work of Nations*. A. A. Knopf, New York.

Seabrook, J. (1991) *The Myth of the Market: Promises and Illusions*. Black Rose Books, Montreal.

Smith, A. (1776/2009) *The Wealth of Nations*. Classic House Books, New York.

Weber, M. (1925/1958) Bureaucracy. In: Gerth, H. H. and Mills, C. W. (eds), *From Max Weber*. Oxford University Press, New York:, pp. 196—262.

World Intellectual Property Organization Copyright Treaty. Adopted in Geneva, December 20, 1996. Online at http://www: wipo. int/treaties/en/ip/wct/trtdocs_wo033. html(accessed September 21, 1910).

World Intellectual Property Organization FAQs. Online at http: WWW: wipo. int/ copyright/ en/faq/faqs. htm(accessed September 21, 2010).

拓 展 阅 读

Curtin, M. (2007) *Playing to the World's Biggest Audience: The Globalization of Chinese Film and TV*. University of California Press, Berkeley.

Flew, T. (2007) *Understanding Global Media*. Palgrave Macmillan, New York.

Fung, A. (2008) *Global Capital, Local Culture: Transnational Media Corporations in China*. Peter Lang, NewYork.

Galbraith, J. (2009) *The Predator State: How Conservatives Abandoned the Free Market and Why Liberals Should Too*. Free Press, New York.

Moran, A. (2008) Makeover on the move: Global television and programme formats. *Continuum*, 22(4), 459—69.

Mosco, V. (1996) *The Political Economy of Communication*. Sage Publications, London.

Straubhaar, J. D. (2007) *World Television: From Global to Local*. Sage Publications, Thousand Oaks, CA.

Thussu, D. K. (ed.) (2007) *Media on the Move: Global Flow and Contra-flow*. Routledge, London.

第四章　论文化工业:持续的特殊性与再思考

贝尔纳·米耶热(Bernard Miège)
英译:克洛伊·萨莱斯(Chloé Salles)

围绕着文化工业的争论,被一些人忽视但被另一些人认为是根本性的,近年来取得了新的重要性。这是因为,随着经济逐渐由传统产业部门转移到围绕信息和符号生产制造而组织起来的部门,西方资本主义国家的政府开始看到文化工业在经济中的中心地位。

本章将文化产业的发展作为传播政治经济学中的一个概念和研究领域来论述,追溯其发展轨迹,并探讨当代发展对业已创立的这些概念所形成的挑战。

"文化工业"的理论缘起

文化工业的理论起源有两大原点。第一个可以追溯到法兰克福学派的思想,尤其是阿多诺和霍克海默关于"艺术行政化"的分析,这也是其建构当代资本主义"批判理论"的一部分。在这个理论框架里,文化商品的工业化生产被视作艺术的"非艺术化"(按照字面意思,即去艺术化)的一个决定性因素。一旦投入市场怀抱,艺术便降低了自己的身份并失去光环。文化商品寄希望于消费者不用寻求启蒙和超越,而是为其提供声望或满足某种需求。文化工业这一重要概念对 1968 年左右的社会文化运动参与者有着深刻的影响,并且一直影响至今。最明显地体现在艺术家和不同语境中,尤其是在表演和造型艺术领域。有必要补充的是,作为 20 世纪四五十年代对大众文化影响至深的人物,阿多诺认为技术进步和工业化生产方式是文化工业占据统治地位的主要原因,这也导致他远离电影和爵士乐之类的新兴艺术。但是,这种普遍谴责并未得到他同时代人的认同,其中像瓦尔特·本雅明(身为法兰克福学派的一员)则在机械化复制时代为艺术提供了一种更为精妙和积极的解释。

文化工业理论的第二个原点来自北美传播政治经济学先驱,尤其是赫伯特·席勒和达拉斯·斯迈思。两人从20世纪60年代末开始(斯迈思甚至更早)致力于分析最具活力的金融和工业资本对传媒业不断增强的控制。他们的分析视野开阔,审视电信业、大众媒体、大众市场和专业新闻/一般信息以及文化产业之间的扩张和内在关联。他们尤其关注传媒产业合并、跨国经营及跨媒介规模(multimedia coverage),最后也是最重要的一点是关注对信息和文化的控制。

虽然这两大理论起源的关注点截然不同,一个关注艺术和审美创造力的命运,另一个则关注经济控制及其对民主文化带来的影响,但两者都很有影响力,因为20世纪70年代的形势变化导致了新问题的出现。这个时期呈现的主要特点与我们反映的主要对象直接相关。自从工业生产重新进行战略定位后,在新资本主义中信息处理和文化生产开始成为主导产业。这种转变伴随着具有决定性意义的文化转型和所谓的"大众文化"的扩张,与此同时,文化的政治治理和身份认同也在发生变化。同时,国际间经贸条件一直在变,并且以政治和经济体系的对峙为标志。这些导致了联合国教科文组织和麦克布莱德委员会共同推动的关于国际传播问题的研究报告,并且引发了联合国教科文组织关于建立世界信息传播新秩序的热烈讨论与强烈反对。在这种语境下提出关于文化工业的本质与未来的新问题就显得不足为奇了。这并非是为了勾连不可调和的理论流派——那注定是徒劳无益的——而是考虑一种无论是在国家框架下还是更广阔的语境中的新视角。

这个被称为"文化工业理论"的概念从20世纪90年代起就被不同的学者所使用,包括艾哈迈德·萨利姆(Ahmed Silem 1991),阿兰·赫斯科维奇(Alain Herscovici 1994,26)和保罗·伯德(Beaud et al. 1997,33)。尽管无法穷尽,但还有一些人可以添加到这个名单中,其中大部分是传播政治经济学领域的早期研究者,包括1973年开始其研究工作的法国作家,比如修特等(Huet et al. 1984/1978)、格雷厄姆·默多克和彼得·戈尔丁(Graham Murdock & Peter Golding 1977)、帕特里斯·费里奇(Patrice Flichy 1991/1980)、尼古拉斯·加汉姆(Nicholas Garnham 1979,1990)、贝尔纳·米耶热(Bernard Miège 1979,1987,1989,2000,Miège et al. 1986)、让·盖伊·拉克鲁斯和加埃唐·特伦布莱(Lacroix and Levesque 1986,Tremblay 1986,Lacroix 1990,Tremblay 1990,Tremblay et al. 1991，Lacroix & Tremblay 1997）、恩里克·布斯塔曼特和雷蒙·加洛（Bustamante and Zallo 1988，Zallo 1988），以及将这一研究范式延伸到教育产业中的第一人皮埃尔·莫埃格林（Pierre Moeglin 1998）。另外，还应当考虑在国际组织特别是联合国教科文组织框架下的思考和努力（Unesco 1980，1982）。

定义“文化工业”：五个命题

在多元化的分析中，我们可以识别出建构“文化工业”理论的一系列核心要素，并有效地通过五个命题来阐述。

命题一：文化商品的多样性根植于工业生产的不同关系

值得注意的一件事是文化（和信息）产品促进了各种形式商品的消费（允许获取文化资源、书籍和磁盘等商品、演出门票、艺术品购买等的设备）。另一个是明确在不同历史时期出现的各种领域间的区别（例如，图书编辑、公共或专业信息、唱片编辑、摄影和音像业、画廊出售的绘画和造型艺术、游戏生产）。再一点需要阐明的是它们与工业生产体系是否保持关联，这在当代资本主义中比以往任何时候都显得更加重要。最关键的问题在于，手工作坊式的小型生产文化产品是否可以纳入文化工业的范畴当中。这一问题与大众市场和细分市场之间经常存在的对立有关。为解决这个问题，我们根据技术标准（比如在工业生产流水线中复制商品的可能性）、经济规则（让市场价格和价值关系更加紧密的标准）及社会和文化标准（艺术家和知识分子是否参与到产品设计当中）对各种产品进行严格分类。最后一个标准产生了以下区别：

> 类型一：不需要信息生产者介入的复制品。我们在这里主要处理的是技术设备，它使人们能够获得文化和信息资源，我们知道，这些资源的消费在过去 30 年中迅速增长。
>
> 类型二：需要文化（和信息）工作者参与的复制品，比如书籍、光盘、电影和电视节目，其占据了工业化文化商品的核心。
>
> 类型三：需要艺术家介入的半复制品，但其受制于技术或社会化独特工序，例如石版画和限量复制的艺术品。
>
> 类型四：文化工业商品范畴之外的独一无二的艺术品。

这种类型划分赋予了可再现性概念以核心地位,并将其作为文化工业的决定性特征。

命题二:工业化文化产品所产生的文化(或信息)使用价值的不可预测(或不确定)性质是它的另一个决定性特征

对于那些以商品形式分销或借助媒体进行传播的文化产品及信息产品,一直存在着一个难点:将使用价值(通常具有强烈的象征意义,如流行音乐或娱乐)转变为在市场上可以实现的交换价值。因为不能保证成功,其运营需要与时俱进。比日常使用的其他类别的工业化产品更多发生的是,相当多的文化或信息产品并不成功,要么滞销,要么只是少量销售出去。为了努力把产品价值实现的不确定性最小化或仅仅加以控制,企业采取了一系列措施。这些措施包括:对每一个系列或类别而不是单个产品进行成本核算;灵活定价,而非一成不变;不向创意或者设计人员支付工资(这点我们稍后再议);转嫁经济风险给小型承包公司,由其承担因创新而带来的最初的艺术风险;详细的库存管理(有时转嫁给经销商);根据产品的特殊性定期寻求公共资金资助;对于受保护的语言或在国家空间范围内进行监管;借助各类受众研究对目标市场进行重新细化。这些特征可以被看作是结构性的,并非作为一个历史上就已存在的领域(即使过去可能被如此假设),而是一个至少到目前为止,对于传统工业化模式来说不可或缺的领域,并且证明本应将文化和信息产业与其他工业领域区别对待。但是近一段时间以来,受资本主义生产方式影响的信息传播新技术的出现带来了一个重要问题,即历史上一些特定的生产实践活动是否会被抛弃或边缘化而成为次要的生产部门。

命题三:艺术家和知识工人认为他们的产品主要遵循的是假定能保证创作自主性的工匠模式

对于大多数艺术家(创作者和批评家)、特约和兼职记者、书籍出版前的编辑和设计人员而言,提出定期支付方式是重要的。对这些工人的报酬逃避了工资制度,迫使他们接受其他奖励制度,如版权和自由职业者报酬。在新闻编辑室、出版社和音像部门还有一些固定工人,但是在大多数公司,超过半数甚至更多的劳动力是由无任何保障的临时工组成的。这种情况并非以前留下的后遗症,而是解决问题的办法,它允许公司管理一个具有流动性的艺术家和知识工人的劳工阶层,能够迅速适应多元化的新需要、新体裁、新样式和新标准，同时做好准备应对失败的风险。这一体系导致的不安全感持续存在。工厂以相对低廉的代价维持这些后备工人，而他们总是要为最低待遇和工作环境做好准备。但是，为什么文化工作者同意在这种环境下工作呢？在其他工业里面，这往往遭到抵制。

一部分原因是结构性的，其源于一开始即要处理作者和图书编辑之间的关系这一做法日益普遍。在这种情状下，作者将手稿交给编辑，由其处理所有的后续工作（如加工、营销和分销）。在当前条件下，视听产业的经营权日益复杂，从而导致建立在法律不同分支之上的专业劳动力形式明显增加。这个系统最初的简单性现在已经被逐渐增加的复杂性和不透明性所取代，这一点可以通过以下的趋势来证明：将作者权利替换为不承认作品的继承权和知识产权法中日益增长的利益的版权（如计算机公司所用的那样）。

然而，就像大卫·赫斯蒙德夫和其他学者指出的那样，文化工业领域的经营管理创新并非一个充分的解释。此外，作者及其创造力作为一种专业意识形态一直存在，文化工作者愿意：

> 以经济奖励和安全保障换取创造性的自主性。但是，以强迫性为代表的权力模式不足以解释这一点。很少有权威人物要求符号创造者如此努力地工作以获得如此少的回报。事实上，所有的创意工作者……似乎接受了恶劣的工作条件（例如漫长、艰难的工作时间），为了参与创意项目以及围绕在创意世界周围的魅力。（Hesmondhalgh 2007，207）

命题四：工业化文化产品的开发（从创作到消费）建立在两个基本通用的模式之上，即编辑模式和流动模式

由于文化及信息产品种类多样化，艺术及知识工作者与读者、听众、观众和网民之间的关系呈现出相当大的差异性，这一点并不令人惊讶。一战之后广播的发展带来了一种新型关系，它不是基于购买一种独特的文化产品或服务，而是基于新闻和娱乐节目单，如果不是连续的话，也是在很长一段时间里都需要根据固定节目单来编排。因此，仍须为书本、报纸、黑胶唱片或电影院门票付费的消费者，可以完全免费地收听美国的商业广播（美国是这种模式的发源地），因为这一成本由广告销售所得来承担。

这些因素让学者(最初是在 20 世纪 80 年代法国费里奇[Patrice Flichy]的研究中)建议要在编辑模式(适合如书本和光盘这样的可购买的文化产品)和流动模式(针对大众广播和电视)之间有个基本的划分。在第一种模式下,创造性的决策在于编辑(比如报纸或出版社)。在第二种模式下,关键在于节目编排者,由他们来组织策划编排节目单。然而,为了超越这一表面的区别,至少还有三个重要细节需要补充:

(1) 由于模式分析适用于整个生产、分销和消费环节,同样的产品可以以不同形式被消费(与在电影院、电视机或者 DVD 中看同一部电影是一个道理),在不同的情况下其主要代理商可能有所不同。比如,编辑或生产商可能要为节目编排者让步。因此,不能狭隘地考虑文化和媒体产业在模式框架内的作用方式,因为它既是社会经济的,又是社会象征性的。

(2) 这两种模式之间的区别既不是基于它们的物质性质(它们是使用物质方式进行分配的),也不是像人们通常认为的那样基于它们的非物质性。例如,电影院中延续了一百多年的电影开发,被放在编辑模式中加以考虑。在消费层面需要考虑很多标准,最主要的就是个体消费者是否为拥有某个实物商品或得到服务而付费,还是成为可以任意选择并免费使用的广大观众的一部分,这要么因为我们讨论的媒体具有公共服务的使命而享受财政资助,要么因为它们由广告资助。

(3) 特定案例往往不能被单独视为一个模式,编辑和流动模式应当被视作理想类型。如今这一点非常重要,因为区别越来越不明显。因此,更可取的是考虑这个产品借鉴某一种或其他模式,或者认为其更接近哪种模式。比如,如今新闻业几乎完全整合了编辑和流动模式涉及的所有领域(从广告收入极少的时政周刊到免费的每日新闻)。除广告之外,如今在线纪录片可以将订阅和计件工资结合起来。付费节目(比如法国的一些频道如 Canal Plus,或加拿大的 Videotron)允许订户在订阅期内享有某些服务。我们也能看到经纪公司的崛起,中介或者某类代表与经销商商讨哪些产品可能会让消费者感兴趣。需要补充的是,目前专业门户网站的网络高手正处于发展期,虽然他们没有稳定的薪资模式,但可能会产生不同的方案。

以上事例表明，使用这些模式和它们不同的组合方式不仅有助于深化认识，而且有助于更好地解释各种变化。

命题五：国际化概念须兼顾民族文化和区域结构

20世纪70年代初期，我们目睹了两大主要趋势：电器和物品（第一类产品）的日益集中化和国际化；生产半再生产品（第三类产品）的国有中小型企业地位越来越重要。至于编辑产品（第二类产品），早已引起民族资本和跨国资本之间的竞争，并且此类竞争在唱片业、视听媒体及游戏领域比在图书编辑和大众报业更为普遍。这些挑战既来自政治、文化、语言方面，又来自产业内部，由美国和日本的集团企业所引发的跨国化遭到了强烈的抵制，原因在于跨国化挤压了民族、地区企业的发展空间。技术基础的标准化、通信网络的出现以及地区销售权的战略重要性加剧了这种趋势。

然而，与忽略多样性和复杂性的简化观点相比，文化产业进入全球市场并不遵循简单、和平的进程，发生在区域组织（如欧盟）和国际组织（如关贸总协定和世贸组织关于文化产品的条款、联合国教科文组织关于文化多样性的公约）之间的谈判就是证明。

总之，以上概括的五个命题勾勒出了文化工业理论30年来的发展。正如所示，这些产业在组织上的变化和蜕变一直在持续，直到经常被宣告达到其特殊性（或独创性）的终结点。保护性规制、网络的发展以及跨国标准对民族文化的侵蚀，都被认为是促使文化产业与常规产业趋同的因素。如果这一观点正确，那么它们的生命周期就会终结，如果不考虑产生于18世纪的图书和报纸编辑，其生命周期本该持续将近一个世纪。但是，在我们匆忙得出第一印象或总体性结论之前，此结论值得进一步研究。

蜕变和再思考

文化工业从20世纪末开始蓬勃发展是有多方面原因的，不仅仅因为文化工业被视为当代资本主义和全球化整体改革的代表和象征。用以描述这些重大变化的术语引起了人们的关注，例如：金融化、集中化、国际化、多媒体化、媒介化、数字化、融合、新媒体、解除规制和再规制、（内容创作）工业化、商品化、合理化、（技术规范和使用）标准化及实践个性化。所有这些术语定义了正在发挥作用的主要力量和我们正在面对的重大问题。本文尝试将文化工业中正在发生的蜕变归纳为四个系列。

系列蜕变之一：揭示资本所有者的经济和金融策略转变

集中化　媒体及文化产业逐渐集中化，越来越强大的大型传媒集团（通常由金融中心和工业财团控制）不断崛起等问题，近年来已成为关注焦点。不过，正如文森特·莫斯可所言，尽管集中的重要性日益增长，将其作为唯一关注点仍然是错误的。他说：

> 重新考虑政治经济学需要认识到，尽管企业规模和集中很重要，但它们仍旧只是理解传播行业转变的起点。全球重组为扩大控制提供了大量机会，包括集团经营形式和其他的灵活选择。主要的需求包括控制生产、分配、交易过程的中心点（完全所有权也是其中一种）和灵活应对不断变化的市场和技术。（Mosco 1996，198）

很多作者尝试用经验和历史数据分析集中现象，以此还原大型传播集团曾经采取的策略。他们包括（按时间顺序）：阿芒·马特拉（Armand Mattelart 1976）、恩里克·布斯塔曼特和雷蒙·加洛（Enrique Bustamante & Ramon Zallo 1988）、雷蒙·加洛（Ramon Zallo 1992）、加埃唐·特伦布莱（Gaetan Tremblay 1990）、爱德华·赫尔曼和罗伯特·麦克切斯尼（Edward Herman & Robert McChesney 1997）、布斯塔曼特（Bustamante 2002、2003，Bustamante and Miguel de Bustos 2005）、吉耶尔莫·马丁尼和马汀·贝克尔（Guillermo Mastrini and Martin Beccera 2003），以及贝尔纳·米耶热（Bernard Miège）主持的关于19世纪法国传播集团的研究（还有菲利普和克里斯蒂安[Philippe Bouquillion & Christian Pradie]2005年的文章）。尽管这个名单并不完整，但它体现了学者想要研究主要集团演变及其策略的愿望。然而，这一领域的研究由于受国界局限，基本还是地区性的，难以提出一种世界性的路径。

一个广泛的共识是“集中”正在加速并将进一步强化。赫尔曼和麦克切斯尼认为：

> 全球媒体市场由大约十个纵向整合的传媒集团主导，并且大部分在美国。另外还有三四十个重要的辅助性公司组成了整个系统。这些公司以垄断的方式设立了市场准入的壁垒。在非价格因素的基础上展开激烈竞争。这种竞争被垄断集团的利益以及合资企业、战略同盟、主导公司中的交叉所有权等削弱……市场还在快速变化中，在迷雾拨开之前，会出现更多兼并、收购和合资企业。(Herman & McChesney 1997,104)

布斯塔曼特和米格尔·德·比斯托通过他们对拉丁美洲形势的分析认为:"几乎每个拉美国家都有集中现象，这成为文化产业、电视、出版市场的一个重要特征，而无线电广播市场则更多的是互相竞争。"(Bustamante & de Bustos 2005,61)维尔纳·迈耶(Werner Meier)这样评价欧洲的情况:

> 媒体的集中意味着占主导地位的传媒公司利用经济和社会力量的集中来互相竞争……通过国内外传媒公司力量的增长进行操作……资产集中不仅会引起经济动荡，还是民主的一个基本难题，因为经济力量可以转化为政治力量和舆论力量，从而会对民主产生威胁。集中和媒体权力是以竞争为基础的现代传媒系统的基本特征。(Meier 2005,21,22,42)

菲利普·布基隆、贝尔纳·米耶热和克莱尔·莫莉塞特(Philippe Bouquillion,Bernard Miège & Claire Moriset)研究了2004、2005年法国文化和传媒产业进一步集中的最新动向，认为"金融活动的集中正在加速……导致重要的多媒体整合……在出版行业尤为突出"(Bouquillion et al. 2006,151—2)。

所有这些学者都为重要数据的缺失感到遗憾。此外，他们强调了全球趋势下"集中"的复杂性，指出其由多种运动构成(例如出版领域集中很迅速，而多媒体的协同作用尚未产生)，并且包含的现象很多并不像看上去那样容易解释。

除了普遍认为的所有权集中会导致支配、控制增强而多样性、质量削弱(在国际框架内)外，其在特殊环境下的特定影响还很难追溯。例如维尔纳·迈耶列出了不少于28项媒体集中有可能对媒体组织、新闻业、媒体市场以及文化的政治力量等产生的影响（Meier 2005，39—40）。这些影响当然不能通过控制收购机械地推理，原因如下：首先，它们已经存在很长时间了，而不是产业资本产生的立竿见影的结果；第二，在金融中心的传播控股集团中发生的资本集中化既没有自动给公司带来改变，也没有产生协同作用（其实它们可以，比如多媒体性质的资本集中化）；第三，并不总是会增加独立生产、国内生产、地区生产的压力，或是导致其消亡；第四，市场的扩大并不一定会引起内容的产业化；最后一点，不断增加的信息和传播技术的投入避免了内容越来越系列化。

另一方面，我们需要记住菲利普·布基隆的中心论点："集中允许垄断组织在发展其市场支配能力时，损害顾客和不属于垄断组织的代理商（尤其是与生产密切相关的小型代理商）的利益。"（Bouquillion 2008，278）有时可以清楚地看到，文化产业领域（或分支）通常是以垄断组织和竞争激烈的外围（或蚁穴）共存为特征。在这种结构中，少数的主导组织控制着分销，而除了冒险别无选择的众多小型独立生产商负责大部分创造活动。过去的25年中，尽管"蚁穴"并未减少（在某些领域甚至还有增长，有时已岌岌可危），寡头垄断逐渐变成双头，更不要说多头和国际化了。这是当代文化和传媒行业的本质特征之一。然而，处于垄断位置的主导集团的利益并不总是关系到整个产业链，它们更倾向于控制分销、处置节目，同时利用它们的优势地位收购地区销售权。同时，这一趋势掩盖了其他金融领域决定性的变化，尽管这些变化还未完成。

金融化　近年来我们见证了传播领域投资方式的重大变革，尤其是在内容产业中，金融机构核心作用不断增强。为分析这些活动，我们首先需要区分几个不同的趋势：

(1) 养老基金等资金对媒体公司和文化公司的投资，其金融效率（严格来说是金融化）目标在12%到15%之间；

(2) 金融集团的金融运作。菲利普认为金融运作应维持适当的自主性，如美国在线和时代华纳、迪士尼和美国广播公司之间的合作。他指出，某些信息、文化、传播领域的策略本质上是投机性的金融运作（Bouquillion 2008，25—40）；

(3) 作为传媒和文化行业策略组成部分的资本运作还没有得到充分分析。

只有第三类运作对文化创造和信息质量有直接影响。不过，其他两类有权挑战各种文化活动和项目的价值。

在纷繁芜杂的运作和金融活动中不犯错并非易事，我们要注意不要把公司（如 Canal Plus International）、集团（如 Canal Plus）、金融集团（如环球公司）和金融中心（如对集团控股的银行、保险公司等）弄混。

这些技术和概念上的困难并没有阻止新的详细分析。我们可以引用斯格特·菲茨吉拉德的结论（Fitzgerald 2008，284），金融化和重新管制、纵向整合运动一起“强化了全球大多数媒体运作环境的内在反竞争性”。这一点在澳大利亚七个主要媒体集团达成的一项协议中体现得很明确，它们同一个大型金融组织一起组建一个合资企业，双方分别持有 50%的股份。人们需要重视这一趋势，因为它在世界各地都愈演愈烈。即使它们处于对观众或产品销售的激烈竞争中，大型集团（大部分是所处经销范围内的垄断组织）也愿意采取反竞争措施，这很可能遏制新进入者的野心。努丽娅·阿尔米隆（Nuria Almiron）认为仅仅研究金融领域与信息产业的关系是不够的（Almiron 2008a，2008b，287）。她试图用六个指标衡量美国六大传媒巨头的金融化：企业产权所有、股份、负债、金融工具、董事会和公司目标。她明智地认为，要理解金融化的增长、评估传媒企业中金融的主导地位，就不能满足于只研究产权控制，其他指标也应该考虑。

广告策略的扩展和改进 下一个要考虑的重大改变是广告策略的扩展和改进。长期以来，广告和媒体都密不可分，产生了“双重市场”：

- 由固定受众（第一客户）构成，其忠诚度有保障，且受尽可能严格的规定认证；
- 广告客户（第二客户）对这些受众进行评估，然后购买广告空间，根据受众规模、社会阶层和潜在注意力等进行定价。

第二个市场中有一种不为消费者所知的逻辑，在 20 世纪下半叶随着媒体形式的多样化和受众时间、注意力竞争的激烈化而日臻完善。

尽管媒体和广告资金之间的关系通常是隐形的，或者是偶然的，这种相互关系仍旧引起了大量用户的怀疑。除了有充足和稳定资源的公共服务媒体，其余媒体至今仍然没有来自广告客户和消费者之外的其他资金支持。

也就是说，传统媒体（尤其是媒体和商业广播）对广告的重要性越来越低。20 世纪 90 年代，出现了一次大规模的资源转移，其中非媒体渠道（主要是直接营销）超过了媒体渠道（如新闻、广播、电影、户外海报和电视）。如今，在法国（根据专业估计），非媒体推广的广告支出是媒体的两倍，从财务角度来看，流向媒体的总资源是固定的，增长主要发生在与顾客建立和维持个人化关系的领域（如传单和优惠券）。过去 10 年的互联网也是如此。当然，我们不应夸大上述变化，因为广告公司非常清楚如何跨平台操作，而且社会影响力的分配不可能完全与花费成正比。从广告客户利益的角度来说，主流媒体的力量显得不足。同时，尽管网络新媒体形式发展迅速而深入，也不应夸大它们的重要性。

约翰·辛克莱(John Sinclair)在对四个拉美国家的调查中指出，广告行业正在遭遇"全球化和本土化之间复杂的动态辩证关系"，产生了"广告代理商、客户和媒体之间错综复杂的关系"，并"将主导国家卷入经济和文化全球化之中"(Sinclair 2008，284)。

除了广告，我们还需要分析其他市场推广和刺激期待与需求的工具。这些营销技巧有多种形式，并多与商品化同时发生，但目前仅在艺术创作范围内偶尔应用。另一方面，消费环境得到很大改善，各种促销宣传语无处不在。由于批评性言论的衰落和边缘化，这些公司宣传语如今随处可见，而且也很少受到非议。占据品牌杂志版面的专访和专栏就是一个明显的例子。

编辑策略的合理化 尽管金融化以及传媒文化行业的所有权集中并不能直接产生机械化的影响，但它们仍然是分析者关注的中心。经济实力很容易转化为能影响社会实践甚至舆论走向的市场实力。而对传媒和文化企业的收购和控制也有可能与政治权力的获得和维系相关，比如意大利前总理西尔维奥·贝卢斯科尼和黎巴嫩的拉菲克·哈里里等人的案例。最明显的还是代尔集团、巴洛雷集团与法国高级政要之间的互相勾结。事实上，我们认为企业利益与政治目标的联系并非理所当然的，首先因为权力博弈往往非常复杂；其次我们需要开展"变化中的传媒政策分析"来应对结局很难预测的利益斗争(IAMCR 2008，276)；第三，仅仅关注企业力量的政治运用会忽略利益最大化策略在对（图书和音乐）编辑、（电影、视听媒体）项目负责人、生产商、作家施加压力的过程中发挥的核心作用。

与此同时，近年来对法国图书编辑的研究提供了另一视角。学者克

里斯蒂安·罗宾(Christian Robin)研究了图书编辑的长期发展并根据一组非常完整的标准得出以下结论:

> 关于管理手段是否阻碍大型项目的生产并限制创造性的问题,答案很明显是否定的。关于大型集团在内的重要研究正在出现。创造性并未消失。如果管理手段依然会对内容产生影响,那这种作用也更多地体现在不同角色对它们的表征上,而不是它们的实际用途……不过管理手段的运用会对项目内部选择的连贯性产生影响。基于这方面的担忧,如果在低质产品和经理与编辑主管的非建设性关系框架内走得太远,则有可能会限制创造性。事实上,系统性的合理化会导致不合理和事与愿违的决定,在文学领域尤其如此。(Robin,2003)

作者还强调了新技术手段在图书概念策划和制作中不可或缺的作用。这一视角很有启发性,因为它展示了只关注典型案例的方法,有可能导致以偏概全。此观点还反映了很长一段时期内来自专家和用户的社会反馈,这是对短期研究必不可少的补充。当然,我们不能忽视正在形成中的趋势和现在混乱的环境因素,但我们首先必须继续将现在的变化和运动放到长期发展过程中来看,或者设置门槛以从方法论上起到预警作用。当我们面对新兴逻辑的时候需要不断发问,这会不会持续或加强?哪些效果需要时间才能显现?新闻出版的数字化在20世纪90年代已出现,但直到2006年其影响才完全呈现出来。

面对不同领域发展中的技术和实践难题,一种方法是运用一系列有希望填补信息和传播行业转变分析空白的指标。"指标"一词在这里代表记录进展和变化过程的一种综合性工具。最重要的指标如下所示(Miège 2007,pp. 235—238):

- 独立生产:能维持,被废除,还是在困难中?
- "电视和目录"辩证法:利润率是根据连续剧、目录计算,还是单个计算?
- 规范和标准的国际化导致的产品类型化:正在发生吗?
- 产品概念的社会化和技术媒介化:正在加速吗?
- 艺术作品通过多种平台和媒体加速传播:是否正在发生?

• 艺术作品的独创性：是否得以维持或被注入大批量产品中，包括衍生品和由推广资源部分支付其生产成本？

系列蜕变之二：法律和政治转变

这部分阐述两个基本内容：管制体系的再调整和版权制度的变化。

管制体系调整　早在 25 年前，就开始基于经济自由化与再管制相结合，对无线广播、电子通信和内容产业的管制不断进行调整，这一过程目前仍在进行之中。这一经历了多个阶段的突破界限的跨越式发展，虽然不仅限于信息和传播领域，引起了消费者和专业人士的批评和反对，并将一种全新的经济环境引入欧洲。尽管各个国家的结果和认知有所不同（比较明显的是英国与北欧国家、法国之间的差别），但都产生了电子通信商品化、私人电视频道多样化以及文化和信息产品对国际市场的进一步开放。但是这里存在两个重要问题：首先，我们是否正在持续削弱建构公共广播服务的规章制度？第二，针对文化与艺术内容而言，政府组织会继续在制定政策（推动文化和语言认同）中起主导作用还是会让步于私营企业？

随着生产多样化的节目与内容所需资源越来越难找，这两个问题现在都急需答案。不论是私人基金方面，还是消费者，都更倾向于“免费”获取内容而不愿为其付费。对文化商品化的强烈抵制和日益加深的跨国化隐藏着一个持续的、不断深化的资源可用性问题。

版权制度的变化　第二个重大变化发生在版权制度中，即关于作者在整个产销链条中的权利。文森特·布里奇（Vmcent Bullich）关于美国 1877 年到 2007 年间唱片业规则演变的研究可以很好地概括其余的文化工业：

> 与自主监管相去甚远的是，留声机市场完全就是为了制造和保证“权力资源”（使用和播放作品的权力）的政治性产物；部分组织将其变为“分配资源”（经济交易模式的定义，与用户许可相关）……这种关系催生了一个政治、经济、法律组织的视角，且随着每一种与媒体相关的创新而更新；动员唱片界不同的代理商（即最大的压力集团）来推进他们的利益和展现他们干预法律阐释与应用过程的能力。（Bullich 2008，pp. 455—6）

这种法律法规框架不再仅限于美国，也不再仅限于唱片业，尽管有消费者提出质疑(一向如此)，但是文化和信息产业(尤其是计算机公司)新的代理商和新兴国家还应给予足够重视。

一般来说，人们预计全球化会带来一个全球性的体制，构筑在最强大公司的利益之上，由它们控制艺术和知识生产的成本并使回报最大化。这一进程其实已经在世贸组织内部的商业谈判中有所体现，试图将文化商品与其他商品和服务同等对待。

系列蜕变之三：实践的个性化、分化和媒介化

在这里需要把组织消费行为的几个发展情况考虑进来，尽管它们相互联系、相互支持，彼此却又有区别。

个性化和分化 文化和信息的多元个性化实践已经被现有的数据和在世界各地广泛观察到的趋势所证实，即便在先进国家也是如此。主要特征有：

- 对个性化文化产品、工具和设备的使用和接触越来越广泛(过去30年)；
- 在这些工具、通信网络和内容之间更接近的是潜在的联系；
- 双极化：不平等和社会地位影响的持久性以及个人行动策略的强化；
- 代际和流派影响加剧了分化；
- 强调行动领域的相互渗透和转换，特别是在专业生活和私人生活之间。

但是与其同意大多数学者，特别是文化社会学家仅凭粗略的数据观察就认为我们目前看到的是社会实践的日益个性化的观点，我们更倾向于注意这些社会实践所同时表现出的多元化和分化。个性化观点过度让步于技术决定论并且低估了基于实践的历史观。信息和通信技术(ICTS)和其他的新兴媒介技术一样，可能会支持促进更多的个性化行为，但是这些技术并没有创造它们。例如，点对点共享属于一种传统的归档、收集、交换以及复制音乐的技术，不管法律是否许可，它被强大的在线系统的使用所增强，但并非起源于此。

媒介化 据观察，很久之前媒介传播就已经逐步渗入社会生活和关

系的方方面面。这种趋势被视为随着信息通信技术和数字化设备的增长而增长。尽管一些知识分子对此有着消极的评价，我们目前所看到的只是共存甚至是补充，而不是替代。例如，在电脑屏幕前私人活动所花费的时间并没有损害到个体间的交流，家庭教育不出所料的兴起也同样如此（最初有观点认为一种可能性是其将占据越来越多的课程时间）。

然而，把传播媒介化看作一股解放力量的支持者，忽视了这样一个事实，即媒介化是由一系列作为专家设想的部分程序组织模式所支持，并且由快速获得世界影响力和准垄断地位的工业组织所实施的。例如，在过去几年里，"谷歌学术全球化"的信息处理、存档和格式已经成为文化和信息产业的核心现象。这种新的传播方式由于它的开放性、支持个人主创、重新诠释、由最终用户自主选择而被它的爱好者所推崇。与此同时，它把自身隐藏在由制造者所构思和预创以及由公司所掌控的一切事物之中，从而适应产品的预期，以此确保它们的广告投放。

数字化的进程选择正变得相对普遍化，不是由一个专横的技术趋势所主导，而是要考虑由强大的行动者所构成的社会经济建设力量。在这方面，必须再次提出"免费"获取文化实践的问题。然而消费用户或至少他们中的一部分人愿意支付连接费用并且购买所需的工具设备和计算服务，却在为文化和信息服务付费上显得相当勉强，并且试图通过使用（或滥用？）大量的开放技术来逃避付费。这就提出了一个非常重要的准全球性问题，这将在后面讨论。

系列蜕变之四：影响文化和媒介产业运作模式的具体因素

这里需要考虑四个问题：融合、同质化、编辑和流动模式的未来，以及"创意产业"和文化工业的关系。

融合　在此我们需要考虑文化工业和媒介的融合，以及表演艺术进入产业领域的部分整合。

前面定义的产业化过程不应该与市场化运动相混淆，也不应该在隐喻的意义上理解（通常在艺术行业发生），或仅仅被视为采用新技术手段，如信息通信技术，其形成的基础是再生产的核心地位。原始的拷贝既可以刻在物质载体上（纸、唱片和塑料），也可以呈现为虚拟的或非物质性特征（这一可能性首次由在电影院放映影片引入）。这就是为什么我们和其他人一样，从文化工业的定义中排除了公共文化机构（如博物馆和历史古迹），连同负责生产和传播表演艺术的私人组织以及独立或另类媒体一起排除在外。在文化信息领域中对于什么属于工业世界什么又区别于它，在这二者中找到一条清晰的界限一直很困难，因为大量的以手工艺人方式工作的中小型公司有时在现实中是非常有利可图的分包商，要么是有自己权利的产业化公司，要么是试图产业化发展。然而，对于由专业人士和专家所制定的再生产核心准则的忽视，导致了一系列破坏性混乱。这种混乱产生于文化生产的主导理念仍然如我们之前所提到的那样在很大程度上根据手工艺人的模式来组织。表演艺术（基本是戏剧、舞蹈和音乐会）提出了一个特殊情况，即，尽管许多艺术仍由私人企业来组织并且有着一定程度的持久性，但由于每晚艺术家需要在大量不同的观众面前重复他们的演出，故而它们仍然很难获得一个大规模的经济效益，不能被视为真正的工业化活动。

这个理论观点提出了一个悖论，即如果它通过描绘清晰的分界线来保证其相关性，其粗糙的应用导致了怪事，比如小出版商的出版物被认为是工业化产物，尽管它们很难在经济上获利。同时，这两个世界的关系也逐渐增强。现场音乐会一直是唱片的宣传基地，但是现在正在逆转，由于技术和促销手段的使用，国际巨星和他们演出的经济效益超过了唱片销售的利润。如前所述，在大众市场为导向的视听媒介领域，大量凭借转包生产导致了部分寡头垄断组织的竞争。虽然它们的主要来源不是来自最终消费，它们也不能被划分到产业化世界之外。另一方面，一系列的艺术表现形式都被排除在这一类别之外（如戏剧、舞蹈、诗歌），还有公共自发或联合机构（如公共博物馆，尽管它们使用衍生产品）。

因此，我们需要补充的是，尽管重现性标准保持它的相关性，当它在识别文化工业领域和什么把它和一般意义上的产业区别开来的时候，相同领域不仅扩大了，而且现在包括组织和演员，他们创造了以演员为中心的稳定互补的关系，或者来自其他产业，如网络产业。

同质化 数字信息和通信技术的发展被一些作者和观察员认为是决定性变革的起源，它们打破了文化和媒介产业的既定模式，通过允许业余或独立产品对主流产品形成长期竞争，使得它们的推广变得不可预知和随机。

然而，现有的研究并不支持这一结论（Bouquillion & Combes 2007，Bouquillion 2008）。如前面所说，我们也看到了不断增强的集中化程度围绕在不同领域中强势植入的寡头周围，以及编辑选择的合理化。这两个趋势被不断弱化的公共政治所推进。同时，我们也看到在不同产品之间的两极化，一小部分超级大片根据盈利被认为提供了主要销售额（为了成为畅销品）；另一部分易得产品的激增甚至是泛滥仅生存在经济利润的边缘。简而言之，我们也许见证了“刊物和电视辩证法”的衰落，后果将不会是缺乏多元化（相反，从未有过如此多的可用文化商品），而是文化多样性的减少。由于不稳定的经济条件仍对大部分参与者造成阻碍，除非大量的、特有的细分“商机”可以形成大众市场。

然而，不同文化和媒介产业的转变（书籍、唱片、电影、大众公开和专有信息，以及现在无论是否在线的电子游戏）似乎并没有导致文化和媒介产业同质化，或是前一段时间所称的横向整合。相反，它们根据共同或相似的组织原理工作，但是也保留自己运作的方式，甚至在不同平台上推出产品的时候强化这些方式（多重框架）。

编辑和流动模式的未来　这里所描述的模式的未来演化问题不能从当代资本主义文化工业的广泛分析中分离开来。我们要么把这些产业视为未来资本主义发展的核心，这将使我们忽视它们的独创性和特点；要么我们把它们看作将要消失的残迹或古董。然而，必须强调的是，我们这里定义的模式只是理想化模式，不受文化商品融资水平的限制。它们包括整个生产—消费链条的概念，并在消费者用户行为上刻下它们的印记。目前的情形更加难以解释，由于它是由不同的分裂性的或新兴的现象交叉所形成，包括：(1)不同领域的产业化信息和文化产品的增长或扩张，以及作为新兴领域的电子游戏的发展；(2)媒介领域向新媒体的延伸；(3)艺术家、设计师、生产商、分销商的直接竞争日趋激烈，为了被消费者弃之不顾的产品类别的资源分配（在固定不变甚至是减少的公共资金的背景下）；(4)提高收费价格的难度；(5)使用产品的模式持续多样化，从个人订购的具体产品（如一本书）到直接在线观看（看一个商业电视频道的脱口秀节目），最重要的是通过一系列媒介形式按件付费或付费点播，这是城市服务新的经济运行的一个例子；(6)消费者的需求，特别是年轻人或新兴国家，对于免费使用内容的需求被他们拥有的工具及其提供技术的可能性所带动，并通过为计算机产业知识产品付费的方式得以加强。

然后我们有一个复杂的过渡情况，具有发散性和多元利益，主要包括那些工作原理不能被明确定义的新代理商。一般来说，编辑和流动模式仍处于强势地位，但是一个非常多元化的新的俱乐部模式介入这二者之间，多半是由于收费电视新平台的崛起（多少也与互联网有关）。但是必须强调的是，编辑模式和流动模式以及俱乐部模式一起，随着广告和赞助的增长，已经产生混合变异。目前这种演变几乎没有为经纪制留下空间。

“创意产业”和文化工业

当提及创意产业的问题，以及它们最近在文化政治和欧洲国家反对去工业化斗争中的凸显时，有三个方面需要加以区别。

在英国，正如菲利普·施莱辛格（Philip Schlesinger）指出的那样，由新工党开创并实施的“创意产业”证实，这一概念可以为一种工业政治教条甚至是意识形态提供依据：

> 在过去十年里，英国政府已经发展出一种关于创造力的话语，它现在正被捆绑到“创意经济”的概念当中。某种意义上，官方思维是话语性和一个越来越被推向前后连贯的能自圆其说的观点。它是一个由其支持者不断宣传而成的信条。现在它是一个那些想进入与政策制定者对话的人的必然起点。（Schlesinger 2007，378）

就这样，作者继续写道：“现在创造力说由于所谓的数字化时代成了一个富有活力的意识形态……［并且］可以被看作是一种最新尝试，使部门合作合理化，使商业智能流动有效化，鼓励网络化，将分散的创意产业集群化，以及鼓励人才。”（Schlesinger 2007，387）虽然这种政绩还没有得到证实，欧盟正在准备一个绿皮书，其他的国家也准备向这个方向前进。

第二，重要的是弄清楚这种学说的经济基础何在，并探讨文化自由主义经济学家的工作，比如曾担任其代言人的戴维·索罗斯比。据其所言，尽管创意工作者存在于各个产业部门，创意产业显得尤为重要，它们由以创新管理为核心的组织所组成，提供由知识产权所资本化的强有力的象征性付费产品。这就是为什么它们被看作是就业机会潜力股。它们最明显的经营领域有：时装、设计、广告、美食、数字化平台、建筑、艺术和手工艺品（部分）和文化遗产（部分），至少在过去 20 年中这些领域大部分已经被纳入文化工业活动中（比如在法国），但是我们没有考虑到迄今为止的决定性生产资源。

第三，我们需要知道创意产业是否包括文化工业（基于我们这里对它们的定义），或者它们是否彼此独立，仅仅在边缘相交。对大多数专家来说，创造力不能被混淆，它被认为是形成独到的见解和新的实践以及文化创造的能力。由于它们在理论上和实践上观察事物方式的相似性,它们常常被政治家混为一谈。一方面,创新管理技术没有完全应用在文化信息产业中;另一方面,创意产业很难或根本不符合我们前面定义的文化工业的核心标准:可复制性;使用价值的不确定性;编辑、流动模式和俱乐部模式的组织;以及稳健的国际化。自主性创造的概念可能对两个产业都适用,但是在涉及作者权利或版权以及其他知识产权中的组织方式时则不同。因此,它们的互相整合仍然是一个有待解决的问题。

结　语

未来,即使要做文化工业的短期预测也很困难。我们正在见证各种蜕变的交互作用,彼此都具有决定性意义。在这种背景下,目前认为未来主要依附于技术变革或金融资本策略的做法很明显是草率和错误的。正如我们所表述的那样,有许多其他因素需要考虑。因此未来既非待定也非偶然。当然它取决于缔造这些产业长期发展的结构性要素和目前潜在的创新载体之间的动态平衡。在这个空间里,不同代理商(面向消费者用户传播中的"主流")策略之间的冲突关系将更为明确,世界不同区域可能出现明显差异,它们开始构成旧的产业以及新兴主导性产业(二者并不愿接受在第一波产业中形成和完善的模式)。

此外,正如金大勇(Dal Yong Jin)所观察的那样,如果在过去的20年中,

> 一些发展中国家,包括墨西哥、新加坡和韩国,已经在跨市场交易中发挥更大的作用,但在新自由主义变革中,发达国家和发展中国家之间的通信工业的不平等和不平衡仍然存在。尽管美国在全球并购市场失去了少量权力,一些西方国家和发展中国家之间的差距仍然显著。(Yong Jin 2008,370)

在传媒和文化工业领域,旧世界群体抗拒改变的能力尤为明显。在这个领域它们极力斗争,维持它们的历史竞争优势。

最后,我们必须要补充一下,那些旨在强加它们自己所偏好的现代性的社会化表征行为,都支持甚至促进了所有的蜕变。这一课题涉及关于技术媒介化和市场营销过程(和相关的消费者支付方式的组织)的一切,

并再次证实了资本主义的发展因意识形态秩序的改变而加速。

参 考 文 献

Almiron, N. (2008a) Conglomerats de comunicacio al segle XXI: financiaritzacio i deficit democratic. *L'Espill* 28, 60—74. Online at http://www.almiron.org/L'espill28.pdf (accessed September22, 2010).

Almiron, N. (2008b) Media conglomerates and the financial system in the USA: Links and dependencies. Paper presented at IAMCR conference, Media and Global Divides, Stockholm, Sweden, July20—25.

Beaud, P., Flichy, P., and Sauvage, M. (1984) La télévision comme industrie culturell. *Réseaux*, 9, 5—21.

Bouquillion, P. (2005) La constitution des pôles des industries de la culture et de la communication. Entre "coups financiers" et intégration de filières industrielles. *Réseaux*, 23(131), 111—42.

Bouquillion, P. (2008) *Les industries de la culture et de la communication, les stratégies du capitalisme*. Presses Universitaires de Grenoble, Grenoble.

Bouquillion, P. and Combès, Y. (eds) (2007) *Les industries de la culture et de la communication*. L'Harmattan, Paris.

Bouquillion, P., Miège, B., and Moriset, C. (2006) A propos des mouvements recents de concentration capitalistique dans les industries culturelles et médiatiques. *LeTemps des Médias*, 6, 151—64.

Bullich, V (2008) La régulation de la médiatisation de la musique par Ie dispositif du copyright. Doctoral thesis, Université Stendhal Grenoble.

Bustamante, E. (1999) *La television economica: financiation, estrategias y mercados*. Gedisa éditorial, Barcelona.

Bustamante, E. (ed.) (2002) *Comunicacion y cultura en la era digital (Industrias, mercados y diversidad en Espana)*. Gedisa editorial, Barcelona.

Bustamante, E. (ed.) (2003) *Hacia un nuevo sistema mondial de comunicacion- Las industrias culturales en la era digital*, Gedisa editorial, Barcelona.

Bustamante, E. and Miguel de Bustos, J. C. (2005) Les groupes de communication ibéroaméricains *à* 1'heure de la convergence. *Réseaux*, 23(131), 53—83.

Bustamante, E. andZallo, R. (1988) *Las industrias culturales en Espana-Grupos multimedia y transnacionales*. Akal/Comunicacion, Madrid.

Fitzgerald, S. (2008) The media in Australia: Contre-marché. Paper presented at the IAMCR conference, Media and Global Divides, Stockholm, Sweden, July20—25.

Flichy, P. (1980, 1991) Les industries de l'imaginaire. Pour une analyse éconornique des médias. Presses Universitaires de Grenoble and Institut National de l'Audiovisuel, Paris.

Garnham, N. (1979) Contribution to a political economy of mass communication. *Media, Culture and Society* 1(1), 123—46.

Garnham, N. (1990) *Capitalism and Communication: Global Culture and the Economics of Information*. Sage Publications, London.

Herman, E. S. and McChesney, R. W. (1997) *The Global Media: The New Missionaries of Corporate Capitalism*. Cassell, London.

Herscovici, A. (1994) *Économie de la culture et de la communication*. L'Harmattan, Paris.

Hesmondhalgh, D. (2007) *The Cultural Industries*, 2nd edn. Sage Publications, London.

Horkheimer, M. and Adorno, T. W. (1974) *La dialectique de la raison* (revised edn). Gallimard, Paris.

Huet, A, Ion, ., Lefèbvre, A, Miège, B., and Péron, R. (1984/1978) *Capitalisme et industries culturelles*. PUG, Grenoble.

LAMCR(2008) *Media and Global Divides*. (LAMCR Conference Papers.) Stockholm University, Stockholm, Sweden.

Lacroix, J. G. (1990) *La condition d'artiste: une injustice*. VLB éditeur, Outremont, Québec.

Lacroix, J. G., and Levesque, B. (1986) Les industries culturelles au Quebec un enjeu vital. *Les Cahiers de recherché sociologique*, Département de sociologie del'UQAM, 4 (2), 39—62.

Lacroix, J. G. and Tremblay, G. (1997) The"information society" and cultura lindustries theory. *Current Sociology* 45(4), 1—153.

Mastrini, G., and Becerra, M. (2003) *Diagnostico para el studio de la concentracion de la propriedad*, Instituto Prensa y sociedad. Online at http://www.ipys.org/index.php(accessed November1, 2010).

Mattelart, A. (1976) Multinationales et systèmes de communication: Les appareils idéologiques del'impérialisme. Anthropos, Paris.

Meier, W. (2005) Mediaconcentration governance: Une nouvelle plate-forme pour débattre des risques? *Réseaux*, 23(131), 17—52.

Miège, B. (1979) The cultural commodity. *Media, Culture and Society* 1, 297—311.

Miège, B. (1987) The logics at work in the new cultural industries. *Media, Culture and Society* 9, 273—89.

Miège, B. (1989) *The Capitalization of Cultural Production*. International, New York / Bagnolet.

Miège, B. (2000) *Les industries du contenu face àl'ordre informationnel*. PUG, Grenoble.

Miège, B. (ed.) (2005) La concentration dans les industries de contenu. *Réseaux*, 23 (131).

Miège, B. (2007) Nouvelles considerations et propositions méthodologiques sur les mutations en cours dans les industries culturelles et informationnelles In: Bouquillion, P. and Combès, Y. (eds) *Les industries de la culture et de la communication*. L'Harmattan. Paris, pp. 228—50.

Miège, B., Pajon, P. and Salaün,. M. (1986) *L'industrialisation de l'audiovisuel: des programmes pour les nouveaux médias*. Aubier-Montaigne, Paris.

Moeglin, P. (ed.) (1998) *L'industrialisationde la formation: étatde la question*. Centre National de Documentation Pédagogique, Paris.

Mosco, V(1996) *The Political Economy of Communication*. Sage, London.

Murdock, G. and Golding, P. (1977) Capitalism, communication, and class relations. In: Curran, J. et al. (eds) *Mass Communication and Society*. The Open University Press, Milton Keynes, UK, pp. 12—43.

Pradié, C. (2005) Capitalisme et fmanciarisation des industries culturelles. *Réseaux*, 23 (131), 83—109.

Robin, C. (2003) La gestion et Iecontenu des livres In: *Les enjeux de l'information et de la communication*. Gresec, Université Stendhal. Online at http://w3. u-grenoble3. fr/les_enjeux/2003/Robin/index. php(accessed September 22, 2010).

Schiller, H. 1. (1976) *Communication and Culnlral Domination*. International Arts and Sciences Press, White Plains, NY.

Silem, A. (1991) *Encyclopédie de l'economie et de la gestion*. Hachette, Paris.

Sinclair, J. (2008) The advertising industry in Latin America: A comparative study. Paper presented at LAMCR conference, Media and Global Divides, Stockholm, July 20—25.

Tremblay, G. (1986) Développement des industries culturelles et transformation de la radiodiffusion canadienne. *Les Cahiers de recherché sociologique*, Département de sociologie de l'UQAM, 4(2), 128—68.

Tremblay, G. (ed.) (1990) Les industries de la culture et de la communication au Québec et au Canada. Presses de l'Université du Québec, Télé-université, Sillery/Ste Foy; Québec.

Tremblay, G. and Lacroix, J. G., with Ménard, M. and Régnier, M. J. (1991) *Télévision deuxième dynastie*. Presses de l'Université du Québec, Sillery; Québec.

Unesco(1982) *Cultural Industries: A Challenge for the Future of Culture*. Unesco, Paris.

Unesco(1980) *Les Industries culturelles/The Cultural Industries*. Unesco, Paris.

YongJin, D. (2008) Neoliberal restructuring of the global communication system: Mergers and acquisitions. *Media, Culture and Society* 30(3)357—73.

Zallo, R. (1988) *Economia de la comunicacion y la cultura*. Akal/Comunicacion, Madrid

Zallo, R. (1992) El Mercado de Ia cultura: Estructura economica y politica de la comunicadon. Tercera Prensa, Donostia, Spain. See also the following online sites: *Omic(MSH Paris-Nord)*, http://www; observatoire-omic. org/, and Eptic, Latin America, http://www2. eptic. com. br/eptic_es/.

第五章　传播经济的研究路径：拉美的取向

马丁·贝塞拉（Martin Becerra）
吉列尔莫·马斯特里尼（Guillermo Mastrini）

引　言

过去五年间，有关传播和文化的政治经济学研究开始在拉丁美洲复兴。除了鼓励对信息、传播和文化这些动态领域的结构和变动展开论争，与这一过程相伴的还有对信息、知识和反思的需求。分析这一传播政治经济学研究的复兴应从三个角度进行：它的主要趋势、最突出贡献以及“误区”。本文通过聚焦埃里韦托·穆拉洛（Heriberto Muraro）的文章以呈现这样的分析。穆拉洛于 1984 年在《经济与传播：思想的历史性交汇与集合，特别对于拉美》一文中提出了传播和文化经济领域的研究议程。

用 20 年前的文献来分析传播政治经济学研究在当下的有效性，这看上去似乎自相矛盾，但在“世界信息与传播新秩序”（NOMIC）[①]争论过后的这些年，穆拉洛的这篇文章（如同其大多数著述）对于拉美和其他地方的传播与经济之间的融合以及多重调节因素提出了原创性的见解。尽管当下的传播政策是对世界信息和传播新秩序议程的反对或否定，但穆拉洛还是认为，该议程对于理解传播研究的现有路径仍旧是恰当的。

穆拉洛在 1984 年的文章中专门对需要进行知识生产的领域做了一番界定。尤其是鉴于穆文发表 20 年来文化、信息和传播这些产业化部门的演变，本文意在探讨穆拉洛提出的研究议程和他所界定的必要研究，将它们与 20 世纪 90 年代以来拉美地区传播政治经济学研究产生的贡献进行对照——正是同一地域的传播政治经济学研究塑造了穆文——并将其

① 译注：此为西班牙语缩写，英文缩写为 NWICO。

延伸至"伊比利亚美洲"[①]，原因将在下文中说明。

穆拉洛的备忘录

穆拉洛在 1984 年的文章中确定了以下研究议程：

(1) 将文化产业作为由经济规则和技术集成的复合体进行分析，这是该生产部门所特有的。在这方面，对文化生产进行研究的需要超过了通常的产权关系分析，强调这一点很重要。

(2) 对宏观经济过程和传播过程之间存在的相关性和相互决定关系进行检验，尤其是经济主体社会化所涉及的一切。

(3) 新技术对经济活动的技术、财务或行政组织方面的影响。

(4) 在更一般的情况下，信息传输和其他传播活动在组织日常经济活动中所起的作用，例如短期价格的设定，证券交易所的演变或劳动力市场的运作。

(5) 在经济主体面临政府就当前形势推出的促进发展或控制经济的政策时，大众传媒或流通受限的媒介所发挥的决策作用。

(6) 最后，建立一个更广泛的理性行为模型，其中可以包容信息和通信的传输过程。

随后，穆拉洛通过深入分析揭示了有关经济和社会传播发展的主流思想。他的分析以大众传播研究为中心，还涉及相应的历史性解释，其中有些是在拉丁美洲产生的(依附理论、对不发达的解释等)。此外，他的文章还包括传播研究领域对依附理论的批评以及新技术融合发展带来的"传播和经济"变革挑战，并以重构"跨国"信息流作为结论。重要的是须记住，穆拉洛很早就对依附理论的某些阐释予以批评，认为它们不适合用于研究文化产业的经济结构。

理 论 综 述

来自大众传播研究的经济和社会传播发展理论　"文化因素"是导致

---

① 译注：Iberoamerica，狭义上指欧洲伊比利亚半岛的西班牙和葡萄牙在美洲的前殖民地国家和地区，广义上也包括伊比利亚半岛的西班牙和葡萄牙，本文采用的是广义概念。

拉美社会在现代化过程中落后的原因，这是有关拉美的大众传播研究所持的一个观点。这类研究促进了“传播系统”概念的实施，研究中考虑的变量包括社会传播过程（口头、书面、视听）以及在此过程中不同社会主体的态度。

同时，对这一理论流向来说，如同经济主体传播的社会化功能一样，衡量传播结构以及大众媒介讯息对发展政策的影响也非常重要。

依附理论和对不发达的解释 关于发展中经济体获得成熟发展的方法和实践所须克服的障碍，大众传播研究开出的药方是假定这些经济体之所以欠发展是由其内部原因造成的。但这一论点在20世纪60年代受到了质疑，诸如国际劳动分工以及中心国家与边缘国家之间的结构性差异等才是真正的障碍所在。持这类观点的作者认为，之所以落后，系中心国家与边缘国家间的依附关系所致。在这类观点看来，中心国家较高的生产率和消费率有赖于边缘国家的依附和落后所形成的条件。这种劳动分工导致资本国际化进入一个新的阶段。

资本主义经济的扩散和跨国企业 在资本国际化的过程中出现一个强大的行动者：跨国企业（或企业集团），它能够分解一家企业的日常运作，对工业、商业、金融部门进行同步管理，与此同时，它超越了20世纪30年代跨国企业的典型做法——在遥远国度建立分支机构。

继自由竞争阶段和本国垄断阶段之后，世界经济进入了一个新的阶段。这一阶段——跨国垄断阶段——的特征是出现了一种更大的经济活动调控空间，超出了在一国内部进行有效干预的管理能力及状态。跨国企业（和企业集团）成为生产国际化的主导者，这意味着，随着信息的流动、金融和商业资本的国际化、生产的去区域化以及生产功能控制的集中化，世界经济的一体化达到了一个新的水平。

文化依附的经济学阐释 在经济跨国化进程中，文化产业的横向集中与纵向整合达到前所未有的程度，这导致依附理论的研究聚焦于所有权变动以及大众传媒广播。

“文化依附理论”研究文化产业的动态，并引发了对文化产业中跨国企业的历史和组织及其与行业中其他企业、其他经济领域（主要是军需工业）关联的分析。而与广告界的关联则将文化产业导入一种复杂的境地，其中包括财产关系和融资关系以及一体化。

回顾传播研究领域的依附理论 在穆拉洛看来，“‘依附理论支持者’的许多贡献已经得到确凿经验材料的广泛支持”（1987，83）。其中一个主要贡献就是将资本主义发展的跨国阶段与高度发达的大众传播体系相关联,用以说明媒体垄断有助于维系国际现状,而非鼓励均衡发展。这种争论有效地促成了与国际经济新秩序相关联的“国际信息与传播新秩序”论题的形成,并促成联合国教科文组织在1980年通过“麦克布莱德报告”①(MacBride report),而自相矛盾的是,此时正值联合国教科文组织放弃上述报告的民主化主张之际(Reyes Mata 1984,Schmucler 1984,Carlsson 2003,Mastrini & De Charras 2004,Becerra 2005)。

迭戈·波塔莱斯(Diego Portales)认为依附理论的贡献向前迈进了一步,因为它以产权和信息流动之间的关系来试图说明中心国家与边缘国家间的非对称性。穆拉洛赞成这一观点,但他又认为,尚未有研究涉及传播复合体的动态方面,例如“严格的经济现象如广告价格的确定、设备和节目播出的相对成本所带来的影响”(1987,91)。

对穆拉洛而言,依附理论的研究思路一般赞同操控理论模型。他认为,探索广告讯息扩散情况以及吸收酬赏理论(theory of rewards)的一些研究成果都是能够丰富依附理论家贡献的核心议题。

新技术:传播和经济革命 信息业和传播业之间融合性的技术飞跃和伴随“新技术”而来的数字化,在经济和传播领域之间形成了越来越多的相交区间。在狭义上,“新技术”深刻影响了信息生产方式、信息处理和信息扩散。但正因如此,它们也给作为整体的生产过程带来了影响,如穆拉洛(1987,101)所言,它们将自身置于“生产方式改造过程的中心,改造将会使先进国家和边缘国家都受影响,最终可能是剧烈重构当代的政治和经济版图”。

穆拉洛很清楚,信息传播技术的融合性发展是由中心国家的政府推动的——因为要进行信息技术(先是宏观信息技术,然后再是微观信息技术)干预——“特别是通过军事合同”(1987,103)。然而,它们的扩散表明,完全再造生产过程以及生成新的产品和服务是有可能的,后者就文化产业来说,自20世纪80年代以来已经出现了新的技术形态,如个人电脑、录像机、光盘、移动或蜂窝电话,以及最近的互联网。

此外,在穆拉洛写作这篇文章的当时,信息传播领域的融合飞跃有了

---

① 译注:报告名为《多种声音 一个世界》(*Many Voices, One World*),由联合国教科文组织国际传播问题研究委员会起草,是世界信息与传播新秩序运动重要的倡导性文本,报告中文版1981年由中国对外翻译出版公司出版。

一个全新的维度,即无论是借助视听技术(如卫星电视)还是信息技术(互联网),信息和传播流都有可能免受边界的限制。新技术的这种特性意味着各国自 20 世纪 80 年代以来制订管制措施的绝对权力开始变得模糊(尽管没有丧失),信息流通的界限开始消退(尽管没有消失)。今天,这种新技术构筑了成千上万人每日的信息世界。

经济权力和跨国信息流动 穆拉洛指出,"所有生产活动都离不开与信息传输有关的过程,这很常见,以致有时人们并不在意"(1987,109)。在穆拉洛看来,有效获取和传输信息是企业管理中唯一必须履行的任务。但是,正如卡斯特(M. Castells 1995)所指出的,由于信息通信融合技术的飞跃,过去 30 年间,生产过程的组织方式自身已经发生根本转变,将控制技术的引入与这些过程的处理和执行相互关联起来。

除了降低成本,这种说法还假定生产功能及其对成本与效益的相应影响之间的再平衡。事实上,没有信息传播技术在商品和服务的生产、处理、仓储以及流通环节的应用,"丰田主义"(源于日本的精益制造和生产原则,致力于消除浪费)成为一种高效发展形式将是不可想象的。

所谓信息经济或知识经济,是基于弗里茨·马克卢普(Fritz Machlup)和马克·波拉特(Marc Porat)对美国经济结构的研究,它对应的是信息在成熟资本主义所有生产过程的设计、规划和执行中的中心地位。从逻辑上讲,这一中心地位的影响远非中性的。通过这种方式导致的社会、政治、经济、文化后果给社会科学家带来了巨大挑战:如何阐明当代社会的重大变革。

关于备忘录的讨论

通过描述传播的经济和政治维度的研究成果与争论的主要趋势,穆拉洛提出了适用于当前争论的六点备忘内容。当然,穆拉洛不可能在 20 世纪 80 年代早期就预测到整个过程及其变动,目前的形势已有所发展。此外,如果穆拉洛在当下写作,他需要将他的论述从拉丁美洲扩展至伊比利亚美洲。

因此,基于过去 20 年来的结构变化以及传播政治经济学的研究成果日益增多,可以通过以下几个方面对穆拉洛的六点备忘内容予以更新:

(1) 存在于宏观经济过程和传播过程之间的相互作用和相互决

定关系；媒体（大众媒体或“利基”[①]）、社会化与经济主体的行为；信息及其在经济—金融结构中的影响。

(2) 新技术在技术、生产、财务或行政方面对经济活动组织方式的影响（尤其要考虑到劳动问题）。

(3) 将社会经济动态纳入文化、经济、社会制约因素之中。

(4) 超越产权关系来分析文化产业（作为一体化的经济和技术复合体）。

(5) 技术融合和经济集中化语境中文化产业的政策和规管。

基于文化产业部门业已发生的变化，同时以检验和探究传播政治经济学研究的基础工作为目的，我们提出了上述研究议程，作为对穆拉洛文章的必要更新。

上述五点修订议程受穆拉洛文章的启发而来，以下将对伊比利亚美洲地区一些涉及该议程的最为相关的研究文献作一导引。

第一点

关注存在于宏观经济过程和传播过程之间的相关作用和相互决定关系；媒体（大众媒体或“利基”）、社会化以及经济主体的行为；信息及其在经济—金融结构中的影响。

过去几十年间，世界经济的一个重大转变无疑是文化产业在所有经济指标中的经济权重在持续增加。从这一现象可以推断，文化行业已经达到了经济上成熟和商业上充分开发的程度。当然，仍旧存在着与文化产业无关的生产领域，但那些都是大众消费的边缘领域。

一般而言，全球化进程是文化产业新动态的一个组成部分，而且，如果没有新的信息和传播技术的有效参与，这一进程是不可能的。阿兰·赫斯科维奇（Alain Herscovici 1994）研究了经济的“去地域化”效应与文化生产之间的联系。约瑟·维达尔·贝奈托（José Vidal Beneyto 2002）则编了一本出色的论文集，用以呈现全球化所引发的重新界定公共领域概念和媒体系统规管的挑战。并非论文集的所有作者都采用基于政治经济学的路径，然而，阿芒·马特拉（Armand Mattelart）、米克尔·德·莫拉加斯（Miquel de Moragas）和恩里克·布斯塔曼特（Enrique Bustaman-

① 译注：niche 的音译，指企业面向规模较小的细分市场，在传播领域可称作“窄众媒体”。

te)的文章均与此相关。

政治经济学研究路径的一个不足是对所谓“传播全球政府”的影响缺乏分析。文化生产被认为有益于许多政府和国际组织(如世界贸易组织),如何规管其生产和交换已经成为有关这一主题的国际议程的组成部分。尽管有几项研究已经指出这个问题,但对其后果的实证研究迄今还很少见。

区域一体化的进程及其对视听及电信业的影响已经受到更大的关注。最出色的研究由莫纳克项目(Monarch Project)完成,该项目分析了“北美自由贸易协定”对该大陆北部国家的影响。此外,这类研究以吉列尔莫·马斯特里尼(Gillermo Mastrini)和塞萨尔·波拉尼奥(César Bolaño)的论文集为代表,其中有加埃唐·特伦布莱(Gaetan Tremblay)和迪莉娅·克罗维(Delia Crovi)的出色研究,而恩里克·桑切斯·鲁伊斯(Enrique Sánchez Ruiz)通过关注视听行业尤其是电影业,也对这类研究做出了重要贡献。所有这些研究案例都强调,经济自由化对旨在鼓励本地生产的文化保护政策带来了巨大挑战。

可能是由于“南方共同市场”(阿根廷、巴西、巴拉圭和乌拉圭之间的贸易协定)的契合度和开发度较低,有关该地区一体化和文化的研究仍未得到高度重视。尽管如此,塞尔吉奥·卡帕雷利(Sergio Capparelli 1999)与路易斯·阿尔博诺兹(Luis Albornoz 2000)所编的两册论文集贡献突出。这两本合集包含了关于新自由主义时期对该联盟文化产业的结构性影响的一系列比较研究。奥托·詹姆贝罗(Othon Jambeiro 2000)也对“南方共同市场”现有的电视规制做了比较研究,而奥克塔维奥·赫蒂诺(Octavio Getino 2000)则分析了这一区域性集团中文化产业的经济结构。

尽管并非直接从政治经济学的视角出发,内斯特·加西亚·康克里尼(Néstor García Canclini 2004)和卡洛斯·莫内塔(Carlos Moneta 2004)的编著对上述研究作了补充。其中特别值得一提的是杰曼·雷伊(Germán Rey)和拉斐尔·龙卡利奥洛(Rafael Roncagliolo),他们对于从文化产业角度更好地理解社会化过程做出了重要贡献。

本节提及的大多数研究均承认受到雷蒙·加洛(Ramón Zallo 1988)著述的影响,是他为该地区从政治经济学视角研究文化产业奠定了基础。在拉美,塞萨尔·波拉尼奥(César Bolaño 2000)的著作特别令人关注,因为他提出了政治经济学研究的主要主张并做出了原创性的研究贡献。其他令人关注的研究由阿兰·赫斯科维奇(Alain Herscovici)所作,他代表了文化经济研究的法国学派。

第二点

聚焦于新技术在技术、生产、财务或行政方面对经济活动组织方式的影响(尤其要考虑到劳动问题)。

文化、传播和信息的活动及过程在经济中的中心位置，日益推动伊比利亚美洲的研究者从概念层面和通过实证研究去分析其逻辑。雷蒙·加洛(Ramon Zallo 1988，1992，1995，2000)、塞萨尔·波拉尼奥(César Bolaño 2000，Mastrini & Bolaño 1999，Bolaño & Herscovici 2004)、埃里韦托·穆拉洛(Heriberto Muraro 1987)、克劳迪奥·卡茨(Claudio Katz 1997，1998，2001)、吉尔勒莫·桑克尔(Guillermo Sunkel 1999，Sunkel & Geoffroy 2001)、迪莉娅·克罗维·德鲁埃塔(Delia Crovi Druetta 2001，2004)和曼纽尔·卡斯特(Manuel Castells 1995，Castells & Hall 1995)等研究者强调发展模式(有些人称其为行动模式)中的变化，这一过程(无论以什么术语指称)的特点是，其中的主要参与者是信息和传播活动。对于这些活动直接参与作为一个整体的生产过程(无论传播与否)，上述大多数作者都很感兴趣。

因此，生产过程、生产循环以及劳动程序的转变成了《信息社会》(Becerra 2003)所呈现的主题之一。它们受到融合性技术的影响，后者处理和传递的信息量是 40 年前所想象不到的(见 Postolski et al. 2004)。许多经济交换行为具有了无形的特质(主要是金融交换)，影响到那些从资本全球化趋势中获得反馈的国家和整个区域，其生产结构和表现发生了变化，这一现象也被一些从事传播政治经济学研究的作者当作关键的分析对象予以观照。

传播具有双面性，它作为一种资源是无限的，但它与经济干预逻辑却日益紧密联系起来(矛盾的是，这一逻辑通常是在“稀缺商品”这一宣称下展开的)。这种双面性开始看上去像是分析当前社会变革的一个理想工具。

第三点

将社会经济动态纳入文化、经济、社会制约因素之中。

内斯特·加西亚·康克里尼写道：“大量的文化和艺术理论证明，文化创造也形成于象征性产品的流通和接受过程中。因此，在研究文化政策时，有必要重视商品和讯息生成后的那些时刻，也就是重视对艺术和大众传媒的消费与挪用。”(Canclini 2004，65)

混杂化和均一化的概念作为文化产业对异质的和对立的社会形态进行干预的典型功能（这一点在提及康克里尼的研究以及乔治·尤狄斯[George Ylidice]的贡献时会被频繁提及，2002，2003)，可用以说明第三种研究路径，该路径摆脱了研究对象和研究方法上的局限，代表了传播政治经济学研究的典型。然而，当涉及理解存在于经济结构和社会文化动力之间（明显具有政治性）的张力时，除了上述作者，奥马尔·林孔（Omar Rincón）和杰曼·雷伊（German Rey）也有重要的研究。

这条探索思路是有可能在文化研究和政治经济学贡献之间建立起联系的，特别是在这样一个世界——在分析不同地域的不同社会群体的文化惯例时，全球化的影响是不可避免的。正如尤狄斯所言：“将文化视作一种资源也就意味着对它的经营，这种处理方式在人类学意义上既不是高雅文化的特性，也不是日常文化的特性。作为一种资源的文化正以不断加快的速度在全球范围内流通，这使事情变得更为复杂。”(2002，16)

根据这一研究取向，与既定权力保持着相对自主性的公民权并不是一个自足的概念，除非我们能够理解它在“寡头垄断化”和文化交换价值集中化这一经济背景下与消费以及经济互动实践所构成的联结。公民权概念摆脱不了其双重意图：文化的与经济的。关于文化生产及其合作特性的分析，雷纳托·奥尔蒂斯（Renato Ortiz）、奥克塔维奥·扬尼（Octavio Ianni）、罗萨纳·雷吉略（Rosana Reguillo）、阿鲁巴尔·福特（Arubal Ford）和乔斯·卡洛斯·洛扎诺·伦登（Jose Carlos Lozano Rendon）等研究者都有实质性的贡献。

第四点

超越产权关系来分析文化产业（将其作为一体化的经济和技术复合体）。

拉美的文化产业研究始于20世纪60年代安东尼奥·帕斯奎尔（Antionio Pasquali）的独特研究，并具有广泛的传统。正如穆拉洛指出的，在20世纪70年代的大多数时间内，对文化产业经济的研究有一个强烈的趋势，即通过产权分析强调电视讯息的意识形态根源。但从20世纪90年代起出现了这样一些研究，它们旨在理解文化生产中的经济动态。不言而喻，后者并不意味着放弃与文化生产相关的权力关系研究，但也不再仅仅将其视为意识形态再生产的一个附属因素。

在这一点上可以识别出实证的研究和/或"个案研究",只要它阐明文化产业的主要坐标,即不仅考虑私有化进程(国家资产转让给了私人资本)以来15年中的所有权结构和规模,并且考虑这些产业的日常生产程序、节目政策(programming policies)以及在准入受限市场中的整合战略。

如前所述,雷蒙·加洛的研究(Ramon Zallo 1988)是传播政治经济学研究在拉美地区复兴的一个起始点。他通过分析主要生产部门的重构,呈现出一条理解文化产业宏观经济动态的清晰路径。

另一个重要理论贡献来自布斯塔曼特(Enrique Bustamante 1999),他分析了新自由主义时期以来电视业的经济结构。尽管难以回避向竞争性电视过渡这一欧洲语境,布斯塔曼特的研究仍是拉美电视研究的一个参照点。布斯塔曼特最近的一项研究(2003)是有关数字化进程对文化产业影响的细致研究,其中包括融合、集中化、文化政策和知识产权等现象。

媒体集中化问题在该地区也有着悠久历史。但直到20世纪90年代初,才有一项研究从宏观经济和微观经济层面对经济集团及其战略做了系统化分析(Miguel 1993)。21世纪初,胡安·卡洛斯·米格尔(Juan Carlos Miguel)完成了他的研究(2003),他分析了所有权的集中与视听业和通信业的融合之间的关联。

为了对集中化程度进行实证研究,本文的两位作者主持了一项有关拉美文化产业结构和集中程度的调查。该研究的用意是,整合基本信息以便在未来能够将所有权结构与信息多元化问题相联系。首份比较报告已经证实,拉美文化产业的集中程度非常高。

由于是在融合性转型的框架内讨论价值链,因此,研究文化产业同时也能使人理解关键部门在整个转型过程中是如何运作的。案例包括胡安·卡尔维(Juan Calvi)、古斯塔沃·布奎特(Gustavo Buquet)和路易斯·阿尔博诺兹(Luis Albornoz)等人的研究。

近期,在数个国家传播结构研究的基础上,已经产生了越来越多的研究贡献。例如,在墨西哥,由乔斯·卡洛斯·洛扎诺·伦登(蒙特雷技术研究所)和恩里克·桑切斯·鲁伊斯(瓜达拉哈拉大学)领导的研究团队已经有重要成果,以及在玻利维亚由詹妮·安布埃罗和罗斯玛丽·马奇卡多(Jenny Ampuero & Rosmery Machicado)所做的案例研究。

在智利,吉尔勒莫·桑克尔从传播政治经济学的视角看待媒介集中化现象(Sunkel & Geoffroy 2001)。同时,在委内瑞拉,卡洛斯·古兹曼·卡德纳斯(Carlos Guzman Cardenas 2003,2005)对该国家文化产业经济层面做了研究。路易斯·斯托洛维奇(Luis Stolovich 2001,2002)有关乌拉圭的视听业政策和文化的经济结构的研究,重新审视经济和文化产业之间的关系。

在阿根廷,除了奥克塔维奥·赫蒂诺在文化产业经济层面的贡献(Octavio Getino 1995),其他同事也做出了重要贡献。最后,在巴西,必须特别提及由瓦莱里奥·克鲁兹·布雷特斯和塞萨尔·波拉尼奥(Valerio Cruz Brittos & César Bolaño 2005)对环球集团(Globo group)所做的研究,以及奥托·詹姆贝罗,特别是他做的有关电视的研究。

第五点

集中于文化产业的政策与规管:技术融合和经济集中化语境中多元化和多样性的挑战。

传播政治经济学研究在另一个领域——传播政策领域重新探讨了干预的重要作用。情况不会有什么不同,因为随着规管措施的变化,已经出现了文化产业的剧烈经济转型。这类新的研究已经回避了20世纪70年代一些研究的决定论特征,以一种更复杂的方式推进这个研究问题,并和其他有争议的问题有了更多的联系。

在西班牙,最出色的研究来自巴塞罗那自治大学的传播学院。米格尔·德·莫拉加斯(Miquel de Moragas)领导的团队,包括玛丽亚·伊莎贝尔·费尔南德兹(María Isabel Fernández)和梅尔塞·迪茨(Merce Díez)连同叶米利·普拉多(Emili Prado)和罗莎·弗兰奎特(Rosa Franquet)等人,对视听活动和媒体的结构、动态和资金来源做出了独到分析。其他重要的研究来自传播学院的"政治传播观测",为纪念麦克布莱德报告25周年,他们与加泰罗尼亚视听委员会共同完成了专题论文集。卡莱斯·劳伦斯(Carles Llorens)的贡献及其有关多元化的论点——即使它与政治经济学的一些经典主张相分离——在阿方索·桑切斯·塔韦内罗(Alfonso Sanchez Tabernero)领导的团队研究中很突出。而与国际结构有关的传播政策研究案例则以马西亚尔·穆西安诺(Marcial Murciano 1992)的著述为代表。

此外,费尔南多·奎洛斯·费尔南德兹(Fernando Quirós Fernández)和安娜·塞戈维亚(Ana Segovia)以马德里康普顿斯大学为基地所作的研究,则有助于理解新自由主义之前的民主化阶段的政策失败。塞戈维亚的研究推动了北美西班牙语批判学派的发展。在巴斯克地区,加洛和帕池·阿塞皮利亚加(Patxi Azpillage)的最新研究对该地区的文化政策发展给予了持续关注。较早关注视听部门政策的研究者有爱德华多·乔达诺(Eduardo Giordano)和卡洛斯·泽勒(Carlos Zeller 1999)。此外,塞维利亚大学弗朗西斯·科塞拉·卡巴莱罗(Francisco Sierra Caballero)主持的研究也属这一类。

如果说20世纪70年代本国传播政策这一概念在拉美的形成有一股毅然决然的冲劲,那么,如今这个主题就不能被抛诸脑后。在巴西,穆里洛·塞萨尔·拉莫斯(Murilo César Ramos)领导的研究团队对视听和电信领域的规管新措施作了重要研究。其他重要研究有安妮塔·西罗伊斯(Anita Simis)关于电影业的研究、瓦莱里奥·布雷特斯(Valeria Brittos)关于电视的研究。乔斯·马克斯·德·梅洛(José Marques de Melo & Sathler 2005)等人汇编了一本论文集,在信息社会的语境下就麦克布莱德报告的争议进行了探讨。

在阿根廷,我们的研究已经为复原传播政策的历史做出了贡献,这是一项被耽误了很久的研究任务。此外,有关南方共同市场的传播政策(Capparelli 1999)和拉美媒体集中化现象(Becerra & Mastrini 2009),也已经开展了合作研究。

其他值得关注的更具全球视角的研究包括约翰·辛克莱(John Sinclair 1999)对拉美电视的研究,以及伊丽莎白·福克斯(Elizabeth Fox)和希尔维奥·魏斯博尔(Silvio Waisbord 2002)对拉美主要国家传播政策的比较分析。在大多数此类研究中,研究者都提到该地区的各项举措中缺乏民主机制。

虽与传播政治经济学无直接关联,瓦莱里奥·富恩萨利达(Valerio Fuenzalida 2000)和奥马尔·林孔(Omar Rincon 2001)的研究更新了对该大陆公共电视的分析。除了传统上缺乏对政府权力保持的独立性,新自由主义的爆发似乎已使国家电台和电视台处于低合法性状态,两位作者因此质疑其改革。

一般而言,所有这些研究都同意,新自由主义已经对文化产业的结构以及与文化产业相关的政策带来了深远影响。在这个意义上,需要强调的是,技术的融合和经济的集中对不可或缺的传播的民主化构成了新的挑战。

结　语

基于对20多年前穆拉洛提出的研究议程的修订，通过对伊比利亚美洲传播政治经济学研究的总体回顾，我们可以得出结论：关于经济和传播之间关系的知识生产已经取得了重要进展。我们知道，一方面，以推导出讯息意图为目的分析文化产业的经济结构的工具性传播研究取向已经被取代。另一方面，传播政治经济学研究涉及的研究范畴越来越广，既涵盖了文化产业的结构、生产体系的转型和媒介政策的转变这类传统研究，也旨在探讨技术发展的过程以及总体经济趋势如何对文化领域产生具体的影响。

关于穆拉洛的研究议程，需要指出的是，与传播经济中大部分具体问题相关的研究还很缺乏，其中最重要的是经济主体的社会化；融合性技术的生产、分配、挪用方式的持续变化；这种变化在政府的议程和文化产业的战略行为中的出现；以及通过实证和比较研究进行的知识生产。

参考文献

Albornoz, L. (2000) *Al fin solos: la nueva television del Mercosur* [*Alone at last*]. Ediciones Ciccus-La crujia, Buenos Aires.

Becerra, M. (2003) *Sociedad de la infimnacion: proyecto, convergencia, divergencia* [*Informationsociety: project, convergence, divergence*]. Editorial Norma, Buenos Aires.

Becerra, M. (2005) Laspoliticas de infocomunicaci6n ante la Cumbre Mundial de la Sociedad de la Informaci6n [Infocommunication policies in the presence of the World Summit of Information Society]. *Quaderns del CAC*, 21, 73—4.

Becerra, M. and Mastrini, G. (2009) *Los dueiios de la palabra* [*The word owners*]. Prometeo, Buenos Aires.

Bolaño, C. (2000) *Industria cultural: informacao e capitalismo* [*Cultural industry: Information and capitalism*]. Hucitec y Polis, Sao Paulo.

Bolaño, C. and Herscovici, A. (2004) Economia da informacao e conhecimento: Umaabordagem em termos de economia politica [Information economy and knowledge: An approach in terms of political economy]. In: *Anais do VII Coloquio Brasil-Franca de Ciencias da Comunicacao e da Informcao*, mimeo, Porto Alegre, Brazil.

Bustamante, E. (1999) *La television economica: Financiacion, estrategias y mercados* [*The economics of television: Financing, strategies, and markets*]. Gedisa, Barcelona.

Bustamante, E. (2003) *Hacia un nuevo sistema mundial de comunicacion: Las industrias culturales en la era digital* [*Toward a new communication world system: The cultural industries in the digital era*]. Gedisa, Barcelona.

Capparelli, S. (1999) *Enfim, sos: A nova televisao no cone suI* [*Alone, at last: The new television in the Southern Cone*]. L&PM, Porto Alegre, Brazil.

Carlsson, U. (2003) The rise and fall of NWICO-and then?: From a vision of International regulation to a reality of multilevel governance. Paper presented at the EURICOM colloquium, *Infonnation Society: Visions and Governance*. Venice, May 5—7.

Castells, M. (1995) *La ciudad informacional: Tecnologias de la informacion, Reestmcturacion economica y el proceso urbano-regional* [*The informational city: Information technologies, economic restructuring, and the urban-regional Process*]. Alianza Editorial, Madrid.

Castells, M. and Hall, P. (1994) *Las tecnopolis del mundo: La fonnacion de los complejos industriales del siglo XXI* [*The world technopolis: The fonnation of the 21st-century industrial complexes*]. Alianza Editorial, Madrid.

Crovi Druetta, D. (1995) *Desarrollo de las industrias audiovisuales en Mexico y Canada* [*Development of the audiovisual industries in Mexico and Canada*]. Facultad de Ciencias Politicas y Sociales, Mexico.

Crovi Druetta, D. (2004) *Sociedad de la informacion y el conocimiento: Entre lo falaz y lo possible* [*Information and knowledge society: Between what is fallacious and what is possible*]. La Crujia, Buenos Aires.

Crovi Druetta, D. and Girardo, C. (2001) *La convergencia tecnologica en los escenarios laborales de la juventud* [*Technological convergence in youth work Scenarios*]. UNAM, Mexico.

Cruz Brittos, V. and Bolaño, C. (2005) *Rede Globo: 40 anos de poder e hegClnonia* [*Rede Globo: 40 years of power and hegemony*]. Paulus, Sao Paulo.

Fox, E. and Waisbord, S. (eds) (2002) *Latin Politics, Global Media*. University of Texas Press, Austin.

Fuenzalida, V. (2000) *La television publica en Amenca Latina: Reforma o privatizacion* [*Public television in Latin America: Reform or privatization*]. Economic Culture Fund, Santiago.

Garcia Canclini, N. (2004) *Diferentes, desiguales y desconectados: mapas de la Inter-*

culturalidad [*Different, unequal and disconnected: interculturality maps*]. Gedisa, Barcelona.

Garcia Canclini, N. and Moneta, C. (2004) *Las industrias culturales en la integracion Latinoamericana* [*The cultural industries in Latin American integration*]. Eudeba, Buenos Aires.

Getino, O. (1995) *Las industrias culturales en laArgentina: dimension economica y politicas publicas* [*The cultural industries in Argentina: economic dimensions and public policies*]. Colihue, Buenos Aires.

Getino, O. (2000) *Las industrias culturales en el Mercosur: incidencia economica y sociocultural, intercambios y politicas de integracion regional* [*The cultural industries in Mercosur: economic and sociocultural impact, regional integration exchanges, and policies*]. Organizacion de Estados Americanos, Buenos Aires.

Giordano, E. and Zeller, C. (1999) *Politicas de television: la configuracion del mercado audiovisual* [*Television policies: the configuration of the audiovisual Market*]. learia, Barcelona.

Guzman Cardenas, C. (2003) *Politicas y economia de la cultura en Venezuela* [*Culture policies and economy in Venezuela*]. Ininco, Caracas.

Guzman Cardenas, C. (2005) *La dinamica de la cultura en Venezuela y su contribucion al PIB* [*The dynamics of culture in Venezuela and their contribution to the GDP agreement*]. Andres Bello, Caracas.

Herscovici, A. (1994) *Economie de la culture et de la communication* [*Culture and Communication economy*]. L'Harmattan, Paris.

Jambeiro, O. (2000) *Regulando a TV: uma visao comparativa no Mercosur* [*Regulating television: a comparative view at the Mercosur*]. Edufba, Salvador.

Jambeiro, O. (2001) *A TV no Brasil do seculo XX* [*Brazilian television in the 20th Century*]. Edufba, Salvador.

Katz, C. (1997) Elculturalismo en los estudios de tecnologia [Culturalism in Technology studies]. *Causas y Azares*, 6, 107—20.

Katz, C. (1998) Elenredo de las redes [The entanglement of the networks]. *Voces y Culturas*, 14, 123—40.

Katz, C. (2001) *Mito y realidad de la revolucion infonndtica* [*Myth and reality of the Infonnation technology revolution*], mimeo, en Portal EPTIC, Textos para Discussao II. Online at http://www. eptic. com. br/arquivos / Publicacoes / textos%20para%20discussao /textdisc2. pdf(accessed September 24, 2010).

Marques de Melo, J. and Sathler, L. (2005) *Direitos a cominicaca na sociedade da informacao* [*Communication rights in the information society*]. Universidade Metodista de Sao Paulo, Sao Paulo.

Mastrini, G. (ed.)(2005) *Mucho ruido, pocas leyes: economia y politicas de comunicacion en la Argentina* [*Much noise and few laws: communication economy and policies in Argentina*]. La crujia, Buenos Aires.

Mastrini, G. and Becerra, M. (2006) *Periodistas y magnates: estructura y concentracion de las industrias Culturales en Ammca Latina* [*Journalists and tycoons: structure and concentration of the cultural industries in Latin America*]. Prometeo, Buenos Aires.

Mastrini, G. and Bolaño, C. (eds.)(1999) *Globalizacion y monopolios en la comunicacion en Ammca Latina: hacia una economia politica de la comunicacion* [*Globalization and communication monopolies in Latin America: toward a political economy of communication*]. Biblos, Buenos Aires.

Mastrini, G. and De Charras, D. (2004) Veinte anos no es nada: del NOMIC a la CMSI [Twenty years means nothing: from the NOMIC(NWICO) to the CMSI(WSIS)]. Paper presented at Congreso IAMCR, Porto Alegre, Brazil, July25—30.

Miguel, J. C. (1993) *Los grnpos multimedia: estructura y estrategias en los medios europeos* [*The multimedia groups: structure and strategies in the European media*]. Bosch, Barcelona.

Miguel, J. C. (2003) Les groupes de communication occidentaux a l'heure de la convergene. In: Miège, B. and Tremblay, G. (eds), *Bogues: Globalisme et pluralisme*. Les Presses de l'ú niversite Laval, Quebec.

Muraro, H. (1987) *Invasion Cultural, economia y comunicacion* [*Cultural invasion, economy, and communication*]. Legasa, Buenos Aires.

Muraro, H. (1974) *Neocapitalismo y comunicacion de masa* [*Neocapitalism and mass Communication*]. Eudeba, Buenos Aires.

Murciano, M. (1992) *Estructura y dinamica de la comunicacion* [*Structure and dynamics of international communication*]. Bosch, Barcelona.

Postolski, G., Santucho, A., and Rodriguez, D. (2004) Las alambradas mediaticas: Concentracion de la propiedad y sus consecuencias sobre el empleo en la prensa [Media fencing: Property concentration and its consequences on pressemployment], mimeo, Observatorio Politico, Social y Cultural de los Medios de la UTPBA, Buenos Aires.

Quaderns del CAC(2005) XXV Aniversario del Informe MacBride: Comunicacion Internacional y politicas de comunicacion [25th anniversary of the MacBride Report: International communication and communication policies]. Quaderns del CAC, 21.

Reyes Matta, F. (1984) El nuevoorden informativo reubicado: de la UNESCO ala UIT [The new information order relocated: from UNESCO to ITD]. *Comunicacion y*

Cultura, 11, 9—16.

Rincon, O. (2001) *Television publica*: *Del consumidor al ciudadano* [*Public television*: *From the consumer to the citizen*]. Andres Bello, Bogota.

Schmucler, H. (1984) Ano mundial de la comunicacion: Con penas y sin gloria [World year of communication: Sorrows and no glory]. *Comunicacion y Cultura*, 11, 3—8.

Sinclair,. (1999) *Latin American Television*: *A Global View*. Oxford University Press, NewYork.

Stolovich, L. (2002) *La cultura es capital* [*Culture is capital*]. Fin de siglo, Montevideo.

Sunkel, G. (1999) *El consumo cultural en Ammca Latina*: *Construccion teorica y lineas de investigacion* [*Cultural consumption in Latin America*: *Theoretical construction and lines of investigation*]. Andres Bello, Bogota.

Sunkel, G. and Geoffroy, E. (2001) *La concentracion economica de los medios de Comunicacion* [*The economic concentration of the mass media*]. LOM, Santiago de Chile.

Vidal Beneyto, J. (2002) *La ventana global* [*The global window*]. Taurus, Madrid.

Yudice, G. (2002) *El recurso de la cultura*: *Usos de la cultura en la era global* [*Culture as a resource*: *Uses of Cltlture in the global era*]. Gedisa, Barcelona.

Yudice, G. (2003) *The Expediency of Culture*: *Uses of Culture in the Global Era*. Duke University Press, Durham, NC.

Zallo, R. (1988) *Economia de la comunicacion y la Cltltura* [*Economy of communication and culture*]. Akal, Madrid.

Zallo, R. (1992) *El mercado de la cultura*: *estructura economica y politica de la comunicacion* [*The culture market*: *economic and political structure of communication*]. Tercera Prensa, Donostia, Spain.

Zallo, R. et al. (1995) *Industrias y politicas Culturales en Espana. y pais Vasco* [*Cultural industries and policies in Spain and the Basque Country*]. Servicio Editorial Universidad del Pais Vasco, Bilbao.

Zallo, R. (2000) La crisis general de paradigmas: El caso de la economia y politica de la comunicacion y de la cultura [The general crisis of paradigms: The case of communication and culture economy and policy], mimeo, Bilbao.

拓展阅读

Bolaño, C. (1988) *Mercado Brasileiro de televisao* [*Brazilian television market*]. Editorial de laUFS, Aracaju, Brazil.

Bolaño, C., Mastrini, G., and Sierra, F. (eds) (2005) *Economia politica, comunicacion y conocimiento*: *Una perspectiva critica latinoamericana* [*Political economy, communication and knowledge*: *A Latin American critical perspective*]. Lacrujia, Buenos

Aires.

Capparelli, S. and de Lima, V(2004) *Televisao: Desafios da pos-globalizatao* [*Television: Postglobalization challenges*]. Hacker editores, Sao Paulo.

Del Valle Rojas, C. (2004) *Metainvestigacion de la comunicacion en Chile* [*Communication research in Chile*]. Universidad de la Frontera, Temuco, Chile.

Herscovici, A. (2004) Economia da informac;ao, redes eletronicas e regulac;ao: Elementos de analise [Information economy, electronic networks, and regulation: Elements of analysis]. *Revista de Economia Politica*, 24(1), 95—114.

Quiros, F. and Sierra, F. (2001) *Critica de la economia politica de la comunicacion y la cultura* [*Criticism of the political economy of communication and Culture*]. Comunicacion Social ediciones, Seville. .

Stolovich, L. (2001) *La logica economica del empleo Cultural* [*The economic logic of cultural employment*]. Inedito, Montevideo.

Stolovich, L., Lescano, G., and Mourelle, L. (1997) *La Cultura da trabajo* [*Culture generates employment*]. Fin de Siglo, Montevideo.

第二部分

权力的形态:所有权、广告与治理

第六章　置身企业、公众与国家之中的媒体：研究新挑战

朱塞佩·里盖利(Giuseppe Richeri)

纷繁芜杂不仅可以用来形容媒体内容，即信息的丰富性，而且可以用来阐明媒介传输工具或传播手段的多样化。因而，对于研究者来说，媒体是复杂的。随着媒体在社会结构和社会演化中愈发重要，媒体的角色与功能便成为极其重要的研究领域。媒体不仅能够影响民主的功能发挥与公共机构的运作、个体的工作与生活条件，以及身份建构，而且可以影响每个公民对其所参照群体的融入和参与。另外，媒体还会对不平等及其构成要素的非平衡型(inequalities and the imbalances)的媒体格局产生影响。

有关媒介与社会之关系的研究源远流长。此类研究不仅可以帮助各种社会力量进行政治表达，而且有助于国家对有关规制行为的解释和导向(为国家的规制活动和改革的促进提供了社会力量及陈述)，以及更好地促进改革。然而，该领域研究的发展却一直呈螺旋趋势。这是因为，整个媒体系统会随着社会关系演变的方向和节奏而持续发生改变(比如政治、经济和文化关系)；同时，媒介反过来也会对社会关系演变及个体间的社会关联产生深远的影响。当然，在许多情况下，个体间的社会关联本身就是社会关系演变的重要基础。因此，为了探究这一螺旋趋势的某些重要方向，我们可以剖析媒体产业与社会之间的互动、媒体产品及服务的获取与消费，以及国家和公共机构的指导性原则及其管制干预措施。

媒介与社会

"媒介"一词指涉一种行为，这种行为由两部分构成，它们主旨不同，但在功能上是统合的。一方面，这些行为旨在创造信息内容；另一方面，

它们又意图在时空里传递这些内容。前者的核心之处在于它是一种抽象的活动(an abstract activity),即内容的创造,而这些内容有不同的表达方式、不同的知识和创意复杂程度,以及不同的功能(信息、教育、娱乐等)。而且,这些产品的生命力是由其包含的经济与文化价值所决定的。相比较而言,后者的核心则在于它往往是一种具体的活动(a typically concrete activity)——如传递和分销的支撑和网络建设。这种建设无疑受到技术发展的影响。多数时候,这些支撑和网络还具备一些其他的经济功能,使之与传统意义上的媒体区分开来,例如电话、视频播送以及远程调查(telesurveys)。总之,内容和渠道这两方面在创造利润方面具有迥异的特征及功能,二者不断变化并相互影响,一直以一种整合的方式出现在受众面前,由此才能生产出易于受众消费的产品和服务。

由于过去二十多年中所发生的一系列重大事件,媒体与社会之关系变得愈发复杂,所有分析它们的尝试及努力都显得更为困难。经济、政治、文化的国际化正在改变各国政府的传统建制(Grandinetto & Rullani 1996,Hirsch 1995),人员、商品和资本的流动也使得传统的消费、文化和领土范围逐渐发生变革。同时,大规模的移民改变了传统意义上社会分享、社会凝聚和社会参与的方式,以及社区中的个体身份构成要素(Urry 2000)。此外,经济发展的天秤逐渐倒向东方国家,以中国和印度为代表的东方国家正在世界经济中扮演着越来越重要的角色。旧的能源与原材料消耗的国际格局,以及先前的工业生产和大众消费正在被这一格局的转移所替代(Rampini 2006,Weber 2004)。新的剧情正在上演,由新的市场和竞争对手而导致的新机会与新风险也会相伴而来。由于媒体(在此过程中)发挥了更多功能(多元文化、分享、公民身份与公共领域)并遭受更多的限制(审查、依附以及控制),其角色也将进一步转型。一系列嬗变不仅直接影响了媒体内部的运作,譬如,它加速了媒体的集中化、产业增长、多媒体多样化以及国际化(Croteau & Hoynes 2001,Herman & McChesney 1998),而且对媒体的管控和引导也趋于常态化。无论是单个的国家还是国际组织,从欧盟到国际电信联盟,从世界贸易组织到联合国教科文组织,近年来都对媒体在内容和渠道方面的重要性表现出空前的关切(Zhenzhi 2003,Siochru & Girard 2002)。

以上简单的梳理足以表明,媒体系统与社会系统之间关系的演变,尤其是媒体生产、流通和消费过程,与社会关系的再生产和转型过程,以及国家所扮演的角色之间的关系,已经再次显现出相关性。其中,传播政治经济学为分析和批评这些关系做出了重要贡献。该领域从20世纪70年代以来在国际范围内获得极大关注(Garnham 1979,Graham 2006,Mosco 1996,Murdock & Golding 1991),笔者也曾多次撰文对此进行探讨(e.g.,Richeri 1980,1985,1986a,1986b,1987,1988,1990,2004,2006)。归纳起来,传播政治经济学被关注的议题有三,三个议题之间互动频繁,因此,我们很难把它们看成是单一孤立的要素,而需要尽可能地将其理解为各要素之间的相互影响。

对媒体企业行为的考察可以算作第一个研究议题。它尤其关切媒体所有权结构的沿革和媒体运作于其中的市场特征,以及它们对媒体生产与流通所产生的影响。事实上,强调经济组织如何对媒体内容的生产、流通、意义,以及对媒体受众的构成施加影响是值得关注的。第二个议题是研究媒介近用的条件与媒介消费行为,以探明是哪种权力关系制约或限制了公众。而这些因素又是如何因差别和社会不平等而发生改变的,以及上述种种情况如何决定了公众对媒介内容的"消费劳动"(work of consuming)。为了厘清民主原则如何与集体利益相一致(Cesareo 1978),第三个研究议题侧重关注国家及相关机构对媒体企业和公众的规制和扶持。

传媒企业

在千禧年之际,传媒产业出现了四个较为显著的趋势,这些趋势之间密切关联,并改变着整个研究领域的概观,使原有的研究焦点朝着更为广阔和复杂的方向发展。

第一种趋势是公司规模的扩大。传媒市场的不断扩张导致了传媒企业规模的不断扩大,在一轮接一轮的并购浪潮下,一些大型传媒集团逐渐形成,它们对国内外市场影响巨大。类似情形虽然在所有发达国家都有所显现,但具有象征意义的发端则是在20世纪90年代的美国,整个过程从华纳传播公司(Warner Communication)与时代公司(Time Inc.)涉及140亿美元的合并开始,到美国在线(AOL,America Online)出资1660亿美元并购时代华纳(Time Warner)结束。这十年间,所有北美、欧洲、日本的传媒集团都无一例外地加入了兼并浪潮。代表性案例从德国的贝塔斯曼(Bertelsmann)到以英国和美国为基础的默多克的新闻集团(News Corporation),从日本索尼到美国时代华纳,从英国的里德爱思唯尔集团

(Reed Elsevier)到里德国际公司(Reed International),从美国的维亚康姆到法国的维旺迪(Vivendi),从美国的沃特迪士尼公司(Walt Disney)到法国的阿歇特出版集团(Hachette),不胜枚举(Gershon 2007, Musso 2000)。

上述企业规模的扩张是通过聚合成一个企业集团来完成的。此过程包含一系列不同形式的并购行为,不仅有来自上游供应商和下游采购商的纵向整合(vertical integration),也有来自同行业竞争对手的横向整合(horizontal integration),以及来自其他不同传媒领域的跨行业整合(transverse integration)。这导致了由多个公司构成的集团不仅可以控制单一部门的所有生产和流通渠道,而且可以同时操控媒体的不同部门,从图书发行到广播,从电视到电影,从音乐到互联网,以此形成经济规模,并在目标和协作上获得巨大的领先优势(Doyle 2002a, Hoskins et al. 1997, Kunz 2007)。传统上运营媒介渠道的企业也已加入内容生产整合的队伍。最为常见的例子就是电信公司,譬如,西班牙电话公司(Telefonica)、英国电信、意大利电信集团以及美国 AT&T 公司等,它们已然涉足广播电视领域。

企业规模的扩张以及企业在运作中的多媒体整合,使得企业将目光更多地转向了国际市场,这已经体现在某些传媒领域,如音乐及视听产业(Aris & Bughin 2005, Miller et al. 2001)。全球化趋势受经济与融资这些背景性的过程推动,尤其受内容生产影响,这是因为内容生产的投资主要是固定成本(即生产拷贝原样的成本),而非可变成本(比如,传输和流通)。这一现象将使流通过程承受巨大压力(Comor 1994, Albarran & Mierzejewska 2004)。

第四种趋势体现在,地方、国家和国际层面的媒体市场集中化在不断加速。它发生在各个不同国家的所有传媒领域中,并在最近一段时期持续受到来自世界各地人们的关注(Doyle 2002b, Compaine & Gomery 2000, Permcd & Richeri 2004)。从国际层面看,这种集中化趋势主要体现在两个领域:音乐产业与电影产业。在音乐产业中,四巨擘侵占了近70%的国际市场份额,他们分别是华纳音乐(the American Warner)、环球唱片(Universal)、百代唱片(the British EMI)和索尼贝塔斯曼音乐娱乐公司(the Japanese-German Sony-BMG)。而在电影产业中,世界市场近65%的份额被一小撮集中在好莱坞的公司所掌控(Burkart & McCourt 2006, Miller et al. 2001, Wasko 2003)。

面对媒体产业的巨大变革，我们有必要明晰生产控制的形式和规程，以及信息、知识和文化的散播是如何发生变化的，同时有必要了解大型跨国集团的出现是如何改变人口、地域、文化及媒介消费之间的国际关系的。

媒介获取与媒介消费

众多因素促成了媒体在社会中的重要地位，其中最为明显的是，大众在接触和选择信息、知识以及娱乐内容时都需要依赖媒体。同时，媒体已然成为组织社会关系和社会工作不可或缺的工具。此外，媒体在公民和公共机构之间以及消费者和市场之间扮演了重要角色。那么，公众若想获取或接近媒体，无疑需要具备一些前提条件。而是否拥有前提条件，或是拥有哪些条件则会因个体的不同而差异显著，即使在发达国家，类似情况依然存在。我们至少可以从下列三个例子中轻易窥见：

(1) 公众在收听广播或收看电视时，须掌握其所在国家的语言；在阅览报刊时，不仅需要掌握语言，还须识字；而在上网获取媒介资源时，既要掌握其国家语言，识字，还需要懂得电脑操作。

(2) 公众在使用媒介时，必须保持传输网络的连接畅通，或拥有足够的硬件设备的连接以确保从其服务中获取媒介内容和资源。若同轴电缆或光纤无法使用，或其居住区域未覆盖电磁波网，那么他们就无法通过网络传输获取他们想要的信息或接收传送来的内容。

(3) 还有一个条件是必要的经济能力。这不仅涉及网络的连接，而且关乎硬件设备（圆盘式卫星天线、电视机、录像机等）以及节目内容（付费电视、节目点播、报纸、书籍、唱片）的购买。

这便是问题之所在，欠发达国家的绝大多数民众会因此而处于弱势地位，而即便在发达国家，问题也没有得到完满解决。从“新文盲”（new illiterates）到移民群体，从低收入阶层到穷困或被边缘化的城乡居民，这些国家中的一些群体在近用一系列媒介时，遇到各种困难。虽说这部分民众所占总人口之比重变小，但问题依然长期存在。

如果考虑到“新文盲”的数量在许多国家因以下因素不是减少了，而是增加了，那么，“信息穷人”（information poor）即便在发达国家也成了重要问题：

- 移民数量
- 贫困的社会群体
- 中高档节目中从免费到付费节目（如付费电视、节目点播等）的比例变化
- 接收平台、接收渠道、接收设备（从数字电视到手机电视，从 IPTV 到 I-Pod，等等）的数量，以及拥有必要条件和技术的群体，该群体更容易接触到媒介资源并将其他群体排除在外。

其中一个例子是愿意冒着被边缘化或被社会主流排斥的风险，拒绝接近资讯类、文化和娱乐类网络内容的人口数量，即出现在世界最发达地区之一的“数字鸿沟”。根据欧盟统计署 2009 年的统计：

- 在欧盟 27 个国家 16—74 岁的居民中，有 35% 的居民不使用网络
- 在欧盟 27 个国家 16—74 岁的居民中，有 44% 的居民没有安装宽带连接
- 25—54 岁的居民中，有 32% 的居民很少使用网络
- 在受教育程度较低的居民中，有 38% 的居民很少使用网络

媒介所提供的资源正在迅猛增长，民众通过消费媒介来获取资讯、知识和文化的过程可能会导致破坏社会稳定的另一因素随之凸显。媒介消费是一种行为或劳动，它尤其建立在个体的能力与态度上，并在很大程度上由个体所处的社会条件所决定。因此，媒介消费属于一种社会产物（Bourdieu 1979）。此外，个体会依据其专业背景，从媒介获取相关的资讯与文化资本，这种可能性及刺激也会对其媒介消费产生影响。

媒体与国家

各个民主国家都深谙媒体与社会之关联密切，并采取各种方式对媒体进行干预，其目的在于保证媒体产业的健康发展、良性竞争以及媒介产品的顺畅流通；保证企业活动能够充分考虑公众利益，保证多元化以及信息采集与发布的独立性；保证公民的媒介接近权和信息的自由流通。为

了保证上述目标的完成，持续不断地把上述目标与企业、社会之变化加以对照与比较是极为必要的。而企业、社会的不断变化，势必要求政府出台干预措施，不断地改进所有制体制，调控市场集中化程度、产品内容的来源与种类和接触媒体的渠道，并对媒体产业进行保护给予必要的支持。

就目前的集中化趋势而言，政府尤其需要在两个层面进行规制升级。第一个层面关乎媒介所有权以及对其产品内容的影响，原因在于媒介所有权的集中会导致滥用权力，无论是在金融领域还是政治领域，都是如此；第二个层面涉及市场集中化。集中化程度过高会限制信息、观点、文化类型的多元化以及多元化表达。在整个媒介行业持续转型的过程中，还存在第三个政府需要进行公共干预的层面，即政府对媒体产业（视听媒介、日报、期刊、图书发行等）直接和间接的支持。它帮助和支持了许多国家（主要是欧洲国家）国营媒体的发展。欧盟对欧洲媒介产业发展的规制和支持就是其中一例。从1989年、1990年开始，欧盟曾多次开展包括直接的“电视无国界”（Television Without Borders）和“媒介项目”（Program Media）等活动，以回应欧盟成员国及国际范围内正在发生的变化。第四层面则旨在改善媒介接触条件，在一些国家，政府尤为关注最为重要的发行网络与接收设备，以及期刊、图书发行和视听媒介。

研究政府干预须对有关观点和数据进行持续修订及更新，同时，界定干预措施的性质并非易事，而所得结果的有效性也无法保证。尽管如此，政府干预活动及其不间断的调整举措，依然是极为重要的研究领域。众多层面之中，批判研究最常提及的是大量集中在金融领域的司法干预，其目的在于确保企业之间进行良性竞争，但其结果却常常惹人不快。有关国家和地方层面（许多国家的印刷与广电行业）以及国际层面（如前所述的国际唱片音乐与电影产业）集中化程度的数据充分地说明了这一点。

为了遏制集中化趋势愈演愈烈，政府基于鼓励竞争与尊重媒体权利的考量，出台了一些举措，却常被诟病为较为混乱、不够充分且效率低下（Meier 2005）。同时，在任何一个国家，只有大型国营公司才能保护其国内市场不受跨国集团侵害，并在国际市场上与之抗衡。因此，媒体的国际化趋势使得这一情况更为复杂。欧洲各国政府还涉足广电行业，开展自身运作，从而直接进入媒体领域。此行为旨在尽量减少市场失灵。这些部门对公共利益来说至关重要，而这一点并不仅限于欧洲国家，许多国家都是如此。政府不得不用制度化的公共电视以及“普遍服务”（universal service）来保证产品内容的多元化、多种类及高质量。然而，随着铺设基本网络与媒介内容制作成本加大，技术与播放平台的增多，公众的碎片化，以及为满足受众需求应运而生的、强大的私有频道的出现，此目标的实现变得更加困难。

在此状况下，欧洲各国的国营广电事业的危机愈发凸显。探讨危机的复杂性至少可从三个层面入手：对该领域进行公共干预的合法性问题；国营广播电台及国营电视台的定位；以及国营广播电视台如何募集资金的问题。

公共广播公司私有化的提议在许多国家周期性地重现。的确，多数国家的国营台节目经常被指责为抄袭私有台、盲目跟风，亦或唯商业利益是图，亦或制作成本不断上涨。同时，公营台的融资方式——无论是广告还是税收——也饱受争议。国营台形象已经败坏到此种程度：有时被描绘成"老爷车"(old wreck)，遭受政治摆弄，或被人诟病为无法自给自足，甚至一文不值。虽然在大多数情形下国营台依然处于信息娱乐系统的核心位置，但国营台已经开始尝试与私企合作并获取了至关紧要的经济资源，因为私企有时看上去会更加充满活力、更为高效并因远离政治布控而更为独立。

公营领域目前的危机状况仅仅是反思国家在电视台中所扮演角色之必要性的缘由之一。欧洲各国几乎一股脑地走上了数字化道路，发展速度相当迅猛，电视行当因此经历了翻天覆地的变化。一方面，频道倍增意味着各国播放节目总数在增加，另一方面，不断碎片化的受众可以在数量众多的频道，而非五六个传统的、全国的综合频道中选择节目。可以想象，在可接收多频道的家庭中，极为显著的是，国营台观众将会逐渐消失，被分流到多样的国内和国际频道。和以前相比，分流后的每一受众群体占公众比例会较之前低得多(Richeri 2004)。

英国广播公司的文件总结了公营台所面临的局面，"可选择媒介的激增正在造成受众视听碎片化。人们正通过林林总总的接收设备享用种类纷繁的媒介大餐。结果，我们进入了多轨道(multi-track)媒介社会，在其中，每个人的媒介行为都不相同"(BBC 2004，p. 49)。这从总体上极大地改变了原先电视的运作，尤其改变了传统意义上公营台的一些基本原则，譬如，普遍服务原则，集体利益原则，以及对所有电视家庭进行强制性收费的原则。

结　语

正如我们所见，上述有关该领域的讨论是极为重大与显著的，其间正发生着极为深刻的变革,无论在地方、国家及国际层面都是如此。为了能够领会及掌握此现象的发生、背后的根源以及整个行业全貌的复杂性,似乎迫切需要采取一种多面向的方法,以统合经济学、社会学和政治学的洞见。除了上述所提及的每个学科内部研究需要不断更新外,我们的远大目标,是把每个具体结果综合成一个自成一体和统一的愿景,从而形成媒体产业、社会和国家与治理它们的法律之间关系的更好的知识。

此层面的研究,不仅可以提供辨认正在显现的问题的必要知识,而且能指导国家以及国际机构的干预以支持重大集体利益,并对所采取的措施以及所取得结果的有效性进行评估。

参 考 文 献

Albarran, A. B. and Mierzejewska, B. 1. (2004) Media concentration in the U. S. and European Union: A comparative analysis. Paper presented at the 6th World Media Economics Conference, Montreal, Canada, May 12—15.

Aris, A. and Bughin, J. (2005) *Managing Media Companies*. John Wiley & Sons, Chichester, UK BBC(2004) *Building Public Value*, British Broadcasting Corporation, London.

Bourdieu, P. (1979) *La distinction: Critique sociale du jugement*. Le Seuil, Paris.

Burkart, P. and McCourt, T. (2006) *Ownership and Control of the Celestial Jukebox*. Rowman & Littlefield, Lanham, MD.

Cesareo, G. (1978) La nuova serie di Ikon. *Ikon*, 1(2), 7—16.

Compaine, B. M. and Gomery; D. (2000) *Who Owns the Media?* Lawrence Erlbaum, Mahwah, N.

Comor, E. A. (ed.) (1994) *The Global Political Economy of Communication: Hegemony, Telecommunication, and the Information Economy*. St Martin's Press, New York.

Croteau, D. and Hoynes, W. (2001) *The Business of Media*. Pine Forge Press, Thousand Oaks, CA.

Doyle, G. (2002a) *Understanding Media Economics*. Sage Publications, London.

Doyle, G. (2002b) *Media Ownership*. Sage Publications, London.

Garnham, N. (1979) Contribution to a political economy of mass communication. *Media Culture & Society*, 1(2), 123—46.

Gershon, R. (2007) The transnational media corporation and the economics of global competition. In: Kamalipour, Y. R. (ed.), *Global Communication*, 2nd edn. Wadsworth, Belmont, CA, pp. 55—78.

Graham, P. (2006) Issues in political economy. In: Albarran, B. A., Chan-Olmsted, S., and Wirth, M. (eds), *Handbook of Media Management and Economics*. Lawrence Erlbaum, Mahwah, NJ, pp. 493—522.

Grandinetto, R. and Rullani, E. (1996) *Impresa transnazionale ed economia globale*. La Nuova Italia Sdentifica, Rome.

Herman, E. S. and McChesney, R. W (1998) *The Global Media*. Madhyam Books, Delhi.

Hirsch,. (1995) Nation-state, international relations and the question of democracy. *Review of International Political Economy*, 2(2), 267—84.

Hoskins, c., McFadyen, S., and Finn, A. (1997) *Global Television and Film*. Oxford University Press, New York. .

Kunz, W M. (2007) *Culture Conglomerates: Consolidation in the Motion Picture and Television Industries*. Rowman & Littlefield, Lanham, MD.

Meier, WA. (2005) Media concentration governance: Un nouvelle plate-forme pour debattre des risques? *Reseaux*, 21(131), 17—52.

Miller, T., Govil, N., McMurria, J., and Maxwell, R. (2001) *Global Hollywood*. BFI Publishing, London.

Mosco, V. (1996) *The Political Economy of Communication*. Sage Publications, London.

Murdock., G. and Golding, P. (1991) Culture, communication and political economy. In: Curran,. and Gurevich, M. (eds), *Mass Media and Society*. Arnold, London, pp. 15—32.

Musso, P. (2000) Strategies des groupes multimedias. *Dossier de l'audiovislLel* 94, Institut National de l'Audiovisuel.

Permed, A. and Richeri, G. (2004) *Il mercato televisivo italiano nel contesto elLr*. Il Mulino, Bologna.

Rampini, F. (2006) *L'impero di Cindia*. Mondadori, Milan.

Richeri, G. (1980) Italian broadcasting and fascism 1924—1937. *Media Cultllre & Society*, 2(2), 49—56.

Richeri, G. (1985) The difficulties involved in the control and organization of telecommunication in Italy. *Media Culture & Society*, 7(3), 49—70.

Richeri, G. (1986a) Television from service to business. In: Drummond, P. and Paterson, R. (eds), *Television in Transition*. British Film Institute, London, pp. 21—36.

Richeri, G. (1986b) Public authorities, cultural industry and telecommunications in Western Europe. In: Miller, J. (ed.), *Telecommunications and Equity: Policy Re-*

search Issues. North Holland, Amsterdam, pp. 285—97.

Richeri, G. (1987) Impact of new communication technologies on the media industry in Italy. In: de Bens, E. and Knoche, M. (eds) *Electronic Mass Media in Europe: Prospects and Developments*. Reidel Publishing Company, Dordrecht, pp. 441—67.

Richeri, G. (1988) Mass communications research in Italy: Crisis and new ferment. *Studies of Broadcasting*, 24, 101—24.

Richeri, G. (1990) Hard times for public service broadcasting: The RAI in the age of commercial competition. In: Baranski, Z. and Lumley, R. (eds), *Culture and Conflict in Postwar Italy*. MacMillan Press, London, pp. 256—69.

Richeri, G. (2004) Broadcasting and the market: The case of public television. In: Calabrese, A. and Spark, C. (eds), *Toward a Political Economy of Culture: Capitalism and Communication in the Twenty-First Century*. Rowman & Littlefield, Lanham, MD, pp. 178—93.

Richeri, G. (2006) State intervention in the new broadcasting landscape: less is best. In: Raboy, M. and Sauvageau, F. (eds) *The Role of State in Broadcasting Governance*. Canadian Media Research Consortium, Vancouver, pp. 111—27.

Siochru, S. and Girard, B. (2002) *Global Media Governance*. Rowman & Littlefield, Lanham, MD.

Urry, J. (2000) *Sociology Beyond Societies: Mobilities for the Twenty-First Century*. Routledge, London.

Wasko, J. (2003) *How Hollywood Works*. Sage Publications, London.

Weber, M. (2004) Cina: locomotive dell'economia mondiale. *L'industria* 1, 33—62.

Zhenzhi, G. (2003) *Television regulation and China's entry into the WTO*. Working Paper no. 168. Institute for Broadcasting Economics, University of Cologne.

第七章　媒体所有权、集中化与控制：理论之争的发展

约翰·D. H. 唐宁(John D. H. Downing)

引　　言

媒体研究中关于所有权与控制的争论焦点与微观经济学中关于企业所有权与控制的争论有很大区别(Mastrini & Becerra 2008，Sussman 2008)。这一学术争论起源于伯利与米恩斯的论述。伯利与米恩斯(Berle & Means 1932)称，在过去 50 年中，公司往往由其管理层而非其法定拥有者(股票持有人)所实际控制。然而，伯利与米恩斯研究中看似确凿的数据(由不到 200 个公司的数据组成)却经不起仔细推敲，尤其是该研究只关注了聚合的数值，而忽视了股票持有人之间不同的支配能力。如我们下文中将看到的，股权与支配权在关于媒体所有权的争论中具有十分重要的意义。

在关于媒体所有权的争论中极为重要的一点是对关键概念的定义。默多克(Murdock 1982)在近 30 年前的一篇论文中曾试图对该领域内的关键术语进行梳理。在这篇文章中，默多克认为"经济所有权"(economic ownership)有别于"法律所有权"(legal ownership)，即作为股东中有效权力集团的一名成员有别于作为众多普通股票持有人的一员。此外，默多克还进一步区分了"分配性控制"(allocative control)与"运营性控制"(operational control)，前者主要涉及公司决策层面的控制权，而后者主要涉及公司日常运营中的控制权。

从组织社会学与职业社会学的角度出发，媒体社会学家的主要关注点是"运营性控制"(如 Berkowitz 1997)。受左翼思潮的影响，这些社会学的媒体分析有时会有一个不明显的盲点，即将媒体运营简化为老板对

员工进行洗脑并迫使其鹦鹉学舌这一并不切合实际的过程。上述情形不仅与新闻工作室内的实际情况相去甚远，而且它还忽略了媒体组织内惯例与其他社会机制对媒体生产流程的影响。对读者、听众和观众的研究使上述情况更加复杂。

然而，许多作者也摆脱了教条式的马克思主义，并对媒体控制提出了更加详细与系统的批判分析。此类研究例子包括记者马克·赫兹加德（Hertsgaard 1988）关于1981年至1989年里根执政时期美国媒体的研究与托德·吉特林（Gitlin 2003/1981）关于20世纪60年代媒体对美国学生反战运动的研究。[①] 此外，下文还将回顾赫尔曼与乔姆斯基（Herman & Chomsky）的"宣传模型"（propaganda model）理论，该理论也能在某种程度上与上述研究归为一类。

随着媒体企业的规模与全球化趋势的增加，政治经济学与传统媒体经济学都将研究的焦点转向了媒体所有权的集中化带来的文化及政治影响。关于这一问题的讨论主要从以下三个方面展开：

（1）是否有足够的证据表明媒体所有权正日益集中化？

（2）媒体所有权的高度集中化是否可能（或注定）影响信息与视角的相互作用，从而威胁到公民的民主权利？该问题可被称作"民主扼制"（democracy-strangulation）假设。

（3）媒体所有权的高度集中化是否可能（或注定）导致媒体产品种类的严重减少，进而影响消费者购买这些产品的价格？该问题可被称作"消费挫折"（consumer-frustration）假设。

基于芝加哥学派的怀疑视角以及对价格因素的分析，传统的经济学观点否认媒体垄断这一现象的存在，并将互联网视为一股解放媒体所有权的新兴力量。简而言之，传统经济学认为媒体所有权并不存在对民主功能与消费者选择的威胁。相比之下，政治经济学认为我们应警惕媒体所有权对民主以及消费者选择权的潜在影响。

事实上，恩特曼与威德曼（Entman & Wildman 1992）曾指出，上述关于媒体所有权的不同观点至少具有兼容的潜能。然而，一种观点的支持

---

① 译注：在该研究中，吉特林从葛兰西霸权理论出发分析了媒体组织内惯例对新闻报道的影响。

者往往进入反对另一观点支持者之列，火上浇油的是，双方还把争论引向质疑对方的研究方法上。如今，关于媒体所有权问题的论战已持续数十年之久。在此期间一场英国板球比赛都已结束，而年幼的公主都已变成迟暮的老妪。[①] 如本文结论将讨论的，近些年来上述论战已经扩展至全球范围内。然而需要指出的是，由于美国在传播政策制定以及媒体研究中的核心地位，关于美国的讨论处于这场论战的核心处。[②] 本文接下来也将基于美英两国的情况展开讨论。

关于媒体所有权的讨论可以从多个角度展开。在详细论述这一论战的演变过程之前，我们有必要简要回顾下列几个具有代表性的事例：

> (1) 在美国媒体研究中，一个有趣的怪现象便是右翼政治势力如何假借左翼研究的逻辑来指责美国新闻媒体被"东岸自由主义势力"所占据（关于这一话题的分析见 Alterman 2003）。一些美国军队的高层领导人以及其他右翼时事评论员甚至将这一毫无地理学与社会学逻辑的诡异概念应用于越战失败的总结中，并称是美国新闻媒体导致了越战的失败。关于美国东岸自由主义的非难起源于美国传统保守势力对东岸共和党中洛克菲勒派[③]的指责。近些年，上述指责由于新闻集团下属的福克斯电视台（其自我标榜为"平衡与公正"）对保守思想的极力颂扬而重新浮现（福克斯电视台的评论模式也被许多欧洲的保守时事评论员所效仿）。
>
> (2) 在民选总统萨尔瓦多·阿连德（Salvador Allende）领导下的智利人民团结阵线执政时期（1970—1973）为高度集中的媒体所有权的长期及巨大风险提供了一个案例。法国著名媒体学者阿芒·马特拉的早期研究揭示了一个高度集中化的主流报纸、广播与电视集团是如何对智利的社会主义联盟进行持续攻击的，尤其是在该联盟于1972年选举中支持率上升之后。此外，该媒体集团也得到了美国中情局与财团资金的大力扶植。美国中情局不仅向该集团提供大量的

① 译注：作者此处用夸张的修辞来描述两派间长久的论战。英国板球赛以节奏慢而著称，一场比赛最长可达五天。

② 关于美国媒体所有权的讨论，读者可以参考罗伯特·麦克切斯尼以及本杰明·康佩恩在"开放式民主"网站（http://www.opendemocracy.net）的相关文章。

③ 译注：洛克菲勒派属于美国共和党中的温和派，其政治主张与共和党中南方保守势力有所不同。

儿童卡通以及其他节目，同时还持续在智利广大的小资产阶级中煽动对政府的怀疑。上述媒体策略为随后由美国策划的 1973 年智利军事政变奠定了基础。伴随着 1973 年军事政变中对总统府的轰炸与阿连德的被害，智利经历了 16 年的军事独裁及其所造成的折磨、暗杀和数千名智利公民的"失踪"(Amand Mattelart 1980/1973)。

(3) 当美国在线与时代华纳合并的消息于 2000 年公布时，许多人都对这一媒体巨兽所覆盖的业务范围(平面媒体、电影、电视、互联网等)感到恐惧。然而仅仅两年内，这一合并后的集团便陷入困境之中，并将名称由"美国在线—时代华纳"更改回"时代华纳"。上述情况主要由两方面原因导致。首先，美国在线与时代华纳的企业文化水火不容；其次，美国在线在新成立的集团中占 55% 的股份以及其在新名称中位于首位的情况源于互联网泡沫经济，随着泡沫的破裂，美国在线的股价飞速下跌，并在相当长的一段时间内拖累了时代华纳的股价。这一大起大落的桥段没有多少实质性内涵，所有一切，看起来也被自由市场竞争过程中那神奇的"看不见的手"纠正了。

(4) 默多克(Murdock 1982)的研究也分析了在一个深受不完全竞争条件影响下的市场中，所有权作为一种企业战略的作用。该研究有力地表明：对企业表现的分析绝不能仅仅局限于解读企业高层想法及优先考量，因为这将忽略这些管理者所负责的根本机制。以上观点并不是说企业高层想法及优先考量可以被完全忽略，而是强调只关注这点将导致研究中的短视。此外，20 世纪 70 年代以来资本主义市场的快速全球化使企业分析中的变量进一步复杂化。

同时，由于当前美国的政策制定在世界范围内的重要性，在美国关于媒体所有权的政策同样具有国际化的影响。随着里根时代对规制放宽与私有化的推行(以及由此带来的对美国电话电报公司的分拆)，许多国家的新自由主义势力都怂恿美国在世界电信联盟会议与 GATT/WTO 协商中推动私有化进程。这一情况不仅使媒体寡头迅速增长，而且导致许多国有电信机构通过私有化变为商业性的垄断企业。随后，这些新型的电信巨头迅速成为互联网、无线宽带以及其他信息通信领域的重要角色。

在上述几个互相矛盾的事例的基础上，让我们将视角转向关于媒体所有权的学术争论中的几个著名论点。如前文所述，本文的讨论将主要基于美国的情况(也涉及部分英国的情况)。学术研究与政策制定间的交集以及区别将是下文讨论的重点。

以下关于英美两国媒体所有权的讨论将从1947年报刊自由委员会(又称"哈钦斯委员会")的《一个自由而负责的新闻界》(*A Free and Responsible Press*, Commission on Freedom of the Press 1947)开始,该文件是讨论美国媒体所有权这一现象的奠基之作。由此,我们将继续回顾三位左翼学者,即晚期的赫伯特·席勒与英国社会学家格雷厄姆·默多克和彼得·戈尔丁。席勒自1969年起对美国及世界媒体的研究为媒体研究开拓了崭新并富有争议的领域(Schiller 1969、1973、1981、1986、1989、1996)。社会学家格雷厄姆·默多克和彼得·戈尔丁从政治经济学角度出发对英国媒体的研究对该领域具有深远的影响(Murdock & Golding 1973)。接下来,我们将目光转向伊锡尔·德·索拉·普尔,其著作《自由的技术》中关于新型信息通信技术的解读对美国媒体所有权相关政策的制定产生了巨大影响(de Sola Pool 1983)。随后,我们将讨论爱德华·赫尔曼与诺姆·乔姆斯基两位左翼学者的《制造共识》。该书的"宣传模型"不仅被翻译成多国语言,同时也极具争议(Herman & Chomsky 1988)。由此,我们将转向本杰明·康佩恩与道格拉斯·戈梅里2000年版的《谁拥有媒体?》(Compaine & Gomery 2000),该书是新古典主义经济学家与制度经济学家合作的经典之作。接下来,我们将回顾苏格兰媒体经济学者吉莉安·道尔(Gillian Doyle)对英国以及其他几个欧洲国家的媒体集中化的研究,该研究的理论基础是新古典主义微观经济学与经济产业模型(Dolye 2002)。最后,我们将讨论本·巴格迪基安对美国媒体集中化所做的严肃新闻学研究(Bagdikian 2004)以及法学家C.爱德温·贝克(C. Edwin Baker)对"民主扼制"和"消费挫折"两个问题的最新论述。诚然,上述文献的选择有局限性(或许引起未被谈及学者的不快),它们并不能完全涵盖媒体所有权这一领域的讨论。但正如前文所提到的,本文关于媒体所有权这一理论之争的分析不仅希望比已有的文献回顾覆盖更全面的政治角度,同时也希望该分析能兼顾目前该领域内各种各样的实证数据与研究方法。

哈钦斯委员会报告(1947)

哈钦斯委员会报告的全名便值得注意:"一个自由而负责的新闻界——关于大众传播的总报告:报纸、广播、电影、杂志和图书"。虽然电视当时刚刚在“大众”传媒领域起步，而电话距离今日的3G技术仍有半个世纪之遥，该报告出版的目的显然在于审视所有媒体，而不单单是平面媒体（唱片业是唯一的例外）。即便如此，该报告首要的关注点依然是新闻媒体。相比之下，电影在该报告中被作为产业自我管理的例子，而商业性广播则被作为放弃社会责任的反面教材。

《哈钦斯报告》的撰写准备工作是在1943年至1946年间进行的。在此期间，轴心国在二战中落败。全世界的工人为争取更好的待遇在1945年到1946年掀起了罢工运动，而冷战尚在襁褓之中。在影响美国媒体的重要法律案例方面，《哈钦斯报告》准备期间发生了三起重要的反垄断判决，即1945年美联社对美国政府、1948年派拉蒙对美国政府，以及美国广播公司（ABC）从美国全国广播公司（NBC）中的拆分。正如霍维茨（Horwitz 2005，181—182）指出的，虽然美国民众对媒体集中化的不信任已有很长的历史，但这种不信任在20世纪40年代末与工人的自信心及一种新时代来临的感觉同步。此外，当时两个媒体大亨罗伯特·麦考密克（《芝加哥论坛报》）与伦道夫·赫斯特（赫斯特报业集团）对罗斯福新政激烈与持续的抨击也受到哈钦斯委员会的重视，这在其报告的文字中有直接的体现。

《哈钦斯报告》是由哈钦斯亲自撰写的。在简要回顾美国媒体的寡头垄断形势及其所造成的负面影响后（Commission on Freedom of the Press 1947，30—68），哈钦斯敏锐地指出了这一问题的根源：“美国的媒体系统主要由大规模的集团所构成，这些集团与工业界及金融界的紧密联系使其无法摆脱固有的偏见。”（129—130）上述观点基本符合A. J. 雷伯林（A. J. Liebling）的著名格言：“新闻自由属于其拥有者。”随后，哈钦斯继续写道：“集中化使得一个控制性政策代替了之前许多独立性政策，减少了主要竞争者的数量，并限制了不拥有媒体的大众的发声渠道。”（130）

哈钦斯的以上观点预示了在美国媒体垄断问题上的一个辩论焦点，即其对民主与有效市场竞争的威胁。在这个视角上，哈钦斯的报告给予民主问题更多的关注。

哈钦斯委员会针对媒体垄断这一问题所提出的主要解决办法是新闻行业的自我管制。效仿当时电影行业的海斯委员会，哈钦斯委员会希望新闻行业能够“根据内容的可接受度而非责任度制定新闻标准，这些标准仅仅作为新闻从业者的最低要求，而非表现审核机制”（Commission on Freedom of the Press 1947，71）。

的确，哈钦斯在报告中反复警告道（如第 80 页）：同美国许多其他企业一样，美国民众对媒体的信任正面临着崩溃的风险（该报告中并未对风险的具体情况进行讨论），因此，美国新闻业必须立刻进行自我规范。此外，新闻从业者也应同医疗与法律从业者一样进行职业化的培训。如今当我们审视上述这些主动建议的分析层面意义时，我们不由得怀疑它们的一厢情愿：这些建议以为，业界的意志行为可以使媒体的商业实践往该委员会所呼吁的方向发展。60 年过去了，我们应该有理由对此表示惊讶。

《哈钦斯报告》的影响力难以确切衡量。该报告关于"媒体社会责任"的观点在《报刊的四种理论》对各国新闻制度的比较中重新出现，并被作为美国所继承的 19 世纪自由资本主义所倡导的自由市场精神的重要组成部分。《报刊的四种理论》在之后数十年中的广泛传播有可能使《哈钦斯报告》间接促成了联邦通信委员会对限制广播电台所有权规定的保留，直到 1981 年至 1989 年里根时代该规定才最终取消。

然而，《哈钦斯报告》无疑是一份美国早期关于媒体垄断讨论的里程碑式文献。其研究方法也被随后的研究广泛采用，如首先指出媒体垄断结构形成的过程（第三章），随后对商业媒体未能称职地服务大众进行列举和批判（第四章）。这些不足通常涵盖两方面，即信息的贫乏以及娱乐的肤浅与乏味。但是，这一研究方法也遭到了许多批评。其中一种代表性的观点认为，该方法有目的地而非随机性地选择负面事例来证明其观点，因而，我们没有方法来证明它们的代表性。

赫伯特·席勒：美国媒体的全球统治？（1969—2000）

赫伯特·席勒对美国以及世界媒体研究做出了令人瞩目的贡献。席勒对美国媒体研究视角的拓展对该领域的发展具有重要意义，而这也使他受到了更多来自美国以外（尤其是发展中国家）的媒体研究学者的赞许。席勒的第一本著作《大众传播与美利坚帝国》（Schiller 1992/1969）为他随后的研究奠定了整体基调。该书主要关注了美国各种传播技术同本土商业垄断势力的整合，以及该现象同美国全球帝国主义野心间的关系。上述观点惹怒了许多对美国持善意观点的媒体研究者，并招来他们中一些人的诋毁和另一些人的鄙视与不屑。这些诋毁将席勒的观点称为"阴谋论""粗略"，并称他为"马克思主义者"（尤其是经济还原论者）。甚至有一种对他的"精英主义"批判，声称他的"文化帝国主义"批判将"第三世界"国家的受众定义为对美国文化输出毫无抵抗力的木偶，天真地接收着山姆大叔送来的一切产品（例如 Tomlinson 1991）。

席勒在《大众传播与美利坚帝国》中关于媒体集中化的基本观点如下：

> （媒体集中化是指）企业势力（通信商、通信设备制造商以及数家广播公司）之间相互关联并试图瓜分本土通信市场的现象（并非总能成功）……大众传播已成为正在兴起的帝国主义社会的关键组成部分……承载国际信息交流的设备与硬件已经被一个高度集中化的媒体集合体所掌控，这个集合体位于美国但在很大程度上不对美国自己的民众负责（Schiller 1992/1969，147—148）。

席勒将广播与信息网络的基础设施、企业集中化、国家以及美国海外军事策略及全球扩张放置于同一个理论框架下的做法打破了当时美国媒体研究的传统壁垒，而在今天这一理论创新已在多个传播学下属领域生根发芽。

对哈钦斯而言，美国传播业的国际视角根植于美国民众对世界其他国家新闻与趋势的准确报道的迫切需求。而在 20 世纪 40 年代，主流媒体集团即使在有足够资源的情况下也并未满足美国民众的上述需求（Commission on Freedom of the Press 1947，99、124、129）。相比之下，席勒认为媒体垄断不仅导致了信息的扭曲、消费主义的盛行，以及帝国主义倾向在美国本土及国外的蔓延，而且通过点对点的信息输出合理化了美国对全世界战乱地区的军事控制。

成书于尼克松执政后期的《思想管理者》（Schiller 1973）进一步拓展了席勒的上述观点：

> 绝大多数美国民众无意识地被困于一个没有选择权的信息牢笼之中。多样化的观点几乎不存在于国内外新闻甚至本地企业的讯息中。这一现象主要源于媒体所有者（这里指传播媒体的私人所有者）在物质和意识形态上的利益的内在特性，以及传播产业整体所具有的垄断特征（Schiller 1973，19）。

席勒在后文继续提出，即使竞争存在于美国三大电视网之间，它所导致的是内容之间的相互模仿而非真正的多样性:“信息之间并没有本质性的区别。”(Schiller 1973,20,原文强调)

席勒的研究焦点在20世纪70年代晚期从大众传播转向了对信息技术新应用的批判性分析(Schiller 1981,1986,1996)。在这一方面,席勒既延续了其早期研究所建立的综合框架,又开拓了其他美国媒体研究学者未曾涉足的领域。席勒主要关注了电脑时代的集团化与帝国主义的特征,并探讨了产权垄断对这一蓬勃发展领域的影响。在今天看来,对媒体所有权与控制的讨论当然离不开对所有通信领域的讨论。如后文将要谈到的,甚至这样都无法解决这一学术命题中某些棘手的问题。

在《公司的文化:公司取代公众表达》(Schiller 1989)一书中,席勒回归到公共文化、教育以及其他被垄断企业权力所统治的领域的讨论上。在该书的第七章,席勒回击了对自己研究的一个普遍的批评,即其研究中对大众抵抗商业媒体信息能力的“精英式”的否定与怀疑。这一论点非常重要:归根结底,除非媒体与信息技术的垄断对大众产生限制性或负面的说服性效果,否则关于所有权的研究有何意义?

席勒对以上批评的反驳主要针对的是随着文化研究而兴起的“积极受众”理论(active audience)。席勒将“积极受众”理论定义为“有限效果”理论(limited-effects)的延伸。“有限效果”理论源于卡茨与拉扎斯菲尔德1955年著名的《个人的影响力》一书。该理论认为信息传播的有效性总是受到两级传播中人际交流的影响。席勒反对上述观点以及许多研究者在这一问题上对罗兰·巴特(Roland Barthes)晚期著述的引用。巴特在其晚期著述中讨论了媒体娱乐为受众所带来的愉悦,而在席勒看来这转移了对媒体负面影响研究的焦点。

可惜,虽然席勒的反驳正确地指出了“积极受众”的极端版本简单地将媒体内容的所有权力抽空而转向了受众,但这一反驳也未能全面否定“积极受众”理论。席勒对其论战对手诙谐的评论是言之有据的,但这多少有些恶言相向而不是令人信服的反驳:“积极受众理论的流行与广泛认可部分是由于该理论能够为其创造者与信徒带来愉悦,这种愉悦甚至可能超过了他们所坚称的电视为观众所带来的愉悦。”(Schiller 1989,152)

由此,席勒继续论述在多变与充满竞争的环境下,媒体行业是如何通过“精密、昂贵、复杂的受众调查”来回应受众多样的品味及喜好的。然而,席勒的论述在此却戛然而止,其对媒体投入大量资金来提升节目吸引力的论述似乎意在表明：(1)这些资金的花费必然是明智的；(2)若这些花费是明智的，那么它们将自动把观众重新带回商业媒体的牢笼之中。

最后，席勒引用如下观点来表达其全书的论点："肤浅却又无处不在的虚假信息业（媒体业）是文化产业的内在组成部分，并且它自二战起便被政治精英与情报机构所控制。"席勒胸有成竹地要求道：若受众对商业媒体的抵抗是有效的，那么又如何解释冷战期间美国媒体反共产主义对超过两代人产生的巨大影响？

然而，席勒以上的论述将冷战宣传这一复杂的问题过度简化为一个"虚假信息业与美国大众"之间的二元对立。我们不禁要问：冷战对美国海外军事行动的持续合理化是否单单是媒体宣传所导致的？1956年的匈牙利事件、1968年的捷克斯洛伐克事件是否又为冷战宣传的成功提供了机会？以上事例从未在席勒的批判中出现，但它们不需要一个精妙的美国宣传机关去广而告之就能产生巨大的影响。除此以外，席勒关于冷战的论述还忽略了许多其他的方面，这里碍于篇幅便不予详述。

综上所述，席勒的优点在于他能把其他学者往往孤立对待的传播的诸多层面整合在一起，他对媒体国际维度的敏锐洞察，他相对于安于平静和没有非议的生活的其他学者，对国内外权力与剥削问题的正面挑战，及其为过于安逸的一系列传播研究范式所带来的新意。然而，席勒因未能有效地处理受众接收问题而无法成功地使他的观点站住脚，这也是其研究的一大遗憾。

默多克和戈尔丁：《大众传播的政治经济学》(1973)

在席勒的第一本著作出版后不久，莱斯特大学大众传媒中心的两位社会学家格雷厄姆·默多克和彼得·戈尔丁在《社会主义纪事》[①]上发表了一篇重要论文(Murdock & Golding 1973)。这篇论文随后被广泛传阅与重印，并为批判媒体研究这一领域创立了新的标准与方向。该论文不仅讨论了媒体所有权与集中化的问题，而且还分析了一系列市场机制问题。此外，默多克与戈尔丁还谨慎地强调该论文是"正在进行的研究的一部分……意在为今后的研究指明方向"(1973，205)。

在这篇论文的开始，默多克与戈尔丁便提出将媒体领域作为一个整

① 译注：《社会主义纪事》是一份无党派的非教条马克思主义学者的年刊。

体(而非互相孤立的产业)研究的必要性以及媒体研究需置于宏观经济(而不仅仅是广告业)运行的背景下。同时,两人还避免了对媒体新闻(news)功能与娱乐功能两者的分割,并强调了两者相同的重要性(1973,207)。最后,两人的分析还包括了对一系列经验数据及原始资料的详细分析。

默多克与戈尔丁对媒体垄断的分析是从历史的角度展开的。该分析起自19世纪自由资本主义下的早期媒体,随后回顾了媒体所有权的巩固与之后的集中过程。[①] 两人详细评述了英国媒体业横向与纵向的整合过程以及由此产生的股权互惠和连锁董事制。此外,两人还回顾了英国媒体产品的出口模式以及英国媒体产业中的外国资本情况(认为该情况经常被夸大)。对于那些认为马克思主义研究只会重述过时信条的人而言,默多克与戈尔丁的文章为他们上了很好的一课。

具体而言,默多克与戈尔丁主要关注了媒体垄断所导致的消费者休闲娱乐选择的减少以及通过信息控制所达成的"社会共识"。此处的"共识"是指新闻通过其正常框架所实现的:(1)对工人罢工以及其他来自社会底层反抗的忽略、指责,或者政治上的简化处理;(2)将公共辩论的界限设为"对现存政治结构的认同";(3)强调现有申诉渠道的有效性;(4)从昔日帝国主义的角度对世界新闻进行报道;(5)对英国精英主义合理性的宣扬;(6)将公众与媒体的价值观和关注焦点等同(1973,228)。然而,默多克与戈尔丁也谨慎地总结到:"媒体所有者的经济利益与其文化产品的生产之间的关系十分复杂,并不能简单地用阴谋论或有意误导来概括;媒体对资本主义社会'共识'的维系作用仅在少数情况下通过公然的信息封锁与有意的误导来实现。"(1973,228)

可是,默多克与戈尔丁同时也质疑,为什么那些远称不上富裕的社会阶级能够忍受英国社会中的严重不平等这一顽疾?在他们看来,对上述问题的回答是媒体研究的一项重要任务。媒体行业生产与流通之中的"惯例"是资本主义社会中"共识"形成的重要原因,而并非自上而下的命令与干涉:"总的来看,新闻是一种娱乐产品;同其他媒体业生产的商品一样,新闻为了在市场竞争中生存就必须变得缺乏批判性,以便迎合尽可能多的受众,以此来吸引广告商的投资。"(1973,230)

---

① 译注:或者借用马克思《资本论》中的术语,从媒体的"集合"(concentration)到"集中"(centralization)的过程。

因此，默多克与戈尔丁关于媒体所有权集中化的讨论有效地整合了市场因素、新闻组织惯例、媒体业国际化这些因素间的相互作用。此外，两人还结合一系列实例分析了媒体垄断对消费者选择与民主的影响，而这也积极回应了对媒体持积极态度的学者对批判媒体研究的批评。然而，在受众对媒体信息的接受(而非质疑)这一问题上，两人的表述不甚清晰。我们在前文回顾了席勒是如何用媒体"精密、昂贵、复杂的受众调查"这一事例来支持自己关于媒体权力的论点的。而默多克与戈尔丁在这一问题上也表达了相似的观点："受众调查反映了媒体对受众数量以及广告商的渴求。"这一现象的寓意在于：无论渴望与否，媒体极为成功地吸引了大量受众。但这一成功背后的原因何在？在默多克与戈尔丁看来，虽然英国媒体"批判性的缺乏"是重要原因之一，上述问题的解答需要"更多关于媒体如何合理化资本主义制度这一问题的研究"(1973，228)。此外，席勒、默多克、戈尔丁三人都未能成功地走出媒体结构视角来分析媒体产业与其他产业间的相互作用所产生的影响。默多克 1982 年的一篇论文虽然成功地批判了将媒体业同其他产业不恰当的整合，却未能对这一问题作出详尽的分析。

综上所述，马克思主义政治经济学与新古典主义经济学之间在媒体所有权问题上一直存在的一个理论分歧是：前者强调生产过程中的各种关系，并认为交换过程是附带性质的；而后者强调消费需求是生产的唯一动力。后文将对这一问题进行详细分析。

伊锡尔·德·索拉·普尔：《自由的技术》(1983)

在关于媒体所有权问题的讨论上，我们有必要注意到本杰明·康佩恩的《谁拥有媒体？》(1979 年原版与 1983 年修订版)和本·巴格迪基安的《媒体垄断》(1983 年版)对该学术论题发展所做的贡献。然而，考虑到康佩恩和巴格迪基安的著作均在出版之后有数次修订(Compaine & Gomery 2000，Bagdikian 2004)，我们将在后文针对两者的最新版本展开讨论。

与此同时，让我们将视线转向伊锡尔·德·索拉·普尔。普尔的研究很大程度上改变了关于媒体所有权集中化政策讨论中的许多基础概念。虽然普尔对当时新兴电子通信技术的关注几乎与席勒的研究同步，但相比之下席勒并不拥有(也从未争取)普尔那样参与国家政策制定过程的特权，而普尔的这一特权与其作为麻省理工学院政治学系的创立者以及麻省理工学院自身的精英属性密不可分。此外，《自由的技术》一书的写作还得到了剑桥大学、庆应大学（Keio）和东京大学的支持，而这进一步扩大了该书的影响力。

虽然《自由的技术》一书包含了历史、法律以及技术上的诸多细节，但该书的核心观点却非常基础与简明。该书认为，随着新技术（例如光缆、卫星、电话以及互联网）对传播途径的拓展，在美国以及世界其他国家对报刊、广播与电影产业中所有权集中化的限制已经失去了意义。这一限制原本是为了通过所有权的多元化来确保内容与观点的多样性，但该政策的合理性是基于如下假设，即进入主流媒体市场的门槛价格十分高昂。然而，这一价格门槛已然被新通信技术带来的自由所打破。

此外，《自由的技术》一书出版的历史背景也值得我们注意。该书出版时，美国有线电视业已经就对其的规制进行了数年的抗议（该规制由广播业所推动）。美国有线电视新闻网（CNN）则在三年前尝试了卫星电视与有线电视的商业化联合。同时，美国国会刚刚在一年前宣布了"修订终审判决"（Modified Final Judgment），这一判决导致了美国电话电报公司/西电公司/贝尔实验室三方联盟的解散，以及1996年《电信法案》的通过（虽然该法案在国会的主要推动人声称其能够为美国大众开放更多的通信权限，但该法案实际上取消了许多关于媒体所有权的限制性规定）。此外，当时美国的电信网络政策正处于第二次与第三次计算机法案听证会之间。最后，《自由的技术》出版的整体时代背景是里根时期各个行业的撤销规制政策。关于这一时期政策整体情况的表述可参考罗伯特·麦克切斯尼1986年出版的第一篇论文《禁区：关于美国政治生活中媒体所有权、结构与控制的讨论缺失的质疑》（McChesney 2008, Ch. 15）。

然而，无论上述政策与观点的最终结果如何，也无论对它们有何意见，德·索拉·普尔把广阔的传播技术作为整个场景的关键部分的努力，对该学术论题的发展产生了重要的推动作用。在这一点上，虽然普尔与席勒对把他们相提并论应该都会感到惊讶，但两人都拓展了媒体研究和媒体所有权讨论的范围。在《自由的技术》之后，近用权的被剥夺、通信网络的中立性、互联网管理等问题重新定义了媒体的场景。在今天，A. J. 雷伯林（A. J. Liebling）恐怕要重新表述他的名言了。

爱德华·赫尔曼与诺姆·乔姆斯基：《制造共识》(1988/2002)

虽然《制造共识》一书在今天被作为媒体"宣传模型"的代名词，但赫尔曼与乔姆斯基认为该书仅仅表述了众多"宣传模型"中的一种。此外，该书中美国媒体用来排斥有关美国帝国主义负面信息的五大"新闻过滤器"(filter)成了一个广为人知同时饱受争议的概念。

具体而言，赫尔曼与乔姆斯基所定义的五个"新闻过滤器"为：(1)大众媒体规模、所有权分配与利益取向；(2)作为大众媒体收入基础的广告；(3)主导性新闻源；(4)"炮轰"；(5)反共产主义名义下的意识形态控制。此处"过滤器"的比喻值得我们注意，因为它暗示了一个没有活力与主动性的被动结构，一个由行业惯例交错而成的钢丝网。这个钢丝网将大部分威胁美国保守的公共领域的"有害"意识形态排除在外。从这一点来看，上述比喻并未涉及阴谋论的讨论，可是许多针对"宣传模型"的指责恰恰将其定义为一种阴谋论观点。事实上，"宣传模型"的批评者有时还将该理论变为一个稻草人靶子，指责赫尔曼与乔姆斯基否定了商业媒体中反对观点出现的可能性，即两人所论述的是五个"封印"(seal)而非五个"过滤器"。然而，上述指责体现了对赫尔曼与乔姆斯基原文的错误解读：两人的理论模型类似于统计学中的线性回归，而这一模型能够很好地解释有别于数据整体趋势的随机分布变量。① 总而言之，"宣传模型"的独特之处在于：首先，该模型强调了五个"新闻过滤器"间的相互作用；其次，该模型同时涉及了媒体业的意识形态因素(第四、第五过滤器)和政治经济的结构性因素(第一、第二和第三过滤器)。

的确，上述五个"新闻过滤器"中只有"炮轰"不太符合一个惯例化的媒体系统这一印象。"炮轰"(flak，英文字面意思为高射炮)原指二战期间对抗进犯敌机所使用的防空炮弹，而在此处代指对媒体的高度组织化的诋毁活动。这些活动通过广播脱口秀、观众给媒体集团主管和赞助广告商的信，以及法律诉讼等形式展开，意在打击或修正主流媒体对既定路线之外观点的背离(Herman & Chomsky 2002/1988，28)。赫尔曼与乔姆斯基指出，这些活动自 20 世纪 70 年代后逐渐频繁，其本质是一种对媒体

---

① 译注：通俗地说，即商业媒体上出现的反对观点无法改变新闻报道的整体倾向性。

话语进行规训的外在于媒体公司内部运作的力量。

总的来说，“宣传模型”对媒体行业所进行的诸多批评在某种程度上被过分解读了。这一理论所关注的焦点是美国民众通过美国主流媒体所了解的世界新闻。因此，该理论并不适用于如下情况：(1)它不适用于所有的国家媒体系统(虽然温特在1988年曾试图将其应用于加拿大媒体的分析)；(2)它不适用于在媒体内容中所占比重最大的娱乐媒体(虽然阿尔弗雷德在2009年的研究曾试图将其应用于好莱坞电影的分析)；(3)它也不适用于对美国本土新闻的分析(对环境丑闻等的掩饰性新闻属于例外情况)。“宣传模型”是一个覆盖面较为有限的理论，其所关注的是过去100年间(尤其是过去50年间)美国媒体的世界报道。

因此，“宣传模型”并无意提供一个全球范围的媒体解读(a global account)。该理论的焦点似乎与席勒有相同之处，两者都试图解读美国民众为何能心平气和地接受美国政府频繁地对外宣战，增加军费开支(而非投资全民医疗)以及维持上百个海外军事基地。[①] 另一方面，虽然席勒将上述现象归结为媒体的密谋与有意误导，赫尔曼与乔姆斯基的分析却进一步解析了媒体内在机制是如何无声地将负面信息排除在外的。

然而，“宣传模型”关于美国国际新闻报道的缺陷的分析并不是一个关于媒体所有权与控制权的完整理论。“宣传模型”理论如果想要进一步发展，就必须有效地结合美国内政与新闻的其他相关理论以及娱乐媒体的相关分析。在保持有效性方面，该理论并不需要进一步考虑他国媒体的情况。

本杰明·康佩恩与道格拉斯·戈梅里:《谁拥有媒体?》(2000)

同前文几位学者相比，本杰明·康佩恩从一个完全不同的角度审视了媒体所有权这一问题。康佩恩的研究继承了芝加哥学派反垄断研究的特长，他与道格拉斯·戈梅里(电影史学者及制度经济学家)合作修订的第三版《谁拥有媒体?》明确反映出二人意在为读者提供一个关于媒体所有权问题的不同视角。

依照技术的分类，康佩恩与戈梅里在书中为美国文化产业不同领域

---

① 在有些媒体学者看来，赫尔曼与乔姆斯基理论中一个未被广泛接受的缺点是两人关于世界现实详实资料的缺乏妨碍了他们对美国外交政策的准确把握。

提供了大量实证资料：报纸、图书、杂志、电视、广播、唱片、电影以及信息产业。[①] 该书的最后两个章节(第八章到第九章)表明了两位作者对媒体所有权、市场竞争与集中化等问题的分析。同默多克与戈尔丁相比，康佩恩与戈梅里的研究并未特别强调娱乐产业，因此两人没有论述主题公园、旅游业与电子游戏等产业。

康佩恩还在书中针对方法论问题进行了一系列有意义的论述。康佩恩注意到有关媒体企业"规模"的定义依该企业所处行业或领域的不同亦有所变化。例如对报纸而言，其规模取决于累积发行量；对广播而言，其规模取决于听众规模；对有线电视而言，其规模取决于订阅用户的数量；对图书、电影以及唱片而言，其规模取决于所占产业利润的比例；对网络服务而言，其规模取决于每月访问量以及广告利润的多少(Compaine & Gomery 2000，484)。

此外，康佩恩也对企业的不同所有制形式做出了详细区分。康佩恩指出许多名义上由持股人所有的企业实际上被一个家族或一个投资集团所控制，而这通常是通过不同的股权种类来实现的(Compaine & Gomery 2000，490)。同时，康佩恩也注意到公有资本(例如社会保险基金)在美国媒体企业结构中的重要地位。然而，康佩恩对此现象却做出了十分乐观的解读："(公有资本进驻美国媒体企业)这一现象似乎说明，许多媒体的所有权间接地符合千万美国工人阶级的利益。"(494)可是，康佩恩并未对他所谓的"利益"进行明确定义。相比之下，他对公有资本对媒体投资的目的进行了详细的表述，并提出这些公有资本更关心其所投资股票市场的长期增长而非短期波动。在康佩恩看来，公有资本对某种特定媒体内容的反对应该体现在对该媒体进行撤资上，而非对"该媒体管理层施加影响"(503)。由此看来，康佩恩所定义的"控制"仅限于在某一特定时期的直接、具体的干涉，而这一定义混淆了默多克(Murdock 1982)对"分配性控制"与"运营性控制"所做的具体区分。同时，上述定义还简化了影响力产生的形式。对企业而言，想要在市场中获得成功就必须要了解该市场中的主要对手以及他们的目的与策略并制定相应对策。相反，若不这么做其结果将是灾难性的。在这种情况下，公有资本若威胁出售其持有的

① 虽然与同类著作相比，《谁拥有媒体?》首次提供了关于信息产业的详实实证资料，但该书第三版(2004)中并未包含对谷歌以及移动媒体的讨论，这也反映了信息产业极为快速的发展。

某一媒体的全部(或大部分)股权,其对该媒体的控制力远大于日常运营中的直接干涉。到此为止,上述讨论背后的核心问题是不同文化产业与社会的整体政治经济形势(包括某一特定时期的意识形态环境)的相互作用。后文将就这一问题展开详细讨论,并结合葛兰西的霸权理论对其进行具体分析。

康佩恩研究的首要分析工具是由芝加哥学派发明的用来衡量产业集中度的赫芬达尔—赫希曼指数(Herfindahl-Hirschman Index,HHI)。该指数计算的是某一领域内各企业市场份额(取百分比的分子)的平方之和,其理论基础是企业的兼并将对市场份额产生显著影响。若某一市场的 HHI 指数大于 1800,则可以认为这是一个高度集中化的市场。康佩恩认为 HHI 指数与"巨人合并"之类的新闻相比能够更加准确地从产业层面评价集中化的问题。此外,康佩恩还提出,虽然用经济指数来衡量媒体集中化的做法并非毫无争议,但是这一方法比基于公共利益与宪法第一修正案的讨论更为可靠,并且能为这些方法提供"合理的替代方案"(Compaine & Gomery 2000,558)。的确,康佩恩的核心观点是:美国媒体所有权集中化的程度和危险性在很大程度上被夸大了。这一论断也呼应了戈梅里的观点,即左翼批评家(错误地)将大众媒体视为"垄断资本控制下一个无所不包的阴谋"(507)。

康佩恩基于 HHI 指数的结论受到了贝克强有力的回击(见后文)。然而,让我们先将视线转向康佩恩其他的一些观点。他对广为接受的媒体内容多元化也提出了异议,认为"多元化程度的增加意味着……更多低俗的节目、无谓的新闻以及谄媚的政治……多元化实际上是媒体发展的阻碍因素"(Compaine & Gomery 2000,558)。康佩恩的上述观点与席勒、默多克和戈尔丁研究中的一个背景性观点针锋相对。席勒等人认为,异议观点很少能够出现在主流媒体上,因此媒体多元化是必不可少的。虽然席勒等人并未对"多元化"做出具体定义,但读者应该可以感觉到他们认为主流媒体所缺失的是一种对社会公正的追求以及一种反帝国主义的视角。以上两点是席勒等人所赞同的,但"多元化"亦包含其他许多含义(甚至包括极右翼观点和极端宗教观点的表达)。虽然"多元化"的定义被经常性地忽略,但康佩恩在此问题上的辩解迫使我们理清"多元化"的相关概念。

最后,康佩恩从全球视角表达了一个美国关于媒体集中化的主流观点,即媒体集中化的评价并不能局限于本土视角:"美国的信息提供者正在世界市场面临着激烈的竞争……人为限制企业规模将使他们无力维持自己在国际市场的份额。"(Compaine & Gomery 2000,577)上述观点表达了媒体兼并拥护者的普遍论调：美国经济必须在一个严酷和可怕的世界中幸存下来。这一世界观对国会议员来说是自然而然的，他们当中不到三分之一的人持有护照。此外，上述观点的流行也必然使得简单的经济考量超越人们对政治民主活力的担忧，即使康佩恩对此持否定态度："我们不能将(经济)效率作为唯一的评价标准。"(2000,508)

吉莉安·道尔：《媒体所有权》(2002)

道尔(Gillian Doyle)的著述对媒体所有权这一论题的贡献主要是在实证资料方面，特别是她对九个英国主要媒体集团的广播出版的行政主管所做的一系列访谈(书中未提供访谈的具体数量)。道尔没有使用HHI指数衡量媒体集中度，也未在书中谈及该指数。她在该书后半部分主要论述了英国及欧洲的媒体政策趋势，而这并非本文的焦点。此外，该书值得商榷的一点是其并未讨论《哈钦斯报告》与本·巴格迪基安的《媒体垄断》。

然而，道尔基于英国以及其他欧洲国家所得出的结论是："媒体产业极易受到单一媒体所有权集中化与多元媒体所有权集中化的影响。"(Doyle 2002,175)(她对"单一媒体所有权集中化"的定义近似于某一媒体产业内的横向整合。)道尔认为企业进行兼并活动的主要目的在于获取规模上与范围上的经济效应，二者一起被道尔定义为"临界质量效应"，即通过垄断所达到的对广告利润份额不成比例的霸占，对供应商的控制以及其他诸多优势。道尔同时强调，英国的经验表明，垂直整合与交叉整合(即某一媒体企业进入一个全新的媒体领域)不单单是为了经济效率。的确，在道尔的著作出版之时，英国广播业与出版业的交叉整合并未产生显著的经济效应："(交叉整合带来的)益处更多体现在企业层面，尤其是对于某些特定媒体企业的股权人与管理层而言。"(176)

虽然道尔在总结其发现时十分谨慎(这使得她的结论同其他论述媒体所有权的学者比起来有些底气不足)，但她的实证数据支持了许多其他学者的论点。道尔承认媒体企业提升其市场成绩这一动机的合理性，但她并不认为一个没有规制的自由市场能够为媒体受众带来更多利益。同时，道尔在著作中还表达了一系列可能被本书的一些作者看成是幼稚的乐观预测，而且这些预测多少与她的核心论点相矛盾："虽然所有权的多元化……并不能一定保证媒体内容的多元化，但多元化的媒体拥有者的存在应该能对多元主义产生积极影响……这些媒体间的竞争将推动异议文化的发展，而这有利于民主机制的健康。"道尔还提到："社会追求资源的最有效使用……是(*或应该是*)公共政策的焦点。"(28，76，笔者强调)纵观上述观点，第一个观点是一个可试验却无法确认的假设，而第二个观点仅仅是一个理想化的期望。然而，道尔的分析并未为以上两个观点的成立提供足够支持。

本·巴格迪基安：《媒体垄断》(1983—2004)

巴格迪基安对美国独立新闻报道衰落的关注源于他早年的记者生涯以及随后作为加州大学伯克利分校新闻学院院长的经历。在2004版《新媒体垄断》一书中，巴格迪基安的理论达到了一个新的高峰。即使对于很多没有读过该书的人来说，巴格迪基安在该书修订版中对美国媒体垄断趋势所作表述的不断更新(从1984年的50家媒体集团到2004年的5家媒体集团)都极具说服力。该数据也成为许多美国大学媒体研究入门课程的必学内容。虽然我们不可能确切地估量该著作的影响，但美国民众自2003年起对媒体集中化的广泛关注，美国第三巡回上诉法院对媒体垄断所做的普罗米修斯式裁决，以及随后美国自由出版社所组织的一系列关于媒体改革的会议，这些事件都或多或少受到巴格迪基安的著作以及其统计数据的影响(Klinenberg 2007，221—244、270—295)。

巴格迪基安很谨慎地回击了关于该书是阴谋论的指责："美国主要媒体企业数量的减少并不是由阴谋论所导致的。这些主要企业的拥有者并没有坐在一起谋划市场份额、价格与产品……(他们)无须如此。这些企业间的目标与手段的相同之处太多了。"(Bagdikian 2004，7)

然而，巴格迪基安的一些修辞也显示出他的疏忽大意。例如，他将商业新闻媒体简单定义为企业宣传(2004，159—161)。这一判断虽然与赫伯特·席勒的立场大体一致，但也在某种程度上几乎全盘否定了赫伯特·席勒的研究方法，因为席勒研究的主要例证恰恰是商业新闻中媒体企业相关的交易与商业新闻。

得益于作为一名专业记者的经历，巴格迪基安研究的数据由多种渠道收集而来。他并未采用HHI指数或者吉莉安·道尔的微观经济学与经济产业模型的方法。相反，巴格迪基安主要依据的是自己长年对华尔街趋势以及实际情况（例如各媒体董事会成员）的观察。对巴格迪基安而言，各媒体董事会成员的组成是一个关键性证据。援引 2003 年《哥伦比亚大学新闻回顾》的数据，巴格迪基安指出：新闻集团、迪士尼、维亚康姆以及时代华纳之间有 45 名董事会成员重合（Bagdikian 2004，9）。在巴格迪基安看来，康佩恩关于公有资本代表了千万美国工薪阶层的观点是无稽之谈，同时他也不大可能接受道尔对未来所作的乐观评价。

作为一名新闻行业的观察家，巴格迪基安认为伯利与米恩斯对产权集中化所作的批判（见本文引言部分）有些多虑：

> 在媒体行业，强势的管理层选择本应监督他们的董事会成员的情况并不少见……这些董事会成员……往往是其他大型企业的领导者……例如那些来自大型银行的董事可以借由批准对媒体企业贷款来实现贷款企业与放贷银行的双赢……虽然美国五大媒体集团都是跨国企业……每一集团都存在集团总裁将家庭成员安插进董事会的情况……20 世纪 90 年代至 21 世纪初发生的一系列企业董事会丑闻表明：许多美国大型企业的董事会对管理层的了解及影响力是微不足道的。（Bagdikian 2004，51、53）

巴格迪基安也将其视线由单一的产业内部分析转向美国政治的日益保守（始自 1981 年至 1989 年里根执政时期）与媒体行业内集中化力量的增强之间的联系。在巴格迪基安看来，两位罗斯福总统是对抗集中化的英雄，但他们的政治遗产在过去的 30 年中已被损耗殆尽。虽然巴格迪基安的上述观点不无可取之处，但是把美国政治的保守化主要归咎于媒体之前，需要就一系列社会、文化、经济与政治问题展开讨论。

在以上文献回顾所带来的修辞的冲突中——沉默的社会科学话语亦是一种修辞——读者可能觉得事实的真相似乎遥不可及。但正如桑拿浴之后的冷水浴所带来的清新感那样，这些相互对立的观点对理论问题的澄清是必不可少的。媒体所有权这一问题所涉及的过程与制度的复杂性使得观点间的碰撞成为我们探寻真相唯一的可能。

回到巴格迪基安的研究上，该书所列举的事例大多是令人警醒或令人不安的。这一论证方法招来了许多巴格迪基安反对者的抨击。他们认为只有随机抽样的方法才能揭示媒体集中化的良性（或恶性）影响。然而,我们需要明白,内容的形成远非随机或毫无人为影响的,因此真正意义上的随机采样在这个不完美的世界中仅仅是痴人说梦。此外,从理论上讲,目的抽样与随机抽样若能保持建设性的对话,二者可以快速地共同发展。

C. 埃德温·贝克:《媒体集中化与民主:所有权为何至关重要》(2007)

《媒体集中化与民主:所有权为何至关重要》一书是法学家埃德温·贝克有关美国宪法第一修正案、媒体、市场以及相关话题的一系列著作中的第三本。由于贝克在该书中的论述十分具体与全面,这里仅就其论述的几个最显著特征展开讨论。在该书中,贝克直接反驳了康佩恩与《新闻学季刊》[①]等实证主义书刊认为"媒体垄断被经常性夸大"的表述(Baker 2007,23—26、54—87)。在贝克看来,媒体所有权问题的本质在于我们对民主意见表达途径(渠道)的需求,而并非消费者权益:"媒体消费者所获得的任何利益都不能影响与抵消反对集中化的核心(或最本质)原因:媒体多元化确保了公共领域内传播力量的民主式分布,而这是民主系统的基本保证。"(2007,52—53)

贝克对 HHI 指数(或者更准确地说对康佩恩使用该指数)的批判着眼于康佩恩的如下理论选择:康佩恩将该指数应用于媒体行业的整体而非其各个单独的领域。贝克认为:"任何将媒体行业视为一个整体(而不考虑各个传媒领域间的区别)的做法都是不合逻辑的。"(Baker 2007,60)贝克的表态体现了媒体所有权的相关讨论中一个有趣的立场,因为默多克和戈尔丁曾坚持认为将各种媒体视为一个整体是十分重要的。如前文中所提到的,有些学者在自己的研究中也将媒体产业的各个领域区别对待,尤其是将新闻媒体同娱乐媒体区分开来。关于媒体产业的整体问题,后文将进行详述。回到贝克的论述上,贝克认为康佩恩对媒体活动的分类(内容、流通、形式)本身便体现了在某一媒体领域内的经济活动区别于另一媒体领域。因此,贝克强调:"在某一领域存在的竞争不等同于其他领域的情况。"(2007,60)例如在美国,虽然媒体内容的生产者之间的确存在着激烈的竞争,但电影、广播与电子游戏领域的发行存在着严重的垄断

① 现更名为《新闻学与大众传播季刊》(*Journalism and Mass Communication Quarterly*)。

现象。此外，贝克提到了本地垄断现象，即某一小城的报刊与电视完全为一家公司所有，而这一情况并未被计入康佩恩基于产业层面的 HHI 统计之中。同时，贝克还指出，康佩恩主要依赖的芝加哥学派的反垄断理论模型主要关注的是垄断导致的价格竞争力丧失，而这并不适用于媒体行业普遍存在的"单一发行者对复数生产者"或者"复数发行者对单一生产者"的情况（此处第二种情形不适用于美国媒体产业的现况，但它也反映了康佩恩分析方法的盲点）。[①]

同德·索拉·普尔的著作一样，康佩恩研究的影响力并不仅限于学术界。例如，美国联邦通信委员会的媒体多元化指数（Media Diversity Index，DI 指数）便是基于康佩恩的论述与分析而创造的。然而贝克认为，HHI 指数与 DI 指数在实证方面的问题是如此明显，以至于联邦通信委员会的做法显得有些自欺欺人。联邦通信委员会的五名成员中有三名是总统任命的保守派，[②]而他们自然希望社会科学的"发现"能够进一步支持他们扫清媒体集中化的障碍。

与《谁拥有媒体？》2000 年版相比，贝克的著作中对互联网的讨论更为全面，但这也得益于贝克的著作成书较晚。贝克有幸目睹了 21 世纪头十年这一互联网产业的关键发展时期。随着互联网产业的迅猛发展，多元化、民主、选择以及集中化等议题似乎展现出了乐观的前景，而这些也是贝克的分析所关注的话题。贝克关于互联网的主要观点如下：

(1) 虽然互联网原则上是机会平等的，但这一目标无法自然而然地实现。许多个人和非政府组织都在网络上创建了信息，但这些信息大都被媒体巨擘所提供的商业化信息所淹没。例如，博客的兴盛吸引了许多学者与公众的注意，然而目前的数据表明：相对于报刊的读者，博客的读者集中化问题更为严重（Baker 2007，107—109）。换句话说，美国民众通过互联网获得信息的信源更少。

(2) 网络新闻更加微薄的广告利润已经导致记者行业雇员的减少以及新闻生产数量的下降。少数几家新闻媒体（美联社、纽约时报、华尔街日报等）将变得更具统治性。由此，许多美国商业性新闻

① 译注：芝加哥学派理论模型的前提是生产和流通环节都存在完全市场竞争，而美国的媒体行业（流通渠道已被数家公司所垄断）并不符合这一情况。

② 译注：此处指的是小布什执政时期。

服务商的利润预期飞涨至25%甚至更高，而与之相比美国工业界的平均利润率仅为10%。这一现象将对互联网的诸多方面产生负面影响。

(3) 虽然互联网极大地消除了时间与地理上的屏障并降低了获取信息与沟通的成本，这些在大众流通层面获得的利益是极为有限的。它们几乎无法抵消受众的注意力（以及信息获取源）集中于少数媒体企业所带来的负面影响……因此，互联网无法消除媒体集中化对民主的阻碍(Baker 2007,122)。

国际视野以及一个暂定结论

到目前为止，本文主要讨论了英美两国关于媒体集中化问题的辩论和研究过程。受文章长度所限，笔者无法对该问题在其他国家的情况进行详述，但该问题的国际化视野将有利于加深我们对其的理解。

在世界范围内，意大利媒体大亨西尔维奥·贝卢斯科尼大概是媒体垄断最典型的例子了。作为意大利最大商业广播公司梅迪亚塞特(Mediaset)的最大股东，贝卢斯科尼不仅三度当选意大利总理，在其任内，梅迪亚塞特还完成了对意大利三个主要电视频道的完全控制。此外，梅迪亚塞特还拥有其他许多领域的媒体控股(media holdings)。鉴于贝卢斯科尼闻名全球的腐败行为和保守政治观点，意大利国内外许多学者都将他牢固的政治地位视作媒体垄断的功劳，有些学者甚至将贝卢斯科尼视为妨害民主的“媒体统治”(mediacracy)模式的先驱。然而，一个令人信服的论述也指出，贝卢斯科尼及其党羽的成功也包含其他许多因素(Shin & Agnew 2008)，如他们对地区间矛盾和不稳定经济形势的利用，对美国进攻式的政治宣传手段的借鉴，更不用说在其他很多时候，他可怜的反对者们还会自乱阵脚。

另一个关于媒体垄断的事例是墨西哥的特里维萨电视台。该电视台直到20世纪90年代中期都在墨西哥电视市场中占据绝对统治地位，并担当了墨西哥执政党(1920—2000)革命制度党(PRI)的“宣传部”角色(Fernandez & Paxman 2000)。除与特里维萨的紧密关系外，革命制度党还控制着其他数家媒体(Benavides 2000)。然而，随着2000年墨西哥首位非革命制度党总统的诞生以及左翼民主革命党(PRD)影响力的日益扩大，墨西哥政治迎来了一个新的时期。这一现象与休斯(Hughes

2006）论述的“公民新闻”（Civic Journalism）在墨西哥新闻界的发展是紧密相关的。

此外，在经历了苏联解体后短暂的混乱式新闻自由后，俄罗斯联邦的新闻自由经历了严重的倒退（Downing 1996，Ch. 6）。俄罗斯的电视业出现了相当程度上的集中化控制，这使统治阶级在任何与其相关的事物上拥有近乎苏联解体前的控制力（Koltsova 2009）。记者安娜·波利特科夫斯卡娅遭遇的暗杀——不幸的是这既不是第一次也不会是最后一次——也是实实在在的“教训”。虽然俄罗斯的出版物受到来自上层的审查较少，但这并不意味着这些出版物变得更具社会责任感。然而，在本文写作之时，俄罗斯国内一些杂志与网络新闻文章显示出一些独立的信号（Federman 2010）。

以上事例让我们有理由认为：一系列基于意大利、墨西哥和俄罗斯等国媒体情况及其过去 10 到 20 年发展趋势的比较分析，将有益于媒体集中化问题的探讨。近年来，对拉美九国媒体集中化趋势的比较分析业已出现（Mastrini & Becerra 2006）。的确，各个国家有关媒体集中化的研究正在从不同的理论视角迅速增长。这些研究有的关注某国的具体情况（如 Iglesias Gonzalez 2004，Sousa & Costa e Silva 2009，Fung 2007，Rolland 2008，House of Lords 2008）；有的则聚焦欧盟的整体趋势（如 Just 2009）。实际上，欧盟已就媒体集中化的政策进行了数十年的讨论（Palzer & Hilger 2001）。在澳大利亚、博茨瓦纳、加拿大、克罗地亚、法国、德国、冰岛、肯尼亚、波兰等国，公众关于媒体所有权集中化的讨论十分活跃，这当中加拿大的情况最具代表性，该国近十年来的媒体集中化程度已变得非常之高。

到目前为止，有关媒体所有权讨论的最显著特征是针对该问题及其影响所产生的研究焦点、概念以及方法的碰撞。的确，如前文所示，该领域内的争论有些类似聋子间的对话，仅有极少数的参与者会在讨论中提及他人的观点，而当他们这样做时，其目的往往是互相争斗（joust）而非有意义的对话。

除前文提及的拉美九国研究外，本文引用的绝大部分文献都仅仅关注某一特定的国家，而这也使得严谨的比较分析尚未出现应有的积极意义。此外，这些研究通常也仅仅局限于媒体产业的某一特定领域，甚至是某一领域的特定角度（例如日报）或是各领域间与新闻相关的部分。有些研究将娱乐媒体完全排除在自己的讨论范围外，而另外一些研究却认为文化产业应当被视为一个结构复杂的整体，其背景是整个社会的政治经济形势（包括全球角度）。同时，有些研究还讨论了媒体集中化研究中合适的实证分析方法。最后，有关互联网的讨论仅仅在近些年随着该产业的发展才开始。

另外，在上述研究中，有些关注了特定国家（尤其是美国）媒体集中化的全球影响，而另一些则止步于媒体研究的传统边界。这些研究对国家的观点也不尽相同：有些将国家定义为中立的仲裁者；有些将其定义为政治角逐的沙场；而有些则认为其是"资产阶级统治的执行委员会"（Marx）。在研究视角方面，有些研究从消费者权益的角度论述；而另一些则认为新闻与娱乐都应服务于民主政体的建设。有关媒体集中化对公众（或消费者）的影响也被广泛讨论，而有些研究则完全只考虑这点。最后从作者角度来看，这些研究者背景遍及法学、新闻学、新古典主义经济学、制度经济学、政治经济学、社会学以及政治学，而他们的政治理念也遍及激进的新自由主义、各式中立主义以及左翼思想。以上所述的多元性固然有其优点，然而若我们希望这些理论争斗变为合理有序的思想交流，我们就需要一系列系统性的规则，正如温赛克与斯帕克斯在最近的文章中建议的那样。

温赛克（Winseck 2008）的文章整合了美国、加拿大、墨西哥三国的数据以及规模最大的几家跨国媒体集团的数据。此外，该文章也同时探讨了新闻与娱乐媒体。温赛克在文中的主要观点是：(1)虽然传播渠道的多样性正在增加，但信息来源的多样性却正在减少；(2)媒体企业拥有者对利润的追求使得对创意性项目和深度新闻调查的投资在不断减少；(3)针对数码产权的诉讼使得通向新的媒体机会的渠道日益封闭。温赛克的概览回避了许多研究中媒体领域与国家视角的局限性。虽然其文章长度远不及康佩恩与戈梅里的长篇论著，但该文所创立的一系列参数为今后更为深入的研究指明了方向。与之相似，斯帕克斯（Sparks 2007）在文中冷淡回应了那些关于媒体全球化未经考量的预估。通过对现有媒体产业数据的严谨分析及其同其他领域跨国集团数据的比较，斯帕克斯对媒体全球化垄断的预测提出了强烈质疑。

上述两位学者所展现的坚实的批判性研究方法正是媒体所有权相关争论中所急需的。巧合的是，两人都属于政治上的左翼，并且对彼此的观点可能不尽认同。新自由主义学者对批判性研究的一个常见指责是批判性研究仅仅依靠特例来评价媒体所有权与集中化的问题，然而两人详实的研究方法有力回击了这一指责。

总而言之，媒体所有权相关争论的发展之中，比消费者选择议题更为重要的是媒体垄断所带来的文化及政治影响。笔者在前文中曾提及：对于忧心于民主衰落和相关议题不断减少的人来说，媒体所有权这一问题可以从葛兰西理论的角度进行探讨。虽然葛兰西对严格意义上的政治经济学分析贡献甚微，其对共产党国家发展的乐观估计也完全没有顾及1928年的苏联经验，但是葛兰西理论中"霸权"的相关论述能够为媒体所有权的争论提供更好的解决方案。

在媒体所有权的相关争论中，一个持续的焦点是媒体内容与媒体控制之间成问题的关联性。在多数情况下，两者的关系被置于当下具体的事件环境中进行分析，例如战争的来临或者美国对海外目标的袭击。该分析视角的目的是解释为何大部分美国民众容忍（甚至有时支持）上述军事行动的发生，例如赫尔曼与乔姆斯基的五个"新闻过滤器"便是从该角度进行阐述的。

众所周知，葛兰西的"霸权"理论意在分析"理所应当"的文化框架是如何合理化统治阶级的权威与领导（即默多克所提出的"分配性控制"与"运营性控制"）的。因此，虽然人民大众可能对政治体制存在怀疑态度，但只有危机发生时大众才会抛弃他们对体制"必然性"的习惯性接受，而"霸权"也随之在或短或长的一段时间内破碎。

然而在"霸权"理论的实际应用中，该理论的时间维度极少（或者说根本没有）被准确定义。准确地讲，"霸权"所论述的意识形态的形成是一个漫长的历史过程。除去现有形式外，资本主义经历了两百年发展至今天的统治地位。在此期间国家或文化上的符号积累也经历了相同的漫长且波折的历史，随着时间的演进，有些符号变得流行，而另一些则被边缘化。因此，想要解释大众为何赞同（甚至全力支持）其统治圈子执行的政策及策略就必须着眼于媒体在一个历史过程中所扮演的角色。但是，说白了，媒体是传承下来的更大的政治经济以及民族文化（复数）的重要组成部分。虽然本章以及全书凸显和强调了媒体企业层面的现实情况，但恰恰是长久存在的文化主题与眼前诸多具体事件（战争、挑战、争议、危机等）之间有意无意的相互作用，导致媒体获得了其对大众的巨大牵引力。①

---

① 译注：简单来讲，作者认为伴随着资本主义发展所形成的资本主义意识形态是大众受制于媒体的根本原因。

迪特尔·普罗科普曾用“整合自发性”(integrated spontaneity)来衡量文化产业劳动者面对新情况的即兴发挥能力(但这种即兴发挥是在现有框架内)。正如普罗科普所言,这些劳动者即兴发挥的能力是存在的,但限制他们发挥的现有框架也同样存在(Prokop 1974)。

综合上述观点,我们或许能够避免“用眼前情况解释眼前情况”所带来的僵局。具体而言,如我们仅仅将视野局限于当下东南亚的军事冲突、中美洲的战乱以及中东乱局,又或者仅仅局限于当下商业媒体所提供的社会网络、商业以及娱乐,那么我们将只能看到这些确凿的部分所组成的画面。然而,“霸权”形成的过程根植于长期形成的文化框架之中,并随之不断发展,而正是它为媒体提供了舞台。因此,只有对“霸权”的深入理解才能使媒体研究者免于陷入收集当下所有信息(并将其错误地用来论证媒体内容与媒体控制间的联系)所带来的负担之中。

例如,笔者曾在其他地方提到,流行的美国艺术、好莱坞西部片以及战争电影中相似的“包围”比喻,不仅根植于北美的英国殖民主义意识形态以及美国早期对印第安人的屠杀,也是进一步解释美国大众为何容忍(甚至颂扬)美国的对外战争的一个关键因素(Downing 2007)。因此,有关当代媒体控制、文化以及权力的议题必须置于权力与控制的历史背景下进行解读,而不能被当代视角所束缚。

参考文献

Alford, M. (2009) Apropaganda model for Hollywood. *Westminster Papers in Communication and Culture*, 6(2), 144—56. Online at http://www.wmin.ac.uk/mad/pdf/WPCC-VoI6N02-Matthew_Alford.pdf(accessed September 29, 2010).

Alterman, E. (2003) *What Liberal Media? The Tmth about Bias and the News*. Basic Books, New York.

Bagdikian, B. (2004) *The New Media Monopoly*, 6th edn. Beacon Press, Boston.

Baker, C. E. (2007) *Media Concentration and Democracy: Why Ownership Matters*. Cambridge University Press, New York.

Benavides, J. (2000) Gacetilla: A keyword for a revisionist approach to the political economy of Mexico's print news media. *Media, Culture & Society*, 22(1), 85—104.

Berkowitz, D. (ed.) (1997) *The Social Meanings of News: A Text-Reader*. Sage Publications, Thousand Oaks, CA.

Berle, A. A. and Means, G. C. (1932) *The Modern Corporation and Private Property*.

Macmillan, New York.

Commission on Freedom of the Press (1947) *A Free And Responsible Press: A General Report on Mass Communication: Newspapers, Radio, Motion Pictures, Magazines, and Books* (The Hutchins Report). University of Chicago Press, Chicago.

Compaine, B. and Gomery, D. (eds) (2000) *Who Owns The Media? Competition and Concentration in the Mass Media Industry*, 3rd edn. Lawrence Erlbaum Publishers, Mahwah, NJ. de Sola Pool, I. (1983) *Technologies of Freedom: On Free Speech in an Electronic Age*. The Belknap Press of Harvard University Press, Cambridge, MA. .

Downing, J. D. H. (1996) *Internationalizing Media Theory: Reflections on Media in Russia, Poland and Hungary, 1980—1995*. Sage Publications, London.

Downing, J. D. H. (2007) The imperiled "American": Visual culture, nationality and u. s. foreign policy. *International Journal of Communication*, 1, 318—41 Online at http://ijoc.org/ojs/index.php/ijoc/article/view/111/ 174 (accessed September 29, 2010).

Doyle, G. (2002) *Media Ownership*. Sage, London.

Entman, R. and Wildman, S. (1992) Reconciling economic and non-economic perspectives on media policy: Transcending the "marketplace of ideas." *Journal of Communication*, 42, 5—19.

Federman, A. (2010) Moscow's new rules: Islands of press freedom in a country of control. *Columbia Journalism Review* (Jan.-Feb.). Online at http://www.gr.org/feature/moscows_new_rules.php (accessed September 29, 2010).

Fernandez, C. and Paxman, A. (2000) *EI Tigre: Emilio Azctirraga y su Imperio Televisa*. Grijalbo Mondadori Sa, Mexico City.

Fung, A. Y. H. (2007) Political economy of Hong Kong media: Producing a hegemonic voice. *Asian Journal of Communication*, 17(2), 159—71.

Gitlin, T. (1981/2003) *The Whole World Is Watching: Mass Media in the Making and Unmaking of the New Left*. University of California Press, Berkeley.

Herman, E. S. and Chomsky; N. (2002 /1988) *Manufacturing Consent: The Political Economy of the Mass Media*, 2nd edn. Pantheon, New York. .

Hertsgaard, M. (1988) *On Bended Knee: The Press and the Reagan Presidency*. Farrar, Straus, Giroux, New York.

Horwitz, R. (2005) On media concentration and the diversity question. *The Information Society*, 21, 181—204.

House of Lords (2008) Communications-First Report. Online at http://www.publications.parliament.uk/pa/ld200708/ldselect/ldcomuni/ 122/ 12202.htm (accessed

September 29,2010).

Hughes,S. (2006) *Newsrooms in Conflict: Journalism and the Democratization of Mexico*. University of Pittsburgh Press,Pittsburgh,PA.

Iglesias Gonzalez,F. (2004)Concentracion radiofonica en Espana. *Comunicacicion y Sociedad*,17(1),77—113.

Just,N. (2009) Measuring media concentration and diversity: New approaches and instruments in Europe and the US. *Media,Culture & Society*,31(1),97—117.

Klinenberg,E. (2007)*Fighting For Air: The Battle to Control America's Media*. Metropolitan Books,New York.

Koltsova,O. (2009)*News Media and Power in Russia*. New York,Routledge.

Lentz,R. G. (2008)"Linguistic engineering" and the FCC Computer Inquiries,1966—1989. Unpublished dissertation,University of Texas at Austin.

Mastrini,G. and Becerra,M. (eds)(2006)*Periodistas y Magnates: Estructura y Concentracion de las Industrias Culturales en America Latina*. Prometeo Libros,Buenos Aires.

Mastrini,G. and Becerra,M. (2008)Concentration in media. In: Donsbach,W. (ed.), *The International Encyclopedia of Communication*, vol. III. Wiley-Blackwell, Malden,MA,pp. 904—10.

Mattelart,A. (1980 /1973)*Mass Media, Ideologies and the Revolutionary Movement*. Humanities,Atlantic Highlands,NJ.

McChesney,R. W. (2008) *The Political Economy of Media: Enduring Issues, Emerging Dilemmas*. Monthly Review Press,New York.

Murdock,G. (1982) Large corporations and the control of the communications industries. In:Gurevitch,M.,Bennett,T.,Curran,J. and Woollacott,J. (eds),*Culture, Society and the Media*. Methuen,London,pp. 118—50.

Murdock,G. and Golding,P. (1973) For a political economy of mass communications. In: R. Miliband and Saville,J. (eds), *The Socialist Register 1973*. The Merlin Press,London,pp. 205—34.

Palzer,C. and Hilger,C. (2001) Media supervision on the threshold of the 21st century structure and powers of regulatory authorities in the era of convergence. In: *Iris Plus Legal Observations of the European Audiovisual Observatory*. European Audiovisual Observatory,Strasbourg.

Prokop,D. (1974) Versuch tiber massenkultur und spontaneitat. In: D. Prokop,*Massenkultur und Spontaneitiit: Zur veriinderten Warenform der Massenkommunikation im Spiitkapitalismus*. Suhrkamp Verlag,Frankfurt,pp. 44—10I.

Rolland,A. (2008)The Norwegian media ownership act and the freedom of expression.

International Journal of Media and Cultural Politics, 4(3), 313—30.

Schiller, H. I. (1973) *The Mind Managers*. Beacon Press, Boston.

Schiller, H. I. (1981) *Who Knows: Information in the Age of the Fortune 500*. Ablex, Norwood, NJ.

Schiller, H. I. (1986) *Information and the Crisis Economy*. Ablex, Norwood, NJ.

Schiller, H. I. (1989) *Culture Inc.: The Corporate Takeover of Public Expression*. Oxford University Press, New York.

Schiller, H. I. (1992/1969) *Mass Communications and American Empire*. Augustus M. Kelley / Boulder, COI Westview Press, New York.

Schiller, H. I. (1996) *Information Inequality: The Deepening Social Crisis in America*. Routledge, New York.

Shin, M. E. and Agnew; J. A. (2008) *Berlusconi's Italy: Mapping Contemporary Italian Politics*. Temple University Press, Philadelphia, PA.

Siebert, F. S., Peterson, T., and Schramm, W. (1956) *Four Theories of the Press: The Authoritarian, Libertarian, Social Responsibility and Soviet Communist Concepts of What the Press Should Be and Do*. University of Illinois Press, Urbana.

Sousa, H. and Costa e Silva, E. (2009) Keeping up appearances: Regulating media diversity in Portugal. *International Communication Gazette*, 71(1—2), 89—100.

Sparks, C. (2007) What's wrong with globalization? *Global Media & Communication*, 3(2), 133—55.

Sussman, G. (2008) Ownership in the media. In: Donsbach, W. (ed.), *The International Encyclopedia of Communication*, vol. III. Wiley-Blackwell, Malden, MA, pp. 34S0—5.

Tomlinson, J. (1991) *Cultural Imperialism*. The Johns Hopkins University Press, Baltimore, MD.

Winseck, D. (2008) The state of media ownership and media markets: Competition or concentration and why should we care? *Sociology Compass*, 2(1), 34—47.

Winter, J. (1998) *Democracy's Oxygen: How Corporations Control The News*. Black Rose Books, Montreal.

第八章　价值的最大化：经济与文化的协同现象

内森·沃恩(Nathan Vaughan)

引　　言

本文主要分析了好莱坞电影产业的制作及流通过程中所产生的“协同现象”(synergy)。基于珍妮特·瓦斯科对于“经济协同”与“文化协同”差异性的论述，本文旨在分析这两种协同模式的相似性、相互作用及其渗透到好莱坞电影产业各个领域的过程。

这一分析将文化政治经济学和文化分析的理论视角与电影研究相结合。它还指出，在管理理论和更广泛的媒体研究中，协同过程的研究是如何被忽略的。

同时，本文也梳理了协同现象在文化生产及流通过程中的组织与分布类型。具体来讲，经济协同主要运作于企业以及产业层面。除企业间通过灵活的商业协作与结盟所形成的经济协同外，好莱坞也通过整体运营的模式进一步增强了自身与其他文化产业的协同。上述协同现象实际上具有集中性(企业间协作)与普遍性(产业间协作)的双重特征。

此外，经济协同与文化协同在对文化资产价值的剥削上具有相似性，两者的相互作用体现了企业在跨平台间和文化产业在跨领域间的普遍协作。

协同现象的概念性研讨

近年来，由于文化资产(Cultural Property)生产中存在的不确定性因素，好莱坞(以及其他文化产业)已经衍生出新的组织与商业策略以降低从创造性劳动牟利所带来的高昂成本及风险。这些策略将文化资产进行商品化转换,并进一步增强了好莱坞产品多元化的趋势。反之,由产品多元化及其相关营销手段带来的额外市场份额与利润最大化进一步巩固了好莱坞在全球文化市场的垄断地位。

上述产业多元化与跨企业协作的过程即是前文中所言的"协同现象"。虽然此概念在诸多电影及媒介研究的入门教科书——如《文化产业》(David Hesmondhalgh 1997)——中均有提及,但这些教科书均未翔实与批判地表述"协同现象"的运作流程。由于"协同现象"已经成为当今综合性跨国媒体集团运营的基础,这里有必要进一步探讨此效应对好莱坞文化产业机制的影响。这将有利于我们更清晰地深入理解,在更"经济、政治与社会背景"化的商业策略发展中电影文本、体裁以及观众是如何被利用的(Wasko 2003,1)。

在众多学者中,珍妮特·瓦斯科大概是唯一对"协同现象"从批判角度进行令人信服的解读的人。在其1994年所著的《信息时代的好莱坞》(*Hollywood in the Information Age*)一书中,瓦斯科将"协同现象"定义为"经济协同"与"文化协同"两种形式。相较而言,本文的核心观点在"协同现象"延伸发展的角度上与瓦斯科的原著有显著区别,即"协同现象"的发展是文化产业内剥削模式从集中向普遍的转变过程。

基本上来说,瓦斯科将"经济协同"定义为一个企业中不同职能部门间的整合与协作。该定义强调了"协同现象"运作于企业层面。然而,纵观今日好莱坞运作中组织结构的灵活性便可发现,相比于历史上福特主义的生产方式,当今好莱坞的运作早已超出了企业层面不同职能及策略的协作,而由这些协作所建立的灵活性网络不仅分散了(由竞争所带来的)文化商品生产中的经济风险,也将文化商品生产中所需的人才、市场和研发成本进一步整合。因此,通过分析好莱坞产业内的诸多运营逻辑,我们可以将"经济协同"的流程定义于产业层面,而不仅仅是企业层面。

瓦斯科关于"文化协同"的相关论述表达了如下观点,即"文化协同"体现了对文化资产进行多元化剥削从而实现利润最大化的过程。依据瓦斯科的定义,虽然上述过程可以通过多种途径得以实现,但其中大部分途径(如电影的主题公园及衍生电视作品等)依然运作于企业层面。在关于好莱坞商业模式的论述中,瓦斯科将"文化协同"称为"文化影像与理念的交融"(1994,217)。这个定义似乎预示着"文化协同"不仅局限于文化资产自身,而这也呼应了前文中"经济协同可以运作于企业层面之外"的论点。

虽然瓦斯科对“文化协同”的原定义中并未提及上述观点，但这一观点意在表明：“文化协同”不仅局限于文化资产的具体所有者，而且可以作用在产业层面。这种对“文化协同”原定义的延伸也符合当今好莱坞产业制作与营销的模式，例如，普遍的“文化协同”在电影系列作品（如《星球大战》和《指环王》）的开发费用中占有重要比例，这些协同策略包括多元化的营销手段（例如影视主题的旅游项目）以及针对影迷怀旧之情所进行的再版行为（如推出前传作品及特别版）。

表 8.1 协同现象的分类

	经济协同	文化协同
产　权	企业层面	集中式
商品/文本	产业层面	普遍式

表 8.1 的横纵坐标概括了本章节关于“协同现象”的主要论点。据此分类，下文将进一步梳理与阐述“协同现象”这一概念及其运作流程的理论复杂性。

具体而言，瓦斯科所定义的“协同现象”包括两个相互区别却又紧密联系的部分：经济角度与文化角度。两者共同建立在文化资产生产与营销的基础上，而在这一过程中，文化资产随之被商品化（commodification）及文本化（textualization）。

上述关于文化商品的解读具有两方面含义：首先，在市场环境下生产的文化资产其本质是供大众消费的商品；其次，这些商品作为文化商品也具有文本化以及符号化的特征。因此，文化商品具有的相互关联的商品属性与符号属性在某种程度上决定了对其生产过程的解读，也是对其符号意义的解读。

此外，表 8.1 中元素间的交叉也表达了协同现象运作的四种基本形式，而这也揭示了研究与分析“协同现象”复杂的运作过程的必要性。“经济协同”通过企业间协作（即产业内部协调）的形式榨取文化商品的价值，而这使得集中式的“文化协同”得以实现。该运作流程主要体现在电影相关的电视衍生剧开发以及主题公园的建设等营销手段上。相比较而言，在产业层面的“经济协同”通过攫取文化商品的符号价值的形式来实现集中式的“文化协同”，例如将电影产业所创造的文化符号通过多种公司及业务“外包”给下游文化产业（如玩具和电子游戏产业）以进一步获取利润。此外，通过不同文本间普遍的交互与（主题与体裁层面）整合，电影产业得以不断推出“新”的文化商品。这种对文本符号价值的回收及再利用一方面可能导致瓦斯科在其1994论著中所担心的文化原创性的不断衰落，另一方面则维系着好莱坞产业的整体性及其对美国电影业的绝对统治。此外，上述协同现象也使得人们提及电影业时首先想到好莱坞而非英法等国的电影业。

综上所述，本文接下来将进一步分析“协同现象”这一概念及其运作流程的复杂性。

在企业与产业层面的经济协同

“协同现象”这一概念并不如其表面上看起来那样明确。虽然该术语经常在涉及企业层面的文化生产及商业性媒体的讨论中使用，但这些讨论往往未能提供足够多的关于“协同现象”运作流程的细节及具体情况（例如 Olson 1999，Wolf 1999，Croteau & Hoynes 2001，Branston & Stafford 2003，Hesmondhalgh 2007）。另外，上述讨论往往出现在面向学生读者的电影及媒体行业入门教材中。在此情况下，市场评论员及分析师倾向于将“协同现象”简单地定义为：“企业集团内部不同部门间的整合进而谋求利润最大化的过程。”后文将结合迪士尼的案例对该定义作进一步的探讨。

如前文所述，瓦斯科将“经济协同”定义为一个企业集团内部不同部门或功能的协作与整合所实现的企业层面的运作。然而，前文也提出“经济协同”也可以通过“普遍”的形式运作于产业层面。这种产业层面的运作可以通过两种方式进行。首先，一个企业集团内的公司可以通过与集团外的公司建立协作关系的方式来达到经济协同现象（第二种经济协同方式将在下一章节详述）。而此类协作所带来的生产多元化将能够进一步降低成本以及提高利润。上述这种产业层面的经济协同预示着一种适应后福特主义（Post-Fordism）的灵活的生产组织形式的形成：一个电影产品通常伴随着一个由众多衍生商品组成的产品网络，而生产这些产品的众多公司通常由一个居于主导地位的企业集团所掌控。

虽然在某种程度上，上述运作模式仍可被称为企业层面的经济协同（因为许多处于产品网络中的公司仍隶属于同一企业集团），但是，后福特主义的核心理念并不在于公司所有权问题，而是在于不同公司间分担风险所带来的商品生产与流通的灵活性。依据瓦斯科对“经济协同”的原定义，企业层面的经济协同是企业内不同功能的整合。因此，区分美国电影业企业与产业层面的经济协同的关键点在于：商品生产和流通所形成的公司网络是否体现了美国电影产业的整体性特点。进一步讲，在文化协同策略的产生过程中，一些参与公司甚至来自电影产业之外的领域。这些公司虽然与在经济协同中居于主导地位的企业集团建立协作关系，但这些公司并不隶属于该企业集团。这种由外部公司参与的文化产品生产形式进一步取代了瓦斯科对经济协同原定义中的同一企业内垂直式管理下公司间的协作与整合。

然而，事实不仅如此。上述关于公司间协作所产生的协同现象的表述仅仅将协同现象孤立为一个经济现象，而这忽略了美国政府将好莱坞作为一个整体在世界范围内所进行的诸多推广活动。将政治因素视为产业层面经济协同的组成部分不仅有助于我们更好地理解好莱坞在全球范围的影响力，同时也提供了全新的视角供我们解读好莱坞和洛杉矶及当地金融、工会和劳工组织的复杂关系。概括地说，好莱坞整体所实现的“经济协同”是通过其不断的游说活动和美国政府的大力支持而实现的。美国政府不仅对好莱坞电影作品的全球范围出口提供了大力支持，而且通过美国电影协会（Motion Picture Association of America，MPAA）使好莱坞免于诸多国际贸易协定（NAFTA，GATT，WTO）中关于电影产品出口配额以及反倾销条例的限制。此外，当好莱坞面对不愿开放自身电影市场的国家时，美国政府还通过旁敲侧击的方式支持好莱坞的市场扩张（Wasko 2003，181）。同时，好莱坞利用美国电影协会来谋求美国政府对其商业利益进行保护的行为不仅体现了其在全球媒体市场的核心地位，同时也彰显了好莱坞的技术、审美等标准对整个电影产业的巨大影响力。最后，好莱坞及其所有众多工作室通过与各地方政府和警察机关建立协作（协同）关系来控制盗版在网络上的传播，这进一步体现了产业层面的经济协同（Goldstein 1994，197）。

相比较而言，企业层面的经济协同依赖于企业集团内部的“生产资源分配”的多种策略以实现跨部门或跨分支间的协作，而这一过程也符合默多克对“分配性控制”的定义（Murdock 1982，122）。在这一点上，企业扩张和兼并活动是实现经济协同的最佳策略。因此，企业层面的经济协同也可被视作企业运作中“整体政策和策略的制定”（Murdock 1982，118）。这些政策和策略通常经企业内部各部门盈利的再分配来实现各部门间的利益协调。

关于上述企业层面的经济协同的一个实例便是迪士尼斥资 70 亿美元收购皮克斯动画工作室（Pixar Animation Studios）。这一收购由迪士尼的董事会所决定，最终以皮克斯并入迪士尼集团而收场。通过引入富有活力与创意的皮克斯团队，该项收购不仅复兴了迪士尼衰落中的动画制作部门，同时增强了其通过文化协同（见后文分析）统筹旗下消费品、主题公园以及衍生商品等部门进一步榨取文化商品价值的能力。

另一方面，迪士尼近年来与苹果公司的紧密协作可以视作其在产业层面的经济协同。作为皮克斯与苹果的前首席执行官，史蒂夫·乔布斯于 2006 年通过迪士尼对皮克斯的收购加入了迪士尼集团的董事会。该任命进一步加强了苹果与迪士尼间的协作关系，例如迪士尼得以通过苹果探寻数码消费品市场的新机会。苹果与迪士尼所体现的产业层面的协同策略在当今的市场环境下无疑具有必要性。如今，大多数媒体公司都通过增加协作的方式使自己的内容可以在手机和 iPod 等新数码设备上浏览，例如，迪士尼旗下的美国广播公司（ABC Network）同意将其播出的《绝望主妇》与《迷失》通过苹果的 iTunes 商店为消费者提供下载服务。这一举措显然展现了产业层面的协同网络的巨大潜力（Chaffin and Politi 2006）。在苹果与迪士尼的案例中，我们目睹了一家世界领先的媒体内容供应商是如何同另一家世界领先的科技创新公司达成经济协同的。

此外，上述这些有联系的公司间所结成的产业层面的协同关系也具有重要的经济意义。面对文化商品生产与营销成本暴涨的现状，文化产业公司的一项重要商业策略便是通过各种方式分担运营成本和风险，而不是由某一公司独自承担。这一策略使公司间的关系网络得以形成，进而实现了产业层面的经济协同。正如里夫金（Rifkin 2000）所言，分担失败的商业投机造成的亏损为公司提供了一种集体保险，并且相较于传统集团内部的垂直管理关系，公司间的关系网络更加灵活。里夫金同时认为上述灵活性也使得公司能更好地适应文化产业的不确定性，因为协作及团队工作使公司能更快地响应消费者品味和需求的变化。在文化产业的不同组成部分中，里夫金认为好莱坞文化产业在网络化的商业模式方面最具经验，因此他将好莱坞定义为其他文化产业向网络化方向改组的原型产业。

灵活的专业分工不仅抵消了一些公司的商业风险，还赋予文化工作者一定程度的自治，而这在福特主义的生产模式下是不曾有过的。然而，我们也应看到,上述自由加剧了公司间的竞争,导致文化劳动行业价格的整体下跌。这种情况迫使众多工作室寻求利润的最大化而将文化商品的生产外包给发展中国家,从而廉价获取这些国家的创造力。上述过程体现了托比·米勒及其同事(Miller et al. 2005,Miller & Yudice 2002)所描述的"文化劳动的新国际化分工"(New International Division of Cultural Labor,NICL)。这一现象直接导致了文化产业领域雇佣关系的碎片化。如今,文化产业工人越来越多地成为自由职业者或是处于临时雇佣关系下,而这使他们不得不为日益减少的工作职位相互竞争,结果,众多文化工作者发现自己处于失业状态的时间不断延长。因此,美国电影业劳动力的碎片化与灵活的雇佣关系网络的形成可谓息息相关。好莱坞对"文化劳动的新国际化分工"的盘剥不仅对与其相关的美国本土经济和就业市场产生重大的负面影响,同时也损害了其所依赖的廉价电影产业劳动市场所在的发展中国家的本土经济及就业市场。上述这一论点进一步表明了好莱坞作为一个整体所展现的产业层面的经济协同。

上述协同关系网络通常由独立的文化产业生产者所组成。就地域影响而言,这一网络的发展也导致了全球文化产业逐渐向洛杉矶及其附近地区的回归性集中,这一点也符合克里斯托弗森和斯多弗(Christopherson & Storper 1986)对好莱坞的分析。我们可以说,各种经济协同策略正是导致上述现象的直接原因。正如珍妮特·哈博德(Janet Harbord)所言:

> 娱乐产业重组迫使公司间的贸易产生了一个地理上的中心,从而导致了一个产业生产核心的再次出现。该核心同时也是经济、文化和社会间互动的中心点。因此,电影产业表面上松散的关系网络实际上由各种紧密相关的协作、实践及技术编织得严丝合缝[这一严密的网络正是好莱坞产业的本质]。(Harbord 2002,98)

的确,上述谋求电影产业层面网络化的种种策略已经对洛杉矶周边的关键地区以及全世界的地缘重构产生了重要影响。这里需要强调的是,在这一重构过程中,独立电影公司根本无法挑战控制了全行业制作和流通环节的主要电影厂商。"高概念电影"(high-concept film,见后文详述)这一概念的流行也进一步"摧毁了小成本制作与之在同一市场竞争的可能性"(Harboard 2002,101),这解释了主流电影厂商维持其对独立电影公司控制权的另一种手段。可惜,上述现象在克里斯托弗森和斯多弗对好莱坞的分析中并未得到足够重视。

文化协同:从集中式到普遍式

大体上,克里斯托弗森和斯多弗对好莱坞的论述侧重其产业内的发展以及专业分工的灵活性,这为分析好莱坞组织结构变化对美国电影业的重构提供了独特的见解。然而,他们认为好莱坞产业结构正经历着"垂直式分解"(vertical disintegration),该论点受到了包括瓦斯科在内的许多评论家的质疑。瓦斯科认为:"相较于垂直式分解,美国电影产业自上世纪 80 年代以来实际上经历了一个重组的过程。"(1994,16)此处的关键问题是:好莱坞内的(垂直式)重组是发生于企业层面还是产业层面。对该问题的理解对分析协同现象这一概念具有重要意义,因为好莱坞的重组与其实现协同的过程紧密相关。具体而言,好莱坞在企业层面的垂直式整合体现在处于生产和流通各个环节的不同公司间的合作。此类合作既可表现为电影制作中通过合同形式而进行的服务外包,也可表现为向电影制作提供诸如特效、餐饮和交通等相关服务。相对的是,好莱坞在产业层面存在着一个巨大的企业联盟。该联盟通过统筹电影的生产及发行(院线上映、家用电影、DVD、有线电影、电视点映)以及经销影视附加产品的方式来寻求产品的多元化以及利润的增加。

通过文化协同,文化资产得以向商品化方向进行转变,而该过程中蕴藏的巨大利润所掀起的兼并风潮使得众多电影公司被跨国媒体集团所合并。这一"横向一体化"的过程创造了诸如迪士尼及维亚康姆等媒体巨头,它们拥有如电影业、出版业、广播业、电视业等多种发行渠道。可以说,横向一体化是文化协同发展及其对文化资产的剥削的关键所在。因此,对文化协同过程的研究必须着眼于产业层面,而不仅仅停留于企业层面。如果没有其他文化产业(尤其是广告业)的协作,好莱坞将无法以今天的形式得以存在。毫无疑问,绝大多数好莱坞产品的存在及其巨大成功与其他文化产业的贡献密不可分。正如麦克圭根(McGuigan 1996,94)所言:"文化生产不仅需要广告投资以及有效的营销策略,同时也依赖商业话语内在的对消费文化的推崇及其影音的传播形式。"因此,除与好莱坞直接相关的文化产业外,其他产业同样与文化产业内的协同现象有密切联系,例如电影的推广通常经报纸、院线

(预告片)、网络、食品包装、软饮料包装、航空舱内广告等多种营销手段来实现。虽然控制上述宣传渠道的公司并不直接参与电影的制作,作为宣传渠道,这些公司在向尽可能多的观众推广电影时至关重要。虽然从表面上看这些公司遍及交通、食品、服装以及娱乐等不同产业,他们在协同现象的作用下为电影的推广通力合作,期待着自己能通过电影的成功而从相关衍生商品中获得丰厚回报。上述衍生商品的营销通常经"植入式广告"的方式得以实现(Wasko et al. 1993),一方面,制造商通过赞助以将产品"植入"电影情节的方式在特定大众消费品与某部电影间建立联系;另一方面,电影也通过融入全球资本营销策略的方式获得了"高概念"的标签(Wyatt 1994,详见下文)。

在瓦斯科看来,我们需要高度警觉由媒体资产在多种渠道中流通与营销所产生的文化饱和以及重复。当今,由系列电影(如《星球大战》和《指环王》)所创造的影像、主题以及角色的稳固信息流已经渗透至我们日常生活的方方面面,并限制着整个社会中思想、价值以及普遍的原创力——即艾琳·米汉(Eileen Meehan 1986)所定义的"文化资金"——的表达。瓦斯科还稍稍扩展了米汉所提出的"文化资金"概念。在她看来,经济协同的原则同样适用于大众文化。由此,瓦斯科提出了"文化协同"的概念。

米勒及其同事(Miller et al. 2005,264)提出,贾斯汀·怀亚特(Justin Wyatt)1994年的著作《高概念:好莱坞电影与市场》概括了"有市场价值的电影内容转化为商业化的电影文本"间的各种形式。可以说,这些转化都是通过集中式的文化协同策略来实现的。然而,这些文化协同策略在本土及全球营销活动中的普遍使用也造就了一个电影产业外的"电影环境"(Hoppenstand 1998,232),即电影业的内在特征在其他产业的具体化,而这一过程便是文化协同策略的基础。此外,"当这些具有'市场价值的因素'入侵公共领域时,它们在服务于经济目的的同时也影响了大众观影过程中的审美观"(Miller et al. 2005,264)。通过对电影业内在特征的借用以及重组,普遍式的文化协同现象得以创造一种超越"原创性"的文本互涉。[1]

文化协同这一概念背后的金融逻辑有其经济上的意义。当一个文本

① 译注:文本互涉(intertextuality)原指文学研究中不同文本间的互文现象,而在本文中,作者借"文本互涉"描述文化产品间高度相似,进而丧失原创性的现象。

的复合价值被开发出来，将其通过多种产品形式售卖的做法显然具有众多的优势。然而，瓦斯科的关注点在于普遍式的文化协同对文化多元性以及创新性的侵蚀。我们可以清晰地看到当代好莱坞生产以及营销活动的普遍式的文化协同所带来的种种弊端。在一部电影的角色、故事、主题等元素的经济价值被一系列相关产品所榨取的同时，我们看到不同媒体形式间出现越来越多相似的作品。虽然媒体平台以及传播的形式日益多样化，媒体的内容却一成不变。瓦斯科关于"当代大众文化并非向前发展，而是原地踏步"(1994，252)的担忧在今天也因此显得尤为重要。

普遍式文化协同的实现过程

瓦斯科关于文化创新的担忧源自文化协同策略在产业层面的普遍应用。然而，瓦斯科在自己对好莱坞产业的分析中并没有详细解释文化协同的形成过程。作为文化协同的重要组成部分，"文本互涉"通过文化元素的重组而得以实现。正如吉特林(Gitlin 1989，350)所归纳的那样，文化重组意味着文化符号间任意的排列与组合，从而重新"创造"貌似新颖的文化元素。这一生产"新的"文化资产的流程不仅相对安全(因为其本质是对已经获得市场成功的已有文化产品的翻新)，而且能够在原有受众/消费者中唤起强烈的怀旧情绪，进而为市场成功打下良好的基础，例如，乔治·卢卡斯监制的《星球大战前传》三部曲巧妙地联系了原《星球大战》三部曲的情节，这不仅成功地向新的观众介绍了《星球大战》这一冒险史诗的全貌，同时也将他们引入了《星球大战》背后巨大的衍生商品市场。《星球大战前传》精妙地展现了基于文化产品间联系的品牌二次开发的巨大商业潜力，而这也是当今娱乐产业的一个重要特征。接下来，这些文化符号间的文本互涉所产生的价值通过文化协同的方式在产业层面被普遍地榨取。因此，文化协同中的文本互涉可以被认为存在于文化产业的多个层面：文本与文本间，文本与营销策略间，以及文本与其生产所处的社会、政治和文化环境间。

此外，文化协同中的文本互涉现象也呼应了弗雷德里克·詹明信(Fredric Jameson)对于晚期资本主义文化风格的表述。在詹明信看来，文本互涉同其他很多文化现象一样体现了历史蕴藏于文体的外延而非表征之中。正如迪士尼乐园以及《星球大战前传》通过怀旧之情吸引新的消费者那样，文化中符号、主题与体裁的循环往复的本质是在创造一种"似曾相识”之感。因此，普遍存在于文化产业层面的协同策略阻碍了人们对真正文化创新的探寻，而这也证实了瓦斯科关于文化停滞以及循环的担忧。

纵观文化产业内的协同现象，旅游业是一个特别值得关注的领域，例如，在《指环王》进行市场推广的同时，新西兰众多的旅游公司迅速制定各种营销策略来利用该电影的知名度。这一事例进一步体现了文化协同不仅存在于某个文化产业之中，同时存在于文化产业之间。此外，《指环王》所体现的文化产业间普遍的协同网络正成为越来越多的好莱坞大片的普遍特征，例如《达·芬奇密码》(2006)、《加勒比海盗：聚魂棺》(2006)和《纳尼亚传奇》(2006)——有趣的是，最后这部电影也是在新西兰拍摄的。同时，米汉(Meehan 2004)关于“文化循环”的论述与文化协同策略在众多领域中的发展也密切相关。所谓“文化循环”是指文化符号通过商品化被转化为与其符号价值直接或间接相关的文化产品。此类现象典型的代表是基于《星球大战》的一系列图书和电子游戏。这些产品进一步丰富了原《星球大战》的故事情节以及世界观。然而，乔治·卢卡斯并不是第一个普遍地利用文化协同现象的人。沃特·迪士尼早在自己1937年的卡通片《白雪公主和七个小矮人》之后便开始发展相关的文化协同策略。除向下游厂商进行衍生商品生产的授权外，迪士尼还通过将旗下作品相互关联的方式来强化迪士尼集团旗下卡通片及其卡通形象的品牌意识。我们因此看到《白雪公主和七个小矮人》中的角色在电影完成后依然在一系列图书和杂志中出现，进而丰富了原电影的世界观。另外，上述这些图书和杂志也经常包含迪士尼卡通中的其他角色。这些知名角色间的“互文”不仅可以使读者全面了解迪士尼卡通的全貌，而且也为未来的产品营销奠定了受众基础。

此外，在当今维系上述文化协同现象的大多数影视作品都是所谓的“高概念”电影，即具有简明扼要的情节以及强大的感染力的通俗作品。许多这类电影(如《大白鲨》和《壮志凌云》)的导演都宣扬其电影主题的独特性。然而，正如贾斯汀·怀亚特(1994)所概括的那样，高概念电影的本质在于“卖相、商机与情节”(the look，the hook，and the book)。这些电影往往依赖于相同主题、体裁及意象的堆砌，而这恰恰是普遍存在于产业层面的文化协同的固有特性之一。对怀亚特而言，这类大成本电影的制作极其依赖角色和情节的简化以及影像与音乐的互动，而这些特征也利于未来的衍生商品(电影原声、电子游戏、卡通等)的开发。

总而言之，怀亚特对“高概念电影”定义的核心观点是：虽然每部电影的营销策略都试图将其打造为一部“独特的作品”，但观众必须明白，电影营销为了降低影片的票房风险通常突出的是一部影片与其他影片的相似性。这种对电影主题与风格惯例的反复使用是广义上的文化协同的运作方式的核心所在。例如，商业电影的流派体系对一个在大众文化影响下的符号参考系统的形成至关重要，而由这一系统所提供的“主流故事角色”往往成为市场营销的捷径（Miller et al. 2005）。

如前所述，文化市场的营销策略所创造的大众文化符号间“互文”的影响力也“波及”了存在于商业电影外的文化解读。通过题材、风格与主题间的“互文”以及重新组合，文化协同获得了超越某一文化符号的普遍性。例如，迪士尼 2003 年的电影《加勒比海盗：黑珍珠号的诅咒》可以被视作《大海贼》与《叛舰喋血记》的杂糅；而 2004 年发行的《异形大战铁血战士》更是见证了两个原本毫无关系的科幻系列被强硬地组合在一起。这些电影都有效地将旧电影中的成功元素重新包装，从而有效降低了市场风险（Hoskins et al. 1997）。奥尔森在其对 1996 年的电影《独立日》的分析中进一步解释了文化符号间的“互文”以及重新组合：

> 《独立日》的情节、角色以及设定是名副其实的科幻电影符号的杂糅，例如充满黏液的外星生物（1979 年的《异形》），对外星生物解剖所带来的意外结果（1982 年的《怪形》），一位充满雄心壮志的美国敢死队飞行员（1963 年的《奇爱博士》），在宇宙空间的飞行器激战（1977 年的《星球大战》），友善却不断制造麻烦的人工智能（1968 年的《2001 太空漫游》），由出人意料的（电脑）病毒感染带来的人类的胜利（1953 年的《世界之战》）以及众多非科幻电影中的典型角色（如酷似 1995 年《白宫奇缘》中角色的美国总统）。这些流行元素成功唤醒了电影观众对老电影的回忆以及对其体裁的喜爱。（Olson 1999，78）

奥尔森的上述分析也呼应了贝尔纳·米耶热的观点。虽然米耶热（Miège 1987，276—277）对“文化流”（Flow Culture）的分析着眼于广播行业中将旧节目在新时段重播的现象，但其分析中的许多元素与文化协同现象十分相似。“文化流”在很大程度上可以被概括为“文化符号（如意象）不间断地循环往复”。当今好莱坞产业正是通过不断发行“新”电影（其中绝大多数是陈旧主题的老调重弹）来填充其节目表。实际上，米耶热所定义的“文化流”如今已经高度商业化，并通过文化协同的方式得以实现与延续。所以“文化流”也是一个极具工业化的概念，它印证了福特（或新福特）主义的生产方式。因此，我们可以说文化协同是米耶热所论述的广播业“流媒体”属性的延伸。

然而对米耶热而言，无论好莱坞如何进行市场调查以及新片试映，“流媒体”并不能克服文化符号使用价值的不确定性。因为文化产品生产者总是无法确定文化的符号价值向经济价值转化的成功与否，所以降低文化产品风险的最有效方法便是生产多种电影来满足受众的各种观影需求，而这也解释了好莱坞为何不断发行新电影并从总体上缩短每部电影的发行期与公映期。同时，上述市场策略也符合怀亚特对高概念电影的定义，因为此类影片的基本营销策略便是向消费者尽可能多地发行各类电影。虽然这些电影中只有一小部分会获得观众的认同，并且其中仅有一两部作品会获得巨大的市场回报，但这就足以维系好莱坞产业整体的巨额利润。

最后，文化产业内普遍的协同现象也具有“超现实”的特点。让·鲍德里亚（1983）在这一点上作过著名的阐释。媒介文化在整体上创造了一个充满符号的情境，这些符号通过混淆人们对现实的感知创造了一个只有符号存在的世界，一个并不存在符号与现实关联的世界。在鲍德里亚看来，“超现实世界”在当今已经比“现实世界”更为真实。同鲍德里亚一样，意大利哲学家安伯托·艾柯（Umberto Eco）在其对“虚假中的真实”的分析里向学术界普及了“超现实性”这一概念。在艾柯看来，迪士尼是“超现实性”最典型的例子。迪士尼主题公园所散发的真实感使置身其中的我们深信“眼见为实”，而我们并没有想到（在迪士尼中）所看到的不过是文化的表象。这些表象进一步构建了所谓的“环境拟像”（environmental simulacra），即奥尔森（Olson 1999）所描述的将幻想转化为物质消费品的环境。因此，艾柯所描绘的“虚假中的真实”其本质是一个不断生产诱人的符号的过程，正如我们从迪士尼主题公园中诸如“加勒比海盗”和“鬼屋”等游乐设施中所看到的那样。可惜，瓦斯科在其对好莱坞的分析中并未涉及对上述诱人的文化符号的解读。

协同作为一个跨产业过程

基于上文的论证和分析，笔者希望进一步提出：协同现象不仅存在于某一特定的文化产业，而且也存在于不同的文化产业之间，例如，将《指环王》与《星球大战》在文化协同策略角度区分开的不仅是前者对互联网的积极运用，而且是前者与新西兰旅游业间的紧密联系。《指环王》产生的文化效应可谓产业间文化协同的一个经典案例。随着《指环王》的成功，新西兰政府迅速意识到该片对于提升新西兰旅游品牌的巨大潜力。相对于《星球大战》而言，《指环王》的优势在于其故事的发生地相对"真实"。《星球大战》大部分的情节发生在太空、摄影棚的布景以及电脑特效创造的环境中。相比之下，虽然《指环王》的故事也发生在一个虚拟世界，但电影中的许多外景都可以被游客实地游览和观赏。

作为新西兰经济的核心，旅游业及其相关产业占新西兰近 10%的国民生产总值，并为其提供了 10%的就业岗位(Jones & Smith 2005)。文化协同策略对文化符号的循环利用与商业化开发使得其大力提倡重复性消费行为。在《指环王》这一案例中，文化产业间的协同策略不仅增强了该文化品牌对消费者的吸引力，而且进一步增强了电影与其(作为旅游目的地的)拍摄地点间的联系(Tooke & Baker 1996)。因此，《指环王》也体现了协同现象可以存在于国民经济层面。对新西兰旅游局与新西兰旅游推广委员会而言，《指环王》文化品牌的成功也离不开其制作公司新线影视(New Line Cinema)对文化协同策略的重视。另外，新线影视、媒体以及投资人之间的经济合作网络进一步增加了文化协同所带来的效益。正如琼斯与史密斯(Jones & Smith 2005，936)所言："上述这些经济联系从新西兰旅游局的网站便可看到，该网站的超链接会将访问者导向《指环王》的官方网站'中土世界'以及一个介绍'指环王背后的国家'的交互式页面。"

伴随《指环王》在 2002 年奥斯卡颁奖典礼上获奖，美国平面媒体将新西兰宣传为"电影中最美丽的国家"(Jones & Smith 2005)。这一策略将电影中的"图标"与某个特定地点结合，以鼓励观众作为游客前去参观(Riley et al. 1998，924)。此处的"图标"可以是电影中符号化的内容、某个特定事件、某位受欢迎的演员、某个场景的自然特征，甚至电影情节的主题。这些"图标"(无论是抽象的还是有形的)是影迷参观某个地方的核心所在，而这些参观的体验又进一步将"图标"转化为有形的现实经历(Riley et al. 1998)。的确，《指环王》中广角镜头的大量运用不仅展现了新西兰自然风光的壮美，同时也进一步将虚构的"中土世界"与新西兰联系在一起。通过利用文化产业间协同所创造的种种联系，《指环王》不仅将新西兰打造为其影迷必去之地，同时也将自己定义为原汁原味的新西兰电影(Jones & Smith 2005)。

此外,新西兰的旅游公司也通过各种各样的营销策略来应对《指环王》所带来的商机。一系列基于《指环王》的主题旅游项目与景点被相继开发出来。同时,这些营销策略也融入了新线影视的推广战略。新线宣称,前往新西兰的游客将体验到一个"真实且原汁原味"的"中土之旅"(Timothy & Boyd 2003)。这些旅游产品的导游往往能够进一步增强这一体验的真实感。他们都自称为《指环王》的影迷,并且曾作为供应商或临时雇员(如片场清理及道具运输的负责人)参与《指环王》的拍摄过程(Smith & Jones 2005)。

新线影视在其对《指环王》的官方营销策略中还展现了影片制作团队在新西兰各地游览的花絮。这一举措进一步增强了新西兰"令人愉快"的印象。新西兰航空也特别推出两架以《指环王》为主题的飞机作为其全球推广战略的核心。这一举动不仅在世界范围内宣传了《指环王》与新西兰间的紧密联系,同时也将新西兰航空定义为一个带你飞往"中土世界"的企业(Jones & Smith 2005)。这一事例再一次体现了协同现象在产业内与产业间的运作,就像电影业通过赞助商以及授权的方式销售衍生商品一样(Wasko et al. 1993)。

结　　论

综上所述,这里有必要重申协同现象的复杂性。为此,本文分析了"经济协同"与"文化协同"两个相互区别的协同形式,并希望借此为分析与评估文化生产中的协同现象提供新的理论视角。本文将经济协同定义为一个运作于企业及产业层面的过程,其本质是一个企业内部不同职能部门间的协作及整合。然而,当今的市场环境导致消费在文化生产中的决定性作用,即由消费者的需求引导文化产品的导向。因此,市场营销以及消费者的"权益"如今变得十分重要。通过对上述这些元素及其相互关系的利用,经济协同的第一种形式(企业层面协同)得以形成。同时,以上论述也适用于论证好莱坞与美国政府间的协同关系,而这也揭示了经济协同的第二种形式,即经济协同在美国电影产业层面的运作。

经济协同与文化协同间的相似性体现了瓦斯科(Wasko 1994,252)所谈及的好莱坞中"角色、故事以及创意为了不同的销路而转化为商品"的过程。文化协同源于经济协同,并导致两者的相互作用。本文将文化协同定义为对一个文化资产的多元化剥削。文化协同在企业层面具有集中性的特点，即企业及其下属公司间通过协作的方式集中开发特定文化产品的符号价值，例如销售衍生产品、开设主题公园以及拓宽媒介渠道（公共电视、有线电视、DVD）等行为。相对的是，文化协同在产业层面具有普遍性的特点，即身处不同领域的企业为了开发电影的符号价值而通力合作的现象。这一论证符合瓦斯科对好莱坞产业的总体定义，即"好莱坞不仅代表了电影产业，而且已经突破传统的产业边界并参与到其他产业向后工业时代转化的过程之中"（Wasko 1994，6）。

同时，本文也提出：由于文化协同在产业层面所具有的普遍性，其已经超越了某一特定文化资产而成为当今文化产业的一个普遍特征，这也对应了当今经济协同往往超越某一特定企业的事实。而使这一切成为可能的便是后现代环境下的"文化重组"。作为文化协同以及好莱坞产业的一个关键性特征，文化重组意味着对获得商业成功的文化公式反复使用以及对旧文化符号的不断翻新。此外，当今好莱坞对文化符号间"互文"的依赖也反映出其通过将成功的文化元素结合起来降低商业风险的企图。

总之，协同现象整体上是组织结构变化的产物。通过经济与文化协同，当今的文化产业已经将对生产资料的控制与对市场与消费者需求变化的迅速反应结合在一起。通过解读协同现象背后的复杂性，本章节希望能为分析好莱坞产业的复杂性提供新的理论视角。最后，我们也应牢记文化产业背后的商业逻辑以及谋利本质，而这也正是本文提出协同现象分类的目的所在。

参考文献

Baudrillard, J. (1983) *Simulations.* Semiotext(e), New York.

Branston, G. and Stafford, R. (2003) *The Media Student's Handbook*, 3rd ed. Routledge, London.

Chaffin, J. and Politi, J. (2006) Disney board contemplates buying Pixar. *The Financial Times*, January 24.

Christopherson, S. and Storper, M. (1986) The city as studio; the world as back lot: The impact of vertical disintegration on the location of the motion picture industry. *Environment and Planning D: Society and Space*, 4(3), 305—20.

Croteau, D. and Hoynes, W. (2001) *The Business of Media: Corporate Media and the*

Public Interest. Pine Forge Press, Thousand Oaks, CA.

Eco, U. (1987) *Travels in Hyperreality*. Picador, London.

Gitlin, T. (1989) Postmodernism - roots and politics. In: Angus, I. and Jhally; S. (eds), *Cultural Politics in Contemporary America*. Routledge, New York, pp. 347—60.

Goldstein, P. (1994) *Copyright's Highway: The Law and Lore of Copyright from Gutenberg to the Celestial Jukebox*. Hill and Wang, New York.

Harbord, J. (2002) *Film Cultures*. Sage, London.

Hesmondhalgh, D. (2007) *The Cultural Industries*, 2nd ed. Sage, London.

Hoppenstand, G. (1998) Hollywood and the business of making movies: The relationship between film content and economic factors. In: Litman, B. R. (ed.), *The Motion Picture Mega-Industry*. Allyn and Bacon, Boston, pp. 222—42.

Hoskins, C., McFadyen, S., and Finn, A. (1997) *Global Television and Film*. Oxford University Press, New York.

Jones, D. and Smith, K. (2005) Middle-Earth meets NewZealand: Authenticity and location in the making of *The Lord of the Rings*. *Journal of Management Studies*, 42 (5), 923—45.

McGuigan, J. (1996) *Culture and the Public Sphere*. Routledge, New York.

Meehan, E. (1986) Conceptualizing culture as commodity: The problem of television. *Critical Studies in Mass Communication*, 3, 448—57.

Meehan, E. (2004) Marketization and corporate synergy. Paper presented at the International Association for Media and Communication Research Conference on Communication and Democracy, Porto Alegre, Brazil, July 25—30.

Miège, B. (1987) The logics at work in the new cultural industries. *Media, Culture & Society*, 9(3), 273—89.

Miège, B. (1989) *The Capitalization of Culrural Production*. International General, New York.

Miller, T., Govil, N., McMurria, J., Maxwell, R., and Wang, T. (2005) *Global Hollywood 2*. British Film Institute, London.

Miller, T. and Yudice, G. (2002) *Cultural Policy*. Sage, London.

Murdock, G. (1982) Large corporations and the control of the communications industries. In: Gurevitch, M. et al. (eds), *Culture, Society and the Media*. Methuen, London, pp. 1—15.

Olson, S. R. (1999) *Hollywood Planet: Global Media and the Competitive Advantage of Narrative Transparency*. Lawrence Erlbaum, Mahwah, NJ.

Rifkin, J. (2000) *The Age of Access: How the Shift from Ownership to Access is Transforming Capitalism*. Penguin, London.

Riley, R., Baker, D., and Van Doren, C. S. (1998) Movie-induced tourism. *Annals of Tourism Research*, 25(4), 919—35.

Timothy, D. J. and Boyd, S. W. (2003) *Heritage Tourism*. Pearson Education, Harlow; UK.

Tooke, N. and Baker, M. (1996) Seeing is believing: The effect of film on visitor numbers to screened locations. *Tourism Management*, 17(2), 87—94.

Wasko, J. (1994) *Hollywood in the Information Age*. Polity Press, Cambridge, UK.

Wasko, J. (2003) *How Hollywood Works*. Sage, London.

Wasko, J., Phillips, M., and Purdie, C. (1993) Hollywood meets Madison Avenue: The commercialization of US films. *Media, Culture & Society*, 15, 271—93.

Wyatt, J. (1994) *High Concept: Movies and Marketing in Hollywood*. University of Texas Press, Austin.

Wolf, M. J. (1999) *The Entertainment Economy: The Mega-Media Forces That are Reshaping Our Lives*. Penguin Putnam, New York.

第九章　经济、意识形态与广告

罗克·法罗(Roque Faraone)

让-保罗·萨特(Jean-Paul Sartre)曾经说过,在每一个历史时刻都仅仅存在两个有效的观念:一个维护现有的生产关系,而另一个则寻求变革的方案。本文接下来将依此前提展开论述。

经　济

"政治经济学",有时也称"经济学"或"经济科学",通常被认为是一门研究社会生活中有关商品与服务的生产及流通的分支学科。然而,学术界对上述见解中的"生产"及其他关键术语的确切定义存在诸多争议。

在自然科学中,概念的分类通常具有一定的持久性。[①] 相比较而言,经济学与其他社会科学一样,其学科语言的内部存在长期的斗争与争论。以"资本"这一基本概念为例,对于认可当今生产系统(或是承认其历史性,但也认可其必然性)的经济学家而言,"资本"意味着"财富的积累","一种投资获得收益的重要方式",或者其他具有相同视角的观点。与此相反,对于批判性看待当今社会现实的经济学家而言,"资本"则很有可能意味着"剩余价值的积累"或者其他与前一派学者截然不同的定义。另外,让我们再来分析一个日常生活和学术领域中的常见术语:"市场经济"。虽然这一术语似乎比"资本经济"更具中立性,但是其基本定义却十分模糊。瑞典、美国以及日本的经济模式都被认为是"市场经济",但它们对市场与国家间关系的管理却大相径庭。例如,这些国家关于法定年假

---

① 到目前为止,自然科学领域的概念分类似乎符合托马斯·库恩所提出的科学史悖论,即聚敛式的科学研究导致聚敛式的研究成果。

的规定存在十分明显的差异(从三天到五个星期)。如果再考虑社会保障中的其他变量(医疗、养老等方面),我们可以看到这些国家间的差异显著影响了其商品生产成本,进而影响到各国的市场竞争力。显然,"市场经济"远非其表面那样公平与平等。然而,这一本质却被政府机构与众多学者宣扬"自然失业率"和"完全竞争市场"(perfect competition market)的官方论调所掩盖。实际上,若上述言论被重新表述为"发达资本主义社会下的正常失业率"与"基于抽象数学模型的完全竞争市场",这样才具备一定的科学合理性。

上述论证的目的并不在于否定所有前人对经济学思想的贡献,而是以相对主义的眼光看待许多著作中想当然的"必然"论断。例如,阿兰·明克(Alain Minc)在1997年宣称:"市场经济是经济发展的唯一可能。在人类历史进程中,人性的特点决定市场必然存在于社会之中。"(Brune 1997引自Minc)

诸如此类的言论看起来似乎具有可信度和"科学性",因为他们往往使用复杂的统计模型来支撑自身论点,并借助数学这一学科的权威性来掩盖论据不足。然而,上述事实的问题在于:绝大多数情况下用于社会统计的关键性数据来源于国家机构,而这些机构所制定的信息收集标准将无可避免地受到社会中权力关系的影响。一个广为人知的例子便是政府为了自身执政形象而通过对"失业"定义的反复修改来减少失业人口的"数量"。

数学模型在应用于分析人口及商品时的确具有一定的有效性,然而即使在这种情况下,分析中所使用的定义还是会造成经济组织中一些关键维度(key dimensions)的模糊。例如,当我们计算某个国家的国民生产总值(GDP)时,相关统计信息的确具有意义。根据分析方法的有效性和基础数据的质量,我们可以计算该国财富的变化并将其与其他国家进行比较。可是,当我们讨论人均国民生产总值时,我们常常忽略了财富分配不平等这一事实,即每个国家贫困和富裕人口间存在20%至80%的收入差异。此外,数学公式并不适于讨论人际间关系或者符号层面的交换。

令人遗憾的是,在如今已被称为"宏观经济学"的领域,数学模型在国民经济以及世界经济分析中的应用仍然被广泛接受。[①] 然而,这些数学

---

① 例如,动态随机一般均衡、可计算一般均衡、基于主体的计算经济学等。

模型仍然基于从可用信息（在社会分层与意识形态影响下的信息）中筛选的有限变量得出无法验证的假设。[①] 上述数学模型、正统理论与"必然事实"都已受到2008年的世界性金融危机的严重冲击。在许多学者看来，这一危机的严重性甚至超过了1929年的大萧条。其他一些学者认为2008年的金融风暴是系统性而非偶然性的危机，其宣告了"资本主义（至少是其新自由主义形式）的终结"（Stiglitz 2008）。

传媒经济

当我们将视角转向传播经济时，一系列新的问题便出现了。在对资本主义持默许态度的经济学派看来，传播经济是指"传播商品及服务的生产与流通"，其仅仅是所有经济活动中的一个方面。而在对资本主义持批判态度的学者看来，传播经济是关联其他生产和消费活动以及维系当前资本主义意识形态的关键机制。因此，对于传播经济的研究必须从两方面进行：一方面，传播经济的研究应置于总体经济的大背景下；另一方面，传播经济的研究需要强调其在商品和服务的生产、流通以及消费过程中的关联作用，以及其在维系和宣传政治经济控制中的重要符号角色。

此外，对于传播经济的研究也必须区分两个基本的传播经济种类：首先是基于出版、广播、电视、电影和流行音乐的大众传播；其次是包括固定电话、移动电话、（公共及私人）邮政与电子邮件等社会工具的人际传播。当前互联网的发展提供了一个潜在的第三种类，即大众传播与人际传播的结合。

上述这些无疑都属于"传播现象"。虽然在大众传播中，信息经过集中化生产而受众无法参与其产生的过程；人际传播所使用的社会工具（即使其仍由集中化的资本主义结构与科技发展所提供）使得由个人生产和传播信息的形式成为可能。在上述两种传播活动中，我们看到形式各异但本质相同的资本扩张逻辑。下文将结合电视与个人电脑的例子对上述两种传播活动进行具体阐述。

电视在其不到半个世纪的历史中几乎已经扩展至全球的每一个角落。如今，阻碍电视全球覆盖的因素仅有人为的隔绝、过高的收视费用以及电视信号传输的相关限制。然而，资本扩张的逻辑不断将电视节目生产推向过剩的境地。目前可供观看的电视节目数量远远超过任何观众的

---

① 例如，适应性预期、代表性代理、代表性企业、理性选择等。

消费能力,而这不断扩张的过剩节目正试图占据消费者所有的空闲时间。诚然,如果播出的节目能够丰富我们的文化生活,上述目标便也无可指责,但是现实情况恰恰相反:虽然电视频道在不断增加,但节目质量却在不断下降。

与电视相比,历史更加短暂的个人电脑可以说是当今人际传播的关键工具。个人电脑惊人的发展速度经常被看作是由科技不断创新所带来的产物。然而,个人电脑的消费者总是被鼓励购买最新的机型以及软件,而这是电脑公司精心策划的"升级换代"的结果。虽然市场营销策略仅仅将创新与"突破"表述为科技进步的结果,其本质却依然无法摆脱电脑公司当下以及未来的经济利益的影响。

总之,任何具有批判性科学观的传播经济研究的根本出发点都是大众传播与人际传播间的区别。可是,当今主流经济学却完全忽视这一观点。如前文所述,当今主流经济学倾向于将经济现象从其所处的文化及符号环境中孤立出来,并忽略社会以及市场中存在的权力关系。结果,所有的"传播现象"被简化为"投资"与"服务",完全忽视不同传播现象间的差异性。例如,私人拥有的固定及移动电话的增长是基于运营商出租通信网络频段及权限(有时甚至是电话设备本身)背后的营利性。与此相对,商业化的大众传播虽然在自身扩展上服从营利性的目的及机制,其自身亦受到其他相关经济活动的限制。从本质上来讲,大众传播生产的信息需要传达至尽可能多的受众当中,而这也将大众传播的经营同其他传播业区分开来。上述特征决定了在大众传播中,信息生产从最初便与广告市场紧密地联系在一起。

资本的扩张逻辑

自工业革命以来,传播系统的发展便由生产方式的转变所决定。以出版业的结构变化史与综合史中的每日新闻出版物为例,伦敦的《泰晤士报》于 1812 年首次将蒸汽机运用于其报纸的印刷,这使得其每日报纸的印刷量达到 10000 份。随后,电报的出现使新闻界能够借通讯社来收集与管理大量的新闻内容,从而满足资本主义在全球商业扩张中的信息需求。在 19 世纪下半叶,(至少在西方发达国家里)新闻界通过采用诸如整行铸造排字机、轮转印刷机、照相凸版印刷术等新技术来回应社会经济条件的不断变化。由于城市化进程的加速、铁路交通的发展、全民识字率的提高以及部分社会群体的购买力上升,新兴的工业化出版业保持着不断增加的印刷量。例如，晚报便是为了迎合工薪阶层的需求而出现的。与主要依靠订阅发行的早报不同，晚报为工薪阶层提供了下班回家途中可以偶尔购买一份报纸的选择，而这也改变了由早报所定义的基于24小时制的新闻概念。[①]

虽然社会条件改变的确是晚报出现的重要因素，但其出现的背后亦有非常明确的经济逻辑。对于大型出版社的企业主而言，晚报的出版可以降低印刷机器的闲置率并将早报中已有的文字和图片重新加以利用。此外，这一新的出版形式几乎不会带来管理成本的增加。所以，晚报作为早报附属产品的出版目的在于确保出版投资的营利性，以便出版社能更好地应对早报市场日益激烈的竞争。同时，由晚报发行所带来的收入也可被重新投资于早报质量的提升上。从上述论述不难看出，晚报这一新闻出版物的创新主要是基于资本主义的扩张逻辑。由此，未能出版晚报的出版社逐渐消失或是被兼并，从而导致20世纪初美国报纸业的兼并浪潮。最终除极少数特例外，美国绝大多数50万人口以上的城市只拥有一份常规出版的报纸。

综上所述，生产模式的发展是影响出版行业转型的决定性因素，其影响力主要体现在两个方面：首先，生产模式的转变可以直接地改变出版业的市场竞争情况；其次，生产模式的转变也可以通过改变读者的社会与经济状况来间接地影响出版业。上述观点的一个实例是晚报的出现，而另一实例则是报纸排版风格的改变。为获得更多文化水平不高的读者，我们看到报纸文章长度的逐渐缩短、图片数量的不断增加以及报纸的标题不断加大。

相比之下，大多数分析家在解读晚报的出现时都将其归为大众需求，而这一观点也被用来为当今媒体内容的日益庸俗（如过度的关于暴力、性以及种族的报道）辩解，这当然受到评论家从道德角度出发的指责。笔者希望在此重申：资本家所推崇的“社会转型”作为解释媒体产业变化的原因是极其理想化的，这一解释完全忽略了经济因素对媒体行业的影响。

广播产业发展的复杂性

除少数早期的尝试外，广播产业在欧洲于一战后兴起，而在二战后发展为真正的大众媒体。区别于美国政府对私人投资广播与电视业所采取的宽松政策，广播隶属于公共服务的概念在西欧被广泛接受并制度化，尤

① 译注：即晚报将新闻报道的时间间隔大为缩短。

其是在英国(BBC)和法国(RTF,随后更名为ORTF)。上述大西洋两岸间的差异可以被视为经济与文化因素共同作用的结果。导致美国广播业采取商业化形式的主要因素包括:美国广袤的领土与广播信号相对有限的传输能力、因所处独立的大陆环境而对国家言论统一的需求降低以及美国相对较少政府干预的政治传统。与此相反,欧洲的广播政策源于各国维护其国家言论的需要、欧洲大陆相对较小的地理跨度以及公共服务在其他产业的盛行。

苏联十月革命后出现了不同于以上欧美模式的第三种广播业模式。苏联将电子通信与印刷媒体视作推动革命进程的工具。因此,在试图建立社会主义制度的国家中,传播在社会与文化生活中变得无比重要。上述这种广播业模式通常被认为与马克思主义思想紧密相关。然而,这一看法的正确性却有待商榷。马克思主义是基于科学方法论(即辩证法)的思想体系,而这恰恰与国家对信息生产的掌控针锋相对。[①] 政府对信息的保护是一回事,但政府对信息生产的垄断则是另一回事。

拉丁美洲的广播与电视产业整体上效仿了北美的模式(虽然智利部分可算作一个特例);同样,北美的模式也在亚洲与非洲的许多国家盛行。此外,公共电视服务也存在于亚洲的中国、以色列、日本、巴基斯坦和孟加拉等国。

纵观上述三种广播产业模式的结构,我们立刻便能发现其扩张背后的资本因素的重要性。显然,广播电台与电视台的设立仅仅为自身的经营以及节目与副产品的生产提供了极为有限的资源。正因为如此,欧洲的许多政府才会对每一位广播用户征税以维系广播业的运营与拓展。相反,在美国的商业化模式下,广播业将广告作为其最主要的收入来源。最后,"社会主义"国家中,广播业内并不存在税收和广告。[②] 当电视于20世纪中叶普及时,欧洲国家选择将广播业已有的模式应用于这个新的媒体形式,因而电视业在今天有了公共服务与商业化这两种运营模式。

上述关于资本主义国家中出版业以及电视业结构的讨论揭示了以下两个关键点:首先,市场是媒体行业生产的所谓决定性因素;其次,政府的有无作为是媒体行业的关键性调节因素。随着二十多年来市场化在全球

---

① 苏联在1927年左右采纳"马克思—列宁主义"这一概念,突出了阶级斗争的重要性。

② 这一表述并不适用于中国的特殊情况。在中国,广告的形式已存在数十年。因此一个有趣的问题是:(国有企业的)广告是仅仅提升企业的威望,还是预示了中国今天的市场化改革?

的展开，当代“大众传播”已经与资本的逻辑更加紧密地结合在了一起。这一事实呼应了达拉斯·斯迈思关于大众传播功能的论述。斯迈思认为，大众传播的本质在于对占有性个人主义以及消费主义意识形态的宣扬：

> 总的来说，在1875年至1950年间，垄断资本主义下的大众媒体通过对设备、劳动力以及组织形式的发展来为资本主义系统创造“受众商品”。具体而言，大众媒体将人民转化为受众具有两个主要目的：其一是使他们不断学习与实践消费主义并（通过纳税与投票）支持军事体制下的资本主义独裁政府；其二是使他们的思想及实践都符合垄断资本主义的意识形态（即集权政治制度下的占有性个人主义）。（Smythe 1977，20）

然而，主流的观点却倾向于对上述事实作出完全不同的解读：媒体通过售卖广告时间以及空间的方式，来向大众以免费（广播）或极其低廉的价格（出版）提供信息以及娱乐服务；由于众多广告商的存在，广告对媒体并没有决定性影响。

进步的幻象

我们已经见证了传播业的技术能力在近些年来的巨大转变。在富有的西方国家以及发展中国家的一些地区（通常是城市地区），传播商品的范围正在急速拓展。这些因素加上新产品的不断推广，一起创造并维系了一种关于进步的观念。限于本文的长度，下文的分析将仅限于传播业中关于进步的观念。

“进步”一词具有多种意指含义。若论及技术突破所带来的新的（大众与人际）传播形式与其在数年内从无到有的飞速突破，大多数人都认可进步的这一意义。但我们应当反对如下观点，即将上述的进步仅仅归为“科学”的突破而忽略工业资本对科学技术应用（technological application）的决定作用。至少在许多大城市中，我们如今已经可以通过卫星或光缆全天候收看数以百计的频道，而这早已大大超出一个普通消费者一生的观看能力。同样的是，当今的移动电话与个人电脑所提供的计算能力也早已超出了我们的日常需求。显而易见，工业界对上述产品的设计意在尽可能多地吸引消费者，而产品的持续更新意在诱导消费者弃置旧产品然后不停地购买“升级产品”。虽然“升级”定义了当今消费市场的主题，其本质不过是毫无生态考量地对物质资源进行挥霍，尤其是对消费者心理的玩弄，因为在“升级”心理的作用下，消费者的购买欲望被释放出来（绝大多数时候是非理性并且肤浅的），并期待着新的产品能为自己提供新的发展可能，而这根本不是所谓的进步。

意识形态

由于其广泛使用和自身含义的多样性，“意识形态”属于一个极难定义的概念。即使在其已有的定义中，不同语种（language）对该术语的不同用法有时也会产生惊人的区别。例如，在西班牙语、法语和英语的维基百科中，三篇关于意识形态的文章之间存在着不少实质性的差异。以英文维基百科为例，其相关文章将意识形态定义为“一个有组织的概念结合体”。同时，该文章进一步论述说：“意识形态可以被认为具有普遍性，即某一社会统治阶级的世界观（德语：Weltanschauung）与想法亦被该社会的其他阶级所认同。”

上述对于意识形态的定义具有两重含义：其一，在不同的知识领域存在着多个意识形态；其二，在任何一个历史时期与任何一个社会中，都只能存在一个占统治地位的意识形态。上述第一种意识形态的含义早在20世纪初拉朗德所著的《词汇》一书中便被使用（Lalande 1910）。此外，如本文前言所提及的萨特，在其著作《辩证理性批判》（*Critique de la raison dialectique*，1958）一书中也进行了论述，他认为正因为某一历史时期仅可能有一个占统治地位的意识形态，所以在此历史时期也仅可能有一个“新兴的”意识形态来挑战主流意识形态的统治地位。

受文章长度所限，本文无法深入讨论关于意识形态概念上的辩论。此处作者希望明确如下定义：后文将使用“意识形态 A”来表达“一个有组织的概念结合体”，“意识形态 B”来表达“关于现实的错误认识”。[①]

一个历史上的实例

一位中世纪的僧侣诺让的吉勒莫（Guillemo de Nogent）在《布道的

---

① 译注：在新兴的意识形态看来，主流意识形态的世界观是错误的，如社会主义意识形态对资本主义意识形态的挑战。

艺术》[①]中写道:“上帝对人类做出如下安排:一个人祷告,其他的战斗,剩下的劳作。”这便是吉勒莫根据当时主流的思想对阶级分化的解读(神职人员、贵族与平民)。对吉勒莫而言,由上帝制定的社会秩序具有永久性以及确定性。

诚然,上述吉勒莫对于现实世界的解读在今天看来十分幼稚,然而不可否认的是,上述观点同样具有一定的普遍性。我们应当看到,服膺于社会分工而形成的阶级分化巩固了社会秩序,并且,说服人们接受这种分化的不是对反对者的严酷镇压,而是其所披上的“神圣性”的外衣。

上述事例反映了马克思的意识形态观,即意识形态是“关于现实的错误认识”。此处需要强调的是,马克思所定义的意识形态并不是马基雅维利主义所倡导的那样,由统治阶级有意识地创造并强加于被统治阶级,而是一个无意识的自发过程(当然,这一过程通常被掌握话语权以及传播工具的阶级所主导)。[②] 由于不存在其他具有威胁性的意识形态,主流意识形态的传播以及人民对其的接受进一步将其神圣化,使其在世界观层面占据了统治地位,牢牢掌控了人心。

一个当代的实例

1774 年的《美国独立宣言》写道:“我们认为下面这些真理是不言而喻的:人人生而平等。”1789 年的《法国人权宣言》写道:“在权利方面,人们生来是而且始终是自由平等的。”1948 年的《联合国人权宣言》写道:“人人生而自由,在尊严和权利上一律平等。”

上述形成于 18 世纪的关于最基本人权的表述,不仅在当时促进了君主集权统治的瓦解以及贵族阶级的消亡,在当今依旧为自由主义政体提供了理论基石。然而,1948 年的《联合国人权宣言》体现了“意识形态B”,因为其表述了一个虚幻的全人类的平等。的确,人们可以投票,而且在自由主义的社会体制下,其投票具有相等的政治意义。然而,人们无法以相同的方式与条件来对关乎自身基本生活的社会体系施加影响,在政治上不能,在经济上不能,在文化上也不能。人们甚至并非“生而平等”,

① 译注:原作者此处可能混淆了乔巴姆的托马斯(Thomas de Chobham)与诺让的吉勒莫(Guillermo de Nogent)两位中世纪神学家。《布道的艺术》(拉丁文:summa de arte praedicandi)的作者是乔巴姆的托马斯。

② 译注:此处原作者所采用的是葛兰西所论述的“文化霸权”对意识形态的分析,与列宁主义有所区别。

每个新生命都受母体营养、卫生状况、父母教育情况以及适当的预防性医疗措施等因素的影响。当今的科学发现告诉我们，幼儿时期的营养不良将影响随后的智力发展。教育学告诉我们，家庭的社会、经济、文化条件在学生的成长过程中起到十分重要的作用。随后在成人的生活中，绝大多数人在主流公众讨论中根本无足轻重。

因此，"平等"这一观念仅仅是期望而远非现实。虽然这一概念在历史上（尤其是在过去的两个世纪里）鼓舞了许多人参与到谋求平等的运动当中，可现在其已远离促进社会变革的初衷。如今，"平等"更像是一个使人顺从的意识形态，维系着社会结构与政府统治。在奉行自由主义的社会中，制定平等的投票制度似乎便已足够。然而，法律上对出生平等的认可并不足以掩盖现实中其他众多不平等。

困境的加深

不同的经济学派所创立的现代思想是如何维系我们所遵循的经济与社会秩序的？在回顾18世纪重商主义的基本观点时，我们立刻便能发现殖民扩张对彼时学术思想的深刻影响。毫无疑问，重商主义所强调的通过货币储蓄（即如今的金融信托）实现财富积累的观点反映了如下观点，即财富是权利的象征、社会发展的基础以及进步的标志。这一观点为重商主义之后的资本主义所继承。

随着重农主义的盛行以及重商主义的衰落，"自然主义"这一新的迷思得以被创造。基于"农业是财富之本"这一正确的例证，重农主义却得出错误的结论，即"商品的流通并不创造价值"，而这进一步给人们创造了"发现自然规律"的错觉。随后，对"自然规律"的探寻被古典经济学派所继承，并被随之而来的工业革命发扬光大。基于对供给与需求"规律"的观察，亚当·斯密认为自己发现了一个永恒的原则，[①]而并没有看到其理论背后的历史条件。如今，对"自然规律"与"市场"的盲目信仰已经渗透至我们的日常语言之中。正如前文所描述的那样，许多知名的经济学家大谈"自然失业率"或者将"市场"等同于"社会"。然而，当今社会的许多成员（不仅限于发展中国家）仅仅是为生活所迫而进入市场或根本没有进入市场的权限，而市场根本无法满足他们的最基本需求。如果人类社会是所谓的现实，那"市场"不过是被资本主义

---

① 译注：原作者此处意指亚当·斯密关于市场调节作用的经典理论。

构建的概念而已。

上述这些例证意在表明：虽然在中世纪时期，一个高于一切的原则(神权)支持“意识形态 B”的存在，但是在发达资本主义中，现实的复杂性让我们必须承认多种相互独立的原则的存在。这些原则相互作用并且依对象的不同而产生各种各样的结果。总的来说，这些原则受到社会的形态、行业、环境与实践等因素的影响。

当我们着眼于社会原则间相互作用的复杂性时，当代中国社会是一个极为有趣的案例。我们看到当前中国的意识形态结合了民族主义、马列主义以及市场经济原则。这些因素被调用起来，为正在出现的社会模式提供合法性。然而，与西方不同的是，中国转型中所产生的社会矛盾可以被视为实现“和谐社会”的暂时性阻碍，而这一美好的和谐社会构想则深深根植于中国的传统思想。

承认当代条件下意识形态角色的复杂性呼应了让·鲍德里亚的重要理论：“从意识形态的角度对文化、消费以及符号进行的分析并不是将意识形态从这些领域消灭或者驱逐出去，相反，上述分析必须结合对政治经济的分析。”(Baudrillard 1981，114)

广　　告

“广告”可以被定义为：以盈利为目的并通过信息手段来推销产品与服务的行为。这一实践行为可以具有推销品牌和公司、降低终端消费者的抗拒心理与刺激消费态度与消费行为等多种目的。[①] 此外，“广告”不同于“宣传”(propaganda)。“宣传”这一概念整体上强调出于政治与宗教等目的在大众中对特定态度与手段进行推广(即“宣传”本身并没有鲜明的商业性)。

许多关于广告的研究都将它的出现追溯至古代，并将当时相关产品销售的公共布告作为原始广告的例证。这一观点将广告定义为“一项自然或平常的活动”，即对每个人类历史时期而言都是稀松平常的事。相反，一个恰如其分的历史视角会反复强调：工业革命及其造就的大众传播手段才是广告发展成如今形式的根本原因。

---

① 译注：一个典型的实例便是烟草公司通过广告否定关于烟草对健康负面作用的科学研究。

广告的经济职能

在现代资本主义社会中，广告的首要经济职能是像水泵一样加快商品的流通。因此，广告是现代资本主义生产系统的一个必要延伸。正如加尔布雷斯所言：

> 除了为资本主义控制下的消费需求提供商品信息外，广告的另一个重要作用便是孜孜不倦地鼓吹对消费的崇拜。从清晨到深夜，人们被不停地灌输商品所能提供的各种服务——以及自己对这些服务的依赖。每一个产品的各个特性与特点都作为卖点被逐一研究，并用创意、关怀以及底蕴等词藻进一步加以包装，使得每一个产品似乎都成了健康、快乐、社会成就以及社会地位的源泉。（Galbraith 1967/2007，259—260）

因此，广告所带来的后果之一便是随着商品种类的丰富，其重要性也随之降低。然而，这里有必要强调，商品远非人类社会最重要的事物。虽然我们在道义上不愿意承认物质的富足便等同于人类的成功，但我们在现实中却对这一点深信不疑。

如果说广告的第一项经济职能是加速商品流通，那么它的第二项经济职能便是鼓励消费。“用完即扔”便是这一职能最好的写照。若广告的第一项经济职能是通过说服人们购买商品来实现的，那么无论人们是否使用已购买的商品，广告的第二项经济职能都创造了购买新产品的需求与渴望。这一职能尤其适用于传播业的商品及服务，因为传播产业需要通过基础功能与服务（如语音电话和有线电视业务）以外的附加项目来扩大盈利。

广告与技术革新

从“自然主义”的角度来看，每一次技术的革新都伴随着广告方式的拓展，而这一观点也确实有几分道理。例如，互联网的诞生带来网络广告的兴起；伴随报刊网络版的出现，它们的网页也逐渐被广告商所占据，诸如此类的情况。上述事例似乎表明：广告业追随着科技“进步”的脚步。

然而在认同这一观点之前，我们有必要回顾资本主义的起源。技术革新并没有导致第一次工业革命的发生，相反，资本对积累与利润最大化的需求导致了技术革新。以纺织业为例，该产业的新能源与运输系统的发展离不开资本家为保持自身的竞争力所进行的投资。当今的计算机与传播技术革命虽然离不开科学知识的进步,但其最主要的社会应用依然取决于资本不断寻求新的利润增长点。反观广告业,该产业早已被融入资本的扩张机制,并产生了能够预测每一个经济机制革新的所谓"广告策略"。

以上论述表达了一种关于发展的另类观点。如前文关于进步的段落所提及的那样,绝大多数分析者将发达资本主义的转型视为一个自然而然的进化过程(而这正是本文所反对的)。

广告及其合法性

从逻辑的角度来看,广告属于"自然主义"社会观的组成部分。基于传统政治自由主义对言论与思想自由基本原则的表述,许多分析者将广告作为社会的自然组成部分,并认为其是言论与思想自由的体现。

然而,对于"言论与思想自由"这一理念的批判性分析揭示了公共信息中的一个关键性区分,即个人出于交流的需要向他人所传达的信息必须区别于少数人出于自身经济地位与盈利目的而进行的大规模信息传播。美国最高法院在区分上述两种信息时明确表示:第一类信息的自由需要得到最大限度的保护,而第二类信息的传播必须受到法律规制(Chamberlin & Brown 1982,Gartner 1989)。考虑到美国宪法体系中第一修正案关于"禁止出台限制言论自由的法案"的表述,以上关于公共信息的区分便显得十分重要。除美国的例子外,此处还可以列举数个其他的国家性立法,尤其是在欧洲许多国家,部分广告信息被禁止、限制或是有条件地播出,例如烟草、酒精、麻醉剂类广告,面向儿童的广告以及含有妇女负面形象的广告。

上述法律与政治性规定共同表达了对特定种类广告的负面效应的一种批判性共识。同时,这些规定也反映出在当前广告日益增长、重复与富有渗透力的环境下,人们对于广告普遍存在的质疑与不满。广告商显然意识到了上述大众情绪,并随即在广告信息中对其进行回应,企图重新恢复受众对广告的信任。[①]

对广告的辩解

"广告向消费者提供了信息;广告给予消费者产品的选择权;广告使

---

① 例如法国公共信息验证办公室便采取相关的审查措施。

消费者体验到科技创新所带来的新产品，从而帮助消费者做出最佳购买选择；广告发展了人类的想象力；广告展现幽默与创意；广告使生活更加美好；广告虽然是一门功利的艺术，但它也是艺术……”

广告的确有理由对其未来发展保持乐观。虽然广告业的总投资在持续增长，但它依然在不断渗透进新的领域：公共电视台、会议发言、艺术及体育活动、电影、各式各样的文章、T 恤、帆船赛事以及存在于我们生活各个角落无处不在的品牌……广告这一得到社会默许的传播形式甚至渗透到艺术品领域：广告作品进入博物馆展出，往期海报的回顾展览得以组织、颁发出各种广告业奖项……在储蓄习惯变得不合时宜的同时，广告也造就了人们对消费与及时行乐的崇拜。自相矛盾的是，广告对享乐文化的推崇却使其被视为个人主义的媒介，一个宣扬个性与自由的媒介（Lipovetzky 1987，126）。显然，上述广告的辩解虽然充满精妙的修辞，却与科学的思维大相径庭。广告业这一例证生动地体现了“意识形态 B”的含义。

两个重要的实例

1990 年 3 月 6 日，《纽约时报》刊登一则《财富》杂志的整版广告。该广告有一个抢眼的标题：“我们为目不识丁的人出版了一期杂志”，广告其后的内容告诉读者，有 70 万高中毕业生看不懂自己的毕业证书。接着，该广告继续向读者发问：“他们中有多少是你愿意雇佣的？”最后，广告的结尾建议读者在《财富》杂志即将出版的第四期上投放广告，并许诺这期将包括商业人士对职业文盲（relative illiteracy）这一社会问题的建议与解决方案。

在上述实例中，我们看到以下因素间的相互作用：(1)《财富》杂志自身的经济考量（这个抢眼的广告意在吸引更多的广告投放）；(2)合理化资本主义生产关系的意识形态（解决职业文盲问题的目的在于提升公司的效率，而并非提升教育系统的质量）；(3)对《财富》杂志的整体推广（通过该广告使其对大众更具吸引力）。

第二个实例是菲利普·莫里斯烟草公司在数家欧洲报纸上刊登的整版广告。该广告旨在反对欧盟关于禁止吸烟以及保护烟民健康的法规。该广告（引自西班牙《国家报》1995 年 4 月 7 日）的文本如下：

毕达哥拉斯定理共 24 个词

阿基米德原理,67个词
摩西十诫,179个词
美国独立宣言,300个词
欧盟禁止您随时随地抽烟的法规,24942个词

在这则广告中,几个毫无关联的知名文本一起出现,此举暗示欧盟所提议的法规极其冗长,是未经深思熟虑的拍脑袋决定,因此该法规是不适当与无效的。可笑的是,该广告并未顾及以下事实:圣经中的训诫、数学定理与政治宣言之间不仅毫无关系,更与烟草相去甚远;《美国独立宣言》远不止300个词,其长度实际上超过1800个词。可以说该广告与烟民健康、事实、逻辑毫不相关,其所关注的不过是词藻的排列带给读者的错误印象。

因此,我们在上述广告中看到的是菲利普·莫里斯烟草公司的经济考量(为了维持销量而反对禁烟规定)、意识形态(通过大众文化符号毫无意义的组合来宣传吸烟的合法性)以及品牌推广间的相互作用。

经济、意识形态及广告间的相互作用

经济、意识形态以及广告不过是从理论与分析角度所建构的概念,现实的情况往往比其定义更加复杂。因此,当论及上述三者间的相互作用时,我们必须明确这是在原有概念基础上的二次建构。

经济的理性与非理性

在当今世界,四分之一的人类生活在穷困之中。与之相对的是世界上排名前500的富豪所拥有的总资产超过150万世界最贫困人口所拥有的资产总和。的确,上述不合理的现象在历史上并不鲜见。可是,如今世界所生产的食物和衣物已经可以满足全人类的温饱,并且现有的资源可以(至少在短期内)满足全人类对居住、水源以及基本卫生条件的需求。在此条件下,仍有四分之一的世界人口生活在贫困之中,这一事实便显得十分荒谬。

经济的另一处不合理性便是军事工业的发展。主流观点是如何解释这一现象的?主流观点在此再次出现分歧。传统观点认为现代军工业的发展源于民族国家的兴起以及国家间存在及潜在的利益冲突。然而在过

去20年中，随着美国的军备超过了世界其他国家的总和，一个新的解释便应运而生：战争是“维护和平”与“反恐”的必要手段。无论战争的历史起源如何，在发达资本主义下军队规模的维持与增长都是为了捍卫资本主义竞争系统与国家的特权，而非维持所谓的战略平衡。1981年，法国社会党曾提出缩小法国的军事工业规模，可10年后，法国却增加了军事出口额，以便维持该产业30万个工作岗位，并且省去了转换替代类产品与寻求新市场的潜在成本。

让我们将上述对军工业分析的逻辑应用于电视产业的分析上。如前文所述，最普遍的观点是将电视产业的出现归因于抽象的“技术”发展，似乎其产生是“自然而然”的。可是，我们必须看到，电视产业的兴起也离不开有计划的投资（如电视机的生产）与广告商谋求媒介渠道拓展所引起的利益驱动。这一主流的分析视角能够解释为何电视兴起于城市地区，因为那里的人口具有最高的人均可支配收入。

从商业服务的角度来看，电视行业的扩展从最初便与经济利润最大化这一目的密不可分。当黑白电视的市场已经饱和之时，彩色电视便被引入市场，从而使电视机制造业得以实现自我更新。[①] 同样，有线电视、卫星电视以及现在的数字电视的推广的首要目的都是满足资本投资的需求，而并非观众对更多（及更好）传播方式的需要。在欧洲进行的公共电视服务私有化是上述机制的最好例证。即使在公共服务比市场化运营能满足观众更多元化的需求的情况下，欧洲许多公共电视台依然进行了私有化。

正如莫里斯·戈德利尔（Godelier 1985）所描述的那样，资本主义经济追求无休止扩张的机制掩盖了资本主义社会与文化生活中的诸多矛盾与不合理之处。资本对一丝一毫利润的渴求导致其在集中化的道路上渐行渐远。对上述资本逻辑的揭露正是传播政治经济学的批判性研究的目的所在。对新市场无休止的占领与扩张、对新产品与服务的创造、通过不断创造新的通信需求使消费者对产品的使用能力过载以及产品实际品质的不断下降，这些现象都内在于资本主义生产系统的基础机制之中。因此，以为在不改变资本主义生产系统的前提下，对“传播”，尤其是传播手

---

① 1974年，在芬兰坦佩雷，芬兰国家电视台总裁向到访的学者解释该公司为何开始输送彩色频道信号时表示，虽然1973年的经济危机使许多观众无力购买新电视机，传输彩色频道信号的决定是由于制造商不再生产黑白信号传输装置这一情况。

段进行研究就可以增加理性或减少非理性的想法，无疑是愚蠢的。

意识形态的大规模再生产

为了实现自身功能，广告必须迎合其受众或目标群体的共同语言以及对事物的共同成见。在这一过程中，广告便维系了“意识形态 B”的再生产。在现实中，仅有极少数的广告活动（例如托斯卡尼为贝纳通策划的广告创意）通过引入新的意象来挑战人们的固有成见，而且这些特例也大多是挑战性而非颠覆性的。

自由主义的媒体观强调保持信息独立的重要性，并将对信息的封锁、误报以及其他对原意的曲解等情况主要归咎于政治权力的影响。然而，当我们谈论媒体中意识形态的再生产时，我们并不是在讨论那些堂而皇之地干涉信息独立的行为，而是一系列微妙的限制，例如题材的选择、特定分析角度的强调、表述方法、词汇使用以及图片与影像资料的选择等。因此，媒体中意识形态的再生产很大程度上是通过相互依赖与相互竞争的复杂机制以及该机制内各个层面的工作者来实现的。

所有的公司都通过分层组织结构控制（至少在万不得已的情况下）其内容的生产。但是，将这一垂直性结构理解为导致公共传播现状的唯一或主要原因，未免显得有些幼稚。意识形态的再生产同样离不开众多写手孜孜不倦的宣传工作。例如，当起始于 2008 年 9 月的世界经济危机被报道、分析与解读时，媒体首先将其描述为一场金融（或证券市场）的危机。直到数日后证券市场波动规模的全貌及其对大众日常生活的巨大影响被披露出来，媒体才将其更名为经济危机。此后，媒体的报道聚焦于该危机对“实体经济”的影响，仿佛在资本主义体系下，实体经济与虚拟经济同样都能连接人与商品，但两者的地位并不相同。同时，媒体话语还进一步将这一危机自然化以混淆视听，频繁地使用“地震”“风暴”“海啸”“沉船”与“巨浪”来形容这场危机，并将政府的应对措施称之为“打捞”“援救”与“救助”——而这些词汇都是报道自然灾害时的常用词汇。

上述关于经济危机的话语不仅是意识形态再生产的实例，而且也为旨在挑战资本主义正常秩序的批判传播政治经济学提供了宝贵的研究数据。面对由新闻院校、专业团体、政党以及左翼政治组织所出版的关于经济危机的文章，我们需要探究以下几个问题：这些出版物中是否涉及关于意识形态再生产的讨论？如果有涉及，其效果如何？是否在经济危机后的众多选举中有关于意识形态问题的具体讨论？

作为寻求更好结果的批判学者，我们有义务去尝试理解社会前进的方向并厘清经济决策在决定社会变革的方向与方式中所扮演的首要角色。此处的更好结果，指的是全人类的和平与团结，阶级、性别与种族间的真正平等，以及对自然环境的尊重。笔者希望以上的论述能够成为我们达成共识并展开一致行动的基础，并希望广大的读者也能加入到这一运动当中。

结　论

作为一本手册的章节，本文有必要在结尾处提及几个独特且具有争议性的理论视角，以供读者思考。以下论述并未出现在前文的分析当中：

(1) 由政府及工业界所接受的主流经济思想①低估了自身的价值。

(2) "意识形态 B"被普遍忽略与低估。

(3) 传播学者面对广告往往无可奈何，这是因为广大传播专业学生必须学习广告的制作以符合就业市场需求，而这使得学者不得不适应主流广告理论。

(4) 从理论上讲，只有生产系统层面的深刻变革才能带来崭新的未来。同时，只有知行合一才能带来真正的变革。

上述这些理论难题不仅适用于传播政治经济学，同时也反映了许多存在于学术层面的永恒矛盾。

参考文献

Baudrillard, J. (1981) *For a Critique of the Political Economy of the Sign*, C. Levin (trans.). Telos Press, St. Louis, MO.

Brune, F. (1997) Un marche al'etat de nature. *Le Monde Diplomatique*, *Mai*. Online at http://www.monde-diplomatique.fr/1997/05/(accessed October 16, 2010).

---

① 即使自 1976 年颁发的诺贝尔经济学奖的奖金都是由银行界而非诺贝尔基金会所提供的。

Chamberlin, B. E. and Brown, C. J. (1982) *The First Amendment Reconsidered*. Longman, New York and London.

Gabszewicz, J. and Sonnac, N. (eds) (2006) *L'industrie des medias* [*The Media Industry*]. La Decouverte, Paris.

Galbraith, J. K (2007/1967) *The New Industrial State*. Princeton University Press, Princeton, NJ.

Gartner, M. (1989) *Advertising and the First Amendment*. Priority Press Publications, New York.

Godelier, M. (1985) *Rationnalite et irrationnalite en economie*. [*Rationality and Irrationality in Economics*]. Gallimard, Paris.

Lalande, A. (1910) *Vocabulaire critique de la philosophie*. PUF, Paris.

Sartre, J. P. (1985) *Critique de la raison dialectique* [*Critique of Dialectic Reason*]. PUF, Paris.

Smythe, D. (1977) Communications: Blindspot of Western Marxism. *Canadian Journal of Political and Social Theory*, 1(3): 1—28.

Stiglitz, J. (2008) EI "blues" delrescate de Wall Street. *El Pais*, October 1.

拓 展 阅 读

Biolay, J. (1995) *Le droit de la publicite* [*The Right of Advertising*]. PUP, Paris.

Boudon, R. (1986) *L'ideologie* [*Ideology*]. Points, Paris.

Brune, F. (2003) *De l'ideologie, aujourd'hui* [*Ideology Today*]. Parangon, Paris.

Eagleton, T. (1997) *Ideology: An Introduction*. Verso, London.

Fontanel, J. (1976) *L'antipublicite* [*Against Advertising*]. Universite de Grenoble, Grenoble.

Haug, W F. (1989) *Publicidad y consumo* [*Advertising and Consumerism*]. FCE, Mexico.

Jhally S. (1987) *The Codes of Advertising*. Frances Printer, London.

Leiss, W, Kline, S., & Jhally, S. (1990) *Social Communication in Advertising*. Nelson Canada, Ontario.

Mattelart, A. (1989) *L'Internationale publicitaire* [*International Advertising*]. La Decouverte, Paris.

Ziegler, J. (2005) *L'empire de la honte* [*The Empire of Shame*]. Fayard, Paris.

第十章　品牌化与文化

约翰·辛克莱(John Sinclair)

引　言

早在罗马时代,剑刃和酒桶上就被刻以生产者的标记,这说明品牌化的基本作用一直存在。现在,在全球资本主义的品牌渗透(brand-saturated)文化中,这些基本作用很容易被忽视。此外,在中世纪时代,手工艺者用商标和特殊包装标记产品。广泛分布的品牌商品也具有工业时代的特征。因此,商标和品牌的基本目的是将特定商品的生产者进行"独特标识"(uniquely identify),借此与其竞争者(和模仿者)的产品区分开来,并为购买者提供质量保障和产品一致性(Aaker 1991,7)。

到了19世纪,消费者逐渐学会通过货架上的商品包装来识别他们的偏好,以燕麦为例,他们会考虑是选择桂格牌(Quaker)还是苏格兰波里兹牌(Scott's Porage),而非购买由杂货商称重的散装普通燕麦。大约在同一时期,持家者开始体会到品牌商品所带来的便利。比如,人们偏向购买象牙牌(Ivory)、梨牌(Pear's)或者爱肤宝牌(Lifebuoy)这些包装好的品牌香皂,而非在家自己制作的碱液香皂。通过这种方法,生产商用区别性品牌,及其陈列和包装来与消费者建立直接关系,从而依靠品牌自身销售功能越过零售商的传统中介作用,这个根本上的转变形成了超市的"自助服务"(Lury 2004,19)。不久,零售商也发现他们不得不利用一些品牌特征,以适应不断变化的竞争性市场,如美国的西尔斯(Sears and Roebuck)、英国的塞尔福里奇(Selfridge's)和澳大利亚的大卫琼斯(David Jones)等。

随着报刊的兴起,以及其后广播和电视在20世纪逐渐占据社会传播的主导，品牌化在广告中找到了其超级传媒，广告也促进了这些媒体广告业的商业增长。除了能识别产品和生产商外，广告还赋予品牌以文化意义，如地位等级（尼曼·马可斯[Nieman Marcus]与沃尔玛[Wal-Mart]）、特定人群（“百事一代”），甚至一些类似个性的东西（时尚的雷克萨斯和可靠的丰田）。商品这种为自身唤起并彰显文化意义的能力被称为“品牌价值”或“品牌形象”，这一点稍后会再讨论。这里主要是为了说明品牌是如何远超最初使用时的商标作用，而赋予“通过形象转移价值”的使命。这一目标的实现主要但不限于借助广告或其他形式的市场营销（Lash & Urry 1994，138）。

因此，品牌化深受“消费主义”和“消费社会”出现的影响。这种突出的资本主义社会道德和意识形态一直受到保守派和马克思主义者的持续批评，前者与消费社会的物质主义和价值观有关，后者被认为是维持资本主义永存的价值观。例如，马克思主义者安德鲁·威尼克（Andrew Wernick 1991）批判“促销文化”。在这种文化中，个人和机构都显现出品牌特性，将其自身置于具有国际竞争性的标语和标识“市场”之中，这里的例子包括我们通过名流界所知的个人和曾经置身于商业世界之外的大学。

娜奥米·克莱因（Naomi Klein，2001）呼吁人们“拒绝品牌”（no logo）。正如她抵制“新商标世界”，特别是 90 年代耐克等“生活方式”品牌的快速全球化。她关于品牌化的著作论述了品牌如何掩盖世界范围内资本与劳动的斗争，其著作已经成为反全球化运动的基础性文本。她揭露了运动服装以及其他类似产品的实际生产方式，即通常以低工资外包给发展中国家，使公司能够专注于以品牌建设为主要目标的市场营销。在这些新范式中，她说，“产品总是让位于真实的产品——品牌”（2001，21）。

西莉亚·卢瑞（Celia Lury）的观点更为抽象，但与克莱因的视角有异曲同工之处。她认为，品牌是一个“客体”（object），即一种不只是作为连接生产者与消费者，或连接供给与需求这组关系的单一事物。更具体地讲，品牌是传统市场营销课本上所谓“5P”之间关系的管理，这“5P”是指产品、价格、地点、包装和促销。威尼克和卢瑞等人也关注品牌化的普遍性，他们研究品牌化如何使人声名鹊起，如何延伸至曾被视为无需品牌化的机构领域，如政党和慈善机构。她也注意到地方品牌化的兴起，甚至整个国家的品牌化（2004，5—16）。

在利兹·摩尔（Liz Moor，2007）的著作中也能找到机构、地点和空间的普遍品牌化这一主题，但是大部分作者在品牌化问题上都普遍关注广告和促销，认为这是创立和建设品牌的主要手段。摩尔将注意力置于产品本身和包装的设计：考量历经数十年仍沿用至今的可乐瓶的独特形状。她指出，仅从20世纪90年代中期开始，品牌化概念进入日常公共话语，这是一种她称之为“更具自反性的资本主义”的表征（2007，5），亦即这种意义上的资本主义具有自我意识。

或许目前最有影响力的关于品牌化出现的分析来自亚当·阿维德森（Adam Arvidsson）。他的贡献是阐述消费者如何真正参与品牌的生成，而不是被动成为市场营销的受骗者，尽管这种参与是不平等的。他认为，品牌资本化依托“人们创造信任、影响和共享意义的能力：该能力使某些事物成为共识……正是消费者这种意义上的生产活动形成了品牌价值的基础”（2005，236—7）。人们集体创造的共识性意义（无论是一个民族还是一种亚文化）是当我们谈论“文化”时所指的一个主要方面，因此换句话说，阿维德森的观点是：虽然正是人们创造了文化意义，品牌营销商所做的是采集这些意义，并且将其与特定的产品或服务联系起来，以实现剥削。这是一种更具有反身性的（reflexive）资本主义，它意识到了独立大众文化的兴起，并谋求将其纳入控制，以服务于商业利益。

品牌化与价值

上述那些有影响力的作者关注品牌化作为一种文化现象的意义，然而他们也承认这是资本主义的一种经济工具——的确，一些作者进一步说明了一个品牌的经济资产不仅基于，实际上也等同于为它而存在的文化意义。赋予特定商品或服务以文化价值的能力是把一件产品转化成一个品牌并予以维系，这就是商业管理著作中所说的品牌价值。举例来说，根据阿克（Aaker）的观点（1991），品牌价值由以下几方面组成：

(1) 品牌忠诚度或者维系满意消费者的能力

(2) 品牌名称或符号的熟悉度和认可度

(3) 品牌名称对感知质量（perceived quality）的暗示作用

(4) 品牌联想度（associations），包括与同类品牌竞争对手的比较差异

(5) 其他专利的品牌资产，如对分销渠道的控制

换句话说，在文化层面，品牌价值主要存在于品牌与其现有或潜在消费者的关系之中。早在20世纪50年代，广告业就涉及品牌的这种特质——唤起忠诚度、熟悉度和积极的品牌联想——就像"品牌形象"，品牌化赋予产品特质和个性，使之成为一种"公共物件"（public object）（Gardner & Levy 1955，35）。

从这个角度分析，我们知道品牌不仅是以标识或符号形式出现的图像，也是一种无形资产，就像"一种当代资本主义中重要的非物质资产"（Arvidsson 2005，238）。早在20世纪80年代，成名品牌（established brands）的价值就在高调（high-profile）、大规模的收购中显现出来，如美国香烟制造商菲利普·莫里斯（Philip Morris）1985年收购通用食品（General Foods），后又在1988年收购了卡夫（Kraft），因为很明显，烟草业已前途渺茫（Sandler & Shani 1992，28）。在20世纪90年代和21世纪初，面对持续的全球企业扩张和品牌整合进程，有时老字号品牌（Long-standing Brands）也会被收购，如2005年宝洁（Procter& Gamble's）对吉列（Gillette）的收购。

在这项交易中购买的就是品牌价值——也就是说，品牌形象被赋予财务价值，因此可以被交易。由于品牌价值的建设需要高成本和长期投入，想通过收购或合并来接管现存品牌的企业，需要补偿销售者，这不仅是因为嵌入品牌的投资，也因为它作为"公共物件"的意义。品牌形象无法言喻的无形特征因此有了具体的、可量化的价值。自20世纪80年代起，用数据来衡量品牌的现值与未来价值的正式会计方法就已经标准化了，以便于这些收购与合并活动的开展，这实际上是一种把"质"转化为"量"的方法（Lury 2004）。一些营销传播公司也会衡量品牌表现。值得关注的是，最近几年英国市场调查公司明略行（Millward Brown Optimor）引起商界关注，该公司每年发布通过"BrandZ 调查"得出的世界范围内的品牌评级。这些评级以美元为单位，来确定"世界最有影响力的品牌"（Millward Brown Optimor 2008）。

伴随合并和收购活动，跨国公司被许可或特许经营的主要部分其实是品牌价值，如可口可乐与当地的装瓶和分销公司达成许可协议，或者麦当劳向特定渠道的普通经营者出售经营权。的确，正如出现在主要街道或购物中心的同类型商店，品牌许可的粗放式增长和零售商的特许安排，虽然未经充分研究，但仍是一种有效形式。这种形式下，品牌目前已作为"成套资本主义"（capitalism in kit form）（Perry 1998，51）遍及我们的周边环境。至于许可经营(licensing),一些企业发现出售品牌的经营权比自己生产产品更有利可图,如总部在澳大利亚的跨国酿酒公司福斯特(Foster's)关闭了欧洲和亚洲的酿酒厂,把品牌酿造权卖给了以前的经销商。

因此,无论是保留市场估值、收购还是合并,或是许可经营和特许加盟,资本主义需要的是可以添加在品牌中的可量化价值。这一价值允许对品牌进行交易或是一定程度上的财务协商。因为具有财务价值,品牌持有者需要对其进行保护。正因为如此,品牌是一种知识产权。同时,商标也可以被视为围绕品牌进行法律保护的雏形和范例,但是专利、版权和设计权也有类似作用。所有这些权利都阻止了竞争者模仿或侵占品牌价值,因此保护了公司在获取和发展品牌方面的投资。消费者也受到保护,因为品牌持有者为了保证品牌质量需要确保消费者所买商品的质量。然而,在公司全球化时代,知识产权法已经成为消灭本土竞争对手的武器,特别是在新兴市场(Moor 2007)。

例如,总部在英国的跨国糖果公司吉百利(Cadbury)在一场诉讼案件中输给了一家澳大利亚公司。这家澳大利亚公司和吉百利一样,也使用紫色作为品牌形象的一部分。问题不在于吉百利是否可以"拥有"紫色,而是消费者是否会因两个公司同时使用紫色而产生"混淆"。这种对消费者表面上的保护是商标法中的一个关键概念,但是即使不在这样特殊的案例中,生产商也明显可以赢得更多的市场竞争力(Lury 2004)。

的确,就像老一代政治经济学家认为的,广告通常是一种"进入(市场的)壁垒"(barrier to entry),这使其在品牌化批判中能够更为准确地瞄准目标。说品牌化是一种"进入(市场的)壁垒"意味着未来竞争者会在进入市场时受阻,因为新进入者必须在品牌化中投入高昂的成本,以确保达到与在位企业相同的现有品牌开发或收购的水平。因此,品牌化是市场支配力的保障,也有助于形成寡头垄断的市场结构;也就是说只有两到三家公司分享特定商品或服务的市场,例如宝洁和联合利华在很多"快速消费品"(fast moving consumer goods,FMCG)品牌中的国际优势。

马克思主义政治经济学与品牌化

《资本论》前100页对于商品和资本的处理,被认为是马克思文集中最难、最具争议、最模糊的部分(Appadurai 1986,7)。马克思的主要论述开始于什么是货物或“商品”。他把商品定义为所有满足需求的物品,其能够把资本和劳动的真实关系隐藏在产品中。以马克思的观点来看,劳动是价值的真实来源,但是商品的奥秘让人觉得价值在于它本身。这就是马克思著名的“商品拜物教”(commodity fetishism)所指的错觉。他对商品分析的本质是区分使用价值和交换价值,这来源于亚当·斯密的古典政治经济学。使用价值是物品的用处,但交换价值是人们交换该物品所愿意付出的价值。马克思说,商品在交换中被拜物化,正是这一秘密掩盖了生产商品的劳动,尤其是当商品被用于金钱交易时。在当今实践中,我们谈论着商品的“好处”与我们准备付出的价格之间的区别。

在马克思主义者的批判话语中,“商品化”已成为关键概念,适用于那些曾经免费而现在有偿,曾经公有而现在私有,曾经自然且真实而现在受到污染、稀释、降低(dumbed down)或腐化,而后被打包运往大规模或有利可图的市场的东西。事实上,“商品化”已经成为用于谴责所有文化形式的批判性换喻词(metonym)。在这些文化形式中,商业侵占了原本不属于它的生活领域。因此,尽管一位权威的政治经济学家对它做出这样的定义:“商品化是把使用价值转化为交换价值的过程”(Mosco 1996,141),但与其说商品化是一个分析性、启发式的概念,不如说它是一种修辞。

然而,从品牌化的角度来说,这样表述更为准确:“品牌化是把使用价值转化为交换价值的过程。”因为当一种商品要表现出和其他商品同样的功能时,在某种意义上,品牌差异化(brand differentiation)商品为寻求偏好的消费者提供了交换价值。从这个角度来看,被拜物化的是品牌而非商品。当代马克思主义者赞同品牌化的确有助于掩盖生产产品的劳动的价值这一秘密,这是他们所说的商品化的一部分。

但是对于那些未受过马克思主义教育的人,商品这一概念本身会被误解。当马克思主义者把品牌化产品当作商品时,这一用法完全颠倒了当代“中产阶级”经济学理解中品牌和商品之间的等级关系。例如,在目前的商业文献中,商品被视为可替代的和无差异的,无论是商品还是服务,用来交换的只有原材料(Pine & Gilmore 1999,6)。的确,马克思自己也认为谷物、铁或丝绸等商品是同一类的:一车谷物和一车其他商品没什么区别,尽管质量有所不同。相反,品牌化创造了差异——即使在马克思的时代,正如前文所举的例子,香皂在英国变成了梨牌。同样如前所述,差异可能涉及“5P”即产品、价格、地点、包装和促销中的一个或更多。差异可能是真实的，如在质量、产地或者设计等方面；也可能更多是基于品牌形象——例如那种把可口可乐和百事可乐区分开的东西。的确，当品牌持有者谈论“商品化”时，意味着对其品牌失去独特形象进而其产品很快被其他同类产品替代的恐惧，如 MP3 播放器和 iPod 的关系。

除了使用价值和托斯丹・凡勃伦（Thorstein Veblen）著名的“炫耀性消费”（conspicuous consumption）中纯粹的竞争性展示外，还有一种人类学观点指出，所有社会都需要用来“凸显和稳定文化类型”的商品（Douglas and Isherwood 1979，59）。与此类似，阿帕杜莱（Appadurai）和其后的格奥尔格・齐美尔（Georg Simmel）指出，“是交换而非其他设置效用和稀缺性的参数，交换是价值的来源”（1986，4）。根据阿帕杜莱的观点，“价值机制”支配着交换有意义的准则，这也使得交换不仅在文化内发生，也在文化间发生（1986，14—15）。更宽泛地说，道格拉斯（Douglas）和伊舍伍德（Isherwood）认为，“消费本身的意义需要置回到社会进程中……商品、工作和消费被人为地从整个社会体系中抽离出来了”（1979，4）。

商品并非从文化中获取意义，而是相反地为文化提供意义。人们或许会惊奇地发现这一人类学观点和现代马克思主义者存在一些共鸣。让・鲍德里亚（Jean Baudrillard）因在分析消费时拒绝使用价值、青睐符号交换价值的符号学等级（a semiotic hierarchy of symbolic exchange value）而在现代马克思主义者中名噪一时。尽管他在很大程度上限定了此种价值的意义对于生成和保持等级区隔的作用（1981）。从鲍德里亚的视角出发，商品的文化意义形成了一种反映并巩固社会系统的啄序（pecking order）。最近，阿维德森（Arvidsson）借鉴“自主”马克思主义（“autonomist” Marxism）的当下关切来论证“消费者的生产力”，认为这是他们集体生产并在品牌化中被营销商剥削的文化资本，是一种形成消费语境的“无形劳动”，“借此商品可以获取使用价值”（2005，242）。阿维德森所说的“使用价值”是指消费赋予的社会认同和文化归属；是商品的文化意义而非效用。但是，由于鲍德里亚所说的交换价值似乎等同于阿维德森的使用价值，很难看出在当前关于品牌化和消费的分析中效用和意义有何典型区别。

暂且搁置阿维德森路径中相当大的概念性问题，我们在引言中已经更全面地介绍了他的如下洞见：品牌通过人们创造信任、影响和共享意义的能力实现资本化（2005，236—7）。此外，这与一种把共享隐含植入品牌名称的人类学观点相符，“消费者的认可赋予商品价值……物质消费的愉悦只是商品所提供的服务的一部分，其他部分是共享名称的愉悦……目前效用中更大部分产生于……已经被习得并形成分级的名称共享。这就是文化”(Douglas & Isherwood 1979,75—6)。

从政治经济学到文化经济学

由于传统马克思主义政治经济学的概念性语言在面对品牌化现象时缺乏分析优势，且似乎尤不适于解释一个依赖其文化意义的特定品牌有何经济功能，所以我们需要寻找一种能够包含品牌经济和文化维度的概念性框架。尽管我们从现实中总结观念，通过观察周围来了解它，但有时却忘了这些是我们自己制造出来的抽象概念，进而它们才逐渐具体化或实在化。也就是说，我们逐渐把这些观念而非它们被抽象出来的现实世界当作是真实的。

当观念形成一对相互依赖或相互支撑的对立面时，我们尤其倾向于用这种不合理的思维方式误导自己。例如，尽管没有产品的消费，或者马克思主义理论中没有基础的上层建筑是无法想象的，反之亦然，但是有一种倾向认为一方的意义以另一方为代价。此外，组成学科和领域的理论认知方法促进了这一倾向。最为相关的情形是，马克思主义政治经济学把生产这一基础放在首位，把消费这一上层建筑留给文化研究等领域。这意味着在市场营销、广告和品牌化研究中，政治经济学倾向于研究消费品和服务公司、营销代理以及媒体间的制度性关系；而营销和广告活动的内容则被归为文化研究。因此，需要对品牌化的经济维度和文化维度形成更为整合性的理论认识。

数十年来的这类尝试中，一个最有用也最具影响力的构想来自麦克·费瑟斯通(Mike Featherstone)，他用分析法而非道德谴责的形式支持用“消费文化”概念来描述当代资本主义社会：

> 这里有双层的涵义：首先，就经济的文化维度而言，符号化过程与物质产品的使用体现的不仅是实用价值，而且还扮演着“沟通者”的角色；其次，在文化产品的经济方面，文化产品与商品的供给、需求、资本积累、竞争及垄断等市场原则一起，运作于生活方式、文化产品和商品的领域之中。(Featherstone 1987,57)。

这种经济过程和文化意义关系的双轨理解开辟了品牌化研究的沃土。在20世纪90年代，另一项卓有成效的理论来自斯科特·拉什(Scott Lash)和约翰·尤瑞(John Urry)，其表明经济和文化正日渐趋于整合："经济越来越多受到文化影响……文化也越来越多受到经济的影响"(1994,64)，特别是他们发现经济产品的"审美化"，即商品的设计是用来吸引特定类型的消费者并契合他们的生活方式。的确，"生活方式"这一概念在20世纪90年代是非常流行的。在那十年间的"文化转向"之前，能生活就足够了，但是市场营销促使人们需要一种生活方式，一种在众多品牌中定义我们自己的方式。

然而，这种所谓的经济"文化化"中有一些崭新和划时代重大意义的观念，受到一些组成新兴的"文化经济"学派理论家的批评。他们认为，文化和经济在社会中至今仍未形成相互区分、稳定和连贯的宏观结构，它们都被嵌入到可观察、可分析的机制与实践中，这些机制与实践无法被分解为经济和文化，亦即二者是相互构成的。这种对文化和经济有明显理论分野的拒绝，把文化经济学派引入了明显的实证路径，使他们致力于观察和理解经济是如何从文化上"表演"的。如果只能在经验主义的语境下观察文化和经济，那么文化和经济都不能相互掩盖。利兹·麦克福尔(Liz McFall)联系广告解释这一立场(尽管不是品牌化本身)："文化不是干预经济过程的事物，而是组成经济过程的要素……这里所倡导的取向是关注广告作为物质实践组成的表演……自它们存在之日起，文化和经济就存在于物质实践的具体实例中。"(2004,86)

文化经济学派更深远的贡献是其"行动者网络理论"的概述，其源于科技研究的行动者网络理论对目标角色在引起社会变化中的作用进行了明确识别。尽管时有争议，但如果我们考虑到特定目标如何促进营销方式从杂货店销售到超市自助选择品牌的大规模转变，这种"非人代理"的观念就很容易理解了：最明显的是购物手推车，还有包装、展示架和冷柜。还有更为抽象的观点，卢瑞(Lury 2004)宣称品牌是一种"物件"(object)，作为一种用信息来构建跨时空的交换的连接或平台，在供给和需求之间积极协调。

与卢瑞类似，麦克福尔也明确借鉴了行动者网络理论，特别是米歇尔·卡隆(Michel Callan)关于市场的成果，以及在"反身附件"(reflexive attachment)中对信息作用的识别。消费者通过这些信息对产品间的区别进行认知和分级，在这一过程中品牌是"综合社会技术装置"的中心(a process in which the brand is central as a “complex socio-technical device”)(McFall 2004,83)。与此相似,阿维德森在关于市场如何形成、信息有何影响的论证中也引用了卡隆的观点,指出品牌化是“居于物品、人、图像、文本和自然性、信息性环境之间”的一组关系(2006,126)。他强调品牌不只是其标志提供的商品和服务;品牌超越了产品而成为“消费的语境”(Arvidsson 2005,244)。

简言之,用文化经济学派观点,我们得出了关于品牌化的超越二元论且更为复杂的关联性观念,然而经济/文化,文化/经济的构想引导我们关注品牌拥有者与潜在消费者之间在市场上的现实互动。此外,对信息的积极作用给予了特别关注,不仅包括品牌拥有者的营销活动,也包括消费者带入市场的品牌知识、情感联系和认知作用。因此,文化经济学路径在两种相关方式上为传统马克思主义者的分析提供了重要进展:它跳脱出了经济决定主义的陷阱,以及源于它的“文化权威模式”——即品牌拥有企业在“人们对品牌商品有怎样的思考和感受”方面有无限的控制力(Holt 2002,71)。

品牌化与民族文化

因此,消费者不再是过去理论中的“文化傻瓜”(cultural dupes),而是被认为“能生产性地使用商品:他们用商品来构建社会关系,分享情绪、个人认同或形成社区”(Arvidsson 2006,18)。然而,这不等于主权消费者的完全胜利。霸权斗争始终存在于营销商凭借品牌化不断寻求参与并动员消费者的“意义生产活动”中(Arvidsson 2005,237)。企业通过开发全方位的营销实践,如时下风行的“体验式营销”(Pine & Gilmore 1999)建设品牌形象、获取品牌价值,但这种“品牌管理”有其局限性。我们不能认为一种特定形象可以通过手段精妙的品牌经理而任意地强加于品牌之上,因为它们必须与文化中既存的东西相配合。阿维德森深入阐述了消费者在这方面集体拥有“高度自治”,至少消费者的感知是“超越资本直接控制的”(2005,242)。例如,关于劳斯莱斯普遍积极的品牌联想不是通过几年活跃的市场营销活动植入的,而是建立在质量、设计和工程学的流行文化观念之上。

从罗兰·巴特对新雪铁龙(Citroen)的经典分析中运用的意识形态观点来看,品牌化的形象和叙事可能成为神话的有力传播媒介,“整个群体……在形象中产生购买行为”(1973,88)。道格拉斯·霍尔特(Douglas Holt)指出,此种神话最重要的就是“把公民与国家建设(nation-building)工程相联系”,特别是神话如何动员并作用于鼓励消费者把对特定品牌的日常消费行为等同于“民粹主义世界”的民族认同(Holt 2004,57—8)。就这一角度而言,民族认同既适用于物,也适用于人。借用行动者网络理论,蒂姆·伊登斯尔(Tim Edensor)指出,“民族认同可以部分地理解为对民族的归属感(belonging to nations)”。他也注意到,“大规模商品生产与特定民族相关,也时常带有暗示(connote)特殊质量和专门形式的关联”(Edensor 2002,103—5)。民族本身不仅赋予了其商品广泛的“名誉资本”(O'Shaughnessy & O'Shaughnessy 2000,59)——意大利风格、德国质量——也拥有通常意义上的比较优势——苏格兰人制造威士忌、法国人酿造红酒——这一观点也可以应用到某一品牌。用伊登斯尔所举的例子来看,瑞典人有沃尔沃,英国人既有阿斯顿马丁又有迷你(2002,118—37)。这些联系是符号性的而非现实性的——现在沃尔沃(Volvo)属福特(Ford)旗下,迷你(Mini)属宝马(BMW)旗下,汽车生产已变得高度全球化,我们无法明确知道这些“民族”品牌究竟是在哪里生产的。

当我们论及民族认同时,不仅是指与其他民族的区别,也指人们对于自己属于某一民族的认同,对他们来说这是一种个人认同的维度。从后者来看,与“消费者本身做出其认为有意义的选择”的观点一致,可以说是他们自己选择了民族归属感,而不是把民族归属感强加于他们。他们在购买特定品牌时表现出的忠诚度已融入日常生活,并将流行的民族文化视为自己的;“我们在消费主义中表达社会归属感……文化是我们用品牌建立起来的社会”(Davidson 1992,124)。

很难概括任一特定国家市场中的所有产品类型和部门。简而言之,只要考虑购买符合其品牌估值的一些国际品牌就够了,比如劳力士、路易威登和其他著名的设计师品牌,其他品牌拥有建立在与民族的联系之上的价值。蒂姆·伊登斯尔深入阐述,消费者对“特定的典型民族产品”的显著需求(2002,113)可能被其对混乱世界中稳定身份的渴望所动员:“面对全球化,普遍共享的事物将人与地点锚定起来……这些事物意味着共享历史的能力是强有力的。”(116)在美国,让星条旗飘扬在自家草坪上的人会选择雪佛兰(Chevrolet)而非丰田(Toyota);一些出国旅行的英国人可能感觉乘坐英国航空公司(British Airways)的飞机更安全;澳大利亚背包客会在维吉麦(Vegemite)中找到舒适感。因此,除了品牌商品的实用性，作为个人对社会差异的标记，它们也能表达我们的民族归属感。

现代民族国家在追求民族团结形象和归属感，以及在国内外培养对自己政策的支持方面，也有自己的利益。这些它们越发通过品牌化的形式来实现——最近的几个例子包括酷不列颠(Cool Britannia)(McLaughlin 2002)、印度光辉(India Shining)(Bijoor 2004)和澳大利亚制造/不褪之蓝(Australian Made/True Blue)(Australian Made 2003)。也就是说，国家本身现已作为一个品牌出现，无论内外。在内部，为了统治的利益，民族国家作为将权威合法化的民族文化的监护人，对公民宣称他们是民族“想象的共同体”中的一员，因此也是其假定同胞共同体的参与者(Anderson 1983,6)。然而，不管民族文化在全球流动时代变得多么有问题和脆弱，文化归属感依然与地点和国家相联系(Morley 2000)。在外部，许多国家都在培育一种品牌认同，力图在全球市场上与其他国家相区别，在全球市场就贸易、旅游业、投资或保护其出口商品的独特“原产国”地位而展开竞争(Anholt 2000，Moor 2007)。

旅游业是一个具有启发性的案例。正如约翰·奥肖内西和尼古拉斯·杰克森·奥肖内西(John O'Shaughnessy , Nicholas Jackson O'Shaughnessy)所指出的，国家作为一个品牌而言是“尴尬的”，因为“人们对本国之外的其他国家存在普遍无知”(2000,57)。但另一方面，这种无知为国家旅游主管部门和承办者提供了一定空间，使其得以选择性地塑造其国家的品牌形象，他们也受到业已在其目标市场建立起来的刻板印象约束：美国被视作好莱坞电影中所塑造的国家；英国被视作一个富含历史和文化遗产的国家；澳大利亚被视作沙漠、灌木和海滩的疆域。然而从品牌化角度看，人们关于其他国家的形象并不仅限于对这个或那个国家的刻板印象。品牌从相对于其竞争者的定位中获得意义，所以与其让它们因表现出毫无疑虑的无知而被谴责，不如在与他人关系中对刻板印象报以理解，共同形成一个每个国家都各得其所的体系。这种定位可以改变，但任何改变都需要其他国家的认可，因此在实践中是很难达成的。更宽泛地说，像个人认同一样，国家认同也是相关性的；它们的意义源自与其他国家的比较。

例如，2004 年举行了一场耗资巨大的国际活动，试图从“不同角度”用美学、反思和个性化路径打造澳大利亚。该活动因国外旅行社的拒绝而昙花一现。他们无法接受用如此陌生、抽象的澳大利亚形象来为潜在旅游者制定旅行线路——大家都想去海滩——那才是澳大利亚。一国可以在民族认同的总体系内为自己宣扬一个新的定位，但是像爱和社会地位一样，定位只能由他人给予，不能靠自己索求。

"并非是国家而是市场业已成为民族认同感的关键参照点。"(Foster 1999，引自 Edensor 2002，111)在这一意义上，民族国家的"官方民族主义"现在已经被融入了所知的市场的"商业民族主义"(James 1983，79)。这种民族主义不是在公民层面而是在消费者层面将人们的身份定为民族成员，同样呼唤出民族归属感所基于的"信任、影响和共享意义"(Arvidsson 2005，236)。市场价值相对于民族国家价值的上升，也带来了从正式、官方的国家属性标识向基于更接地气的大众文化以及通过媒体实现的商业化标识的转换。的确，比"印刷资本主义"更甚的，是商业电视在国家建设(nation-building)以及形成全国性广告市场中的双重作用，导致很多现代发达国家成为"消费的想象共同体"(Foster 1991，250)。因此，除了传播大众传统和民族归属感的叙事，以及电视和其他一般媒介文化广泛传达的国家地位的"共享意义"，品牌商品，"就像在电视广告中"和其他地方一样，也成为民族成员身份的中介。

正如罗伯特·福斯特(Robert Foster)的观察，"民族和民族文化是人为缔造的物品——它们在个人的主体性、国家和商品的全球性流动中持续被想象、虚构、争辩与转化"(1991，252)。我们也应该意识到，移民形式的全球人口流动、迁徙、旅游和其他形式的"去地域化"，意味着当代民族国家和市场同样面对以往不曾有过的文化多样性和流动人口。这种情况下，民族归属感的神话及其在消费共同体中的表现，同时进行着排斥与包容——主流文化受到肯定，小众文化和亚文化被归为"异端"。说到市场营销和品牌化，既定国家市场的小众群体大多缺乏决定性的大规模需求而难以引起营销商的注意。尽管上述小众群体(the same minority)生活在不同国家，但他们的存在可以对特定品牌商品或服务形成跨国市场，例如西联汇款(Western Union)，在打破国家边界的意义上真正具有跨国性。

品牌化与全球文化

在当今"全球家园"的"超文化"中(Hannerz 1996)，国内市场中许多或绝大多数著名品牌实际上都是跨国公司。有趣的是，卢瑞指出，大多数主要跨国品牌已经经营 50 到 100 年，甚至超过大多数消费者的年龄(Lury 2004,101)。从这个角度看,至少在主要的消费资本主义社会,人们像体验自己民族语言一样体验着这些品牌:在复杂的文化世界中,我们每个人都必须学会如何使用品牌名称和品牌联想。主要品牌,如可口可乐,在成为世代相传的既有文化的一部分后才真正可以说"永远的可口可乐",就像有开心乐园餐和生日派对的麦当劳在童年记忆中留下的回忆,孩子们甚至想不起没有麦当劳的时光。

然而,重要的是品牌在时间和空间中的自我延伸。这些老品牌在全世界并不总是家喻户晓的名称,即便现在他们也没有真正地实现"全球化"。这些品牌骄傲地提出一种建构的、轶事型的企业家精神遗产。这把它们从中等规模、非本土的生产扩展至全球规模。即便关键客户也认识到可口可乐等公司是如何拓展市场的。在这个案例中,可口可乐从亚特兰大拓展到乔治亚州,然后进军南部地区乃至整个美国,进而延伸到特定的海外市场,最后占领全球市场(McQueen 2001)。另一方面,很多国际品牌都经历了这一拓展时期,现代营销结构允许其他企业用几十年的时间实现全球化(Frith & Mueller 2003,1)。最近引人注目的是传播和信息技术公司的突然崛起,包括移动电话公司。在"BrandZ"2008 年的调查中,世界百强品牌中的 28 个品牌都属于这一类,而且比其他任何类别的品牌发展都快。就拿前十来说,可口可乐和麦当劳仍然在列,还有通用电气和万宝路,但谷歌(再次)居于首位,其他几个是微软、中国移动、IBM、苹果和诺基亚。其他品牌,例如宜家和星巴克,在百强排名中远远落后。它们也在很短的时间内参与了国际市场的竞争,这些品牌在当代娱乐活动和生活方式方面还需要有更多的作为(Millward Brown Optimor 2008)。

科技公司可以被称为是真正全球性的。如果说信息和传媒技术既是造就全球化时代的原因,也是受到其影响的结果,那么品牌化就是所有跨国公司通过全球化将其优势最大化的主要手段,特别是大型新兴市场和执照颁发的开放,以及分配体系的合理化(Arvidsson 2006,Holt 2002)。在科技公司的案例中,传统经济学家所说的"先行者优势"似乎很重要,首先能使其在本国市场取得市场支配,进而在进入海外市场时发挥这一优势。该案例中的先行者优势是技术创新及对其保护,阻止国内外竞争者和模仿者——例如微软在操作系统方面的统治地位、谷歌在商业化互联网搜索方面的卓越成就。在以上案例中,品牌化的重要性不及其他形式的知识产权,即技术专利,但是企业发现很难通过技术专利来应对特定海外市场的竞争者，因此微软在中国打击盗版。一个重要的案例是，中国的百度在搜索引擎市场上完全压倒了谷歌。这涉及很多方面，包括监管，但是其他可能是文化因素，因为在其他文化意义上偏远的主要市场，谷歌也落后于本国公司，如日本、韩国和俄罗斯(Waters 2008)。

因此，企业越来越注重品牌化的战略运用和对文化差异的处理。如可口可乐和麦当劳这样的传统企业，以及宝洁和联合利华这样的快消品巨头都建立起一整套成熟的机制。如前所述，这些公司中有很多在几十年前就跨越了北美或欧洲本土市场，并已成为在不同文化市场的品牌管理中最有经验的公司，即便如此，它们仍然会在品牌名称上犯同样的文化错误，这后来在20世纪60年代的跨国公司发展大潮中成为普遍现象。尽管与此相关的很多故事多为误传，但以下这则的确看上去颇为真实：20世纪20年代，当"Coca-Cola"第一次被经销商翻译成汉字时(他们坚称不是公司自己翻译的)，听起来像"蝌蚪啃蜡"。近期的一个实例是三菱帕杰罗(Mitsubishi Pajero)，其在西班牙语国家中被称为"圆猎帽"("Montero")。在这些国家"Pajero"是"蠢人"或者"混蛋"的意思。即使在相同语言的国家，问题也会出现：XXXX(Fourex)是澳大利亚的一个啤酒品牌，但在美国是避孕套品牌(Ricks 1999)。很明显，如果著名品牌的意义都不可以原封不动地跨过国界，它的品牌形象也没有机会随之一起跨越国界。

文化和语言障碍方面的诸多体验泯灭了"标准化"的热情，而这在20世纪80年代的一些营销商及其代理中颇有市场。标准化对公司来说是一个诱人的想法，因为它似乎可以为品牌提供一致的全球形象和相应的规模经济，全世界"同一种景象，同一种声音，同一种销售"(Mattelart 1991,55)。然而，当这可能对万宝路牛仔生效时，也出现了惊人的失败——即便不考虑品牌化和文化方面的问题，以及因目标市场的国家法规和分配体系引起的问题，产品种类也作为其中一个因素出现——航空公司可以标准化配置，但是像雀巢(Nestle)这样的咖啡生产商根本不会去尝试。

20世纪90年代，流行词变成了"全球在地化"或"全球本土化"(glocalization或global localization)。这意味着一个适应性战略，经销商在标准化的组织和经济优势之间寻求实用的平衡，以及回应市场间文化与其他差异的必要性(Herbig 1998)。这一观念考虑到了消费者的文化现实。经销商对因地制宜有多大程度上的准备，既取决于产品，也取决于目标市场及其分销。有些服装品牌在同一国家为不同城市量身定制品牌广告，如果相同的活动可以用于“国家集群”(country clusters)，甚至整个世界，经销商在既要全球化又要因地制宜方面就不会考虑那么多：这就是“战略性区域主义”(strategic regionalism)(Sinclair & Wilken 2009)。

针对国际品牌对本国市场和播放其广告的媒体入侵，产生出大量批判学术文献，甚至引起近几十年世界论坛的争论。20 世纪 60 年代对“文化帝国主义”(cultural imperialism)的批判变成了全球化时代对文化同质化的恐惧，其他理论家已经开始关注全球文化形态(forms)所经历的多元“本土”适应性，借此将同质化与异质化对立起来(Sinclair 2007)。有趣的是，同质化理论家和异质化理论家之间的学术争论与市场营销中标准化倡导者和“多国化”战略支持者之间的争论情况不谋而合。正如后者间的辩论在全球本土化的中间地带建立了共识，理论家开始承认一种“混杂”(hybridization)过程。这一过程中消费者市场和媒介受众有意识地在全球和本土间进行交涉(McMillin 2007)，从而再次比传统马克思主义的“文化威权”模型给予了消费者更多的主体性(Holt 2002)。

然而，正是那些经销商在实践层面投身于这一复杂矛盾的中间立场。例如沃特森(Watson 1997)对亚洲麦当劳所做的深具启发性的研究，不仅指出企业为迎合不同国家地区的口味如何实现全球化菜单项的因地制宜(glocalized the menu items)，也说明了如何处理经销店对规训消费者吃快餐和西餐的需求，与消费者出于一系列社交目的去商店消磨时光的消费欲望，这两者之间的矛盾关系即使企业积极寻求消弭文化差异，“消费者规训”(consumer discipline)仍是一个主要问题。的确，品牌管理承担起一种通常由特定意识形态担负的教育功能，一种进入当代消费资本主义的入门形式。即便在西方，麦当劳甚至也把“餐馆”重新定义为一个自我招待、无需餐具和自助清洁的地方。这种规训是关于消费的文化能力的习得，可能意味着如何使用超市，或者只是学习如何理解电视广告中不熟悉的视觉语言(Wang 2003,252)。

当后来被称为“跨国公司”的企业在 20 世纪 60 年代进入“第三世界”的“欠发达国家”，这些市场被按类型划分为能够轻松负担得起品牌产品的小部分富有精英和负担不起的大众群体。在所谓“内部市场国际化”的过程中，跨国公司建立了附属机构为“首要”(精英)和“次要”(大众)市场生产各自的品牌。对于后者，小包装的廉价品牌产品被生产出来并广泛分销，同时还要有广告支持。例如，雀巢在非洲和拉丁美洲生产的美极汤块(Maggi soup cubes)被认为是这一类产品中的成功营销案例(Sinclair 1987)。就像当前倡导的,"所谓开拓阶段的广告功能不是从竞争者手中掠夺销量,或者欺骗淳朴的人,而是教授新的消费行为。西欧/北美风格的广告在传授新生活方式上展示出巨大的影响力"(Stridsberg 1974, 77)。近年来,出现了关于在中国和印度这样的国家中扩展"中产阶级"的论调。然而,这些国家大部分人群生活在现代全球化的主要城市地区之外,所以,与可能在具有品牌意识的环境中成长的上海或孟买居民不同,偏远地区的人们并无此意识,也不具有同样的购买力。因此,他们在买东西时往往表现出一种前现代化的、基于价格和质量的顽固倾向,而非青睐广告所塑造的品牌形象。也就是说他们不一定会从品牌角度看商品,因购买力有限,他们几乎没有对品牌的体验。公司针对这种形式的消费需求下降情况的应对策略是"品牌向下延伸",也就是提供比高端品牌更便宜的版本(Doctoroff 2005)。这一策略使商家为潜在消费者提供负担得起的产品,通过这些产品他们可以感受这个品牌,因此也可能扩展消费者规训,使其对品牌名称的光环有所反应。

然而,值得一提的是,在《广告时代》的《2008 年全球营销报告》中,尽管诸如宝洁和联合利华等全球快消品企业集团出现在中国和印度最大的商家名单中,但中国和印度的品牌仍然会继续强势存在,尤其是反应其各自文化传统的中草药和阿育吠陀药(ayurvedic medicines)。此外,虽然快消品市场统治着类似榜单是欠发达国家市场的典型特征,但在更复杂的类别里存在着举足轻重(significant)的商家。如前所述,中国最大的商家之一——中国移动,在 2008 年进入"BrandZ"的前十。同年,印度最大的企业之一——塔塔集团(Tata Group),从福特获得著名的捷豹(Jaguar)和路虎(Land Rover)品牌。这表明,全球品牌已不再是那些总部在北美和欧洲的主要公司的专属产权。

【本章出自 ARC Discovery - Project, DP0556419, "Globalisation and the Media in Australia," funded 2005-9. 下的研究项目。作者对 ARC 的财务支持和 Rowan Wilken 博士提供的研究帮助表示感谢。】

参 考 文 献

Aaker, D. A. (1991) *Managing Brand Equity: Capitalizing on the Value of a Brand*

Name. The Free Press, NewYork.

Anderson, B. (1983) *Imagined Communities: Reflections on the Origin and Spread of Nationalism*. Verso, London.

Anholt, S. (2000) *Another One Bites the Grass: Making Sense of International Advertising*. John Wiley, NewYork.

Appadurai, A. (ed.) (1986) *The Social Life of Things: Commodities in Cultural Perspective*. Cambridge University Press, Cambridge, UK.

Arvidsson, A. (2005) Brands: A critical perspective. *Journal of Consumer Culture*, 5 (2), 235—58.

Arvidsson, A. (2006) *Brands: Meaning and Value in Media Culture*. Routledge, London.

Australian Made. (2003) Together again - Australian Made and True Blue celebrate 21 years. August 26. Online at www. australianmade. com. au/news/6944. asp (accessed May 22, 2007).

Barthes, R. (1973) *Mythologies*. Paladin, St Albans, UK.

Baudrillard, J. (1981) *For a Critique of the Political Economy of the Sign*. Telos Press, St Louis, MO.

Bijoor, H. (2004) Branding the govt of India. *The Hindu Business Line*, Internet edition, February19. Online at www. thehindubusinessline. com/catalyst/2004/02/19/stories/ 2004021900180400. htm (accessed May 22, 2007).

Davidson, M. P. (1992) *The Consumerist Manifesto: Advertising in Postmodern Times*. Routledge, London.

Doctoroff, T. (2005) *Billions: Selling to the New Chinese Consumer*. Palgrave Macmillan, New York.

Douglas, M. and Isherwood, B. (1979) *The World of Goods: Towards an Anthropology of Consumption*. Allen Lane, London.

Edensor, T. (2002) *National Identity, Popular Culture and Everyday Life*. Berg, Oxford.

Featherstone, M. (1987) Lifestyle and consumer culture. *Theory, Culture & Society*, 4, 55—70.

Foster, R. J. (1991) Making national cultures in the global ecumene. *Annual Review of Anthropology*, 20, 235—60.

Foster, R. (1999) The commercial construction of new nations. *Journal of Material Culture*, 4(3), 263—82.

Frith, K. T. and Mueller, B. (2003) *Advertising and Societies: Global Issues*. Peter Lang, New York.

Gardner, B. B. and Levy; S. J. (1955) *The product and the brand*. Harvard Business Review, 3(March-April), 33—9.

Hannerz, U. (1996) *Transnational Connections: Culture, People, Places*. Routledge, London.

Herbig, P. A. (1998) *Handbook of Cross-Cultural Marketing*. The Haworth Press, New York.

Holt, D. B. (2002) Why do brands cause trouble? A dialectical theory of consumer culture and branding. *Journal of Consumer Research*, 29(June), 70—90.

Holt, D. B. (2004) *How Brands Become Icons: The Principles of Cultural Branding*. Harvard Business School Publishing Corporation, Boston, MA.

James, P. (1983) Australia in the corporate image: A new nationalism. *Arena*, 63, 65—106.

Klein, N. (2001) *No Logo*. Flamingo, London.

Lash, S. and Urry, J. (1994) *Economies of Signs and Space*. Sage, London.

Lury, C. (2004) *Brands: The Logos of the Global Economy*. Routledge, London.

Mattelart, A. (1991) *Advertising International: The Privatisation of Public Space*. Routledge, London.

McFall, L. (2004) *Advertising: A Cultural Economy*. Sage, London.

McLaughlin, E. (2002) Re-branding Britain. Open2. net. Online at http://www. openZ. net/society/socialchange/ new_brit_coolbritainnia. html(accessed October 4, 2010).

McMillin, D. C. (2007) *International Media Studies*. Blackwell, Malden, MA.

McQueen, H. (2001) *The Essence of Capitalism*. Hodder, Sydney.

Millward Brown Optimor(2008) Press Release. Online at http://www. millwardbrown. com/Sites/mbOptimor/ldeas/BrandZTop100/BrandZTop100. aspx(accessed October 11, 2010).

Moor, L. (2007) *The Rise of Brands*. Berg, Oxford.

Morley, D. (2000) *Home Territories: Media, Mobility and Identity*. Routledge, London.

Mosco, V. (1996) *The Political Economy of Communication*. Sage, London.

O'Shaughnessy, J. and O'Shaughnessy, N. J. (2000) Treating the nation as a brand: Some neglected issues. *Journal of Macromarketing*, 20(1), 56—64.

Perry, N. (1998) *Hyperreality and Global Culture*. London: Routledge.

Pine, B. J. and Gilmore, J. H. (1999) *The Experience Economy: Work is Theatre and Every Business a Stage*. Harvard Business School Press, Boston, MA.

Ricks, D. A. (1999) *Blunders in International Business*. Blackwell, Oxford.

Sandler, D. M. and Shani, D. (1992) Brand globally but advertise locally?: An empirical investigation. *International Marketing Review*, 9(4), 18—31.

Sinclair, J. G. (1987) *Images Incorporated: Advertising as Industry and Ideology*. Croom Helm, London.

Sinclair, J. G. (2007) Cultural globalization and American empire. In: Murdock, G. And Wasko, J. (eds), *Media in the Age of Marketization*. Hampton Press, Cresskill, NJ, pp. 131—50.

Sinclair, J. G. and Wilken, R. (2009) Strategic regionalization in marketing campaigns: Beyond the standardization/glocalization debate. *Continuum: Journal of Media and Cultural Studies*, 23(2), 147—57.

Stridsberg, A. (1974) Can advertising benefit developing countries? *Business and Society Review*, 11, 76—7.

Wang, J. (2003) Framing Chinese advertising: Some industry perspectives on the production of culture. *Continuum: Journal of Media and Cultural Studies*, 17(3), 247—60.

Waters, R. (2008) Google still struggling to conquer outposts. *Financial Times*, September 16.

Watson, J. L. (ed.) (1997) *Golden Arches East: McDonald's in East Asia*. Stanford University Press, Palo Alto, CA.

Wernick, A. (1991) *Promotional Culture*. Sage, London.

拓展阅读

du Gay, P. and Pryke, M. (eds) (2002) *Cultural Economy*. Sage, London.

Howes, D. (ed.) (1996) *Cross-Cultural Consumption: Global Markets, Local Realities*. Routledge, London.

Wang, J. (2008) The power and limits of branding in national image communication in global society. *Journal of International Communication*, 14(2), 9—24.

第十一章　自由的假象:媒体政策中的公私二元化格局

安德鲁·卡拉布雷塞(Andrew Calabrese)
柯林·米哈尔(Colleen Mihal)

引　言

在英国首相撒切尔(1970—90)和美国总统里根(1981—9)执政期过后,"新自由主义政治经济的理论和实践无以替代"成为一种广为接受的观念(Harvey 2005)。苏联解体在一定程度上也为这种观念树立了可信度,而"自由民主的全球化秩序必然胜利"的论调也强化了这一观念(Fukuyama 1989)。在那之后,许多全球化的重大事件对新自由主义的优点产生诸多疑点,其中还有不少世界各地举行的大众运动是反对新自由主义经济政策的。紧接着,2001 年基地组织对象征着美国财政和军事利益全球控制权的纽约世贸大厦和五角大楼发动了恐怖袭击,而最近美国所领导的全球金融产业也爆发了危机,这一切更加剧了对过去以美国为首强制推行的新自由主义价值观的不信任。上述事件导致了很多国家转变发展方向,努力恢复那些被对福利国家政策的诋毁和抨击,以及被世界银行及国际货币基金组织对全球南方国家强制实施结构调整政策所抛弃的社会政策原则和重点。时至今日,市场的自我调节能力以及它全面有效反应人类基本需要(包括食物、住宿、医疗和教育)的能力,已经受到了心理上和政治上的广泛怀疑。

最近(2008 年)爆发的全球金融危机(global financial crisis),甚至连乐观的预言者也推断要花数年才能恢复正常。这已经明显向我们论证了自由主义未能兑现其"市场能够有效自我调节"的诺言,更不必指望其能形成和体现道德意识了。但具有讽刺性的一点是,尽管经济上的新自由主义已经完全呈现了其局限性,很多在政治上可以或者应该被轻易抛弃的新自由主义核心价值观却依然没有轻易被抛弃。这当然也涉及这样的问题,即哪一种自由主义被假定取得过成功,哪一种最近又失败了。《帕尔格雷夫经济学辞典》列举了一些定义过"自由主义"的核心价值观,即法律规则、预期过程(due process)、个人的神圣不可侵犯性以及自由表达权(Dahrendorf 1987)。至于该如何按照先后次序排列这些价值观,目前还存在分歧和争论。《辞典》提到"自由思想和自然权利的矛盾关系是确凿无疑的"(Dahrendorf 1987,173)。1690 年,当自由主义第一次被当成是政治和经济工程的时候,洛克(John Locke)提到,首要的也是最重要的是,公民政府的职责是保护财产所有权:"人们联合成为共同体并置自己于政府之下,其重大的和主要的目的,是保护他们的财产;而在自然状态下是缺乏对于财产权利的保障措施的。"(Locke 1924,180)正如其他人所观察到的,在洛克之后,给予了私人财产权高于一切的权利,这导致对与自由民主制(liberal democracy)在历史上相关的其他基本权利的否定。达尔(Robert Dahl)在《经济民主序言》中,把"经济自由"定义为"让自治权利附属于私有财产权利",然而在"政治自由"下,财产权利是附属于自治权利的(Dahl 1985,162—3)。

"公"与"私"的二元论是自由政治思想的基石。康德(Immanuel Kant)诉诸它,以此建立人类的启蒙依赖于对理性的公用的观点。对于康德而言,一个文明的社会依赖于公共性,通过使用公共性,思想的传播能够获得摆脱支配和恐惧的契机。1784 年,康德强调在公众领域产生分歧并进行争论的重要性。他声称有时勇气是战胜私下退缩或者维持个人利益的唯一方法(Kant 1991)。对于康德来说,公共领域是一个地方,在那里私人利益可以与一个道德世界观相调和,这个世界观坚持把个人和关系当作目的本身,而不仅仅是作为达到其他目的的手段。这一观点推行了一种社会公德心(imposes a public-mindedness),他认为当我们严格根据物质性自利原则(material self-interest)为自己的行为进行辩护时,这种公德心正在失去。对于康德而言,公示性原则是法律秩序的正当性基础。他认为我们追求的极致目的不应该被道德教条所决定,相反,它们应该是能被"公众理性"所证明和判断的。哈贝马斯(Jurgen Habermas)也在他对"公共领域"这一概念的历史重构中包含了这一理念(Habermas 1989)。在这之间和在这之后的时间里,许多作者认为"公共理性"和"公开宣传原则"对于民主生活蓬勃发展是很必要的(Rawls 1996,Splichal 2002a,2002b)。

不幸的是，康德自身并没有关注建立有效参与公共领域的公平准入机制。他的自由公共领域理论没能充分说明在越来越不可能有效地在公共领域行使理性权利的社会成员中，权力、特权和才能（也是特权的主要功能）三者在区分其构成差异上的作用。与康德忽视物质利益如何会给有效加入公共领域设置障碍不同，马克思（Karl Marx）论证了这种自由主义思想（liberal ideal）的历史局限性。1843 年，马克思哀叹法国大革命未能给予每一个人"人权与公民权"。相反，马克思写到，公民权事实上是有条件的，是依照他们在资产阶级中的成员地位而定的。也就是说，按照法律，一个人需要成为财产拥有者才能享受参与政治的权利。一个人有基本的人类需要，并不足以成为他参与政治的充分先决条件（Marx 1978b）。战后，只有在福利政府把人类基本需要当作一种社会权利之后，正式有保证但实际上很难接近的政治权利才得到充分实现（Marshall 1950）。如果马克思还在世的话，他会毫无疑问地把资产阶级的福利政策当作一种远胜当时工业资产阶级的残酷状况的社会进步，就像他把他所目睹的社会状况当成一种远胜封建社会的社会进步一样（James 1996）。确切地说，马克思对于法国大革命的批判并不是对自由权利的否定。相反，他只是惋惜当政治自由主义从属于资本主义时，承诺与局限性间的巨大差距。在马克思的早期著作中，很明显，他十分关切与政治团体有关的个人权利，以及资本主义如何阻碍自由主义公民身份的承诺。但是马克思所重视的是参与政治团体的权利，他发现当私有财产权、市场交换、资本积累被置于一切其他权利之上时，参与政治团体的权利就被阻碍和扭曲了（Bernatein 1991，Marx 1978a）。与此相似，麦克佛森（C. B. Macpherson）一生对自由主义的批判的目的，就是试图维持有关政治自由的某些核心价值观，这些价值观正是在把经济利益和私人财产权利作为定义政治权利的基本途径时丧失的（MacPherson 1973，1962）。但是正如我们在新自由主义理论和实践的崛起过程中所见，被现代福利政府所保证的社会权利，即公民的社会权利，也是可以得而复失的（Turner 1992）。

如今，"新自由主义已经丧失了其对全球经济秩序的把控"的论断已经变得非常普遍了，这好像意味着，保证社会权利的思想基础又存在了（Wallerstein 2008）。然而这样的论断可能是不成熟的，因为即便对失败的新自由主义已经不再有幻想，现在还没有清晰的证据能够证明，许多将国家关键功能外包给"公民社会"的志愿组织，或者把国家和公民间的社会契约变为一种依靠志愿服务和慈善事业以满足人类基本需求所导致的问题，将被改变或者调整(Fraser & Gordonn 1992，Wood 1990)。对于美国这个新自由主义激进思想的先驱和实验场来说，这并不是一个简单的问题。新自由主义的失败，特别是它对世界范围内众多人口所带来的伤害(Frank 2000，Giroux 2004)，证明了不受限制的经济力量会扭曲政治上的自由主义的实现这一观点。福山关于自由价值观已经盛行这一无根据的胜利公告忽视了很多东西，其中不少是自由主义的核心价值观：除非会给他人带来坏处，否则个人自由不应该受到任何限制。这一价值观也经常被称作“伤害原则”，其显著地存在于一个最有名的自由主义的辩护论点之中，即穆勒(J. S. Mill)的《论自由》一书中：

> 本文的目的是要力主一条极其简单的原则，使凡属社会以强制和控制方法对付个人之事，不论所用手段是法律惩罚方式下的物质力量或者是公众意见下的道德压力，都要绝对以它为准绳。这条原则就是：人们若要干涉群体中任何个体的行动自由，无论干涉出自个体还是出自集体，其唯一的正当的目的乃是保障自我不受侵害。反过来说，违背其意志而不失正当地施之于文明社会成员的权力，唯一的目的也仅仅是防止其伤害他人。他本人的利益，无论是身体的还是精神的，都不能成为对他施以强制的充分理由。(Mill 1947，68—9；参见 Feinberg 1984，Smolla 1992)

正如 2008 年全球经济危机的影响所证实的那样，依赖于或很大程度上被表面上看来是“私有利益”所影响的结构上的决定，能够产生并且也经常会产生广泛的伤害。相似地，传播基础设施的不均等和腐败都是很重要的伤害形式，它们都会使民主的前景受到威胁。

撒切尔夫人深知对重要的甚至是有潜在伤害性信息的公开性进行控制，对于保持社会秩序至关重要，她在 1985 年宣布，凡是挟持人质的劫机者都应该被剥夺“公共性氧气”(oxygen of publicity)，因为公共性正是他们的行动所寻求的。① 这个类比并不是说每个公民都是潜在的恐怖分子，政府及其同盟媒体应该有意对其展开信息战。恰恰相反，普通人日常所被剥夺的“公共性氧气”是能够充分享有政治权利的信息和知识的基

---

① 撒切尔夫人的伦敦演讲，在 1985 年的一个美国律师协会上的完整陈述是：“‘民主国家’必须尽力制定一些打击恐怖分子和打击剥夺公众依靠的生存权的措施。”

础，正是这些信息和知识使他们能有效地利用那些他们需要知道、询问和改造的政治制度。与政府用以击败政治暴力的限制性措施相比，政府及其同盟媒体证明自己不但有能力而且有愿望通过更为日常的手段限制并缩减公众的政治想象力和有效参与（Calabrese 2004，2005）。这也是本章中我们将关注的深层次的社会伤害。我们下文的基本假定就是，为了服务于一个自由民主社会的最健康的公共领域，最广泛地提供"公共性氧气"是被赋予服务公众机会的媒体和电信服务业的最高的，也是最有必要的使命。

在这一章中，我们将检视公与私的分野这一自由主义理论的核心特征是如何在实践中，尤其是在媒体和电信业中发挥作用的。正如下面具体的媒体政策和媒体实践所论证的那样，公私意识形态边界的打破——也就是诺伯托·博比奥（Norberto Bobbio）称之为"公的私有化"和"私的公共化"（Bobbio 1989a，15）——并没有突然发生，但导致这种状况的合法的理由策略，也不会很容易地被推翻或者受制于民主控制。接下来，将讨论导致这一状况发生的一些长期存在的原因。

媒体的私有化

20 世纪末期，媒体的私有化在全球加速进行。"私有化"这一术语是指，财产由国家所有或公共所有并控制转换成私人所有。论证私有化的合理性所列出的主要原因是，私人拥有和经营会使公司更高效地运作，因为经营者在经济上有义务使公司盈利从而给股东带来收益。相比之下，政府所有制则会被指责为低效、腐败以及不足以反映纳税人的利益。私有化的提倡者争论说，私有工业有竞争力的环境促进了更大的革新，并迫使公司保持低廉的运营成本。

关键性公共服务的私有化，在最近几十年中已经成为一个备受关注的话题。最显著的表现是在一些已经经受剧烈的政治和经济体制变革的国家中，例如在中欧、东欧以及拉美。随着苏联解体，燃气和燃油工业被私有化后，成为腐败丑闻和公民动乱的焦点，因为前政府官员通过大规模的股权认领，迅速变得富裕起来。在其他地方，最近的一些对水利设施私有化的尝试，已经导致了公愤和暴动，最著名的一次是 2000 年在玻利维亚发生的事件。政府努力进行私有化的一些普惠性的健康服务、教育和其他社会服务，导致全世界范围内诸多国家的不少争论和抗议。在一些贫困国家，为了应对来自世界货币基金组织和世界银行的外汇贷款压力，私有化作为一种“结构调整”的形式已经在进行了。

美国政府在提倡迎合政府和公共服务私有化的政治经济的理念上已经成为全球先锋。在其外交政策和双边及多边协议中，作为一个对其他政府施加影响的典范，美国政府以市场价值的自我控制、自由化和私有化价值观的坚定信念为基础提出其全球政策。这些信念反复出现，有些在一些国家造成灾难性的影响。美国政府与私有企业在自己国内或是世界范围内以一种看起来极端的方式将至关重要的政府职能分包出去执行。美国为数众多的监狱是由大型盈利机构所经营的，特别是在这个国家的南部和西部地区；美国的军事体系则是由众多的私有企业所支持的；国防系统承包者设计、建造高科技的武器；私有军事公司提供诸如安全保障、犯人审讯训练等支持性服务；许多基础设施和美国的关键服务是由私有公司建立或掌控的，包括电信业。美国国内的政策历来扶持媒体和电信公司的私有制，并且倾向于使“公共利益”的规则服从于盈利性私有制和管理权的隐含规则。美国媒体和无线电通信公司的全球市场力量以及美国代表高调地参加全球贸易、投资、政策峰会，使美国和它的媒体行业成为一种不可一世的存在力量，这也是一直以来引起持续性局势紧张和争议的原因。

私有企业可以代替政府或公共服务的程度看起来没有受到限制。私有化的基本原理和过程与对电信业和大众媒体业的经济政治发展史的理解密切相关。其中尤为重要的事实是，媒体机构、科技和政策都被普遍认为是影响公众生活可持续性的关键性力量。以美国为例，媒体或者在美国历史早期出现的报业作为唯一一个受明文宪法保护的工业（经由宪法第一修正案）已经被赋予了特别的关照。在全球范围内，曾有人强烈而广泛地反对把媒体和文化产业当成像钢铁、咖啡或是矿业一样的产业。相反，鉴于媒体和文化在维持公共生活和文化上的作用，世界上许多国家将其当作例外。支持这样一个“文化特外”的论点，在一定程度上是对全球媒体巨头对国内大部分媒体行业的威胁做出的回应，因为一旦失去政府干预，本国媒体会面临破产的危险。尽管媒体私有化在全球已处于上升趋势，大部分政府也倾向于为其提供条件，这些政府也同时企图通过进口限额和补贴维持本国媒体业的生存。

在过去几十年间，媒体行业在遍及世界的许多国家已经实现私有化了，但是私有化的步伐在过去 20 年里急剧加速，尤其是在后社会主义的中欧和东欧，以及军事独裁结束后的拉美和种族隔离结束后的南非。在西欧和世界上其他地区，自由民主的福利国家也迎来媒体的私有化。在美国，无线广播和电视广播体系作为一个整体，是极其强大而商业化的。而美国的公共广播电视体系，尤其是电视，传统上很小，经济上微弱，并受到不断变化的媒体市场、行政和立法部门不断改变的政治议程所造成的影响的打击。其结果是，美国的公共广播普遍缺乏影响和作为美国文化与政治关键性舞台的重要性。美国对社会主义长期抵制也为阻碍政府支持非商业化的媒体提供了一个意识形态框架。

对比之下，在其他许多国家，公共服务广播已经与自由主义理想相对接，在政府的干预下处于运行之中，这确保了公众领袖能通过媒体在发展和维系政治和文化话语中起作用。这样的体系有充分的资金而且免于政治压力（例如通过许可证收费而非直接由政府拨款），在国家公共生活中有更中心的地位。英国的英国广播公司（BBC）、德国的德国国家电视台（ARD）、日本的日本广播协会（NHK）、加拿大的加拿大广播公司（CBC）和澳大利亚的澳大利亚广播公司（ABC）都处于这一服务公众的体系当中，因为它们有创新性的高质量节目和独立于政府与市场的承诺。但是，由于全球竞争压力和可用新媒体资源的快速增加，甚至是在它们所掌控的、相对成功的领域里，众多公共服务广播机构（PSBs）发现，它们不得不在一个不熟悉的商业和多频道媒体的条件下参与竞争以获得受众。这样下来的一个结果即是，公共服务广播机构不得不以更快的步伐适应技术的改变，而且它们也不得不去开发出能使自己与商业网络相匹敌的商业模式。这些改变引发了一种担忧，即公共服务广播明确的身份和任务是否会因此而终止。尽管并没有在技术上进行私有化，但是许多公共服务广播机构已经采用了很多私有的、商业化的广播商的运营方式，其中包括付费广告。

也许比广播业的改变更为戏剧化的是电信业基础设施的私有化趋势，以及大众媒体和电信设施的融合。在过去的20年中，世界上很多国家的政府已经使他们的邮局、电报和电话公司归于私有，这导致相当数量的大型外国公司参与并购与收购。此外，随着来自国外尤其是美国的电信公司进入新市场，私有化和市场自由化也就发生了。例如，美国有线电视和电话公司斥巨资在后社会主义时期的中东欧设立了新的陆上通信线路和无线基础设施，在和邮局、电报和电话公司以及新建的私有公司结成合作伙伴关系的同时，也作为独立的竞争者和它们展开竞争。

在美国，电报和电话业历来就是私有的，几乎毫无例外。然而，遍及大半个世界的邮局、电报和电话公司（PTTs）都是由政府经营运作的机构。尽管事实上是实行私有化，但在政府严厉控制价格和保证服务质量的监管下，美国电话工业在很多方面曾像其他国家的邮局和电报与电话部门那样运作。在美国电话电报公司被拆分之前，国家垄断控制了电话业的所有方面，作为一个独立提供本地或远程服务的公司，美国电话电报公司同时设计制造了所有的网络设备，并通过建立一个全国的平均成本体系，将盈利子公司的所得收益用于补贴花费更高的一些运营活动。

当联邦法院在1984年决定美国电话电报公司的垄断地位应该结束之时，其结果在很大程度上就像是私有化。接下来的分拆，本应该是提升一个更加有竞争力、改革性和开放性的网络环境的机会。1984年，美国电话电报公司被剥离了本地电话子公司，母公司只占有高利润的长途无线电话及制造业务，这也使其在进入新的商业领域时少了一些限制。这一分拆动摇了人所熟知的无线电通信和大众媒体间的区别，美国远程通信政策通过促进跨产业的聚合效应，鼓励以前独立的产业和技术的融合。也是自那个时候起，美国电话工业经历了一次重新集中化的过程，地区性的电话公司变得更少，一些电话公司经过合并收购已经成为综合性的集团。

正如有线电视系统一样，美国电话公司现在正在经历一种利益的冲突，因为他们自己的内容供应商正与其他需要近用同样基础设施的内容供应商进行竞争。今天，公共利益捍卫者正在担心，美国的电话通信产业正在失去其在历史上作为“公共载体”的中立性的可能性，这是因为，为了其所属的经营内容的子公司的既定利益，这些公司可能会对与其经营内容的子公司有竞争关系但需要近用其网络服务的其他内容公司，提供歧视性价格或低质量服务。虽然美国电话电报公司分拆的本意是推广一个更加“开放的网络”，其后的内容和基础设施的垂直整合抑制了电信运营商提供一个更开放和所有内容提供商都能近用的网络的动机。

美国电话电报公司的分拆有助于开放美国国内的市场机会，无论是对于国内的还是国外的竞争者来说，这些发展都刺激了私有化以及很多其他国家媒体工业的放松管制、私有化和自由化。作为象征性的或是实际原因的分水岭，它象征着这样一种集中的政治和经济意志：与一个相对稳定的、也许少些革新的过去决裂，换来媒体产权关系和结构的转型，理论上是带来更多活力和竞争力，也给公众带来更大的价值。把电子通信业自由化和私有化的全球化趋势归因于美国电话电报公司的分拆是有些夸大，但这确实是一个决定性的时刻，因为它关涉到美国政府给外国政府施加压力，让它们放开通信市场的取向。这在许多欧洲、亚洲和拉丁美洲国家无线电通信政策方向的如下转变中很明显：私有化以及与之相伴的对“开放网络”的重视。

媒体是私有还是公有这一问题之外，是私有媒体和国家间的关系问题。随着电信业公司对于用户监控以及数据挖掘的复杂能力的持续发展，它们可以运用所挖掘的信息，把其内容服务置于一个比其他公司在网站上所提供的内容相对有竞争力的优势位置。同样前卫的是，美国电信业公司通过使用收集的数据以及普通公民的信息，也给联邦政府提供监控服务。这些发展也证明媒体私有化并不一定标志着政府控制或者权力滥用的缺失，也不能保证更大的公共责任。

公私二元格局：西方世界的空想？

公私二元格局已深入欧洲的思想体系和政治理论当中，但是对于这些观念是如何反映在世界上其他地方的政治理论和实践上的还不是很清楚。和其他国家相比，欧洲看待政府和工业间的适当关系的观点颇为独特。中国也是一个很好的对比。中国的社会主义现代化进程始于毛泽东逝世之后的 20 世纪 80 年代，是以从政府为中心的计划经济到社会主义市场经济的转变为标志的。经济、政治和社会的彻底改革需要公有范围和私有范围间的动力转变（Lu and Weber 2007）。例如，中国的媒体体系已从需要经过严格审查的政府主导体系转变为一种更加商业化的经营模式。总体来说，改革还包括媒体工作者更大的自主性。例如，在 2008 年北京奥运会来临之际，政府采取一系列的媒体改革措施，其中包括减轻了出行交通限制，并且给记者提供了便利，使他们免于过去在进行采访时需要征求官方批准的限制（Earp 2009）。

然而，公有范围和私有范围间的可融合性使得政府可以用更微妙的形式，如通过规章制度或是宣传实施控制（Earp 2009）。例如，政府允许新闻机构重新包装宣传政府，以便增加它的商业价值和吸引力（Esarey 2005）。另一方面，大部分中国传媒公司都是政府在 20 世纪 90 年代鼓励扶持的大企业集团(Tong & Sparks 2009),它们较少进行批评(Tong 2007)。

伊朗是另一个在实践上与西方公私二元化的观念截然不同的有趣对照。自从20世纪90年代以后,自由化和私有化已经迅速影响伊朗政府的经济、政治政策(Khiabany 2007,2006)。伊朗的媒体市场可分为由国家掌控的大型公司以及私有的小型公司。

国营的伊朗伊斯兰共和国广播电视台(IRIB)是伊朗最大的媒体组织。在新闻、广播和电影制作上,该电视台已经和私有的或者国际的生产公司签订协议,制作伊朗国内市场所需的内容。随着伊朗中产阶级的增长,电视台和其他的国营组织机构已经扩展了他们的媒体活动范畴,包括增加体育运动和娱乐内容。国营的媒体对于这个国家来说是一个很重要的盈利中心(Khiabany 2007,2006)。

尽管其所有权多样性的增加以及私有化进程的推进,伊朗是全世界所有穆斯林国家中媒体所有权多样性最低的一个。政府加强思想控制并严格审查媒体内容,包括互联网上的媒体内容。这是通过大量的官方调控手段(World Information Access 2008)进行的。自从2005年以后,总统艾哈迈迪.内贾德(Mahmound Ahmadinejiad)上台执政,针对媒体工作者的强制举措不断上升。伊朗持续居于无国界记者组织所发布的媒体自由排行榜的末位(Reporters Without Borders 2009b)。

对比伊朗的媒体系统,虽然韩国的媒体系统更少地受到限制,但其还是通过公共化和私有化相结合的手段实现严格控制。从1963年少将朴正熙(Park Chung-hee)成为韩国总统直到20世纪90年代,政府强化了针对广播行业的规章制度、所有权以及节目内容的控制(Kwak 2009)。在1987年民主化进程之后,韩国政府开始大规模实行媒体改革,开始使用有线电视。韩国政府占有全国四个最大的广播电视网络中的三个,包括韩联社和一个24小时有线电视新闻频道在内(Nam 2008)。三家私有企业拥有70%的观众占有率,并控制了报纸行业(Ramstad 2009)。

韩国国会在2009年通过了三项法案,允许广播业和印刷业所有权交叉化(Simon 2009)。这项立法很有争议,因为为数不多、足够富裕且能够获利的公司都是很保守的。另一个担忧是政府会把其所持有的广播业股份出售给那些只注重经济利益而很少提供公共服务项目的大集团(Simon 2009)。

在韩国,政府对于新闻内容的限制也是一个关注点。韩国文化广播公司(MBC)作为第二大国家广播公司，此前由政府直接控制。2009 年 MBC 更换了其黄金时段的新闻节目主播申庆明(Shin Kyung-min)(Ji-Sook 2009)。尽管韩国文化广播公司陈述了更换申庆明的原因，是源于经济上的担心以及更加公正客观报道的愿望，但许多人仍坚信他是因为批评政府和其政策而被替换的(Simon 2009)。韩国文化广播公司的行为招致了与其有关的超过 130 位媒体工作者的联合抵制(Ji-Sook 2009)。

总体来讲，在不同的文化背景下，对公私二元化的一般或者标准理解存在很大的差异性。然而，正如本节标题所表达的，对于媒体公私二元化的实践应用的理解是否如其自由主义捍卫者所支持的那样，目前还尚不清楚，即使在西方语境下也是如此。《在欧盟的游说》一书指出，私有财产和公共力量间模糊不清的关系会越发引发担忧，这个问题不会轻易地处于民主的掌控之中，也不会真正地支持公有和私有之间有严格的分界(Gathmann 2009，Brussels Sunshine 2009)。这种状况在美国甚至受到更为严重的挑战。

美国媒体与政府的共生关系

本·巴格迪基安(Ben Bagdikian)的著作《媒体垄断》最初发表于 1983 年。该书谈到对于支持广告的大众媒体系统权利的高度集中的滥用(Bagdikian 2004)。他用一个案例研究分析了 1970 年《报纸保护法案》(NPA)的通过，来说明政府和媒体间隐含的力量联结。按照巴格迪基安所说，《报纸保护法案》的通过有赖于理查德·伯林(Richard Berlin)，这位赫斯特公司的总裁和首席执行官给尼克松政府的施压。尽管《报纸保护法案》仅仅直接影响赫斯特国际集团所拥有的其中一家新闻公司，但当时伯林还是倾注其媒体帝国的全部力量给尼克松政府施压。《报纸保护法案》通过时发生的一些事件显示，政府和媒体双方间的依赖会加剧不道德和不民主的行为。

1969 年，美国最高法院判决 44 家报纸因价格操纵、利益结盟以及控制市场行为违反了《反垄断法》。最高法庭的裁决促使《报纸保护法案》得以通过。最初尼克松政府反对《报纸保护法案》，但数周之后他们也转换立场开始支持这项意在把基于联合运营合同的利益结盟合法化，且让经营不善的报纸不受 1969 年判例援引的反垄断法制约的法案。按照巴格迪基安所说，政府立场的转换源于伯林所寄的两封信，一封是给尼克松总统，另一封是给尼克松的首席检察官助理，因其主要负责《反垄断法》的问题。伯林在信中陈述了他对尼克松政府没能支持《报纸保护法案》的担忧，他写到：

> 如果《报纸保护法案》不能通过，最有重要关切和最受负面影响的人，就是在上次的竞选中，那些强烈支持现政府的人……事实是，《报纸保护法案》的倡导者几乎全体一致地支持政府。因此，对我而言，这些报纸应该得到一个最友好的对待。(Bagdikian 2004，212)

在这封信的这段话中，伯林暗示，如果政府不通过有利于报业的法规，那么，政府就可能不再享有报界的一致支持。

在巴格迪基安的案例研究中，他揭示出选举官员和媒体行业间典型的共生关系如何导致了这一情形的发生，其中政府官员通过提供有利于行业的法规，换取对其积极的，或者至少不批评的媒体报道。尽管政府和媒体间政治压力的转换很少像在案例研究中一样被直接或很好地书写出来，但是金钱以各种形式不断变化，成为竞选捐款、补助津贴(例如提供旅行)以及高额演讲费等，在传媒行业、传媒游说公司、特殊利益群体、从政者间创造了一种潜在的、诸多利益相冲突的环境(Calabrese 2005)。

政府压力

当传媒行业及其说客给从政者施压迫使其通过倾向于行业的规章制度之时，政府也在尽力促使媒体行业做出有利报道。例如，在纽约的“9·11”袭击事件后，布什的国家安全顾问要求哥伦比亚广播公司、美国国家广播公司、福克斯广播公司、有线电视新闻网和其他一些广播电视网络，在回放本·拉登或者基地组织的视频或者语音对话时“谨慎”(MacDonald 2001)。明言的目的是阻止本·拉登给他的追随者传送秘密情报。随后，这些广播网络发表声明，同意布什政府的意见，声称它们能够在节目播出之前首先自行审核内容并且由编辑做出判断(MacDonald 2001)。在此协议之后，第一次公开基地组织录音，哥伦比亚广播公司、美国国家广播公司、福克斯广播公司、有线电视新闻网都经过了更漫长的审核过程，而播出的内容则比以前的更少了(Smith 2001)。

2004 年，哥伦比亚广播公司在《60 分钟》栏目中播出一则报道，其中批评布什(George W. Bush)总统的领空国家防卫服务的制定依据是真实性仍被质疑的文件。来自塔隆新闻的甘农（Jeff Gannon）是驻白宫的一名记者，也是第一批对《60 分钟》的报道中所用文件合理性提出质疑的记者之一（Gannon 2004）。主流媒体很快紧随其后质问文件的真实性。为了回应这一争议，哥伦比亚广播公司解雇了四个执行官，并且免去拉瑟（Dan Rather）作为晚间新闻主播的职位（Murphy 2005）。在备受争议的《60 分钟》报道事件后不久，以前捐助民主党候选人的维亚康姆集团（哥伦比亚广播公司的上级公司）总裁兼执行官在 2004 年竞选中公开支持布什。他声明："我投维亚康姆集团的票。维亚康姆集团是我毕生的心血。"（Redstone 2004）《媒体事务》随后也揭露了塔隆新闻，这一带头调查国家安全备忘录的源头媒体，和美国共和党保守派的活跃支持者网站 GOPUSA. com，其实是一家（Media Matters for America 2005）。《媒体事务》也提到一些记者曾提出的有关甘农与布什当局的关系问题，包括甘农如何获取白宫新闻记者证的问题。

旋转门

"旋转门"是另一种导致政府和私有媒体间的力量联结并且引起伦理关注的实践。旋转门是指个人职业生涯的不断改变，一个人依次担任不同的政府工作、业界工作、宣传工作、说客以及咨询工作。这种经历模式创设了一种情景，其中前政府的雇员能够使用他们的公共领域工作经历和关系，却以私营领域的立场对公共政策施加影响。这些私营工作可能包括说客、咨询师、企业经理人、智囊团、公共关系策划者或者组织中有影响的成员。这样的结果使个人、影响力、权力以及与公共政策事务有关的金钱结成一张紧密的网。

美国联邦通信委员会（FCC）是在 1934 年《联邦通信法案》通过后设立的，主要负责控制通信与传媒行业。据公共服务中心电信业项目部主任邓巴（John Dunber）所说，"虽然每个政府机构都受旋转门综合征影响，联邦通信委员会高官到业界工作的流向是超常的"（Dunbar 2005, 127）。根据响应性政治中心（Center for Responsive Politics）所述，美国联邦通信委员会是第三大旋转门轮岗机构，该机构总共有 127 个雇员既是说客又是从业者，他们或是现在委员会工作，或是曾在委员会工作，而现在为说客机构或特殊利益群体服务（Center for Responsive Politics 2010c）。

人事旋转门的一个很好的例子就是迈克尔・鲍威尔（Michael K.

Powell)。他从1997年到2001年间担任联邦通信委员会的理事，从2001年到2005年被乔治·布什总统任命为联邦通信委员会主席(FCC 2005)。在进入联邦通信委员会工作前的1994年到1996年间，鲍威尔曾在美国著名的律师事务所美迈斯公司的华盛顿分公司工作过(Forbes 2002)。这个公司的一个大客户就是威瑞森无线通信。该公司是由美国通用电话电子公司(GTE)和贝尔大西洋通信公司于2000年合并构成的(O'Melveny & Meyers 2010)。鲍威尔公开的个人财务状况也证实了美国通用电话电子公司是他的一个大客户，而他同时也受雇于这家公司。

在担任美国通用电话电子公司律师的11个月里，鲍威尔于1997年接受联邦通信委员会理事的提名(Heller 2008)。而后，在2000年6月17日，鲍威尔任主席期间，联邦通信委员会通过了美国通用电话电子公司和贝尔大西洋通信公司的合并议案，这一合并缔造了美国最大的电话公司，即威瑞森无线通信公司(Labaton 2000)。2007年，美国有线电视新闻网的财富500强排行榜将威瑞森无线通信公司列为美国第十三大公司，其拥有超过930亿美元的营收和60亿美元的利润(CNN Money 2007)。对于如何处理其以前的客户，如美国通用电话电子公司和贝尔大西洋通信公司的潜在利益与冲突，鲍威尔没能在制度方面找到解决方法，也没能从相关人员那里得到指导(Heller 2008)。

2005年1月，鲍威尔宣布从联邦通信委员会辞职两年后，在思科系统公司的董事会任职。思科系统公司提供通信硬件、软件及全球服务，专注于网络路由器与交换技术(Cisco 2009)。思科系统公司反对保护网络中立性的规章制度，这一制度坚持公平对待所有的内容、平台与硬件(Cisco 2006)。在鲍威尔担任通信委员会主席期间，他阐述了思科系统通信公司反对推行网络中立性这一制度的主张(Powell 2004)。[①] 在1998年到2004年间，思科系统通信公司总共投入370万美元用于推动相关的通信政策，其中仅在2004年一年就投入了高达138万美元。尽管鲍威尔在思科系统公司的任职并没有打破美国国务院政务伦理办公室的最低限制，但是联邦通信委员会的一位前任主席现任职于一个投入极大的、致力于说服政府和管理机构且与他以前工作的责任直接相关的公司，这一行

---

① 鲍威尔和思科系统通信公司一致认为，尽管规章制度是必要的，但是网络提供者应该协作努力支持网络中立。

为还是引起了极大的伦理关注。[①]

说客

电信说客是指那些有组织地给政府有关电信和传媒领域政策的方面施压的集团或组织。正如上文所言，产业说客是在"旋转门"中流转的岗位之一。通常情况下，政府官员离职之后会被说客公司予以高薪聘请。电信说客为产业、行业协会以及特殊利益群体工作，对政客施压，或者说服被选举的政府官员，例如那些在联邦通信委员会这样至关重要的委员会中任职的政府官员以及管制机构成员，支持有利于其客户的立法和规章制度。电信行业在竞选游说中的高投入增加了他们的权力，同时也给了那些想要实现有利于产业立法从而占据有利地位的企业若干建议。2008 年，整个电信产业在游说上的花费创下 32.7 亿美元的最高纪录，随之而来的即是说客集团雇佣了将近一万五千名员工。也是在那一年，美国通用电气（有着广泛媒体占有率的一家公司）、威瑞森无线通信公司、美国电话电报公司、国家有线通信协会（NCTA）是在所有产业机构中游说花费排名前 20 的公司。

治理中的伦理问题不但源于这些说客公司和他们的员工给选举出来的官员施加的影响，也来自说客的轮流换岗。立法者和说客之间紧密的关系也造成了其他一些问题。例如，前总统候选人和现在的美国参议员约翰·麦凯恩（John McCain）与电信说客及政治行动委员会间存在的联系。在 1997 年到 2001 年、2003 年到 2005 年间，麦凯恩担任美国参议院商业、科学、交通运输业委员会商务委员会主席。这个职位有相当大的权力，决定着通信行业的政策。因为该委员会负责所有被提议的有关通信与传媒的问题和政策的立法。因此，麦凯恩与电信说客和政治行动委员会的代表有着频繁的联系。政治行动委员会（简称 PACs）是一个政治性的委员会，其中最大、最强的力量是代表商业、工业或是劳工者的利益。这些委员会组建的目的在于筹集资金选举或者击败特定的候选人。在 2000 年的大选中，麦凯恩作为共和党提名的总统候选人，从主要的电信

---

① 具体来说，与行政分支机构的先前雇员有关，例如，联邦通信委员会的雇员在离开政府岗位后在产业界和说客集团中寻求职位。OEG 评论，"如果问题是在雇员的职责范围内的，那么该雇员离开政府服务部门两年内禁止代表任何人返回政府部门任职"。美国道德事务政府办公室普通事务处：雇佣之后，18U. S. C. 207；5 C. F. R. 页 2367—2641，参见 http://www.usoge.gov/common_ethics_issues/post_employment.aspx。

业的政治行动委员会那里筹集了32000美元，其资金数量超过乔治·布什和其他主要共和党总统候选人在相同渠道所获得的三倍还多（Hirschman 2000）。

在麦凯恩2008年的总统竞选期间，他获得共和党的提名，投入竞选的66个说客中有23个是十年以内的电信业的说客（Kelly 2008）。关键的职位被以前的竞选经理、副经理、非薪酬顾问、内阁人员、竞选合作主席、竞选财政主席等人所占据。在麦凯恩的说客中，以前的职员包括美国电话电报公司、西南贝尔公司、威瑞森无线通信公司、奎斯特通信公司、贝尔南方通信公司、高通公司、美国斯普林特通信公司和世通公司的显要人物（Kelly 2008）。当然，当麦凯恩这样的候选人雇佣那些以前为企业或者商业利益服务过的说客为他的竞选筹集资金时，利益冲突会出现。

软钱捐款与政治行动委员会

电信公司也通过政治竞选献金影响政策的制定，并为自己创造接近重要从政者的机会。这些资金主要是通过政治行动委员会及软钱捐款来获得。对于一个组织而言，一种普遍的做法和惯例就是掌控一个可控的政治行动委员会，同时掌控一个相对不受控的软钱捐款组织（Weissman and Sazawai 2009）。

如前所述，政治行动委员会被视为"硬钱捐款"机构，它的工作有助于政治竞选获得成功。这意味着它们的捐款在一次选举中被限制在每个候选人5000美元以内的额度，并且由联邦选举委员会进行监控。相反，软钱捐赠则指没有财政限制的捐赠。软钱捐款可被政党用于举办一些其他无关乎支持或者攻击具体的联邦政府机构候选人的活动，或者为政党大会组织委员会等机构举办活动。软钱捐款也指一些组织在宣传上的花费，其中包括做广告，或是用一个话题或事件在公开竞选中说服投票者以一种特定的方式投出选票，而不是公开支持某个特定候选人。尽管2002年的《两党竞选改革法》（BCRA）对于软钱捐款提出更严格的限制，但它仍是一种相对而言不受管理且无需报告的政治献金。[①]

电信和媒体公司投入了包括软钱捐款和硬钱捐款在内的大量资金，去支持一些政治候选人、政党以及国家层面的政党大会。例如，电话行业

---

① 了解更多有关2002年两党竞选改革法案的信息请关注联邦选举委员会"2002年两党竞选改革法案"，详询链接地址：http://www.fec.gov/pages/bcra_update.shtml。

的一些政治行动委员会代表美国电话电报公司和威瑞森无线通信公司等通信企业,在 2008 年为联邦候选人花费了将近 590 万美元,其中对两党的花费比例大抵相同。电视和电影行业的各政治行动委员会则代表康卡斯特公司、沃尔特·迪士尼公司、清晰频道公司和时代华纳公司等企业,它们为联邦候选人耗资将近 670 万。尽管《两党竞选改革法》对此进行了改革,软钱捐款仍然通过免税组织成为政党大会的主要资金来源。2008 年,这些机构为两党共计捐赠达 1 亿 1800 万美元。在 2008 年的选举中,思科系统通信公司是拥有 170 万美元捐款的民主党大会的首要捐赠者,奎斯特通信公司是拥有 290 万美元捐款的第二大共和党大会的主要捐赠者(Campaign Finance Institute 2008)。

政治行动委员会和软钱捐款使电信公司得以接近联邦议员和政治家。此外,竞选捐赠也与有利于企业的立法息息相关。例如,在 2008 年的众议院投票中,通过了对参加不合法的政府窃听计划的通信公司的两项提供追溯豁免权的法案。追溯豁免权在大约 40 起可能导致赔付上百万美元的诉讼案件中发挥作用,从而保护了电信企业。民主党的 94 个最初反对追溯豁免权的议员改变了他们的投票,转而在法案的二读中支持追溯豁免权(MapLight. org 2008)。在这些改变自己投票的民主党人中,过去三年间,88%的人曾经获得来自威瑞森无线通信公司、美国电话电报公司及斯普瑞特公司的捐赠,每个议员平均获赠 9659 美元(MapLight. org 2008)。

案例研究:法人享有的权利

公有化和私有化之间区别的模糊性在美国是潜在存在的。在形式繁多的公司福利下,私有企业表面上是由政府慷慨的财政所支持的,要么是直接通过补助,要么是间接通过减免税收,这是显而易见的。就垄断管理而言,美国政府一直都扮演着一个很重要的角色,在竞争中保护大型通信服务提供商,并且使他们能够过度地非法控制价格和服务质量,以及忙于掠夺性定价以击垮竞争者。下面的案例研究解释了这些权利是如何被给予公司垄断的,同时,个人的自由权利如何遭到曲解。这种曲解之所以存在是因为,私营公用事业作为一个私有实体,其垄断能力虽也受到审查却有国家作为全力支持的后盾。

今天美国通信系统发展中"网络中立"争论的辩论者可以从中了解到

很多有关这个行业在过去三十年内的演变。有线电视和电话的管制历史在那个时期在很多方面是有区别的，也在一定范围内是有益的。这一历史能够解释为什么两个行业被区别对待，为什么一些不同只是表面上的（由于政府推行高标准的准入权，两者都享有垄断地位），以及这两个行业如何努力试图减少它们之间的区别，从而导致对公民和消费者权益的损害。这个案例揭示了在美国电话电报公司分拆前后出现的有关数字宽带接入基础设施权利的基本讨论的价值。在有关问题中，最主要的是探讨在什么状况下允许一个基于“费用”进行监管的通用性业务承运商进入电子出版行业（文本、声音和影像）才是合适的。尽管“基础设施承运商”和“内容提供者”已不存在完全模糊的概念性区别，但是不幸的是，大众很少知道这个方案中可能的基本原理。与此同时，监管者和法庭都对这个问题感到迷惑，新出现的有线电视服务在一个可控制的、更青睐不同于传统模式的情境下适应了新环境，没有像电话一样被当作公共信息运输载体，有线电视运营商努力建立它们与广播更加密切的联系。有线电视和电话业这两个行业，其规章的不同在一定程度上解释了最近最高法院成功赋予有线电视公司拒绝执行提供其业务体系外的网络服务（ISP）的权利。但是电话行业并不想成为一个仅仅是提供连接基础设施网络服务的公共信息服务承载商。相反，就像有线电视公司一样，电话公司也支持其独享的对于基础设施的控制，这恐怕会使没有自己网络的独立网络服务 ISP 不复存在。另外一个担心是，由于电话公司在通过其网络接入宽带服务的独立信息提供者那里不能获取额外经济利益，独立信息提供者使用电话系统会变得非常昂贵。当下，商业化的信息提供商，像亚马逊、Map Request、谷歌、雅虎等都是公共利益倡导者的奇怪同盟军，公共利益倡导者担忧，独立和社区媒体在基于“付得起就用”原则的宽带电信业的新市场环境下将无法立足。这个抵制电话公司对有权近用自己基础设施的高速宽带提供者施加高价模式的行动联盟的立场，也许能维持一阵子。但最终结果很可能是，在信息提供者中，规模较大的网络使用者与小规模的公共服务组织提供者会分道扬镳，因为后者是为了社会、政治、文化沟通而联系客户，并非是为了盈利而设计的。

考虑到“公共服务媒体”在数字化宽带环境下实现创新和未来成功的前景，看起来网络服务提供者会面临一种反对传媒政策成为社会福利保障方式的假设。在最近几年，反对“积极权利”或“积极自由”的争论已经是广受关注的焦点了，对福利政府理论和实践的进步的且成功的攻击就是很好的证明(Berlin 1969)。这些权利的提倡者应该更加仔细地研究一下享有积极权利的内涵所在。大型电信垄断者和全国有线电视与电话公司是21世纪积极权利的最大受益人之一。

私有财产的神圣性

经典的自由主义政治经济把基础设施(公路、港口、运河等)当作旨在"促进商业"的"公共产品"(Gaus 1983,192—3)。如今,这个观点对于通信基础设施而言看起来有些感情用事。私有财产的"神圣不可侵犯"从一开始就是美国广播和通信政策上很重要的价值观。尽管重要的公共利益标准一直在应用,但这些应用所得以实现的妥协模式并没有阻碍美国媒体政策的核心特征。[①] 尽管在有些时期存在例外,美国电信产业作为一个由核心价值观滋养的体系一直在成长着,这一体系假定,如果是私营运作的话会经营得更好,也更高效。类似地,尽管广播和电视同样作为一种旨在服务大众的体系而发展起来,却是按对私人所有者/出版者/广电商行使最低限度编辑控制的方法来设计的。

在美国,可以认为,广播业与电信业和政府间的关系从一开始便在传播领域体现出20世纪福利政府的原则。正如福利政策领域的两位知名理论家所表述的,在这个体系下国家的主要历史角色不是阻碍资本积累,而是促进资本的流动,同时也以公共利益的名义(而不是完全实现公共利益)取得一点点让步来获得自己的合法性。根据哈贝马斯(Jurgen Habermas)所说,让发达的资本主义制度合理化的一个关键动机是去政治化以及与之相伴随的这些制度的"自然性"(Habermas 1989,37)。与之相似,奥菲(Claus Offe)也提出国家为资本进行干预的必要性,同时还要隐藏或否认这一行为(Offe 1975,144)。正如奥菲所观察到的,福利国家不仅在维持资本积累方面起着历史性关键作用,而且依靠其在这方面的成功而维系自己的合法性(Offe 1975,144;1984)。最近,哈贝马斯已经注意到国家已从"福利国家组合"向"后民族组合"转化,在完成资本积累的过程中,扮演着明显不同的角色。

没有美国纳税人、消费者以及那些一直以来向美国有线电视和电信

---

① 为了方便起见,在本文中"媒体"指所有的传播媒介的技术形态,无论是"内容"上还是"结构"上。我们指的是报纸或杂志等印刷媒体、收音机和电视广播、有线电视、卫星通信、电话以及互联网通信。我们意识到"媒体"一词并不总是在如此宽泛的意义上被使用,所以请读者允许我们出于便利而使用这一概括性术语。

行业提供资金的付费者的慷慨，美国传媒业的经济实力和全球控制是不可想象的。把美国媒体业的巨大财富归因于一个排除了无数形式的政府以公共代价介入的历史过程是荒谬的。市场的“自然”状态是，它们是人类构建的产物。美国传媒市场并没有自然地出现，而是在联邦政府对财产权利做出特殊安排的宏观调控下出现并形成的。很多个人和组织强调数字媒体政策下的私有产权的重要性，他们中也不乏起草《知识时代大宪章》的空想主义者，他们在该《宪章》中这样写到：

> 定义网络空间的财产权可能是政府信息政策中最紧急、最重要的任务。这是一个复杂的任务，每一个关键的领域，如电磁频谱、知识产权、网络空间自身都关乎独有的挑战，以下是问题关键所在：
>
> 首先，这是一项政府核心任务。一个身处“第三次浪潮”中的政府会认定这项事业的重要性和紧急性，并开始对其进行严肃的表达；没能认识到这一点，就是在坚持“第二次浪潮”的政治和政策。
>
> 其次，“人民”(people)所有权的关键原则——也就是私有权——应该对每一件事情构成主导。政府不拥有网络空间，“人民”才拥有。
>
> 第三，明晰是至关重要的。模棱两可的财产权会引起更多诉讼，在法庭上对双方都没有好处。从专利和软件的版权体系到对频谱的拥有和使用，当前的体系无疑正在关注这一问题。

这则强调私有财产的“大宪章”的主要特点都包含在一个进步与自由基金会(PFF)的“经典刊物”中。这个基金会是位于华盛顿的一个“以市场为导向研究数字改革和公共政策改革含义的智库”(Progress and Freedom Foundation 2010)，它拥有一系列强大的支持者，其中包括媒体和娱乐企业、电信公司、数字设备制造商、网络服务提供商以及美国的产业说客，包括苹果、迪士尼、美国电话电报公司、清晰频道公司、康卡斯特有线通信公司、国家有线与电信协会、时代华纳集团、斯普瑞特公司、T-Mobile电信公司、威瑞森无线通信、百代唱片、索尼音乐娱乐公司、美国全国广播公司和新闻集团等。进步与自由基金会经常为其所接纳的国会委员会和联邦通信委员会提供证词观点。不出意料之外的是，它对于"人民"的概念理解是企业巨头。通过它所秉承的原则的力量及其客户的巨大财产，对于进步和自由基金会而言，相关的权利所有人就是公司法人，这是一个合法的、虚构的法理上的人，虽然只有临时性的地位，但在更广泛的共识里，这一直是在美国传媒政策中至关重要的唯一公民。

斯特里特（Tom Streeter）把美国商业广播的管制历史作为一个仪式。通过这个仪式，市场行为看起来好像不是事实上使其成为可能的政府规制的产物："这个认为美国的商业广播按照市场的自然原则运行的宣称的问题在于，不是没有市场，而是既存的市场既不是自然的，也不是非政治的。"（Streeter 1996，203）总的来说，斯特里特的分析也论证了在美国造就商业广播盈利事实的财产关系，不是自发的不受控制的市场决定的，反而是政府干预的产物。与奥菲的观点（国家需要隐藏并否认其扮演的把控资本健康发展的角色）相一致的是，媒体必须紧密与联邦政府合作，成为媒体市场和财产关系是自然环境的组成因素这一神话的共同作者。对于控制美国媒体市场的"无形的手"的一个更加精确的术语，可能就是"隐藏的手"。

公共利益推理的两个路径

在无线通信产生和广泛应用以前，"本地"电话系统和有线电视是两种主要的服务美国民众的基础设施。然而从历史上看，在法律上这两种设施是截然不同的。电话体系被《1934 年联邦电信法案》定义为"公共信息载体"：

> "公共信息载体"或者"承载者"指任何能提供通用承载性有偿服务的主体，其所提供的业务包括跨州或跨国的、基于有线或无线方式的通信业务，或者面向国外的无线信号传输，但不包括不符合本章所定义的通用业务承载商；然而，从事无线电广播者不应被视为公共信息载体。

在电话公共信息载体的所有主要特性中，最重要的一个是在给定的地理范围内只能有一个公司开展业务运营，因此这家公司即拥有了那个地区的垄断权，消费者没有权利在服务竞争商中做出选择。第二，在一个美国电话电报公司（AT&T）作为主要运营商的地区，AT&T 从头到尾控制了整个服务，它不但控制了传输服务还控制设备供应，在公司分拆(1982年)前，这能够阻止其他设备制造商将其产品卖给美国电话电报公司的分公司，而这一举措也成功地打消了其他厂商想要销售长途电话业务给其消费者的念头。① 第三，作为一个在这个国家控制大部分商业和民用服务的垄断集团，美国电话电报公司能够均衡其提供服务时的花费高低(商业消费和民用消费者之间、城市和农村顾客之间、本地和长途业务使用者之间)。换句话说，通过复杂的交叉补贴，服务花费被平均下来。因此，费率并不能很准确地反映提供给特定群体的服务费用。这就是和一个全国性垄断公司进行交易的利弊。

基于国会对于公共信息载体的定义，电信公司有义务与一些想要购买电信服务的公司或个人进行商业交易。在原则上，电话公司不能通过提供不同的价格和服务标准而歧视地区别对待消费者。对于垄断集团而言，管理控制是实现保护消费者价格和服务质量的主要形式。但在很多年之后，随着反垄断诉讼案的开始，首当其冲的诉讼是针对美国电话电报公司的设备制造分公司，即西部电气公司，把如何区分数据处理和可控的电话服务变成了一个焦点话题。在美国西部电气公司的案例中，美国电话电报公司被要求将它的商业运营限制在“可控电话业务”的范围内，并且禁止其从事“数据处理业务”。

随着时间的推移，不出所料，这个在1956年给出的关于数据处理和通信服务的区别变得更加站不住脚，尽管联邦通信委员会在1972年试图对其进行澄清并通过“计算机质询”巩固这一区别。随着数据处理与更为基础性的通信服务之间的融合日益深入，联邦通信委员会被迫重新考虑它的规则，在1980年开设了第二次质询，此举是为了回应美国电话电报公司对销售计算机通信服务和设备的尝试。反对者争辩说，美国电话电报公司应该通过单独的、不受管制的子公司，而不是通过现有的被管制的公共服务部门出售其数据通信终端。其主要的担心是美国电话电报公司在计算机通信方面存在着相对于其他竞争者的优势，因为它能够用费率受管制的有保证的稳定电话费现金流进行交叉补贴。结果是，联邦通信

---

① 减轻从“端到端”控制的政策开始于十年前，或者更早。它开始于1956年联邦法庭决定允许贝尔系统公司引进“外国产品”(非美国电话电报公司制造的产品)。也是在1971年，联邦通讯委员会决定允许“专门性公共服务承载商”占领需要与美国电话电报公司有系统联系的无线电通讯服务市场。然而，直到1982年美国电话电报公司分拆，这些分散的决定才被整合为一项更为连贯的政策。

委员会在“基础”业务和“增值”业务之间进行了区分，前者被定义为基于费率进行管制的服务，是基础服务，也是美国垄断性电话公司长期以来的主营业务；后者被称为不受管制的、竞争性的服务。由于数据处理服务在一定程度上也是提供垄断条件下的“基础”传输服务所必需的，所以美国电话电报公司也可以使用，但是增值服务必须分开和单独经营，其理由是，这些服务不应该与其他没有垄断性母公司做强大资金后盾的公司进行不公平竞争。基础服务和增值服务间的区分被称为“结构性保证措施”，其目的是使垄断服务和竞争服务之间不再有不合法的交叉补贴。

与此同时，另一个针对美国电话电报公司的重要的反垄断诉讼浮现出来，其结果导致了所有区域性贝尔电话经营公司（BOCs）的拆分（当时有七家）；美国电话电报公司得以保持其长途电话业务、设备制造业务以及研发公司体系。在这一被称为“修正最后判决”（Modified Final Judgment，MFJ）的最终判决中，那些针对区域性贝尔电话经营公司的关键性限制，首先是对其从事一系列业务的限制。从根本上来讲，判决这个案子的联邦地区法庭采纳了第二次计算机质询中的“基础”和“增值”业务区分原则，认为如果区域性公司想进入竞争性的增值服务市场，须建立单独的、不受交叉补贴的子公司。在最终判决中，美国电话电报公司和区域性贝尔电话经营公司被禁止从事电子出版业务。电子出版业务则被定义为“信息的提供者或者发布者编纂、起草、搜集或者编辑的在出版物中有其直接或间接经济或产权利益的、通过若干电子途径传送给与其无关的个人的行为过程”。尽管这个定义并没有涉及具体的服务类型，但法庭在其他各方面也暗示了要阻止电话公司提供有线电视服务。果然，报业说客这时开始担心其当地的广告收入会被网络上包含广告的网络站点（电子黄页）所占据。根据对电信公司在宽带市场的可能行动的预测，有线电视业也在为反对这一行为进行游说。

美国电话电报公司的分拆正在进行中时，联邦通信委员会仍然在继续讨论如何区分公共信息承载业务和不受管制的竞争服务。1986 年，联邦通信委员会发布其第三次计算机质询。就像最终判决（MFJ）一样，这次质询强调了许多重要的问题，也许其中最重要的是美国电话电报公司和区域性贝尔电话经营公司的申诉。这些申诉认为，由于它们被迫遵守在基础业务和增值业务上进行严格区分的“结构性保证措施”，它们无法在增值服务业进行有效的竞争。出于对这种申诉的同情，联邦通信委员会决定采取一个新的方法，即用“非结构性保证措施”来代替这些公司必须建立独立子公司经营增值服务的硬性规定。这就是,美国电话电报公司和区域性贝尔电话经营公司必须保持账目公开,保证基础业务和增值业务间没有交叉补贴。紧随这一规定,联邦通信委员会也陈述了其对"开放网络结构"的支持。这个"开放网络结构"旨在促进国家通信系统的发展遵循"单点"的概念。联邦通信委员会也把提供有效的大规模互联网络公共业务承载的许可证颁发给任何想要在这个体系上提供增值业务的竞争者,无论这项业务是否与来自电话公司的增值业务存在直接联系。这一决定引起的一个明显不过的担忧就是,在缺少结构分离的情况下,被管制的基础服务的付费者会在不知情的情况下补贴区域性贝尔电话经营公司,去参与具有竞争性的增值业务。另一个担心是,尽管"比较有效的互联"在提法和期望上被明确提出,区域性贝尔电话经营公司在其自身的体系中会歧视增值业务的竞争者,向它们提供一种可能次于为自己的增值业务所提供的网络接入。在之后不久的 1991 年,当年负责拆分美国电话电报公司的区域法庭法官格林(Harold Greene)取消了针对贝尔电话经营公司提供电子信息服务的禁令。其后不久,联邦上诉法院允许区域性贝尔电话经营公司开展信息服务,这个决定后来也得到最高法院的支持。在那以后,区域性贝尔电话经营公司开展了涉及与其他信息提供者合作的新业务,其中包括有线电视服务。

当国会在 1996 年通过《电信法案》之后,联邦通信委员会和法庭的决定是最新改进和整理过的,其目标是促进基础电话业务以及一系列增值信息业务的竞争,其中包括有线电视服务。不像基础电话业务,增值信息服务没有被作为公共承载业务而受到管制。有线电视服务起初作为转播广播信号的方式,较之被管制的电视服务而言,现在它已经朝着不同的方向发展了。在某种程度上,有线电视变得越来越不像广播电视的一种延伸,这是联邦最高法庭当初在宣布联邦通信委员会对有线电视有管辖权时确立的。在 1968 年的美国西南有线公司的案例中,法庭提出的理由是,因为有线公司传输广播电视的信号,联邦通信委员会可以把它作为广播的辅助性设施对其享有管制的权限。尽管说有线电视已经被作为广播受到管制是不正确的,这两个行业间的关系也解释了有线电视行业是如何成功避免了被当作公共信息载体而受到管制的。首先,了解法律如何定义广播是非常有用的。按照《1934 年联邦法案》,"广播"的定义如下:"广播"是旨在为公众所接收的、以直接或者接力式的方式运行的无线电通信系统。而在《1934 年联邦通信法案》中,也对无线电通信系统给出如下定义:"无线电通信系统指各类文字、信号、图像、声音通过无线电方式的传输,包括附带于这些传播的所有仪器、设备、装置和服务。"尽管电视广播业是在此后才产生的,但这个定义不仅适用于声音广播,也适用于电视广播。

很重要的一点是,不管早期声音广播在使广播业成为公共服务信息载体方面的努力尝试的结果如何,这一切都没能如期发生。相反,广播电视机构被当作节目发行者而不仅仅是公共信息服务载体。在对比公共信息服务载体和商业广播这两种模式时,前者对于其所传送的内容没有控制,而后者甚至实现了完全控制,更别说是一些小的公共服务义务了。最后在 1973 年,进行了一次从广播电视机构中剥离公共信息服务载体的重要行动。最高法院在哥伦比亚广播公司对民主党全国委员会的诉讼中明确陈述道,没有任何群体有权对电影或电视节目播出时段提出使用要求。里根时代的联邦通信委员会重新审视了其"公正准则"并得出结论说,这不仅是很无必要的(由于新的传播方式的出现,例如有线和直播卫星),而且同时会对广播内容产生约束性的影响。从那时起广播业的公共服务义务便进入了退潮状态。[①]

正如这些决定所显示的那样,美国广播业的模式将其运营者不仅简单地作为他人信息的载体,也把它们自身作为发布者、书写者和发言者。很奇怪的是,有线电视系统运营者也在竭力享受相似的待遇。在美国有线电视历史上,也有过在广播和公共服务信息载体的外延上强加公共服务义务的尝试。1972 年,经最高法院审判的案件扩展了联邦通信委员会对于有线网络的管辖权,使它能够要求有线系统运营商开办本地的一些节目,这与强加给广播者的本地节目义务相一致。紧接着在 1979 年,联邦通信委员会通过要求有线电视公司开设公共、教育和政府频道以及制定租用式的商业化服务标准,进行了公共服务信息载体的推进。根据这一要求,最高法院裁定联邦通信委员会竭尽所能地管制有线电视,使其成为公共信息载体。这打破了广播者和公共信息服务载体间的法定区别。

---

① 梅雷迪斯公司对联邦通信委员会(美国哥伦比亚特区巡回上诉法庭,1987 年):回复:锡拉丘兹(Syracuse)和平委员会,意见和命令备忘录(2 FCC Rcd. 5042,1987 年 8 月 6 日):法院要求委员会注意宪法的公平经营原则。法庭基于上述案例中的证据认为联邦通信委员会已经认识到 WTVH-锡拉丘兹电视台,没能达到其公平要求。然而,法庭撤回这起案件为了让联邦通信委员会考虑宪法的公平经营原则。联邦通信委员会却认为公平经营原则过度限制了广播商的自由话语权。

尽管最高法庭并没有允许联邦通信委员会强加这些要求，但在1984年国会通过了立法(有线传播法案)，虽然不会强加这种限制，但是也期望各城市作为经营特许条件要求有线电视运营者履行这一义务。

这个义务是以城市有线电视公司和市政当局之间的协议方式存在的。但是在最近几年中，出现了一个新的转向，有线行业已经开始提供网络服务。再一次，关于有线电视公司是否应该被视为公共信息载体而应当给第三方网络服务商提供接入其网络的权利这一问题，成了各方博弈的焦点。在国家有线与电信协会对Brand X(一家专业制作影视、游戏、电视节目宣传音乐的工作室)的诉讼案中，最高法院支持联邦通信委员会的决定，即有线网络公司有权选择不为第三方提供宽带电缆接入。最高法庭的理由是，网络服务商提供的是信息服务，它不像电信业务，①并不属于公共信息载体。

因为Brand X没有自己的基础设施(电信业务)，而且有线网络公司已经有自由权利决定它们所运营的网络上应该传播什么内容，Brand X被判定为没有任何接入有线运营商的基础设施的合法权利。因为有线运营商是互联网服务的直接提供者，有线电视历史上曾作为广播电视“合理辅助性设施”这一点又被派上用场了。这一案件紧随2002年联邦通信委员会公布的管理规则之后，有线业务被认为是“信息业务”而不是“电信业务”。而对于信息服务的提供者而言，从本质上讲，像广播者一样，内容提供者的角色是最重要的，而电信业务提供者是公共信息载体。尽管有线电视作为基础设施的运营商与电话系统运营者的确存在很多相似的地方(比如线路到户，依靠城市的“路权”特权)，由于不希望有线电视网络成为公共信息载体，有线电视业主协会成功地突出了有线调制解调器业务中“信息”的重要性。

这一案例是一个分水岭，对于想使互联网成为国家通信基础设施的公共利益群体而言，尤其是一个重大打击。对于这一案例，美国自由民主联盟在上诉法庭之前写的一份摘要中提到：

---

① 根据美国法典，“无线电通信服务”是指无论使用何种设备，通过付费提供无线电通信给大众，或者提供给不同类别的使用者以便高效直接为大众所用(47 U. S. C. Sec. 153[46])。另外，按照美国法典，“信息服务”指提供总结、获取、储存、改变、加工、恢复、利用，或者通过无线电通信获取信息，包括电子出版，但不包括任何管理、控制、操作无线电通信系统或无线电服务管理的能力(U. S. C. Sec. 153[20])。

> 如果没有确定的规章制度把有线业务当作电信类公共信息载体通信服务，有线网络公司就可以把自己对基础设施的所有权当作筹码，来控制公民对互联网的近用权和使用权。这就威胁了言论自由权和隐私权。一个对于顾客使用互联网的权利有着严格的控制权的有线网络公司，能够审查他们所说的话、限制他们访问不利的信息服务、监控他们的上网行为，并微妙地控制他们所依赖的信息服务。对此，顾客可能没有任何选择，只能接受监控。(Brief Amicus Curiae 2005)

这是今天人们所关注问题的核心，本地电信业务的垄断组织——有线网络和电信公司——在公民及其参与公共领域的条件中能够扮演怎样的重要角色。因为有线网络公司是私有实体，它们的审查能力不是《宪法第一修正案》的关注范围。如果电话垄断公司努力实现一种对互联网使用所进行的大体相当的控制，它们也会自然而然地拥有相似的“市场审查”的能力。此外，考虑到它们的力量十分集中，电信公司对服务国家安全局全程监控美国公民的钓鱼执法战略可以提供一种很方便的途径(Cauley & Diamond 2006)。尽管这两个问题(市场审查和监控)并没有直接的联系，但二者都来源于联邦政府赋予电信公司集中的市场力量的权力。政府和电信公司一直试图维持的假象是，其权力的集中在某种程度上讲是一个健康的市场变迁结果，而不是企业福利制度的结果。

电子传媒领域的企业福利政策和企业法人

在联邦层面上，对政府所有制，乃至对实质性的直接政府财政支持的热情和动力是微乎其微的。这并不是在否认有不少非直接形式的政府融资的存在。这种形式今天是存在的，而且被很合适地理解为“企业福利”。在最近几年内，最著名的就是根据《1996 年电信法》所产生的、面向广播电视机构的频谱转让，这一事件共造成估计价值为 700 亿美元的损失(Nader 2000；Aufderheide 1999，63—64)。非常具有讽刺意味的是，福利政府的理想和现实在约翰逊政府的“伟大社会”计划后的各届政府中，是非常受到诋毁的。也许更精确的说法是，正是作为一个共和党人的尼克松(Richard Nixon)，自称是凯恩斯主义者，在 1971 年引入价格控制和赤字预算来推动“充分就业”，并主持了最后一届自由主义的政府(Yergin & Stanislaw 2002，42—6)。而克林顿(William Jefferson Clinton)却掌控了第一个完全成熟的新自由主义政府,以最有效的手段终结了人们所熟知的福利政策,这也证明了福利权利是可以反转的(Turner 1992)。[①] 通过引入1996年的《个人责任与工作机会协调法案》,克林顿的这一有道德惩罚色彩的政策,很好地兑现了里根总统对"福利皇后"——那些编造出来的享受福利、满城开着粉色凯迪拉克车的城市黑人妇女——的修辞抨击。正如人们普遍知道的,1996年的福利改革法案的最显著象征性目标是取消"对有儿童家庭的援助计划"(AFDC)。这个项目的取消,对于那些坚持"福利像精子"理论的人来说是一种精神上的胜利。这一理论是由厄莱雷奇(Ehrenreich)提出的,他认为如果单身妈妈能近用公共资金,就会鼓励未婚妇女生养孩子。但更加重要的是,厄莱雷奇详述了原有福利政策结束后,如何产生新的福利要求与救济诉求者,即打着公司福利旗号、攫取联邦政府机构购买私有化社会服务费用的忽悠艺术家们(Ehrenreich 1997,Brodkin 1995)。克林顿对福利政策的这一波打击是非常重要的,因为它是对旧经济体制(福利国家)进行"创造性破坏"的一种特定阶段,随后是创造一个新时代的措施:信息时代(Calabrese 1997)。

在克林顿的福利政策立法通过后不久,公司福利成为公愤的焦点,甚至占统治地位的媒体渠道都发现这个问题不容忽视。1998年,《时代周刊》对这一话题进行了报道,紧接着开展了一个为期18个月的调查,揭示上百家公司如何获得福利资助,以及为什么这种"公司福利"每年花费相当于每一个工作的美国人两周的薪酬(Barlett & Steele 1998)。位于华盛顿的自由主义智库——卡托研究所,是联邦公司福利计划的尖锐批评者。根据2005年出版的《卡托国会指南》,在2002年,"联邦政府耗资约930亿美元用于补助商业计划"(Crane & Boaz 2005,337)。《卡托国会指南》把公司福利定义为"为具体公司或特定产业提供独特利益的政府计划"(Crane & Boaz 2005,338)。在拉尔夫·纳德(Ralph Nader)看来,公司福利是以多种形式实现的,包括捐赠(正如1996年面向广播电视机构的频谱转让事件)、研究与开发、紧急资金援助、税收("减税款项、免税额、扣除项目、信用、延期、税率"等)、政府对企业加以扶持以及协助出口和海外市场等都是其实现的形式(Nader 2000)。卡托指南还补充了以下内容:

---

① 正如特纳(Bryan Turner)所述,"福利权利很明显是可以反转的,而不应该被当作确定的"。(1992,37)

> 许多公司福利计划会提供有用的服务给私有企业,例如保险、数据、研究、贷款及市场支持等。这些都是许多私有企业自食其力运作的,如果政府的商业活动是有用和高效的,那么私有市场应该能够使它们无需政府补助即可自行运转。
>
> 除了消费计划外,公司福利也包括尝试保护贸易壁垒,使美国工业避免以使用外国产品的美国消费者和美国公司利益为代价,受到外国竞争者的损害。公司福利还包括国内的合法壁垒,其更青睐有垄断权的特定公司而不是其他的市场竞争者。公司福利有时也会支持已经获得高额利润的公司,这些公司很明显不需要纳税者的额外帮助。在其他的情形下,公司福利计划支持那些在市场上出现下滑情况的商业。我们应该准许这些公司破产,因为它们导致经济下滑,并降低了整个美国的收入水平。(Crane & Boaz 2005,337)

就美国电信行业而言,享受公司福利的方式是多种多样的,其中一种方式就是形成自然垄断地位。电话和有线网络公司有很强的动机吸引政府给予它们自然垄断特权,因为如果成功获得这些特权,就获得了在其他方面被认为是反竞争行为的合法性。托马斯·迪罗伦佐(Thomas Dilorenzo)引述的一项研究发现,“在1917至1932年间,进行了规制(体制内)和未进行规制(私营)的电信企业在价格和利润上没有差别”。他进而指出,在这一情形下,“费率规制并没有使消费者获益,相反,它被产业‘俘获’了。正如在其他行业中发生的那样,从运输业到航空业再到有线电视行业,莫不如此”。迪罗伦佐还提到当美国电话电报公司的专利权在1893年到期截止后,将有很多新的独立的电话公司出现。1894年独立公司的市场占有率为5%,但是到1907年,美国电话电报公司的竞争者已经占据了电话市场51%的份额。竞争也有助于降低价格。“此外,没有证据表明经济规模是一个问题,并且准入屏障也基本上是不存在的,这与应用到电话工业标准的自然垄断理论的描述是截然相反的。”(DiLorenzo 1996,50)为了在有线行业找到更具体的案例,托马斯·黑兹利特(Thomas Hazlett)提出,在有线网络成为自然垄断企业的情形之下,联邦政府授权的本地特许经营过程是不公正的。而富有竞争力的潜在竞争者却因那些通过支付垄断资金给市政府换得市场保护的现有经营者与市政府间的舒适关系的存在,失去了优势。这就造成了“反竞争和反消费者利益”的市场状况(Hazlett 1990,66)。

公司福利政策所产生的利益是企业法人和有线垄断企业市场力量的基础。企业法人的合法协议是为了重新理解或延伸以前仅个人有权使用的公司的权利而创设的。这个实体的悖论之处在于:一方面,公司享受公民权利被当作重要事项;而另一方面,强大的公司在抵制其公共义务规范准则的阐述方面则不遗余力。换句话说,绝非偶然的是,公司在要求享有公民权利的同时,在规避自身责任方面是非常高效的,与此极不对称的是,今天的社群主义者(即那些诋毁"福利皇后"的人)却毫不犹豫地向社会最弱势的公民提出了很高的共和主义公共精神。针对社群主义者,正如学者塞缪尔·沃克(Samuel Walker)提到的,"哪怕只是提到一点对于大企业的限制,都会让他们曝光成为'极端分子',并且让他们中很多人感到遭受威胁"(Walker 1998,168)。更重要的是,他提到,"社群主义代言人总是有一个避免直接挑战大经济利益的坏倾向,相反,他们会转而攻击更弱势的群体"(Walker 1998,178)。

正如我们在全球贸易和投资政策中所看到的,尽管这么多年来一直在进行一种尝试,即建立一种有关公司义务的对话——还不是实现,这样的努力也被有效地避免了。与此同时,这些跨国公司的权力被提出和合法化推行的力度、速度、精确度和有效度,却是一点也不含糊的。使这一情形的复杂性和矛盾性增加的是,在提出和实施跨国公司的产权和合同过程中时刻产生着的可观的政府开销,以及公司活动的直接或间接财政补助。这是被更多人了解到的"公司福利"面貌。这些补助显示出,新自由主义与社群主义力量有着相似的显著盲点。一方面,出于不同的原因——经济或意识形态上——新自由主义和社群主义争辩说,公民权利不应该成为一种政治分肥;另一方面,当那些企业公民们染指公共利益时,它们两方都倾向于默不作声。这在美国的电信政策中一点都不鲜见。

企业法人拥有自由表达的个体权利。但是正如福尔摩斯(Holmes)和桑斯坦(Sunstein)所论证的,没有任何权利是免费的,公司受保护的自由言论权利是以公民利益为代价的。如果国家对公司言论自由权提供慷慨的经济支持,这是不是国家行为的结果?这一观点确定了自由言论权利很关键的基础。考虑到使公司拥有自由言论权利的是纳税人的费用,对这些公司施加义务是很有必要的。在社群主义中常见的观点就是权利必须与义务相伴随(例如 Etzioni,1995)。在美国司法权中,公司法人的权利并不一直占统治地位。相反,这是一个发明,其源头在 19 世纪末最高法院根据第十四宪法修正案的判例(1886 年一个判决圣克拉拉对南太平洋铁路的案例)。该判例认为，公司财产在纳税问题上不能不同于个人财产。今天，正如一位法学理论家所述："尽管现在了解法律的人在抗议，但是企业已经成了十足的经济人。"既然如此，有理由要求，好公民的标准必须被定义和维护。也如另一文献中所述，"企业法人，就像那些辜负社会期待的自然人，可能会被强迫做正确的事情"。(Millon 2001，51)

融合终结了公有与私有的自由政策假象

1923 年，由于无线电广播的推出而带来的事业挫败，一位美国电话电报公司的经理人做出如下富有先见之明的陈述：

> 一直以来直到现如今(1923 年)，我们都非常谨慎，无论是在新闻媒体上或是在其他任何形式的谈话中，都没有通过任何方式向公众陈述贝尔系统公司想要垄断广播业的这样一个说法。但事实上，它是一家电话公司，我们是电话行业中人，我们能够比其他任何人在此领域中都做得更出色。对于我而言，似乎必须得出的一个显而易见、合乎常理的结论就是：在不久的将来，无论通过何种形式，我们都会胜任这份工作。(Danielian 1939，123—4)

经历了巨变，浴火重生的美国电话电报公司以及整个电信行业已经蓄势待发。它们通过前所未有的举措改变着美国的大众传播领域，或许也通过其模式或市场影响力，改变着世界其他地方的大众传播。庆祝或是痛惜企业已经摆脱了民族国家的系泊的言论，尤其在全球通信领域，已经司空见惯了(Calabrese 1999)。但是，除非它们愿意赤裸裸地被指责逃脱对国家和其获利所依靠的民众的责任，全球企业已经打起"全球企业公民"的旗号了。就电信业来说，跨国运营可以追溯到 19 世纪晚期跨国越洋连接各国的电报电缆。在 20 世纪 90 年代，美国电话电报公司的分拆急剧加速了美国电信公司面向外国市场的直接投资，特别是在无线电话和有线电视服务领域(Calabrese 1995)。如今，所有权政策越来越宽松，私有化了的本国企业和美国企业联手，建起了全球电信基础设施中的巨无霸。

在美国电信业政策的模式下，大企业不是通过竞争，而是通过保护性的(也可以理解为有监管的)垄断舒舒服服地生息，积累巨额财富。这样既保障了企业利益，也把竞争控制在了最低限度。产业保护并非本质上的罪魁祸首，特别是在公共服务义务的交换上更是如此。但如今，表面上的私人电话与有线垄断公司不断把自己雄厚的资金投在对新闻与娱乐流动的控制上，并自己定义它们在自己控制但实际上是由公众无意间资助的基础设施上的权利。有线与电信垄断部门以陈旧的方式获取利益：更多是通过从竞争中寻求保护，而非直接面对竞争性的商业环境。尽管电信基础设施的发展历史无可争辩地有公司福利政策的印记，有关电信和有线网络公司自主创业的、使它们占据今天市场主导地位的那些无比娴熟的骗人说辞，却是与政策对这些企业的公共服务义务责任（包括其对于健康的传媒公共服务环境的可持续发展所应肩负的资金责任）的忽略相伴相随的。

目前，对美国电信业务与信息服务在未来的走势做出判断还为时尚早，因为我们正处于这一领域的重大自我审视与重新定义的阶段。然而，在一些支撑公众服务义务的基本准则中，最为重要的是，网络不应阻止任何合法的内容，也不允许使自己的业务凌驾于那些竞争者（无论从价格还是从所提供的服务质量）之上，它们应该在很大程度上承担数字时代公众服务媒体再创造的成本，无论是通过普遍服务基金、联合投资城市宽带服务，还是其他的未知手段（Boucher 2006）。[①] 政策制定者应该有一个具有可持续性参量的决策底线，那就是不要忘了美国电信产业的成功与市场集中离不开从美国公众和美国政府那里得到的优惠，你们还欠公众一份大的回报。

结　　语

预测新自由主义经济的危机能产生新的力量和决心，以此让国家在提高对市场管制的道德标准方面有一个更加透明和活跃的角色，或者期待国家能为社会做出一个长期的承诺，以此防范现实和潜在的市场腐败和失败，这些想法目前都还不成熟，或者说是太过于乐观了。因最近美国政府对参与多边治理合约谈判和实施程序有新的兴趣，就认定跨国贸易和投资中缺乏责任性措施的许多问题能够得到解决，也是同样不成熟的。但是，至少可以期望的是，这些措施会随着来自强国的领导逐渐认识到它

---

① 这种想法在某种程度上受到弗吉尼亚州民主党议员鲍彻(Rick Boucher)的鼓励。

们也是自己的利益所在，变得更加普遍和有效地得到实施。作为一个旨在阻止私人财富控制公共传播的启发性工具，公私二分法具有相当大的价值。政策实践在很多情况下不能实现自由主义理论的承诺是常见的，但是这种情况在没有足够的监管或防范的条件下经常被允许发生则是犯罪。而在电信政策领域，其赌注包括对于公共传播质量、公共领域以及公众自身的系统性损害。

【本章部分内容曾发表于以下期刊：Andrew Calabrese(2007)，《法律条文：电信技术和企业法人》(The letter of the Law：Telecommunications and the corporate person)，《信息：电信、信息与媒体的政策、法规与战略杂志》(*Info：The Journal of Policy，Regulation，and Strategy for Telecommunications，Information，and Media*)，9(2/3)页 122—35；Andrew Calabrese(2008)，《媒体私有化》(Privatization of media)。载：Donsbach，W. 编，《传播学国际百科全书》(*The International Encyclopedia of Communication*)，Wiley-Blackwell，马萨诸塞州莫尔登。】

参 考 文 献

Aufderheide，P. (1999) *Communications Policy and the Public Interest：The Telecommunications Act of 1996*. Guilford Press，New York.

Bagdikian，B. (2004) *Media Monopoly*. Beacon Press，Boston.

Barlett，D. L. and Steele，J. B. (1998) What corporate welfare costs you. *Time*，November 9.

Berlin，I. (1969) Two concepts of liberty. In：*Four Essays on Liberty*. Oxford University Press，New York，pp. 118—72.

Bernstein，J. (1991) Right，revolution and the community：Marx's "On the Jewish Question." In：Peter Osborne (ed.)，*Socialism and the Limits of Liberalism*. Verso，London，pp. 91—119.

Bobbio，N. (1989a) The great dichotomy：public/private. In：*Democracy and Dictatorship：The Nature and Limits of State Power*. University of Minnesota Press，Minneapolis.

Bobbio，N. (1989b) Liberalism old and new. In：*Democracy and Dictatorship：The Nature and Limits of State Power*. University of Minnesota Press，Minneapolis.

Boucher，R. (2006) Beware of a two-lane Internet. *Business Week*，March 7.

Brief Amicus Curiae of the American Civil Liberties Union and the Brennan Center for Justice at NYU School of Law in Support of Respondents in the case of National Cable & Telecommunications Association, et al., v. Brand X Internet Services, et al. (2005). On Writ of Certiorari to the United States Court of Appeals for the Ninth Circuit, p. 4.

Brodkin, E. Z. (1995) The war against welfare. *Dissent*, Spring, 211—20.

Brussels Sunshine (2009) Ex-Commissioners lobbying at 500 Euro per hour. *Brussels Sunshine*. October 2. Online at http://blog. brusselssunshine. eu/.

Calabrese, A. (1995) Local versus global in the modernisation of Central and Eastern European telecommunications: A case study of US corporate investments. In: Preston, P. and Corcoran, F. (eds), *Re-Regulating European Communications*. Hampton Press, Cresskill, NI, pp. 233—56.

Calabrese, A. (1997) Creative destruction? From the welfare state to the global information society. *Javnost/The Public*, 4(4), 7—24.

Calabrese, A. (1999) Communication and the end of sovereignty? *Info: The Journal ofPolicy, Regulation, and Strategy for Telecommunications, Information, and Media*, 1(4), 313—26.

Calabrese, A. (2004) Stealth regulation: Moral meltdown and political radicalism at the Federal Communications Commission. *New Media and Society*, 6(1), 18—25.

Calabrese, A. (2005) Casus belli: U. S. media and the justification of the Iraq war. *Television and New Media*, 6(2), 53—175.

Campaign Finance Institute (2008) New analysis of FEC October 15th Reports of the Host Committees for the 2008 Presidential Nominating Conventions, December 10. Online at http://www. cfmst. org/pr/prRelease. aspx? ReleaseID=218 (accessed October 6, 2010).

Cauley; L. and Diamond, J. (2006) Telecoms let NSA spy on calls. *USA Today*, February 6.

Center for Responsive Politics (2010a) Communications/Electronics. *OpenSecrets. org*. Online at http://www. opensecrets. org/pacs/seetor. php? ttt = B08&cycle = 2008 (accessed October 15, 2010).

Center for Responsive Politics (2010b) Lobbying database. Online at http://www. opensecrets. org/lobbyists/ (accessed October 5, 2010).

Center for Responsive Politics (2010c) Revolving door: Former members. *OpenSecrets. org*. Online at http://www. opensecrets. org/revolving/top. php? display=Z (accessed October 5, 2010).

Center for Responsive Politics (2010d) What is a PAC? *OpenSecrets. org*. Online at http://www. opensecrets. org/pacs/pacfaq. php(accessed October 15,2010).

Center for Responsive Politics(2010e)527s Organizations. *OpenSecrets. org*. Online at http://www. opensecrets. org/527s/index. php # tots (accessed October 15, 2010).

Cisco(2006) Statement on network neutrality [press release]. Online at http://newsroom. cisco. com/dlls/2006/ corp_031506b. html(accessed October 5,2010).

Cisco(2009) Corporate information. Online athttp://newsroom. cisco. com/dlls/ corpinfo /corporate_overview. html(accessed October 5,2010).

CNN Money(2007) Fortune 500 2007. *CNNMoney*. Online at http://money. cnn. com/magazines! fortunelfortune500/2007/fuIUist/index. html (accessed October 6, 2010).

Crane, E., and Boaz, D. (eds)(2005) *Cato Handbook for Congress: PolicyRecommendations for the 108th Congress*. Cato Institute, Washington, DC.

Dahl, R. (1985) *A Preface to Economic Democracy*. University of California Press, Berkley.

Dahrendorf, R. (1987) Liberalism. In: J. Eatwell, M. Milgate, and P. Newman(eds), *The New Palgrave Dictionary of Economics*, vol. 3, pp. 173—5.

Danielian, R. (1939) *A. T. &T.: The Story of Industrial Conquest*. The Vanguard Press, New York.

DiLorenzo, T. (1996) The myth of the natural monopoly. *The Review of Austrian Economics*, 9(2), 50, 56—7.

Dunbar,. (2005) Who is watching the watchdog? In: McChesney; R., Newman, R., and-Scott, B. (eds) *The Future of Media: Resistance and Reform in the 21st Century*, SevenStories Press, New York, pp. 127—40.

Dyson, E., Gilder, G., Keyworth, G., and Tomer, A. (1994) Cyberspace and the American dream: Magna Carta for the knowledge age. August. Online at http://www. pff. org/issues-pubs/futureinsights/fi1. 2magnacarta. html(accessed October 5,2010).

Earp, M. (2009) China's media and information controls: The impact in China and the United States [testimony before the U. S.-China Economic and Security Review Commission]. September 10. Online at http://cpj. org/blog/2009/09/cpj-testifies-onchinas-media-controls. php(accessed October 6,2010).

Ehrenreich, B. (1997) Spinning the poor into gold: How corporations seek to profit from welfare reform. *Harper's*, August.

Esarey; A. (2005) Cornering the market: State strategies for controlling China's commercial media. *Asian Perspective*, 29(4), 37—83.

Etzioni, A. (ed.)(1995) *Rights and the Common Good: The Communitarian Perspec-*

tive. St. Martin's Press, New York.

Federal Communications Commission(2005) Former Chairman Michael K. Powell. Online at http://www.fcc.gov/commissioners/previous/powell/biography.html (accessed October 5, 2010).

Feinberg,. (1984) *Harm to Others: The Moral Limits of the Criminal Law*, vol. 1. Oxford University Press, New York.

Forbes(2002) People: Michael K. Powell. *Forbes*. April 10. Online at http://www.forbes.com/2002/04/10/mpowell.html(accessed October 6, 2010).

Frank, T. (2000) *One Market Under God: Extreme Capitalism, Market Populism, and the End of Economic Democracy*. Random House, New York.

Fraser N. and Gordon L(1992) Contract versus charity: Why is there no social citizenship in the United States? *Socialist Review*, 22(3), 45—67.

Fukuyama, E(1989) The end of history? *The National Interest*, 16(Summer), 3—18.

Gannon, J. (2004) Rathergate: Jeff Gannon and Talon news. *SourceWatch*. Online at http://www.sourcewatch.org/index.php? title=Rathergate:-. JefCGannon_and_Talon_News(accessed October 5, 2010).

Gathmann, E(2009) German Ministry outsources legislation. *Spiegel Online*. August 12. Online at http://www.spiegel.de/international/germany/0.1518.642083.00.html(accessed October 6, 2010).

Gaus, G. (1983) Public and private interests in liberal political economy; old and new. In: Benn, S. 1. and Gaus, G. E(eds), *Public and Private in Social Life*. Croom Helm, London, pp. 183—222.

Giroux, H. (2004) *The Terror of Neoliberalism: Authoritarianism and the Eclipse of Democracy*. Paradigm, Boulder, CO.

Habermas, J. (1989). *The Structural Transformation of the Public Sphere*. MIT Press, Cambridge, MA.

Harvey; D. (2005) *A Brief History of Neoliberalism*. Oxford University Press, New York.

Hazlett, T. W. (1990) Duopolistic competition in cable television: Implications for public policy. *Yale Journal on Regulation*, 7, 65—120.

Heller, N. (2008) New FCC Chairman had big telephone player as major client. *Center for Public Integrity*. Online at http://projects.publicintegrity.org/telecomm/report.aspx? aid=311(accessed October 5, 2010).

Hirschman, C. (2000) Buying influence: Telecom companies, exec invest in candidates, push interests. *Telephony Online*, February 14. Online at http://telephonyonline.com/mag/telecomm_buyin~influence_telecomm/(accessed October 6, 2010).

Holmes, S. and Sunstein, C. (1999) *The Cost of Rights: Why Liberty Depends on Taxes*. Norton, New York.

Jameson, E(1996) Five theses on actually existing Marxism. *Monthly Review*, 47(11), 1—10.

Ji-sook, B. (2009) MBC reporters balk at anchor replacement. *Korea Times*. April 9. Online at http://www.koreatimes.co.kr/www/news/include/print.asp?newsIdx=42909(accessed October 5, 2010).

Kant, 1. (1991) An answer to the question "What is Enlightenment?" In: Reiss, H. (ed.) *Political Writings*. Cambridge University Press, Cambridge, UK, pp. 54—60.

Kelly, M. (2008) Telecom lobbyists tied to McCain. *USA Today*, March 23.

Khiabany, G. (2006) Religion and media in Iran: The imperative of the market and the straightjacket of Islarnism. *Westminster Papers in Communication and Culture*, 3 (3), 3—21.

Khiabany; G. (2007) Iranian media: The paradox of modernity. *Social Semiotics*, 17 (4), 479—501.

Kwak, K. (2009) Broadcasting Deregulation in South Korea. *Korea Economic Institute-Academic Paper Series*, 4(6).

Labaton, S. (2000) EC. C. approves Bell Atlantic-GTE merger, creating no. 1 phone company. *New York Times*, June 17.

Locke, J. (1924) *Of Civil Government, Second Treatise*. J. M. Dent & Sons, London.

Lu, J. and Weber, 1. (2007) State, power and mobile communication: A case study of China. *New Media & Society*, 9, 925—44.

MacDonald, G. (2001) Media fear censorship as Bush requests caution. *Toronto Globe & Mail*, October 11. Online at http://www.commondreams.org/headlines01/1011—02.htm(accessed October 6, 2010).

MacPherson, C. B. (1962) *The Political Theory of Possessive Individualism*. Clarendon Press, Oxford.

MacPherson, C. B. (1973) *Democratic Theory: Essays in Retrieval*. Clarendon, Oxford.

MapLight.org(2008) House Dems who changed their vote to support FISA bill [pressRelease], June 24. Online at http://maplight.org/FISAJune08(accessed October 6, 2010).

Mark, G. (1987) The personification of the business corporation in American law; *University of Chicago Law Review* 54, 1441—84.

Marshall, T. H. (1950) *Citizenship and Social Class and Other Essays*. Cambridge University Press, Cambridge, UK..

Marx, K. (1978a) Economic and philosophic manuscripts of 1844. In: Tucker, R. C. (ed.) *The Marx-Engels Reader*. W. W. Norton, New York, pp. 66—105.

Marx, K. (1978b) On the Jewish question. In: Tucker, R. C. (ed.). *The Marx-Engels Reader*. W. W. Norton, New York, pp. 26—52.

Media Matters for America(2005) Jeff Gannon reverses course, quits as Talon News 'reporter'. *Media Matters for America*. Online at http://mediamatters.org/items/200502090010(accessed October 5, 2010).

Mill, J. S. (1974) *On Liberty*. Penguin Books, London.

Millon, D. (2001) The ambiguous Significance of corporate personhood. *Stanford Agora: An Online Journal of Legal Perspectives* 2(1). Online at http://agora.stanford.edu/agora/libArticles2/agora2v1.pdf(accessed October 5, 2010).

Murphy, J. (2005) CBS ousts 4 for Bush guard story. *CBS News*. January 10. Online at http://www:cbsnews.com/stories/2005/01/10/national/main665727.shtml (accessed October6, 2010).

Nader, R. (2000) *Cutting Corporate Welfare*. Seven Stories Press, New York.

Nam, S. (2008) The politics of compressed development in new media: A history of Korean cable television, 1992—2005. *Media, Culture & Society*, 30, 641—61.

Offe, C. (1975). The theory of the capitalist state and the problem of policy formation. In: Lindberg, L., Alford, R. R., Crouch, C., and Offe, C. (eds) *Stress and Contradiction in Modern Capitalism*. Lexington Books, Lexington, MA, pp. 125—44.

Offe, C. (1984). *Contradictions of the Welfare State*. MIT Press, Cambridge, MA.

O'Melveny and Meyers LLP(2010) Offices: Washington, DC. Online at http://www.omm.com/offices/office.aspx? office=26(accessed October 5, 2010).

Powell, M. (2004) Preserving Internet freedom: Guiding principles for the industry. Remarks at the Silicon Flatirons Symposium, Boulder, CO, February 8. Online at http://net.educause.edu/ir/library/pdf/CSD5428.pdf(accessed October 6, 2010).

Progress and Freedom Foundation(2010) Who we are. Online at http://www.pff.org/about/whoweare.html(accessed October 5, 2010).

Ramstad, E. (2009) South Korea passes media-overhauled bills. *Wall Street Journal*, July 23.

Rawls, J. (1996) *Political Liberalism*. Columbia University Press, New York.

Redstone, S. (2004) 10 questions for Sumner Redstone. *Time*, September 27.

Reporters Without Borders(2009a) Annual Reports: China 2009. Online at http://en.rsf.org/report-china,57.html? annee=2009(accessed October 15, 2010).

Reporters Without Borders(2009b) Annual Reports: Iran 2009. Online at http://en.

rsf. org/report-iran,153. html(accessed October 15,2010).

Simon,J. (2009)CPJ concerned by South Korean pressure on media [letter], *Committee to Protect Journalists*. May 7. Online at http://cpj. org/2009/05/cpj-concerned-by-southkorean-pressure-on-media. php(accessed October 6,2010).

Skiair,L. (2001) *The Transnational Capitalist Class*. Blackwell,Oxford.

Smith,T. (2001)Censoring the enemy. *PBS Online News Hour*. October 15. Online at http://www. pbs. org/newshour/bb/ medialju/y-dec01 / cens_10-15. httnl(accessed October6,2010).

Smolla,R. A. (1992) *Free Speech in an Open Society*. Knopf,New York.

Splichal,S. (2002a) The principle of publicity, public use of reason and social control. *Media,Culture & Society*,24(1),5—26.

Splichal,S. (2002b) *Principles of Publicity and Press Freedom*. Rowman &. Littlefield,Lanham,MD.

Streeter,T. (1996) *Selling the Air: A Critique of the Policy of Commercial Broadcasting in the United States*. University of Chicago Press,Chicago.

Thatcher,M. (1985) Speech to the American Bar Association, July 15. Margaret Thatcher Foundation. Online at http://www. margaretthatcher. org/document/106096(accessed October 15,2010).

Tong,J. (2007)Guerilla tactics of investigative journalists in China. *Journalism*,8(5),530—5.

Tong,J. and Sparks,C. (2009) Investigative journalism in China today. *Journalism Studies*,10(3),337—52.

Turner,B. (1992)Outline of a theory of citizenship. In:Mouffe,C. (ed.), *Dimensions of Radical Democracy*. Verso,London,pp. 33—62.

Walker,S. (1998) *The Rights Revolution: Rights and Community in Modern America*. Oxford University Press,New York.

Wallerstein,I. (2008)2008: The demise of neoliberal globalization. *YaleGlobal Online*,4 February. Online at http://yaleglobal. yale. edu/ content/ 2008-demise-neoliberal-globalization(accessed October 6,2010).

Weissman,S. and Sazawai,S. (2009)Soft money political spending by 501(c)Nonprofits tripled in 2008 election. *The Campaign Finance Institute*, February 25. Online at http:// www. cfinst. org/pr/prRelease. aspx? ReleaseID=221(accessed October 6,2010).

Wood,E. M. (1990)The uses and abuses of civil society. In: Miliband,R. and Panitch, L. (eds), *The Socialist Register 1990*. Merlin Press,London,pp. 60—84.

World Information Access(2008) Ownership diversity in Muslim media systems. June

10. Online at http://www.wiareport.org/index.php/ 68 / ownership-diveristy-in-muslimmedia-systems(accessed October 6,2010).

Yergin, D. and Stanislaw, J. (2002) *The Commanding Heights: The Battlefor the World Economy*. Simon & Schuster, New York.

第十二章　美国通信系统的军事化

丹·席勒(Dan Schiller)

引　言

巨大的知识鸿沟扭曲了传播学。得益于一批有志学者的不懈努力，传播学研究中长期被忽视的劳工问题终于渐渐得到一些关注。尽管有诸多关于全球化的言论，但是另一方面，传播学领域还是一如既往地忽视了"流动空间"的实际组织方式。这个问题关系到传播如何嵌入到私有流通领域以及虚拟私人网络空间。如果说前者是以前全球资本的主要生产载体，那么后者现在已日渐成为主宰跨国资本生产的基础建设。而在前赴后继的商品化过程中，亲资本的雇主对文化和信息领域的生产和分配的占有又是怎样的呢？尽管商品化过程是传播历史上的一个重要载体，却常常被主流学界视为次要问题。把以上提及的这些一直被边缘化的问题综合起来，我们应该意识到它们很可能会给我们的学术领域提供另一个考察的基础。然而横亘在我们眼前的，还有另一个更紧迫的知识鸿沟问题。

早在美国对越南的战争打得不可开交的时候，赫伯特·席勒(Herbert I. Schiller 1969)就曾指出正在形成的电子通信和美国军队之间的联系。然而二十年过去之后，莫斯可(Mosco 1986,76)看到"依旧鲜有传播学者研究军队在媒介发展中的角色"。至今又二十年过去了，这个论断依旧成立。尽管有一些学者研究战争影响下的意识形态构建(Herman and Chomsky 2002；Andersen 2006)，并且也已有一本专注研究这个问题的学术期刊——《媒介、战争和冲突》(*Media,War and Conflict*)，不得不说这是一个很好的征兆，但是传播的军事化作为一个不断演进的政治经济学课题,对这方面的研究依旧毫无头绪:军事化过程是如何带来信息传播技术革新的?军事化对传播体制的结构构建和政策制定又有怎样的影响?通信的军事化具备怎样的历史渊源和推动力量?现如今,通信系统的军事化有哪些主要表现形式和特点?我将在这篇文章里初步回答这些问题。

从征服新大陆到攫取全球权力

通信(communications)和军事目的从美国建国之初就开始了纠缠不清的关系。它们的这种关系并不是随意的,相反这种关系是重要并且持久的。这就像著名历史学家威廉斯(William Appleman Williams 1980)形容的"作为一种生活方式存在的帝国主义"一样。在这个国家建国后的第一个世纪里,军队是构成占领新大陆的基础力量,同时美国通信系统的资源也深深地渗透到这个军事化的过程中。首先被"招募入伍"的是邮局系统。1789 年到 1845 年间的 12 任美国邮政总长中有 6 任曾是高级军官。同时,根据理查德・约翰(Richard John 1995,133—4)的研究,早期邮政系统实施军事化管理。美国第一封横跨大陆从太平洋海岸寄往东海岸的邮件,是在 1848 年由基特・卡森(Kit Carson)携带,作为一次明确的军事行动。1855 年,为了让新移民在大陆两岸都能安居乐业,加州议员韦勒(Weller)强调邮局和军队之间紧密的一致性,他说:"通过每隔十英里建立一条邮政线路,你们其实是沿路建立了军队哨口,这样你们可以为新移民提供保护。"(Hafen 1969/1926,86)从"天命注定"时期(the era of Manifest Destiny)一直到 1870 年间,这种互相联动维系了美国对北美洲大陆的征服,尽管其前提是以牺牲原住民和击败狡诈的欧洲殖民对手为代价。然而到了 19 世纪后期,军事化不仅开始走出州界,并且开始融合更多新的通信技术。

不同的历史参与者和结构性力量对美国在国际舞台上的崛起做出了贡献。基督教传教士和商船队长、童子军和华尔街金融家、公司领导人和行政部门以及好莱坞巨鳄等都做出了不同的贡献。然而做出贡献的不止是日益兴盛的进出口贸易,美国的优势地位还依赖于日益增长的外商直接投资。19 世纪末,美国资本开始逐鹿国际市场,他们需要保卫自己公司的经济果实。美国花大力气保护其在工厂、矿山、种植园和基础设施方面的对外投资,如同那些利益岌岌可危的目光敏锐之人,这种努力就像他们的欲望一样膨胀，也像他们的恐惧一样深远而永无止境。由于对外直接投资和全面帝国主义都加剧着对军事力量的依赖，与政治紧密相连的军需产业变得越来越显著。美国硬实力的长期构建既针对本土激进运动也是为了与国际力量抗衡。

到 1880 年，国会批准建造第一批美国军舰，这是当时可以横行全球的移动进攻力量。美国国际通信系统也开始进入太平洋和加勒比海领域。威廉·麦金莱总统在 1899 年对国会的一次演讲中强调国际通信对那些美国曾争夺过的地方的重要性，有些是国际帝国主义间的争夺，比如美西战争：

> 美国将占领太平洋远处的海岸线，如菲律宾岛。夏威夷岛和关岛已经是美国的领土，并正在形成海上着陆点。基于这一背景，在美国本土和所有这些岛屿间建立海缆通信变得至关重要。无论是在战时还是和平时期，这些通信系统都必须完全在美国的掌控之中。(McKinley 1899，1712)

从麦金莱开始，美国领导人致力于建立一套独立且完整的美国域外通信系统。在争夺域外前景的过程中，公司总裁、政治领袖和军官通过承担不同的对外扩张系统发展工程而彼此竞争。“通过海陆军事权力，”通信专家罗杰斯(Walter S. Rogers)在 1922 年(146)写道，“人们对通信因素的重视程度越来越高。”军事需求和战略潜力极大地影响了新型通信技术的创新，催生了海上无线电、雷达及其他技术。拥有“中选工具”(chosen instrument)的机构试图将企业资本与其军事需求融合在一起，包括从多方面构建美国霸权的范本。这种以美国无线电公司为核心建立的模式(1919)后来又被美国通信卫星公司(Comsat)运用到卫星通信中(1962)，尽管它事出偶然且有倒退之嫌。

第二次世界大战之后出现了一个分水岭，这一时期国家的政治经济中心开始围绕通信系统进行重建。这个过程并不顺畅也非单向，但是它的基本发展脉络是有迹可循的，其最开始是为了反对罗斯福新经济政策时期构建福利国家的改革，为了实现二战后构建全球“美国治下的和平”，由大企业资本主导在战后大美洲地区创造出一些重要的国内机构和国际机构。从 20 世纪 40 年代后期开始，美国领导人开始重建本国的政治经济秩序以应对可能长期持续下去的战争。其最首要的目标当然是为了与社会主义阵营相抗衡,这也经常被人们看作是为了"钳制"敌对阵营。苏联首当其冲,不过美国的战略视野囊括全球。欧洲国家或日本都无法阻挡正在形成的第三世界国家阵营运动,这些国家横跨亚非拉,旨在赢得政治上的自主独立。在此框架下,一些主要的第三世界国家,如印度和巴西,为了赢得更多经济上的独立和发展提出了几项有关进口代替的条约。与此同时,中国在1949年退出国际资本市场。十年之后古巴进行了类似的革命。在此种环境下,美国主导的冷战很快变成一场对全球人口、国家、资源分配的争夺。

为了在西欧撒网,美国将军队安扎在西德以帮助其进行分治,并成立了北大西洋公约组织;在日本和韩国,美国将数千精兵安插在比邻苏联和中国的边境地区。而对亚非拉的那些贫穷国家,美国则屡次支持寡头垄断的独裁者,或是将民意支持的民选领袖赶下台。美国的军事干预或间接或直接地渗透到伊朗、危地马拉、智利、印尼、刚果、越南等世界各个角落。针对国内民众,美国政府的宣传机构将这些军事行动美化成对民主政治的捍卫行动(Osgood 2006, Wilford 2008)。无论是由民主党还是共和党主导的战争,企业和媒体合谋以确保主战派占据优势。

美国想要主宰战后重建的世界市场体系的企图早已初现端倪,从其在本国建立起的危机四伏但无所不包的机构圈就可看出。20世纪40年代后期,美国建立国防部以统治之前分散的军队机构。美国国家安全委员会也是在这一时期设立的,它作为一个超级行政部门,专门负责战略决策相关的事务。中央情报局和其他情报机构也应运而生。在美国历史上,军队建设一改以往的限制,第一次实行常备军建设。在跨部无线电咨询委员会和国家安全局等几个鲜为人知的机构主持下,一些本应属民用的功能,包括政府对波段的分配和使用权等,都被划归到军事和情报机构管辖。在美国国家大幅度重组时,美国企业也在改组结构。从1940年起,企业的战略重点将高新军队技术革新和消费品与服务供给结合在了一起。公司研发的每一个传播通信硬件或软件无一不是大量供给军队。

军火是个极其庞杂且利润极高的产业,而通信是这个产业的核心。美国电话电报公司执行总裁瓦尔特·吉福德(Walter Gifford 1973)在对军队工业学院的一次演讲中回忆到,在美国加入一战的高潮时期,"贝尔系统研发部的工作将百分之九十以上的精力都投给了战事";同时,贝尔还有资格雇佣14个营的陆军通信兵来建造一条长达十万英里、覆盖100个电话交换机和3000个本地电台的欧洲电话网(Sterling 2008,21)。但是直到二战时期，军队才被长期纳入到这个国家的科学基础设施中，这其中主要的发展重点放在融合先进通信技术的武器系统以及经过升级的现代化通信设施，以提高传统军队的指挥控制和侦察能力。这些研究涉及微电子、数字计算机、软件升级以及从远程预警线和IBM的半自动地面防空系统发展出来的基础网络技术。在新信息通信技术形成的几十年里，“美国军队是促使数字计算机发展的唯一动力”（Edwards 1996，43）。在20世纪60年代，国防部长罗伯特·麦克纳马拉接受总统肯尼迪和约翰逊的命令，逐步扩大美国对越战争。凭借新兴的“电子战场”概念，通信更加声名赫赫（Klare 1972）；在军队长官之间，流传着对使用自动杀伤系统的战略的渴望（Edwards 1996）。

政治经济的调整从来都不是没有矛盾和争议的，有时这种调整会带来意想不到的结果。比如，我们来看看美国电话电报公司的例子，这可是这个国家的电信基础建设的总管。一方面，国防部在1949年与美国电话电报公司签署了一项特殊合约，由美国电话电报公司来管理桑迪亚（Sandia）国家实验室，该实验室应该是美国当时最顶级的核武器研究中心。这一合作一度开花结果：1960年到1970年间，在拿到的军队合约数量中，美国电话电报公司位列第八，累积达到40亿美元（Leslie 1993，293）。然而另一方面，司法部在对美国电话电报公司进行长达七年的反垄断起诉之后，美国电话电报公司不得不将其独享专利的“聚宝盆”拱手让给其他的军需承包商，而将其自己的业务回归到电信行业（Schiller 2007）。我们将看到，这既不是第一次，也不会是最后一次，国家干预对寡头垄断企业的资本积累战略施加了影响，而这样做的最终目的是为了让整个军事系统更加有利可图。不过，这样的结果是一个复杂的事件，而不是企业愿景的机械式直接反映。

制度压力与精英回应

20世纪60年代后期开始，不稳定的各种因素开始日益凸显。越南战争的开销导致了国家财政危机；同时，由于国际市场越来越激烈的竞争，70年代的美国面临长期的利润压缩。政策制定者对这一问题迅速做出回应，实施措施以期尽快恢复有利的资本积累。首先，对于本已资金不足的社会福利项目，他们开始削减预算，这些福利项目是在罗斯福新政时设立，后来被约翰逊总统发扬光大的策略。其次，他们开始把信息通信看作新的恢复经济的增长点，也就是说这是一个利润极其丰厚的产业，在里根积极扩大军需的计划中这是极其重要的一部分。以上两个策略一直持续了很久。即便在第三世界国家寻求独立自主运动失败以及苏联社会主义阵营解体之后，美国的军队开支只是短暂地回落了一点，所有主要的军需供应商仍在积极地扩张和巩固自己的地位，国家的社会方向和生产系统并没有产生什么实质性的变化。和以前一样，“和平红利”并没有从根本上动摇战争经济和国家安全体制。所以莫斯可(Mosco 2005)将20世纪80年代的美国称为一个“军事化的信息社会”。要说有什么不同的话，这个论断如今更加适用。然而，在这个统一的历史背景下，有很多重要的变化不断产生。我们需要问的是：在其最近的发展阶段，通信系统的军事化是怎样变迁的?

这里有几个值得讨论的趋势：第一，关于开放电信市场的政策决定打破了原本稳定的军队—企业合作协调管理网络基础设施的状态。新的体制不再是围绕着一个垄断的网络运营商，而是围绕一系列业已扩大并日渐国际化的企业参与者；第二，市场投资和财政拨款被源源不断地投入到信息和通信领域，军队—工业产业链的创新带来了一系列网络化武器，但这同时也使市民社会变得更加脆弱；第三，在网络化武器成为军火承包商的供应核心的同时，之前归政府管辖的战役和情报也只能被归到私有领域用来牟利；第四，虽然美国的军事战场格局依旧是全球化的，但由于一些新的竞争对手的崛起，美国的军队部署在战略上有所调整；最后还有很重要的一点是，在意识形态建构的过程中，对有关美国外交政策的基本准则的有意义的讨论被排斥，外交政策的基本点依旧是将战争作为必要的防御措施。下面的讨论将围绕这些新的发展展开。

网络基础设施的协调

历史上，美国的电信基础设施建设带来了针对军队的管理问题，因为在计划和动员的过程中必须与私人运营商进行协商。长期以来他们之间达成了一些协议。但是这个问题现在又变得紧迫起来，因为决策层面开放了电信的近用和使用权。

整个20世纪70年代，美国国防部坚定不移地(通过第二次计算机质询)反对联邦通信委员会要求开放美国电信市场竞争的决定(Temin with Galambos 1987，223—9)。需要说明的是，这个不断开放的政策的确在产生新的信息与通信技术(ICT)供应商上取得了成功,但是这些新的公司反过来又开始与军队签署商业合作协议,为他们生产各种新型的、让人眼花缭乱的武器以及情报和控制指挥系统。但是这个开放过程也干扰了国防部和美国电话电报公司之间的亲密关系。这个纵向整合的公司实际上扮演着国家的电信基建总管的角色。尽管国防部想尽力帮忙,但依旧没能阻止司法部对美国电话电报公司的反垄断起诉和调查,这充分显示出军队在政策决策上的局限性。这再一次证明资产阶层的资本累积策略总体上比任何单一企业的利益都要重要,哪怕这个企业是世界老大。

理查德·迪克·劳伦斯(Richard D. Lawrence)中将声称1982年美国电话电报公司的分拆"给国防部带来一个特殊的难题",因为"这么多年来军队一直依赖美国电话电报公司的纵向管理和统一网络"。劳伦斯中将是美国国防大学校长,他说出了一个很关键的问题:"瞬间失去单个机构组织的端到端(end-to-end)控制会危害效率。"(1983,xi)根据乔治·H.博林(George H. Bolling)上校的观察,国家网络基础设施遭到拆分、允许运营商自由竞争以及对网络设备开放市场,这些因素使得人们必须寻求其他途径把"以前分散的部分重新整合在一起,成为一个即时反馈的可靠整体"(1983,2)。那么这样一个新的协同机制应该怎样建立起来呢?

里根政府从美国电话电报公司被分拆(1982年)开始就着手解决这个问题了。最初是成立国家安全电信咨询委员会(NSTAC)为总统在关于电信问题上提供紧急情况的预案。国家安全电信咨询委员会现在仍是一个活跃的组织,它一直为军方和情报机构与代表美国几大电信、计算机和信息加工公司的领导者之间提供高层次的沟通交流。一个军方分析师解释说(Bolling 1983,12),"国家安全电信咨询委员会的成立给业界领导者带来责任分担,使他们保护已有的势力范围。在新开放的市场环境中,由上至下的危机管理规划也为政府方面带来了变化"。

军队主宰着整个国家的网络安全的监督权,这种在国家通信系统中成文的主导权由肯尼迪总统制定。这个系统在1984年里根总统执政期间被进一步扩大,2003年又被重新调配到新成立的国土安全部(DHS)麾下的信息分析与基础设施保护局。与此同时,它的协调和监督权在90年代得到进一步强化。这个时期克林顿总统签发了13010号总统令和63号总统决策指令,要求一切政府决策都要保护重要的通信基础设施。同样,根据美国政府问责局的资料显示(GOA 2005,19、22),在小布什总统执政期间，颁布了《2002年国土安全议案》和其他相关的联邦政策，将国土安全部设为协调的核心机构，以保护那些维系整个国家“最重要的基础设施”的计算机系统。国土安全部本身的职责也基本类似，即帮助建立“公共领域和私有领域的有效关系”（Auerswald et al. 2006，xv）。在这看似温和的机构设置背后，其实是一个更可操控和普遍存在的国家暴力机构和企业经济的相互勾结。这一点下面我们将会讲到。

“9·11”事件之后的国家动员主要集中在加快和扩大这种由上而下的集中化协调，虽然这个基于网络的基础设施网看起来是分散的、分权的。一个由160位美国最高层的企业总裁组成的庞大队伍（Business Roundtable 2006）要求政府“强化网络和基础设施以维持网络的正常运行”。美国公司的脆弱性不仅体现在面对恐怖分子袭击时不堪一击，面对其他诸如断电、黑客攻击或者员工不满等威胁时也毫无招架之力。2006年2月，国土安全部与其他七位部级内阁，加上英特尔、微软、赛门铁克、威瑞信和其他一些公司，以及来自英国、澳大利亚、新西兰和加拿大的政府代表一起开展了一次“网络风暴”行动，这是历史上第一次这么大规模模拟网络攻击的演习。后来这样的行动又进行过一次（US. Government Accountability Office 2008）。关于这种演习的军方说辞被塑造为完全出于自卫考虑。这一说法是极其误导人的。

网络：整个社会成了战场

在里根加强军队建设的过程中，一个受经济学家约翰·肯尼思·加尔布雷思（John Kenneth Galbraith）影响的分析师把美国国防部称为“在非共产主义阵营里，超过任何一个单个经济体的最庞大的规划系统”（Tirman 1984，4）。尽管国防部作为计划部门的效用有待商榷，但苏联解体并没有改变其在国家中的关键经济职能：通过依次提高利润、产出和就业来刺激内需。“9·11”事件之后，美国军费开支大幅增长。截至2005年，美国的军用开支是仅次于其开支的14个国家的总和。换句话说，根据伊恩·罗克斯伯勒（Ian Roxborough）的观察，“美国四个军种中的每一个都比任何其他国家的武装力量要强大”（Roxborough 2007，123）。武器开支的增加速度甚至超过了整个五角大楼。

小布什政府把整个国家的重心转移到对一个军事准则的依赖上，即通过所谓的“战力变革”在理论上达到将武器系统、情报侦察整合到一个单一且围绕网络中心战构建的系统中。肖罗克(Shorrock)解释说(2008,162),“网络中心战的核心有两点,一是用信息技术达到武器的最大威力和精确度;二是通过计算机网络系统即时地把所有战舰、战机、卫星和地面部队连接在一起,形成单一的有机整合主体。这个单一体囊括上至指挥官下到地面士兵的所有角色”。为了有一个代表共同利益的主体来统一主持这个过程,国防部任命一个副部长专门负责网络和信息整合,并设立美国国防信息系统局(the Defense Information Systems Agency),由战略通信司令部(STRATCOM)负责使用美国军队网络作战。战略通信司令部前身是战略空军司令部。战略通信司令部于 2002 年与美国航天司令部合并,这个名字本身就显示出美国对空间的军事化管理。美国战略司令部(STRATCOM,需要区分一下,这里指的不是那个现已解散的战略通信司令部,虽然它的名字常常被人们和美国战略司令部[STRATCOM]记混)主要有四个任务:全球打击;导弹防御;信息作战;全球指挥、控制、通信、数字计算、情报、监视和侦察(U. S. House of Representatives Armed Services Committee 2007a)。詹姆斯·E. 卡特莱特(James E. Cartwright)将军是美国战略司令部的现任司令,他曾在国会面前就这些功能述职,声称这些想法已经酝酿了数十年:

> 网络空间已经成为一个新的战场,而且它不同于陆地、海洋、空中……保卫网络空间的国家策略将网络比喻成是我们国家的中枢神经系统,因此关系到整个国家的经济和国家安全。它为所有联邦政府、机构,州和地方政府,私人企业、组织以及每一个美国人都制定了他们在提升网络安全任务中的角色……实现这一目标的重要途径是把所有军队行动的通信空间容量整合到一起……战略指挥官负责在国防部计划和指挥网络防御,并且为一切行动提供相应的网络攻击协助……历史告诉我们,仅仅处在防御位置是很危险的;如果没有更激进的离岸计划,“马奇诺防线”模式的终端防御最终会崩溃……如果我们把用在海洋、空中和陆地的战争准则同样拿到网络空间使用,会发现我们有能力去与我们的敌对者抗衡,在必要时阻止对我们国家利益有损的行为是更好的保护国家的方式。(U. S. House of Representatives Armed Services Committee 2007b,11—12)

如今正围绕并通过网络构建一个攻击型的军火库。《纽约时报》的文章尽管指出“俄罗斯等国家有攻击型的信息战计划”，但也不得不承认，“美国其实早就开始了网络战争的备战”(Landler & Markoff 2007，A1，C7)。另一位学者的研究则更为直接：“军队的目标就是通过运用数亿美元和数百人……也可以开发出用来对付敌人的计算机病毒。”(Diffie & Landau 2007，114)还有其他奇异的网络武器也被捧为至宝。英国广播公司(Brookes 2006)曾经公布了一份已经解密但是被严重篡改过的 2003 年国防部的“信息指挥路线图”文件。根据这份文件显示，“美国军队试图击破世界上每一部电话、每一台联网电脑、每一个雷达系统”。当然，这种能力想象一下比实现起来要容易得多。

美军逐渐公开承认在开发这些新型武器，并且致力于将它们运用到国家的防御系统中。新闻里经常出现的美军电脑系统被中国(Mallet 2008，9)和朝鲜(Gorman & Ramstad 2009，A1，A4)入侵的报道不过是一个掩饰措施。继而新闻再简单地表明它们的潜在危害会被谨慎小心地处理，比如曾经有一则头条新闻说“美国衡量网络战对公民带来的危险”(Markoff & Shanker 209，A1)。不仅如此，卡特莱特将军还承认(U. S. House of Representatives Armed Services Committee 2007b，11)美国的网络战已经触及到治外法权。他说，“我们在网络战里的投入虽然没有像以前传统战争那么明显，但其重要性一点也不亚于那些。当我们的敌人试图调查我们的军用、民用和商用系统时，我们也会在离岸地区发动网络战。这与我们的自卫原则是一致的，我们要保卫国防部的全球信息栅格项目的份额”(下面对全球信息栅格还会有进一步的讨论)。

从受攻击方的角度来看，网络战的前景是截然不同的，这不足为奇。因为网络基础设施早已渗透到社会、政治生活的方方面面，整个社会也因此变得更加脆弱。日常生活的方方面面，比如银行、学校、交通、电力、市政厅、图书馆、超市、医院，无一不是在网络化组织和活动的前提下运作的，一旦被攻击都会遭到致命打击。一批有识之士对此早有预见，比如安东尼·G. 欧廷格(Anthony G. Oettinger 1980，197)曾经指出，“军队和平民的分界线似乎越来越不明显”。而很少被认识到的是，网络战通过有组织地混淆民用和军用的分界线，将这个可怕的趋势延伸到现代战争中。想要预先体验一下这是什么样子的，我们可以看看 2007 年在一个星期之内对爱沙尼亚发动的“洪水攻击”，这在阻断当局政府、银行和媒体正常运转的同时，也为美国网络战士提供了实战课本(Marsan 2007)。

承包网络中心战

企业承包商和最高军事与情报官员间的共生关系不仅催生出网络中心战新的战力转移策略，也使军需产业发生相应的转变。长期以来被视为政府固有职能的活动，比如情报收集与分析和战事指挥等，都开始向企业承包商开放。身处现在这个生产过剩和竞争更加激烈的时代，这样做的主要动力来自资本对新的财富积累源泉的渴求。英国、澳大利亚、法国、俄罗斯等其他国家也都对此有所担忧，因而参与其中。但毫无疑问，美国是领头羊。

随之导致的市场细分或多或少地招致了一些恶名。在近代欧洲，雇佣兵渐渐被市民阶层所取代，他们这样做并不是受利益驱使，而是被国家提倡的爱国主义所蛊惑。在 20 世纪后期，基于制度的大幅变动，这种趋势被扭转过来。被历史学家（Singer 2003）称为“企业战士”的那些公司，依靠与政府和军事情报机构签订的巨额合约维生，他们把网络中心战变成了赚钱机器。在招募军队时的不确定因素必然是这个私有化过程中的一个诱因，因为有太多家庭不愿意让他们的孩子为国家牺牲。在美国“标枪”导弹（the US spear）的光环日渐模糊的时候，像黑水（后改名为 Xe）和 CACI（这个公司的一些人员参与了伊拉克战争期间的虐囚丑行）这样不负责任的公司便应运而生。这些公司用成本加成的基准雇佣前军队军官来接管作战运营。截至 2009 年年中，包括 11 家总部在美国的企业，共有 32 个企业承包商雇佣了共计 132000 名外国人和 36000 名伊拉克人在伊拉克提供军事和军事相关的服务（Hastings 2009）。而这还只是冰山的一角。

网络中心战提供了诸多新的且很有吸引力的细分市场。但是总体来看，这些市场的发展损害了长期以来军队与海陆空通信和电子协会（AFECA）成员间的兄弟关系。所以其需要从不同途径吸收专业的新成员，以及那些军需承包的企业巨鳄。这些企业包括洛克希德·马丁公司（在 2008 年美国政府百强信息技术承包商排行榜上位列第一）、波音公司（2）、诺斯洛普·格鲁门公司（3）、雷神公司（4）、通用动力（6）等。此外还有很多耳熟能详的计算机和电信领域的长期供应商，比如戴尔公司（15）、IBM 公司（16）、威瑞森公司（18）、斯普林特·奈科斯特（Sprint Nextel）公司（25）、美国电话电报公司（38）和奎斯特通信公司（Qwest）（51）。然而，还有一些与军队并无太多关联的公司也在网络战的业务中赢得一席之地，比如科学应用国际公司（Science Applications International Corporation）（5）、L-3 通信公司（L-3 Communication）（8）、计算机科学公司（Computer Sciences Corporation）（9）、电子数据系统公司（EDS）（10）、博思艾伦咨询公司（11）等（Top 100 Government Contractors 2008；Shinjoung Yeo 关于网络战争产业的未发表手稿）。

通过一个名为"网络中心战工业联盟"的特殊组织，新兴的美国战略和战争产业链达成一致。这个组织是由一些新市场的主要供应商成立的。其 28 个创始者不仅包括前面提到的一些公司，还有微软、惠普、思科以及散布在英国、以色列、瑞典和德国的一些公司（Shorrock 2008，164—5）。

外国企业供应商的加入给正在变化的战事政治经济带来一个微妙的特征。军火承包商一直坚称国家战略的重要性（并常常用民族主义的言辞为战争作辩解），但是和其他产业并无二致，出于同样的原因，他们也开始跨国化他们的市场供给链。曾被大肆鼓吹的战略性战争产业需维持国家控股的必要性，是如何与跨国公司达成妥协的？外商和美国军工企业如何达成并购协议？瞄准目标市场，两者如何建立合资企业？为了达成特定的计划目标，两者又是如何进行承包和转包的？随着全球政治经济力量的天平持续偏离美国，一个更加多极化的世界经济格局正在形成，这些都成为极其敏感而重要的问题。

美国军需装备的确正在经历一个国际化的过程，但是这个过程正在日益被归置在国家的行政部门管辖之下。一方面，这发生在美国要求其盟国忠于美方战略的一系列军方条例中，比如，丹麦和澳大利亚参与了 F-35"雷电Ⅱ"战斗机的开发，这样做是为了帮助维持美军主要的几个合同商，如洛克希德·马丁公司和波音公司的国际销售量（Cole 2008）。尤其值得注意的是，美国和英国企业间存在异常紧密而广泛的联系，这无疑是对两国数十年来的联盟关系以及长期共享的战略计划和情报运作的最好注脚。2008 年的数据显示，英国宇航公司是美国政府第 12 大信息技术供应商；位列第 24 的是英国的奎奈蒂克国防科技公司，该公司成立于英国国防研究与评估局（DERA）的私有化期间，2003 年到 2007 年间由美国的凯雷私募基金控股（Shorrock 2008，128；Top 100 Government IT Contractors 2008）。而另一方面，美国开始更加重视外国投资委员会（CFIUS）的作用，通过他们审查对美国的国家安全有实际影响的国际公司，并在适当时机限制外商收购美国的敏感资产。

私有化或者外包、情报收集和信息战争，这些因素都对网络中心战的发展起到重要推动作用。16 家国家主要的情报机构每年累计有 400 亿美元流入商业领域，而克林顿和小布什执政期间更加快了这一进程。到 2006 年，美国情报工作的预算中有三分之一都支付给了那些私有企业(Shorrock 2008，13、268)。传统的政府职能和企业间的界线在不断缩小，直到现在已经基本消失了。企业总裁在公司和政府办公室间来回任职，企业因其担任的职责而进入了国家控制中枢，但同时它们又被置于公众监督或问责之外。

战略性的国际传播

美国的军事战场一直都在本国域外，但是其战略目标和地缘重心在经历一些转变。40 年以前，美国就已经在十几个国家有数百个军事基地。根据国防部的数据，这些军事基地至今还为美国所占有(U. S. Department of Defense 2007)。但是随着苏联解体，与中东石油、中国和俄罗斯有关的一系列危机日益增长，军事基地开始从西欧向东欧、中东和中亚地区迁移(Johnson 2006，171—206)。小布什政府宣称(U. S. Office of Management and Budget 2007)，“这些新的基地战略会为美军提供迅速到达一些重要地区的途径，这些地区是美国未来很有可能需要触及的，但是目前还没有必要永久驻军”。军事霸权继续促使美国监视并塑造不断变化的国际市场，但是这个动机和另一条原则相互促进：必须对抗潜在对手挑战美国主宰的体系。

为了统一分散的操作系统，美国创立和改建了全球化的信息系统，以便进行指挥、控制、通信和情报事务。美国战略司令部之外，还有陆海空部队、情报机构以及国防信息系统局(DISA)这些不同机构协同管理以上事务。国防信息系统局成立于 1991 年，其前身是国防通信局(1960 年成立)。国防信息系统局在全世界有 27 个办公室，7000 到 8000 名员工。与之相比，联邦通信委员会仅有 1850 名雇员(Mayer 2007)。国防信息局有一层层的下属机构，国防频谱管理局(Defense Spectrum Organization)下属的战略规划办公室的任务是(U. S. Defense Information Systems Agency 2008)“在现在和未来，为美国军队最大化地获取全球战略频谱”。这个冠冕堂皇的目标其实背后蕴藏着巨大的战略需求。美国军队一直是地球上最大的频谱使用者。国防部承认"其有能力在必要时通过与其他国家的国际协议在该国境内使用他们的波段操控大型武器系统和卫星系统"。同时,自 1991 年"沙漠风暴行动"以来,美军对频谱的使用"成几何倍数增长",更别说"'9·11'事件以后对波段的征用更是不断增加"(U. S. Government Accountability Office 2003,30)。可以想象,战略规划办公室通过鲜为人知的北约频谱管理局(前身是更少为人知的同盟国无线电频谱协会)与欧洲盟国合作,在北约通信与信息系统局的框架下组织频谱的分配和使用(Johnson 2008)。

基于雷神公司为空军的网络协作所建立的离散共同控制系统,全球信息栅格(GIG)从 1999 年开始,被设定为一项 20 年的工程。组织上,这些项目的协调执行部门包括国防信息系统局、美国战略司令部、美国国防部的其他办公室,以及军队和情报服务机构。全球信息栅格的目标是为战争提供更高级的信息技术框架,"它的目标是把国防部所有的信息系统、服务和应用融合成一个完整无缺而可靠安全的网络",从而"帮助国防部进行深度网络化或网络中心化改革:实现战法改进以及在信息上面战胜敌人"(U. S. Government Accountability Office 2004)。许多正在生产的武器系统和感应装置都依赖于这个尚未实现的工程,也许这是一个看起来不太现实的工程,因为它的目标是在战时可以实时整合所有的情报信息。

为了取得成功,全球信息栅格不仅需要在组织上胜过其竞争者,更需要把几代通信技术整合到一起,而每一代技术都有其自身的技术和操作问题,比如极高频的通信卫星、软件识别无线电、使用升级版路由器和交换机的地面光纤(optical)网络、改进的密码术等。2004 年,政府问责办公室指出,建立 GIG 的过程会遇到很多挑战和危机。两年之后办公室又出炉了一份更具批判性的评估报告(U. S. Government Accountability Office 2006)。然而,GIG 的标价从 2004 年估算的 210 亿美元(至 2010 年财政年度),上涨到 2006 年估算的 340 亿美元(至 2011 年财政年度),以确保其能完成军事目标,这将掀起新一波基于互联网技术的信息和通信技术的创新浪潮。须要再次强调的是,资本积累必然与镇压紧密相连。国防部在 2006 年就曾吹嘘说仅 GIG 的一个部分,它的海军陆战队专用网就将是世界上最大的内部专用网。它可以同时服务 550 个不同地方的数百万用户。建造这个耗资数百亿的内部网工程给它的主要承包商电子数据系统公司(Electronic Data Systems)提供了很好的学习蓝本,使其可用于非税补贴的客户背景。从 2008 年开始，美国国防高级研究项目局开展了一个保密项目，计划建立一个全国战时网络域，可以用来对新研发的电子战形式进行测试实验和评估(U. S. Defense Advanced Research Projects Agency 2008)。

尽管全球信息栅格和国家赛博靶场(National Cyber Range)可能无比庞大，但基于卫星技术的全球定位系统已融入美国武器系统和电子战的策略中，它们都无法取代信息和通信在当今美国的跨国军队和情报机构中的作用。此外还有一个由一百多个专用卫星组成的舰队，与欧洲、日本、澳大利亚、塞浦路斯、阿森松岛和美国的地面卫星信号接收站互相定位连接，用来传输从世界各个角落搜集的数据。过去 40 年间，美国在情报卫星上的花费近 2000 亿(Keefe 2006，72；Graham & Hansen 2007；Bamford 2008)。美军广播电视服务部门(AFRTS)位于弗吉尼亚州亚历山大市，由其控制的武装部队网络维持着九个电视频道，向位于 177 个国家的所有海外军事基地播出，包括海军舰艇。美国军队系统对卫星有如此高的依赖程度，无论是用于当下军事操作还是未来，任何对这些系统的一丁点打击都会威胁到整个美军的空中军事权(Moltz 2008)。

美式帝国主义意识形态

尽快美军有很强的杀伤力，但矛盾的是，它也并不是万能的。对越南和伊拉克的主要战争表明，它在对敌时存在战略上的匹配不当。军队达到美国领导人在政治上有利的结果的能力因情况而异。当美国的伤亡上升时，不只是在国际战场，在本国其力量都有可能大大地受限。这一弱点使得营造和维持支持军队行动的公共舆论变得至关重要。与战争相关的意识形态构建不仅对美国的敌人打击很大，同时也伤害到大多数美国民众的利益。21 世纪初，媒体对“反恐战争”铺天盖地的报道证明了商业媒体普遍存在的制度性腐败，来自军队承包商的商业考虑和来自政府的操作对这些报道有同等重量的影响(Barstow 2008，Kumar 2006)。

值得赞扬的是，主流传播学术期刊对战争意识形态构建的机理给予了不少关注。大部分对宣传机制的记录和分析来自批判学者的工作，他们这样做并不是为了专业学术圈，而是为了所有的公民。在这一点上，不辞辛劳的爱德华·赫尔曼(Edward Herman)值得特别一提。分析人士给新闻界最高地位，这是可以理解也似乎是理应如此的。然而不只是商业媒体、电视剧、好莱坞影片，如电子游戏这样的新媒体也积极地倡导军国主义和“公民军人”的理念。如大卫·H. 阿什德（David L. Altheide 2006,2）指出的，“9·11”事件之后，“恐惧作为一种娱乐形式，在美国历史上第一次成为大众文化和新闻生产的主要议题，能够产生利润，并且使得政治决策者可以通过宣传控制民众”。

这种压制的意识形态的形成不仅仅只是狭义的表达策略的问题，更是复杂的政治经济控制，比如，命名模糊的《1994 年通信协助执法法》（CALEA）在这方面居功至伟。联邦通信委员会对《1994 年通信协助执法法》的解释是，这个条例确保对包括互联网在内的网络基础设施实施监视的权力是合法的。自二战以来，对国际通信的监听一直存在，也有文件显示国家安全局对国内电话也实施着监听。对于这个故事，《纽约时报》的主管在得知后保密了一整年，直到 2004 年总统大选结束后才给予报道。

早有批评者注意到，军队与全国的学校和大学挂钩的情况逐渐演变成一个固定模式。一方面，为了确保现代主要将领需要不断学习的要求，如策略学、语言训练、物流、政府采购以及所有其他技能，五角大楼“有一整套自己的教育和培训系统，包括大约 150 个军事训练机构”（Turse 2008,33）。另一方面，美国的民用教育机构也承担着战事功能。2002 年，有近 350 个美国高等院校为五角大楼进行研究工作。联邦政府对电子工程的资助费用有 60%用于军队研究。计算机科学的经费中关于军队研究的运用部分则占比 55%（Turse 2008,35）。新兴的专业学科如“恐怖主义信息学”之类，很快就获得其学术合法性。

引导和粉饰公众舆论最基本，也是最持久的方式是倡导对美国维持全球霸权毫不犹豫的支持。25 年前，威廉·亚伯曼·威廉斯（William Appleman Williams）写道：“美国运用其广泛的信息控制，以及以国家安全的名义做出重大决策的能力，创造出一个无论是在内容上还是修辞上都更加帝国主义的意识形态。”（1980,197）对关于使用美国军事力量干预其他国家经济和文化的必要性和合理性的讨论，在任何时候都是禁区。

从这篇文章中我们看到，美国通信的军事化既是由来已久的，又是多方面因素促成的。尽管美国的霸权地位还在继续走下坡路（Wallerstein, 2006），但是直到美国民众意识到需要在政治上对这种帝国主义遗产采取行动之前，通往民主重建的道路依旧是封闭的。为探究军事通信的政治经济学根源所做的研究，为这一目标做出了一定的贡献。

参考文献

Altheide, D. L. (2002) *Terrorism and the Politics of Fear*. AltaMira Press, Lanham, MD.

Andersen, R. (2006) *A Century of Media, A Century of War*. Peter Lang, New York.

Auerswald, P. E., Branscomb, L. M., La Porte, T. M., and Michel-Kerjan, E. O. (eds) (2006) *Seeds of Disaster, Roots of Response: How Private Action Can Reduce Public Vulnerability*. Cambridge University Press, New York.

Bamford, J. (2008) *The Shadow Factory: The Ultra-Secret NSA from 9/11 to the Eavesdropping on America*. Doubleday, New York.

Barstow, D. (2008) One man's military-industrial-media complex. *New York Times*, 30 November, 1, 26.

Bolling, G. H. (1983) *AT&T Aftermath of Antitrust: Preserving Positive Command and Control*. National Defense University Press, Washington, DC.

Brookes, A. (2006) US plans to 'fight the net' revealed. *BBC News*, 27 January. Online at http://news.bbc.co.uk/2/hi/americas/4655196.stm (accessed February 1, 2006).

Business Roundtable (2006) Essential steps to strengthen America's cyber terrorism preparedness. Online at http://www.businessroundtable.org/sites/default/files/20060622002CyberReconFinal6106.pdf (accessed October 6, 2010).

Cole, A. (2008) Boeing looks to foreign buyers to boost its military sales. *Wall Street Journal*, July 17, B5.

Diffie, W. and Landau, S. (2007) *Privacy on the Line: The Politics of Wiretapping and Encryption*, updated and expanded edn. MIT Press, Cambridge, MA.

Edwards, P. N. (1996) *The Closed World: Computers and the Politics of Discourse in Cold War America*. MIT Press, Cambridge, MA.

Gifford, W. S. (1937) Address before the Army War College. Washington DC. In: *Addresses, Papers and Interviews by Walter S. Gifford*, vol. 2, October 13, 1928—December 2, 1937. Compiled by the Information Department of the American Telephone and Telegraph Company, December, 203.

Gorman, S. and Ramstad, E. (2009) Cyber blitz hits U. S., Korea. *Wall Street Journal*, July 9, A1, A4.

Graham, Jr., T., and Hansen, K. A. (2007) *Spy Satellites and Other Intelligence Technologies That Changed History*. University of Washington Press, Seattle.

Hafen, Leroy R. (1969/1926) *The Overland Mail 1849—1869: Promoter of Settle-*

ment, *Precursor of Railroads*. AMS Press, New York.

Hastings, M. (2009) Soldiers of fortune cannot remain outside the law. *Financial Times*, August 14, 7.

Herman, E. S. and Chomsky, N. (2002) *Manufacturing Consent*: *The Political Economy of the Mass Media*. Pantheon, New York.

John, R. (1995) *Spreading The News*: *The American Postal System From Franklin To Morse*. Harvard University Press, Cambridge, MA.

Johnson, C. (2006) *Nemesis*: *The Last Days of the American Republic*. Metropolitan Books, New York.

Johnson, D. (2008) North Atlantic Treaty Organization (NATO) Communications and Information Systems Agency. In: Sterling, C. H. (ed.), *Military Communications*: *From Ancient Times to 21st Century*. ABC-CLIO, Santa Barbara, CA, pp. 338—9.

Keefe, P. R. (2006) *Chatter*: *Uncovering the Echelon Surveillance Network and the Secret World of Global Eavesdropping*. Random House, New York.

Klare, M. T. (1972) *War Without End*: *American Planning for the Next Vietnam*. Vintage, New York.

Kumar, D. (2006) Media, war, and propaganda: Strategies of information management during the 2003 Iraq War. *Communication and Critical/Cultural Studies*, 3 (1, March), 48—69. The Militarization of US Communications 281

Landler, M. and Markoff, J. (2007) After computer siege in Estonia, war fears turn to cyberspace. *New York Times*, May 29, 1.

Lawrence, R. D. (1983) Preface. In: Bolling, G. H., *AT&T Aftermath of Antitrust*: *Preserving Positive Command and Control*. National Defense University Press, Washington, DC.

Leslie, S. W. (1993) *The Cold War and American Science*. Columbia University Press, New York.

Mallet, V. (2008) Mutually assured destruction in cyberspace. *Financial Times*, August 21, 9.

Markoff, J. and Shanker, T. (2009) U. S. weighs risks of civilian harm in cyberwarfare. *New York Times*, August 2, A1, A9.

Marsan, C. D. (2007) How close is World War 3. 0? *Network World*, 24(33), August 27, 1, 22—5.

Mayer, L. R. (2007) Wired. *CapitalEye*, January 7. Online at http://www. capitaleye. org/inside. asp? ID=242 (Accessed April 21, 2007).

McKinley, President W. (1899) Islands. *Congressional Record*, U. S. Congress, House,

5th Cong, 3rd Sess. February 10. GPO, Washington, DC.

Moltz, J. C. (2008) *The Politics of Space Security*. Stanford University, Palo Alto, CA.

Moore, M. (2008) *Twilight War: The Folly of U. S. Space Dominance*. Independent Institute, Oakland.

Mosco, V. (1986) New technology and space warfare. In: Becker, J., Hedebro, G., and Paldan, L. (eds), *Communication and Domination: Essays to Honor Herbert I. Schiller*. Ablex, Norwood, NJ, pp. 76—83.

Mosco, V. (2005) *The Pay-Per Society*. MIT Press, Cambridge, MA.

National Intelligence Council (2008) *Global Trends 2025: A Transformed World*. GPO, Washington, DC. Online at www. dni. gov/nic/NIC_2025_project. html (accessed December 1, 2008).

Oettinger, A. G. (1980) Information resources: Knowledge and power in the 21st century. *Science*, New Series, 209, 191—8.

Osgood, K. (2006) *Total Cold War: Eisenhower's Secret Propaganda Battle at Home and Abroad*. University Press of Kansas, Lawrence.

Phillips, M. M. (2007) Soldiers, beware: Going to the mall might be risky. *Wall Street Journal*, April 3, A1, A12.

Prashad, V. (2007) *The Darker Nations: A People's History of the Third World*. New Press, New York.

Rogers, W. S. (1922) International electrical communications. *Foreign Affairs*, 1(2), December.

Roxborough, I. (2007) Weary titan, assertive hegemon: Military strategy, globalization, and U. S. preponderance. In: Mazlish, B., Chanda, N., and Weisbode, K. (eds), *The Paradox of a Global USA*. Stanford University Press, Palo Alto, CA, pp. 122—47.

Schiller, D. (2007) The hidden history of U. S. public service telecommunications, 1919—1956. *Info* 2/3, 17—28.

Schiller, H. (1969) *Mass Communications and American Empire*. Augustus M. Kelley, New York.

Shorrock, T. (2008) *Spies For Hire: The Secret World of Intelligence Outsourcing*. Simon & Schuster, New York.

Singer, P. W. (2003) *Corporate Warriors: The Rise of the Privatized Military Industry*. Cornell University Press, Ithaca, NY.

Sterling, C. H. (2008) *Military Communications: From Ancient Times to the 21st Century*. ABCCLIO, Santa Barbara, CA.

Temin, P. with Galambos, L. (1987) *The Fall of the Bell System*. Cambridge University Press, New York.

Tirman, J. (1984) The defense-economy debate. In: Tirman, J. (ed.), *The Militarization of High Technology*. Ballinger, Cambridge. MA, pp. 1—32.

Top 100 Government IT Contractors (2008) Online at http://washingtontechnology.com/toplists/top-100-lists/2008.aspx (accessed October 6, 2010).

Turse, N. (2008) *The Complex: How The Military Invades Our Everyday Lives*. Metropolitan Books, New York.

U. S. Defense Advanced Research Projects Agency (2008) Broad Agency Announcement National Cyber Range. DARPA-BAA-08-43. 5 May.

U. S. Defense Information Systems Agency (2008) Strategic Planning Office (SPO). Online at http://www.disa.mil/dso/spo/index.html (accessed October 25, 2008).

U. S. Department of Defense (2007) Base Structure Report Fiscal Year 2007 Baseline. Online at http://www.defense.gov/pubs/bsr_2007_baseline.pdf (accessed October 6, 2010).

U. S. Government Accountability Office (2003) *Telecommunications: Comprehensive Review Of U. S. Spectrum Management With Broad Stakeholder Involvement Is Needed*. GAO-03-277.

U. S. Government Accountability Office (2004) *Defense Acquisitions: The Global Information Grid and Challenges Facing Its Implementation*. GAO-04-858.

U. S. Government Accountability Office (2005) *Critical Infrastructure Protection: Department of Homeland Security Faces Challenges in Fulfilling Cybersecurity Responsibilities*. GAO-05-434.

U. S. Government Accountability Office (2006) *DOD Management Approach and Processes Not Well-Suited to Support Development of Global Information Grid*. GAO-06-211.

U. S. Government Accountability Office (2008) *Critical Infrastructure Protection: DHS Needs to Fully Address Lessons Learned from Its First Cyber Storm Exercise*. GAO-08-825.

U. S. House of Representatives, Armed Services Committee (2007a) Subcommittee Chair Ellen Tauscher Strategic Forces Subcommittee FY08 Posture Hearing for U. S. Strategic Command. March 8. Online at http://armedservices.house.gov/apps/list/speech/armedsvc_dem/tauscher_opening030807.shtml (accessed October 25, 2010).

U. S. House of Representatives, Armed Services Committee (2007b) Statement of General James E. Cartwright Commander United States Strategic Command Before The Strategic Forces Subcommittee On United States Strategic Command. March 8.

Online at http://www. armedservices. house. gov/pdfs/Strat030807/Cartwright_ Testimony030807. pdf(accessed October 25,2008).

U. S. Office of Management and Budget(2007) Department of Defense. Online at www. ombwatch. org/files/budget/defense. pdf(accessed October 10,2010).

Wallerstein, I. (2006) The curve of American power. *New Left Review* 40, July/August, 77—94.

Wilford, H. (2008) *The Mighty Wurlitzer: How The CIA Played America*. Harvard University Press, Cambridge, MA.

Williams, W. A. (1980) *Empire as a Way of Life*. Oxford University Press, New York.

第十三章　新闻规制:国家权力与专业自治

海伦娜·索萨(Helena Sousa)
华金·菲达尔戈(Joaquim Fidalgo)

一个广为人知的观点是:新闻业在构建人们阐释世界的理念、想象和价值体系方面居功甚伟。然而,采取什么方式以确保新闻业发挥其正面作用、减少因媒体人的行为和忽视而造成的负面社会影响,对此问题的争论不绝于耳。尽管媒体规制的方式各有不同,但人们都期待规制能够提高新闻的行业标准,促进媒体公共性的发展,促使私有化媒体承担更多的社会责任。①

新闻工作者的责任、义务以及新闻自由之间经常剑拔弩张,好似这两个维度在民主社会中无法共存建构。商业化的媒体公司为了达成其商业目的,往往主张更多的自治权,理由是市场拥有最完备的自我调节机制。另一些社会行动者则坚信社会需要不断改良、精心设置的监管模式,尤其是以政府为主导的监管。他们认为这是在日益逐利的社会中确保基础价值实现的最后堡垒。尽管各国采取大不相同的方式来平衡国家监管机构和行业自治机构的权力,但它们都以公众利益的名义设置一整套监管结构以期带来改变。这套正在运行的监管结构取决于人们认为国家在社会中应扮演什么角色,就此问题人们观点很不一样,经常针锋相对。

我们认为,要深入考察媒体机制与民主进程之间的关系,国家层面的分析至关重要。因此,本文将以葡萄牙这个特定的西欧国家为研究对象,关注其错综复杂的媒体管制机制。本文将呈现:新闻活动相关的法律机

---

① 根据本文需要,采用是布莱克对管制的定义,即"为了达到一个或多个大致确定的目标,依据给定的标准和宗旨持久地致力于改变他人行为的尝试,包括那些标准制定、信息收集、行为修正的机制机构"(Black 2002,20)。关于管制概念的更多的内容,还可参见汉堡大学汉斯-布雷多媒介研究所:Hans-Bredow Institute for Media Research at the University of Hamburg (2006)、McGonagle(2003)、Palzer(2003)。

构的主要特征、国家媒体监管主体(ERC-Entidade Reguladora para a Comunicação Social——社会传播管理局)以及形式多样的新闻业自律机制,即新闻编辑委员会、内部规范、编辑指导手册、新闻工作者伦理守则、伦理委员会、监察员和媒介批评。我们将提供详尽的实例和证据,验证这些旨在提升媒介报道内容质量乃至促进民主体制完善的"硬"权力结构和"软"权力结构。

通过在国家的框架内分析媒介监管机构和其历史发展历程(尽管国际因素的关联与影响值得注意),本文认为,单一的监管主体、法律机构或者个人行为都无法保证公众利益。实际上,葡萄牙案例表明,尽管国家层面的监管至关重要,但整个体系的运作效率取决于整个监管结构能否系统性地运作。在发展一种负责任的媒介文化中,行业自治与公民参与都是不可或缺的要素。本文的一系列基本研究假设与戈尔丁、默多克(1991)以及莫斯可(1996)所研究过的政治经济学核心特征一致,即社会变迁和历史、社会总体性、道德哲学与实践。

为何监管?

从"命令—控制"模式(Black 2002)引申来看,媒体规制通常被视为纯然(或绝大多数情况下)受国家主导的行为,且监管的首要关注点在于开放市场中消费者的经济福利问题。近年来这种观点遭到越来越多的质疑和挑战,认为不能仅仅从"消极"方面来看待监管(如阻止任何活动、组织或公司损害社会公众的基本权利和需求),也应该看到其"积极"的一面(如在对值得去保护的"公共利益"达成共识的前提下,增强或积极鼓励某个领域的活动、某个机构、某个公司,以满足公众基本的需求和期待。)

监管不仅仅是由政府实施的、自上而下的、单向性的行为,我们应将其视为一套更广泛的规则、解决方案、行为指南和机制。事实上,如同布莱克(Black 2002)所言,当下权力与控制的运作波及社会的方方面面,因此如今社会领域中的监管系统在维持社会秩序中所发挥作用的重要性,至少与国家层面的正式体系作用的重要性相当(Black 2002,3—4)。监管"出现在很多地点和论坛中"(Black 2004,4),因而一个去中心化的视角更有助于我们理解当代社会中监管的复杂性。

此外,监管行为不应该被限定为是对市场失败或滥用的修正,换言之,监管不应该只是福利经济的一个目标。假如传统是如此的话,如今监管的重点已经扩大到社会生活的其他领域了。这就意味着，我们不再简单地把民众看作“消费者”（甚至只是“客户”），而将他们视为“公民”。“公民”与“消费者”和其他一些对立词组一起建构了关于监管的话语——“需求与欲望”，“社会与个人”，“语言的权利与语言的选择”，“为了保护公共利益而监管与为了抵制损害消费者行为而监管”（Livingstone et al. 2007，65，原文强调）。尽管我们认为，“相比消费者权益，如何清晰明了地定义什么是公民利益不太容易”，但这种更开阔的分析视角关系到媒介规制的关注重点（Livingstone et al. 2007，73）。事实上，考虑到“观点市场”在培养博学的、有自治能力的公民方面的重要性，我们不能像监管商品市场一样仅从经济理论和供需法则中来看待这个问题，也应将政治民主理论纳入其中（Napoli 1999）。

最后，也不能仅把监管看作一种技术行为，还应将其视为一种道德活动（Silverstone 2004）。正如西尔弗斯通（Silverstone 2004，446）所指出的，对监管问题的讨论应将问题放在“为何规制”和“为谁规制”上来。这就意味着，在大众媒体这一敏感地带，监管不仅仅需要关注媒体的生产和内容，而且应该关注媒体是否真正地对培养媒介传播中的批判性思维有所贡献，是否提高了强调社会责任感的“公民意识”。西尔菲斯通认为，强调“媒体公民学”对于21世纪的公民权利能否实现至关重要。

媒体行业，尤其是新闻业对社会而言举足轻重。对此大家已有广泛共识。因而所有先进的民主国家都设置了媒体监管机制。意味深长的是，如同雷纳德和奥尔蒂斯（Reinard & Ortiz 2005，603）所指出的，“对国际动态有所关注的学者都会发现，大众媒介规制是研究国家发展的一个重要指标”。简言之，我们应为这些联系做出一些解释。

首先，我们应考虑媒体提供给社会的服务（提供话语产品）具有特殊属性。娱乐及信息内容产品与社会生活息息相关，我们难以笼统地将之称为可以在市场上自由交易、遵循供需铁律的商品。尽管在此类关涉“公众利益”的事情上人们持有不同观点，但大家都认可“媒介为现代社会体系的顺利运转做出了一定贡献”，包括“许多基本的、敏感的社会政治进程”（McQuail 2005，238），以及“即便别无他用，也承担着使命的必需品”（2005，238），[①]尤其在那些具体的行为对个体与全社会都有重要影响的

① Wahl-Jorgensen and Galperin（2000，38）认为媒介产品远远不同于“一罐水果、一条肥皂”这些简单的商品，大众媒介应该被视为“晚期现代性中政治机构的唯一场所”——即大众媒介是“人们聚集起来讨论行为准则，讨论如何共同生活的地方”。

领域。正是为了一个简单的理念——实现社会的多元性和民主化运作（让信息能够自由地流动，为公民提供充足的信息和观点，以促进其参与社会生活），这需要媒体履行职责并承担应有的责任，避免侵犯任何基本权利，鼓励其对社会进行正面引导。①

蕴含在媒体活动中的自由与责任这两个理念有时互相冲突。长期以来，人们都在讨论应如何恰当地处理二者的关系，特别是在"社会责任理论"的理论语境之中。1956 年，希伯特、彼得森和施拉姆三人在《报刊的四种理论》(Siebert, Peterson & Schramm 1963)一书中第一次系统地阐述了"社会责任理论"。该理论可以溯源到 1947 年美国哈钦斯委员会发表的著名调查报告《一个自由且负责任的新闻界》的影响；也能在 20 世纪前半叶欧洲国家对媒体采取的多样化举措中窥见其身影，如确立公共服务广播制度这一举措。② 关于媒体有责任服务社会的思考和努力与"有必要在一个民主社会中为新闻业制定一套具有可行性的理念和政策"(Christians & Nordenstreng 2004, 4)是异曲同工的，而仅仅强调个体自由，将其视为不容协商的天赋人权的自由主义模式，显然无法使媒体以合适的方式履行其职责。

《哈钦斯报告》明确指出，新闻界所追求的言论自由权利与人民应有一个自由的新闻界权利密不可分，更进一步说，这与人民有权拥有一个尽职胜任的新闻界相关(Nerone 1995, 97)。在一定程度上，权利从新闻界权利转向人民权利。在这种语境之中，尽管个体自由表达的权利（与拥有一个自由的新闻界并不完全相同）应被尊重，这并非是天赋权利，而是道义权利。作为一种道义权利，正如希伯特等人(Siebert et al. 1963, 96)以《哈钦斯报告》为背景所提出的那样，这是一种"我没有自由放弃的价值，正如我有自由放弃个人利益"。此外，言论自由这种道义权利与其相应的

---

① "权利"和"责任"的关系（言论和出版自由的权利，恰当使用自由的责任）不仅是一个硬币的两面，或者一场持久战中的两极，更应该被视为紧密相依的状态，借用弗农·詹森(Johannesen 2001, 2008)的比喻来说，就如同搓出一根绳的两条麻线。作者甚至建议使用新的词语"权利责任"(rightsabilities)来强调两个概念之间的依存关系，强调两者缺一不可。

② 回顾欧盟(EU)1997 年在阿姆斯特丹通过的"公共服务广播协议草案"，克里斯蒂安和诺顿斯登(Christians and Nordenstreng 2004, 7—8)强调"与商业广播相比，公共广播的核心应该被视为欧盟国家事务中文化和社会领域的一部分，而不属于欧洲范围内自由竞争的经济领域。因此，公共服务广播应该在宪法层面被确定为自由欧洲市场原则的特例"。这一观点使作者可以维护"社会责任理论"在政治经济和媒体政策的深层结构中的主流地位，因而"有资格声称在今日的欧洲，哈钦斯（报告）的精神依然具有活力"。

责任不可分割——即对自己的良心也对他人负责。这也是为什么社会责任理论认为一个人的自由表达权“必须与他人的私人权利与社会的核心利益取得平衡”(Nerone et al. 1995,97)。

在这个语境下,人民的自由表达的权利因作为新闻界的基石和“缘起神话”的重要性(Giroux 1991,129),需与另外一个同样根本的社会基石相平衡,即公民应有获得完整、广泛、多元、真实、公正信息的权利,它对民主社会中的公民参与至关重要,而自由市场中的自由竞争并不能机械地保证这种基本权利。

在过去几十年里,有关“自由且负责任的新闻界”的阐述不断发展,不仅强调“消极”自由(个人不受外部力量干涉的自由)的重要性,同时也强调“积极”自由(个人有干什么的自由)的重要性,一方面为新闻出版自由运作扫除障碍(如同自由主义者所坚持的),另一方面推动新闻界更主动积极地履行其面向社会和公民的职责,为一个自由的环境提供积极的、建设性的内容。自由无法脱离能使其有效运转的环境与条件。

在对《报刊的四种理论》的批判性评论中,尼禄与其合著者(Nerone 1995,84)指出,社会责任理论围绕着“积极自由”这个轴心概念展开。从这个意义上来说,关于表达和新闻出版的自由并非一种“无条件”的权利,而是“必须超越私利承担并履行责任”的,因而“个人、群体和全人类是相互依赖的命运共同体”(Nerone 1995,86—87)。对于一些人来说,获得自由意味着“一个人的行为可以(i)不受外界约束和控制,并且能够(ii)获得行动所需要的工具和设备”(Nerone 1995,94)。同理,对于新闻出版业来说,自由意味着其运行需要不受任何限制或压力的束缚,同时也意味着新闻业应该自由地主动追寻并实现自身的目标,这个目标是由其难以回避的伦理意识和基本社会服务职能所决定的。新闻出版业做错的地方,必须受到批评和监管;同理,新闻出版业如果没有做到其本该做的事情,也应该从公共利益的角度对其关注和规制。

如果大多数观点都认为对媒体和新闻业的规制是基于“公共利益”,那如何界定公共利益?尽管还存在概念上的混乱,但这个模糊的概念仍旧是民主社会的核心,因为它代表了任何一个社会的价值理念(Morrison & Svennevig 2007,45)。因此,每个社会都应当努力实践其所理解的“公共利益”,以促使它的实现,防止有人滥用。众所周知,即便传统新闻价值标准使有些新闻报道议题合法化,“但有时仍旧难以区分哪些是公众感兴趣的(the public is interested in),哪些是为了实现公共利益(public interest)"(Morrison & Svennevig 2007,50)。最近，莫里森与斯文尼维格(Svennevig)提出一个可能比"公共利益/兴趣"更合适的替代概念——"社会的重要性"(social importance)。在关于媒体对个人隐私的可接受介入与可不接受介入的研究中，他们解释道："以所揭露的事情是否对一个集体具有重要性来检验媒体介入隐私的正当性——而不能是基于个人利益/兴趣予以正当性。如果媒体所提供的信息无法产生集体性的影响，则不能基于多数人利益/兴趣而赋予介入隐私以正当性。"(Morrison & Svennevig 2007,59)

他们认为，"社会的重要性"这个替代概念不仅可以"摆脱公共一词在指代上的麻烦，和利益/兴趣(interest)一词在认知上的困扰"(Morrison & Svennevig 2007,61,强调为原文所加)，还将为实践决策提供一个衡量标准：

> "公共利益"这一表述带有一种庄严性，用它来检验是否对私人隐私有所侵犯过于苛刻。而"社会的重要性"则可以测量从非常高的社会重要性到非常低的社会重要性。一旦重要性的标准得到确定，那合理的私人利益被干涉程度将取决于其重要程度——这几乎是一道数学题。(Morrison & Svennevig 2007,61)

"社会重要性"概念关联社会团结和基于共享价值的社会融合等理念，其作者认为它可以用于检验任何特定环境中的公共利益，让公共利益更具象化。此外，"公共利益"的视角可以促使将该概念放置到政治和社会议题之中，尤其在这个"用市场调研方法操作的经济主导型活动逐渐占据统治地位"的时代，如此定义"公共利益"有着尤为特殊的意义。

推动监管向前

监管的存在是因为媒体对社会负有责任。[①] 公众一致认为媒体应

---

① 由于来源和强制参与力度的差异，这些责任义务是多样化的——因此，他们强调应该有不同类别的监管机制，以更好地适应具体情况。依据霍奇斯(Hodges,1990)和麦奎尔(McQuail,1997)的观点，媒体责任有三种主要类型，分别为："指定型"责任(assert)，这一类型基本囊括了法律规定的责任，维持媒体自由和社会成员权利、公共利益平衡关系的责任；"契约型"责任(contracted)，这一类型产生于出版社(press)和社会之间的隐性契约，由惯例和双方协议来维持；以及"自愿接受型"(self-imposed)责任，该类型关乎专业人员自愿承诺遵守某些道德伦理，服务于公众。以及最后还有一个涉及所有类型的"完善的媒体问责机制"(McQuail 1997,516)。

履行责任，这促使各组织机构进行媒介监管。然而，在“媒体在何种程度上应履行什么职责”以及“应如何促使媒体履行责任”方面，人们争议颇多(McQuail 2005，249)。将媒体的责任简化为一个词语，或若干美好的意向而没有任何后续的实际行动，对社会是无用的。这就是为何在制定出适合的行动方案——即履行职责的任务——之后，必须有人推动任务的执行——这就是问责的工作。如同霍奇斯(Hodges 1990)所说，一些人就某些义务和需求履行职责，那接下来的问题就是，他们将对其承担责任。在媒体语境中，即对人民、公众、社会负责。“问责”一词，用麦奎尔(McQuail 1997，515)的话说就是“媒体被要求履行其责任的过程”。没有问责的“责任”有可能沦为一纸空文。同样，问责也必须以不同的方式和机制介入到实践中去，允许社区中的各种角色都参与到对媒体报道的问询、获取答复的流程中来。① 这将引导我们以多种方式实现监管。

为了能从“积极”需求的层面理解规制一词，我们将超越国家—媒体和市场—媒体的区分框架。除了这些基础的维度外，公民自身这个因素必须包含进去。“如果他们仅仅关注国家和媒体关系这个乏味的讨论，无论如何论证关于民主和媒体的讨论都将有失偏颇。”(Colin Sparks，引自 Josephi 2005，579)减少对市场—媒体关系层面的监管关注度——假定我们认为这是保证媒体自由和消费者选择自由的最佳方式——将导致我们忘记“世界上并没有自然而然就保持对媒介市场监管的中立性”(Wahl-Jorgensen & Galperin 2000，31)。反之，放任市场发挥作用意味着被“微妙或直观的市场监管逻辑”所迷惑(Wahl-Jorgensen & Galperin 2000，31)。此外，将自由的范围限制到能够选择买哪份报纸、看哪个电视频道，寄希望于自由主义者陈旧传统的所谓“自我修正过程”能够实现优胜劣汰，这种做法基本不要指望出现民主社会中的参与性公民。这又是消费者中心视角取代了公民中心视角：“当通往公共论坛的入口是由财产、市

① 根据麦奎尔的观点，媒体问责可以表现为不同模式，以强制参与力度和主要目标的期待不同来区分，可分为：“债务”(liability)模式，其特征为“对抗性关系”，大多用来处理那些有关媒体的麻烦问题，采用物质上的制裁手段来惩罚行为者；还有“回应”(answerability)模式，该模式更多关注提高媒体的质量，尤其是通过开放的、自愿的协商和互动，获得解决差异的办法。但是，麦奎尔(1997，517)补充道：“这些可选模式之间的可行性程度是不同的。”第一种更适合公众监管，第二种更接近自我监管机制，选择哪一种模式依赖于媒介系统中政治组织在特定视角下的选择。

场权力和职业位置所决定,而非根据个体受影响的程度而决定时,那就意味着向理性的公共论辩和沟通行为的全面溃败迈出了重要的一步”(Wahl-Jorgensen & Galperin 2000,33—4)。让市民从传播沟通的边缘(或从通常所说的“观众”)位置走向他们真正归属的公共领域(Nordenstreng 1997),这意味着对言论自由和传播权利的重新理解。这种权利实际上是所有公民的权利,而非媒体及其专业人员的权利(Nordenstreng 1997,14)。如果是这样,公民必须和国家、市场、媒体自身一起,在媒体规制中占一席之地。

以公民为中心的视角替代以媒体为中心的方式,试图改变“人民沦为大众媒体影响的靶子”这一处境,依据主权属于人民的民主理论,“他们应该成为产生影响的*源头*”(Nordenstreng 1997,16—17,原文强调)。如果人民成为媒体监管过程中的主要参与者,媒体必须首先向他们所声称的、为之服务的人民负责。

针对同样的问题,巴多尔和哈尼斯(Bardoel & d'Haenens)指出,转向公民中心的媒介研究视角将会频繁出现,尤其是在当前由新媒体触发的变革环境中:

> 以前是政府和市场在争夺优先权,今天我们更可能听到这样的口号:“公民优先,其次是市场,最后是政府。”不仅如此,随着销售的商品越来越丰富和新媒体的到来,我们看到这个行业的权力正在从发送者转向接收者。(Bardoel & d'Haenens 2004,172)

就媒体的规制而言,这种变化强化了“传统的立法和以市场为导向的问责机制已经不够”的观点,更明智的做法是应该将公民重新纳入媒体和对媒体政策的讨论中(Bardoel & d'Haenens 2004,172)。事实上,如果公民要在规制中积极有效地发挥作用,那么,自由(表达的自由和新闻出版的自由)与新闻责任两者水火不容这一假定必会受到质疑,如同麦奎尔指出的:

> 标准化的媒介理论容许辩论的范围被局限在要么选择市场化媒体中的自由,要么选择被国家以这样或那样的方式控制和审查的范围内,似乎除了牺牲更多的自由外,问责制是不可能实现的。这种想法忽视了在新闻出版自由中自由含义的复杂性、公共传播中规制的

> 必然性以及保障社会公共利益的多元方式。很多证据显示新闻出版自由可以在不侵犯言论自由实质的情况下被确认、表达和获取。它同样还忽视了在自由的具体实践中，确实需要媒体承担的许多职责。(McQuail 2005,237)

所以这一挑战的核心并非简单地拒绝任何规制的机制和方法，而是寻找到"一个与责任理念和自由表达基本原则都保持一致的、更有效用的*问责方法*"(McQuail 2005,242,原文强调)。此外，如果职责被分配于各种不同的群体：国家、市场、媒体公司、媒体专业人员和公众，那无论从效率上来看，还是从公民民主教育上来看，媒体规制的整体任务也都将得到更好的完成。系统化地描述规制中的不同层面，可以借鉴麦奎尔(McQuail 1997,2005)提供的大纲：

- 法律和正式的规制框架——政治上问责的层面，包括媒体可以做什么、不可以做什么等内容的规制文件。此处的主要议题是防止媒介对个体造成伤害；
- 市场的框架——这一层面的问责与自由竞争的市场中的供需过程相关。理论上说，它应该支持鼓励"好"的行为，阻止"坏"的行为；
- 公共责任的框架——公众层面的问责指的是，媒体组织不仅是一个经济意义上的公司，同时它也是一个必须履行特定重要任务的社会机构，被归于"公共利益"的范畴中；
- 专业责任的框架——专业层面的问责，"源自那些在媒体中工作的具有自尊心、关心职业伦理建设的媒体从业者为自己制定的行为规范标准"。(McQuail 2005,247)

如果第一个框架属于典型的对媒体的"指定"责任——因此需要某些正式的"集中"规制——那么，最后两个框架则更多地与"契约式"的、"自我要求"的责任相关(见第 298 页注)，因而呼唤的是一种"自我规制"(或者"共同规制")的方式和机制。虽然如此，一个针对媒体的完整规制架构需要同时关注所有的层面，因为这是探索国家、市场和社会三方力量平衡点的唯一途径。这一设想意味着为了达到个体与集体、作为消费者的人与作为公民的人、自由和责任之间的关系平衡，需要长期不懈的斗争。

新闻规制与无处不在的国家

虽然有争议认为，不应该将规制视为一个与国家尤为密切相关，甚至应由国家主导的过程，但在葡萄牙，国家参与到了新闻活动规制中的方方面面：首先，国家机关发展了一套政府主导的、获得议会核准的法律体系。宪法是迄今为止最关键的法律构建，有一系列直接关系到新闻行业的法律特典；它涉及一些基本的权利和义务（第16、17、18、19、25、26条），包括表达的自由和信息权的自由（第37条），以及媒体的自由（第38条）；最后它还关注到媒介监管的主体（第9条），以及答辩的权利和政治广播的权利（第40条）。

第38条是这部法律保护每一个新闻活动的集中体现。立法者在该条款中清楚地论证了新闻业是民主体制的支柱。新闻工作者的基本权利在这里被确定，即表达自由和创作自由，还包括参与媒体编辑中的权利、获得消息源的权利以及保持独立并专业地保护消息源的权利。但是，从严格意义上讲，第38条超越了这些对新闻活动的保护。它还考虑到一系列针对媒体公司的法则。这些法则对新闻业的良好运作是必不可少的，包括财务和资产的公开透明、不垄断、不歧视，以及独立于经济和政治权力等原则。

除了宪法外，在葡萄牙新闻业的运行中，还有大量能够显现整个媒介规制架构的法律和法规文件（例如见，Carvalho et al. 2005）。行业法（如《出版法》《电视法》和《广播法》）是其中的关键。《出版法》（*Lei de Imprensa*）细致地探讨了新闻工作者和公民在公共信息层面中的权利和义务，强调出版的公共利益，制定了其市场准入标准。这部法律同样规定了新闻企业、出版商、编辑和记者的特殊职责。《电视法》（*Lei da Televisão*）和《广播法》（*Lei da Rádio*）都致力于规范电视/广播活动的准入标准及其在本国范围中的运用。这些严谨的法律文书覆盖广泛的议题，从基本的自由和权利，到技术层面、节目的策略和具体内容（多元主义的、具有差异性的、禁播内容等），同时也涉及公共广播电视的特殊性质。此外，那些不是行业法的法律，如《刑法》《刑事诉讼法》和《民法》中也有大量与新闻业直接相关的法条。

作为立法者，尤其是在与新闻行业相关的立法中，国家超越了法律生产工具这个角色。媒体企业是广义的经济组织的一部分，适用于国家的法律，并且受到诸如“竞争管理委员会”等经济监管机构的监督。国家制定了对媒体企业基础设施建设的相关规定（如基础设施和服务的市场准入制、广播频谱的分配等）。媒体和传播在“技术层面”上的常规运作，虽可能会涉及经济利益，但其由“社会传播管制委员会”（Ruguladora da Communicação Social，ERC）加以保证。

作为新闻活动的外部监督者，政府不仅仅只是一个立法者，其扮演了一个既是所有者，又是媒体企业资助者的重要角色。与大多数欧洲国家一样，葡萄牙政府拥有一个公共广播电视媒体。作为国有企业的葡萄牙广播电视（RTP），运营着八个电视频道和七个广播电台，分别是：电视频道——RTP1（综合性的）、RTP 2（综合性的）、RTP 亚速尔（区域性的）、RTP 马德拉（区域性的）、RTP 国际（国际性的）、RTP 非洲（国际性的）、RTP N（新闻频道）以及 RTP 梅莫里亚（经典的娱乐节目）；广播电台——电台 1（综合类和谈话广播）、电台 2（古典音乐）、电台 3（成人时代和城市类节目）、RDP 非洲（国际性的）、RDP 马德拉（Ant1）（与电台 1 有重叠，区域性的）、RDP 马德拉（Ant3）（与电台 3 有关，区域性的）以及 RDP 亚速尔（区域性的）。并且，国家在国内新闻机构 LUSA 中也具有重要的地位。

作为媒介公司的所有者，国家可以公然介入媒体，这与公共服务广播、电视、国家新闻通讯社的特殊性相关。作为这种与社会生活息息相关的机构业主（无论是全资还是合资，此分析中以 LUSA 为例），国家都致力于确保公民可以获得最高水平的服务，包括节目设置和信息量两个层面。与此同时，公共媒体还被寄予了监督系统和促进媒体提高整体品质的期望。这两个目标能否实现不是本文讨论的重点（葡萄牙的公共服务媒体与政治权力关系的相关内容详见 Sousa & Santos 2003，Sousa 1996）。不过很显然，国家以特许权的名义拥有媒体或制定媒体活动的基本规则，概述了它对公共服务媒体的展望——它是什么、应如何行动，通过 ERC 这个业已存在的媒介监管机构，努力确保公共服务媒体独立于经济和政治力量。

作为一个外部的监管者，国家在媒体融资系统中亦有话语权。国家在经济上支持媒体系统这一基本原则也是与媒体在民主社会中的特殊价值相关的。国家希望通过对媒体企业经济上的帮助调控市场，保证差异性和多元性。公共服务广播和地方性的新闻机构是国家经济支持的主要受益者。RTP 的经济支持是年度制的，而地方性新闻机构需要申请补贴，它们在发行成本方面得到政府的大力支持。然而，国家支助地方性新闻机构的最终结果并未完全呈现，且有学者如费拉雷（Ferreira，2005）认为，这种行为的后果是灾难性的。国家的补贴行为被认为是地方性新闻机构长期低效低能的原因，并认为该行为也破坏了报社和广播电台自身的独立性。

众所周知，法律界定了国家如何理解社会普遍期望的媒体样态和新闻工作者的行为。但假如法律不只是一纸空文，那它就需要实施的具体机制。这就是新机构 ERC 的使命，即践行现有法律、确保新闻记者的行为符合特定标准。葡萄牙宪法的其中一章（第 39 条）就是专门针对媒介规制机构的。宪法中写道，除了法院以外，媒体还应受到一个外部的独立机构的监管。对于 ERC 而言，它需要确保：

- 信息权和自由表达权
- 媒体的非垄断化
- 媒体独立于政治和经济的力量
- 个体的权利、自由和财产受到尊重
- 媒体行业的专业性原则受到尊重
- 不同意见都能得到表述和讨论
- 政治性广播的播出以及回应的权利

根据基本法，媒介监管机构的委员会应由议会来确立。宪法与在 2005 年 11 月 8 日颁布确定的成立 ERC 第 53 条法令（ERC 于 2006 开始运行）都反映出立法者对监管者独立性的重视。虽然 ERC 只是刚刚成立，但葡萄牙已经有长达 39 年的媒介规制经验了，只不过到了 1989 年监管才覆盖了公共部门的媒体。ERC 的前身是媒体高等委员会（Alta Autoridade para a Comunicação Social），这是第一个对公共媒体和私有化媒体都负有监管责任的机构。公众对它的工作效率和独立性不抱信任，作为继承者，ERC 也因此不被信任。在这种情况下，ERC 相关的法律在人事、技术和财务方面都为自己提供了更多的资源，帮助其远离政治权力和媒体企业，拥有更多的独立性。

"纯粹的"国家监管模式没有社会成员参与（除了一个没有效力的顾问委员会外），因而遭到全国记者联盟（Sindicato dos Jornalistas）和媒体企业联盟（Confederação de Meios da Comunicação Social）的强烈批评。

而分管媒体的部长奥古斯托·桑托斯·席尔瓦(Augusto Santos Silva 2007)则极力为这种模式辩护,认为这是避免私人或利益集团"绑架监管者"的必然方式。部长认为 ERC 是媒体监管体制中的一极,专注于保护新闻传播中的公共利益。尽管促进共同监管方式的形成也是 ERC 的功能之一,但现在它还处于初始阶段。

利益表达的缺失以及 ERC 出了名的拓展自己的势力范围(从推荐信到从业执照的撤销)导致更多人对新闻行业忧心忡忡。ERC 应该确保新闻法规被遵守,尽管法律给予其独立于政治和经济的力量,但是其能力和公平性遭到强烈质疑。ERC 保护公民免于遭受媒体的负面伤害,积极地影响媒体节目和记者活动的能力仍然有待证实。

自我规制的模糊地带

通过立法和行政的机制,在葡萄牙国家有能力确定新闻专业实践的主要特征。国家立法的能力渗透到一些经常被视为自我规制的机制当中(例如,新闻记者专业性的立法和公共服务广播的监察员)。但是,假如国家对自我规制进行监管,是否还可称之为自我规制?假如这种情况确实存在,那如何区分自我规制与国家监管?在莫雷拉(Moreira 1997)看来,自我规制的几个主要特征是:首先,它是特别形式的规制,并非规制的缺位;其次,它是集体主义式的规制,也就是说这里没有个体主义的自我规制,自律和自我约束都不属于自我规制,自我规制是一个制定组织章程,并要求其成员遵守章程和一些特别规范的集体性组织;最后,它是非国家的规制,独立于私有或公共的法律(Moreira 1997,52—3)。

与国家的监管不同,自我规制即便其最后结果影响到公共领域(Aznar 2005),它还是在私人领域进行的。为了评估自我规制的专业性效用,以及加强其与公众的社会联系,葡萄牙的新闻记者制定了(或者说为世界贡献了)许多自我规制的机制。这些机制也属于整体法律领域的一部分。尽管自我规制的属性错综复杂,但我们还是可以找到一些被认为是新闻记者自我规制的代表性机制。

《新闻法》(*Estatuto do Jornalista*)于 1999 年颁布,共计 99 条条款。这部法律详细地阐述了成为新闻记者的条件,还界定了新闻专业人员的权利和义务。它对如何获取官方资源、社会地位、行业机密、参与权利给予充分的重视。在尊重个人隐私和人类尊严的条件下,也非常关注如何认真严格地、公平公正地、没有任何歧视地履行那些特殊义务。这些文件反映出社会对新闻记者的期待，明确了新闻记者在新闻活动中应有的特定权利。《新闻法》阐述了怎样成为一名新闻记者以及记者被寄予的期望，所以这部法律也可以被看作是对新闻记者身份的界定。如果议会的大多数议员通过了《新闻法》，而它与新闻记者代表的观点却背道而驰，那它是否能被视为自我规制的一个手段呢？因此，从这个立场上来说，《新闻法》未必代表了新闻记者对自身属性、权利和社会责任的认识。

与《新闻法》不同，新闻行业中对道德伦理有所关注的人士制定了《新闻伦理法规》，并经过了行业团体内部的讨论和认可。当下执行的这套法规是经过磋商后于 1993 年通过的。[①]

这套法规制定出新闻记者的专业行为标准。在众多方面，它提到准确如实地描述事实，在特定的争议性事件、剽窃事件、具有轰动效应的事件中应该报道各方观点、确认消息源、使用合适的手段获取信息，保护公民的权利和人类的尊严，保持独立和专业完整性。

新闻记者联盟成立伦理委员会，以此来保证法规被遵守。因为新闻工作者自己制定了规范，建立监督系统以及促使联盟成员遵守规范的实施机制，因而会有观点认为，伦理法规与联盟委员会都是典型的自我规制机构。通过审查、发布工作报告和建议，委员会期望由此能够维护新闻伦理的价值，从而提升新闻记者的身份地位。

然而，在当前实施的这个模式中，有一个没有解决的问题，就是伦理法规在新闻记者联盟组织框架中被确立通过，同时，伦理委员会也是同一联盟的组织之一。然而，不是每一个记者都必须加入新闻记者联盟（或任何联盟会组织）。因此就会出现这种观点，认为不论是伦理法规还是伦理委员会制定的标准都不是该阶层全体成员通过的，而只是简单地反映了记者联盟的想法。

显然，行业内的自我规制胜过集团企业制定的规则，并在特定的新闻编辑室中形成了各自独有的运行机制。在葡萄牙，编辑部委员会（Conselhos de Redacção）大概是自我规制体系中最为著名的组织了。只要编辑部有超过五名以上的新闻记者，他们就可以选举出编辑部委员会。在一些比较小的新闻企业，所有记者都是编辑部委员会的一部分。该组织认同宪法中（第 38 条）给予新闻工作者在其工作单位中享有参与编辑的权利，它的

---

① 见网页 http://www.jornalistas.online.pt（获取时间 2007 年 4 月 4 日）。

功能其实在《新闻法》(见第 13 条)和行业法中都有体现。例如在《新闻法》中的第 23 条,就有对编辑部委员会角色的详细说明。事实上,编辑部委员会的工作涉及方方面面:它在提名编辑部管理者、指定媒体的编辑规范、判定伦理和纪律等问题上都有一席之地。编辑部委员会代表了那些关心基本劳动权益和伦理问题的记者的观点,这意味着在关键的社论立场和纪律事项等方面,报社、电台和电视台的管理层无法再专断独行。

宪法和媒体法律意图保证编辑部中权力的分配。该想法可追溯到 20 世纪 70 年代中期的革命时期,那时以第一部《新闻法》为依据,所有编辑部都成立了委员会。该机构比今天拥有更广泛的权力。当时,委员会在诸如主编的提名和任命、社论的编辑选择等事务中都有一定的权力。时至今日,委员会的意义在各编辑部大不相同,多数只是提供咨询功能。尽管如此,总体来说,葡萄牙的记者还是非常重视这个机构(见 Fidalgo 2002)。

另一个由法律体系要求每一个媒体机构都必须建立的制度是“编辑规范”(Estatuto Editorial)。《新闻法》(第 17 条)规定所有新闻媒体必须确定一套编辑规范,清楚地阐明自己的立场、宗旨,申明尊重职业伦理、捍卫社会正义。编辑规范由媒体机构的主编在与编辑部委员会商讨后签署,再由媒体所有者批准后生效。该规范应该公开发布并发送给媒体监管的相关部门。编辑规范相当于新闻媒体与其员工,包括大众之间签订的一份社会契约。

编辑规范与编辑部编辑手册(stylebooks)息息相关。虽然不是所有的葡萄牙新闻媒体都有自己的编辑手册,但它在新闻编辑室的内部运作中变得越来越重要,且并不是仅仅因为其有技术指导的作用(Fidalgo 2006)。事实上,与许多国家一样,第一代的编辑手册本质上是一本写作指南。而今天,一些新闻编辑室采用了更加复杂的编辑手段,除了对新闻写作和内容这些重要方面的关注外,第二代编辑手册还囊括了社论立场和伦理问题等更为丰富的层面。这种编辑手册的公开出版,也是给读者、听众和观众提供了赋权的工具,他们可以知晓新闻编辑的规则和方针,从而加强了大众与这份社会契约的联系。

是否有可能找到平衡?

当我们观察葡萄牙的新闻规制结构时,可以清晰地发现它近些年来发生了相当大的变化,包括法律的不断完善、不同社会成员之间的联系变得越来越复杂。这其中有新闻工作者自身的努力，但国家似乎在葡萄牙媒体与新闻规制的领域中扮演了最活跃的角色。国家，既是立法者，也是媒体的拥有者，还是监管系统的经济资助者，它在显著的中心位置"持续、专注地努力以改变其他各方行为"（Black 2002，20）。通过对葡萄牙媒体规制中明显的维度进行分析发现，国家依旧会被认为是势力最强的一方，或许这也是因为其他的监管还处于初级阶段。共同规制还处于萌芽期，新闻记者也在努力超越行业自我规制的脆弱模式。国家监管力量的持续加强可能是行业内自我规制失败的结果。

假如国家过于明显地将自己的规制范围扩大到新闻行业，包括行业道德伦理的立法领域，那我们可以质疑实施效力。事实上，虽然很多法律和新的国家监管是必要的，但它们能否在提高媒体输出内容的整体质量上发挥明显的作用却受到质疑。那种"不可见"的时时刻刻存在的商业压力或许对新闻工作者每天所做的选择产生更大的影响。由于受众越来越碎片化以及随之而来的广告利润的减少，媒体企业将面临更大的压力，更多的新闻记者在工作中需要考虑商业因素。

如果对公共利益的捍卫依赖一个完整的、发挥作用的媒介规制体系，那国家对媒体的监管和行业的规制都远远无法满足要求。事实上，不同的阶段和层面的监管都需要公民的参与，这是发展尽职的、负责的媒介文化不可或缺的维度。在葡萄牙，制定了各种机制以保证为公民提供参与的渠道。所有媒体的编辑部每天都会收到读者、听众和观众以各种方式（电话、信件、电子邮件等）发出的来信。媒体时常需要腾出时间和地点，听取公民对新闻报道和节目设计等方面提出的观点和建议。最近，为了人民的意见在媒体企业中得到更好的表达和呈现，一种新的方式出现了，即申诉专员制度（the ombudsman）。在报刊中，这种调解制度始于1997年，并且是由报社自己首先提出的（到目前为止，有三家日报社）。在广播电台，申诉专员制始于2006年，但只存在于公共服务广播电视中。广播公司RTP需要遵守议会所通过的申诉专员法案。

虽然媒体为公众提供了时间和地点——或直接或以申诉专员为中介——但公民仍然可以在与媒体的关系中扮演更加积极的角色。如果媒体对公民负有责任，那公民同样应该对他们享有的媒体承担一些责任（尤其是他们需要的媒体）。如同丹尼尔·科尔努强调的，与媒体的社会责任共存的是"社会的媒体责任"（Cornu 1999，436）。这也正是西尔弗斯通（Silverstone 2004，440）所强调的，我们需要发展"一个可靠且负责任的媒体文化”，而不仅是“可靠且负责任的媒体”。他解释道，这种文化首先“依靠具有批判精神和知识素养的公民性。大众媒介素养和媒介呈现的素养对这种公民性至关重要”(Silverstone 2004，440)。

媒介素养被视为公民必须具备的“批判性行为”和“公民行动”，因此西尔弗斯通特别强调深化和扩大这种媒介素养的重要性，把它看作长远角度处理媒介规制问题的另类途径。在此，媒介教育扮演了重要的角色。他认为：

> 将规制理解为只能由政府组织所构想并实施的想法过于狭隘，应该将规制转变为一种更具伦理导向的教育，转变为一种基于对媒介化世界的特性认识之上的社会和文化实践。我们曾经将一些东西称为公民性，或许是时候想想，这个被高度媒介化的时代公民性应是何种模样了。(Silverstone 2004，446)

规制终究不仅仅是一个生产的问题。西斯·哈姆林克认为，就像职业性新闻工作一样，媒体消费“也应该被视为一种关乎道德选择、并应为这种选择负责的社会行为”(Silverstone 2004，448 引用)。所以，公民也应该对自己使用的媒体负有责任，正如“媒介生态学”角度所说，我们每一个人都有责任像保护我们的“自然环境”一样照看我们的“文化环境”(这个环境中信息的生产和分配变得越来越重要)。毕竟，媒体做什么和不做什么，一定程度上也是与公众互动的结果。因此，“如果一个人认可这种专业人士—客户关系的交互性特征，那就应该认为媒介伦理不只是生产者的对错问题，使用者也同样需要遵守伦理规范”(Hamelink 1995，500)。

当前的媒体规制实践应该对政策工具采取更加开放的态度，“这些政策既有直接的干预，也有间接地用各种方式将公众力量拉入以形塑市场”，正如伦特和利文斯通所指出的：

> 在信息业，数字转换、宽波段、数字融合等技术发展使得规制发生转变，受公共服务理念巨大影响的国家监管正转为通过跨平台为具有媒介素养的公众传递多样性内容、提供多元服务的形式。(Lunt & Livingstone 2007，3)

自我规制向整个媒体行业，尤其是从业者提出重大的挑战。然而，社会公众对媒介自我规制的呼吁能力的强弱,以及他们在一些共同规制组织中的话语权的强弱,都会影响到媒介自我规制的范围和效率。毕竟,克劳德-让·贝特朗(Claude-Jean Bertrand)大力举荐推广的各种媒体问责系统(MAS)——包括大量的自我规制和共同规制的组织——被精准地定义为"民主的弹药库"(Bertrand 1999),因而要鼓励公众积极参与以提升媒体质量、增加公民的社会参与机会。麦克切斯尼(McChesney 2008,12)认为,从政治经济学的角度来看,今天再问"总体而言,媒介服务体系是促进还是阻碍了民主制度和实践"这样的问题已经不够了。在这个传统媒体衰落,文化环境遭到史无前例挑战的时代,更应提出的问题是"总体而言,公民/消费者是促进还是阻碍了民主制度和实践"。

本文简要地陈述和讨论了葡萄牙新闻业规制的情况。这些情况不能脱离这个国家的政治语境和特定社会语境——这是一个在长时段的独裁和新闻自由完全缺失后直到 20 世纪 70 年代中期才成为民主制的国家。除了本研究自身的价值,也期望能对身处不同媒体制度,试图用不同方式解决同样问题的国家做进一步比较研究,略尽绵薄之力。

【本文基于一篇国际会议论文:《媒体制度的比较,当西方遭遇东方》(Comparing Media Systems,West Meets East),Kliczków Castle,弗罗茨瓦夫,波兰,2007 年 4 月 23 日—25 日。】

参 考 文 献

Aznar ,H. (2005) *Connmicacion Responsible-Deontología y Autorregulación de los Medios* ,2nd edn. Ariel Comunicacion ,Barcelona.

Bardoel ,J. and d'Haenens,L. (2004) Media meet the citizen: Beyond market mechanisms and government regulations. *European joumal of Communication*,19(2),165—94.

Bertrand,C. -J. (1999) *L'Arsenal de la Démocratie-Médias Déontologie et M * A * R * S ** . Economica,Paris.

Black,J. (2002) *Critical Reflections on Regulation*. Centre for Analysis of Risk and Regulation at the London School of Economics and Political Science,London.

Carvalho, A., Cardoso, A., and Figueiredo, J. (2005) *Legislação Anotada da Comunicação Social*. Casa das Letras,Lisbon.

Christians,C. and Nordenstreng,K(2004) Social responsibility worldwide. *Journal of*

Mass Media Ethics, 19(1), 3—28.

Cornu, D. (1999) *Jornalismo e Verdade- Para uma Ética da Informação*. Instituto Piaget, Lisbon.

Ferreira, P. (2005) O custo das não-decisões na imprensa local e regional em Portugal. *Comunicação e Sociedade*, 7, 153—80.

Fidalgo, J. (2002) The ombudsman's role in the eyes of the newsroom: Results of a survey among Portuguese journalists. *Proceedings of the 23th Conference of the International Association for Media and Communication Research* (lAMCR). Barcelona.

Fidalgo, J. (2006) O lugar da ética e da auto-regulação na identidade professional dos jornalistas. PhD dissertation, Universidade do Minho, Braga. Onlineathttp://hdl. handle. net/1822/6011(accessed October7, 2010).

Giroux, G. (1991) La déontologie professionnelle dans Ie champ du journalisme: Portée et limites. *Communication*, 12(2), 117—38.

Golding, P. and Murdock, G. (1991) Culture, communication, and political economy. In: Curran, J. and Gurevitch, M. (eds) *Mass Media and Society*. Edward Arnold, London, pp. 15—32.

Hamelink, C. (1995) Ethics for media users. *European Journal of Communication*, 10 (4), 497—512.

Hans-Bredow Institute for Media Research at the University of Hamburg (2006) *Final Report Study on Co-regulation Measures in the Media Sector*. Study for the European Commission, Directorate Information Society and Media, Unit Al Audio visual and Media Policies, Tender DGEAC03/04, Contractn° 2004-5091/001-001DAVBST. Online at http://ec. europa. eu/avpolicy/docs/library/studies/coregul/final_rep_en. pdf(accessed October7, 2010).

Hodges, L. W. (1990) Defmindo a responsabilidade da imprensa: Uma abordagem funcional. In: Elliot, D. (ed.), *Journalism versus Privacidade*. Nórdica, Rio de Janeiro, pp. 15—34.

Johannesen, R. (2001) Communication ethics: Centrality; trends and controversies. In: Gudykunst, W. (ed.), *Communication Yearbook* 25. International Communication Association(lCA), New York, pp. 201—35.

Josephi, B. (2005) Journalism in the global age. *Gazette*, 67(6), 575—90.

Livingstone, S., Lunt, P., and Miller, L. (2007) Citizens, consumers and the citizen-consumer: Articulating the citizen interest in media and communications regulation. *Discourse and Communication*, 1(1), 63—89.

Lunt, P. and Livingstone, S. (2007) Regulation in the public interest. *Consumer Policy*

Review, 17(2), 2—7.

McChesney, R. W. (2008) *The Political Economy of Media: Enduring Issues, Emerging Dilemmas*. Monthly Review Press, New York.

McGonagle, T. (2003) Co-regulation of the media in Europe: The potential for practice of an intangible idea. In: *IRIS plus-Legal Observations of the European Audiovisual Observatory*, European Audiovisual Observatory, Strasbourg.

McQuail, D. (1997) Accountability of media to society- Principles and means. *European Journal of Communication*, 12(4), 511—29.

McQuail, D. (2005) Publication in a free society: The problem of accountability. *Comunicação e Sociedade* 7, 235—52.

Moreira, V (1997) *Auto-regulação Profissional e Administração Pública*. Almedina, Coirnbra, Portugal.

Morrison, D., and Svennevig, M. (2007) The defence of public interest and the intrusion of privacy. *Journalism*, 8(1), 44—65.

Mosco, V (1996) *The Political Economy of Communication: Rethinking and Renewal*. Sage, London.

Napoli, P. (1999) The market place of ideas metaphor in communication regulation. *Journal of Communication*, 49(4), 151—69.

Nerone, J. C. (ed.) (1995) *Last Rights- Revisiting Four Theories of the Press*. University of Illinois Press, Chicago.

Nordenstreng, K. (1997) The citizen moves from the audience to the arena. *Nordicom Review*, 18(2), 13—20.

Palzer, C. (2003) Co-regulation of the media in Europe: European provisions for the establishment of co-regulation frameworks. In: *Iris Plus, Legal Observations of the European Audiovisual Observatory*, European Audiovisual Observatory, Strasbourg.

Reinard, J. and Ortiz, S. (2005) Communication law and policy: The state of research and theory. *Journal of Communication*, 55(3), 594—631.

Siebert, E, Peterson, T., and Schramm, W. (1963) *Four Theories of the Press*. University of Illinois Press, Chicago.

Silva, A. S. (2007) Ahetero-regulação dos meios de comunicação social. *Comunicação e Sociedade*, 11, 15—27.

Silverstone, R. (2004) Regulation, media literacy and media civics. *Media Culture and Society*, 26(3), 440—49.

Sousa, H. (1996) Communications Policy in Portugal and its Links with the European Union- An Analysis of the Telecommunications and Television Broadcasting Sectors from the mid-1980s up until the mid-1990's. PhD dissertation, School of Social Sciences, City University , London.

Sousa, H. and Santos, L. A. (2003) A RTP e o Serviço Público: Um percurso de inultra passável dependência e contradição. In: Pinto , M. etal. (2003) *Televisão e Cidadania*. Universidade do Minho, Braga, Portugal, pp. 61—80.

Wahl-Jorgensen, K. and Galperin, H. (2000) Discourse ethics and the regulation of media: The case of the U. S. newspaper. *Journal of Communication Inquiry*, 24 (1), 19—40.

拓展阅读

Feintuck, M. and Varney, M. (2006) *Media Regulation, Public Interest and the Law*, 2nd edn. Edinburgh University Press, Edinburgh.

Frost, C. (2007) *Journalism Ethics and Regulation*, 2nd edn. Pearson, Harlow; UK.

McQuail, D. (2003) *Media Accountability and Freedom of Publication*. Oxford University Press, New York.

Schulz, W. and Held, T. (2004) *Regulated Self-Regulation as a Form of Modern Government: A Comparative Analysis with Case Studies from Media and Telecommunications Law*. University of Luton Press, Luton, UK.

Von Krogh, T. (ed.) (2008) *Media Accountability Today... and Tomorrow- Updating the Concept in Theory and Practice*. Nordicom, Gothenburg.

第三部分

创造力的条件:工业、生产与劳动

第十四章　好莱坞之死是夸大还是现实?

珍妮特・瓦斯科(Janet Wasko)

好莱坞电影工业再一次受到一系列挑战——从新技术到其他电影产业,再到专利侵权。这些并不是全新的挑战,虽然当人们从流行杂志、娱乐博客或研究电影产业的论文中看到这些评论时,可能会这么认为。在这些讨论中,人们再一次预测好莱坞的末日甚至是电影的终结。例如:

- 好莱坞作为一种商业模式……正面临深刻而根本意义上的挑战。(Florida 2009)
- 缔造了电影产业的商业模式……正在我们眼前发生深刻的变化。(迪士尼首席执行官,Bob Iger,引自 Sandoval 2009)
- 数字技术几乎(或者说真正地)改变了所有制作和观看电影的规则,甚至连"看电影"这种观念都快过时了。(宣传资料,Rodowick 2007)
- ……如果你错失了这整整十年的机会,整个好莱坞电影产业的衰亡已经不是什么秘密了。(Edelman 2007)
- ……我们所熟知的电影已经崩溃了。(Francis Ford Coppola,引自 Sandoval 2009)。

毫无疑问,由于数字技术和其他一些原因,传统媒体正在经历显著的变化。事实上,这一时期被称作"继印刷字体、活动画面和地面广播传输之后,媒体发展史上最大、最深刻的变革"(Levin 2009,258)。也许现在并不急于认同如此彻底的断言,关于这次变革的评论并不少见,而关于变革的结果却始终没有达成共识,正如康宁汉和他的同事们所说的:

> 问题在于，多数关于产业结构和变化的争论都建立在夸张的对立之上，一边是对新技术潜力的过于热情的乐观期待，另一边是对它坚定的质疑。比如有断言称，媒体和通信产业策略存在"基础性危机"。相反的断言则认为，"改变越多，结果越是一样"——当前的一切只是霸权资本进行曲中的一声短音。(Cunningham et al. 2009)

毫无疑问，美国电影产业正在经历变革，而有关变革过程的讨论莫衷一是。但是，究竟发生了什么变化？本章考察了最近有关好莱坞之死的讨论中提到的电影产业面临的挑战和变革。同时，也思考了好莱坞没有被改变的特性，或者换句话说，什么仍然是好莱坞的特征？本章研究援用电影的政治经济学分析，试图探究好莱坞的本性，尤其是将其放在资本主义系统中作为生产和发行产品的产业来思考，并分析在这一过程中的政治、社会和文化影响(参见 Wasko 2003，Pendakur 1990)。本章参考了业内人士的多方评论和商业杂志的观点，希望能够对真实发生在电影产业内部的变化有某种回应和认识。

好莱坞正在发生哪些变化？

这一节将考察好莱坞之死的宣告中的几个主要论断，以及电影产业正在经历的其他变革。

电影融资的变化

不管是哪种类型的电影，融资是电影制作的基础。但是，好莱坞电影的制作成本不断增加，平均每部要花费上亿美元(不包括市场推广费用)。自 20 世纪早期以来，银行和其他金融机构，还有独立投资人一直以各种方式参与到产业中来。然而近年来，贷款的类型、与好莱坞公司有合作的金融机构的数量不断发生着变化。

在并不遥远的过去(十年间)，投资拍摄大型电影的资金看起来充足而廉价，例如传奇影业(Legendary Pictures)，它是由华尔街私募基金和对冲基金投资人投资设立的。这些投资者包括：ABRY 合伙人公司(ABRY Partners)、美国直接投资国际集团(AIG Direct Investments)、美国银行资本投资集团(Bank of America Capital Investors)、哥伦比亚资本(Columbia Capital)、猎鹰投资顾问公司(Falcon Investment Advisors)和 M/

C风险投资(M/C Venture Partners)。传奇影业于2005年和华纳兄弟签署了一项长达5年的合作协议，双方共同投资和制作25部影视作品。目前已经成功发行了几部大片，包括《蝙蝠侠：开战时刻》《超人归来》和《黑暗骑士》等。

然而，随着近来金融危机的爆发，大多数此种类型的投资都消失了。佛罗里达(Clark 2009)报道说"一些(华尔街投资公司和对冲基金)已经关闭了他们在洛杉矶的办公场所，而且在降低三到七成收益的情况下公开售卖他们即将上市的电影的所有权"。同时，几大好莱坞公司面临融资困难，投拍电影无以为继，导致电影制作数量的下滑。对于这些最主要的电影公司来说这是它们面临的第一个挑战，即为那些好莱坞想要制作的昂贵电影寻找新的投资(希望能找到"其他人的钱")。

电影制作的变化

其他近期的挑战来自从传统电影到数字电影的转型。很多好莱坞电影人对新数字技术持欢迎态度。正如演员兼制作人伊桑·霍克(Ethan Hawke)曾经说的："数字视频对电影来说是马龙·白兰度(Marlon Brando)以来唯一伟大的事情。"这说明数字技术赋予了编剧和演员更大的权力(Bing and Oppelaar 2000)。然而，电影制作团队、实验室和其他一些制作人正在努力适应数字转型带来的冲击。为适应转型所做的调整是有意义的，电影工业曾经经历过类似的变革，在很大程度上，好莱坞制作领域已经接受了数字电影。

但是并不是只有制作技术发生了变革，数字电影制作设备也已经广泛应用于那些好莱坞大公司以外的制片公司。新制作技术的发展催生了一大批真正独立的电影制作机构，这给好莱坞对电影世界的统治带来了挑战。[①] 正如埃德尔曼(Edelman 2007)所言："过去制作电影需要一个电影实验室、一个特效团队和一屋子用来给硅谷图形公司运算的主机，现在只需要一群时髦青年和一个价值500美元的数字摄录机和一台苹果电脑就搞定了。"

当然，这并不是技术首次应用于独立电影制作。20世纪80年代，导

---

① "独立电影"指的是那些不属于好莱坞大型制片公司或与它们没有紧密合作的公司(如New Line，Fox Searchlight)。真正的独立制作是指"电影制作人对电影创意和发行具有绝对的控制权，投资人在提供资金以外不参与电影的制作，电影制作人在制作和发行电影的过程中经历实实在在的风险"。(Erickson 2010)

演弗朗西斯·福特·科波拉(Francis Ford Coppola)在一部名为《黑暗之心》的纪录片电影中接受采访时说道:

> 我最大的愿望就是现在这些8毫米摄影机可以广泛使用,一些从来都不做电影的人开始制作电影……突然有一天,一些俄亥俄州的小胖妞可以成为新的莫扎特……用她父亲的小摄像机制作一部美丽的电影。一旦电影的全部专业主义被永久破坏,它就会成为一种艺术形式。

近来有关好莱坞之死的论断也会提到电影制作的民主化。举个例子来说:"并不昂贵的数字摄像机、便宜或免费的编辑软件以及最新的发行渠道(比如数字电影院和互联网)使电影艺术变得民主。"(Kirsner 2008,198)以乔治·卢卡斯为代表的一些电影制作人认为,平价的制作设备将使得他们可以摆脱好莱坞制片公司对投拍电影类型的限制(Kirsner 2008,199)。毫无疑问,数字电影制作技术可以用于相对低廉的投资(较之过去专业的电影制作设备而言)。然而,好莱坞鲜明的等级制度在过去技术进步的冲击下岿然不动,现在独立电影制作人是否真的对好莱坞的等级制产生切实的挑战,我们还需要继续观望。

电影市场营销/推广的变化

营销和推广是好莱坞电影的关键环节,所投入的资金相当于制作成本,甚至高于制作成本。综艺报道说,2009年的前两个季度,在院线发行方面投入的资金大约17亿美元(McClintock 2009a)。越来越多的市场推广活动会运用新媒体技术。

从多年前开始,在大多数电影推广活动中都会建立网站进行宣传。这些网站包含很多元素,比如游戏、照片、电影预告片、其他产品的搭片广告等。最近,随着社交网络的兴起,出现了多种新型促销方式,比如脸书(Facebook)和聚友网(MySpace),还有电子邮件、博客、播客、推特(Twitter)和一些插件工具等。据称,将社交媒体营销纳入推广战略中,不仅可以直接与观众互动,还可以为电影带来"口碑营销"的效果。过去,好莱坞用影迷杂志、竞赛、见面会等多种形式赢得影迷的支持,现在这一切都发生了变化。近期几部影片(包括低成本影片)使用创新的"病毒式营销"手段,在票房上大获成功,如《鬼影实录》《第九区》《宿醉》等。这使得一些人认为新的营销技术开始成为主流。正如一位观察家所说："再见，汉堡王式的大型营销；你好，聚友网的游击营销。"(Edelman 2007)

然而，并没有明显的迹象表明传统的营销模式正在迅速消失。到2009年末，各种各样的数字营销只占一部电影营销预算的8%—12%。虽然传统的市场营销策略，如报纸、广播、户外广告、剧场预告片有所下滑，但它们仍然是营销的主要手段。一位制片公司市场总监解释说："环境改变了……当人们很明显地将更多的注意力放在互联网上的时候，我们却不能减少对电视的投入。这也是为什么这是个混乱、有趣、令人忍不住尖叫的时代。"(McClintock 2009a)

一些好莱坞的市场营销人员甚至质疑新型营销手段是否切实有效，例如一位制片公司的工作人员说，"推特，可能只在空闲时间才会想到它"(McDonald 2009)。另外，这些社交媒体工具会对一部电影形成真正的威胁。一些营销推广做得很好的大制作电影，在刚刚上映的周末，就在推特和其他一些社交网站遭遇差评，然后遭到票房惨败。这表明"这些社交网站会瞬间引爆狂热的赞誉和如潮的差评——在电影刚刚落幕就有成百上千的观众开始了讨论"(McClintock 2009a)。

电影《阿凡达》是代表这种轰动效应的典型案例。正如哈默帕(Hampp 2010)所言，"伴随着'推特效应'和社交媒体对好莱坞电影发行影响的讨论，福克斯坚定地走出一条大制作影片的市场营销道路，这也是过去那些昂贵的大片所开创的道路"，使用电视广告、搭片广告等多种传统营销方式。这些事实清楚地表明，数字营销确实还没有完全占领传统好莱坞市场营销策略的空间，至少目前还没有。

电影发行的变化

我们再来看发行环节。传统上讲，这是电影工业最有影响力的环节，也因为新技术而面临最显著的挑战。一般而言，好莱坞电影发行有一些典型的渠道和平台，包括电影院、家庭影院、有线和广播电视，还有一些规模较小的市场(譬如酒店、机场、军事基地等)。在这些"旧有的"发行渠道仍对观众保持着吸引力的同时，有一些新的渠道和未来的平台吸引了一部分观众的注意力。

网络发行　大部分有关好莱坞之死的讨论都离不开互联网，尤其是互联网在影片发行方面有摆脱好莱坞控制的潜力。大部分公司基于各种各样的原因，不愿意在互联网上提供它们的影片，这些原因包括缺少足够的技术(视频压缩和硬件)、盗版引发的问题,还有缺乏可行的商业模式(参见 Cunningham et al. 2009)。

随着技术的升级,持续不断的挑战催生了可行的商业模式,同时阻止了盗版猖獗的问题。这一问题曾经在 20 世纪 90 年代影响了音乐产业的发展。换句话说,新技术解决了既能从互联网发行电影获得利润,又不会失去对产品控制权的问题。过去十年,有几家网站开始尝试网络电影发行,并创造出三种不同的商业模式:广告支持(如 YouTube,Hulu,Crackle,Veoh);出租或销售(如 Amazon,AppleiTunes,Blockbuster)和订购(如 Netflix)。需要注意的是,这些网站有的改变了商业模式,或在某种程度上将这些模式组合起来使用(见下表)。有趣的是,一部分最为重要的在线发行网站并不属于好莱坞玩家:iTunes(苹果)、YouTube(谷歌)和亚马逊。当大制片公司将它们的电影卖给这些网站,价格和时机仍然是难以解决的棘手问题。

表 14.1 网络电影发行的类型

	广告支持	租赁	销售	流内容	会员月费	独立租赁/购买
YouTube	√					
Hulu	√					
Crackle	√					
Veoh	√					
CinemaNow		√	√		√	√
Amazon		√	√			√
Vongo		√			√	
Apple iTunes		√	√			√
Netflix		√			√	
EzTakes			√			√
MovieFlix			√		√	
TotalVid		√	√		√	
Blockbuster		√	√			√
Superpass				√	√	

为了对业务进行更有力的控制,制片公司发展了属于自己的网络服务(如 Hulu,Crackle 和 Veoh),而且这代表了另一种形式的垂直整合。

有时对于产业来说，这也是一种资源集中。例如 2007 年 3 月，美国国家广播环球公司、新闻集团和美国私募股权投资公司普罗维登斯资本联合创立了 Hulu 视频网站。2009 年 4 月，迪士尼公司也加入进来。Hulu 提供在线电影（虽然现在它更多提供电视节目），也提供了一个整合的样本，同时提供了一种合作而不是竞争的发展模式。

其他新的发行渠道　除了互联网以外，其他新技术也提供了发行渠道，能够迅速有效地到达精通技术的年轻人市场。最近一项研究发现，儿童在空闲时间主要是看娱乐节目并参与互动，平均每星期花费 34 个小时玩视频游戏、听音乐或看电影。(Graser 2009a)

电影登上视频游戏控制台的途径丝毫不令人感到惊讶。索尼和 Xbox 通过与好莱坞的大制片公司合作，提供电影下载和电视节目。同时，电影可以通过各种方式在移动电话上观看，例如手机用户可以通过 YouTube 观看移动版本的电影短片，还可以从 iTunes 商店上购买电影。VerizonWireless 提供 V Cast 服务，以体育、新闻和戏剧短片作为核心业务。毫无疑问，我们有理由期待从手机上获取更多的电影服务。

未来发行展望　在 2008 年，电影公司、零售商和电子设备制造商联合组成数字娱乐内容生态圈(DECE)，并以称作"即时购买、随时娱乐"的系统为商业运作的基础平台。这项服务包含运用"云计算"的数字存储系统将电影存储在一个远程服务器的"数字保险箱"中(digital locker)，这样可以通过电视、计算机和手机等任何设备来访问该区域。2010 年 1 月，参与该联盟的企业共同签约达成一项格式标准，预计首批使用该格式标准的设备和服务将于 2011 年出现。

这种形式的技术为好莱坞制作公司的发展增添了新的优势。一种标准文件格式对于发行者来说可以有效地节约资源，因为目前在不同的发行平台，需要多种格式、多个文件，而有了标准文件格式以后，只需要一个文件即可多方发行。而且，盗版问题的解决掌握在制作公司而不是零售商手中。

然而，并不是所有产业巨头都加入了 DECE 系统。苹果公司就是一个例外。很多观点指出，这对 iTunes、iPod、iPhone 和 iPad 来说是决定性的选择。另外，迪士尼正在致力于开发自己的 KeyChest 系统，将于 2010 年问世。

同时，苹果公司宣布 iPad 将为好莱坞电影提供另一种潜力巨大的发行渠道。《视相》(*Variety*)对于设备将于 2010 年 1 月上市的消息发表评论，在某种程度上也是行业的态度："iPad 为制作公司和互联网提供另一种具有吸引力的平台。在这个平台上可以用数字形式发行电影、电视访谈节目、音乐、游戏和其他内容。在某个时点,当越来越多的人通过这种方式享受娱乐,他们也更愿意为此买单。”(Graser 2010)迪士尼首席执行官鲍勃·伊格尔(Bob Iger)对此作出回应,并指出 iPad 的出现“可能会改变游戏规则,让我们能够创造出内容的新形式”(引自 Wilkerson 2010)。很明显,电影产业正期待能够从其内容获得另一种新的赢利模式。

独立电影发行的变化

互联网和其他新型发行渠道对于好莱坞的挑战,并不只是创造了一种有效的商业模式,而在于这些独立制作、成本低廉且通过互联网渠道发行的电影与好莱坞竞争并带来了“威胁”。有人认为,这种模式会最终颠覆整个好莱坞系统。作为一种正在发展的新技术,它能够让电影通过互联网发行并产生利润,电影制作者可能意识到“他们再也不需要好莱坞了,然后……然后电影也将是一种全新的游戏”。(Johanson 2008)

很多个人和公司愿意为独立电影制作者提供运作他们电影的机会。一些网站为独立制作的电影提供营销和发行的资源,而另一些代理网站则为他们提供接入渠道。

围绕独立制作人的需求出现了电影发行的新模式,包括新媒体发行渠道和维护发行控制权的新方法。例如,独立电影咨询顾问彼得·布罗德里克(Peter Broderick)推荐“混合发行”,就是将电影制作人的直销和第三方发行结合起来(例如 DVD 发行商、电视频道、视频点播公司和教育资源分销商等)。(Broderick 2009)

很多这样的渠道已经运行一段时间了。人们经常假定基于互联网的发展会爆发独立电影的“革命”,因为在互联网上,网站可以提供成千上万的电影和视频短片,容量几乎没有限制。在 2010 年早些时候,YouTube 推出一项以独立电影为特色的租赁服务,并从圣丹斯电影节的五部影片开始。一位电影学教授从这一举措中看出端倪:

> 新的发行和消费独立电影渠道的出现,给了所有人制作电影的天赋和动力。一个号召力强、流量大的发行平台可以让这些独立制作的电影呈现到观众眼前。更重要的是,可以卖出去……事实上,就像现在大多数人都有电子邮箱地址和脸书页面(也可能是一个博客和推特账户),每个人都可以制作独立电影的那一天并不遥远。(Martin 2010)

YouTube 只是一家供独立电影寻找观众的新网站，但它可能是最重要的网站之一。据说它拥有最广泛的受众群，仅美国本土每月就有超过 7000 万的访问量（参见 Vonderau and Snickars 2010）。谷歌是 YouTube 的实际拥有者，它从一个互联网搜索引擎公司迅速发展成为依靠广告收入、集数字/在线商务为一体的互联网公司，并和众多大型好莱坞公司保持业务往来。困扰独立电影制作人的一个问题可能是 YouTube 的海量存储。这个视频网站聚集了超过 1 亿条视频片断，所以一部电影在这个网站上并不容易被找到。

另一家为独立电影提供在线发行服务的网站是 Vimeo。它自称是"一个令人尊敬的社区，由一群热衷于分享自制视频的创意人士组成"。该网站声称从 2004 年 11 月创立以来已经收录 1470 万条视频，发展了 2800 万会员。它同样属于一家知名大公司——IAC。这家公司拥有超过 50 家其他网站和分支机构的上市公司，旗下的网站还包括：Ask. com、Match. com 和 Citysearch。

要想全面了解电影发行领域的变化和独立电影制作人的进步，我们应该拜读一下布罗德里克（Broderick）对新世界和旧世界电影发行的总结（见下表）。布罗德里克等人对转变中的发行环境抱有明确的研究热情，他们认为新的环境为独立电影提供了更多的发行渠道和更大的权力空间。然而，由于寻找资金支持和有效的发行渠道一直困扰着独立电影制作，因此现在的问题是能不能有更多的独立电影存活下来，而不是挑战好莱坞的系统。

表 14.2　旧世界和新世界的电影发行对比

旧世界发行	新世界发行
发行者控制	电影制作人控制
整体交易	混合管理
固定发行计划	灵活发行策略
大众受众	目标和交叉受众
成本较高	成本较低
通过发行者到达观影人群	直达观影人群
第三方销售	直销和第三方销售
区域发行	全球发行
交叉担保收益匿名消费者	独立收益流 真正的粉丝

来源：http://www. peterbroderick. com

电影展映方式的变化

电影院方面发生了哪些变化？它们会在新世界的发行系统中绝迹吗？近年来，不少人哀叹去电影院的次数正在减少，尤其是在其他平台播放的电影与传统电影院的电影进行竞争以来（见 Clark 2009）。尽管好莱坞电影经常选择首先在电影院放映，影院放映的生意仍然面临重重考验。但这同样不是电影院面临的首次危机。正如一位观察家所言：我们所说的这个产业并不只是简单侥幸存活下来，而是在 20 世纪 50 年代电视、80 年代录像带和 90 年代 DVD 的不断冲击下，达到了繁荣。为什么这么说？这个产业有能力再造自我，并找到新的赢利模式，通过多剧场放映、多种票价优惠措施、拉长正片放映前的广告从而赢得更多广告机会等方式（Irvine 2009）。

下面将讨论近期在剧场展映方面的变化，包括技术创新（有些技术已经使用一段时间了）和传统剧院设置的新特征等。

数字电影、3D 和 IMAX 据一份产业报告的结论推断："电影制作和放映的每一个细节都在经历一个整体的从模拟到数字的转变。我们相信数字世界没有例外。"（Digital Cinema Report 2010）数字电影使电影发行的各个环节，硬盘驱动、光盘存储、卫星传输以及通过数字投影机放映等都发生了变化。这一变革的优点是低廉的发行费用、放映商对内容的选择权，还有对内容的保护等。然而，改造一家电影院的成本（大约一块荧幕要 15 万美元）和数字放映系统较之传统电影放映系统高昂的折旧费是摆在影院老板面前的难题。另外，还要面对数字电影素材存储的问题。

近年来，美国放映商和发行商关于谁为数字放映设备改造买单的问题一直僵持不下。矛盾的解决源于放映商和制片公司联合签署了一项涉及近两万块影院屏幕的转换计划，该项计划由摩根大通提供资金。之后，这一转换计划由于信贷市场不景气，资金不到位，而停下了脚步（Verrier 2009）。同时，在其他国家，影院的数字转换得到多方资金支持（包括国家补贴）（Hanson & McDonald 2009）。到 2008 年，全球约有 8600 块数字屏幕，其中美国占 65%，约 5400 多块（MPAA 2009b）。数字电影看起来已经势不可挡，并可能最终成为主导电影放映的方式，尤其是当主要的发行商开始只为它们的电影出版数字版本，这种变革似乎近在眼前。

电影放映的另一新发展——3D，其实并不是全新的。这是一种电影图像呈现系统，对观众来说就是图像三维立体呈现模式。最早的 3D 电影出现在20世纪20年代，紧接着有多次3D电影发行浪潮。在50年代，一些电影院将3D电影作为与电视竞争的一种手段，然而这只不过被当作是一种新奇有趣的玩意儿而已。最近，数字3D出现了，它带来的是多种系统应用和大量的3D电影屏幕，于是3D电影越来越多了。

目前，有很多公司提供3D技术（杜比实验室、Master Image和XpanD），其中，一家叫做RealD的名不见经传的小公司成为数字3D技术的主要提供者。它声称要"进行电影产业的革命"。现在这家公司正成为市场的主导，不仅在美国占有90%的市场份额，还和300家放映商合作，在其他48个国家安装了大约4800块3D屏幕。截至2009年3月，北美的40000块屏幕中，只有2000块转成为3D屏幕（Verrier 2009）。

影片《阿凡达》的巨大成功引发对3D的空前关注。据说大约70%的票房收入来自3D版本（Cieply & Barnes 2010）。但是，《阿凡达》的成功也暴露出"3D的瓶颈"——现有的3D屏幕满足不了日益增多的3D电影放映需求。例如2010年3月上旬，很多电影院都用迪士尼公司新制作的《爱丽丝梦游仙境》换掉了《阿凡达》。但实际上电影院是出于无奈才放弃《阿凡达》这座金矿而上映前途未卜的迪士尼重拍片。到2010年末，美国大约投放5100块3D屏幕，有60多部电影设立了未来三年的3D发行计划。

IMAX是电影放映的另一重大进步。它采用十倍于35毫米电影的尺寸，大幅增加了图像质量。IMAX电影院采用超大屏幕和特殊的投影设备。IMAX公司1967年成立于加拿大，从那时起就在一些电影上取得有限的成功。到2009年9月，全球有44个国家建有大约400家IMAX电影院。2008年7月，IMAX引入一项数字系统，随后在不到两年的时间里，超过120项数字投影系统投入使用。大多数IMAX电影院配备IMAX 3D技术。据该公司称，全球大约1亿人体验过"IMAX带来的视觉盛宴"。

电影制作人依赖这些技术革新，将观众从电脑和家庭影院吸引到电影院。"这也就不难理解为什么越来越多的电影院青睐以特效制作的大场面电影，而这些电影在电脑屏幕和家庭影院的观影效果却并不理想……诸如杰弗瑞·卡森伯格（Jeffrey Katzenberg）和詹姆斯·卡梅隆（James Cameron）等知名电影制作人期待3D和IMAX技术成为未来电影趋势也在情理之中。"（Irvine 2009）

改善观影环境　影院老板也采取其他策略来吸引观众到影院观影，

比如提供更加舒适的座椅，甚至沙发椅和靠垫，还通过零点首映和电影首映式等方式为观众提供额外的福利。由于数字系统的出现，一些电影院还可以举办现场表演、歌剧和交响乐等演出；还可以利用大屏幕开展场内视频游戏对抗赛等。在美国，还有一些影院老板增加了餐馆和酒吧服务，这在其他国家也屡见不鲜。在欧洲，电影院在向娱乐产业转型的路上走得更快，它们建立了保龄球馆、卡拉 OK 厅、影迷俱乐部和儿童活动区等。

新家庭影院技术 在影院老板使出浑身解数要将观众带回电影院的同时，有线电视公司提供了视频点播、依收视次数计费等选择。电子产业不断开发新的电视技术，想要把观众留在家中。家庭电视系统以高清晰度、平板技术和改进的音响系统带来高品质的观影体验，其效果可以媲美电影院。而且，和电影一样，3D 技术也正在应用到电视终端的革新中。2010 年，电子制造商开始推出 3D 电视和 3D 蓝光碟播放机；同时，3D 节目也开始在多个频道和平台播出。

盗版的威胁

另一个持续困扰好莱坞的关键问题是盗版。这一问题不仅没有解决，而且越来越急迫。有些观察家认为，这才是“好莱坞终结”的核心所在。一个独立制作公司的管理人员曾说，“我们今天必须遏制盗版的发生，不能等到明天，否则将是电影产业的末日”(Hiltzik 2010)。还有一些人则认为，好莱坞对于盗版有着“不可思议的吸引力”，这也导致了整个产业对于新技术的恐慌(Edelman 2007)。

电影产业由于盗版问题导致的损失是难以甚至无法准确估量的，尽管美国电影协会(MPAA)一直在发布具体统计，试图准确地估算这项损失。协会称，2005 年，协会成员公司的直接损失约为 60 亿美元，全球产业的损失合计为 180 亿美元，或者说是总盈利额的 5%。与此同时，华盛顿智库兰德公司提供的数据表明，盗版对美国就业和税收的影响大约接近 270 亿美元(Hiltzik 2010)。而且，其 2009 年的一项研究指出，盗版往往和有组织犯罪相关。该公司警告说这些研究“应该得到谨慎对待”，并得出结论说，不管数据是否准确，这一趋势越来越严重。(见 Yar 2005)

几十年来，好莱坞一直在和盗版作斗争，总结出一套关于制止侵犯版权的方法。美国电影协会是推动反盗版工作的主力军，最近它改变了策略，将“打击盗版”更名为“内容保护”，并和美国移民和海关执法局(ICE)、美国国家知识产权协调中心(IPR Center)等政府部门合作推进这项工作。除了美国国家知识产权协调中心遍布全国的机构，美国移民和海关执法局在全球44个国家设立了61个办事处，打击假币和盗版。并且，美国国家知识产权协调中心的合作伙伴还包括美国联邦调查局和美国海关与边境保护署等(US. ICE 2010)。

盗版的形式多种多样，但最显著的形式是DVD和数字下载或文件分享。进口的盗版光碟已经困扰创意产业多年。现在传统的山寨DVD做的更加专业，不仅有仿冒的包装和销售渠道，甚至还有“正版”光盘的产品编码。根据兰德公司2009年发行的研究报告，许多相同的组织在从事非法盗版电影光盘交易的同时，也会参与到人口偷渡、与杀人和毒品交易有关的文件造假等各类犯罪活动中。这些犯罪都属于美国移民和海关执法局的管辖范围。兰德的研究报告同时指出，在大多数国家，破获盗版DVD团伙犯罪并不是警察优先考虑的事情，这增加了盗版犯罪的吸引力。另外，对于电影盗版的惩罚相对较轻、产品容易销售、利润空间甚至大于海洛因和可卡因，这些因素都使盗版犯罪充满吸引力(Hiltzik 2010)。

大批互联网站可以在没有版权所有人授权的情况下传播电影和电视节目。还有一些网站索引服务，像搜索引擎通过提供“种子”文件，让使用者可以连接到其他用户的电脑上下载电视、电影和音乐文件。而点对点(P2P)软件可以将一个个用户连接起来，共同分享文件(Sandoval 2009)。尽管BitTorrent这样的大型P2P软件可能是独立公司理想的发行渠道，但它们对于大的发行商来说更是潜力巨大的竞争者和实实在在的威胁。

美国电影协会和电影制作公司曾经尝试多种方式打击这些盗版活动，包括雇佣安全公司，如媒体卫士公司和媒体护卫公司。这些公司声称可以通过中止或减速分享进程的方式来阻止文件共享者的活动，但这些策略中有些是存在问题的，比如，Comcast公司是美国第二大互联网服务供应商，它开展有线电视和宽带服务，并且拥有NBC环球公司。其在2007年曾经阻止用户接入BitTorrent，还阻止了其他一些文件分享服务。最近，它为此在一场诉讼中败诉，付出1600万美元的代价(Hiltzik 2010)。

法律诉讼有时也能取得成功。2006年2月，美国电影协会起诉IsoHunt、TorrentBox、TorrentSpy、edZk-it和其他几家BitTorrent索引或跟踪网站，声称这些网站提供了侵犯版权的便利。最后，TorrentSpy在2008年被判付罚金1亿1100万美金；2009年12月，IsoHunt的加里·

冯(Gary Fung)被判版权侵害罪名成立。

还有其他一些案例:2009 年 4 月,Pirate Bay 的所有人被判犯有侵犯版权罪,判处一年监禁,并处罚金 450 万美元。其中一位辩护律师称:"我们至今仍不认为我们违反了瑞典法律。我们没有分享任何文件,我们只是提供了链接。我们并没有说什么人能下载或不能下载……这是一个开放的平台,一项开放的技术,为用户找到和分享内容。我们和谷歌并没有不同。"(Waters 2009)判决生效后,这家网站被一家名为全球博彩工厂的瑞典软件公司以 6000 万克朗收购。

然而,法律行为并不总是奏效。大型好莱坞制作公司与小型互联网服务提供商在一场具有里程碑意义的盗版诉讼中,在澳大利亚败诉。好莱坞制片公司声称,互联网服务提供商 iiNet 公司没能制止用户违法的文件分享活动,侵犯了他们的版权。但是,澳大利亚联邦法庭并不支持这一说法。他们认为,对于 iiNet 来说,作为互联网服务提供商并不需要对用户的行为负责,而且,"没有权力阻止侵权行为的发生"。

这一事件对现在盗版 DVD 充斥市场,版权侵害司空见惯的全球市场有着特殊的意义。最近,大型美国发行商几乎全球同步发行影片,就是为了阻止各种形式的盗版发生。然而,电影产业也有赖于政府谈判。美国和世界上大多数国家的知识产权关系需要一系列多边条约和公约以及双边协议,包括《国际版权公约》(UCC)和《伯尔尼公约》(最重要、影响最大的世界性版权保护公约)。美国电影协会和全球电影协会呼吁全球政府遵守并充分保证这些重要的协议,比如《与贸易有关的知识产权协议》(TRIPS)和《世界知识产权组织条约》(WIPO)。

不管怎样,伴随着新媒体技术的发展,不同形式的盗版活动越来越猖獗,最终,它们可能并不会停止。

全球市场的变化

那些声称好莱坞已死或者正在消亡的人,总是会将全球电影制作和发行作为重要的考量因素。全球电影市场在过去几十年间迅速扩张,虽然好莱坞也从市场的扩张中获益,但其他一些发展却对好莱坞的全球主导地位产生威胁。

抵制美国的主导 一直以来,许多国家试图用各种形式来抵制好莱坞的主导地位。令美国电影协会和大型好莱坞制片公司不安的是,这种尝试始终没有停止过。抵制的形式包括关税、执照、屏幕和电视配额、本地所有权需求和冻结收益等。

各国对本土电影的扶植也导致美国的主导地位受到挑战。国家对于本土电影产业的补贴资金有时通过对外国电影利润的税收或通过附加在电影票上的税收获得。其他对电影的扶植资金还有诸如牌照费、税收回扣、贷款和奖励等方式。

好莱坞的反竞争趋势也在一些市场受到挑战，特别是在欧盟和韩国。大型跨国娱乐公司越占据主导地位，它们的市场影响力就越受关注。今后就有可能有更多的国家切实采用反垄断法来制约其发展。

这些全球范围内针对美国电影的多种抵制已经存在许多年。尽管有些抵制早就成功了，但好莱坞所向披靡的主导地位仍旧岿然不动。究竟这些抵制和其他一些发展能否在未来给好莱坞带来严重的威胁，我们还需要拭目以待。

国外制造　讽刺的是，好莱坞反倒从以上提到的一些抵制行动中获益（或者至少说，一些美国电影产业从中获益）。全球许多国家的电影激励计划促使好莱坞制造商将眼光从本土转向国外。美国以外的这些电影产业致力于本土电影的基础设施建设，并且加强了本地人才资源储备（尽管多年来好莱坞经常从这些人才库中成功挖墙脚）。

由于国外的电影激励政策和低廉的用工成本（也包括除加利福尼亚以外的美国其他州），在好莱坞电影人中间逐渐产生"逃跑制作"的说法。逃跑制作带来的问题对好莱坞电影人来说是至关重要的，可能电影制作人还没有意识到，他们同样是其他国家激励政策的受益人。很多人认为激励政策决定了去哪里拍摄电影。例如，一项娱乐行业数据和研究中心（CEIDR）2006 年发表的报告指出，"虽然，一般而言诸如相对劳动力和汇率等经济因素会对娱乐产业产生重要影响，但过去几年的发展数据表明，全球生产补贴的增殖成为一项具有决定意义的因素，影响着大型生产计划对生产场所的选择"。（CEIDR 2006）

新形式和竞争　其他新形式的竞争同样对好莱坞的全球影响力形成挑战。正如许多宣称"好莱坞之死"的说法所重点强调的那样，美国以外的国家开始生产出越来越多的电影，例如："外语片，正在蚕食好莱坞的霸权。因为有越来越多来自世界各地的电影爱好者发现了自己国家出品电影的魅力。"（Clarke 2009）

尽管美国电影一直主导着大部分欧洲市场，近年来，欧洲电影在本土和国际上都取得了不小的成功。欧盟资助电影联合制作和发行，再加上奖金式补贴的票房驱动政策，给欧洲电影制作人以更多机会与好莱坞竞争。电视产业、频道扩张、数字电视领域竞争日趋激烈、广播市场规制持续放松，这些因素同样促进了联合制作电影的增加。

同时，在世界的其他地方，过去相对专注于区域发展的电影产业都开始将目光投向国际市场。比如，印度除了其最大的宝莱坞，基地设在孟买，出产印地语电影，以多产而闻名，还有其他电影产业，包括泰米尔语、特拉古语、马拉雅拉姆语、坎那达语、孟加拉语的电影公司，它们同样吸引了来自世界其他国家的关注。

虽然印度市场的发展受到国内电影院数量的限制（在印度平均每百万人拥有 12 家电影院，而美国这一数字是 116 家），但印度电影发行采用了其他渠道，并且逐步走出国门，走向世界。印度政府大力支持产业发展，不仅鼓励银行投资，还改革税法促进电影出口。

除了宝莱坞，其他国家的电影产业（如中国或韩国）同样威胁着好莱坞在全球的发展（见 Ryoo 2008）。正如地理学家艾伦·J. 斯考特（Allen J. Scott）多年前说过的那样："如果参照其他曾经辉煌一时的行业翘楚的历史轨迹——从曼彻斯特到底特律，好莱坞的领导地位能否继续下去并不是不言而喻的。不管好莱坞拥有怎样极具竞争力的优势，也无法躲开来自其他地方的经济威胁。"（Scott 2002）

什么是不曾改变的：好莱坞和连续性

再次重申，好莱坞或电影本身受到威胁或被宣告死亡，这已经不是第一次了。正如一位评论家最近所言："有关电影消亡的报道存在一个有趣的轮回。"（Clarke 2009）不管面临怎样的变化和挑战，好莱坞电影产业仍然保留了很多延续性。我们在这里将简要介绍一下这些内容。（更详细的讨论参见 Wasko 2003，McDonald & Wasko 2009）

好莱坞与利润

电影在美国作为一项产业，并以这种模式发展已经持续了整整一个世纪。首先，这项产业最初的发展动力和指导原则就是对利润的追求，资本以多种形式进入产业中，以实现这一目标。行业发展是有周期性的，只有不断改变，才能实现利润最大化，并存活下来。不可避免的是，正如公司的发展是从一个项目到另一个项目，或另一种商业，或者不断采用更新、更有利可图的技术，电影产业和公司也一样。并没有什么是“神圣”的，电影也是如此。正如托马斯·古贝克(Thomas Guback)多年前指出的那样，“电影产业的最终商品就是利润；电影本身只是实现这一最终目的的手段而已”(引自 Wasko 2003，3)。一位好莱坞的管理人员这样解释：“制片公司的任务就是赚钱。如果它们制作的电影没有赚到钱，毫无疑问它们将出局，因为它们等于没有创造价值。虽然它们提供了娱乐，但我们并不需要制片公司提供娱乐。我们不需要制片公司创造电影，它们存在的意义就是赚钱。”(Taylor 1999，59)

在这个行业中的人早已习惯了“电影是门生意”。令他们感到惊奇的反倒是存在着电影特性的讨论。在这个意义上，这种讨论有点类似于对好莱坞商业本性关注甚少的电影学者的看法。尽管如此，好莱坞模式追求利润的动机和商业本性对各种类型电影的制作还是产生了深刻影响，比如谁来制作、如何发行、何时何地放映等。虽然很多研究电影的人，包括业内人士，认为电影是种艺术形式，但需要注意的是，理解和研究好莱坞电影不能脱离它生产和发行的环境，也就是说要将电影放置在一个产业和资本的结构中去分析和研究。

作为商品的电影

电影产业持续不断地生产电影，并将其作为商品在不同的渠道和市场(电影院、电视、家庭影院、互联网等)售卖，同时也开发了额外的商品(视频游戏、音乐、电影周边商品等)。其中，电影周边产品具有特殊的吸引力，这种具有娱乐特性的产品零售额在 2008 年达到 90 亿 8800 万美元。

从 20 世纪 80 年代开始，政府和公司政策的变化为大型媒体企业集团扩张的知识产权市场提供了土壤。这种市场化的运作方式促使企业形成联合体，并引发多重媒体的联合行动，以便使单一产权或经营权同时满足多重市场，这样可以通过协同增效的策略开发多重市场。

生产和发行电影的附加商品为版权持有人创造了附加值(这部分收益经常在评估特许经营权收益时被过高估计)，同时也促进了电影推广(尤其是搭片广告)。电影附加商品的持续生产建立在电影的理念和特性之上，同时也延长了特许经营的产业链。此外，这些活动经常与那些拥有成功电影的特许经营权的媒体企业集团联系在一起，因此也创造了多种协同增效的模式。因此，现在当电影大片准备通过票房发行和在家庭影院、电视台等渠道播出或重播来攫取利润的时候，电影产品的特许经营能够吸引好莱坞公司眼光的地方，正是这些电影的附加商品与商业活动。

正如电影评论家雷蒙德・马丁所言："对好莱坞来说，并没有什么有效的救市良方，但特许经营或许起到了类似的作用。"(引自 Hoffman & Rose 2005)至于电影的品质，"制片公司和电影产业链开始押宝在稳妥的赌注上——拍续集、流行文化的特许经营、启用有票房号召力的明星拍摄程式化的电影。电影品质(虽然开始至今并不始终都是高品质)陡然下降了"(Edelman 2007)。

表 14.3 2009 年美国电影利润

市　场	2009 年利润	同比增长
电影院	107 亿美元	9.8%
DVD 和蓝光碟租赁	81.5 亿美元	0.5%
DVD 和蓝光碟销售	87.3 亿美元	−13.3%
VOD 租赁(有线/卫星/电讯)	12.7 亿美元	16.3%
在线销售	2.5 亿美元	72.8%
在线租赁	1.11 亿美元	60.1%
总　计	284 亿美元	

来源：Magiera，2010

大制作与高票房

尽管有人预言了好莱坞之死，这一产业仍旧持续创造可观的收益。2009 年，美国电影产业报告称创造了历史上最高的票房总纪录，观影人数也大幅增加。据一家公司所做的统计，美国人 2009 年全年在电影市场花费了 284 亿美元，包括电影院观影、租赁和购买 DVD、视频点播观看、在线租赁和购买(Magiera 2010)。有关这一市场发展情况的具体统计数据见上表。需要说明的是，这些数据中不包括其他电影销售渠道(电视、有线电视、飞机和宾馆等)，也未对许多电影在商品售卖和搭片广告方面的盈利作统计。

除了利用低成本的影片做成大片以外，好莱坞可能会继续生产真正的大片。一项最近的研究发现，预算超过 1 亿美元会呈现更高的投资回报率(平均每部电影的纯利润为 2.47 亿美元)，超过中等投资的影片。这项研究考察了 2004 年到 2008 年间的电影，结论是投资预算在 5 千万左右的“中等投资”影片是更冒险的。但是，这项研究忽略了市场推广的费用，也因此忽略了一个事实，即大片较之中等成本和小制作的电影，通常采用更激进的市场策略(Graser 2009b)。有趣的是，有记录表明有30部电影在2009年的总利润超过了1亿。(更多有关大片的讨论可参见Cucco 2009)

所以，类似《阿凡达》那样的大片还会继续，但是制片公司也愿意尝试一下“奇迹”电影，如《鬼影实录》，虽然制作成本才15.4万美元，被派拉蒙影业选中后，在全球范围创造了1.78亿美元的收益。正如一位好莱坞评论家观察到的：

> 不论《阿凡达》和《鬼影实录》是否被一起推出，这两部电影戏剧化地成为好莱坞历史上的两极。制片公司正试图投拍的电影要么是昂贵的特许经营影片，要么是低成本的项目，经常忽略了这两者的中间地带，而恰恰是这种综合两者的电影去年创造了不可思议的数据……比如，4.6亿的大片《宿醉》。这部电影没有当红影星加盟，也没有特效，甚至没有整体连贯的情节。这对于大型媒体集团来说是一个鲜活的范例。好莱坞经常会违背商业计划，发生打破预算的事情丝毫不令人意外。(Bart 2009)

《阿凡达》引发的关注具有非凡的意义，许多好莱坞电影人盛赞此片，说它是“电影史的一次革命”，“改变了游戏规则”。梦工厂的首席动画师杰弗瑞·卡森柏格(Jeffery Katzenberg)评价道：“在詹姆斯·卡梅隆的电影放映之后，我们将迎来一个新世界。”(引自Acland 2010)

查尔斯·阿克兰(Charles Acland)谨慎地将对《阿凡达》的观察与技术变迁结合起来，并在他的研究中将《阿凡达》作为一个“技术支柱”：

> 因此，引人入胜的故事内容和情节使得《阿凡达》广受赞誉，并被推举为行业的旗帜，还被认为是可以推动产业和大众化技术与娱乐升级的领导者……将《阿凡达》作为一个技术支柱，我们不仅可以发现电影和商品，还能发现媒体格式和媒体过程已经如之前设想的一样深入到我们的生活中……从这个角度看，诸如《阿凡达》这样的视听产品本身，既维护了主要合作伙伴的支配地位，同时也在不断变动的媒体材料与过程中，有效地延续了投资的基本模式。把握这个具

> 有里程碑意义的时刻，将技术变革这一理念作为一个包罗万象且至关重要的部分植入我们的意识中。在另一层面，提及所有本地的创新案例，确切地说，部分娱乐产业正在发生戏剧性的变化，这里所说的“游戏规则改变了”，和往常一样，是指商业规则的变化。（Acland 2010）

企业好莱坞

有一个始终与好莱坞有关的特殊问题是寡头垄断始终掌握着美国电影产业。毫无疑问，好莱坞的大型制片公司牢牢地控制着电影的发行，也因此决定了什么类型的影片最终能在电影院和其他媒体渠道上映。而且，这些公司可以运用它们的垄断权力对制作和发行政策施压，控制票房收入的表现。很多人认为这是违反竞争原则，甚至是反伦理的。一位前电影业管理人员在20世纪90年代末期曾说，“在美国，大型电影制片公司/发行商拥有无孔不入的市场权力，这种权力是通过饱受争议、违反伦理、无视公平、泯灭良知、反竞争、掠夺成性，甚至违反法律商业实践获得和行使的”。（Cones 1997，1）

大量质疑认为，自从主要的电影公司成为大型娱乐企业集团的一部分，这些公司开始变得为利益驱动、以商业原则为导向。比如，斯科特·方达斯（Scott Foundas）在《DGA 季刊》（*DGA Quarterly*）最近一期中提到当代好莱坞时说道：“究竟发生了什么？对此，各种官方历史都存在着某种程度的真实：制片公司被大公司掌管后，对商业利益的考量多于对艺术的坚持；观众的品味发生了变化，沉迷于大片的轰动效果和逃避主义，而远离现实；电影投资预算居高不下，以迈克尔·西米诺（Michael Cimino）的《天堂之门》遭遇的票房滑铁卢为标志。”（Foundas 2010）这种情况是必然的，好莱坞的公司一直被利益驱动，而且总是最大限度地攫取利润，丝毫不关心艺术创造。如果公司的所有权归多元化的企业集团所有，那通常意味着公司更乐于投拍大片并紧握经营权，以持续获取收益，而且它们经常和母公司的其他企业进行合作。

有趣的是，尽管经济不景气，而且有关好莱坞终结的可怕预言不断浮现，大型的好莱坞公司却丝毫不受影响。2009年，华纳兄弟公司带领其主要的制片公司收获了全球40亿美元的票房收入，超越了其他制片公司。其中21.3亿为美国本土市场收入，其他18.7亿为海外收入。福克斯公司的全球票房收入超过40.4亿美元。据估算，其中本土票房收入大约 17.4 亿美元,海外收入约为 24.5 亿美元,创造了新纪录(McClintock 2009b)(这里仅包括票房收入)。而且,好消息似乎接连不断,至少对一些大型制片公司来说,2010 年 2 月初《视相》(*Variety*)报道:"周四,新闻集团的老板鲁伯特·默多克在谈到糟糕的经济衰退趋势时乐观地表示,困扰媒体产业发展两年之久的经济不景气局面即将画上句号。《阿凡达》在全球创造 20 亿美元的票房,并且获得 9 项奥斯卡提名,这也没有影响到新闻集团高管们的心情。"(Goldsmith 2010)

好莱坞与世界

最后,国际票房似乎也在不断增长。美国电影在世界上大多数国家仍然是市场主导力量。例如 2009 年,澳大利亚的电影票房收入为 10.9 亿澳元,约合 10 亿美元,刷新了此前纪录,其中美国电影占 83%。同年,意大利电影票房增长 5 个百分点,达到 8.68 亿美元。包括许可证费用 9900 万和 3D 电影的高票价,在一定程度上推动了这一增长。好莱坞的市场份额逐年攀升,从 2007 年的 55%到 2008 年的 60%,去年则达到 63%。

这并不是新出现的现象,而且现象背后有着一系列的原因,并不只是因为好莱坞电影受欢迎而已(见 Silver & McDonnell 2009)。好莱坞运用了多种策略来保护旗下产品,并确保产品在全球市场的商业利润。这些策略包括建设强大的商业协会,并不断调动国家对电影产业提供保护。美国电影协会并不只在打击盗版方面有所作为,而且为了获得需要的政策支持多方游说,为美国娱乐产业的产品清扫道路,打开大门。举例来说,2009 年 12 月,世界贸易组织确认一项决议,即中国将开放市场,接纳更多的美国电影和 DVD。为此,美国电影协会主席丹·格里克曼(Dan Glickman)评价道:"在经济低迷的困难时期,获得中国市场的准入权,对于这个国家的劳动男女来说具有极其重要的意义。"(MPAA 2009a)

当然,美国电影协会的成员并不只是发行"美国"电影,也会在某个特定市场中为其生产电影。因为外国产品经常得到诱人的激励政策和国家补贴,这为好莱坞提供额外的优势,加深了好莱坞在全球电影市场的主导地位。

未来如何?

尽管好莱坞正在经历巨大的变迁,但现在不管是庆祝或哀悼它的死亡都为时过早。正如我们已经指出的,评论家面对这些变化,对好莱坞的未来持有或乐观或悲观的态度。例如：

> 娱乐产业的技术恐惧症有着漫长的历史。但是新技术必然会带来发展机会，并创造新的市场。音乐出版人曾经控告自动钢琴的制作者，试图消灭这种新产品，因为担心没有人再买乐谱。50年后的1984年，美国电影协会主席杰克·瓦伦提(Jack Valenti)发表了无疑是历史上有关技术恐惧症最臭名昭著的评论："VCR对于美国电影产业来说，就像是波士顿勾魂手对于单身女性一般。"今天，视频租赁业务收入占制片公司总收入的40%。同样的事情也发生在数字电影制作和发行领域，数字资产管理系统甚至P2P软件，都会对行业产生影响，只是还需要时间来证明。不过今后，正如过去一样，技术最终将为好莱坞带来一个光明的未来。(Black 2002)

同时，也有一些人并不确定好莱坞将继续存在，至少就它目前的状态来看，他们对好莱坞的未来非常担忧。例如：

> 世界总是需要娱乐的，而南加州正是生产娱乐的天堂。它拥有娱乐的历史、人民、基础设施和无穷的创造力。但是正如我们从底特律的汽车制造商和纽约的金融家身上所学到的，当这些傲慢自大、狭隘孤立的产业开始将自己的主导地位认为是必然的，将所获得的巨额收益看成是理所应当的时候，这些天然的优势将消失得无影无踪。(Florida 2009)

没有对历史的准确把握，就去预测未来，无疑是愚蠢的。即使那样做了，预测也未必精准。本文未能对好莱坞应对复杂的经济、技术和社会发展变动的历史进行详尽梳理，只希望文中的讨论能够清晰地展现好莱坞当前面临的复杂多样的挑战。今天的好莱坞可能"混乱、有趣而且令人害怕"，但不可避免的是，也许它的结局是圆满的，正如文中的预测。如果那样的话，可以肯定的是并不是所有人都会为此而庆祝。

参考文献

Acland, C. R. (2010) Avatar as technology tentpole. *FlowTV*, vol. 11. Online at http://flowtv. org/? p=4724(accessed October 8,2010).

Bart,P. (2009) Hollywood busts the plan: Show business rarely adheres to rules. *Variety*, December 18. Online at http://www; variety. com/index. asp? layout = princstory&articleid=VR1118012940&categoryid=1(accessed October 8,2010).

Bing,J. and Oppelaar,J. (2000)Confab explores digital trends. *Variety*,September 28. Online at http://www. variety. com/article IVR1117787068. html? categoryid=17&cs=1&query=digital+filmmaking+laboratories(accessed October 8,2010).

Black,J. (2002) Hollywood's digitallove/hate story. *Business Week*,December 10. Online at http://www. businessweek. com/technology/ content/ dec2002 / tc20021210_0483. htm (accessed October 8,2010).

Broderick,P. (2009) Declaration of independence: The ten principles of hybriddistribution. Online at http://www. peterbroderick. com/writing/writing/ declarationofindependence. html(accessed October 8,2010).

CEIDR(Center for Entertainment Industry Data and Research) (2006) The global success of production tax incentives and the migration of feature film production from the u. s. to the world. Online at http://www. ceidr. org/form_ok. asp(accessed October 8,2010).

Cieply, M. and Barnes, B. (2010) Avatar faces traffic jam at 3D screens. *New York Times*,January 30,p. C1.

Clark,D. (2009)10 reasons for death of cinema. *DonaldClark Plan B*. Online at http://donaldclarkplanb. blogspot. com/2009 / 04/ 10-reasons-for-death-of-cinema. html (accessed October 8,2010).

Clarke,N. (2009) The death of Hollywood? *t5m Collective*,October 23. Online at http://www. t5m. com/nick-clarke/the-death-of-hollywood. html(accessed October 8,2010).

Cones,J. W. (1997). *The Feature Films Distribution Deal*. Carbondale,Southern Illinois University Press.

Cucco,M. (2009)The promise is great: The blockbuster and the Hollywood economy. *Media,Culture & Society*,31,215—30.

Cunningham,S.,Silver,J.,and McDonnell,J. (2009) Rates of change: Online distribution as disruptive technology in the film industry. Paper presented at What is Film? conference,Portland,Oregon,November 6.

Dargis,M. (2010)Declaration of indies: Just sell it yourself. *New York Times*,January 17,p. AR1.

Digital Cinema Report(2010) About us: What we believe. Online at http://www. digitalcinemareport. comlabout-us(accessed October 8,2010).

Edelman, D. L. (2007) The end of Hollywood. February 26. Online at http://www.davidlouisedelman.com/film/end-of-hollywood/(accessed October 8, 2010).

Erickson, M. (2010) The independent brand: Corporate partnerships and independent film. Paper presented at the Society for Cinema and Media Studies Conference, March, Los Angeles, CA.

Florida, R. (2009) The end of Hollywood. *Creative Class*. Online at http://www.creativeclass.com/creative_class /2009 /03 /29/the-end-of-hollywood/(accessed October 8, 2010).

Foundas, S. (2010) The New Wave is Dead, Long Live the New Wave. *DGA Quarterly*; Winter. Online at http://www.dgaquarterly.org/BACKISSUES / Winter2010/CriticsCornerScottFoundas.aspx(accessed October 8, 2010).

Goldsmith, J. (2010) News Corp. reports $254 million profit. *Variety*, February 2. Online at http://www.variety.com/article/VR1118014596.html? categoryid = 18&cs=1(accessed October 8, 2010).

Graser, M. (2009a) Study: devices distract kids: kids tuned in to even more gizmos. *Variety*, June 9. Online at http://www.variety.com/index.asp? layout = princstory&articleid = VR1118004746&categoryid = 1009 (accessed October 8, 2010).

Graser, M. (2009b) Study: big budget, big profit. *Variety*, October 22, p. 2.

Graser, M. (2010) Shiny new Apple: will the tablet change the game? *Variety*, January 27. Online at http://www.variety.com/article/VR1118014385.html? categoryid =10&cs=1(accessed October 8, 2010).

Hampp, A. (2010) "Avatar" soars on fat ad spending, mass marketing. *Advertising Age*, January 4. Online at http://adage.com/madisonandvine/ article? article_id =141262(accessed October 8, 2010).

Hanson, S. and McDonald, P. (2010) D-cinema in Britain: The UK Film Council and the Digital Screen Network. Paper presented at What is Film? Conference, Portland, Oregon, November 7.

Hiltzik, M. (2010) Casual purchase of counterfeit DVD shines light on piracy. *Los Angeles Times*, January 4. Online at articles.latimes.com/2010/jan/ 04/business/la-fi-hiltzik42010jan04(accessed October 8, 2010).

Hoffman, L. and Rose, L. (2005) Most lucrative movie franchises. *Forbes*, June 15. Online at http://www.forbes.com/2005 /06/15 /batman-movies-franchises-cx_lh_lr_0615 batman.html(accessed October 8, 2010).

Irvine, M. (2009) Big screen vs small: Cinemas get a remake to compete for growingranks of online video fans. *Entertainment Daily*, August 28. Online at http://blog.taragana. com/ e/ 2009 / 08 / 28 /big-screen-vs-small-cinemas-get-a-remake-to-compete-forgrowing-ranks-of-online-video-fans-28646/(accessed October 8,2010).

Johanson,M. (2008) Will 2009 be the beginning of the end of Hollywood? *Film. com*, January 24. Online at http://www. film. com/features / story/ 2009-beginning-of-endhollywood/18071225(accessed October 8,2010).

Kim,J. (2003) The funding and distribution structure of the British film industry in the 1990s: Localization and commercialization of British cinema towards a globalaudience. *Media,Culture & Society* 25,405—13.

Kirsner,S. (2008) *Inventing the Movies: Hollywood's Epic Battle Between Innovation and the Status Quo, from Thomas Edison to Steve Jobs*. CreateSpace.

Levin,J. (2009) An industry perspective: Calibrating the velocity of change. In: Holt,J. and Perren, A. (eds) *Media Industries: History, Theory and Method*. Wiley-Blackwell,Malden,MA,pp. 256—63.

Magiera,M. (2010) Movie tickets tops in '09. *Variety*, January 3. Online at http://www. variety. com/ article /VR11180 13242. html? categoryid = 3284&CS = 1&utm_source=feedburner&utm_medium=feed&utm_campaign=Feed%3A+variety%2Fnews%2Ftechnology +%28Variety +-+ Technology + News%29&query=video+on+demand+revenues+2009(accessed October 8,2010).

Martin,R. (2010) Can the Internet save independent film? *YouTube Biz Blog*. February 4. Online at http://ytbizblog. blogspot. com/2010/ 02 / can-internet-save-independentfilm-nyu. html(accessed October 8,2010).

McClintock,P. (2009a) New focus for film marketing. *Variety*, December 30. Online at http://www. variety. com/index. asp? layout=princstory&articleid=VR1118013209&categoryid=13(accessed October 8,2010).

McClintock,P. (2009b) WE, Paramount top summer Universal's market share drops. *Variety*; September 7. Online at http://www. variety. com/article/VR1118008222. html? categoryid=13&cs=1&nid=2562(accessed October 8, 2010).

McDonald,A. (2010) Runaway production research. Online at www. stop-runaway-production. com(accessed October 8,2010).

McDonald,K. A. (2009) Oscar hopefuls launch viral campaigns. *Variety*, October 28. Online at http://www. variety. com/article/VR1118010512(accessed October 8, 2010).

McDonald,P. and Wasko,J. (eds) (2008) *The Contemporary Hollywood Film Industry*. Blackwell,Malden,MA.

Meehan,E. (2005) *Why Television is Not Our Fault: Television Programming, View-*

ers and Who's Really in Control. Roman & Littlefield, Lanham, MD.

Miller, T., Govil, N., McMurria, J., and Maxwell, R. (2001) *Global Hollywood*. British Film Institute, London.

MPAA(2009a) MPAA hails WTO ruling. Press Release, December 21. Online at http://www.mpaa.org/resources/ ce952425-86fd-485a-a371-db59ac867b17.pdf (accessed October 8, 2010).

MPAA(2009b) Theatrical market statistics 2009. Online at http://www.mpaa.org/policy/industry/ 091af5d6-4f58-9a8e-405466c1c5e5.pdf (accessed October 8, 2010).

Pendakur, M. (1990) *Canadian Dreams and American Control: The Political Economy of the Canadian Film Industry*. Wayne State University Press, Detroit, MI.

Rodowick, D. N. (2007) *The Virtual Life of Film*. Harvard University Press, Boston, MA

Ryoo, W(2008) The political economy of the global mediascape: The case of the South Korean film industry. *Media, Culture & Society*, 30, 873—89.

Sandoval, G. (2009) End of the world as Hollywood knows it. *cnet.com*. October 20. Online at http://news.cnet.com/8301-31001 _ 3-10378654-261.html? part = rss&subj=news&tag=2547-1_3-0-20(accessed October 8, 2010).

Scott, A. J. (2002) Hollywood in the era of globalization. Online at http://yaleglobal.yale.edu/content/hollywood-era-globalization(accessed October 8, 2010).

Silver, J. and McDonnell, J. (2009) Hollywood dominance: Will it continue? Paper presented at What is Film? conference, Pordand, Oregon, November 7.

Taylor, T. (1999) *The Big Deal: Hollywood's Million-Dollar Spec Script Market*. HarperPerennial, New York.

U. S. Immigration and Customs Enforcement(ICE)(2010) ICE hosts motion picture industry summit on fighting film piracy. News Release, January 26. Online at http://www.ice.gov/ pi/nr/1001 / 100126washingtondc.htm (accessed October 8, 2010).

Verrier, R. (2009) 3D technology firm RealD has starring role at movie theaters. *Los Angeles Times*, March 26.

Vonderau, P. and Snickars, P. (eds) (2010) *The YouTube Reader*. National Library of Sweden, Stockholm.

Wasko, J. (1982) *Movies and Money: Financing the American Film Industry*. Ablex Publishing, Norwood, NJ.

Wasko, J. (2003) *How Hollywood Works*. Sage Publications, London.

Waters, D. (2009) Countdown to Pirate Bay verdict. Online at http://news.bbc.co.uk/

1/hi/technology/8002171. stm(accessed October 8,2010).

Wilkerson,D. B. (2010) Disney CEO: iPad could be a game changer. *MarketWatch*, February 9. Online at http://www. marketwatch. com/story/ disney-ceo-ipad-could-be-a-gamechanger-2010-02-09(accessed October 8,2010).

Yar, M. (2005) The global "epidemic" of movie "piracy": Crime-wave or social construction? *Media, Culture & Society*, 27, 677—96.

第十五章　录制音乐产业的政治经济学:数字时代的重新定义和新轨道

安德烈·罗伊斯(Andre Sirois)
珍妮特·瓦斯科(Janet Wasko)

流行音乐是国家产业之一,与资本主义紧密结合,把它分开是愚蠢的。

——保罗·西蒙(Paul Simon)

引　言

媒体和传播学者往往忽视对录制音乐的研究,它可能不像研究传播政治经济那样给人许多惊奇。然而录制音乐为受众提供休闲和娱乐活动,为其他媒介和文化生产做出贡献,其亦为工业文化的重要组成部分,我们应对这种文化形式作为一种商品和产业是如何发展的有所了解。本文试图以政治经济学的方法来研究录制音乐产业,阐明其历史和技术;提出录制音乐的不同研究方法;回顾录制音乐产业历史;简要概述当前的行业与未来可能的商业模式。

当然,音乐并不仅是一种商品,在音乐劳动被纳入有形物之前——阿塔利(Attali)称它是"由非物质的快乐变成的商品"(1985,2)——消费并没有以独特的形式来表现。马克思认为音乐表演是劳力没有导致有形商品出售的范例,他察觉到:"歌手的表演服务满足了我的审美需求,但是我欣赏的仅仅是这位歌手无法与自身剥离的行为,从他开始歌唱到结束,我的欣赏也随之告一段落。我喜欢的是活动本身——它在我耳边回响。"

随着录音技术的引入,音乐成为商品。录制音乐产业随之也发展为文化产业强有力的一部分。后文中将总结这一历史过程。当然我们更为强调的是在政治经济文化框架下对这一文化形式的理解。根据戈尔丁和默多克(Golding and Murdock 2000,70),这种分析形式"开始说明融资和组织文化生产的不同方式对在公共领域的叙事和表达以及听众都有着可按图索骥的影响”。就如赫斯蒙德霍（Hesmondhalgh 2007，12）指出的，“音乐产业”是核心文化产业之一，“因为核心文化主要是关于文本的生产和流通”。虽然诸多文化产业的研究聚焦于商品化的文本，但请注意录制音乐既是文本又是商品，重点在于这里所指的商品即录制音乐产业的产品，未必是文本或音乐内容本身。

录制音乐的政治经济研究不但引用了政治经济学的理论基础，还将之应用在对媒体和文化的分析中。政治经济研究的是关于社会如何被组织和受到控制，因此涉及对权力的分析。传播政治经济的研究是关于媒介的生产、分配和消费。这种方法的重点旨趣在于从一个更大的政治经济系统中研究媒介如何被组织和受控制。换句话说，它关心的是权力——谁控制媒介的决策，谁从决策中获益——旨在厘清权力关系如何在媒介内部及其周遭实际运作。更具体地说，传媒的政治经济研究承担了媒介商品、产业和机构的历史分析，包括但不仅限于公司。同关乎全球化的问题一样，劳动和国家的角色也是政治经济分析的基本构成部分。

因此，录制音乐的政治经济研究涉及各种形式录制音乐的生产、分配、消费和再生产。“音乐产业”是由许多相关产业组成的。本文关注的重点在于以被录制的方式为呈现形式的音乐。这表明本文对音乐的记录和扩散技术有特殊的兴趣。我们建议对录制音乐的政治经济解读应该就其发展演变的历史来言说。这个发展特指录制音乐作为商品和产业的生产、消费、再生产等所有阶段的历史演变。同时我们也强调技术在录制音乐产业中的作用，认为录制音乐从开始便更多地与技术相关而很少与艺术相关。换句话说，在历史演变中，技术使音乐成为商品。

录制音乐产业的研究

音乐是精神层面的，音乐产业却不是。

——范·莫里森（Van Morrison）

在将音乐产业作为商品来分析时，很少有研究明确录制音乐与批判政治经济学的关系。下文简要的文献综述希望能对如何研究录制音乐产业提供一个架构，特别是从政治经济学分析路径入手。

许多学者都同意这样的观点：对这一产业研究的著述匮乏（如 Gronow 1983,Chanan 1995)。一般的学术研究"极少表现出对流行音乐成体系的兴趣"(Burnett 1996,3)。麦奎尔(McQuail 2005,36)也认为将音乐作为一种大众传媒来关注的理论和研究太少。马尔姆和威利斯(Malm & Wallis 1992,15)同样指出,直到20世纪70年代之前,传播学者对音乐产业化过程的社会经济学研究亦鲜有涉及。不过,仍然有不少研究音乐(产业)和录制音乐的著述,对我们从政治经济学路径理解录制音乐有所帮助。

音乐的经典研究

阿塔利在对西方古典音乐的历史研究中,追踪了音乐怎样从一种作为表现的社交经验转变成一种具有重复性功能的商品。阿塔利认为随着人们开始囤积音乐商品的个性化行为,音乐"成了产业,它的消费不再是集体化的"(Attali 1985,88)。录制的历史发展是社会控制的一种手段。这种手段推进音乐成为一种背景噪声,而背景噪声则是"集中化、文化正常化、个性文化消失中的一个因素"(1985,111)。

韦伯(Weber 1958)表明,西方音乐本身是资本主义机构的产物,强调看似"非理性"的文化生产如何变得合理化。然而,弗里斯(Frith 1988,12)后来警示:工业化过程没有波及音乐——这观点有问题的原因在于"混淆了资本、技术性和音乐层面的辩论"。相反,录制音乐是这一过程的最终产品。

本雅明(Benjamin 1969/1936)考虑到了艺术作品的机械化生产带来的隐性解放效果。他提出这种历史的发展使对文化物品的近用——包括对它们的批判性思维——民主化了。这种民主化同时也摧毁了艺术作品存在于一个特定时期的社会"灵韵"和"本真性"。另一方面,霍克海默和阿多诺(Horkheimer & Adorno 2001/1947,95)认为整体文化产业的存在逻辑使艺术变形为一种商品。阿多诺(Adorno 1990/1941)在早先的著述中也论述过流行音乐的标准化生产和消费,他关心的并不是产业结构,而是流行音乐如何将一种意识形态以"机械模式"作用于生产,在促使受众被动服从收听音乐旋律的同时,这种商品化、具形化了的音乐则在获得经济效益的最大化。

批判理论和马克思主义方法

在回忆本雅明的一个观点时,斯伯格(Théberge 1997,185)认为,随着声音的机械生产和复制，“技术、音乐实践和资本主义生产组织之间的关系开始进化”。布林(Breen 1995，501)指出，录制业务仅仅是企业构成的元素之一，因此，“制度经济学是描述企业社会中大众音乐发展历史的一个有力工具”。

察普和加罗法洛(Chapple and Garofalo 1977)为摇滚乐做了经济分析，突出强调了消费者实际得到的音乐(作为商品和内容)如何由控制着生产资料的资本主义企业来确定。然而，加罗法洛(1986，83)却反驳了他最初与察普在某些方面的断言，认为市场经济的操控和音乐的形式、内容和意义操控之间并没有点对点的相关性。

对录制音乐做出马克思主义分析的学者包括卡拉翰(Callahan 2005，58)。他认为音乐产业培育出消费者，“音乐家的劳动”在迎合消费下生产出同质化的“文盲音乐”。商人只关心“剥削自音乐家和版权的钱”(228)。音乐家产业的领主“存在于资本主义市场体系之中。音乐家劳动的生产力不存在于艺术创作本身，而存在于唱片公司或出版商通过大规模生产、推广和销售”带来的利润中(199)。艾森伯格以马克思主义的观点论证了音乐商品将音乐家和消费者都变形为拜物教徒。“音乐家无须见到金钱背后的劳动者，听众无须见到唱片背后演奏的音乐家。”(Eisenberg 2005，20)

音乐流派研究

还有其他一些对唱片工业中特定流派的政治经济学分析，其中包括郝博特的文章《波普音乐的政治经济学》(Hobart 1981)，检视了波普音乐乐句(musical idiom)的黑人贫民区起源与其作为知性主义象征的冲突。乔治(George 1988)探讨了白人音乐产业如何将黑人文化开发为有利可图的商品。凯利(Kelley 2005)的著作中有个尖锐的观点，探索白人拥有的娱乐集团如何通过“结构性窃取”从黑人社区获利。另一个重要贡献包括科夫斯凯(Kofsky 1998)从政治经济学路径对爵士乐者的工作及其如何被资本主义利用所做的分析。

音乐的社会学研究

亦有不少聚焦于录制音乐产业的生产、内容和接受的社会学研究。弗里斯(Frith 1981)的观点(与本雅明类似)认为，企业不一定迎合大众文化，因为企业倾向于跟从潮流而不是引领潮流。因此，录制音乐产业发展出了市场控制的战略，因为它们不控制市场。据多德(Dowd 2003)所说，按流派划分的音乐市场实际上是产业自身创造的，为了最大可能实现控制(音乐产品及其消费)。

尼格斯(Negus 1992，1996，1999)发表了关于企业内部管理控制和市场管理控制的类似讨论。他认为企业不仅仅只是被商业化所席卷的金融“机器”，更应考虑到的是人在此“机器”中的意义(1996，36)——他们是富有创造力的决策者。尼格斯提出一个概念：*因产业而生的文化和文化催生的产业*(1999，14，原文强调)。这一想法是基于他看到录制产业的文化与商业之间时而尴尬的交互处境而阐述的。斯威等人(Swiss et al. 1998)指出尼格斯的“生产—文本—消费”这一概念模型，说明产业化不仅对音乐家、营销和流派、技术和广播产生影响，同时也影响音乐美学和意蕴。同样，音乐商品的象征意义致使在录制音乐产业中有两种平行经济在运行——“使用经济和交换经济”(Storey 1996，98)。

尼格斯(1999)的观点是基于分配而不是生产，其他一些基础研究则关注大公司和独立公司之间的张力，比如赫斯蒙德霍(Hesmondhalgh 1998 a)看到英国地下舞曲产业在资本主义体制内趋利而动，争取更多的受众，但同时也的确提供了可供选择的信息或者是生活方式。另外，赫斯蒙德霍(1998b，1999)对独立公司和音乐流派(主要是朋克)做的个案研究，证实了唱片业的政治机制和反抗性文化组织之间存在紧张态势。李(Lee 1995)以发行者为例，审视了“独立”作为一个产业的概念。

其他社会学视角关注了市场集中度和多样性之间的“实证”关系(Peterson & Berger，1971，1975；Peterson 1976；Lopes 1992；Dowd 2004)和组织结构(Scott 1999；Huygens et al. 1999)。这些研究表明，市场集中度对应于同质性，而市场竞争导致多样性。然而洛佩斯(Lopes 1992)认为，多样性和创新更多取决于公司的业务和市场结构，而不仅是市场集中度的水平。

音乐产业的法律研究

许多学者认为以政治经济学的方法分析录制音乐产业，正确理解其作为资本主义企业对劳动的商品化利用，必然要涉及版权问题(例如 Fabbri 1993，Cvetkovski 2007，Hesmondhalgh 2007)。法布里认为，研究人员必须研究版权，因为“音乐产业整体营业额的相当一部分来自非物质的交换项目”(1993，159)。

山杰克(Sanjek 1998)认为，音乐不过是将“版权打包”，因此我们应该在两个相关联的层面上审视唱片业：(1)“企业层面”，公司合并及其对生产和消费的影响；(2)“法律法规层面”，所有权的放宽以及知识产权的范围和期限的增加。茨韦特科夫斯基的观点表明，“结合整个行业来说，版权应该被视为贯穿整个行业的共同主线……没有它，就没有音乐产业”(Cverkovski 2007，27)。

莱西格(Lessig 2005，2008)和博利尔(Bollier 2005)认为，版权的范围和期限已经为了企业利益而偏离了宪法框架；同时，麦克劳德(Mcleod 2001，2005)和维德海纳森(Vaidhyanathan 2001)论证了音乐产业是如何成为文化私有化、创造力匮乏、版权联盟中的一分子。还有一些有意思的研究，比如观察唱片业一直依靠版权法限制数字采样，以及从这一主题入手来解决文化和经济之间的张力问题(Demers 2006，Hesmondhalgh 2006，Toynbee 2006)。弗里斯的论文集《音乐和版权》(Frith，1993)，对美国版权体系，从国际的角度出发做出深入的分析研究。

音乐产业的国际化研究

前文涉及的众多有关录制音乐产业的研究主要以美国市场为研究对象(例如 Gronow 1983，Manuel 1993，Taylor 1997)。除此之外还有对其他地区的一些研究，以及美国音乐产业化霸权是如何影响美国之外国家的音乐产品生产的(例如 Robinson et al. 1991)。伯纳特看到录制音乐产业是如何借互联网之力创建全球化的文化经济体系，这表明“音乐产业与其他产业一样，以不断的创新发展来管控供需……”(Burnett 1996，6)当关注到大众媒介音乐与更大范围的社会音乐活动交互作用时(尤其在加勒比地区、非洲和欧洲)，马尔姆和威利斯声称，录制音乐产业已率先推出了“文化产品的国际标准化”(Malm & Wallis 1992，7)。

数字音乐的研究

当下亦有不少研究审视了音乐产业在数字时代面临的资本主义和技术挑战(例如 McCourt & Burkart 2003，Katz 2004)。亚历山大(Alexander 2002)对数字化分配与市场构成的关系提供了有益的探索，也考察了录制音乐产业的寡头与其历史悠久的分布据点是如何共赢互利把持垄断的。波卡特和麦考特在论文中做出了基础性的史学分析(Burkart and McCourt 2006)，他们认为，互联网已瓦解了音乐产业原来物质化的商业模式，如今已进入音乐商品即点即用的"自动点唱机"新时代。

针对当前录制音乐产业前景不确定的经济现状，一些学者对未来的市场模式也提出建议（例如 Fox 2004，Kusek & Leonard 2005）。有趣的是，因为唱片行业实质上已经使自己的市场非法化了，库赛克和莱昂纳德（Kusek & Leonard 2005，X）建议这一行业也许必须接受"如同'公用事业'般获取音乐"的模式。这个模式本身不是追求免费，而无非是要让人们觉得这好像是免费的。

研究音乐产业的通俗文献

尽管大多数相关文献是学术研究的产物，但有更多大众出版物成为解读音乐产业的重要资源，例如达能（Dannen 1990）的《职业杀手》（*Hitmen*）和埃利奥特（Elliot 1993）的《摇滚经济学》（*Rocknomics*），对 20 世纪七八十年代音乐产业中金钱与权力的关系做出了精妙注解。此外，因为音乐产业本身是为创意和商业这二者的法理边界所界定，没有人会比熟悉娱乐行业程序的律师了解得更多，因此，《怎样做》丛书（例如，Passman 1997，Lathrop 2003，Rudsenske & Denk 2005）最有意思的地方是展现出了一些录制音乐行业在其生产和销售阶段合法的运作内幕。

录制音乐产业的历史

> 如同在其他领域一样，我们发现资本主义创造了如世人所见的音乐的生产、分配和消费的最华丽的装置。然而这个装置里却充满矛盾，这些矛盾基本的经济方面的根源是资本主义削弱了它自身的潜力，而且很快变得不起作用。
>
> ——作曲家艾利·赛格麦斯特（Elie Siegmeister），工人音乐协会，1938 年

像马克思一样，通过回溯录制音乐产业的历史，我们发现，审视过去可以对现状有所启示。尽管录制音乐的技术、公司、艺术家历经变迁，这一产业和音乐商品保持自身的普遍逻辑仍在于——资本。这一历史也展现出播放格式和生产公司之间的持续斗争，整合和聚合是必然的走向。要求获取廉价和免费音乐是消费者与唱片公司之间的张力。工业技术一直有重要的历史矛盾，因为它对音乐商品走向全球起到助推作用，同时又

试图从其物质化核心摧毁它。

换句话说，录制音乐的发展已经“完全贯彻了资本主义构建”（Chapple & Garofalo 1977，300）。唱片行业的历史从根本上说与技术相关，因为录制音乐是科学的产物。米兰德写道：“这在根本上是关于变革的故事，创新的持续破坏驱动以留声机为基础的这一产业……接二连三的发明打破了大公司和新旧力量关系变化之间脆弱的平衡。”（Millard 2005，5—6）

格兰特（Gelatt 1977，11）所著的《难以置信的留声机》详尽记录了录制音乐的声音和业务技术的历史，其中提道：“留声机的历史同时也是一项发明、一个产业和一种乐器的历史。”肯尼（Kenney 1999，44）认为，留声机的文化批判史“展现了经济和文化力量对技术发明所起的重要塑型作用”。通过对录制产业的历史分析，弗里斯（Frith 1988，13）提出三个具体问题：（1）技术变革的影响；（2）流行音乐经济学；（3）音乐体验技术化之新音乐文化，从而导致“音乐消费和使用之新类型的崛起”。正如以上三位学者所说，任何对唱片产业的历史分析都应考虑到技术、文化和经济之间的关系，以及生产和消费的发展模式。因此在这里我们以记录和回放的技术手段来划分，将录制音乐产业标记为四个不同的历史时期：原声时代（1877—1923）、电气时代（1924—1960）、磁带时代（1970—82）和有形的数字时代（约 1983—2000）。这一历史的演进最终引领我们进入数字资本主义时代模式之冠——MP3 格式。

原声时代

1878 年托马斯·爱迪生获得留声机专利后不久，产生一种使用垂直切割的方法将声音传送到圆筒的设备。随着“会说话的机器”的发明，“音乐开始成为一种物品”（Eisenberg 2005，13），大量从录制声音中获利的公司开始出现。然而进入 20 世纪，硬件开发和销售竞争的时代来临——美国的三大公司：爱迪生的留声机公司、哥伦比亚留声机公司和维克多唱机公司。这三大巨头公司以其大规模的生产和销售、对实验室研究的支持以及几乎所有唱录机的重要专利等主导控制了这一产业（Chanan 1995，Morton 2000，Coleman 2003，Millard 2005）。尽管哥伦比亚最早播放录制好的音乐，但早期的圆筒录音都是“原声”，还没有海量复制的方法，直到 1894 年侧移式的柏林（Berliner）留声机唱片发布。录音过程终于和复制阶段分离了（Day 2000），光盘能通过金属唱片母模压缩复制。

比起爱迪生和哥伦比亚提供给消费者以圆筒录制声音的设备来说，圆盘唱片亦是迈出了重要一步。虽然早期的技术已具备听录双向功能，可是留声机只能播放，因此只提供单向输出的音乐内容。但柏林的唱片录音“根本上是为制造商所需，而不是为消费者的”(Morton 2000，32)。最终，为大众消费而大规模生产的唱片降低了生产成本，因此柏林的发明为我们所知的录制音乐产业奠定了基础。

唱片的发明引发了录制音乐产业内持续的格式大战和产业标准化之争。它的出现也使爱迪生和哥伦比亚公司调整策略以适应市场竞争，可是行业的不规范迷惑了消费者(Steffen 2005，33)。根据米兰德(Millard 2005，213)的说法，“录制声音产品的规范化是一种无形的技术”——它只能被听到。在整个 20 世纪，终归发布了不少声音传输技术，但成功者是那些实现全行业标准化的人。

1897 年，唱片发行量是 50 万，两年后，这个数字增加到 280 万。大约在 1901 年至 1903 年，柏林将其留声机领域的产权出售给了埃尔德里奇·约翰逊——一位娴熟的发明家，同时又是出色的商人。从此，维克多唱机公司诞生了。

1902 年维克多市值已是 270 万美元。通过研究和开发的再投资，至 1905 年，公司的价值增至 1200 万。这一价值的飞涨或许可以归因于 1903 年维克多和哥伦比亚的专利联营。由于维克多先进的蜡制录音技术和哥伦比亚光盘格式的应用(显然侵犯了对方的专利权)，这种交叉许可协议几乎将爱迪生公司的圆筒录音一甩千里。

约翰逊意识到 20 世纪早期的留声机大多是随着现代工业化审美而发展的。因此到 1906 年，维克多留声机进化为手摇留声机，最为畅销的电唱机。这一藏在木匣中的机器——新式的播放设备——充当了“维多利亚时代工业机器的伪装”(Kenney 1999，51)。约翰逊以“标准的乐器”来宣传这一设备，维克多培植的企业理念也是：“绝不只是留声机。”(Gelatt 1977，192)虽然早期录音主要用于出售播放硬件，其展示出科技优势和发明家的天才，但到 1907 年，发明家的卖点不再是歌剧明星的录音，取而代之的是“音乐可以精确物化的时代来临”(Eisenberg 2005，13)。坐拥三巨头公司的人具有文化修养，他们创立的音乐唱片公司反映的价值观标示出——即使在早期的录制业务领域，控制生产资料的人也影响着一个时代意识形态的产生(Morton 2000，29)。

在音乐录制涌现之前，音乐的生产和消费有赖于出售作曲家的乐谱的出版商,以及艺术作品的现场表演。1906年,基于音乐被“物化”,美国作曲家和指挥家约翰·菲利普·苏萨(John Philip Sousa)著名的文章《机械音乐的威胁》谴责唱机产业及其“罐头音乐”。苏萨的文章论证了音乐产品不同层次之间的紧张关系。他批判留声机牺牲音乐作曲家的“道义权利”,并鼓励人与音乐世界的被动关系,因为它将音乐的人文素养传送到了没有灵魂的机器里。

在录制音乐繁荣畅销的1910年,维克多售出94557台机器(与1907年7570台相比)。爱迪生意识到槽纹光盘的未来,并在1913年发布了爱迪生钻石光盘——公然剽窃手摇留声机——却惨遭市场滑铁卢。1914年,美国作曲家、作家与出版商协会(ASCAP)针对流行歌曲作曲家出台了机械录音出版歌曲的版权保护。同年,18家录音公司为三巨头控制下的市场带来2700万美元的利润。虽然维克多的价值在1917年增至3300万美元,但这一年大部分电唱机和留声机的基本专利已过期,因此1918年市场开放。166家录音公司创出1.58亿美元的利润(仅仅四年增加了500%的利润)。“这一时期的录制产品经济学极易理解。产业的低成本进入激发了新类型,相应的市场较小,因此在独立和专业的公司中呈现出差别。”(Chanan 1995,54)

随着战后消费激增,爱迪生公司在1920年获得2200万美元利润的佳绩。然而这样的成功只是昙花一现。由于自1921年到1922年,收音机在美国的销量几乎翻了一番,这就砍断了唱片业的销售——同期仅为1.06亿美元。受到销售下降和生产过剩的打击,加之新的无线电技术免费向消费者提供音乐,20世纪20年代的十年中,唱片工业首次感到真正的经济困难。

电气时代

美国以虫胶78 rpm转速和晶体管技术为代表的电气时代,特点是技术创新以及经济大萧条带来的产业集中化。值得注意的是,在20世纪初期占优势地位的音乐公司没有垂直整合业务,总体来说行业相当分散。郝博特(Hobart 1981)指出,20世纪初存在四种不同形式的资本,每一种都将自身的压力和优势在音乐产业的生产和再生产中展现出来:出版、发行、广播和录音。在此期间,这些离散活动都在垂直整合的唱片公司控制之内。

1924年西部电器申请电动录音麦克风专利。在这项技术出现之前,声音是通过喇叭收集再输送到隔膜,带动刻纹针振动。这种"条件有限的音响录制的音乐影响到音乐家的不同表现力,实际声音被严重扭曲"(Day 2000,11)。这种新的电气化录制技术(当时被称为 Orthophonic 的保真录音)能够捕捉到那些低效的音响工艺所无法表现的音乐能量。

1925 年维克多仍然试图出售其原声机器的股票,将 1925 年 11 月 2 日宣布为"维克多日"——这一天他们会为消费者发布第一台保真录音的手摇留声机,可以播放电气化录音光盘。"维克多日"一周后,这种保真录音的手摇留声机斩获 2000 多万美金的订单。

到 20 世纪 20 年代末,该行业利润稳固保持在每年 7000 万美元左右。但当收音机参与竞争后,唱片行业不得不面对广播业务带来的挑战。当消费者能从收音机里得到免费音乐时,仍旧要为唱片打开销路,这无疑是一个挑战。于是美国广播公司与维克多达成协议:1925 年将波频与留声机合并。一年后,获取巨额利润的约翰逊将其公司以 2800 万美金卖给纽约的两个银行。约翰逊的维克多留声机公司也成功地"以录制音乐的音乐等级加固了美国中上阶层"(Kenney 1999,64)。1927 年哥伦比亚在美国独立广播公司投资获得播出时间促销唱片,这喻示产业和技术的融合。到 1929 年,美国广播公司已经完成对维克多所创美国无线电—维克多唱片公司子公司的收购,接管了维克多的卡姆登和新泽西工厂,并且停产留声机以便开始批量生产收音机。美国广播公司通过吸收维克多的所有资产,不仅为生机勃勃的广播产业消除了外部的主要竞争对手,更为收音机销售获得了"广泛的沃土以及批发和自营的良好组织体系"(Gelatt 1977,247)。

1929 年唱片销量创下 7500 万美元的记录,但两年后下跌至 1690 万美元。大萧条影响了无线电行业,它"摧毁了唱片产业"(Kenney 1999,158)。20 世纪 30 年代初,唱片和留声机的销售下降,使这一时期成为唱片业最"落寞的年代"(Gelatt 1977,255)。在这十年间,随着无线电和唱片行业各种企业并购,以及开发新战略,反映出权力从唱片公司转入大型娱乐集团。"他们是当下声音的主宰者。"米兰德写道,"巨大的集成产业组织基于声音的复制和传播。"(Millard 2005,175)在录制音乐历史的这一阶段,面向产业的首席执行官成为声波新的主宰者,发明者的光影黯然隐去。

1931 年,英国哥伦比亚公司和留声机公司合并,创建百代唱片公司(EMI)。双方达成一项协议,给予英国的主人之声唱片公司(HMV)——

一家在欧洲流行的唱片公司——许可权，从而使其成为世界上最大的唱片公司。在 1932 年收购美国哥伦比亚公司，创下销售六百万单后，美国电弧唱片公司（ARC）成为全美最大的唱片公司，也是廉价唱片市场的领跑者。1936 年，在杰克·卡普注册成立美国的迪卡（Decca）公司（又一廉价唱片的生产者）两年后，美国各地自动唱机的唱片百分之五十以上由该公司生产。事实上，自动唱机每年 1300 万光盘的消费量支撑着音乐产业。美国迪卡公司不仅是第一个通过激进的营销计划和自动点唱机销售创造规模经济的唱片公司，而且也将明星制引入唱片产业内（Sanjek & Sanjek 1991）。

到 30 年代末，随着三大巨头美国无线电—维克多、迪卡和哥伦比亚的出现，录制音乐不再是一个独立的行业，而成为重新整合后娱乐产业的一部分。为本地电台服务的美国作曲家、作家与出版商协会却在很大程度上被忽视。于是广播成为这一时期地区传统音乐的守护者（乡村民谣和黑人音乐）。无线电广播公司在 1939 年成立广播音乐联合会（BMI），这是一个争取表演权的组织。

第二次世界大战前，美国只售出 1 亿张唱片。但 1944 年 9 月 11 日美军和军方科研部门捕获了卢森堡电台的磁录音技术，加上战后消费，促使 1946 年唱片销售量达到 3.5 亿。然而，随着行业销量升至 8900 万美元，唱片公司开始凭借流行唱片迅速成功，哥伦比亚、迪卡、美国无线电—维克多和国会大厦占据了最大的份额（85%或 3 亿张唱片）。

1948 年，音乐产业遇到另一个对手：电视。但经历过与广播的交锋与合作之后，它并不会落败于新技术，音乐产业有自己反击的有利武器：长时播放的密纹唱片（LP）。哥伦比亚广播公司彼得·戈德马克博士的发明，将播放时间延长半个小时，第一年市场销售额就突破 300 万美元。美国无线电—维克多也不甘示弱，在 1949 年 500 万美元的营销战略后，他们推出 7 英寸转速 45 的单碟——完美的 4 分钟流行单曲格式。因为哥伦比亚广播公司不想为了等到有一个播放设备而延迟发布长时密纹唱片，并且大概是从过去没有相应的交互技术行业标准而盲目进入市场的教训中学得了经验，他们开发出一个适配器，可以用现有的留声机来播放新款长时密纹唱片（LPS）。

然而，到 50 年代早期，美国无线电—维克多公司开始生产长时密纹唱片和 45 转速唱片，再一次证明硬件和软件之间行业标准化是成功盈利的关键。有趣的是，转投密纹唱片的产业也鼓励唱片制造商购买新压机，这些人反而又收购使用过的旧机器来生产盗版唱片。1952 年,美国唱片工业协会(RIAA)制定出黑胶唱片录制和回放技术的标准,其成员代表为唱片工业在华盛顿展开游说,某种程度上也是为了应对新冒出来的密纹唱片盗版碟(Morton 2000)。

进入 50 年代,唱片业又经历了一系列的战国时代(类似于 1918 年独立公司激增)。卡带大大降低了录制成本,长时密纹唱片和 45 转速唱片相应降价,市场准入的门槛迅速降低。然而,专业经营者通过完整的垂直整合巩固了自身优势。这些专业的大公司"拥有自己的制造工厂,除了唱片生产外还直接控制其分销渠道"(Chapple & Garofalo 1977,15),并因为它们拥有全国的分销,被特指为"专业"(Dannen 1990,112)。此前,技术创新和音乐作品控制市场,但是到 50 年代末,市场支配权完全被这些公司的分销能力所控制了。因此仅仅控制生产资料是不够的;相反,最赚钱的公司控制分配——这种方式使唱片到达零售商和最终到消费者的手中都有利可图。

从 1955 年到 1959 年,唱片的销量几乎翻了一倍,至 5.11 亿美元,主要是由于山姆·古迪(Sam Goody)等仓储式商店零售商的崛起。还有新的"一站式"经销商从主要分销商处购进再卖给小型独立的销售商店。毫无疑问,唱片售卖铺展在全国市场,而并不局限于区域分布。在 1955 年的美国市场上,四大公司还占据 2.77 亿美元 75%的份额。到 1959,这个蓬勃发展的市场增至 6.03 亿美元,他们所占比例却下降到只有 34%。独立公司生产最流行和有利可图的音乐,并且通过广播音乐节目主持人进行唱片营销。然而,独立的零售商和分销商逐渐式微,大公司控制大部分分销网点,开始通过自己拥有的唱片俱乐部直接销售,仓储式专卖店也开始扩大。此外,在百货商场租赁空间售卖唱片的超市专供批发商,售卖能力逐渐增强,占这一时期唱片销售额的一半以上(Gelatt 1977)。

在这个整合的时代,销售额从 1960 年的 6 亿美元到十年后跃升至 12 亿美元。唱片公司看起来都像巨大的摇钱树,时刻准备联袂取胜。独立音乐人通过广播介绍新的流行音乐,但为了出售这些唱片,他们依赖于掌控分销渠道的大公司。取代接管这些独立音乐人的是安放投资和处理其分销的大公司,但也不是大规模的完全接管,"将其置入企业集团结构中激发其创业精神"(Callahan 2005,9)。到 1967 年,美国市场由哥伦比亚广播公司、美国无线电—维克多唱片公司和国会唱片(Capitol)掌控,每家占据 12%—13%的份额。"独立"标签的背后是一小部分综合娱乐公司。因此，众多的独立仅仅是一个“假象”(Millard 2005,333)。60 年代末，美国市场吸引了外国公司，比如代替了国会唱片的百代唱片，宝丽金唱片公司购入米高梅、神韵和美国艺术家分销体系。这些公司进一步横向集成，“厂牌联盟”得到发展。我们现在所称的“音乐团体”是在大型企业集团内以松散的厂牌来设置部门(以类型为基础)。这个策略通过分散风险为大公司应对市场不确定性提供了应对方式，并为开发规模经济、通过创建公司制造业获得协同效益。

总的来说，这些新的高度多元化的企业愈加善于推广和分销产品，并具有音乐出版配套设施和垂直整合的厂牌。六大公司(哥伦比亚广播公司、华纳兄弟、美国无线电、国会唱片、宝丽金唱片和美国音乐公司)，以及半打规模较小的公司主导市场。20 世纪七八十年代，这些传媒集团的成长壮大，使独立的生产和分配成为过去。此外，许多观察家认为，企业逻辑代替了音乐制作的逻辑(Chapple & Garofalo 1977,Chanan 1995,Morton 2000,Coleman 2003)。根据察普和加罗法洛的观点，60 年代的并购运动：

> 是一个集约的“自然”过程，公司参与成功地节省开支，更有效地控制价格和市场。从事不同专业类型的音乐公司合并到一个公司，以提供更多的融资和更简约的集中分配……因为音乐行业已经非常有利可图，作为娱乐产业的一部分，它是一个高增长领域。外部企业集团寻找新的收购，找到有吸引力的音乐企业。(Chapple & Garofalo 1977,82)

磁带时代

当 20 世纪 20 年代广播推广免费音乐的概念，磁带将这一消费者增权带上了一个全新的高度。飞利浦这家荷兰电子公司 1963 年开始生产和销售小型录音磁带(以美国飞利浦旗下 Norelco 品牌进行销售)。1965 年调查显示，40％购买磁带者用于复制密纹唱片。这意味着唱片公司江河日下并且“没有满足消费者的需求”(Morton 2000,137)。然而，磁带并没有带来消费浪潮，直到 70 年代的石油危机造成用来制造密纹唱片的乙烯短缺。日本制造商(索尼和松下)开始将卷盘格式的磁带播放器引入家用音响。空白磁带的销售飙升到 1970 年的 1.25 亿。美国唱片工业协会与其代理商投诉盗版行为后，国会颁布了 1971 年的录音法案(the Sound

Recording Act of 1971)，最终赋予机械录音联邦版权保护。

随着盒式盗版的滋生，音乐首次流落集体以外的市场。虽然彼得·戈德马克博士预测，“光盘和磁带将并存”(引自 Coleman 2003，62)，但 1973 年美国人在录音机上花费 8.61 亿美元，而唱片机的消费是 5.77 亿。即使是“挤牙膏式的售卖”，唱片业仍然赚进 20 亿美元(Gelatt 1977，336)。尽管因为非法出售假货估计有 2 亿美元的亏损，随着六大公司管控美国市场超过 80%，录制音乐的销量在 1978 年增长至 41 亿美元。1978 年宝丽金唱片的销售超过 12 亿美元——第一个突破 10 亿美元大关的唱片公司。不断的市场发展使得专业唱片公司吸引了大型跨国公司的投资。1979 年索恩电子公司——一个高度多样化的英国企业——表示出投资意向，并与百代唱片联合成立索恩百代(Thorn EMI)(这次合并最终准许索恩百代进行大量收购——尤其是 1992 年终于将理查德·布兰森[Richard Branson]的维京唱片高调收购)。

不过，1979 年显现出唱片业的问题，销售比上年下降 11%——这是自二战以来首次出现如此大的跌幅(Dannen 1990)。大公司被迫重组，包括削减营销和促销活动以及开发新的人才。在 80 年代早期磁带销售额几乎与密纹唱片持平，但到 1986 年录制好的磁带的销售超过了唱片，这一时期大多数家庭音响都配有两个磁带转盒。因此哥伦比亚广播公司的一项研究将 7 到 8 亿美元的损失归咎于盗版，而美国唱片工业协会则宣布是数十亿。尽管广播和电影作为推广音乐的主要渠道有近 60 年，1981 年引入的音乐录影带(MTV)和音乐视频格式证明是更有效的市场营销工具，在十年内超过 5600 万家庭使用。如一位观察家指出的，那些主要的大公司“过分趋于己利，它们从不知道何时何地会出现下一个趋势，因为它们并不真正与听众感同身受”(Chanan 1995，156)。在这一点上，经济衰退真正开始击中了音乐产业。

然而唱片业即使不打击盗版，也不会没落。尽管飞利浦公司和索尼公司早在 1978 年就公布了光盘(CD)，该行业直到 1982 年才开始支持新数字格式。唱片行业意识到新的格式不仅遏制盗版，并且光盘鼓励市场增长，消费者开始以光盘取代密纹唱片和磁带。光盘的引进也给行业以启示：开发利用老唱片的版权可能非常有利可图。由于这种顿悟，大型娱乐集团意识到拥有大型音乐目录支持的内在价值。因此许多在 80 年代产生的并购，部分动机在于获取广泛目录版权来保证盈利。大公司不仅对拥有录音制品的版权感兴趣，它们也开始购买出版公司，这样它们可以通过电视、广播和电影充分利用音乐,以及那些竞争对手的许可权。如卡拉翰(Callahan 2005,228)所言,唱片产业致力于从"音乐家和版权开发中赚钱"。

有形的数字时代

随着光盘逐渐找到了市场,唱片业通过迅速淘汰密纹唱片和稍后的卡带,竭尽全力确保这一格式的成功(在 80 年代密纹唱片销售下降 80%)。此外,光盘向熟悉的格式回归,如史蒂芬(Steffen 2005,30)所说:"我们最熟悉的录制音乐的形态,还是光盘……盖戳的唱片已经成为录制音乐配送体系的支柱。"光盘(激光唱片)与柏林唱片的相似性造就这种格式的消费诉求;光盘出色的音质和数字化录音也促成其成功。在磁带的销售额超过了密纹唱片的同一年(1986 年),光盘迎来年销 5000 万的首次大卖。20 世纪 40 年代末,在哥伦比亚广播公司和美国无线电公司展开格式大战之际,飞利浦和索尼以打击盗版为契机,推动六大唱片公司迅速向数字化变通——使得这一产业产生了两个非美国本土的消费性电子产品公司。

20 世纪 80 年代,标志着技术创新的十年,同时也是一个以低息贷款和宽松监管推动一系列企业并购的时代。1988 年,索尼以 20 亿美元收购了哥伦比亚唱片广播公司,获得艺术家和音乐目录的名册。三年前,通用电气购买美国无线电公司。美国无线电唱片公司出售其 50%的股份及其附属公司给贝塔斯曼集团(很快改名为贝塔斯曼音乐集团)。因此美国六大主要唱片公司中的三个是属于国际传媒集团的。

根据弗里斯(Frith 1988)和丹纳(Dannen 1990)的观点,80 年代的进一步整合给音乐带来的影响是:市场化下发布的主题多样性日益减少(70 年代,每年发布 4000—5000 主题,而在 80 年代,这一数字降至约 2000)。格洛纳(Gronow 1983)观察到该行业的企业结构和模式在 80 年代初的操作类似于 20 世纪初。和 20 世纪 90 年代一样,这些大的声音帝国花了大半个世纪吞噬较小的竞争者,"在数字时代这种吞噬的速度更快"(Millard 2005,367)。

随着光盘或磁带越来越多地被新专辑采纳,商店货架上的密纹唱片和 45 转速唱片日益减少。1989 年,录制音乐市场的黑胶唱片销量下降到 6%,而光盘销量升至 2 亿,磁带升至 4.5 亿。到 1991 年,黑胶唱片已经从大多数商店消失。光盘已大幅降低了生产和销售成本,但是这些降低成本的光盘其零售价格在21世纪初却几乎保持不变。

到1990年，随着2000万光盘播放机的使用，该行业经历了预先录制好的光盘销量大幅增加，正好与空白磁带快速销售不约而同。虽然在某些方面，磁带将消费者从密纹唱片的结构中解放出来，光盘却建议返回到“单向、垄断的均质化倾向”的密纹唱片格式(Manuel 1993，15)。在一个相对较短的时间内快速推出一系列格式，当技术创新持续改变消费者体验音乐的方式时，难怪消费者会经历困惑(Frith 1988)。

1990年，日本电子产品制造商松下电器向美国音乐公司支付61.3亿美元现金。因此在1995年，索尼、松下和飞利浦在硬件、软件和人才方面发展自己，它们成了现代版的原初三巨头公司。1998年，当时该产业史上最大的一次并购，施格兰以100亿美元的价格购买宝丽金唱片。两年后，威望迪以340亿美元购买施格兰娱乐资产，与宝丽金唱片及美国音乐公司家族最终成为环球音乐集团。新世纪到来之际，当全球市场价值381亿美元时，美国唱片工业价值就达137亿美元。2000年初，80年代的六大变成了五大(环球唱片、贝塔斯曼音乐集团、百代唱片、华纳唱片和索尼)。这一寡头垄断占据2000年全球唱片销售市场大约95%的份额。在光盘格式的头二十年，消费者每张CD支付大约16美元，但是一旦他们能够购买空白CD光盘和复制硬件，显而易见这一产业想要占据市场取决于如何生产廉价的音乐光盘。数字光盘消除盗版的优势没有了。消费者获取了媒介复制品，使得音乐在商业市场外再次流传。随着消费者用空白光盘来完美复制预先录制好的光盘，所涉及的行业却卷入另一场格式之争——实际上，这次是一场战争。这场战争不会像过去那样是主要对手之间的斗争，而是产业针对消费者和消费者自己的新唱片形式MP3开展的。

当代录制音乐产业

> 音乐产业是一个残酷的、填不满的金钱无底洞。在这里盗版的人和投机倒把者畅通无阻，遵守规则的老实人则寸步难行，这也有消极阴暗的一面。
>
> ——亨特·汤普森(Hunter S. Thompson)

在唱片最初的110年里，其初级商品是工业生产的物品，使得大公司保持控制唱片的物质生产和分配。到2009年，唱片行业陷入混乱——

CD格式死亡和摇摇欲坠的分销模式迫使主要唱片公司重组，并试图适应消费者的需求。该行业正在比以往任何时候都更为被迫跟随趋势，而不是设置它们。

对MP3技术的回顾说明了一些唱片行业面临的困境，应该说，MP3一直处于行业困境的核心。这一格式在90年代早期最初被设计成压缩格式的视频文件，自1994年以来一直在网络上传播。不像它的许多前任——唱片到CD——MP3技术并非唱片工业本身引入的。反之，数字音乐回放使用的软件和硬件是由大型计算机企业技术开发和销售的（例如苹果和微软），但这些公司的兴趣并不在于音乐的生产和销售。

MP3和音乐盗版成为流行话语的一部分，是因为2001年围绕A&M公司对纳普斯特公司（A&M Records, Inc, v. Napster）的法律纠纷事件的广泛媒体报道。此案中，一家成功的唱片公司状告纳普斯特这个第一家因点对点（p2p）文件共享网络而流行的公司。纳普斯特使人们可以复制和分发MP3，让音乐在市场之外传播，从而也招致唱片业的侵权指控。纳普斯特公司被美国唱片工业协会（RIAA）谴责，后被唱片工业协会、其成员以及数个唱片明星以直接或共同被侵权起诉。唱片业赢得诉讼，从而迫使纳普斯特关闭其业务，进而破产。然而两年后，公司以Napster 2.0复活，这是一种单点式和订阅服务，后由百思买集团（Best Buy Co.）买下。

录制产业作为胜利者脱颖而出，纳普斯特公司的案例为此后针对对等网络（p2p）服务的诉讼开了一个先例（例如MGM v. Grokster 2005）。尽管担忧收入损失和各种法律措施，唱片业仍然无视新世纪以来不断演进的分销平台、客户需求，以及支持技术。业界以多种法律解决途径赢得一些法院斗争，上千件法院调解案，并且通过规模经济生产模式和物理分销基础设施保护了其“产权”。然而在这个过程中，它在日益多变的市场上失去了控制权。虽然主要的唱片公司抵制非法文件共享，但它们没能为其曲目发展和实施数字分销。因此，许多音乐家和唱片公司（独立或以其他方式）成功填补了空白。据福克斯（Fox 2004，205）显示，数字技术降低了生产和销售成本，减少了音乐行业的生产控制和“主要品牌”在传统的分销发售方式上的历史性霸权。

终于在2009年，唱片业开始利用数字发行，这成了主要唱片公司如何遵循产业趋势而非主导设置的又一个明显例证。实体分销让位新的数字模式。罗伯兹（Roberts 2005，38）指出，唱片业仍然是“由重视分销和不太关注生产的实体主导”，因此分销应该被理解为在数字时代产生利润和市场支配力的关键。

通常，录音音乐艺术家为拥有主要大型娱乐公司的特定唱片公司工作。公司品牌能够将大量的资本和资源吸收入市场，并促销新专辑，同时因为预付高额签约费给了录制艺术家，它们必须从专辑销售的利润中得到回报。换言之，一个艺术家必须支付与生产专辑有关的所有费用（从音响师到许可证），以及参与制作音乐视频等费用。因此生产专辑商标的唯一风险是之前用于市场营销和推广的资金，而这通常从销售中回收。

专辑录制后，就是安排生产，然后通过公司自己的分销网络致力于分销发售。分销不仅是公司品牌成功的关键，同时也吸纳利用这些分销网络的独立品牌的产品。强大的分销网络将确保专辑将零售商作为目标，最终再到达消费者手中。因此，掌控分销发售就意味着对市场和行业的控制。因此，大公司正试图寻求主导数字发行渠道的方法。

在产业中，如果一个唱片品牌是自我经销的，或通过一个“独立”的经销商来分销（例如 ADA，RED，Caroline 或 E1 等娱乐发行公司），就被认为是“独立”的。因此，一个四大公司拥有的品牌可能利用独立分销渠道，因而声称自己是独立的（例如 Zomba 唱片公司）。特别要提出的是，百代唱片和华纳音乐都不再属于跨国娱乐集团。华纳音乐在 2004 年以 26 亿美元从时代华纳购入一个投资集团（由施格兰的小埃德加·布隆夫曼[Edgar Bronfman Jr.]领导）。在 2006 年经历了一个令人悲叹的财政年度后，私人股权公司泰丰资本（Terra Firma Capital Partners）以 32 亿英镑买下百代唱片公司（EMI）。

自 2000 年以来，美国整体市场为 143 亿美元（全球为 369 亿美元），总收入到 2008 年为 83 亿美元，比 2007 年减少 18%。世界各地的商业协会指责非法下载造成的收入损失。国际唱片业协会（IFPI）估计 20:1 比例的非法与合法下载音乐文件。政策创新研究所支持的最近一项研究估计，全球盗版从美国经济中窃走了 125 亿美元，流失了 71000 个工作岗位和 20 亿美元的工资。然而，这些数据不仅由将自身粉饰为受害者的唱片工业提供，而且是把非法下载光盘等同于从零售商那里盗窃来估算的。相关研究指出，MP3 文件是非竞争性商品，这意味着一方消费的 MP3 并不禁止其他方的消费（也并非被偷窃）。

据美国唱片工业协会的数据显示，虽然收入大大萎缩，产品的销售却大幅增加。2008 年发货 18.5 亿船单，比 1999 年增加 7.3 亿，为行业销售最好的一年。实体分销模式产生更多的利润，而数字发行出售更多的产品回报却更少——NBC 环球首席执行官杰夫·祖克称之为“这是用模拟美元交换数字美分”(引自 Arango 2008)。

美国音乐市场最大的份额由环球音乐集团控制(30.2%)，索尼音乐娱乐 28.58%、华纳音乐集团 20.55%以及百代唱片集团 9.2%。其他“独立音乐”品牌控制 11.47%(Nielsen SoundScan 2009)。这些数字代表录制音乐产业的生产领域。在分销方面，四大巨头控制大约 95%的出货至实体和数字零售商的音乐产品。

行业最终在自身重组，以满足消费者对廉价甚至免费、即时、无形的录制音乐的需求，并开始通过合法的数字发行赚钱。唱片公司现在通过数字销售开发新音乐，包括卫星广播和网路广播、铃声和彩铃业务、iTunes 的销售和订阅服务。但它们也回收旧内容做成 MP3 销售。旧目录可以为一个典型的大品牌创造超过 40%的销售额和 70%的利润(Singh 2001,4)。随着新数字平台的出现，品牌商也看到专辑销售之外的衡量成功晴雨表。环球唱片的一位高管里约·卡拉耶夫(Rio Caraeff)说，“我们考虑一个给定的艺术家或项目的综合收入总数，这来自数十个渠道的营业额，其中包括数字销售、实体业务、移动销售和许可收入”(引自 Sisario 2008)。

在 2008 年，全美销量的 32%为数字销售(而在 2005 年仅为 9%)，而数字销售占世界市场的 20%以上。美国市场的实体业务出货总额 2008 年下降 26%(全球 12%)。实体销售下降，大超市如沃尔玛和百思买(支持 iTunes 音乐的第二和第三大零售商)通常占零售购买的 65%，大幅减少了录制音乐专用的地面空间(尽管百思买现在试图在商店出售一些黑胶唱片)。然而，2008 年有一个实体格式做得特别好，即细碟唱片(EP/LP)，自 2007 年出货量增加 124%。相反，当 2008 年单曲下载超过十亿时，同一年 12 英寸塑胶单曲唱片只有 40 万发货量(较 1999 年下跌 540 万)。

这个行业已经开始接受并利用新的数字分销模式，从菜单编辑 MP3 商店(如 iTunes，单曲/专辑销售)到订阅服务(如 Napster 2.0，每月支付费用无限下载)，再到以广告为基础的网站(如 MySpace 音乐和 YouTube，“免费”音乐与广告捆绑销售)。然而，业内许多迹象都指向一个模式，音乐对消费者“免费”，因为他们为录制音乐间接支付，这一模式在欧洲发展势头增大。弗雷斯特研究公司的分析师马克·穆利根(Mark Mulligan)解释说，该行业正转向“B 计划”：“唱片公司已经意识到他们可以对抗免费的唯一方法是自身免费。”(引自 Pfanner 2009)

这些“免费”模式的目标是寻找将音乐与消费者连接的新方法。一个称为“与音乐同在”的模式涉及电子设备,如包含音乐内容的手机。索尼音乐的一位高管托马斯·汉斯表示,“音乐可以成为一个重要的元素,增强消费电子设备的价值,为消费者提供一个完整和令人满意的体验”(IFPI 2009,8)。同时,唱片公司也试图找到将其音乐与广告商和具体活动连接的方法,本质上让一个乐队和一款产品同时品牌化。

此外,该行业正越来越多地探索与视频游戏的授权协议,以及开发其他模式,如“多元化权利”或“360”合同。这些交易更少关注录制音乐的销售和通过发展和推广快速收回投资,转而更多关注录制音乐公司如何从录音艺术家身上整体得益——从音乐会门票、附带商品到香水和服装。“360”的交易可能允许(或迫使)品牌不仅开发人才,同时基于粉丝群,艺术家的辅助收入也可能会抵消未来专辑销量的下降。“我们不再出售唱片,却实现了无论何种情况下人们都可以体验音乐”,百代唱片的高管埃洛·莱昂尼-谢蒂声称。他还说,“我们的角色不是把实体光盘束之高阁,而是无论在哪里都可以让消费者感受到”(IFPI 2009,5)。换句话说,主要的录制音乐公司正忙于进一步利用艺术家和音乐版权来赚钱,不顾一切地试图维持其市场霸权。

结　　论

音乐是众人的财产。只有发行商才认为某些人拥有它。

——约翰·列侬(John Lennon)

本文关注技术和音乐之间的历史关系,这种略显对抗性的关系创立了当代录制音乐产业。通过批判性的历史分析,我们注意到这一产业的周期性本质,而且这样一个分析框架有助于探索当代市场状况。

近一个世纪以来,正如本文所揭示的那样,录制音乐产业的主要操盘手以其生产的商品创造人为的稀缺性,利用规模经济模型以及通过控制物理分销网络从而获利。另一方面产业竞争却难以规范和控制它的播放格式和硬件,当前面临的问题不仅因为录制音乐在市场以外流通,而且也因这一行业无法控制其他行业公司的硬件生产。MP3 格式因其几乎没有实体产品因此也无所谓稀缺,已经在许多方面破坏了录制音乐产业的生产和分销模式。

然而,该行业正日益意识到,通过音乐版权的持续开发,甚至可以使

MP3 等无形商品稀缺进而升值。它可以辩称，事实上 MP3 只不过代表了，或者就是，消费者支付（或不支付）的一个版权。的确，录制音乐本身实际上已成为第二个商品，也就是说，像在 20 世纪早期一样，录制音乐被用以出售硬件和其他商品。显而易见的例子包括视频游戏和铃声中许可的音乐，用于打造其他商品品牌，或嵌入在相关硬件之中。换言之，我们认为，该产业会通过把拥有产权的音乐授权给其他文化产业或公司继续维持下去，而这一切所基于的无非是一个法律程序。换句话说，版权最终可能成为该行业唯一有价值的商品。

有意思的是，有迹象表明该产业的难题可能导致作为一种艺术形式的音乐进入一种更加"有利可图"的状态。首先，随着数字化，更多的音乐被生产、分配和消费，但利润率却显著降低。数字时代的音乐更易被录制、生产、分配和消费，音乐家可以脱离大公司的控制而获得自由。这可能对音乐艺术有益，但显然不利于音乐产业。其次，音乐体验其他方面的指标也已露出端倪。例如，卡拉翰（Callahan 2005）指出，乐器的销售最近呈指数增加。与此同时，最近的数据显示，北美的演唱会门票销售递增（与现场音乐表演业的巩固相伴随）。

录制音乐的未来的确是岌岌可危。随着数字音乐市场持续增长，该产业很可能会以软硬兼施的手段，试图对其资产盈利和重新获得市场的控制做出回应。虽然我们不能预测这个不稳定的产业的未来，但是我们当然能够回溯过去，去理解过去的事情，甚至还可能预测录制音乐产业将如何适应新的技术。我们认为，对于这个产业的相关问题，应该从批判政治经济角度进行分析。这些问题，正如斯迈思（Smythe 1960）建议的，应该在今后几十年的博士论文和其他学术出版物里得到研究。

参考文献

Adorno, T. W. (1990/1941) On popular music. Simpson, G. (trans.). In: Frith, S. And Goodwin, A. (eds), *On Record: Rock, Pop, and the Written Word*. Routledge, New York., pp. 301—14.

Alexander, P. J. (2002) Peer-to-peer file sharing: The case of the music recording industry. *Review of Industrial Organization*, 20, 151—61.

Arango, T. (2008) Digital sales surpass CDs at Atlantic. *The New York Times*, November 25. Online at http://www.nytimes.com/2008/11/26/business/media/26music.html (accessed April 14, 2009).

Attali, J. (1985) *Noise: The Political Economy of Music*. Massumi, B (trans.). University of Minnesota Press, Minneapolis.

Benjamin, W. (1969/1936) The work of art in the age of mechanical reproduction. In: Benjamin, W., *Illuminations: Essays and Reflections*. Arendt, H. (ed.). Schocken, New York., pp. 217—51.

Bollier, D. (2005) *Brand Name Bullies: The Quest to Own and Control Culture*. John Wiley & Sons, Inc., Hoboken, NJ.

Breen, M. (1995) The end of the world as we know it: Popular music's cultural mobility. *Cultural Studies*, 9(3), 486—504.

Burkart, P. and McCourt, T. (2006) *Digital Music Wars: Ownership and Control of the Celestial Jukebox*. Rowman & Littlefield, Lanham, MD.

Burnett, R. (1996) *The Global Jukebox: The International Music Industry*. Routledge, New York.

Callahan, M. (2005) *The Trouble with Music*. AKPress, Oakland, CA.

Chanan, M. (1995) *Repeated Takes: A Short History of Recording and its Effects on Music*. Verso, London.

Chapple, S. and Garofalo, R. (1977) *Rock 'n' Roll is Here to Pay: The History and Politics of the Music Industry*. Nelson Hall, Chicago.

Coleman, M. (2003) *Playback: From the Victrola to MP3, 100 Years of Music, Machines, and Money*. Da Capo Press, Cambridge, MA.

Cvetkovski, T. (2007) *The Political Economy of the Music Industry: Technological Change, Consumer Disorientation and Market Disorganisation in Popular Music*. VDM Verlag Dr. Müller, Saarbrücken, Germany.

Dannen, F. (1990) *Hitmen: Power Brokers and Fast Money Inside the Music Business*. Times Books, New York.

Day, T. (2000) *A Century of Recorded Music: Listening to Musical History*. Yale University Press, New Haven, CT.

Demers, J. (2006) *Steal This Music: How Intellectual Property Law Affects Musical Creativity*. University of Georgia Press, Athens.

Dowd, T. J. (2003) Structural power and the construction of markets: The case of rhythm and blues. *Comparative Social Research*, 21, 147—201.

Dowd, T. J. (2004) Concentration and diversify revisited: Production logics and the U. S. mainstream recording market, 1940—1990. *Social Forces*, 82(4), 1411—55.

Eisenberg, E. (2005) *The Recording Angel: Music, Records and Culture from Aristotle to Zappa*, 2nd edn. Yale University Press, New Haven, CT.

Elliot, M. (1993) *Rockonomics: The Money Behind the Music*. Carol Publishing Corporation, Secaucus, NJ.

Fabbri, F. (1993) Copyright: The dark side of the music business. In: Frith, S. (ed.), *Music and Copyright*. Edinburgh University Press, Edinburgh, pp. 159—63.

Fox, M. (2004) E-commerce business models for the music industry. *Popular Music and Society*, 27(2), 201—20.

Frith, S. (1981) *Sound Effects: Youth, Leisure, and the Politics of Rock 'n' Roll*. Pantheon, New York.

Frith, S. (1988) *Music for Pleasure: Essays in the Sociology of Pop*. Routledge, New York.

Frith, S. (ed.) (1993) *Music and Copyright*. Edinburgh University Press, Edinburgh.

Garofalo, R. (1986) How autonomous is relative: Popular music, the social formation, and cultural struggle. *Popular Music*, 6(1), 77—92.

Gelatt, R. (1977) *The Fabulous Phonograph: 1877—1977*, 2nd edn. Macmillan Publishing, New York.

George, N. (1988) *The Death of Rhythm & Blues*. Pantheon, New York.

Golding, P. and Murdock, G. (2000) Culture, communication and political economy. In: Curran, J. and Gurevitch, M. (eds), *Mass Media and Society*, 3rd edn. Edward Arnold, London, pp. 70—92.

Gronow, P. (1983) The record industry: The growth of a mass medium. *Popular Music*, 3, 53—75.

Hesmondhalgh, D. (1998a) The British dance music industry: A case study of independent cultural production. *The British Journal of Sociology*, 49(2), 234—51.

Hesmondhalgh, D. (1998b) Post-punk's attempt to democratise the music industry: The success and failure of rough trade. *Popular Music*, 16, 255—74.

Hesmondhalgh, D. (1999) Indie: The institutional politics and aesthetics of a popular music genre. *Cultural Studies*, 13, 34—61.

Hesmondhalgh, D. (2006) Digital sampling and cultural inequality. *Social & Legal Studies*, 15(1), 53—75.

Hesmondhalgh, D. (2007) *The Cultural Industries*, 2nd edn. Sage Publications, London.

Hobart, M. (1981) The political economy of bop. *Media, Culture, and Society*, 3(3), 261—79.

Horkheimer, M. and Adorno, T. W. (2001 / 1947) The culture industry: Enlightenment as mass deception. In: Durham, M. G. and Kellner, D. M. (eds), *Media and Cultural Studies: Key Works*. Blackwell, Malden, MA, pp. 71—101.

Huygens, M., Baden-Fuller, C., Van Den Bosch, F. A. J., and Volberda, H. W. (2001)

Co-evolution of firm capabilities and industry competition: Investigating the music industry; 1877—1977. *Organizational Studies*, 22(6), 971—1011.

IFPI(2009) Digital music report 2009. Online at http://www.ifip.org/content/library/dmr2009.pdf(accessed May 24, 2009).

Katz, M. (2004) *Capturing Sound: How Technology Has Changed Music*. University of California Press, Berkeley.

Kelley, N. (ed.)(2005) *R&B, Rhythm and Business: The Political Economy of Black Music*. Akashic Books, New York.

Kenney, W. H. (1999) *Recorded Music in American Life: The Phonograph and Popular Memory, 1890—1945*. Oxford University Press, New York.

Kofsky, F. (1998) *Black Music, White Business: Illuminating the History and Political Economy of Jazz*. Pathfinder Press, New York.

Kusek, D. and Leonhard, G. (2005) *The Future of Music: Manifesto for the Digital Music Revolution*. Berklee Press, Boston, MA.

Lathrop, T. (2003) *The Business of Music Marketing and Promotion*, revised and updated edn. Billboard Books, New York.

Lessig, L. (2005) *Free Culture: The Nature and Future of Creativity*. Penguin, New York.

Lessig, L. (2008) *Remix: Making Art and Commerce Thrive in the Hybrid Economy*. The Penguin Press, New York.

Lee, S. (1995) Re-examining the concept of the "independent" record company: The case of WaxTrax! Records. *Popular Music*, 14, 13—31.

Lopes, P. D. (1992) Innovation and diversity in the popular music industry; 1969—1990. *American Sociological Review*, 57(1), 56—71.

Malm, K. and Wallis, R. (1992) *Media Policy and Music Activity*. Routledge, London.

Manuel, P. (1993) *Cassette Culture: Popular music and Technology in North India*. University of Chicago Press, Chicago.

Marx, K. (1863) Productivity of capital. Productive and unproductive labour. B. Fowkes (trans.). *MECW* 34, 121—146. Online at http://www.marxists.org/archive/marx/works/1861/economic/ch38.htm(accessed March 10. 2009).

McCourt, T., and Burkhart, P. (2003) When creators, corporations, and consumers collide: Napster and the development of on-line music distribution. *Media, Culture & Society*, 25, 335—50.

McLeod, K. (2001) *Owning Culture: Authorship, Ownership & Intellectual Property Law*. Peter Lang Publishing, New York.

McLeod, K. (2005) *Freedom of Expression: Overzealous Copyright Bozos and Other*

Enemies of Creativity. Doubleday; New York.

McQuail, D. (2005) *McQuail's Mass Communication Theory*, 5th edn. Sage Publications, London.

Millard, A. (2005) *America on Record: A History of Recorded Sound*, 2nd edn. Cambridge University Press, New York.

Morton, D. (2000) *Off the Record: The Technology and Culture of Sound Recording in America*. Rutgers University Press, New Brunswick, NJ.

Negus, K. (1992) *Producing Pop: Culture and Conflict in the Popular Music Industry*. Edward Arnold, London.

Negus, K. (1996) *Popular Music in Theory: An Introduction*. Wesleyan University Press, Hanover, NH.

Negus, K. (1999) *Music Genres and Corporate Cultures*. Routledge, London.

Nielsen SoundScan. (2010) 2009 U. S. music purchases up 2. 1% over 2008; Music sales exceed 1. 5 billion for second consecutive year. *Business Wire*, January 6. Online at http://www. businesswire. com/news/home/20100106007077/en/2009-U. S.-Music-Purchases-2. 1-2008-Music (accessed October 11, 2010).

Passman, D. S. (1997) *All You Need to Know about the Music Business*. Simon & Schuster, New York.

Peterson, R. A. (1976) The production of culture: A prolegomenon. *American Behavioral Scientist*, 19(6), 669—84.

Peterson, R. A. and Berger, D. G. (1971) Entrepreneurship in organizations: Evidence from the popular music industry. *Administrative Science Quarterly*, 10 (1), 97—107.

Peterson, R. A. and Berger, D. G. (1975) Cycles in symbol production: The case of popular music. *American Sociological Review*, 40(2), 158—73.

Pfanner, E. (2009) Global music sales fell 7% in '08 as CDs lost flavor. *The New York Times*, January 16. Online at http://www. nytimes. com/2009/01/17/business/media/17music. html? _r=1 (accessed May 20, 2009).

Roberts, M. (2005) Papa's got a brand-new bag: Big music's post-Fordist regime and the role of independent music labels. In: Kelley, N. (ed.), *R&B, Rhythm and Business: The Political Economy of Black Music*. Akashic Books, New York, pp. 24—44.

Robinson, D. C., Buck, E. B., and Cuthbert, M. (1991) *Music at the Margins: Popular Music and Global Cultural Diversity*. Sage, London.

Rudsenske, J. S. and Denk, J. P. (2005) *Music Business Made Simple: Start an Independent Record Label*. Schirmer Trade Books, New York.

Sanjek, D. (1998) Popular music and the synergy of corporate culture. In: Swiss, T, Sloop, J., and Herman, A. (eds), *Mapping the Beat: Popular Music and Contemporary Theory*. Blackwell Publishers, Malden, MA, pp. 171—86.

Sanjek, R. and Sanjek, D. (1991) *American Popular Music Business in the 20th Century*. Oxford University Press, New York.

Scott, A. J. (1999) The US recorded music industry: On the relations between organization, location, and creativity in the cultural economy. *Environment and Planning*, A 31(11), 1965—84.

Singh, A. (2001) *Cutting Through the Digital Fog: Music Industry's Rare Chance to Reposition for Greater Profit*. Bain & Company, Inc., Boston.

Sisario, B. (2008) Music sales fell in 2008, but climbed on the web. *New York Times*, December 31. Online at http://www.nytimes.com/2009/01/01/arts/music/01indu.html (accessed October 11, 2010).

Smythe, D. (1960) On the political economy of communication. *Journalism Quarterly*, Autumn, 563—72.

Sousa, J. P. (1906) The menace of mechanical music. *Appleton's Magazine* 8. Online at http://explorepahistory.com/odocument.php?docId=418 (Accessed April 12, 2009).

Steffen, D. J. (2005) *From Edison to Marconi: The First Thirty Years of Recorded Music*. McFarland & Company, Jefferson, NC.

Storey, J. (1996) *Cultural Studies and the Study of Popular Culture: Theories and Methods*. University of Georgia Press, Athens.

Swiss, T., Sloop, J., and Herman, A. (1998) *Mapping the Beat: Popular Music and Contemporary Theory*. Blackwell Publishers, Malden, MA.

Taylor, T. D. (1997) *Global Pop: World Music, World Markets*. Roudedge, New York.

Theberge, P. (1997) *Any Sound You Can Imagine: Making Music/Consuming Technology*. Wesleyan University Press, Hanover, NH.

Toynbee, J. (2006) Copyright, the work and phonographic orality in music. *Social & Legal Studies*, 15(1), 77—99.

Vaidhyanathan, S. (2001) *Copyrights and Copywrongs: The Rise of Intellectual Property and How it Threatens Creativity*. New York University Press, New York.

Weber, M. (1958) *The Rational and Social Foundations of Music*. Martindale, D., Riedel, J., and Neuwirth, G. (ed. and trans.). Southern University illinois Press, Carbondale.

第十六章　劳动的政治经济学

文森特·莫斯可(Vincent Mosco)

劳动的盲点

传播政治经济学者面对的传播学界纠缠不清的三个研究主题是:媒体、信息和受众。关注媒体的学者倾向于将问题视为权力和控制,这其中包括媒体的所有权以及在信息与受众中所体现的社会、政治和经济关系。将重心放在信息的学者则着重探讨信息内容本身,从新闻到宣传再到广告,他们关注的是散乱的信息及其技术实现形式。着重研究受众的学者则侧重于个人或群体是如何在日常生活中接收、明确、理解、反应、忽视或者体现信息的。尽管这些研究已经取得非常丰富和多样化的学术成果,但都忽视了劳动这一问题。

生产和传播信息需要脑力劳动和体力劳动,接收并对信息产生反应同样需要劳动。但传播学界,甚至包括继承了政治经济学传统的传播学者,都没有对如此丰富的劳动形态给予足够的重视。此外,媒体和信息工人的组织与媒体生产中的劳动同样被忽视。正如这一章指出的,尽管一些学者现在正在从事相关的研究,但如同达拉斯·斯迈思(Dallas Smythe 1977)的著名论断指出的那样,传播是西方马克思主义的一个盲点,同时劳动也是西方传播学的一个盲点,包括政治经济学传统在内。

哈里·布雷弗曼(Harry Braverman)在1974年的著作《劳动与垄断资本主义》中通过直面资本主义劳动过程的转型引发了知识界对劳动意义问题的探索努力。根据他的理论,劳动是构想(conception)和执行(execution)两种力量的统一体,前者是构思、想象和设计的力量,后者是把这些付诸实践的力量。但在商品化的过程中,资本把构想力从执行力中分离，构想力逐步集中到管理者的手中，而工人只需执行特定工序的体力。商品化过程同时将构想力集中在由资本或其利益代理者组成的经理人阶级身上。最后，资本重构了劳动过程，使其与生产中新的劳动技能和权力分配形式相适应。在极端的情况下，这是通过企业对由泰勒开创的科学管理实践的普遍应用来实现的。这些都能使劳动的时间和计件精确化，从而使得投资的效益最大化。在劳动过程中，管理人员成为企业的“科学大脑”，然而曾经拥有控制劳动过程能力的工人演变为机器的附属。布雷弗曼指出，劳动过程的这种变化主要发生在大规模的工业企业中，但他也是首次将劳动过程的变化引入服务和信息生产部门的学者。布雷弗曼的研究开启了随后的大量经验研究和理论探索，主要关注这个过程中的抗争以及工人和工会运动在其中的活跃主体角色（Burawoy 1979，Edwards 1979）。这些研究组成了哲学家托马斯·库恩（Kuhn 1970）意义上的“常规科学”，即在布雷弗曼著作中提出的一系列问题及其意义的基础上进行研究和拓展。这包括对生产这一概念范围的划定，回顾其历史，同时解释由于不同行业、职业、阶级、性别和种族导致的劳动过程的差异。包括学术评估和商业媒体报道在内的新近研究已经转向种种被不断提高的技术能力所强化的传播手段，是如何介入一般劳动过程的商品化进程中的（Baldoz et al. 2001，Huws 2003，Mosco & McKercher 2008）。

尽管有着一个深厚的政治经济学传统以及经济学家和政策制定者对文化产业的广泛兴趣，传播研究趋向于研究消费问题，更注重受众与传播内容的关系问题，而非媒体的劳动过程。传播政治经济学者已经关注了媒体生产的系统化控制及其对受众的影响，这其中还包括受众劳动的理论。尽管改变正在发生，但学者们依然更为关注所谓的受众劳动，而不是去理解传统意义上的媒体产业中的劳动过程。此外，即便劳动过程已发生重大转型（Deuze 2007），媒体劳动中很强的工匠型、专业型和手艺型传统依然续存。其结果是，为民请命的专业记者和高科技创业者的形象往往遮蔽了媒体和高科技世界里少有浪漫色彩的大部分劳动者的现实工作情形，而这一现实是当年的产业工人似曾相识的。出于可以理解的原因，一种突出媒体生产中不同于工业生产的个人创造性维度的倾向，把媒体业与其他工业生产领域区分开来了：作家写书，一些导演同时兼任电影编剧，明星既拍电影又做电视节目，等等。这样的认识不无根据，主要是因为这个领域的工作的确需要较高的构想力，而这也是为什么历史上印刷工人及其工会能够在他们的工作场所拥有特权地位。但是，强调个人的创造力会模糊我们对生产过程的理解，所以我们有必要回顾一般经济学意义上的劳动生产过程。

组织传播和劳动

组织传播和社会学为传媒行业中的官僚结构和生产过程的研究提供了很好的视角。塔奇曼(Tuchman 1978)、菲斯曼(Fishman 1980)和甘斯(Gans 1979)，以及最近的杜伊斯多(Deuze 2007)对官僚控制体系、生产过程，尤其是对新产品的控制都进行了相关的研究。这些研究强调，一些诸如每天的记录和对劳动的更细化的划分之类的简单工作实际上是没有时间限制的生产过程的一部分。这部分内容就将大量的用于集合、包装和通告与信息传达等组织计划与劳动过程联系在一起。这条研究主线对政治经济学的劳动过程研究来说十分重要，因为这条主线描述了很多社会技术过程中的细节，这些细节帮助我们理解媒介生产的过程，甚至可以帮助我们理解劳动市场化和商品化的进程。尽管这一部分的研究都受到政治和经济的影响，但并没有体系化的理论框架对这种官僚和组织进行系统解释。这一研究路径并不是只局限于政治权力和利润的影响，同时在社会学和政治学传统，特别是马克斯·韦伯(Max Weber)和罗伯特·米歇尔(Robert Michels)的影响下，还注意到官僚行政系统的结构性压力，将文化产业的生产过程置于经济管理的复杂官僚体系之下。

从政治经济学的角度来看，上述文献提供了大量的经验细节，但也留下遗憾：市场的经济基础和行政管理的基础关系没有被提及。而这正如韦伯所言，实际上是把决定性的影响放在管理的方式，而非生产方式上。当下，这些研究给政治经济研究提出的挑战则是，如何发展出一个在检视生产过程中突出政治的或经济的权力，尤其是劳动的商品化的立场。这也会通过结合制度和文本分析，构建起一个唯物主义政治经济学的新路径，其重点在于将媒体生产过程中的劳动商品化问题进行理论化。传播政治经济学已经对此做出一些更为直接但同时也有深远影响的贡献。

文化劳动

将劳动过程引入传播政治经济学之前，我们有必要回顾一下迈克·邓明(Michael Demming)关于文化的生产劳动(laboring of culture)的定义(1996,xvi—xvii)。邓明对美国20世纪中期文化史的大师级研究成果主要体现在《文化战线》(*The Cultural Front* 1996)一书中。他用“文化战线”一词将许多相互联系的主题统领起来,将劳动置于当时文化斗争的最前沿。从大萧条到20世纪50年代,“劳动”(labor)的概念与“工作”(work)、“勤奋”(industry)和“劳累”(toil)等联系起来,成为文化工作者的重要指代。由此,语言本身也“被劳动过”(labored)了。那些年见证了美国的工人阶级在艺术和文化领域日益增长的影响与参与。这很大程度上归功于大众教育和大众娱乐的迅速普及,移民和工人阶级家庭出身的孩子成为艺术家和文化工业的雇员,以及美国的工人阶级成为文化工业产品最重要的受众。邓明同时使用“文化的生产劳动”(the laboring of culture)一词来描述文化生产中的劳动的新可见度。他认为,那个年代的一个核心叙事是文化工人如何组织到工会当中。这些文化工人包括教师、新闻工作者、电影工作者、广播明星,以及电影、音乐等文化产品得以到达受众、并彼此就如何消费文化产品进行交流的专业技术人员。“文化的生产劳动”概念也让人记住,在文化上和政治上,20世纪中期是工人拥抱了社会民主,而不仅仅是新政自由主义(New Deal liberalism)的年代。最后,邓明也指出作为动名词的“文化的生产劳动”也隐喻了劳动概念最早的含义之一,导致孩子出世的生产。“文化的生产劳动”因此包涵工作和劳累,有成功和失败:“劳动意味着艰难推进,受阻,在风暴中左冲右突和推爬打滚。在所有这些意义上,文化战线是一个劳动中的过程,一场不完整、尚未完成的重新打造美国文化的斗争,有犹豫、停顿、挫折和失败。”(Demming 1996,xvii)

将政治经济学的视野引入对传播中劳动的分析,将促使文化和传播领域劳动的研究更加清晰,同时也能对劳动的提供者——工人——进行更好的分析。劳动和劳动者应该是传播学研究中最常见的术语——尤其是在传播领域和相关产业就业人数日益增长的背景下——而不是被边缘化或者被忽视。传播中的劳动同时提出工人组织的问题,从建立社会运动的工人组织到如何将难以组织起来的文化产业工人组织起来,重新夺回(recapture)“失去的工作”(当然还有“失去的工人”),重新平衡劳资双方,不仅在一个全球化的经济中生存,而且兴旺发达。工会和工人运动是文化和政治组织,也是经济组织,同时,提出它们对工会成员和更大的社会意味着什么,这也是十分重要的。传播中的劳动同时也提出一些政策问题,从是否需要以及如何规制大众传媒和广泛传播的信息,到如何应对有技能、生产思想而非产品的创意工人等。最后，传播中的劳动实际上是非常难以界定和理解的现象，在学术的探索过程中，充满了成功和失败。正如邓明所做的那样，这个领域的研究是困难、不完美和尚未完成的。尽管如此，劳动中的传播依然是学术探索中的重要领域。

传播政治经济学视域下的劳动

20世纪八九十年代，一些(传播)政治经济学的文献向劳动迈进了几步，特别是检验新媒体和新技术领域中的劳动现象(Mosco & Wasko 1983)。这些研究着眼于雇佣劳动的类型和劳动性质在媒体与电信业的变化。基于对历史上新闻业忽视劳动的反对，哈特(Hardt)将政治经济学的基本原理和新闻编辑室中的新技术与劳动的融合联系起来。这种在传播学领域之外的政治经济学前沿研究还体现在对新闻生产劳动过程的分析(Zimbalst 1979)。在注意到一百年来"如同工厂车间一般的新闻编辑室不仅是技术创新的试验场更是经济与社会利益博弈的场所"，即在所谓电子新技术与社会斗争的关系之后，哈特给出了一种不同于以往忽视劳动的政治经济学的解释："在特权阶级主导的历史条件下，特权阶级也会主导新闻出版业。新闻史的作者忽视了工人阶级以及劳动过程的问题(这主要表现为出版商的反劳动立场)。"(Hardt 1990,355)

需要重申一下，很多研究着眼于如何通过技术革新来减少新闻出版的雇员，同时通过增加电子新闻产品生产和转变记者的工作方式来对编辑记者的工作进行重新建构(Russial 1989)。这也为劳动过程的视角提供了新的路径：用一些对传播方式的控制来实现对专业新闻劳动者的控制和对整个技术系统的控制。相似的研究也应用于电影(Nielsen 1990)、广播(Wasko 1983)、电信(Mosco & Zureik 1987)和信息产业(Kraft & Dubnoff 1986)的生产过程中。

在这段时间内，劳动的国际分工和劳动国际主义开始被引入政治经济学视域当中。前者来源于使生产更加合理化的压力和技术，特别是电脑和电信技术，克服以前企业在时间和空间上所受的限制，所提供的机会。这类研究探求全球劳动市场如何受益于不同的劳动者工资、劳动技能以及其他的重要特征。很多早先在这一领域进行的政治经济学研究认为之所以硬件生产集中在东南亚，数据处理业务集中在加勒比地区这些发展中国家，是因为公司为寻求最低劳动力成本并能最有效地控制而采取的行动。日益增长的信息产业的国际分工引发了劳动的国际主义问题,这特别涉及使用传播技术,包括新技术,建立起工人阶级之间和超越国界的工人之间的联合。

政治经济学视野下的传播史

当代的传播史学家正在以上研究基础上深化。广播是邓明文化战线理论的中心对象,今天,学者们从政治经济学的视角对文化战线中媒体的角色进行了详尽的分析。一些学者继续丰富关于广播的理论。例如,哥德弗里德(Godfried 1997)分析了一家名为 WCFL 的芝加哥广播电台的历史。这个广播电台由芝加哥市劳工联合会(Chicago Federation of Labor)建立并运营。在商业广播的包围圈中有一席之地并不是容易的事,特别是很多工会成员已经成为商业电台的粉丝,要争取他们并不容易。在商业化广播和自身财政的巨大压力面前,WCFL 依然能够保持自身特色,从工人阶级的立场提供新闻和娱乐节目。回到 WCFL 这个话题,沃尔夫(Wolf)阐述了广播在建立 20 世纪美国民主左翼的努力中的广泛作用。她不仅介绍了几个超越资本主义商业模式的广播电台,同时也介绍了当时在一些核心政策上劳工阶级及其盟友与资方进行斗争的案例,包括重新颁发广播的营业执照的决定,决定电台所有权的限制,对可接受广播内容的规制,以及决定电台内容多元化的详尽要求等(Fones-Wolf & Fones-Wolf 2007)。

政治经济学的视野同样也被引入其他的媒体领域,特别是印刷媒体。例如,翠西(Tracy 2006)描述了在新技术冲击印刷业之时,国际印刷工人联合会在争取工人权益中发挥的核心作用。1964 年,纽约的报纸印刷工人曾发动长达四个月的罢工。在采访了罢工领导者之后,翠西指出媒体行业劳工的强势反映出劳工的优势与劣势,例如过于单一的意识形态最终走向沉默。正如研究媒体集中的政治经济学家指出的,资本打败传播民主化呼吁者并维护媒体的单一商业化模式的手段,就是通过跨媒体所有权或购买一个社区和地区的多种媒体。但是,这也受到市民与劳工组成的联盟的强烈抵制(Fones-Wolf & Fones-Walf 2007)。围绕旧金山赫斯特(Hearst)主导的媒体控制的斗争案例令人震惊,因为它展示了,一个公司是如何在其控制的报刊或广播媒体中拒绝对其保守的编辑立场有哪怕是一点点的偏离的。我们也能在电信和电脑技术领域发现类似抗争的最新文献案例。比如,与传统上注重发明家、技术人员和有关美国电报和电话公司(AT&T)的偏向公司的历史解读不同,格林(Green 2001)将视线放在了这个公司内部明显的种族、性别和阶级的互动关系上。席勒(Schiller 2007b)解释了在工作场所和政策制定圈子中挑战公司企图控制邮政和电话系统的斗争。佩洛和帕克(Pellow & Park 2002)则讲述了硅谷中的斗争故事,最先是原住民的斗争故事,其次是农业工人的,现在是从事肮脏和繁重的体力劳动的移民妇女和相对优越但也被剥削的年轻软件工人的斗争故事。我和麦科尔特的研究延伸了这些故事,讲述的是整个美国媒体历史上传播工人中的行业和阶级之间的斗争(另见 Mosco & McKercher 2008)。本章下面的篇幅聚焦这一研究对传播劳动的政治经济学的贡献。

工会的融合

当今,工会势力衰弱,公司力量伴随其全球化进程而崛起,同时新的通信技术发展很快。在这样的背景下,知识劳工开始新的组织力量的尝试,以求增强自己的力量。这种尝试集中表现在为全球化提供技术支持和使其能顺利推行的思想的生产和流通的传播劳工领域(Msoco & McKercher 2008)。其中一种路径是将工会合并起来,这一路径在战略上与雇佣它们的公司的扩张对应。已经有相当多的研究专注于工会伴随着企业的扩张而合并与融合的价值,其中包括一些学者对信息和通信产业工会的研究(Batstone 1984,Katz 1997,Stone 2004)。融合的工会(例如美国传播工人联合会[CWA],加拿大传播、能源与报纸工人联合会[CEP])将原先各自独立的产业——报纸、电信、音像、广播等——工人组织在跨媒体的工会系统下。这些工会组织也意识到不仅雇主的边界变得模糊不清,数字技术也让原来泾渭分明的工种的边界变得模糊。由此,工会的融合被视为一种对技术和资本融合的回应(McKercher 2002,Swift 2003,Bahr 1998)。第二种路径是创造非传统的工人运动机构,以此吸引不能或不愿加入传统意义上的工会的工人,加入劳工运动。这样的团体为工人、他们的家庭以及社区提供一系列服务和支持,但不涉及集体谈判。在北美,这种组织尤其盛行于高技术领域(Kline et al. 2003,Stone 2004,Van Jaarsveld 2004)。

由于当下并非有组织的工人运动的好时日,政治经济学者对劳工抵抗问题，尤其是北美地区的这个问题，聚焦不够，也是可以理解的。2007年，只有12.1%的美国工薪阶层是工会成员。对工会来说，这已经是一个好消息，因为这个统计数字已经比上一年增加了0.1%。这是美国四分之一个世纪以来首次出现参加工会劳工比例的增长，而这还是在制造业持续萎缩的背景下(Greenhouse 2008)。但无论如何，0.1%的增长幅度实在微不足道，更何况过去几年参与工会的工人比例在稳步下降：2003年是12.9%，2004年是12.7%，2005年是12.5%，到2006年则是12%。1983年美国官方第一次提供的统计数据表明，当年参与工会的工人比例为20.1%(U.S. Bureau of Labor Statistics 2008，2007)。加拿大的情况好一些。2007年有29.7%的工人是工会成员。尽管如此，这也明显低于1981年加拿大工人38%的参会率。从1989年到1998年，加拿大工会参与比例平稳下降，之后则稳定在30%左右(Statistics Canada 2007，2005)。20世纪大多数时候，在这两个国家，私人企业和公共部门的工会参与人数都有显著的差别。2007年，美国的私人企业工人参会比例为7.5%，加拿大的数据则为17%；相反，在公有企业中，美国的工人参会比例为35.9%，加拿大的为71.7%(U.S. Bureau of Labor Statistics 2008；Statistics Canada 2007)。

不可否认的是，我们要在历史的语境中看待这些数字。实际上20世纪20年代之前的工人参会积极性并不高，工人参与工会的高潮仅仅是从30年代维持到50年代。迟至1932年，一位知名的美国劳动经济学家在美国经济协会的演说中提及美国联邦工会失去了40%的成员，而技术进步则让工人运动无法再达到先前的高强度。此外，尽管参与工会的工人比率在下降，但参与工会的工人绝对数量却在增加，这种情况同时出现在美国和加拿大两个国家。在美国和加拿大的工会参会人数的绝对数量虽然有所上升，但参会工人在所有工人中的密度却下降了。这种情况也促使学术界和劳工组织者达成共识：知识经济时代劳工的重新组织将成为严重的问题。要解决这一问题有两个出路：融合工会组织和以社会运动为基础的劳动组织。已有的美国和加拿大的劳动组织已经适应了多个组织之间的相互融合与资源共享，这种融合在知识生产和信息生产部门中尤为明显。为了更好地理解这种知识和媒体界的劳工组织融合，我们有必要理解“融合”的含义。

“融合”是一个阐释媒体、电信和信息部门等传播产业发展的中心概念。通常来说，融合反映的是技术、工作场所和机构在这些产业中的一体化，尤其是信息产业中所用的设施以及通过这些设施所处理、分销和交换的信息的一体化（McKercher 2002，Mosco & McKercher 2008）。正是因为将电脑和电信结合起来，互联网才成为技术融合的标志性案例。互联网这种形式的融合实际上从一定程度上也造成了一些原先相互独立的产业因为要生产电子信息和提供信息服务而融合在一起。技术的社会关系之间的差异，包括 19 世纪和 20 世纪所达成的公司与规制安排，导致媒体被分离成独立的印刷媒体、电子媒体、电信和信息服务等产业，这些产业之间和它们的劳动过程和劳动组织结构中树立起了高耸的“隔离墙”。而现在，很大程度上由于一些私有传播公司的权力，政府对提供公共信息服务缺少热情，以及致力于公共信息服务的社会运动的减弱，“隔离墙”轰然倒塌，原先相互独立的产业联系成为一个电子信息和传播服务的新场域。

融合能够创建新的硬件系统，并提高服务水平，例如无线网络系统（Wi-Fi 和 Wi-Max）。硬件的融合很大程度上受益于通用数字语言的应用，这种通用数字语言同时还可以应用在广播、光碟和数字转换方面，将各种语言变为一种语言，大大提高了数字传播的数量和质量。数字化大大提高了信息传播和电子传播的速度，取代了之前的模拟系统（Long Staff 2002）。但是数字化是在商品化进程加速和扩展的背景中发生的，而商品化过程又可以被看成是信息资源向一种可销售的产品和服务的转化。一方面，商品形式的扩展提出了数字化进程由谁来掌控和如何推进的问题；另一方面，数字化被用作促进信息和娱乐的商品化，尤其是扩大信息产品的市场，深化劳动在生产过程、交换过程中的商品化，同时根据受众的需求来进行电子信息的市场调整（Mosco 2009）。

企业通过建立公司与机构之间的融合从技术融合中获益。这种现象在知识和媒体行业的兼并和收购活动中表现得最为突出，但不局限于该行业（McChesney 2007，Schiller 2007a）。融合为传媒公司带来巨大的好处，它们有机会将产品与服务结合在一起，实现跨市场的融合——这种融合往往将数个明显独立的领域结合起来，例如新闻与娱乐，实现多媒体生产。企业的融合本身并不总能带来成功。短期内，有时候产品的协同生产并不如意，例如纸媒和广播电台生产过程中的习惯和文化差异。这有时也导致无法吸引受众的产品内容。这些情况有助于我们理解一些媒体兼并后的艰难处境，例如美国电话电报公司（AT&T）、加拿大贝尔公司（Bell Canada）和美国在线—时代华纳（AOL Times Warner）。正如《华尔街日报》在 2006 年的一篇报道中指出的，时代华纳公司主管不再谈论“协同”，而是“近靠”(Karnitschnig 2006)。此外，数字化本身也并不是毫无瑕疵，技术问题也限制其发展速度。另一个限制技术与机构融合进程的障碍是政府的规制。技术与机构的融合已经与反垄断的相关政策出现冲突。但这些可能只是短期的问题，可以通过政策调整来解决，而不能说明融合已经全盘皆输。更大的规模有助于企业控制它们的环境，限制竞争压力并促进企业内部的管理。

融合不仅是一个技术、政治和组织的进程，更是一个电脑传播如何对技术、政治和社会产生革命性影响的迷思。在这个迷思的崇高想象部分的最极端的形式，是认为技术的创新会产生历史的终结、地理的消失乃至政治的消亡的条件(Mosco 2004)。由此，融合不仅仅是一个描述一系列技术与组织变化的概念，更是一个引导我们摆脱粗陋的物质世界，学会数字化生存，从而走向尼古拉斯·尼葛洛庞帝所称的“原子化世界”(Negroponte 1996，69)的乌托邦话语。这种乐观的观点同样也被用于将日益加剧的社会不平等、日益高压化的监控(尤其是在工作场所对劳工的监控)以及信息和传播企业的迅速扩张进行合法化的解释中。将融合称为迷思并不是说融合本身是错的，而是说迷思一方面是基于基本经验事实，另一方面又把它夸大，使其有当下经验事实无法证明的促进社会和文化转型的效果。作为政治和文化进程的融合，带来的是公共信息服务，知识、信息与娱乐多样化和普遍与平等的媒体环境的悲观心理预期(Artz & Kamalipour 2003)。但劳工组织的日益融合则让我们看到些许乐观的前景。

在美国，已经有一批媒体工会，例如国际印刷工人工会(ITU)、报业工会(The Newspaper Guild)、全国广播从业者和技术人员协会(NABET)加入了全美通信工人协会(以下简称 CWA)。这种融合的工人组织(正如全美通信工人协会自己所言的“信息时代的工会”)实际上包含了电信、广播、有线电视、报纸和网络新闻、出版、电子生产和其他普通制造业，甚至航空公司客户服务、政府服务、医疗服务、教育等领域。CWA 的主要成员是美国电话电报公司(AT&T)、威瑞森(Verison)、美国全国广播公司(NBC)、美国广播公司(ABC)、加拿大广播公司(CBC)等公司和诸如《纽约时报》《华尔街日报》《华盛顿邮报》等主流媒体的雇员。在加拿大，传播、能源和报纸工会(CEP)也迈出相似的一步。该组织容纳了国际印刷工人工会(IUT)、报业工会(the Newspaper Guild)和全国广播从业者和技术人员协会(NABET)的加拿大分支。它的成员在纸浆厂、电话公司、报刊、广播和电视台工作，甚至还包括了一些平面设计师、宾馆工作人员、程序员、卡车司机、护士等。此外，历史上在英属不列颠哥伦比亚省代表电话业工人的电信工会（TWU）也将自己的大门向全国其他地方的工人敞开。这是因为，加拿大的劳工管制部门决定，由于技术和产业的融合，最好是由一个融合的工会来代表。

从某种程度上来说，工会把这些行为看成是防御性的，也就是说，都是以保护成员利益为主的。但很明显的是，我们也看到在工作融合过程中出现的劳动性质的融合（Bahr 1998）。由于这些工会代表了在一个融合的电子信息服务领域生产的工人，他们看到了在改进组织和谈判方面的机会。本质上，技术与企业的融合将跨越知识产业的工人联合在了一起（Mosco & McKercher 2008）。

但这种策略不总是成功的。一个例子是，为了更好地动员起来，抗击不断融合的主要包括电视业和好莱坞的影像和电影产业，代表这两个行业的工会也最好融合起来。实际上，像迪士尼和福克斯这样的公司，就用它们融合后的实力，来控制各自的劳动力——比如，由于劳动者没有联合起来，这些企业有权主宰如何分配来自同一个电视节目或同一部电影的多种收入的合同条款。工人的融合意味着将美国电视与广播艺术家联盟（AFTRA）和电影演员协会（SAG）联合起来。但是，在 1999 年和 2003 年两次票数非常接近的投票表决中，这种融合都失败了（Mosco & McKercher 2008）。在加拿大，试图将主要的电信业工会联合起来的行动尤其不成功。成立传播工会全国协会（National Association of Communication Unions）使 CEP 和 TWU 有了正式联合。但是，可能是因为 TWU 有激进的传统（他们曾在 1981 年罢工期间切断了温哥华的电话交换系统），回避了两个公会融合成一个工会的想法，这两个工会最终没有走到一起。

融合还带来跨国界的挑战，就像 CBC 的工人曾经经历的那样，为了更加容易进行谈判，CBC 的管理者促使加拿大政府主导工会的融合。而在此之前，CBC 的记者曾是 CWA 的成员，CBC 的技术人员则是 CEP 的成员。这就是说在加拿大的国家广播机构中，一部分人员是加拿大的工会成员，另一部分则是美国的工会成员。紧接着，所有成员都决定加入 CWA，于是加拿大的国家出版和广播员工都成为美国工会的一部分。尽管这样，这种超越国界的融合被证明是十分有用的，这一点在 2005 年 8 月 CBC 的工人反对一个让其停工的管理层事件中表现尤为明显。这个案例也反映出不同类型的知识劳工的能力是不同的。在一个强大的工会的支持下，记者和技术人员能团结起来，密切合作，即便这个工会是国外的。像CWA这样的工会证明，融合有时能“反咬”那些倡导它的企业。

2005年，工会的融合问题成为美国的热点问题。伴随着共和党在2004年总统大选中的获胜以及工会参与密度的持续下降，美国劳工联合会和产业组织工会（劳联—产联，AFL-CIO）的一个主要工会发出威胁，要求劳联—产联承诺新的更为显著的对工会之间联合的保护和组织方面的改革。尤其值得注意的是，美国扩张速度最快的工会组织，服务业国际工会（SEIU）要求劳联—产联促进其所属的一些工会之间的融合，并把其用于自己的研究和政治活动的经费放在基层组织上。在这样的威胁中，SEIU回到了拥有强大政治力量的工会时代。劳联—产联提出的妥协没有成功，一些附属工会退出劳联—产联，成立了一个“为了胜利而改变”的联盟，并吸引了540万希望加强工会组织的成员。一定程度上因为这次失败，劳联—产联建立了10个工会组织组成的产业协调委员会，涵盖艺术、娱乐、传媒和电信产业。这个委员会的目的是在深受企业集中和技术变革打击的条件下，重振这些产业中劳工的权力。从中可以看出，融合也可能在一个组织因弱化而无法维持其现有成员的条件下发生。

到底融合能够将传媒、知识和文化产业中的工会推动多远还是一个未知数。融合是不是会将工会带回到一个曾经流行的唯一大工会时代，就像一个世纪前的劳工骑士团（Knights of Labor）和全世界产业工人工会（Industrial Workers of World）一样？融合会不会通过阻止30年来的组织弱化来扩大民主？融合是新的开始还是劳工运动的回光返照？现在要回答这些问题还为时尚早，但对这些问题进行不同维度的思考则是有益的。

一方面，工会的融合增强了集权和官僚化。具体表现在工会的领导与普通会员之间关系的疏离，北美之外的现实情况也说明了这一点。例如，90年代澳大利亚的工会数减少了一半，这并没有阻止工会密度的下降。莫非工会的融合意味着牺牲工会民主，换来各种卡特尔工会主义（cartel unionism）？

另一方面，融合的确赋予了工会更强的谈判能力，这在一定程度上削弱了30年来大企业集中形成的权力。为了支持这一观点，读者可以参阅CWA组织无线电工人和CBC相关职员罢工的成功案例。此外，融合让工会在社会和政治活动中更加积极。例如，斯威夫特（Swift 2003）曾引用

CEP作为案例，融合后的传媒工会更多地参与到重要政策议题的讨论中，这些议题涵盖整个产业，其中包括限制加拿大媒体集中化的斗争和限制外资进入加拿大媒体的斗争。CEP是游说萨斯喀彻温省保留公共电信业和渥太华保留公共电力的先锋组织。此外，融合后的工会还有一个好处是超越了小团体的利益。例如，尽管CEP代表能源工人的利益，但其运作也必须遵循《京都议定书》的相关规定以减少温室气体的排放。融合后的工会还会替造纸工人说话，反对实力雄厚的木材加工企业，因为融合后的CEP能动用能源和传播业工人工会的罢工基金。同时，它还有资源来创建魁北克团结基金，用来对一个业已衰败的纸浆厂进行投资，避免企业破产带来的失业。CEP还深入参与反对全球化的社会运动，用其CEP人文基金，支援墨西哥和其他拉丁美洲国家的工人组织起来。凯斯和莫斯可(Kiss & Mosco 2005)的研究表明，针对工会如何回应在工作场所被监控的问题，知识劳工工会，特别是CEP这样的融合工会，能在成员的集体协议中提供最好保护。最后，融合也促成了工会前所未有的协同运作，就像劳联—产联的艺术、娱乐、传媒、电信等产业的协调委员会一样，对产业集中和技术变革带来的打击做出有益回应。

然而，融合后的工会是不是将诸如新闻工作者和话务员这样的知识、信息、传播等部门的不同工人真正联合起来，还是仅仅将事实上共性不强的雇员组成一个联合会，这尚未有一个清晰的答案。

社会运动的工人组织

劳工回应在组织方面的危机的第二个措施，是通过形成工人协会或劳工社会运动来为工人提供福利，但不参与集体劳动合同的谈判。这种情况在组织工会尤为困难的高科技产业中尤其常见。工人协会在非全职但有固定工作的工人中特别普遍，这是因为，由于这些工人并不是高科技企业本身的雇员，而是为劳务派遣机构工作，他们很难靠传统工会组织起来。加利福尼亚的硅谷中有40%的劳动者不是通过标准渠道被聘用的。在微软的西北太平洋园区里也是如此。这样的工人被称作“固定临时工”(permatemp)。之所以有这个称谓，是因为他们虽然做的是全职工作，但他们的合同是即时性的，几乎没有任何福利和加班费。工人协会的目标是为这些流动性很强的工人提供可随身携带的福利、终身教育和培训、就业介绍、分发信息，以及为没有雇主支付医疗保险的工人提供医疗保险。

有两类工人协会在知识产业中尤为明显，一类代表技术要求很高的工人，另一类主要提供内容，包括文化工人。前者中最具代表性的或许是华盛顿技工(WashTech)，这是全美通信工人协会(CWA)在西雅图的分支，由微软的一些不满的“固定临时工”组成。这些人曾通过法律途径，成功获得了因公司将他们归类为临时工而不给他们的合理工资和福利(Rodino-Colocino 2007)。高科技产业的工人面对的一个严重问题是他们在形式上并不是直接为高科技企业工作，而是为像人力资源公司(Manpower)这样的给高科技公司提供工人的劳务派遣公司工作。然而，由于微软使用其政治权力“创造”出了“固定临时工”这样的一个类别，使这些人享受不到固定工人的工资和福利，这就为华盛顿技工的出现提供了契机。法律诉讼和 CWA 的支持动员起了足够的微软工人，使他们组织了华盛顿技工。

华盛顿技工包含程序员、编辑、网站设计师、系统分析员、校对员、测试员、工程师等，他们都寻求获得更高的工资、医疗福利、休假和退休福利、折价公司股权以及职业培训等。除了成功赢得对微软的法律诉讼外，华盛顿技工成员运用他们的技术能力发现了微软一个关于雇员表现的秘密数据库，并把它公之于成员。此外，他们还发现了可以上溯到 2001 年的公司秘密把高端软件设计工作外包给印度公司的合同文件。华盛顿技工在微软取得了胜利，得益于它与诸如“改变劳动力研究中心”(Center for a Changing Workforce)这样的倡导型研究团体及其网站“技工联合”(Techsunite. org)的协作，该网站为高科技劳工提供信息和在线组织服务。但华盛顿技工在把自己扩展到其他知识生产部门的工人方面，最多也只能说是有成功也有失败。比如，他们在组织在线书商亚马逊公司中的不满工人时遭遇了滑铁卢，但在组织辛古拉无线公司(Cingular Wireless)工人的行动中取得了成功。今天，华盛顿技工特别卷入了反对把技术工作外包到印度和中国这些国家的斗争，他们成功说服了一些州的立法者停止外包政府的高科技工作。

IBM 联盟(Alliance@IBM)也是由 CWA 建立，与华盛顿技工类似，它通过斗争为原先因被 IBM 公司归类为临时工而失去福利的工人争取权益。IBM 因为在加工产品过程中使用有毒化学品而声名狼藉，所以 IBM 联盟在法院面前争取安全的工作环境和医疗保险方面特别活跃。该组织还在使自己在人力资源公司(Manpower)和 IBM 这样的公司中为工人取得代表性地位方面取得了一些胜利。

将工程师和劳工运动放在一个句子里很不常见,但航空工程师协会(Society of Professional Engineering Employees in Aerospace,SPEEA)已经逼得波音公司管理层不得不这样做,因为该协会在2000年领导了美国历史上最大规模的白领工人罢工,而其对象则是航空巨头波音公司。的确,这次罢工让那些相信知识劳工的运动蕴含着新型组织形式的人特别感兴趣,因为这次运动的成功,主要是通过电子邮件和互联网的使用而取得的。例如,2000年针对波音公司的罢工中,工会通过收集家庭电子邮址的形式建立了一个传播网络。在对其数据库也许是最有效的一次使用中,SPEEA单通过电子邮件,仅仅在6小时内就组织了500人的罢工警戒线,打断了波音管理层在一个本地宾馆里的一次秘密会议。还有很多值得书写的高技术工人协会的组织行动。系统管理者协会(Systems Administrators Guilds)在美国(也在英国和澳大利亚)已经成立,其目标就是组织电脑工人并干预政策辩论。

工人协会在内容生产者中也越来越重要。自由撰稿人联盟(The Freelancers Union)是一个全国性的非营利机构,脱胎于1995年建立的"今日工作"(Working Today)组织,后者的目标是为在纽约市内被称为"硅巷"(Silicon Alley)的电子产业街区的知识工人提供福利。自由撰稿人组织的成员不必缴纳会费,其成员包括自由撰稿人、咨询师、独立承包商、临时工、兼职工人和自雇者,但他们会为自己所选择的服务付费。如今,这个组织已经可以为其在30个州的会员和家庭成员提供医疗保险。截至2006年,13000名成员从它这里购买医疗保险。这个组织的成员数也增长到37000人,年收入达到3800万美元,还有400万可以用于各种倡导性开支的资金(Economist 2006)。截至2007年底,注册会员超过40000人大关,并引起全国性关注,这主要是因为在MTV音乐影像频道工作的自由撰稿人在MTV母公司、媒体巨头维亚康姆公司决定减少他们的福利的时候,停工抗议。在自由撰稿人联盟的帮助下,这些罢工工人赢回了福利,也引起了对所谓的"固定撰稿人"(permalancers)的境遇的关注:和微软的那些"固定临时工"一样,干着几乎全职的工作,但只有兼职的工资和极少的福利(Stelter 2007)。平面设计师协会(Graphic Artists Guild,GAG)是由从事视觉设计、摄影、卡通制作、网站设计、多媒体以及其他视觉设计的工人组成的组织,它结合了一个专业协会的某些特点和工联主义。它不仅提供提高成员工作技能的工作坊服务,还有一个法律辩护基金,并为成员提供支持,特别在涉及著作权方面。全国作家协会(The National Writer Union,NWU)参与了华盛顿技工草创时期的一些会议,为会员在签订自由撰稿人合同与著作权保护方面提供咨询,同时还运营一条就业热线,让雇主为会员提供就业机会。

在加拿大,传播、能源和报纸工人协会(CEP)近来与一个专业作家协会,加拿大专业作家协会(the Professional Writers Association of Canada)协作,为自由撰稿人组织了一个分支。2006 年 12 月,这个诞生不久的 CEP 分支就号召自由撰稿人对太阳传媒(Sun Media)——一家魁北克报业(Quebecor)的下属公司——“说不”。这个分支也为争取更高的报酬、知识产权保护和更好的福利而努力。到 2007 年初,这个分支拥有超过 350 个成员,并在多伦多、温尼伯、渥太华、蒙特利尔等地推进招募成员的工作。2008 年,该组织的主要目标则是要打造一个被该组织称为“雇人大厅”的就业委员会,以及一项对作者的问卷调查,来发现这个行业的行情(Canadian Freelance Union 2007)。

最后,以自由撰稿人运动为基础,也显示出其实各种形式的新媒体,从电报到互联网,劳工鼓动都在上升,在 2007 年 8 月博客作者的一次大会上,出现了一个“博客工会:是时候组织起来了”的讨论组。这个小组的主要发言者来自一个意在建立一个博客作者工会的全国性联盟。发起者希望,这样一个组织不仅展现博客作者不断增强的专业主义,更希望能展示他们在竞选中的重要角色。博客在美国日益流行,大约 8%的网民拥有自己的在线博客。一个工会或者工人协会可以帮助博客作者获得医疗保险,进行工资谈判并确立专业标准。来自科罗拉多的博客作家莱斯利·罗宾逊认为,“这将提高博客写作的专业水平”,“或许我们能得到更多工作,真实的工作”(Heher 2007)。但很难说这些工人组织是否能长期为传播领域的工人服务,这有赖于技术的变化和内容生产者之间的藩篱是否被打破,同时也有赖于他们建立起跨越国际分野的桥梁的能力。

尽管这些劳工组织已经实现了全国性的,甚至如同 CWA 这样实现了两国的融合,但由于缺乏国际广度,他们的活动依然有局限。例如,华盛顿技工在对微软的斗争中得到 CWA 的强力支持,成功捍卫信息技术工人的利益,微软以牙还牙,把工作外包到印度和其他地方(Brophy 2006)。这样的案例让研究劳工融合的人认识到把劳工融合研究延伸到国际领域的紧迫性。如果要这样做,我们就必须回应学术文献中有关在一个变化的全球政治经济中反思国际劳工联合历史的呼吁(Jakobsen 2002)。但是,要这样做,就有必要把研究根植于正经历复杂变化的国际劳动分工中，避免得出一些想当然的结论。以劳务外包为例，劳工组织无一不从负面认识它，而公司大多得出这纯粹有利于经济增长。以这种简单化结论为政策基础，包括国际劳工组织的战略基础，都是危险的。因为外包实际上不无矛盾之处。知识和传播领域的外包大量出现在发达国家之间，例如加拿大成了北方好莱坞；爱尔兰则因为其高技能又廉价的劳动力而受益。此外，尽管印度一直是低工资知识劳动的代名词，印度的重要公司，例如 ICICI、Tata、Infosys 和 Wipro 也是劳务外包产业中的领头羊。他们进入发达国家关键市场的动态昭示，地点很重要，文化也有关联。最后，劳工组织的抗争在上升，这也是为什么知识和传播部门融合起来的工人组织的扩展尤为重要的原因（Mosco & Mckercher 2008，另见 Elmer & Gasher 2005）。政治经济学研究在评估国际劳工组织的策略及其前景时，需要认识到国际劳动分工的动力机制的复杂性，不能将其化约为某些单一因素，尽管这些因素可以成为吸引人的政治口号或者迷思性的符号。这在知识和传播领域尤其如此。

走向全球化的劳工运动：全世界传播工人会联合起来吗？

意识到了如此复杂的问题，传播政治经济学需要考察传播和信息部门中的国际劳工组织的现状以及它们之间的关系，同时评估它们能否让工人面对信息资本主义的挑战的程度。这样的研究需要根植于政治经济学视野在制度层面对权力关系和生产领域的聚焦，同时考虑劳工融合在国际层面的程度和有效性。

特别需要指出的是，迈克切尔（McKercher）和我目前通过描述四种主要国际劳动组织类型，在制作一幅全球劳工融合的图景。这四个类型包括：依然根植于一种主要传播和信息形式的国际协会，跨越传播和信息产业的工会组织全球联盟，代表工人利益的政府或公共部门工会，以及根植于一个国家但尝试超越国界进行组织和联合的工人协会。我们有兴趣对各类组织形式中的主要机构进行辨认，描述它们的成败，同时试图理解它们之间的关系。本质上，这是希望阐明全球劳工融合的现状，并对国际工人和他们组织团结起来的可能性做出评估。这项研究也可以作为细致的案例研究的基础，来说明工人组织遇到的种种与融合有关的挑战，包括如何用融合中的技术来满足工人及其组织的需要带来的挑战。

我们的第一个案例是国际记者联合会（International Federation of

Journalists,IFJ)。这是一个跨专业的媒体产业劳动组织。IFJ 是世界上最大的新闻组织,有超过 50 万的成员和来自 117 个国家的 161 个分支机构。一个捍卫工会融合的共识是,这可以帮助那些实力较弱的工会组织面对没有能力处理的宽泛的政策问题。我们调查了国际记者联合会认为重要的四个议题:媒体的集中化、女性在媒体中的权利、作者对自己工作的控制权利以及对新闻自由的体制性攻击。国际记者联合会也声称将富国和穷国的记者联系起来。这种实践确实非常重要,因为像路透社这样的公司已经开始把一些新闻生产工作从英国这样的高收入国家外包到印度这样的低收入国家。融合是否促使国际记者联合会推行这样的实践?最后,随着技术和企业的融合已经对传统的新闻定义提出挑战,也随着它的一些工会组织成员,像加拿大的 CEP,已经包括知识产业中的内容工人和技术工人,国际记者联合会能否依靠专注于一个媒体部门而继续成功?

我们的第二个案例是国际网络工会(Union Network International, UNI),这是一个覆盖所有融合了的电子服务领域的全球组织。与国际记者联合会不同的是,国际网络工会以更积极的态度对待融合。国际网络工会自称是一个"新千年的新国际",创立于 2000 年。截至 2008 年,已经有来自 140 个国家的 900 多个工会的 1550 万工人加入其中,跨越新融合起来的电子信息和传播部门的工人,包括邮政、媒体、娱乐、电信和文化部门。导致它成立的推动力,是从融合的电子信息技术中得益的公司的增加。尽管国际网络工会诞生时日不长,但它已经站在劳务外包等敏感话题抗争的最前沿,同时经常对一些国际公司和诸如世界贸易组织(WTO)这样的国际组织施压。国际网络工会还开创性地借助与跨国公司达成的全球性框架协议,在世界范围内保护基本的劳动条件,并已经为电话接听中心的工人建立了第一个全球权利宪章(Mosco & Mckercher 2008)。创造一个跨越不同产业劳动网络的网络的策略能在多大程度上奏效?它在跨越不同知识产业中诸如技术和内容、新闻业和娱乐业及文化产业间的工人间的主要鸿沟方面取得了多大的成功?最后,我们考察了国际网络工会如何在劳务外包问题上将第一世界和第三世界的工人联合起来,这是其主要目标。

接下来,我们考察国际劳工组织(International Labor Organization, ILO),来看看融合后的工会在联合国机构中是如何工作的。不同于国际记者联合会和国际网络工会,国际劳工组织创建于 1919 年,是联合国机构之一，其目的是保护劳工人权。形式上，国际劳工组织通过产生协议和建议来确立最低劳动权益标准，比如结社自由、组织权利、集体谈判权力、废除强迫劳动，以及平等的机会和待遇等。同时国际劳工组织还向劳工和劳动组织提供技术支持。融合如何影响国际劳工组织的运作？具体而言，在其成立之初，工人主要集中在工业生产领域，而现在从事知识生产和传播行业的劳动者越来越多，国际劳工组织如何应对？特别是如何处理二者之间在不同区域的平衡关系？我们也在评估，国际劳工组织在多大程度上是一个连接第一世界国家和第三世界国家信息工人，以及连接那些在一个不断变化的国际知识劳动分工中在外包领域占据不同位置的信息工人的桥梁力量。

我们的最后一个例子是两个印度的工人协会，拥有 300 个工会支部和超过 50 万印度工人的工会新方案（New Trade Union Initiative，NTUI），和信息赋能服务（IT Enabled Services，UNITES）。这两个工会主要是把信息和传播技术部门的工人组织起来，包括为一个劳务外包公司成功招人和在海德拉巴的一个国际电话接听中心。我们选取这两个组织，是因为它们代表不同于以往印度政党主导下的传统工会。它们都以不同的形式回应了融合的知识生产部门（前者拥有广泛的成员，后者聚焦在信息技术领域），同时也是因为这两个组织与前面提到的三个国际工会组织研究案例都有关系，特别是在通过建立全球劳工网络来应对传播和知识劳动的外包带来的挑战方面。我们的研究集中在探究这些新劳动组织在印度的活动，以及它们是如何面对融合带来的挑战的。更具体来说，这些组织如何有效在印度发挥作用？它们能否成功地与发达国家的劳工协会建立相互联系？

总而言之，传播政治经济学者已经正确地提醒了传播研究者，不应该简单地关注“下一个新事物”：新技术、新节目概念、新受众。我们现在有必要重申一个劳动领域的发展要求回答的问题：全世界传播工人会联合起来吗？

参考文献

Artz, L. and Kamalipour, Y. R. (eds) (2003) *The Globalization of Corporate Media Hegemony*. State University of New York Press, Albany.

Bahr, M. (1998) *From the Telegraph to the Internet*. National Press Books, Washington, DC.

Baldoz, R., Koeber, C., and Kraft, P. (eds)(2001) *The Critical Study of Work*. Temple University Press, Philadelphia.

Batstone, E. (1984) *Working Order*. Blackwell, Oxford.

Braverman, H. (1974) *Labor and Monopoly Capital*. Monthly Review; New York.

Brophy, E. (2006) System error: Labour precarity and collective organizing at Microsoft. *Canadian Journal of Communication*, 31(3), 619—38.

Burawoy, M. (1979) *Manufacturing Consent*. University of Chicago Press, Chicago.

Canadian Freelance Union(2007) *CPU Newsletter*. Spring(1).

Clawson, D. (2003) *The Next Upsurge: Labor and the New Social Movements*. ILR Press, Ithaca, NY.

Denning, M. (1996) *The Cultural Front*. Verso, London.

Deuze, M. (2007) *Media Work*. Polity Press, Cambridge, UK The Economist (2006) Freelancers of the world, unite! November 9. Online at http://www. economist. com/node/8135077? story_id=8135077(accessed October 13, 2010).

Edwards, R. (1979) *Contested Terrain*. Basic, New York.

Elmer, G. and Gasher, M. (eds)(2005) *Contracting Out Hollywood*. Rowman & Littlefield, Lanham, MD.

Fishman, M. (1980) *Manufacturing the News*. University of Texas Press, Austin.

Fones-Wolf, C. and Fones-Wolf, E. (2007) Labor off the air: The Hearst corporation, crossownership and the union struggle for media access in San Francisco. In: McKercher and Mosco(eds), *Knowledge Workers in the Information Society*. Lexington Books, Lanham, MD, pp. 1—18.

Fones-Wolf, E. (2006) *Waves of Opposition*. University of Illinois Press, Urbana.

Gans, H. (1979) *Deciding What's News*. Pantheon, New York.

Godfried, N. (1997) *WCFL, Chicago's Voice of Labor*, 1926—78. University of Illinois Press, Urbana.

Green, V. (2001) *Race on the Line*. Duke University Press, Durham, NC.

Greenhouse, S. (2008) Union membership sees biggest rise since '83. The New York-Times, January 26. Online at http://www. nytimes. com/2008/01/26/us / 26labor. html? scp=1&sq=greenhouse&st=nyt(accessed January 26, 2008).

Hardt, H. (1990) Newsworkers, technology, and journalism history. *Critical Studies in Mass Communication*, 7, 346—65.

Heher, A. (2007) Bloggers consider forming labour union. Globe and Mail, August 7. Online at http://www. theglobeandmail. com/news/technology/article774102. ece (accessed October 12, 2010).

Huws, U. (2003) *The Making of a Cybertariat*. Monthly Review, New York.

Jakobsen, K. A. (2002) Rethinking the international confederation of free trade unions and its interamerican regional organization. *Antipode*, 33(3), 363—83.

Karnitschnig, M. (2006). Time Warner stops pushing synergy. *Wall Street Journal*, June 2. Reprinted in the Pittsburgh Post-Gazette. com. Online at www. post-gazette. com(accessed October 12, 2010).

Katz, H. C. (1997) Introduction and comparative overview. In: Katz, H. C. (ed.), *Telecommunications: Restructuring Work and Employment Relations Worldwide*. Cornell University Press, Ithaca, NY, pp. 2—28.

Kiss, S. and Mosco, V. (2005) Negotiating electronic surveillance in the workplace: a study of collective agreements in Canada. *Canadian Journal of Communication*, 30(4), 549—64.

Kline, S., Dyer-Witheford, N., and de Peuter, G. (2003) *Digital Play*. McGill-Queen's University Press, Montreal.

Kraft, P. and Dubnoff, S. (1986) Job content, fragmentation and control in computer software work. *Industrial Relations*, 25, 84—196.

Kuhn, T. (1970) *The Structure of Scientific Revolutions*, 2nd edn. University of Chicago Press, Chicago.

Kumar, D. (2007) *Outside the Box*. University of Illinois Press, Urbana.

Longstaff, P. (2002) *The Communications Toolkit*. MIT Press, Cambridge, MA.

Martin, C. (2004) *Framed!* ILR Press, Ithaca, NY.

McChesney, R. W. (2007) *Communication Revolution*. Free Press, New York.

McKercher, C. (2002) *Newsworkers Unite*. Rowman & Littlefield, Lanham, MD.

McKercher, C. and Mosco, V. (eds) (2006) The labouring of communication. *Canadian Journal of Communication*, 31(3), special issue.

McKercher, C. and Mosco, V. (eds) (2007) *Knowledge Workers in the Information Society*. Lexington Books, Lanham, MD.

Mosco, V. (2004) *The Digital Sublime*. MIT Press, Cambridge, MA.

Mosco, V. (2009) *The Political Economy of Communication*, 2nd edn. Sage, London.

Mosco, V. and McKercher, C. (2008) *The Laboring of Communication*. Lexington Books, Lanham, MD.

Mosco, V. and Wasko, J. (eds) (1983) *Labor, The Working Class, and the Media*. Ablex, Norwood, NJ.

Mosco, V. and Zureik, E. (1987) *Computers in the Workplace: Technological Change in the Telephone Industry*. Government of Canada, Department of Labor, Ottawa.

Negroponte, N. (1996) *Being Digital*. MIT Press, Cambridge, MA.

Nielsen, M. (1990) Labor's stake in the electronic cinema revolution. *Jump Cut*, 35, 78—84.

Pellow, D. N. and Park, L. S. (2002) *The Silicon Valley of Dreams*. New York University Press, New York.

Rodino-Colodoo, M. (2007) High-tech workers of the world, unionize! A case study of WashTech's "new model of unionism." In: McKercher, C. and Mosco, V. (eds), *Knowledge Workers in the Information Society*. Lexington Books, Lanham, MD, pp. 209—27.

Russial, J. T. (1989) Pagination and the newsroom. Doctoral dissertation. Temple University, Philadelphia.

Schiller, D. (2007a) *How to Think About Information*. University of Illinois Press, Urbana.

Schiller, D. (2007b) The hidden history of US public service telecommunications, 1919—1956. *Info*, 9, 17—28.

Smythe, D. W. (1977) Communications: Blindspot of Western Marxism. *Canadian Journal of Political and Social Theory*, 1(3), 1—27.

Statistics Canada(2005) Study: Diverging trends in unionization. *The Daily*, April 22. Online at http://www. statcan. ca/Daily/English/050422/d050422c. htm(accessed May 15, 2007).

Statistics Canada(2007) Unionization rates in the first half of 2006 and 2007. Perspectives on Labor and Income, August. Online at http://www. statcan. ca/start. html (accessed January 26, 2008).

Stelter, B. (2007) Freelancers walk out at MTV networks. *The New York Times*, December 11.

Stone, K. V. W. (2004) *From Widgets to Digits*. Cambridge University Press, Cambridge, UK.

Sussman, G. (1984) Global telecommunications in the third world: Theoretical considerations. *Media, Culture and Society*, 6, 289—300.

Swift, J. (2003) *Walking the Union Walk*. Communications, Energy and Paperworkers Union of Canada, Ottawa.

Tracy, J. F. (2006) "Labor's monkey wrench": Newsweekly coverage of the 1962—63 New York newspaper strike. *Canadian Journal of Communication*, 31 (3), 541—60.

Tuchman, G. (1978) *Making News*. The Free Press, New York.

U. S. Bureau of Labor Statistics(2007) Union members summary, January. USDL 07—0113. Department of Labor, Washington, DC.

U. S. Bureau of Labor Statistics(2008) Union members in 2007, January 25. USDL 08—0092. Department of Labor, Washington, DC.

Van Jaarsveld, D. D. (2004) Collective representation among high-tech workers at Microsoft and beyond: Lessons from WashTech/CWA. *Industrial Relations*, 43(2), 364—85.

Wasko, J. (1983) Trade unions and broadcasting: A case study of the National Association of Broadcast Employees and Technicians. In Mosco, V. and Wasko, J. (eds), *Labor, The Working Class, and the Media*. Ablex, Norwood, NJ, pp. 85—113.

Wasko, J. (2003) *How Hollywood Works*. Sage, London.

Waterman, P. (1990) Communicating labor internationalism: A review of relevant literature and resources. *The European Journal of Communication*, 15, 85—103.

Waterman, P. (2001) *Global Social Movements and the New Internationalisms*. Mansell, London.

Zimbalist, A. (1979) Technology and the labor process in the printing industry. In: Zimbalist, A. (ed.), *Case Studies in the Labor Process*. Monthly Review, New York, pp. 103—26.

第十七章　迈向媒体业劳动的政治经济学

大卫·赫斯蒙德夫(David Hesmondhalgh)
莎拉·贝克(Sarah Baker)

就关于权力与社会正义的媒介生产分析而言,政治经济学取向一度垄断了整个批判分析学界。而如今,依托该领域而崛起的众多新入者正虎视眈眈,威胁着吞没整个政治经济学研究。一个是"媒介生产"研究领域,吸收了文化研究理论,现在正在茁壮成长(Mayer et al. 2009, Holt & Perren 2009)。而在关于互联网与新媒体的主流批判研究中,政治经济学者的影响大部分已被边缘化(例如 Benkler 2006)。尽管政治经济学对关于媒介、文化和传播政策的研究有较大的影响,越来越多关于这些议题(例如,关于"创意产业")的出版物,几乎没有包含对核心政治经济研究和概念的参考。重要的著作毫无疑问继续在出版,且被认为遵循的是一套"政治经济学"的方法。但是甚至最好著作的影响有些时候似乎都是相当温和的。总的说来,从 20 世纪七八十年代开始,政治经济学研究就已然开始衰落,迄今仍未复苏。

这个情况可能反映的是,就那些主要或大部分将自身定义为政治经济学家的人而言,他们在跟踪变动的资本主义现实和理论发展方面,失败了。举个例子来说,政治经济学在创意产业政策在世界上许多地区兴起,或者在版权对媒介、文化生产和消费的基础重要性方面,所言甚少(可见 Shorthose & Strange 2004, Miller 2009)。而非常令人震惊的是,考虑到马克思主义理论对政治经济学的重要性,以及劳动在马克思关于历史和解放概念中的基础性地位,我们对支撑当代媒介和传播的劳动缺乏明显的关注(一些令人尊敬的例外会在下文讨论中涉及)。与之形成对照的是,传统意义上被认为深受文化研究影响的学者——出于某种原因,他们曾被理解为学术文化左翼中的政治经济学的主要对手——近些年反倒对劳动给予认真关注。在这些研究中,学者吸收了社会理论中一些政治经济学明显不感兴趣的发展,比如治理理论(Rose 1999)和诸如哈特和内格里(Hardt and Negri,2000)或者波尔坦斯基和希亚佩洛(Boltanski and Chiapello,2005)等人的著作。

本着思想和政治重建的精神,本章仔细审查政治经济学、文化研究和其他资源,考察我们所谓的"创意劳动"指称什么。尽管所有工作——至少潜在地——有文化的、创意的方面,我们使用这个词汇来指那些尤其有很强的审美的、有表现力的、信息符号构成的劳动形式。这囊括了媒介与文化产业的工作。与政治经济学相一致,这些工作是我们这里的中心关切。不过,我们也囊括了一些通常受到补贴的公共部门的艺术性工作。[①]

我们这里提供对两个主体部分的研究和思想的综述,以便为政治经济学研究创意劳动提供可吸收的资源。在第一部分,我们回溯了在三种相互分立有时又部分重叠的学术传统中关于工作、关于工作组织的现代概念的形成过程。这三种学术传统分别是:马克思主义者的,管理分析家的以及社会学家的。我们讨论创意劳动在这些分析的传统中是如何被设想的,并指出它的不断增强的重要性和中心地位。然后我们转向第二个主体部分研究,即关于文化生产本身的研究。现在关于这个话题有难以对付的从不同规范和理论立场出发的大量文献,我们在此对其中一些进行介绍。接下来我们还会关注这些研究中几个稀有的案例,这些研究明确地考察创意劳动。这表明,文化的政治经济学在这里只是一种可用的视角——一种重要的、有用的视角,却没有某些政治经济学者倾向认为的那般意义重大。我们的主张是,关于创意劳动的研究须要整合对权力、机构和主体性的理解的分析,但这一领域的研究仍未能成功做到这一点。为了给这样的分析建立基础,我们在此介绍一些我们认为应该在对创意劳动作为现代社会中一种特殊形式的劳动的分析中起关键作用的概念,并澄清这些概念被构想的一些方式。这些概念包括剥削、异化、自主、创造性与商业性之间的张力、规范性、能动性和伦理。

关于工作和组织的思考

马克思和马克思主义者

C.赖特·米尔斯(Mills 1951)曾经回溯了大量竞争性的被认为是属

---

① 当然,我们认识到文化生产中有分工,包括初级创意人员、工艺技术人员、创意管理人员、执行人员和非熟练工人(见 Hesmondhalgh 2007,64—5)。创意文化劳动是指所有这些群体的工作,尽管他们"创新性"输出的程度明显不同。另见 Banks(2007,3、189)关于"创造性文化"。

于“劳动”的意义。对希腊人来说，工作是苦劳；但是对路德新教而言，工作是通往拯救之路。一篇著名的马克斯·韦伯的文章分析了新教伦理——即，每个人应该努力工作，但劳动的果实不是为了在现世的消闲享受——如何成了“资本主义精神”的基础。对启蒙哲学家约翰·洛克来说，劳动是一切价值的来源，这被亚当·斯密上升为新古典经济学和自由社会的基础。米尔斯（Mills）体察到，对这种冷血的实用主义有一种反向潮流，这种潮流可以回溯到文艺复兴，它强调创意的、工艺性劳动的价值（例如在达·芬奇的写作中）。19世纪，当知识分子和工人反对产业工人所处的令人惊惧的状况时，他们中的许多人吸收了这一反向潮流。这包括罗斯金（John Ruskin）的工匠社会理念。在这一理念中，工匠劳动被认为较其他劳动形式更为自由。这也包括对艺术的概念，以及把艺术劳动概念化为表达性和自主性的观念。浪漫主义运动对因现代性和世俗主义而成为可能的新个人主义的颂扬培育了这种观念，但对于许多19世纪、20世纪的评论家而言，这种观念受到工业化的威胁。

正是在这种语境之中，关于资本主义之下的劳动的最持久、最有影响的批判观点被发展起来。卡尔·马克思在手艺人、工匠和诸如此类人的劳动与取代这类劳动的基于工厂制造业的工作这二者之间，划出了鲜明的对比。如科恩（Cohen 1982）表明的，马克思关于这个历史变迁的观点是复杂的。资本主义的发展允许工人变得某种程度上相对独立于他们的工作，这标志着一种新的自由的诞生，一种新形式的集体主义的诞生（例如，和在同一个工厂、同一种无产位置的其他工人的阶级联合体的感受）。但是马克思也看到了损失，不仅在于先前是手艺人的工人变得没有财产，而且也在于他们关于工作的主体体验的方面。马克思用来指称这个主体维度的中心概念是“异化”。在这一状态下，人们与他们劳动的产品、生产的过程，以及他们作为人的自身属性疏离了。之所以如此是因为，与使他们的生活成为他们意愿和意识（一种在马克思的观点中是将人类区别于其他生物的能力）的目标相反，资本主义关系将工作变成一种仅仅为了生存的手段。这样的思想导致20世纪后期出现对马克思是在“本质化”人类的指责。然而，不可否认的是，工作历史性地成为大多数社会的一个必要属性，人类比动物有更高程度的自我意识。从一种试图将工作的主观、客观维度都纳入考虑之中的分析（如我们的工作所做的）的观点来看，更深层的问题是异化作为一个规范性理念是否充分抓住了“坏工作”的主观问题。大概没有人会否定紧盯钟表（clock-watching）的悲哀、浪费一生的时间制造或售卖对工人本身无意义的产品或服务的惨状。然而问题是，如我们将看到的，对工作的在意并对其倾注大量情感对人的健康造成的后果与异化有得一比。对工作如此在意，以至于感觉对它上了瘾——长时间的工作、高度的压力和焦虑，诸如此类——这种看起来是许多现代工作生活的一种状态，导致的是"自我剥削"的形式。这是跟创意劳动尤其有关的问题，而这源于它的前现代的工艺和手艺工作的历史性残留，包含其与产品的一种相对紧密的关系（见 Miège 1989，Ryan 1992）。到一定时候我们将返回这个关键议题。

虽然马克思的异化概念对理解创意劳动仅有部分帮助，但是他指出了一个重要的事实。在现代资本主义社会，我们被遥远的他人生产的商品包围，但是那种生产的人类体验通常被忘记或者隐藏了。马克思试图通过他的商品拜物教概念揭示这个问题。神物是一个被认为具有魔法属性的物品。简言之，马克思的观点是，资本主义社会中被买卖的物品被投射成了带有这种神奇力量的东西。对马克思而言，一种建立在金钱而不是实物交换基础上的经济的到来，消解了构成传统共同体的契约和关系，而"金钱成为真正的共同体"（Harvey 1989，100）。金钱最终变得遮盖了我们世界中的事物之间的社会关系。结果，劳动和生活的条件，"在商品生产背后的高兴、生气或者疑惑的感觉，生产者的精神状态，在我们拿一种东西（金钱）交换一种物品（商品）时，所有这些对我们都隐藏了"（Harvey 1989，100）。生产成为马克思所称的"一个隐秘的住所"。换句话说，在资本主义中我们依靠别人的工作，但我们几乎在大部分时间总是意识不到这一事实。马克思开了一个有点严肃的玩笑：资本主义幻想以为自己是现代的，但事实上商品就像"原始的"神物。仿佛它们不知从哪儿神奇地出现了。

之后，马克思为理解工作的重要性提供了一个坚实的基础。他将这样一个事实放到前台来：现代社会中存在巨大裂缝，一整个社会群体的不愉快的、底薪的工作是其他人相对舒适的基础——这就是阶级不平等和剥削的问题。而且，他注意到这个体系的一些重要的主观性的特征。绝大多数时间我们忘记——或者仅仅模糊地意识到——我们自己的生活与他人的生活有着多么内在的联系，而且可以说，这对从这种分工中最得利的特定集团更是如此。这意味着提高对这种苦难的认知意识以及缓解苦难的集体行动在伦理上的重要性。

有很多工人比在文化和媒介产业中的工人更受剥削。芭芭拉·埃伦赖希(Barbara Ehrenreich)在《我在底层的生活》(*Nickel and Dimed*, 2001)中对美国的低酬工作进行了令人唏嘘的揭露,很少有人否定书中讨论的人应该比在电视台工作的人更值得成为道义关怀和政治行动的对象。但是文化、媒体工人表面上的优越性,他们在相对合意的职务工作中的感觉,不应该将我们引向完全否定他们所面对的一些困难情况。而且,对这些工作的愿求使得去细查工人所面对的工作条件变得有趣,因为创意劳动可以看作资本主义能否提供有报酬的、有意义的工作的一块试金石。这种令人满意性以及缺少异化,可能导致自我剥削的动力。这种自我剥削我们之前提及过,人们如此将自己的身心投入他们的工作中,以至于对自己是伤害性的。这样的话,马克思主义对于劳动的政治经济学提供了关键的批判性词汇,包括剥削和异化,但是它需要为创意劳动的特殊性做一些修改。马克思主义的另一个特征也应该进一步被注意到:直到1970年(随着哈里·布雷弗曼[Harry Braverman]的有影响的书在1974年的出版),马克思主义对工作的组织和制度鲜有关注。不过,在其他地方,大量考察组织和制度的研究已经发展起来,尽管往往是以非常有问题的方式。

管理和组织研究

到20世纪50年代,一场工作的危机在资本主义世界爆发(同时代的研究包括Bell 1956和Whyte 1956)。在新兴的商学院中,这场危机点燃了学者关于组织"后官僚制"体制讨论的兴趣,这其中包括"手艺"形式。正是在这一点上,"创造性"一词在管理专业词汇中作为一个主要部分出现,而这又是倡导个体责任和工人自主性的一个组成部分。官僚主义被资本主义的批评家描绘成适应性、进取心、个性和创造性的扼杀者。管理者和学术界对这些品质的颂扬是对资本主义工作的批判和工作的危机的一种有力回击。

然而,对于许多马克思主义者来说,工作的危机是劳动剥削的一个产物,所以他们对组织形式和管理技术没什么兴趣。哈里·布雷弗曼的马克思式的分析(Braverman 1974)改变了这个,通过谴责管理层对体力和脑力劳动的分离,谴责劳动阶级工作的退化或去技能化,他的分析开启了一整代新的对劳动过程的研究。但是布雷弗曼很少关注对工作的主观性理解或体验,不管是在关于工作满足感和类似的调查形式方面,或是在对工作场所的主体性角色的理论化方面。新一代批判性的工作场所研究通过用民族志或观察方法分析工人体验和主体性，填补了这个鸿沟，有些研究在一种葛兰西理论的框架之内(Burawoy 1979，Cockburn 1983)。

然而，另一种较少跟马克思主义一致，而更多趋向于后结构主义的流派，发现这样的研究失于结构和能动性、控制和抵抗的简单二元主义(例如，Wilmott & Knights 1989)。这些基于福柯和其他人的后结构主义研究，揭示了特定的"自我的技术"支撑现代资本主义和工作的当代形式的方式。个体的企业家精神和自我实现被呈现为现代劳动的表面上令人满意、但是潜在有问题的方面(Rose 1999)。后结构主义者被其他更多的民族志导向的分析家所支持，这些分析家强调雇员可能"内化"机构目标和价值的方式。例如，吉迪恩·昆达(Gideon Kunda)1992 年关于一个工程公司的研究发现，那里的生产工作"是一个自我指导、自主性和情感依附的结合体的结果，最终结合了机构性的生产率利益和雇员个体成长和成熟的利益"(1992)。

这两种路径分裂的结果，如一位来自另一不同传统的作者指出的那般，是"在劳动过程文献中，一个人趋向于或是被描绘为社会结构的消极反映，或是被描绘为一个活跃的自治主体，反抗着压迫性的社会力量的影响"(Ezzy 1997，428)。在布雷弗曼之后(post-Braverman)关于工作和机构的文献中对主体性的政治的关注是有潜在价值的，但是它在很大程度上被政治经济学忽视了，因为政治经济学者对这些研究的理论支撑存疑。这也有合理的原因：这样的研究通常漏掉规范性(什么是好的工作?)和能动性(工人、工会、管理者和政策制定者如何做以使现有图景中的工作更好)这样的难题。然而，许多文化、传媒业的工作者对他们工作的高度个人投入——这种投入可能源于从中找到的艺术、手艺和工匠劳动遗存——意味着这些"内化"研究为创意劳动的批判研究提供了一种资源。我们在下面建议政治经济学更合适的、有建设性的反应是与这些研究中的最佳要素接洽，并往给予规范性和能动性更多关注的方面发展，而不是假装它并不存在。

社会学家

在马克思主义者和管理分析家之外，社会学家也关注劳动和组织，尤其注意"转型"问题。大量范围广泛的社会学学者已经分析了弹性知识工作的兴起，这些分析组成对西方社会的转型做出愈加广博分析的一部分。例如，齐格蒙特·鲍曼(Zygmunt Bauman)将工作看成他称之为"流动的现代性"的一种关键形式(Bauman 2000),体现了新的不确定性;与此相反,在"凝固的"现代性那里,它型塑了未来,用秩序取代了混乱和控制。乌尔里希·贝克(Ulrich Beck 2000)认为,"个体化"迫使人们将自身放在对于生活的自身计划的中心,而工作在其中尤其重要。曼纽尔·卡斯特(Manuel Castells 1996)写道,制造工作被信息和知识工作取代是资本主义现代性的一个新纪元的基础。理查德·桑内特(Richard Sennett 1998)已经以随笔但有力的风格表示了"弹性资本主义"的隐性成本。

从最好的方面说,这些解释是启迪性的,而且抓住了当代变化的一些关键事物;从最坏的方面说,它们可能显得有臆测性和过度概括。有时,有一种令人恼怒的、把假定已经被超越的历史阶段简单化的倾向。但是,不论所有这些有关工作转型宣称的准确程度如何,这些社会学家注意到劳动被重组、重构的方式——部分是应对前面论及的战后工作的危机。而且,他们对信息或知识生产的强调潜在地使得创意劳动在当代社会理论中具有中心地位。用安德鲁·罗斯(Andrew Ross)的话来说就是:

> 艺术家的传统形象——不依附的、对环境具有适应性的——现在确定无疑地自身成为知识工人的理想定义:在一个永远变动的环境中舒适自在。这个环境要求以创造性的手段与不同种类的顾客和合伙人沟通;态度上又连接到要求长时的、经常是非社会性的时间的劳动;在他们脑力劳动能力的杂多使用中,习惯于一种偶然的而非一种固定的——自我应用的常规。(Ross 2000,11)

艺术劳工市场的领军社会学家皮埃尔-米歇尔·门格(Pierre-Michel Menger)持有相似的观点。他的关注是,艺术工人如何适应了现代工作方式中越来越强调的创造性。例如,在内生性增长理论中,创意生产、创造性和知识被给予核心性的角色,人类创造性被视为"增长的终极不竭的来源"(Menger 2006,801)。根据迷思,门格说:"艺术家提供了关于创造的金色传奇,一种颠覆性的、反规范的、满怀雄心壮志的金色传奇,反抗社会惯例和商业实用主义。"(801)事实上,正如门格基于调查并在大量证据基础上继续指出的那样,艺术工作具有高度顺从现代资本主义要求条件的特征:"完全的灵活性、自主、接受不平等、创新性团队工作形式。"近期社会理论的主要著作之一,波尔坦斯基(Boltanski)和希亚佩洛(Chiapello)的《资本主义的新精神》,描绘了在工作与管理中聚焦自主和创造性的倾向，并且这种倾向作为资本主义世界法则而被资本和管理者挪用(2005)。他们强调了审美创造性劳动在工作世界中的变化，以及资本主义制度的组织化和合法化中的政治重要性。

那么，似乎工作世界的变化对创意劳动意味着新的中心地位。关于这样的工作客观上在现代经济中是否具有更大的经济意义，如果是这样，又是何种程度，仍有一些争议。将分类与测算的诸多困难搁置一旁，文化工业——这是如我们这里定义的创意劳动主要发生的部门——在经济活动中的份额看起来在稳定但缓慢地增长着(Hesmondhalgh 2007，177—84)。但通过以上讨论清楚的是，就当代社会如何概念化经济生活而言，创意性劳工的重要性正不断彰显。这个讨论也提出一些创意文化劳动研究可以富有成果地探索的问题。这种劳动多大程度上由马克思主义者相信其对资本主义下其他劳动形式是基础性的那种剥削和压迫所标示？它真的比其他劳动形式更少被异化吗？多大程度上它可能取得更高水平的创意文化劳动工作场所内的有意义的自治？上面讨论的批判管理研究提出重要的可能性——自治和创造性可能被用作控制的技术，通过使不稳定对工人变得可忍受甚至(总的来说)具有吸引力。我们有关这些不同传统的对工作的分析的综述也提出：对这些问题的充分回答将不仅需要马克思主义者强调的系统的、结构性的权力的理解，而且也需要常发现于其他研究模式的机构性的、主观性维度的理解。这种权力、机构和主体的三角矩阵，在我们看来，需要成为一种媒介、文化工业中劳动的政治经济学的基础。

文化生产研究

考虑到创意文化劳动是本质上——如我们这里界定的——以文化生产为中心，这种生产的研究对我们的分析会有何昭示？为了清晰起见，我们对文化生产研究的综述将相关内容分为四种不同的传统或路径。

第一种路径是文化的政治经济学(PEC)本身，即这本书的主要主题。在其最好的状态，它聚焦——在默多克和戈尔丁广为人知的定义中——于“公共传播的象征性的维度与经济性的维度之间的互动”，目标是显示“资助与组织文化生产的不同方式”如何对不同人群接触到的“话语、表征和传播资源范围”，“以及受众访问与使用的组织架构，产生可追溯的影响”(Murdock & Golding 2005，60)。对我们的意图来说，它代表着优于媒介与文化经济学(例如 Caves 2000)的替代方案。政治经济学家已经开展了一些工作场所的社会学研究，但是更常聚焦于对二手文献中有关当代发展的综述材料进行概念分析。文化的政治经济学对媒介和流行文化的商业方面和符号方面的双重强调，及其与权力和社会正义问题的关系的关注，需要成为任何创意劳动的分析中的一个关键因素。

第二种路径，我们称为文化的组织社会学（OSC），比文化的政治经济学较少直接关心权力和社会正义的规范性问题。但是如我们给它起的名字所显示的，它提供了对文化生产的具体组织维度——包括常规、仪式和价值——的更大的敏感性（Hirsch 1972，DiMaggio 1977，Tuchman 1978，Gans 1980）。这种传统中较好的研究将文化工业组织本身看作是社会—历史力量的产物。这个传统在 20 世纪 70 年代出现于美国的社会学系，重要的一股思想是"文化的生产路径"（Peterson & Anand 2004），但是它在管理、商业和组织研究的快速发展领域中发展。被创意产业政策的辞藻所鼓舞，许多分析家开始把文化或创意产业看作一个理解工作场所中的创新和想象力的潜在途径，这激起了新的研究（例如 Davis & Scase 2000）。像文化的政治经济学潮流（"文化产业路径"特别跟 Miège 1989 和 Garnham 1990 相连）一样，文化的组织社会学将文化生产的与其他生产形式相对的特殊性考虑进去。因此，这一传统允许对组织和管理的创造性劳动的具体方式进行分析，其中包括分析不同文化产业中的区别。与此同时需要承认，创意劳动的组织经常超越企业中的正式机构分界线（也肯定超越传统工作场所），这些实体有些情况下更应被看成网络（Saundry et al. 2007）。

生产分析的第三种传统认为自己与被称为文化研究的知识实践密切联系，试图将流行文化严肃看待，理解与它伴随的社会—历史力量的蕴涵。这样，它反对艺术和人文学科中趋于形式主义、唯美主义或者将历史仅仅作为"语境"的处理的路径。一些文化研究者，反对马克思主义、实证主义和功能主义社会科学的化约论形式，吸收了后结构主义社会理论，将其注意力转至与文化有关的意义、主观性和权力问题。然而，在文化研究的早期，许多关键研究者似乎将生产分析本身视为本质上跟化约论或马克思主义的"经济主义"形式密切联系而存在的。后来的一代研究者旨在弥补这种理解所导致的鸿沟，通过借助文化研究理论声称"生产的过程（本身）是文化现象……它建构了人们所想所做的特定方式"（du Gay1997，4），考察文化生产组织的"生产文化"。其他人强调"在既非公司控制也非公司理解之内的更广的文化构成和实践"（Negus 1999，19）。

对“生产文化”的兴趣跟组织和管理研究，或是跟关于生产语境中的意义和仪式的社会学、人类学的研究有相当的趋同（见 Caldwell 2008）。在一些媒介生产的文化研究中可以发现的对意义、权力和主观性的强调是有价值的，但它也给自己带来一些问题，下文我们将讨论。

第四种传统是场论（Field Theory，FT），特别是皮埃尔·布尔迪厄（Bourdieu）对文学及艺术生产的场域进行的分析（1993，1996，也见 Benson & Neveu 2005）。在其他文章中，我们中的一人讨论过布尔迪厄的文化生产分析的一些局限，特别，较之与受限制的生产（类似于“独立”生产），它失于分析——用布尔迪厄的词——大规模的文化生产。它也失于对生产与消费之间的关系的理论化（Hesmondhalgh 2006）。然而，布尔迪厄在关键方面提供了一个比文化政治经济学中的一种进路（即“席勒—麦克切斯尼传统”，见 Hesmondhalgh 2007，5—8）更有优越性的替代。他强调对文化生产中差异化的认同。同时，相对于文化的组织社会学（例如，DiMaggio 1977，Davis & Scase 2000），它基于布尔迪厄关于场域、惯习和资本的三角矩阵，提供了一个更充分的理论的、规范性的关于文化中的权力、结构和能动性的分析。特别重要的是，布尔迪厄把自主——人的一项作为自己行动的作者的能力——的概念放置在他对文化生产的概念化的中心的方式。布尔迪厄对于自主所采用的形式提出了一个高度批判性的历史解释，同时紧紧保持它的积极方面。他的观点是，在 80 年代以来的新自由主义与后现代时期，“存在一种对知识分子的最宝贵的集体成果的威胁，首当其冲的是同时作为结果和保障的他们的自治”（布尔迪厄 1996，339）。在其他地方（见 Hesmondhalgh & Baker 2010），我们讨论了对自主的约束及其作为一个规范性概念的局限性。我们主张，一个关于自主的重构的概念对包括创意劳动在内的当代劳动的政治估价是不可缺少的。这是因为，对创意劳动中自主的愿望——不管工人意识到它还是没有意识到——与超脱商业、国家和宗教要求的对自由的现代追求有一种密切的历史联系。

文化政治经济学中的劳动

以上这些，就是文化生产的四个主要研究取向。与分析传统中的通常情形一样，大量的子领域和方法都包含在更宽的分类中。许多最好的生产研究结合了这些不同取向的兴趣，或干脆超越了所有分野（例如，

Todd Gitlin 1983 关于美国黄金时间电视的生产研究，再如 Georgina Born 2004 对于 BBC 的人类学研究）。也有了一些综合性的研究，如比尔·瑞恩（Bill Ryan 1992）通过他的政治经济学和历史社会学结合，部分地填补了文化政治经济学与文化组织社会学之间的鸿沟。然而，这种粗略的领域分割方式可以作为一种启发性的手段，用以揭示我们试图介入和利用的创意劳动研究中的争论和冲突。

但那就存在一个问题。直到最近，这些研究中只有很少比例聚焦到这样的劳动。对此，可以举出许多原因：我们之前讨论过的商品拜物教；关于文化的许多话语强调个体投入和贬低劳动的复杂分割的方式；在许多媒介社会学中强调消费而非生产。更近的还有，传播和文化研究中对工作的贬值有一种新的形式，随着数码化导致新形式的业余和半专业生产的扩散，这被一些人庆祝为一个文化生产的新纪元的基础（例如 Bruns 2008）。然而，如安德鲁·罗斯（Andrew Ross）参照开放源代码软件指出的那样，这种新的技术如何充当可持续就业的模型的角色尚不清楚。

考虑到其自身的马克思主义遗产，更令人吃惊的是，关于文化的政治经济学研究中对于劳动的普遍忽略（Mosco 1996，158 指出，还有其他）。重要的例外[①]是，文森特·莫斯可（Mosco）在其 1996 年的著作《传播政治经济学》中评论道，组织社会学对政治经济学提出的一个挑战就是，“在研究生产的过程方面发展出一个立场，将政治、经济权力，特别是劳动的商品化放在首要位置”。在承认贝尔纳·米耶热（Bernard Miège）的工作在提供这样一个理论的基础方面是一个稀有尝试的同时，莫斯可批评米耶热在包含和不包含“艺术投入”的劳动之间做了太大的区分。莫斯可也揭示，米耶热低估了集中和合理化导致跟这种艺术投入相连的资本/劳动冲突减少的方式。莫斯可在一本跟凯瑟琳·麦可切尔（Catherine McKercher）编辑的文集中（McKercher & Mosco 2007a）回到劳动问题。这里的劳动不仅仅是媒体业中的劳动，其焦点是在更广阔的知识工作种类上，而且有意义的是，在他们的导论中，麦可切尔和莫斯可运用了这一概念最广义的界定，包含所有处理和分配信息工作的人（McKercher & Mosco 2007b）。他们反对把工作的定义限制于创意劳动，即直接处置符号的工作（大致也是米耶热的翻译词汇“艺术投入”所指的意思）。相反，他们想

① 其他包括 Janet Wasko（例如，1994）、Sussman 和 Lent 1998 年的文集，以及 Toby Miller 对“新的国际文化劳动分工”的思考（例如，Miller 等人，2005）。

扩大这个词的内涵，将邮政运输工和图书馆员等包含在内。他们给出这样做的两个主要原因。首先，“越来越多的工作包括使用信息有效率地和有效地传递一个信息产品。在知识领域什么是创意劳动和什么不是创意劳动之间的界线是模糊的”（McKercher & Mosco 2007b，x），而看起来对生产很边缘的工人也增加了一定的价值。第二，“知识劳工的意义不能仅仅以外部标准来衡量，而要以它是如何被工人自己主观上体验来衡量”（2007b，x）。

我们同意这些论断本身。也让我们完全表明这样的考虑：图书馆员和邮政运输工的工作生活，比那些更直接涉及符号制造的工人的工作生活，不会更少（或者更多）内在意义或价值。但是，作为构成关于文化和媒体业中工作的研究基础的假设，这些考虑可能——在包容性的名义下——导致对特定关键议题的排斥。其中一个排斥涉及政治经济学对文化生产者感兴趣的一个原初主要原因。这便是文化生产者拥有制造文本（本质上首先是符号的、审美的和信息化的工艺品，意在告知、启发或愉悦受众）的潜在权力，之后文本在社会中流传，产生或大或小的影响。政治经济学家往往对文化生产感兴趣，虽说不是完全，但在相当大的程度上是因为对文化产品的特殊属性，对它们塑造和影响社会的能力的关切，不管它们是电影、歌曲、新闻公告、纪录片、电视真人秀、色情文学或者体育杂志。虽然研究所有知识劳工绝对值得，但专门研究创意文化劳动也值得。

事实上，我们有更好的理由变得更有针对性，因为另一个潜在的排斥是一个莫斯可（1996）仅做了短暂提及（作为他关于米耶热的讨论的部分），而他和麦可切尔（Mosco & McKercher 2007）似乎完全忽视了的议题，即关于文化工业中“艺术投入”或符号制造的重要性。甚至可以说，这种理论提出更具基础性的有关创意与商业间的冲突问题，对此的理解对于创意劳动的社会学分析是必要的（尽管不是足够的）。实际上，尽管它没有被许多政治经济学的领军人物所征引（Murdock 2003 是一个例外），比尔·瑞恩（Bill Ryan 1992）提出了关于这个冲突的一个重要解释。这个解释结合了政治经济学和组织社会学的洞见。更具体地说基于威廉斯（Raymond Williams）和加汉姆（Nicolas Garnham），也基于组织社会学家如 赫希（Hirsch）和迪马乔（DiMaggio），瑞恩建构了一个关于创意文化劳动过程的特殊属性的马克思—韦伯解释。

简要概括一下，瑞恩的观点就是，尽管存在压倒一切的生产利润的动机（去积累资本），资本主义商业不能使艺术投入完全屈从于积累的驱动。

这是因为文化生产在大多数现代社会，一般被理解为源于令人印象深刻的个体艺术家。当然，在现实中，如我们已经观察到的那样，艺术—文化生产是基于复杂的劳动分工。瑞恩的观点关切的是，艺术—文化生产的价值是如何广泛地被看待的。这种将艺术价值加在令人印象深刻的艺术家身上的现象，导致一种艺术品以知名人士作品的形式出现的趋势。这意味着与大多数其他形式的工作不同，“艺术家”的实际和名义上的劳动——一种文化工人的特殊和相对特权形式——是最重要的，也是容易被保留的。这导致资本主义商业中一个持续性的问题，尽管其中的许多人克服了它，并从文化商品中得到很好的利润。对瑞恩来说，他们通过对文化生产在创造阶段和流通阶段的理性化来实现利润目标。确实，瑞恩的书主要是对资本成功达到这种理性化程度的考察。在创造阶段这通过“格式化”来实现，特别是经由基于类型系列的生产，通过将产品跟明星演员的名字联系起来。在流通或分销阶段，核心的组织化运作是公司生产中营销的制度化，这是为了生产一系列更可控的、连串的明星和类型。但是这种合理化一直要与给予创意工人、特别是“明星”创作者的相对自主性进行斗争。这进一步激发了创造过程的非理性，或者至少是无理性。

因此，对资本家而言，艺术家一定意义上代表了一种持续威胁赢利性的可变资本投资。我们在别处分析了在自主、创造性和商业必要性之间的这种牵引的一些当代表现(Hesmondhalgh & Baker 2010)。然而在这里，我们提出的是一个更有限的观点：不管一个人是否同意瑞恩解释的全部方面，它指出了创意文化劳动的特殊性对于文化生产的理解是基础性的。在这方面，它建立在强调文化工业相对于其他资本积累形式的特殊性的文化政治经济学基础之上(参见 Miège 1989，Garnham 1990)。

创意文化劳动的文化研究路径

尽管我们坚信，创意劳动的政治经济学需要保留这种对创意与商业关系的强调，我们想提出一些有关瑞恩取向中的问题，而这个问题是与他从中获得一些启发的马克思主义劳动过程理论共有的。这就是缺乏对主体性和体验问题的关注。如我们在上面看到的，主体性和体验问题正是引起关于工作的批判管理研究和社会学家的兴趣所在。创意劳动正在被看作当代资本主义的一些正在出现的特征中的一个特例，正如新媒体中一系列相近邻的劳动实践。对这些新劳动形式的研究，叠加在一起，形成了一种越来越强的“文化工作转向”感。驱动这种转向的很大动力来自受文化研究影响的研究者(例如,McRobbie 2002a,2002b;Banks 2007;Ross 2009)。与政治经济学对创意劳动的普遍忽视一样,考虑到文化研究对生产研究所显示出的敌意以及以往它对创意劳动问题的完全忽视,这可能是令人惊讶的。这些文化研究者不是孤立的;其他领域也有显著贡献。[①]不过,正是文化研究者近年来引发了对创意文化劳动的争论。

文化研究这股潮流形成的动机很大一部分是抵制一些政策制定者(尤其是“创意产业”政策)和反击一些吹捧创造性和企业家精神好处的学界啦啦队长围绕创意、新媒体中的劳动的自满。这些文化研究作者在他们对于新媒介和文化劳动的研究中,在不同程度上吸收了关于工作和组织的社会学和社会理论。例如吉莉安·厄塞尔(Gillian Ursell)对于电视工人的研究,应用福柯有关创意或文化工业工作的洞察,显示了如“高兴、自我表达、自我进取和自我实现……看起来是为什么人们想在媒介中工作的解释的核心”(Ursell 2006)。其他人随她之后,显示了对自我实际或自我实现之于创意文化工作中控制、甚至是剥削的机制的兴趣,但这些人未必全是不折不扣的福柯主义者。安吉拉·麦克罗比(Angela McRobbie 2002a,517)表明创意工作日渐明晰的特点是“企业家精神、个人主义和依赖商业赞助”的新自由主义价值。她指出,在与时尚和音乐相关的文化产业,自主愿望和个人自由常常导致失望和自我剥削。工作场所权利的概念被流动性和速度所边缘化。然而,她承认这是“一个初步的、因而是临时的解释”(2002a,517)。安德鲁·罗斯(Andrew Ross)以一项对互联网时代中两个纽约市新媒介工作场所的非常彻底的人类学研究显示,这样的工作环境提供了“温馨与同事和睦相处的大量自主”,但最终是让最自由的思想和冲动服务于受薪时间(Ross 2003,17)。也是写到新媒介工作,安德烈亚斯·威特耳(Andreas Wittel 2001)看到一个范式性的案例,一种称为“网络社会性”(network sociality)的新兴社区形式,这是一种显得个人主义和工具性的、把工作和玩乐融为一体的社会性。以此同时,蒂齐纳·特拉诺瓦(Tiziana Terranova 2000)则从自主马克思主义的

---

① 其中包括地理(Pratt 2000,Christopherson & Van Jaarsveld 2005,Christopherson 2008)和社会学(Neff 等人 2005,Huws 2006—7)。电影研究在解决文化劳动问题方面尤其领先(本书前面 Wasko 的研究,以及英国电影研究所在 20 世纪 90 年代对电视工作者进行的重要和某些有意义的研究,参见示例 Paterson 2001;另见 Gray & Seeber 1996 年文集)。这里没有空间来详细讨论其他贡献;更多细节见 Hesmondhalgh & Baker 2010。

视角，提供了对在新兴的数码经济之下起作用的无酬劳动的早期分析，从而回应了与马克思主义乌托邦式的希望礼物经济可以从内部破坏资本主义的乐观观点。那些表面上有着诸如“非正式性”“高度自主”等肤浅吸引力的工作，实际上会因其缺乏清晰的评价准则而给女性带来特殊的困境，尤其是当女性寻求新工作时会因为这种非正式性而处处受掣肘。

所有这些讨论归结出一幅暗淡的前景，但通常这些劳动形式却被呈现为充满吸引力的、自主的和灵活的。① 我们自己的研究（见 Hesmondhalgh & Baker 2008，2010）中的许多发现，证实了从这些研究中浮现出来的创意劳动图景的一些方面。这些解释又是明晰提出的一个问题，是文化研究中一个重要的规范性的问题。多大程度上可能在文化（或者媒介，或者创意）业中做“好的工作”？这真如这些研究显示的那般困难吗？在其对近年来媒介、文化产业劳动分析中最持续且有价值的贡献中，马克·班克斯（Mark Banks 2007）赞同许多这些解释中的悲观主义，但他在自己的实证研究以及一系列社会理论家思想的基础上，也做出了部分调整。首先，在威廉斯（Williams 1980）和沃尔夫（Wolf 1993）的基础上，班克斯声称，在当代资本主义中，有这样一种实在的信念，它坚信审美领域有为一系列社会角色提供资源和激励的能力。这有模糊的后果：它打开了商品化的新领域，但与此同时使文化生产者“过一种自己的生活”的渴望能继续下去（Banks 2007，105，引用）。第二，与这也有关，即他发现的证据表明，创意劳工继续导向能产生“内部奖励”（这些只能在特定的活动中被明确和承认，见 MacIntyre 1981 ，Keat 2000）而不是如财富、名声和权力这些“外部奖励”的生产形式。最后，班克斯也指出，信任、诚实、义务和公正的道义系统在当代资本主义中依然存在，他还提供了一些他以前研究中访谈过的创意文化劳工中的社会和文化价值的坚韧性实例。

结论性评论：迈向一个充分规范性的创意劳动概念

这个视角是有价值的，我们相信创意劳动的研究者会从中受益，从而接受班克斯的挑战，使我们借以理解工作的规范性语言复杂化和丰富化。我们可以吸收其他资源，来丰富这样一种对“好的”和“坏的”创意劳动的

---

① 参见 Stahl 2006 和 2008，这些研究对创造性劳动，特别是音乐劳动，如何在当代政体中表达和建构进行了严谨而深思熟虑的讨论。

理解——包括政治理论中跟工作有关的正义问题的辩论(Muirhead 2006),关于专业劳动的精神特征和福利(Gardner 等 2001),还有关于有意义的工作(Schwartz 1982)和工作中的"尊严"(Hodson 2000)的大量文献。这些研究中有很多价值存在其中(我们在 Hesmondhalgh & Baker 2010 中更详细地评价了它们)。但是,一个持续回现的问题,是创意文化劳动的特殊性。那些更一般性的工作讨论不可避免地低估了文化政治经济学的一个基础方面,这就是,文化、媒介产业是以文本或者传播性物品的生产为导向的。在文化产业路径的文化政治经济学中,这种基础方面被视为产生一系列文化和传媒产业特有的动力机制(但这当然不是唯一的)(Miège 1989,Garnham 1990,另见 Hesmondhalgh 2007,17—25)。的确,文化产业作为一个社会现象的重要性很大部分可以说源于这种文化功能。大量的社会话语关心这些产品的质量,这不仅是在评论家和学者中间,也在工作时,或与家庭成员和朋友之间的日常讨论中。在所有产业中,"好工作"和"坏工作"有两重意义:它们可以指工作的过程和体验;它们也可以指产品或产出,好的或坏的文本。

虽然关于创意劳动的一个合适的规范性的评价仍在起步阶段,就生产者如何构想产品质量的讨论而言,情况有些复杂。大量的社会学研究包括生产者对于他们的产出的一些思考,经典研究有康托尔(Cantor 1971)和吉特林(Gitlin 1983)。然而少得出奇的研究以一种持续的方式,不管从实证上还是理论上,聚焦文化工人如何看待自己的产出质量以及这可能对我们一般性地理解文化生产意味着什么。这种缺乏的一个主要例外可以在乔治娜·波恩(Georgina Born)的著作中找到。在一篇关于电视研究中审美价值被如何对待的随笔中,波恩(Born 2000)尖锐地批判了关于电视质量的辩论,因为它们存在不愿在生产者和受众有关质量的话语之间做仲裁的相对主义问题,她还主张分析媒介专业人员话语的重要性。波恩特别提出,研究者必须致力于"明确媒介知识分子的分类,其任务是架起连接媒介产出的过去、现在和未来的桥梁。他们的技巧在于判断在给定的条件下如何推动一套类型的可能性,判断如何平衡娱乐的提升、快乐和受众的教育的艺术"(Born 2000,406)。关键是,这将重点放在文化生产的积极可能性上,通过问什么时候它的权力被"在给定条件下负责任地、有创造性地使用,什么时候不是"(406)。它也提示对能动性、反思性和价值进行理论化的重要性。在后来的著作中,基于她自己的人类学研究,波恩分析了 BBC 电视生产者在纪录片、电视连续剧和时事中的“情景化的伦理和审美”(Born 2004,84—7)。波恩没有声称反思性径直导向更好的电视;相反,她将分析的任务定位于在既定的媒体中,文化生产者的反思性、意图性和能动性如何创造出革新和变革的可能性。接着,她把这个任务放在类型理论中,强调对类型变化的各种态度中的差异:“以或多或少创造性的方式自身达到怀旧的复现,熟悉的富矿”;“自我意识对先前期望的视野进行超越”;和“类型停滞的生产,涉及给定符码的牢固确立”。波恩的观点是,这一关于审美或信息质量和创新的议题,代表着文化工作的道义规范的一个有意义的组成部分。

因此,我们的主张是,社会分析需要基于实证的研究,从而为形成创意劳动的一个规范性概念做出贡献。这要求我们关注创意劳动作为既是过程又是产品制作的双重性,关注本文详尽阐述的关键概念,并且注重权力、机构和主体性问题(我们在 Hesmondhalgh & Baker 2010 中试图提供这样的研究)。通过对媒介、文化产品中劳工这一关键问题的聚焦,我们希望这样的研究有助于恢复媒介、文化和传播政治经济学研究的可信性,因为它在文化分析中被边缘化太久了。

参考文献

Banks, M. (2007) *The Politics of Cultural Work*. Palgrave Macmillan, Basingstoke, UK.

Bauman, Z. (2000) *Liquid Modernity*. Polity Press, Cambridge, UK.

Beck, U. (2000) *The Brave New World of Work*. Polity Press, Cambridge, UK.

Bell, D. (1956) *Work and its Discontents*. Beacon Press, Boston.

Benkler, Y. (2006) *The Wealth of Networks: How Social Production Transforms Markets and Freedom*. Yale University Press, New Haven, CT.

Benson, R. and Neveu, E. (eds) (2005) *Bourdieu and the Journalistic Field*. Polity Press, Cambridge, UK.

Boltanksi, L. and Chiapello, E. (2005) *The New Spirit of Capitalism*. Verso, London.

Born, G. (2000) Inside television: Television research and the sociology of culture. *Screen*, 41, 68—96.

Born, G. (2004) *Uncertain Vision: Birt, Dyke and the Reinvention of the BBC*. Vmtage, London.

Bourdieu, P. (1993) *The Field of Cultural Production*. Polity Press, Cambridge, UK.

Bourdieu, P. (1996) *The Rules of Art*. Polity Press, Cambridge, UK.

Braverman, H. (1974) *Labor and Monopoly Capital: The Degradation of Work in the Twentieth Century*. Monthly Review Press, New York.

Bruns, A. (2008) *Blogs, Wikipedia, Second Life and Beyond*. Peter Lang, New York.

Burawoy; M. (1979) *Manufacturing Consent*. University of Chicago Press, Chicago.

Caldwell, J. (2008) *Production Culture: Industrial Reflexivity and Critical Practice in Film/Television*. Duke University Press, Durham, NC.

Cantor, M. (1971) *The Hollywood Television Producer*. Basic Books, New York.

Castells, M. (1996) *The Rise of the Network Society*. Blackwell, Oxford.

Caves, R. E. (2000) *Creative Industries*. Harvard University Press, Cambridge, MA.

Christopherson, S. (2008) Beyond the self-expressive creative worker: An industry perspective on entertainment media. *Theory, Culture & Society*, 25, 73—95.

Christopherson, S. and Van Jaarsveld, D. (2005) New media after the dot. com bust. *International Journal of Cultural Policy*, 11, 77—93.

Cockburn, C. (1983) *Brothers: Male Dominance and Technological Change*. Pluto, London.

Cohen, G. (1982) *History, Labour and Freedom*. Clarendon Press, Oxford.

Davis, H. and Sease, R. (2000) *Managing Creativity*. Open University Press, Buckingham, UK.

DiMaggio, P. (1977) Market structure, the creative process and popular culture: Towards an organizational reinterpretation of mass-culture theory. *Joumal of Popular Culture*, 11, 436—52.

Du Gay; P. (1997) Introduction. In: du Gay; P. (ed.), *Production of Culture/Cultures of Production*. Sage, London, pp. 1—10.

Ehrenreich, B. (2001) *Nickel and Dimed: On (Not) Getting By in America*. Owl Books, New York.

Ezzy; D. (1997) Subjectivity and the labour process: Conceptualising "goodwork". *Sociology*, 31, 427—44.

Gans, H. (1980) *Deciding What's News*. Vrntage Press, New York.

Gardner, H., Csikszentrnihalyi, M., and Damon, W (2001) *Good Work. When Excellence and Ethics Meet*. Basic Books, New York.

Garnham, N. (1990) *Capitalism and Communication*. Sage, London.

Gill, R. (2002) Cool, creative and egalitarian? Exploring gender in project-based new media work in Europe. *Information, Communication and Society*, 5, 70—89.

Gitlin, T. (1983) *Inside Prime Time*. Basic Books, New York.

Gray, L. S. and Seeber, R. L. (eds) (1996) *Under the Stars: Essays on Labor Relations in Arts and Entertainment*. ILR Press, Ithaca, NY.

Hardt, M. and Negri, A. (2000) *Empire*. Harvard University Press, Cambridge, MA.

Harvey, D. (1989) *The Condition of Postmodernity*. Blackwell, Oxford.

Hesmondhalgh, D. (2006) Bourdieu, the media and cultural production. *Media, Culture & Society*, 28, 211—32.

Hesmondhalgh, D. (2007) *The Cultural Industries*, 2nd edn. Sage, London.

Hesmondhalgh, D. and Baker, S. (2008) Creative work and emotional labour in the television industry. *Theory, Culture & Society*, 25, 97—118.

Hesmondhalgh, D. and Baker S. (2010) *Creative Labour: Media Work in Three CulturalIndustries*. Routledge, Abingdon, UK.

Hirsch, P. M. (1972) Processing fads and fashions: An organization-set analysis of cultural industry systems. *American Joumal of Sociology*, 77, 639—59.

Hodson, R. (2000) *Dignity at Work*. Cambridge University Press, Cambridge, UK.

Holt, J. and Perren, A. (2009) *Media Industries: History, Theory and Method*. Wiley Blackwell, Malden, MA.

Huws, U. (2006—7) The spark in the engine: Creative workers in a global economy. *Work Organisation, Labour & Globalisation*, 1, 1—12.

Keat, R. (2000) *Cultural Goods and the Limits of the Market*. Routledge, New York.

Kunda, G. (1992) *Engineering Culture: Control and Commitment in a High-Tech Corporation*. Temple University Press, Philadelphia.

Lloyd, R. (2006) *Neo-Bohemia: Art and Commerce in the Post-Industrial City*. Routledge, New York.

MacIntyre, A. (1981) *After Virtue: A Study in Moral Theory*. Duckworth, London.

Mayer, V., Banks, M. J., and Caldwell, J. (eds) (2009) *Production Studies: Cultural Studies of Media Industries*. Routledge, Abingdon, UK

McKercher, C. and Mosco, V. (eds) (2007a) *Knowledge Workers in the Infonnation Society*. Lexington Books, Lanham, MD.

McKercher, C. and Mosco, V. (2007b) Introduction: Theorizing Knowledge Labor and the Information Society. In: McKercher, C. and Mosco, V. (eds), *Knowledge Workers in the Information Society*. Lexington Books, Lanham, MD, pp. vii—xxiv.

McRobbie, A. (2002a) Clubs to companies: Notes on the decline of political culture in speeded up creative worlds. *Cultural Studies*, 16, 516—31.

McRobbie, A. (2002b) From Holloway to Hollywood: Happiness at work in the new cultural economy? In: du Gay; P. and Pryke, M. (eds), *Cultural Economy*. Sage, London, pp. 97—114.

Menger, P. M. (2006) Artistic labor markets: Contingent work, excess supply and occupational risk management. In: Ginsburgh, V. A. and Throsby, D. (eds), *Handbook of the Economics of Art and Culture*. Elsevier, Amsterdam, pp. 765—811.

Miège, B. (1989) *The Capitalization of Cultural Production*. International General, New York.

Miller, T. (2009) Can natural Luddites make things explode or travel faster? The new humanities, cultural policy studies, and creative industries. In: Holt, J. and Perren, A. (eds), *Media Industries: History, Theory and Method*. Wiley Blackwell, Malden, MA, pp. 184—98.

Miller, T., Govil, N., McMurria, J., et al. (2005) *Global Hollywood 2*. British Film Institute, London.

Mills, C. W. (1951) White Collar: *The American Middle Classes*. Oxford University Press, Oxford.

Mosco, V. (1996) *The Political Economy of Communication*. Sage, London.

Muirhead, R. (2006) *Just Work*. Harvard University Press, Cambridge, MA.

Murdock, G. (2003) Back to work: Cultural labor in altered times. In: Beck, A. (ed.), *Cultural Work: Understanding the Cultural Industries*. Routledge, London, pp. 15—36.

Murdock, G. and Golding, P. (2005) Culture, communications and political economy. In: Curran, J. and Gurevitch, M. (eds), *Mass Media and Society*, 4th edn. Arnold, London, pp. 60—83.

Neff, G., Wissinger, E., and Zukin, S. (2005) Entrepreneurial labor among cultural producers: "Cool" jobs in "hot" industries. *Social Semiotics*, 15, 307—34.

Negus, K. (1999) *Music Genres and Corporate Cultures*. Routledge, New York.

Paterson, R. (2001) Work histories in television. *Media, Culture & Society*, 23, 495—520.

Peterson, R. A. and Anand, N. (2004) The production of culture perspective. *Annual Review of Sociology*, 30, 311—34.

Pratt, A. C. (2000) The cultural industries: A cross national comparison of employment in Great Britain and Japan. In: Kawasaki, K. (ed.), *Cultural Globalisation and the Cultural Industries: Experiences in the UK and Japan*. Ministry of Education, Science and Culture, Tokyo.

Rose, N. (1999) *Powers of Freedom: Reframing Political Thought*. Cambridge University Press, Cambridge, UK.

Ross, A. (2000) The mental labor problem. *Social Text*, 18, 1—32.

Ross, A. (2003) *No-Collar: The Humane Workplace and its Hidden Costs*. Basic Books, New York.

Ross, A. (2009) *Nice Work If You Can Get It: Life and Labor in Precarious Times.* NYU Press, New York.

Ryan, B. (1992) *Making Capital from Culture.* Walter de Gruyter, Berlin.

Saundry, R., Stuart, M., and Antcliff, V. (2007) Broadcasting discontent - freelancers, trade unions and the Internet. *New Technology, Work & Employment*, 22, 178—91.

Schwartz, A. (1982) Meaningful work. *Ethics*, 92, 634—46.

Sennett, R. (1998) *The Corrosion of Character: The Personal Consequences of Work in the New Capitalism.* Norton, New York.

Shorthose, J. and Strange, G. (2004) A more critical view of the creative industries: Production, consumption and resistance. *Capital and Class*, 84, 1—7.

Stahl, M. (2006) Reinventing certainties. PhD thesis, University of California, San Diego.

Stahl, M. (2008) Sex and drugs and bait and switch: Rock. umentary and the new model worker. In: Hesmondhalgh, D. and Toynbee, J. (eds), *The Media and Social Theory.* Routledge, Abingdon, pp. 231—47.

Sussman, G. and Lent, J. (eds) (1998) *Global Productions: Labor in the Making of the "Information Society."* Hampton, Cresskill, NJ.

Terranova, T. (2000) Free labor: Producing culture for the digital economy. *Social Text*, 63, 33—50.

Tuchman, G. (1978) *Making News.* Free Press, New York.

Ursell, G. (2000) Television production: Issues of exploitation, commodification and subjectivity in UK television labour markets. *Media, Culture & Society*, 22, 805—25.

Ursell, G. (2006) Working in the media. In: Hesmondhalgh, D. (ed.), *Media Production.* Open University Press/The Open University, Maidenhead, UK, pp. 133—72.

Wasko, J. (1994) *Hollywood in the Information Age.* Polity Press, Cambridge, UK.

Whyte, W. (1956) *The Organization Man.* Simon and Schuster, New York.

Williams, R. (1980) *Culture.* Fontana, London.

Willmott, H. and Knights, D. (1989) Power and subjectivity at work: From degradation to subjugation in social relations. *Sociology*, 23, 535—58.

Wittel, A. (2001) Toward a network sociality. *Theory, Culture and Society*, 18, 51—76.

Wolff, J. (1993) *The Social Production of Art*, 2nd edn. Macmillan, Basingstoke, UK.

第四部分

消费的动力学:选择、动员与控制

第十八章　从“消费劳作”到“产消者的劳作”：新事态、新问题与新风险

乔凡尼·切萨雷奥(Giovanni Cesareo)

正如1980年麦克布赖德报告中所强调的，“读者、听众及观众通常被视为信息的消极接收者”。今天的情况依然如此，许多关注通信技术的人理所当然地认为，在信息/传播领域消费者是被动的接收者。

但事实并非如此。各种信息千差万别。它不仅是结果，亦是源头。作为一种素材，当它被消费时，却能够从中孕育出全新的素材，如此往复、绵延不绝。然而，它必须不断地被加工才能产生出意义，并因此被运用。这就是为什么我们可以说信息的消费总是需要通过特定的劳作——我将其称为“消费劳作”——来实现。这也意味着其产物将深受这一劳作的量与质的影响，因此也便深受用户能力、特长及目的的影响。而且，生产意义的“消费劳作”创造着新的信息材料——所以它也是一种“生产劳作”。这也是为什么我们会说消费总是生产性的，即便是程度有所不同。

我们也必须意识到，信息被“消费”时，并不意味着它被损坏了。它可以在被传递给其他人的同时仍然为我们所有，并能够被一次又一次消费。因此，信息消费总是一种“进行中的工作”，会在不同层面形成不同形式的产物——可以被再次采用，并通过筛选和篡改以产生新产品、新形象、新符号。最后，我们同样应当重视消费者每次完成其“消费劳作”时会系统性地生产出的另一种信息，那就是，当每个人通过互联网检索与消费信息时，制造出的许多关于他们的生活和社会存在的数据，而这些数据也恰恰为国家和跨国性的企业集团所青睐。

“消费者”是什么？

如果我们从这里开始，“消费者”这个语汇的真实意义便成了一个问

题。符号学家和心理学家就曾经深入每个消费者为利用某种信息而在不同层面所不得不经历的心理与情感过程之中。当我们谈论“被动性”——例如电视观众的“被动性”——我们知道这个过程或多或少也需要由“被动的”消费者来推动。即使那只是一种情感反应，或者接收者/消费者只是想简单地享受时光，这个过程也必须要被考虑在内。

它是一个实实在在发生并且将直接的生活经验，由符号素材所提供的拟真经验，与报纸、电影、电视、书籍、海报以及最近的互联网所存储在每个消费者脑中的全球形象混合在一起的过程。在很多人看来，当代直接的生活经验正不断减少。然而，是否有这样一种可能：正是人们对于更为广阔的、更为复杂的，以及更为精致的生活经验的追求——一种由这些年来符号、图像与幻象的加速传播所诱发的欲望——使得现实中的日常体验在每个普通人的情感中愈发无足轻重?

我们可以说这些心理情感过程是自发且几乎是无意识的。但当我们考察信息的消费时，严格意义上说，这一过程需要并暗示着一种义务的并且有意为之的劳作，以及至少达到基础水平的专业知识和能力——一项每个信息消费者在过去不得不完成的工作。然而今天，新媒体和新技术的不断增加，会一定程度上改变这种“消费劳作”。

在过去，信息通过不同媒体纠缠着人们，我们也可以说，是它们在追寻消费者。今天，这种搜寻仍在进行且会变得极具强迫性。然而，“信息爆炸”有着充满矛盾的特征。人们美化信息，将其视为在任何时候、任何环境之下都是不可缺少的。但同时，信息又是碎片化且局部化的，并且常常难以解读。信息的来源难以计量，然而那些最为有力、引人注目或者最易为人发现的信源却可能并非最为可靠的。信息通过清晰、易于“消费”的消息、符号来传播，但也正因如此，它可能会存在诸多不足，令人失望(这也是为什么它常常被认为失去了其绝大部分的意义)。

信息被全球性地同质化，但与此同时，它又越来越具有针对性。这意味着今天每个消费者必须找到他们的个性化信息，尝试不同渠道、媒体，无休止地上网。总之，唾手可得的海量信息使其愈发难以核实，也难对其来源进行比较。消费者能够发现基本数据，但那些数据的准确性需要核实，而这就需要复杂的工作和特定的经验来实现其目标。另一方面，即便那些最可靠的数据也只是在它们被用于产生新信息时才具有意义的近似说法。对民众而言，想要理解自身接收到的信息，需要技巧，尤其是在权威信息与二手信息之间做出辨别的技巧(Mansell 2002,410)。

于是，今天的“消费劳作”涉及越来越多的搜索、筛选、组合、清理、审慎评估、数据挖掘和信息关联。因此，为了满足消费者的需求，即使撇开那些专业的从业者，“消费劳作”也会牵涉到更多的时间与投入、更为专业的知识以及更强的能力。即便是娱乐产品，例如电子游戏，也会需要越来越多的“消费劳作”。这种情况下，我们可以提出这样的疑问：这种劳作是愉悦的，还是只是因为它是达到某种满足的唯一途径而被神经质式地进行着？

不同水平的“消费劳作”

显然，“消费劳作”可以在不同水平上进行，但这种水平很少是自由选择的结果，而是有赖于经济和教育因素。问题是，进行“消费劳作”的水平直接影响着认知过程与其相关产物。首先，使用的硬件和软件就有很大不同，而在这一点上消费者的经济条件当然起着决定性的作用。这也是所谓的“数字鸿沟”的首要因素。的确，今天存在越来越多的新技术，可以取代或至少整合那些已在使用的、较为简单且并不昂贵的技术。例如，在某些层面，移动电话取代了电脑(比如邮件和一些网络浏览)。只举许多实例中的一个例子，在肯尼亚每三个成年人中便有一人拥有一台移动电话。同样值得注意的是，移动电话也使得发送图像和文字成为可能。

但是我们也必须承认，在许多情况下，即使最为精致的机械也并不能满足用户的需求和心理期望。对于一项在专业领域非常有帮助且具解放意味的信息技术，当用户在家使用它时，却很可能使人感到挫败与疏离。其次，专业知识和能力是一个关键因素：这是一个常识性的定论。在这里，我们发现了一种提升儿童、青少年和成人训练度的强有力的公共和私人投入——必须强调的是，它纵贯了整个西方世界。但更需要强调的是，如果用户不能持续地参与到“消费劳作”中，那么他们在该领域的专业知识与能力将迅速下降并被淘汰。

于是，我们有了时间的问题。当然，“消费劳作”需要时间，同时——就像我在上文中讨论信息来源时所强调的——我们不能理所当然地认为使用的时间与产出的质量直接相关。然而，时间是另一种制约因素：这也是为什么在涉及家庭信息消费——或者说至少是使用信息技术的时候——统计数据总是把年轻人置于顶端的原因。

我们不能理所当然地认为，人们总会倾向于进行“消费劳作”。欧盟科学与技术预测评估组织(FAST)在一份报告中表明,信息技术的使用受到三个因素制约:经济资源、专业技术能力和意愿(FAST 1985)。然而必须指出的是,最终因素当然是主观的,但并非一定会超越社会和文化的影响。我们可以看到,即便性别也会对信息的使用及其目的有所影响,因此也影响着进行“消费劳作”的意愿。一些社会研究者发现,男人与女人使用电脑时的不同之处在于他们的态度:女人使用电脑只是为了满足她们的实际需求;男人使用电脑是希望满足他们的控制欲。

尽管如此,通过“消费劳作”所获得的信息的实用性能够激励意愿,而这就是为什么网络服务和市场越来越成功的原因。但是我们必须思考我们通常所说的信息的“社会生产力”所牵涉到的其他一些关键问题。

“消费劳作”的生产力

因为就像我们已经看到的,“消费劳作”在不同水平上进行,就会带来不同水平的最终产物,但是要评估不同产出的内容、强度及意义并非易事。例如,一个包含了更多项目、或许更有分量的信息产物,却并不一定更有意义,因为它可能并不包含核心的、特定的信息项,而这些对于洞察与评估其他信息产物的意义来说是必不可少的。麻烦的是,核心信息项通常并不是唾手可得,即便在因特网上,保密性依然存在。当我们处理接入权问题时,便会对此进行讨论。

总之,试图衡量“消费劳作”的生产力十分重要,而我们至少必须从比较消费者所使用的时间及其达到的产出水平开始。例如,当发现的链接数量几近无限时,使用谷歌进行的研究能提供多少帮助?

“消费劳作”可能非常复杂,所以消费者通常倾向于掌握“简易”的技术,并在他们的最低水平运用这些技术。这意味着最后“消费劳作”并不能成为一种探索信息世界,或者说接触并增长知识的途径,而只能是一种实践标准的方式。而这恰恰是软件制造者和公司管理者想要的:出售最能赚钱的技术。

因为存在着一种对速度无休止的赞美,所以越来越快的机器和智能软件出现在市场上并非巧合。问题在于,这种硬件和软件可能会通过加快计算机的操作、简单化信息项的搜索与选择来减轻“消费劳作”,但与此同时它们不可避免地会招致最终产出质量下降的风险。例如,有越来越多的“智能”软件旨在加速网站及其相关信息项的筛选。但是不难理解的是，无论它们如何灵活、拥有何种“智慧”，都遵循着一定的预设逻辑，因而可能会忽略一些搜索者感兴趣的项目。

事实是，速度的提升可能会带来信息扩散——超文本内部的文字与图像间的或者网站间的传输路径——的极大优势。但信息领域的“消费劳作”远不止于此，而它也与物质生产所涉及的工作完全不具备可比性。对于后者来说，通过削减工作时间来提升生产力是一种普遍性实践，因为技术创新和生产过程中所消耗的物质能量的集中——不幸的是我们必须说，因为在这里我们发现了剥削工人的根源——可以提供和以前同样质量且同等数量的产品。但是当涉及非物质生产——即脑力劳动，或者对任何符号性事物的筛选、反映与审视时——实施这一过程的时间也许无法在不损害最终产物的情况下被缩短，或者至少会过度简化并忽略大量的意义。所以当我们考量信息世界并试图讨论“消费劳作”的生产力时，我们应该非常谨慎。

接入问题

“信息即权力”是一种老生常谈，但我们不难发现信息的确给那些已经拥有权力的人带来了更多的权力。对于普通的消费者而言，它无疑是知识和自我意识的一种来源，但自相矛盾的是，它也会成为导致挫败的原因。这里我们就会涉及潜在的信息社会生产力。获知社会进程的相关信息，对限制我们个人生活的社会形势有越来越详细的了解，这些都不足以给予我们改变事物的手段和权力。我们很清楚我们该做什么，但缺乏必要的经济或社会手段去做那些事情。所以信息可能会增加我们的挫败感以及报复的欲望。

然而，由于这种自相矛盾的学说，如果从获悉状况与拥有改变某人社会或个体状况的坚实可能性这二者之间的种种差异推导出信息传播的社会生产力是低下的，就是一个致命的错误。拿一个具有广泛意义的主题来说，民主就是在公民能更好地获取信息时运作得更好。而今天信息的传播与交换无疑在推动着全球范围内的民众运动。然而，为了洞察信息潜在的社会生产力，我们就必须深入考察“消费劳作”，分析通过不同渠道存储或传播的不同类型信息的意义，区分引起变化的种种社会因素，并牢记知识与社会行动间的差异。总之，“信息社会”理论似乎对于不同层面的分析中产生的所有问题而言都有答案，或者就是它们忽略了某些问题。

这也是我们为何说它们“不充分、难以令人信服”的原因之一。就像加汉姆(Garnham)所写,今天“没有哪个总体性的理论能站稳脚跟”(Garnham 2001,164)。

在分析“消费劳作”的过程中,我们也会遇到接入(access)问题。有一种认为消费者接入的数量和质量取决于媒介系统的发展——特别是网络和信息通信技术(ICT)的扩散——的趋势存在。而这正是建立在技术决定论主义基础之上的“远程瞥视”(telematic squint)的多种影响之一。相反,应当明确的是这种联系并非机械式的:媒体系统的发展以及新技术新网络的扩散当然是接入水平提升的先决条件,但是全方位获取信息的条件与可能性都取决于许多不同的因素。“信息接入程度在从零到无限范围内发生着变化,并取决于知识、倾向、技术、经济可行性、社会地位及环境状况”,布拉格(Bragg)和他的同事许多年前写道,以此拒绝对信息世界做出简单的审视(Bragg et al. 1993)。

就像我们所看到的,发现每个消费者感兴趣的信源和信息项依赖于“消费劳作”,但也不仅限于此。也存在着一种我们所说的“可见性逻辑”。例如,互联网上有些信息源会直接找到消费者,干扰他们的工作,并试图吸引他们。如此就呈现出了令人警醒的隐私问题以及隐私的保护。事实上,这些干扰是通过出售消费者名单以及购买消费者介绍而成为可能。这一控制策略的基础最终亦已为公众所获悉。但极富矛盾意味的是,这些对隐私的侵犯也导致了一种相反的实践:保密策略。我们可以接触到无数的信源,发现成千上万不同的信息项,但结果可能是除了大量的细节之外,却缺乏赋予它们真实意义的核心信息。许多相关数据,许多极其重要并涉及公众利益的信息项——因为它们涉及最强大国家的社会政治驱动力,或者牵涉到将深深影响消费者日常生活的事件——在许多层面被严格地隐藏着。黑客强行闯入企图驱散黑暗的行动现在已经证明,一个秘密的或者说至少是被隐藏的信息项是多么珍贵。而并非偶然的是,这些黑客的政治行动却被有组织地指控为一种犯罪行为。在许多国家,“信息游击战”和其他类似的群体公开指责隐藏的信息,揭露许多机密,并且一直在这样做,而这同时也提供了有关草根运动的大量信息。但他们在完成任务时仍然无时无刻面临着许多困难。

最后,还存在着挪用信息以及将市场逻辑延伸至整个信息世界的趋势。从这个角度以及对知识产权和版权正在进行的讨论来看,即便如“自由交换下知识生产将最大化”这样的基本事实离广泛实现仍相距甚远。

“现在个人电脑和互联网已成为主流工具，将它们转变为那些曾经为其所淘汰的电器的压力却在不断上升：将它们关闭，某些情况下完全禁止来自外界的干涉，而另一些情况下只允许它们在严密监视与控制的环境中运行。”(Zittrain 2008)

在这样的语境中，“消费劳作”在经济和符号层面变得愈发重要也更加困难，所以消费者被又一次推向过分简单化和快速的实践。但信息与传播总是始于倾听，如果发现合适的信源变得愈发困难，那么信息进程便实际上几近终结。这就是“信息社会”所带来的“文化”吗？

技术决定论的谬误

“消费劳作”给出的问题体现了决定论的谬误：将技术视为机械地触发了一系列急剧的变化并带来了“信息时代”新纪元的独立变量。而我们必须考虑到这些神话和预言并不总是乐观的。一种灾难性的决定论也存在着，虽然它显然没有支持的版本来得流行。

的确，技术影响着社会发展，但我们不能忘记它们都是研究的产物，而这样的研究在每个层次上都越来越受到私有资本的经费支持。所以，这些研究旨在发现特定问题的解决方法并迎合特定的需求，以便让技术能在市场上带来更多利润。曾经有一个为大型软件公司工作的研究者退休后承认，管理层曾让研究人员搁置解决某些问题，或者说甚至是搁置他们已经发现的一些解决办法，以便让公司能够一遍又一遍地将软件以“新”的姿态在市场上出售。

一些在不同社群进行的、采用了“创造性/参与性”方法的社会实验已经证明新技术通常并不能满足不同群体消费者的特定需求。例如，在意大利对老年人群进行的实验发现，供他们使用的软件太难或者并没有满足实验参与者的诉求。所以专家改进了软件，使其符合这些群体的特定要求。当然，专家的干预完全建立在对参与实验的老年人所进行的“消费劳作”的详细分析之上。

撇开技术决定论及信息社会的神话也许能够帮助我们反抗所谓的“强制适应”。事实上，在决定论的视角里，普通人——尤其是年轻人——应邀面对未来发展的不可避免性，试图抵达领先位置，并采用正确的态度以适应可以预见的社会变化。

所以人们不应该从一开始就拒绝信息世界可能形成的“选择文化”和

另类潜能。毕竟,从普通人的观点来看,这简直是一种浪费。它会带来一些可能的有利社会影响的消逝,而这些影响恰恰是当既有的技术潜能被充分发挥并为普遍利益服务时所能产生的。首先,正如我们所看到的,远距离扩大社会关系的可能性是存在的——任何时候这都不会取代面对面的遭遇,而是极大地丰富了后者——并创造了旨在争取更好社会生活条件和社会变革的运动。

因此,在研究"消费劳作"时,我们必须摒弃一些误导性理论的谬误,并探索我们仍面对的各种问题。鉴于我们身处一个充满不确定性的世界,我们也许只有通过采用系统化的批判路径来寻求帮助,并且无时无刻地询问"为什么"以及"怎么样",就像贝尔托·布莱希特(Bertolt Brecht)在他的诗《赞美怀疑》(In Praise of Doubt)中所写的那样。这给了我们看待当下和未来最好的方式。

从"消费者"到"产消者"?

接入问题并不只涉及被告知的权利,有时更涉及生产并传播信息的权利。

正如我们所看到的,"消费劳作"的产物是要求一个需要通过训练与实践获得的专门知识——我们甚至可以说是一种特定技能——的过程的结果。由于消费者不得不面对并经历这一过程以发现、处理并使用信息,最终他们可能会觉得自己也能够成为愿意交换所获信息或者生产出全新素材的"生产者"。

我们可以凭借经验指出,这会发生在个体消费者身上,但更多的时候会发生在群体进行的"消费劳作"中,特别是发生在那些伴随新信息技术出生、伴随着互联网发展而成长、今天被称为"互联网一代"的年轻人身上。因而在"消费劳作"中形成了"生产劳作",而"消费者"也变成了"产消者"(生产者—消费者)。他们中的一些人期望立刻散布他们所生产的信息,而其他人的目的仅仅是——比如说,通过开通博客——变成一种信源。

这种现象是对占统治地位的个人主义的回应还是它的后果呢?它暗示着仍然存在一种对社会关系的强烈诉求还是仅仅是一种展示自我的新方式?或者说它是否旨在力求文化和社会变革?这很难一言以蔽之。不管怎样,"产消者"的劳作会生产出特定的信息并将其传播出去。因此,他们首先要做的就是试图在媒介体系里变成信源，虽然还是很难进入传统媒体：最多就是报纸上发表的读者来信，或者电台、电视节目征询电话介入（但只是提问或者偶尔回答来自电台、电视台表演者的问题）。然而，撇开审查问题，传统媒体往往会选择与它们立场一致的事物，并接受甚至寻求那些只会促进其沟通策略实行的“声音”。

无垠的互联网空间看起来千差万别，而事实上，也的确是千姿百态。就像罗森所写，编辑领域的生产资料已经分配给广大民众（Rosen 2006）。但是即便如此，情况仍非十分有利。就像安娜丽·纽维兹（Annalee Newitz 2008）在考察互联网受到的公司控制时写道的，“的确你可以写下几乎任何你想写的东西。但是你能出版它们吗？当人们搜索你的话题时，你能在谷歌中排名足够靠前而让他们能够找到吗？这很大程度上是不可能的。所以虽然你的言论是自由的，但没有人能听到它”。然而，通过“消费劳作”掌握的技能，信息技术的不断改善，以及互联网的免费可用（但又能维持多久？），已为“参与式信息”的发展创造了最好的条件：由普通人或者与非专业人群合作的记者自下而上生产并传播的信息。越来越少的新闻调查作品已经加速了这种趋势。最近专业记者往往倾向于坚守在编辑部，很少深入社会进程内部研究。同时，有些人探索他们自己的社区并制造信息，只是为了唤起对本地环境或者人权斗争的注意，帮助发展中国家的人们，保护生态环境，抵消监控策略的影响，揭露制度的黑洞，或者促进民主化。例如，在西班牙和拉美被称为“公民新闻”（periodismo ciudadano）的一个信息极度丰富的草根世界，就被生活在世界各地的讲西班语的人们关注着。

所以，我们中的博客作者和公民新闻记者，生产着所谓的用户原创内容（UGC），其中一些人将信息放在他们的博客，并将其提供给其他博客作者；其他人则为一些面向非专业运营者的网站生产信息或者与专业记者合作。风格和内容也需要适应这样的信息：即便是当它们处理复杂的社会进程时篇幅也会很短；故事或事件发展的过程中传播消息；对于客观或公正并不怎么关心。

博客是一个会话空间，注定要为建立关系而存在。有时一个博客发布某事，可能会引起其他许多博客作者的兴趣——一个博客曾在 24 小时内被十万访问者所访问。博客可包含照片、声音，以及连接访问者到其他博客或网站的链接。有一些网站允许参与某一个国际事件的人们在事件还在发酵的过程中通过博客交流他们的体验。今天的著名人士、国会议员、政党领袖，以及制度体系中的其他成员为了接触普通人也纷纷开通自己的博客。

被称为“公民新闻”的倡议也不断被提出，旨在给予志愿者与专业作者和记者合作生产并传播信息的机会。例如，“全球之声在线”(Global Voices Online)正是一个为发展中国家发声的、重量级的参与式媒体的新闻中心。从2005年一个哈佛大学的简单博客开始，“全球之声”现在已成长为一个充满生机的全球社区，由150多个活跃的志愿作者、翻译者和20多个自由职业的兼职区域/语言编辑所组成。其报道的基础建立在来自世界各地使用互联网进行交流并传播思想、分析及观察的普通人的文字、图像与视频之上。

虽然如此，这样的倡议却冒着诸多风险。业余主义可能会蔚然成风，并使得这种合作下生产出来的信息变得毫无价值。志愿者可能只是在利用与专业人士的合作，以便被带入一个他们自己也以成为专业人士为目标的世界之中(志愿者经常在一段时间之后会假装收到了报酬)。总之，很难核实公民新闻生产出的信息的准确性。也正因为如此，公民新闻经常被“正规”的方法所控制。如此它便丧失了其独特的价值，并最终屈从于主流媒体的逻辑。

在思考公民新闻之前，我们可以将“信息工人”定义为将“消费劳作”延伸至“生产劳作”并试图传播——与专业人士合作或者不与他们合作——他们的信息项并且并不将其作为主要的或者有利可图的工作的那群人。这对市场逻辑会产生怎样的影响呢？什么样的规则对于真正保障“被告知的权利”，以及在专业人士与非专业人士之间，在生产可被传播的信息的消费者与日益被全球企业集团支配的媒体系统中的新旧组织之间可能产生的契约关系来说是必不可少的？回答这些基本问题需要更多的研究和反思。

然而，许多研究者和媒体专业人士声称公民新闻非常脆弱或几近死亡。另一些研究者则强调它非常重要，并且是对于民主来说不可或缺的信息在其传播方式上的一次根本性转变。问题在于，主流媒体集团仍不断尝试对这些信息的传播加以控制和主导。

的确，公民新闻也许能对民主的发展产生极大的帮助，当下它也正处在一个关键时刻。它可能会通过参与和自下而上的信息得以形成，而与此相反的是，它也可能会给予威权以新的空间。正因为如此，新的信息工具及大众对它们的使用可能是决定性的。许多研究和研究者告诉我们，虽然存在信息社会的崇拜者，但如果我们不被"远程瞥视"所影响，我们就能看到变革的路途仍然是漫长而艰辛的。但毫无疑问的是，我们于此再次发现了我们所处社会现实的模棱两可：我们可能处在新生产方式的黎明时分，或是处在一个巨大的危险的欺骗之中。然而，现在对于这些理念的讨论正在不断减少，或许这也是一个重要的迹象。

参考文献

Bragg, C., Le Baron, Nelson, and Q'Donnel (1993) Harness the power of technology: Developing minds in an information age. In: Didsbury, H. F. (ed.), *The Years Ahead: Perils, Problems, and Promises*. World Future Society, Bethesda, MD.

FAST (1985). *Europa 1995—Trasformazioni tecnologiche e sfide sociali, Bruxelles: CECA, CEE, CEEA*-Forecasting and Assessment in Science and Technology, Programme of the European Union, Brussels.

Garnham, N. (2001) Information society theory as ideology: A critique. *Studies in Communication Sciences*, 1(1), 129—66.

Mansell, R. (2002) From digital divides to digital entitlements in knowledge societies. *Current Sociology*, 50(3), 407—26.

Newitz, A. (2008) How do we fight corporate control of the Internet? AlterNet, May 22. Online at http://www.alternet.org/story/86205/how_do_we_fight_corporate_control_of_the_internet/ (accessed October 14, 2010).

Rosen, J. (2006) *Fans, Bloggers and Gamers*. New York University Press, New York.

Zittrain, J. (2008) The Internet is closing. *Newsweek*, December 8. Online at http://www.newsweek.com/2008/11/28/the-internet-is-closing.html# (accessed October 14, 2010).

拓展阅读

Castells, M. (1998) *The Rise of the Network Society*. Blackwell, Malden, MA.

Cesareo, G. (1981) *Fa notizia, fonti, processi tecnologie e soggetti nella macchina dell'informazione*. Editori Riuniti, Rome.

Cesareo, G. (1992) Privacy and secrecy: Social control and prospects for democracy in the information system. In: Wasko, J. and Mosco, V. (eds), *Democratic Communications in the Information Age*. Garamond Press, Toronto, pp. 87—97.

Cesareo, G. (1995) Lo strabismo telematico: Tra previsioni e profezie: trent'anni di pronostici sul futuro della comunicazione. In: Di Spirito, 'F, Ortoleva, P., and Ottaviano, C. (eds), *Lo Strabismo Telematico*. UTET Libreria-Telecom, Turin, Italy; pp. 3—42.

Cesareo, G. (2004) ICT and social change: Fate or choice, and who makes the choice? *Javnost-The Public*, 11(3), 105—14.

Cesareo, G. and Rodi, P. (1996) *Il mercato dei sogni*. Bruno Mondadori, Milan.

Garnham, N. (1990) *Capitalism and Communication*. Sage, London.

Israel, G. (2001) Pour des technologies a dimensionhumaine. *Le Monde Interactif*, October 24.

MacBride, S. and International Commission for the Study of Communication Problems (1980) *Many Voices, One World*. Unesco, Paris.

Mattelart, A. (2001) *Histoire de la Societe de l'Information*. Editions La Decouverte, Paris.

Webster F. (1995) *Theories of the Information Society*. Routledge, London.

第十九章 受众的政治经济学

丹尼尔·比特里斯特(Daniel Biltereyst)
菲利普·米尔斯(Philippe Meers)

……受众依然是媒介研究的一个问题,事实也的确如此。想要理解与公共传播核心问题相关的一系列社会和文化过程,受众是一个潜在的关键性节点。

——西尔弗斯通(Silverstone 1990,173)

引 言

媒介和传播研究有个老生常谈的话题,即关于人们怎样依赖于文化工业所创造的图像、语词和声音来阐释其生存的社会环境并与之互动。人们依靠或使用文化工业产品和技术的程度也许正是关键所在,各种研究传统和角度也都围绕其展开并相互争鸣。关于受众、公众或其他任何涉及接收者和使用者一侧案例的研究,都会援用索尼娅·利文斯通(Sonia Livingstone 2005a,17)笔下一段被证明是充满创造力的,甚至可以说是不乏争议和挑衅的对媒介化、参与和影响过程进行分析的"漫长而著名的思想史"。尽管政治经济学视角将经济与政治、社会和文化生活视为彼此关联(Hesmondhalgh 2002,33;Golding & Murdock 1991,18),因而经常被称为"整体性的",但我们却很少在主流的受众研究综述中看到这些观点(虽然在一些案例中也会有较少援引,比如麦奎尔对于达拉斯的引用McQuail 1997,14)。有关政治经济学路径的陈词滥调广为流传,将其视为狭窄的、决定论的、囿于结构分析的,也因此将关注的焦点主要放在传播过程的经济或者生产方面。

这一章试图说明,政治经济学视角在理解与媒介受众相关的各种关键问题上都有重要作用,并期望通过展现受众的政治经济学怎样以及为什么能够阐释媒介、权力和社会的核心问题来以正视听。本章的一个关键观点是，一如西尔弗斯通(Silverstone 1990,175)不断强调的，受众并不是一种孤立的现象，它既是短暂又是局部的，研究者不能逃避"受众的复数性"。另一位资深的受众研究者提出，受众并不是稳定的实体，不能独立出来让我们辨别，或者毫无疑问地"在那里"供我们观察和分析(Moores 1993,1—2)。除去媒介或技术的区别(涉及读者、观众、听众、网民以至生产者)，受众可以根据地理、时间、种族、身份、收入或社会/文化资本被划分为不同范畴。受到"受众是复数的"这一理念的启发，我们认为人们是(可能是以及同时是)公民，也是消费者；是具体、独特的受众，也是原型受众、准受众和伪受众(Livingstone 2005a)；是理性、自主的，又是非理性、感性和依赖他人的；是主动、自发的，又是被公司策略驱使和创造出来的；是有选择的，又是被媒体产业所区隔的。

作为受训于人类学和接受研究传统的批判的受众研究者(Biltereyst 1991, Meers 2004, Biltereyst & Meers 2006, Biltereystet al. 2011)，我们认为政治经济学路径对于媒介权力的考察是极其重要的，说得更确切一些，是在探讨文化生产、控制和治理的条件与限制的问题上至关重要。一如戈尔丁和默多克(1991,18—19)已经充分论述的，在讨论正义、平等、公众利益的问题时，批判政治经济学绝不仅仅是对文化生产和文本(范围)背后的结构和经济动态进行研究，而是也包括对文化消费、接入权、文化竞争力等问题的探讨。政治经济学的洞察不仅在为受众研究提供必要的语境数据方面很重要，对于处理愈发重要的受众商品化的问题(在金融、时间、地理、欲望和幻想的层面上)也十分重要。我们认为，将这些观察整合起来将有助于充分理解更广泛的意义的生产和流通。出于对生产—消费"二元对立"论的警告，卡拉布雷塞(Calabrese 2004,10)令人信服地强调，如果我们想要理解诸如决定、文化自治、人的能动性，或者阶级、种族、性别和其他不平等之间的关系等实质性的问题，我们需要避免仅仅将受众作为生产的"另一端"来考察。

在批判研究中，关于受众研究的论争本质上是为了处理随着社会不断被商品化和媒介化而引发的社交危机。正因如此，文化研究和政治经济学总是被作为对立的派别。这一章旨在重访这些20世纪90年代的论争：因为政治经济学和文化研究学者的主要论断恰恰是围绕受众的概念化和研究，所以其对于受众的政治经济学来说无疑是非常重要的。在这场火药味十足的论争中，受众甚至变成了对勾结敌人进行指控的结点

(Mclaughlin 1999,337)。两方的立场分别对应两种观点:一边是由媒介结构和工业—商业逻辑决定的被动的消费者,另一边则是主动的、有选择权和阐释力的受众。在讨论这些论争之后,我们还将继续观察媒介/通信受众是如何被政治经济学学者概念化和研究的,这其中包括达拉斯·斯迈思(Dallas W. Smythe)关于受众商品论的巨著,以及随之而来的论争和各种受众研究,并由此指出其他一些并不和这一路径相关联的学者是如何为媒介受众的批判政治经济学做出了贡献。

重访论争:分裂、合作、互联性

虽然20世纪90年代政治经济学与文化研究之间的论争被视为“无果的”(Curran & Morley 2006,6)、“无效的”(Kellner 1997,120),或者伪装成理性辩论的仪式化争斗的一个经典案例(Meehan 1999,151),但我们仍然认为,在受众的批判研究中找到一些认识论上的差异、误读和分裂是十分重要的。尽管我们由论争开始讨论,但这不应该掩盖一波又一波为了获得关于意义的传播及受众在其中所起作用的视角更为广阔的和解或倡议。其中某些旨在推进合作的方案和路径对媒介受众研究而言依然非常重要。

关于受众的批判论争不断推进的动力可以上溯到20世纪80年代和20世纪90年代早期。彼时在文化研究的旗帜下,一股质性的受众或接受研究浪潮蓬勃兴起。其中很多研究强调普通日常生活经验、快乐和(流行)媒介文化的主体性,提出应以更复杂的视角看待影响和文化统治:“从下看”(受众、共同体、能动性),而不是“从上看”(产业、国家、结构)。“新”受众研究包括了各种形式的定性研究,由此总体作用(overall effect)的概念被拒绝,并被一种更为“有限”的模式所取代。研究者受到霍尔编码/解码模式的启发,关注意义文本的复杂性、意义的书写(编码),以及使用和观看模式的演变或者理解的过程(解码)。在第一波接受研究之后,更多关于媒介使用者条件和身份的民族志研究随之而来,并将家庭关系和日常活动纳入其中,相关概况参见阿拉苏塔里的著作(Alasuutari 1999)。

在这些讨论之中,有一些“新”受众研究就涉及了一个带有强烈政治经济学研究传统的课题——媒介全球化和媒介帝国主义相关问题,尤其是西方(美国)文化工业的主导性和国际性影响。莫利(Morley 1991,1)认为,任何对于这种宏大过程的分析,如果没有建立在对(主要是本土的)

消费过程的充分理解之上，就会冒"过度概念化"之险。正是基于这样的观点，各种研究都被引导到美国流行文化的日常接受上来（论争的综述见 Biltereyst 2003，Sinclair 2007）。这方面的一个重要研究是《意义的输出》（1990）。在书中，利比斯（Liebes）和卡茨（Katz）做了肥皂剧《朱门恩怨》（*Dallas*）——经常被看作美国文化帝国主义的象征——的日常接触和跨文化解读的研究。通过凸显美国电视文化的多义和开放性，利比斯和卡茨强调了文本和接收者间主动的协商过程。

这一新的受众研究视角很快激起一场充满恶意的争论，围绕与全球文化经济的作用和权力相关的方法论、意识形态和认识论展开。尤其是持有政治经济学观点的学者，强力地反对了这种关于社会权力分配的相对主义解释，同时批评了其对于国家和全球媒介系统深层结构改变的忽视。接受研究和其他形式的新受众研究都被诟病为过分强调权力的分散，用受众权力取代结构性权力，将受众的活动和抵抗浪漫化，以及赞美消费者选择和流行文化的复杂性，从而削弱对经济和结构的决定性作用的认知（最具代表性的例子可见 Fiske 1987）。

批评者提出，新受众研究在很大程度上与消费者选择和消费者自主权的修辞相一致，并已经在里根、撒切尔和许多欧美或其他地区的政府中成为自由通信政策的指导方针。新受众研究也伴随着这些政府打破媒体垄断（例如绝大多数欧洲国家的公共广播电台）和寡头控制（美国的网络）的政策出现，导致更多的竞争、商业化和更多的内容。这种关于受众权力和消费者选择的修辞被新传播技术和产品所加强。这些技术和产品为个性化、互动性和选择性推波助澜，包括"生产性"使用者这一概念的出现和时间与空间上的独立自主性（例如 80 年代的录像机，90 年代的网络和数字媒体）。

柯兰（Curran 1990）在其尖锐的《新修正主义》一文中指出，新受众研究并没有意识到一个现实，即它们的很多研究方法（如冗长的个人访谈）和关键概念（例如受众的主动创造、文本产生的多重意义、相对的受众自主性）只不过是模仿传统效果研究中的特定思路。政治经济学视角的关键人物赫伯特·席勒（Herbert Schiller）将这种受众中心的研究方式视作减少或质疑文化统治这一概念（1991，13）的初步努力。而罗奇（Roach 1990，296）则认为这本质上是一种政治议程，旨在削弱意识形态与资本主义扩张之间的关系。

政治经济学和文化研究的论争在 90 年代中期势头正劲，一系列文章在《大众传播批判研究》的一期(1995)中发表,双方的立场是截然对立的。政治经济学一方的主要论争者加汉姆(Garnham 1995,71)提出,二者的对立建立在对政治经济学深刻误读的基础上。通过反问我们怎么可能在文化及其政治潜力的研究中忽视全球文化市场的发展,以及作为这种文化市场可能存在的先决条件的技术与管理过程和资本流动,加汉姆认为研究受众的有效性不过是作为所谓的赋权基础的一种错误意识(false consciousness)。除此之外,加汉姆还主张,种族与性别统治的现代形式建立在经济统治之上,由此再次将阶级放在分析的中心位置。加汉姆带有挑衅意味的立场遭到格罗斯伯格(Grossberg 1995,72)的反对,后者回应道,文化研究和政治经济学一直就怎样的理论才能充分阐释文化和权力问题而彼此分歧。他(1995,78)建议应整合关于生产、消费政治和意识形态的研究。而在讨论阶级和经济状况相对于种族和性别的优先性时,他提出理解或者反抗围绕种族和性别而形成的统治结构的恰当方式与经济状况相关,但并不由其所决定。

论争并非始终是对抗性的。事实上,论证最终变得富有成效,不仅在于两种立场各自进行的内部批判,更在于两者之间的合作与整合,以及关于受众和受众研究的更多概念上的反思和工作。一种克服这一分歧的尝试将"批判的"或"文化唯物主义的"与"欢庆式"的、"后结构主义的"和"后现代主义的"的文化研究区分开来(Bade 2008,4;Meehan 1999,150)。一些持有政治经济学视角的学者将二者结合起来,或至少对两者都有所触及。像米汉(Meehan 2000,关于粉丝的制造)和瓦斯科(Wasko 2001,关于全球迪士尼项目)等作者则将政治经济学和其他路径联系起来,诸如文本和受众研究,并且和对于政治经济学的反思携手并进(Mosco 1996)。这种修正给予了内在批判以空间,例如,在哈根和瓦斯科(Hagen & Wasko 2000a,22)为一本合著《消费受众》(2000b)所撰写的导论中,他们写道,政治经济学的主要焦点绝大部分时间都放在宏大结构上,并也试图说明存在着"某种对消费的暗示"。而他们也承认,这些观点的提出并没有经历实证性的研究。另一方面,质性的受众研究聚焦微观层面的消费侧问题,却并没有始终将其连接到更大的作为媒介机制和消费受众前提的文化和政治框架中。

格雷厄姆·默多克(Graham Murdock)第一个站出来坚决要求进行这种整合,或者至少是,对消费进行实证研究并将其视为文化生产的一种"批判的政治经济学"的组成部分。在他和戈尔丁(Golding 1991,15)合写的文章中，将其焦点定义为“公共传播的符号和经济维度间的相互作用”，并指出其中的三个核心任务或是优先考虑的问题。除了考察文化商品的生产之外，批判的政治经济学还研究与媒介文本和文化消费相关的物质与符号层面之间的互动。默多克(Murdock 1995)提出，批判的政治经济学是对当代文化进行批判研究的必要起点，并认为批判的政治经济学可以说明那些使文化活动得以充分展开的领域是怎样被塑造而成的。虽然反对受众决定论，默多克(1995)同样也承认，生产和消费的具体行为难以毫无疑问地从经济动态中被推导和读取出来。默多克赞成政治经济学和文化(受众)研究的互补性，也因而认识到为受众所准备的“选择清单”。在《消费受众》中他的章节里，默多克(Murdock 2000)反对经济和意义的分隔，他认为现代传播毋庸置疑既是符号系统又是经济系统，对它的分析也就不得不建立在双重视野之上，而不是二者择其一。因此，一种可以解释日常行为的物质、社会和符号资源是如何集聚和分配的，以及接入的样式——作为当代资本主义和商品文化重构结果——又是如何变化着的政治经济学，对于解释创造性消费的任何尝试而言都是至关重要的。这种政治经济学需要和“详细呈现这些不断变化的条件是如何被遇到、被渡过并被挑战的民族志研究”结合起来(Murdock 2000，59、65)。

有个有趣的人物，将对于受众实证研究的重要性的认识所发生的改变，阐释为路径和方法论整合的一部分，这个人就是阿芒·马特拉(Armand Mattelart)，他也是20世纪七八十年代文化帝国主义和美国化论点的主要持有者之一。尽管在1987年他还在将卡茨和利比斯作为抨击国际统治、宣扬自由流动信条的新自由主义研究的代表(Mattelart & Mattelart 1987)，却在之后又承认了阐释性的受众抵抗形式的重要性。十年之后，他也承认用阐释当代全球媒介语境的新含混性的概念(克里奥尔化，杂交性)来扩充批判分析的工具是必要的。当然，这并不意味着依附性和文化帝国主义等概念已经失效，因为这些概念仍然可以用来理解世界范围内信息和传播流动的不均衡(Mattelart & Mattelart 1998，138)。在这方面，米勒等人(Miller et al. 2001)对于全球好莱坞的分析给出了一个批判性整合的很好的例子，其焦点落在“文化连续体的每一个节点上权力和意义间的相互叠覆”(2)。两个领域都意识到了“对语境进行激进历史化”(13)的重要性。而这样一来，文本和受众分析就可以通过一种详细阐明文本被制作、传播、接收、解释和批评的条件的关于“偶然性”的考量得到补充(13)。

政治经济学者对受众研究表示出兴趣，并不意味着它们没有遇到怀疑。比如，米汉（Meehan 2001，208）并没有吝啬她对于单向度文化研究分析的批判，特别是当文化学者将文化定义为整套生活方式，却将针对文化的研究当作文本分析来进行。米汉（Meehan 2001，213）认为，这一种令人沮丧的简单化模糊了经验性的差异，并断言文化研究的话语正是这样被“文本”和“阅读”所主导，但这些术语隐喻性的本质却遗失了。席勒（Schiller 2000，119）对受众研究持高度怀疑的立场也广为人知，他认为将重点放在受众反抗性上的做法削弱了反抗企业文化统治的各种实质性努力。席勒支持使受众研究领域变得更丰富的另类道路，并坚持认为其应该秉持一种政治化的立场，而这种立场则是由与当下控制性的企业文化力量进行斗争的欲望所激发的（2000，119）。

在这场论争的另一边，学者们同样支持对文化研究启发下的受众研究进行批判性的再考察。这样一来，其中有些人——或多或少——会提到将其与政治经济学相联系，或由政治经济学进行补充。这当中一个关键性人物是道格拉斯·凯尔纳（Douglas Kellner），他将复兴和反思法兰克福学派（Frankfurt School，2002）与其对受众和消费的强烈兴趣相结合。在这场大论争之后，凯尔纳（Kellner 1997，102）提出“多重视角的文化研究”，认为媒介文本的建构及其为受众所接受的过程深受媒介产品的流通与接收所处的生产和分配系统的影响（104）。凯尔纳（Kellner 1997，2002）为实现一种无所不包的文化研究提出了一个雄心勃勃的研究议程：“这样，一种批判的、多重视角的文化研究提供了通向文化的全方位路径，并适用于范围广泛的文化制品……这些涉猎广泛的角度将会包含政治经济学、文本分析和受众研究，并且提供了使个体得以仔细分析主导文化形式的意义、信息和作用的批判与政治的角度。”（Kellner 1997，2002）

十分有趣的是，一些较早的“新”受众研究先行者对这一年轻的研究传统的关键基础进行了批判性回顾。例如大卫·莫利（David Morley），他于 1980 年出版的开创性著作《举国上下》（*Nationalwide Audience*）受到霍尔编码/解码模式的启发，之后却严厉地批评了庆祝性受众研究对于结构性语境的忽视，以及其提供了“一种关于媒介消费者不切实际的浪漫化形象，而趋向于忽略文化权力的制度性问题”（Morley 1997，121）。莫利（Morley 1997，122、127）反对文化研究的文本化——文化现象与其社会和物质基础完全脱离——并支持建立在结合了社会学的唯物主义、认识论的现实主义和方法论的实用主义基础上的批判性的文化研究。这样一来,"我们的目的就不是用一个(微观或宏观)层面替换另一个,而是尝试将关于意识形态、权力与政治(传播的垂直维度)的更宽泛问题的分析和关于日常生活中电视的消费、使用和作用(水平维度)的分析结合在一起"。(Morley 1997,127)

早期接受研究传统的另一个重量级人物詹尼斯·拉德威(Janice Radway)在其1984年出版的颇具影响的著作中,从读者回应的角度研究浪漫小说的意义(Radway 1984)。而她最近也在反思自己的研究实践和语境(比如文学接受研究),并因此坚定地赞成其与政治经济学路径互为补充。拉德威(Radway 2008,340—1)认为我们现在容忍伴随着接受范式及其方法论实践而来的观念上的封闭,将比接受研究刚出现时冒更大的风险。她的焦虑源于一个事实,世界范围内大多数被消费和被分配的文化素材都来自四五个国际媒体集团。足以令人感到奇怪的是,拉德威(Radway 2008,340—1)现在竟因为考虑到美国媒体产品所占据的主导地位正在排挤本土的、另类的甚至前沿的创作,而开始支持对文化帝国主义课题的重新审视。令拉德威(Radway 2008)尤其焦虑的是前所未有的无处不在的意识形态控制,及其带来的一种作为消费主体对资本发挥着双重作用的、充满欲望的、流动的而且易变的主体的产生。

在洪美恩(Ien Ang)的著作中也可以看到重新联合(文化研究与政治经济学)的努力。尽管她的《观看达拉斯》(*Watching Dallas*,1985)已经成了早期接受研究中里程碑式的作品,但在洪美恩近期的作品中,却包含了清晰的政治经济敏感性。例如,她的《拼命寻找观众》(*Desperately Seeking the Audience*,1991)将电视受众评估视为应付了解或控制观众行为、思想、情感的制度性需求的一种知识生产的元素,对其进行了政治经济学审视。在《起居室里的战争》(*Living Room Wars*,1996)中,她更清晰地回应了关于受众研究中"文化和经济之间的联系"没有得到足够多关注的论争和批评。她建议应超越这样一种观点:对于"主动"的受众的关注必然与针对媒介权力的考量相对立;并且认为,主动的受众这一概念其实就是后现代世界中"物的失序"的一个缩影(Ang 1996,10、12—13)。建立在个人化、快乐和消费主权上的后现代主义消费文化中,选择的话语正以指数方式膨胀。在这种话语中,关于个人自主和个体自决会带来的解放性效益的修辞占据着支配性的地位(Ang 1996)。当涉及另一个政治经济学者视为核心的问题时,洪美恩(Ang 1996)断言,在这种关于生活方式的强制性话语之中,阶级、性别和种族的限制似乎已经不存在了,生活被定义为做出越来越多选择的能力。

新受众研究的最后一个关键学者索尼娅·利文斯通(Sonia Livingstone),最近也在其关于受众的概念中,给了政治经济学视角下的议题更多的空间。拥有社会心理学背景,并曾经对社会家庭语境和信息通信技术(ICT)的使用进行研究,使得她早早便意识到,如果我们想理解民主和集权制度下主动的受众的不同意义,那么与政治经济学相联系就是非常重要的(Livingstone 1998,201)。在其更近期的主要关注孩子、青年和网络的著作中,她公开批评巨大的、商业化的和全球化的休闲产业专注于将青年准确定位成新的消费机会;精明地在媒介领域中跨界推销非媒介消费品;变得愈发全球化;以及热衷于逃避或反击那些认为童年是不受限制的(私人的)迄今为止占主导地位的道德规范(Livingstone 2005b)。意识到个人化是由成熟的市场营销催生的,她就网络内容和服务的私有化发出警告:其中包含着难以避开的广告;它们在背后搜集用户每次点击、搜索和下载的个人数据;愈来愈小的年龄层次被拖进被商品化重新包装过的同伴或者青年文化之中;饭圈成为接触流行(甚至高雅)文化的日渐主导的方式(Livingstone 2005b)。在这几页看上去甚至可能来自某本政治经济学手册的论述中,利文斯通(Livingstone 2005b)将个体化、私有化、碎片化、商品化和消费文化等议题放在了受众研究议程的显著位置,以此来应对将网络当作一种互联互通、自由且充满选择的民主开放空间的修辞(Livingstone 2005b,173—5)。在她关于受众的概念中,利文斯通含蓄地与关于受众的复数性的观点产生了共鸣。她指出,受众应当被理解为由四个相互联系的空间所组成:从一种批判传播的视角来看,人们应该与国家(作为"公民""公众",作为媒介教育客体的受众)、公共领域(作为主动的、参与其中的、见多识广的或可能具有反抗性的受众)、私人或亲密领域(作为有选择的、有阐释力的、寻求快乐的、在认同过程中有创造力的受众),以及经济(作为商品或市场的受众,被收视率、市场份额和消费主义所塑造)联系在一起。因此,批判的受众研究应该关注这些空间的交汇之处。

如果将这些合作、整合以及接受受众的复数性或互相关联性的项目纳入考量范畴,我们可能会认为,政治经济学和文化研究之间的张力似乎缓和了。尽管它们是否在实证层面被彻底地解决了仍是一个问题,但有一点是清楚的,对政治经济学至关重要的课题,已经很清晰地出现在文化研究启发下的受众研究的方案之中,而反之亦然。在这个语境中,柯伦和莫利(Curran & Morley 2006,1)最近指出,一些20世纪90年代曾形塑了这一领域的——比如政治经济学和接受研究之间的——论争在当下似乎(令人高兴地)精疲力竭了,而对这些不同角度所产生的深刻见解的承认可能是这一领域不断成熟——我们希望不是僵化——的表现。

政治经济学视角下的受众

尽管在论争中政治经济学学者被认为常常忘了处理受众问题,但我们现在则需要弄清楚,近几十年来,在受众商品论以及作为监视、分化和排斥对象的受众等几个方向上愈发浓厚的研究兴趣是如何产生的。如果我们要讨论媒介/传播受众是如何被学者以这种角度概念化和研究的,那么出发点和基准点则是斯迈思(Smythe 1977,2001)的开创性研究以及由此引发的论争。斯迈思(Smythe 2001)提出,媒介产业制造的最重要商品就是受众自身,它被建构出来,然后被出售给广告商,从而激起了一场关于"受众商品论"的引人瞩目的论争:

> 什么才是垄断资本主义时代商业大众媒体的首要产品?答案很简单:受众权力。这是个具体有形的产品,被用来完成作为商业大众媒体存在原因的政治和经济任务……因为受众权力是被制造、被购买和被消费的,所以它有一定的价格,并且是一种商品。像其他的"劳动力"一样,它包含着"工作"的成分。(Smythe 2001,233)

虽然受众的生产远没有工业制品——诸如汽车和鞋——的生产那么明晰,但它们的内在逻辑本质上是相同的(Gandy,2002)。斯迈思(2001,234)提出,广告商购买符合具体要求的受众的服务:在特定的时间,可预计数量的受众会关注特定市场中的特定传播渠道。受众为——他们被卖给的——广告商做的工作是,学会购买商品并据此来开支他们的收入。从受众立场来看,这并不是一个令人舒服的职位,因为受众付出的将比广告商多得多:作为受众成员,将消费品和服务推销给他们自己的时候,其实是在做着一份没有收入的工作(Smythe 2001,239)。这种全新的视角显示出,研究焦点已经不再是文化意义或大众媒体给受众带来什么(信息),而是它们从受众那里带走了什么(价值)。媒介内容变得次要了,那最多是一顿免费午餐。媒介产业既不是梦工厂,也不是意识产业:它们变成受众的狩猎—采集者(Meehan 2002,211)。

斯迈思的观点在政治经济学学者间引发了一场关于受众角色的论争。参与到论争中的几位学者之一的默多克回应道,这种分析只适用于与公共服务媒体相对立的那些由广告商支撑的媒体(引自 Meehan 2007)。苏特·杰哈利(Sut Jhally 1987)则拓展了斯迈思最初将电视受众当作为资本生产剩余价值的劳动力的表述。他认为,当受众看商业电视的时候,他们是在为媒体工作,既产生价值,也产生剩余价值。杰哈利写道:“这并不是一个类比。事实上,观看是工厂劳动的延伸,并不是一种比喻。”(Jhally 1987,83)观看商业广告的行为被视作受众为了获取娱乐而付出的劳动。西顿(Seaton 2003)在记叙英国商业电视历史时做出了类似的分析,他指出英国的商业广播制造了受众,而不是节目:“广告商购买几秒钟的电视时间,其实是购买了成千上万的受众。他们支付的价格要根据广告播出时有多少人观看来决定。因此广告商仅仅将节目视作将受众输送给他们的手段。”(179)西顿(Seaton 2003)是在商业电视区域性的语境中阐释这个问题的:不同地区受众的习惯和口味成为促销活动的核心特征。与美国的情况相似,为广告商制造受众这一真正的目的深刻影响了为受众消费而制作节目(以及制作出的节目种类)这一表面上的目的。当广告推销小众节目时,它往往是通过制造适销对路的观看者(例如车和美食的受众)的方式。更多的频道选择给广告商提供了更为精确的受众兴趣分组。西顿认为,缺乏共同的物质喜好的受众已经并将越来越不被优待。

下一个逻辑步骤是依照人口统计学和心理学特征来分划受众,最重要的标准是经济条件,更确切地说是收入。市场的细分,或者说受众分类的实践涉及媒介受众是怎样按照收入、性别、种族、年龄和其他分隔标准被创造、表述或者建构的。甘迪(Gandy 2007,116—17)在研究种族和阶级分划——特别是美国媒介的种族隔离与歧视——语境中的受众商品议题时指出,面向非裔美国人的媒体往往有着编辑内容的质量较低、潜在有害商品的广告过多等特点。广告商通常的做法是为接受“低质量”受众而要求“少数折扣”(minority discount)。甘迪(Gandy 2002)关于民族、种族和阶级的实证主义研究影响深远。消费者的细分是商业媒体和传播公司最重要的策略,“用来制造对受众更有效率和作用的控制”(Gandy 2007)。甘迪强有力地指出,媒体正常化了并且不断加深着种族和民族上的隔离。

米汉(Meehan 2005)以诸多方式拓展了关于受众的政治经济学分析,包括其对美国电视收视率的纵向研究,并由此区分出三种相互联系的市场:收视率、受众和节目。与经典自由主义的受众观(电视给予受众他们想要的东西)相反,米汉(Meehan 2005)认为,"控制论的受众"仅仅存在于收视率中。这三个市场主要是为了满足广告商的需求而被组织起来的,并以量化定义的收视率作为衡量满意程度的标准。电视业被广告商、网络和收视率公司之间的动态关系所驱使,由此国民收视率对于明确受众商品、指引网络和有线频道的定价策略和决定而言至关重要。同时,收视率也影响着广告商购买受众及其商业广告的曝光度的决定(Meehan 2007)。但并不是所有人都是受众商品。除去关注收入、阶级以及/或者金融资本在导致分划与隔离上的重要性之外,米汉(Meehan 2002)也致力于从女性主义政治经济学的角度处理受众商品的问题。米汉(Meehan 2002,220)认为(美国)电视业已经形成了一种歧视 18 岁到 34 岁说英语的异性恋白人高消费阶层之外所有人的架构,并强调"对男性受众价值的高估反映了父权制下的性别歧视"。

这只是从收视率与受众评估迈向监视、控制和消费者监控等概念的一小步。我们已经提到利文斯通关于儿童和网络的论述,但政治经济学学者已经在更有煽动性地或者更不经修饰地发展这种思路(Mosco 1996, Maxwell 2007)。例如麦克斯维尔(Maxwell 2000,98)就使用了"又一次文化冷战"的比喻来体现市场调研如何将人们归类为受众和消费者,以此来扩展公司对消费的基础构成的控制。一些学术研究走得更远,甚至将受众研究也作为一种"为了将人们分划为不同等级的受众而实施监控"的实践(Maxwell 2000,98)。在他们对全球好莱坞受众的政治经济学分析中,米勒等人(Miller et al. 2001)强调市场营销的关键作用。米勒等人(Miller et al. 2001,182)认为,受众是难以驾驭的劳动力,必须被驯服才会消费;并将电影市场营销看作"在一种更加强烈——甚至是正义的——追寻知识的观影体验中,前所未有地加深了对人们情感、意见、爱恨的监控"的工具。米勒等人(Miller et al. 2001)举了"电影地带"(Movie Fone)这个十分令人忧虑的例子。这是一个美国在线时代华纳(AOL-Time Warner)旗下伪装成提供电影时刻、地点和订票电话服务的一项业务,但事实上它就是在监控观影者。其系统生成观众私人信息,随后公司便将其转化进自营的市场调查中。米勒等人(2001,210)受到斯迈思的启发,呼唤一种"消费的劳动理论",借此说明被市场调查掌控,并被知识产权法律保护的受众劳动是如何否定调查对象接近那些构成了接受劳动、将“消费者自身变成产品”的言语行动的权利。

很多这类关于电影受众的分析是由方法论上的结合——既包括与政治经济学相关的(结构分析、经济和分配策略),也包括文本和接受分析——所推动的。这种研究不仅被用在涉及当下的权力关系的问题上,也包括历史性的研究,并往往受到古贝克(Guback 1969)开拓性研究的影响(Wasko 2003)。虽然没有明显与政治经济学相联系,电影研究近年来却也出现了一种关注于历史电影受众的不同以往的传统。这种批判的历史研究被标明了不同的方向:从历史接受研究到针对观影体验社会实践的研究(Miller et al. 2008)。一种电影接受的研究思路是施泰格(Staiger 1992)的历史唯物主义接受研究。这种研究借助文本分析、受众证词和其他涉及电影接受的资料(如电影访谈),试图重构围绕电影、体裁、圈子和电影作者的公共话语和接受。这种“语境活化”(context-activated)的方式很明显区别于电影研究的“文本活化”(text-activated)模式和电视研究的“读者活化理论”(reader-activated theories)。通过这种方式,施泰格(Staiger 1992)试图理解电影、体裁或者作者的历史接受和社会意义,其中还包括在产业、新闻、审查、宗教和其他利益集团间展开的围绕这些意义的斗争。最后,她的研究还涉及在既定的历史语境中,意识形态和主导话语是如何影响和限定媒体产品接受的话语范畴。另一条批判的历史接受研究的脉络与杰姬·史黛西(Jackie Stacey 1994)有关,她曾经对 20 世纪 50 年代英国生活性的好莱坞电影文化进行调查。史黛西在研究中阐明,女性受众是如何与好莱坞电影呈现出的明确的消费文化进行协商的。尽管电影粉丝被成功地建构为消费者,但史黛西还是指出,他们并不仅仅是受害者,而是以各种方式利用这些产品和明星。对于史黛西(1994,185)来说,他们既是文化交换的主体也是客体,因而也并不完全处于从属的地位。

粉丝受众是受众群体中一个特别的部分,也是最受剥削,并持续附着于特定的媒体产品或符号的群体。米汉(Meehan 2000)已经展示出一种关于粉丝受众的微妙的政治经济学研究如何可行:粉丝民族志(强调观众自主、快乐和创造性)和政治经济学(关注所有权、生产关系和制度结构)的联合,对于理解围绕粉丝媒体的特定过程卓有成效。用休闲时间的概念连接两种立场,米汉(Meehan 2000)展示了休闲时间是如何作为一种主流意识形态的建构以及文化经济类型存在于美国资本主义的语境中。

与文化研究中关于亚文化的抵抗的描述相反,这种语境化的考量将粉丝文化放置在主流意识形态之中。利用斯迈思的框架,人们花在媒体上的休闲时间就变成当代资本主义的必要元素。米汉使用的关键例证是派拉蒙的《星际迷航》(*Star Trek*)。她观察到垄断的和整合的美国媒介市场是怎样激发这样一种奇特效果的:星际迷航的粉丝只要照常购买系列产品,他们就会被视为理所当然的存在。粉丝被媒体企业集团用作在内部市场上循环利用内容的工具。粉丝确保了所有循环业务的收益。为了理解粉丝的政治经济学,研究者需要保持分析的距离。然而,除了研究亚文化如何与主导意识形态相连,以及亚文化如何在资本主义经济的娱乐/信息部门中运作之外,也需要一种更为贴近的(本位的)视角来理解亚文化的愿景,以及观察粉丝文化是如何作为亚文化运作的。通过将本位(emic)民族志、客位(etic)民族志与政治经济学相结合,我们可以更好地表述我们每天都会体验的真实现象——为取得利润而设计的、被包装为媒介产品的文化表达,然而它也能够激发想象,并促使个人"消费者"去创造亚文化共同体(Meehan 2000,89)。

根据这种观点,进一步研究行业围绕粉丝文化所创造出的用来吸引受众的话语将很有意思。希尔斯(Hills 2002)是粉丝研究中的一个重要人物,尽管他与政治经济学视角并不相关,但相当有趣的是,他的著作展示了市场话语和粉丝话语如何协力赋予一个媒介产品一种邪典(cult)的地位。在他拒绝将邪典媒体及其粉丝浪漫化而提及"价值的辩证法"的阐述中,邪典粉丝文化并非仅仅"逃离"或"抵抗"商品化过程。希尔斯强调,这些话语同样也助长——并不断卷入——相同的商品化过程中。通常而言,政治经济学启发下的研究会投入更多精力来考察公司的话语策略。理解这种话语生产的关键问题在于,消费选择和自主性的观念是怎样被推广开来,从而加强了市场化作为媒介和传播领域核心力量的霸权地位的。为公司利益而利用公共话语则是尚未得到开发的可能的研究思路,这也触及公共领域和公共论争的关键问题。举一个例子,媒介产业是如何以最大化受众并增加销售和利润为目的,尝试利用公共论争来制造公共事件和争议,偶尔导致精神恐慌的。一些真人秀形式在争议和恐慌上大做文章,以之作为最大化公众关注的工具(Biltereyst 2004)。但也许有人会说,媒体事件的制造只是一种惯例而已。例如,在我们有关《指环王》的研究中,我们努力将系列大片理解为一种被建构的事件。通过区分其中的几个维度,我们将围绕大片的事件视为产品、市场和受众之间的关键联系。公共话语管理策略有着不同的以观众为导向的目的，比如期待视野的(话语)创造，对快乐、奇观和想象的承诺，以及协调受众观影体验、公众接受和公共话语关系的努力。通过实证的受众研究——对《指环王》的分配策略和公共论争进行分析——我们得出结论，系列大片既是一种市场营销事件(传统市场营销的方案)，又是一种媒体事件(成功地获得媒体的关注，并控制了媒体生产的话语)，并会逐渐成为一种社会事件，激发社会中有关这一电影更为广泛的公共话语。一种政治经济学的视角应该将这些事件被建构出的特征——也就是将公司围绕其媒体产品精心策划一起事件，从而引导受众的预期、想象和接受的策略——纳入思考。

这就提出了关于受众抵抗和自由的概念性问题，或者说受众如何自由地进行和组织对制度性媒介权力的抵抗。这种概念是否在受众的政治经济学中有一席之地？政治经济学视角经常与受众的完全拒绝，或者至少是关于受众如何能够对媒体内容进行协商性甚至是反抗性解码的问题相联系。一个结合了政治经济学的语境化和受众研究的例子是瓦斯科等人主导的(Wasko et al. 2001)规模宏大的《全球迪士尼受众》(*Global Disney Audiences*)。这一研究覆盖18个国家，将接受分析(问卷和访谈)与个别国家概况结合在一起。这些概况勾勒出迪士尼的市场营销活动及其被接受的特定语境。这一研究的主要结论之一是，虽然某种程度的协商确实存在，但它总是发生在媒介化文本的政治经济学、文本扮演经济和文化角色的国家语境、社会及其社会单位(如家庭)的文化实践以及个人意识的交叉点上(Wasko & Meehan 2001，336)。

然而，政治经济学视角的一个关键议题依然是受众的接入、排斥，或者接入的物质和文化障碍(Golding & Murdock 1991)。一个与此相关的案例是网络和数字媒体。尽管关于数字鸿沟、网络民主和其他与建立数字公地有关的概念的讨论已经有很多，但默多克和戈尔丁(Murdock & Golding 2004，245)还是坚决反对"单向思维定义"——关于电脑和网络的(普遍)接入的简单化观点。例如，"因特网的接入情况根据收入、年龄和教育程度的不同而高度分化，相当数量较为穷困的家庭、老年人和辍学的人面临被永久排除在外的前景"(Murdock 2004)。数字化排斥呼唤对接入的等级制度和使用中的差异进行大力研究，正因如此，布尔迪厄(Bourdieu 1984)关于经济、社会和文化资本的批判性概念才依然高度有效。

结　论

虽然政治经济学很少与受众研究相关联，但这一章还是指出了一种政治经济学的视角对于理解媒介受众的各种关键问题能起到多么重要的作用。我们认为，政治经济学可以为受众研究提供必要的语境分析，同时也是分析受众的具体方式。我们也指出，20 世纪 90 年代文化研究和政治经济学围绕"新"受众研究的尖锐对峙，慢慢转变为自省、内部批评以及对受众(复数性)概念的重新定义。当人们认识到，不同研究路径的合作与整合可能对媒介、受众和权力等问题的考察极为有效，一种有趣的对话就出现了：如果我们充分认识到"媒介"这一术语所蕴含的复杂现象，那么这种对话就是十分重要的(Meehan 1999，161)。正因为权力存在于不同层面中，存在于媒体公司的所有权结构、等级制度和政治联盟里，也存在于接入和接受之中，所以不同方法论的学者在知识上相互滋养，进行交叉学科的研究，这是十分有趣的(McChesney 2004)。

这一综述远没有终结，还有很多工作需要去做，既有理论上的又有实证上的。在更广泛的语境中，关于受众的商业化、市场化、私有化和个人化的影响，还有更多的工作要做，既有物质层面的也有符号层面的。有人可能觉得关于信息获取和真实选择的障碍，以及阶级、性别、种族或年龄群体的重要性和相互关系，还需要更多系统性的工作。总之，更多的研究可以在受众、消费者或公民被媒介产业所制造与定义、分划与隔离、计算、监视和控制等不同角度展开。因此，批判性受众研究最终是关于我们树立批判意识的能力，而这种能力植根于我们生活的政治经济学、我们生活的集体、我们对生活条件的感知以及我们共同实践的能动性的交汇之处(Meehan 2007，168)。

参 考 文 献

Alasuutari，P. (ed.) (1999) *Rethinking the Media Audience：The New Agenda*. Sage，London.

Aug，I. (1985) *Watching Dallas：Soap Opera and the Melodramatic Imagination*. Methuen，London.

Ang, I. (1991) *Desperately Seeking the Audience*. Routledge, London.

Ang, I. (1996) *Living Room Wars: Rethinking Media Audiences for a Postmodern World*. Routledge, London.

Babe, R. E. (2008) *Cultural Studies and Political Economy: Toward a New Integration*. Lexington Books, Lanham, MD.

Biltereyst, D. (1991) Resisting American hegemony: A comparative analysis of the reception of domestic and U. S. fiction. *European Journal of Communication*, 6(4), 469—97.

Biltereyst, D. (2003) Globalisation, Americanisation and politicisation of media research: Learning from a long tradition of research on the cross-cultural influences of U. S. media. *Northern Lights. Film and Television Studies Yearbook*, 3, 55—89.

Biltereyst, D. (2004) Reality TV; troublesome pictures and panics: Reappraising the public controversy around reality TV in Europe. In: Holmes, S. and Jermyn, D. (eds), *Understanding Reality Television*. Routledge, London, pp. 91—110.

Biltereyst, D. and Meers, P. (2006) Blockbusters and/as events: Distributing and launching *The Lord of the Rings*. In: Mathijs, E. (ed.), *The Lord of the Rings: Popular Culture in Global Context*. Wallflower Press, London, pp. 71—87.

Biltereyst, D., Meers, P., and Van de Vijver, L. (2011) Researching cinemas in Flanders: Combining databases and oral history accounts. In: Maltby; R., Biltereyst, D., and Meers, P. (eds), *The New Cinema History: Approaches and Case Studies*. Wiley-Blackwell, Oxford.

Bourdieu, P. (1984) *Distinction: A Social Critique of the Judgement of Taste*. Routledge, London.

Calabrese, A. (2004) Toward a political economy of culture. In: Calabrese, A. and Sparks, C. (eds), *Toward a Political Economy of Culture: Capitalism and Communication in the Twenty-First Century*. Rowman & Littlefield Publishers, Boulder, CO, pp. 1—12.

Curran, J. (1990) The new revisionism in mass communication research. *European Journal of Communication*, 5(2—3), 135—64.

Curran, J. and Morley, D. (2006) Editors' introduction. In: Curran, J. and Morley, D. (eds), *Media and Cultural Theory*. Routledge, London, pp. 1—13.

Fiske, J. (1987) *Television Culture*. Methuen, London.

Gandy, O. H. (2002) The real digital divide: Citizens versus consumers. In: Lievrouw, L. and Livingstone, S. (eds), *Handbook of New Media: Social Shaping and Consequences of ICTs*. Sage, London, pp. 448—60.

Gandy, O. H. (2007) Privatization and identity: The formation of a racial class. In:

Murdock, G. and Wasko, J. (eds), *Media in the Age of Marketization*. Hampton Press, Creskill, NJ, pp. 109—28.

Garnham, N. (1995) Political economy and cultural studies: Reconciliation or divorce? *Critical Studies in Mass Communication*, 12(1), 62—71.

Golding, P. and Murdock, G. (1991) Culture, communications, and political economy. In: Curran, J. and Gurevitch, M. (eds), *Mass Media and Society*. Edward Arnold, London, pp. 15—32.

Grossberg, L. (1995) Cultural studies vs. political economy: Is anybody else bored with this debate? *Critical Studies in Mass Communication*, 12(1), 72—81.

Guback, T. (1969) *The International Film Industry*. Indiana University Press, Bloomington.

Hagen, I. and Wasko, J. (2000a) Introduction: Consuming audiences? In: Hagen, I. and Wasko, J. (eds), *Consuming Audiences? Production and Reception in Media Research*. Hampton Press, Cresskill, NJ, pp. 3—28.

Hagen, I. And Wasko, J. (eds) (2000b) *Consuming Audiences? Production and Reception in Media Research*. Hampton Press, Cresskill, NJ.

Hesmondhalgh, D. (2002) *The Cultural Industries*. Sage, London.

Hills, M. (2002) *Fan Cultures*. Routledge, London.

Jhally, S. (1987) *The Codes of Advertising: Fetishism and the Political Economy of Meaning in the Consumer Society*. Routledge, London.

Kellner, D. (1997) Overcoming the divide: Cultural studies and political economy. In: Ferguson, M. and Golding, P. (eds), *Cultural Studies in Question*. Sage, London, pp. 102—19.

Kellner, D. (2002) The Frankfurt school and British cultural studies: The missed articulation. In: Nealon, J. T and Irr, C. (eds), *Rethinking the Frankfurt Legacy*. SUNY Press, NewYork, pp. 31—58.

Liebes, T. and Katz, E. (1990) *The Export of Meaning: Cross-cultural Readings of Dallas*. Oxford University Press, NewYork.

Livingstone, S. (1998) Audience research at the crossroads: The "implied audience" in media and cultural theory. *European Journal of Cultural Studies*, 1(2), 193—217.

Livingstone, S. (2005a) On the relation between audiences and publics. In: Livingstone, S. (ed.), *Audiences and Publics: When Cultural Engagement Matters for the Public Sphere*. Intellect, Bristol, pp. 17—41.

Livingstone, S. (2005b) In defense of privacy: Mediating the public/private boundary at home. In: Livingstone, S. (ed.), *Audiences and Publics: When Cultural Engagement Matters for the Public Sphere*. Intellect, Bristol, pp. 163—85.

Mattelart, M. and Mattelart, A. (1987) *Le Carnaval des Images*. Editions Anthropos, Paris.

Mattelart, M. and Mattelart, A. (1998) *Theories of Communication*. Sage, London.

Maxwell, R. (2000) Surveillance and other consuming encounters in the informational marketplace. In: Hagen, I. and Wasko, J. (eds), *Consuming Audiences? Production and Reception in Media Research*. Hampton Press, Cresskill, NJ, pp. 95—110.

Maxwell, R. (2007) Imperious measures: A Schillerian approach to global marketing research. In: Murdock, G. andWasko, J. (eds), *Media in the Age of Marketization*. Hampton Press, Creskill, NJ, pp. 33—48.

McChesney, R. (2004) Making a molehill out of a mountain: The sad state of political economy in U. S. media studies. In: Calabrese, A. and Sparks, C. (eds), *Toward a Political Economy of Culture: Capitalism and Communication in the Twenty-First Century*. Rowman & Littlefield Publishers, Boulder, CO, pp. 41—64.

McLaughlin, L. (1999) Beyond "separate spheres": Feminism and the cultural studies/political economy debate. *Journal of Communication Inquiry*, 23(4), 327—54.

McQuail, D. (1997) *Audience Analysis*. Sage, London.

Meehan, E. R. (1999) Commodity, culture, common sense: Media research and paradigm dialogue. *Journal of Media Economics*, 12(2), 149—63.

Meehan, E. R. (2000) Leisure or labor: Fan ethnography and political economy. In: Hagen, I. And Wasko, J. (eds), *Consuming Audiences? Production and Reception in Media Research*. Hampton Press, Cresskill, NJ, pp. 71—92.

Meehan, E. R. (2001) Culture: Text or artifact or action? *Journal of Communication Inquiry*, 25(3), 208—17.

Meehan, E. R. (2002) Gendering the commodity audience: Critical media research, feminism and political economy. In: Meehan, E. and Riordan, E. (eds), *Sex and Money: Feminism and Political Economy in the Media*. University of Minnesota Press, Minneapolis, pp. 209—22.

Meehan, E. R. (2005) Watching television: A political economic approach. In: Wasko, J. (ed.), *A Companion to Television*. Blackwell, Malden, MA, pp. 238—55.

Meehan, E. R. (2007) Understanding how the popular becomes popular: Theroy of political economy in the study of popular communication. *Popular Communication*, 5(3), 161—70.

Meers, P. (2004) It's the language of film! Young audiences on Hollywood and Europe. In: Stokes, M. and Maltby, R. (eds), *Hollywood Abroad: Audiences and Cultural Relations*. British Film Institute, London, pp. 158—75.

Meers, P., Biltereyst, D., and Van de Vijver, L. (2008) Lived experiences of the "Enlightened City"(1925—1975): A large scale oral history project on cinema-going in Flanders(Belgium). *Iluminace. Journal of Film Theory, History and Aesthetics*, 20 (1), 208—14.

Miller, T., Govil, N., McMurria, J., and Maxwell, R. (2001) *Global Hollywood*. British Film Institute, London.

Moores, S. (1993) *Interpreting Audiences*. Sage, London.

Morley, D. (1980) *The "Nationwide" Audience: Structure and Decoding*. British Film Institute, London.

Morley, D. (1991) Where the global meets the local: Notes from the sitting room. *Screen*, 32(1), 1—15.

Morley, D. (1997) Theoretical orthodoxies: Textualism, constructivism and the "new ethnography" in cultural studies. In: Ferguson, M. and Golding, P. (eds), *Cultural Studies in Question*. Sage, London, pp. 121—37.

Mosco, V. (1996) *The Political Economy of Communication: Rethinking and Renewal*. Sage, London.

Murdock, G. (1995) Across the great divide: Cultural analysis and the condition of democracy. *Critical Studies in Mass Communication*, 12(1), 89—94.

Murdock, G. (2000) Peculiar commodities: Audiences at large in the world of goods. In: Hagen, I. and Wasko, J. (eds), *Consuming Audiences? Production and Reception in Media Research*. Hampton Press, Cresskill, NJ, pp. 47—70.

Murdock, G. (2004) Building the digital commons. The 2004 Spry Memorial Lecture, Vancouver/Montreal, Nov. 18 and 22. Online at www. com. umontreal. ca/spry/sprygm-Iec. htm(accessed October 15, 2010).

Murdock, G. and Golding, P. (2004) Rethinking the dynamics of participation and exclusion. In: Calabrese, A. and Sparks, C. (eds), *Toward a Political Economy of Culture: Capitalism and Communication in the Twenty-First Century*. Rowman & Littlefield Publishers, Boulder, CO, pp. 244—60.

Radway, J. (1984) *Reading the Romance*. The University of North Carolina Press, Chapel Hill.

Radway, J. (2008) What's the matter with reception study? Some thoughts on the disciplinary origins, conceptual constraints, and persistent viability of a paradigm. In: Goldstein, P. and Machor, J. L. (eds), *New Directions in American Reception Studies*. Oxford University Press, Oxford, pp. 327—52.

Roach, C. (1990) The movement for a new world information and communication order: A second wave? *Media, Culture & Society*, 12, 283—307.

Schiller, H. (1991) Not yet the post-imperialist era. *Critical Studies in Mass Communi-*

cation Research, 8, 13—28.

Schiller, H. (2000) Social context of research and theory. In: Hagen, I. And Wasko, J. (eds), *Consuming Audiences? Production and Reception in Media Research*. Hampton Press, Cresskill, NJ, pp. 111—22.

Seaton, J. (2003) Broadcasting history. In: Curran, J. and Seaton, J. (eds), *Power without Responsibility: The Press and Broadcasting in Britain*. Routledge, London, pp. 109—236.

Silverstone, R. (1990) Television and everyday life: Towards an anthropology of the television audience. In: Ferguson, M. (ed.), *Public Communication: The New Imperatives*. Sage, London, pp. 173—89.

Sinclair, J. (2007) Cultural globalization and American empire. In: Murdock, G. and Wasko, J. (eds), *Media in the Age of Marketization*. Hampton Press, Creskill, NJ, pp. 131—150.

Smythe, D. W. (1977) Communications: Blindspot of western Marxism. *Canadian Journal of Political and Social Theory*, 1(3), 1—27.

Smythe, D. W. (2001 / 1981) On the audience commodity and its work. In: Durham, M. G. and Kellner, D. (eds), *Media and Cultural Studies: Key Works*. Blackwell, Malden, pp. 253—79.

Staiger, J. (1992) *Interpreting Films: Studies in the Historical Reception of American Cinema*. Princeton University Press, Princeton, NJ.

Stacey, J. (1994) *Star Gazing: Hollywood Cinema and Female Spectatorship*. Routledge, London. Wasko, J. (2003) *How Hollywood Works*. Sage, London.

Wasko, J. and Meehan E. R. (2001) Dazzled by Disney? Ambiguity in ubiquity. In: Wasko, J., Phillips, M., and Meehan, E. R. (eds), *Dazzled by Disney? The Global Disney Audiences Project*. Leicester University Press, London, pp. 329—43.

Wasko, J., Phillips, M., and Meehan, E. R. (eds) (2001) *Dazzled by Disney? The Global Disney Audiences Project*. Leicester University Press, London.

拓 展 阅 读

Calabrese, A. and Sparks, C. (eds) (2004) *Toward a Political Economy of Culture: Capitalism and Communication in the Twenty-First Century*. Rowman & Littlefield Publishers, Boulder, Co.

Ferguson, M. and Golding, P. (eds) (1997) *Cultural Studies in Question*. Sage, London.

Gandy, O. H. (2003) The political economy approach: A critical challenge. In: Miller, T. (ed.), *Television: Critical Concepts in Media and Cultural Studies*. Routledge, London/ NewYork, pp. 1—19.

Gandy, O. H. (2004) Audiences on demand. In: Calabrese, A. and Sparks, C. (eds), *Toward a Political Economy of Culture: Capitalism and Communication in the Twenty-First Century*. Rowman & Littlefield Publishers, Boulder, CO, pp. 327—41.

Garnham, N. (1997) Political economy and the practice of cultural studies. In: Ferguson, M. and Golding, P. (eds), *Cultural Studies in Question*. Sage, London, pp. 56—73.

Gibson, T. (2000) Beyond cultural populism: Notes toward the critical ethnography of media audiences. *Journal of Communication Inquiry*, 24(3), 253—73.

Liebes, T. and Katz, E. (1986) Patterns of involvement in television fiction: A comparative analysis. *European Journal of Communication*, 1(2), 151—71.

Livingstone, S. (2004) The challenge of changing audiences: Or, what is the audience researcher to do in the age of the Internet? *European Journal of Communication*, 19(1), 75—86.

Mansell, R. (2004) Political economy, power and new media. *New Media and Society*, 6(1), 96—105.

Morley, D. (1999) "To boldly go ...": The "third generation" of reception studies. In: Alasuutari, P. (ed.), *Rethinking the Media Audience: The New Agenda*. Sage, London, pp. 195—204.

Morley, D. (2006) Globalisation and cultural imperialism reconsidered: Old questions in new guises. In: Curran, J. And Morley, D. (eds), *Media and Cultural Theory*. Routledge, London, pp. 30—43.

Mosco, V. and Kaye, L. (2000) Questioning the concept of the audience. In: Hagen, I. and Wasko, J. (eds), *Consuming Audiences? Production and Reception in Media Research*. Hampton Press, Cresskill, NJ, pp. 31—46.

Murdock, G. (2004) Past the posts: Rethinking change, retrieving critique. *European Journal of Communication*, 19(1) 19—38.

Peck, J. (2006) Why we shouldn't be bored with the political economy versus cultural studies debate. *Cultural Critique*, 64, 92—126.

Schiller, H. (1989) *Culture Inc*. Oxford University Press, New York.

Wasko, J. (2004) The political economy of communications. In: Downing, J. (ed.), *The Sage Handbook of Media Studies*. Sage, London, pp. 309—30.

第二十章　个人信息的政治经济学

小奥斯卡·H. 甘迪(Oscare H. Gandy, Jr.)

引　　言

发展一种个人信息的政治经济学从一开始就是一个充满问题的计划。因为政治经济学的学科起源是非常物质论的,而个人信息究其实质是非物质的,这使得从政治经济学的角度阐释个人信息的工作从一开始就受到了挑战。信息究其实质是无形的,只有通过抽象的过程和象征性再现才能使信息变得可感。信息必须与其物质载体相区别,包括那些使其实质被铭记或具体化的语词、图像甚至更为抽象的公式以及数学表达等。更为重要的是,对信息的象征性再现越接近其实质,信息再生产的成本就越趋近于零。

正是因为信息的不可感触性,对信息进行管理、控制以及限定其访问权限都极为困难。事实上,不同于那些可以在市场上进行销售和交换的商品,信息依其本质形态,在被使用时并不是被消费。一般而论,我们认为可用信息的总量会因为其每一次被使用而增加。很显然,这些特征使信息成为一种研究起来非常棘手的商品。(Landes & Posner 2004)

困难始于人们试图界定信息的价值,并制定合适的价格。判定信息价值的困难根本上在于,究其本质,信息并没有共识性的计量单位。没有任何一种统一的尺度能够判定有多少信息被生产、供给或者消费。尽管我们可以用基于字、词、段、篇甚至比特之上的符号性表达勉强将信息的度量可操作化,但我们知道这些不过是强加的近似值罢了。我们能够很轻易地发现更多语词并不一定比较少语汇能更完整或更有效地传递信息或某种洞见。我们对于特定语词传播某种观点或有关世界的某些本质的能力的评估，只是在证明特定的表述是合理的，而不是这些表述所传递的事实或概念是正确的。

本章涉及一种特别的信息：关于个体的信息。我们因其在身份认同、分类，以及个体评估等方面扮演的角色称其为个人信息(Gandy 1993)。个人信息被用来将一个具体的人与其他人区分开来；它也被用来将个体相互比较或者基于一些个体具有的某种共性而将他们归为一类。正如大卫·菲利普(David Philips)提醒我们的，个人信息也能够被用来使行为主体能够接触和“触动”一个具体的个人。我们将会看到，关于这种特定类型信息法律地位的争端已经为其在信息的政治经济学研究领域内争得了一席之地。

价值理论

关于价值的主导性理论总是随着经济的根本特征的变化而起起落落。可以理解的是，关注生产性劳动力和使用价值的生产的理论角度对于自给自足的经济，以及随后以贸易为基础的市场经济的存续是非常重要的。关于价值的生产导向性理论(Marx 1971)在商品贸易的作用不断扩大的语境中仍然是适用的，不过对于与有形商品市场相关联的交换价值本质的关注和对于使用价值的考量相比已经变得愈发重要。与此同时，世界经济的形态越来越多地为服务提供商的活动所形塑，因此对于经济思想家而言，发展出为服务功能——包括与信息与知识产品的生产和分配相关的那些在内——估值的方法显得越来越重要(Beniger 1986, Garnham 1990, Mosco1996, Preson 2001)。这一对服务功能日渐重视的趋势有助于改变我们关于劳动力本质，以及劳动力划分是如何基于形成信息工作者相对价值的知识与技能而形成的思考。

然而，在发展适用于经济结构改变的理论的过程中，关于生产力本质的争论并没有解决有关商品促销过程中资源利用的一些核心问题。继承了马克思(Marx)和古典经济学的观点，保罗·巴兰和保罗·斯威齐(Paul Baran & Paul Sweezy 1966)将那些对于“实现”剩余价值所必不可少的市场营销以及其他活动定义为非生产性的(nonproductive)，因为它们并不在工业劳动的产品之上创造或增加价值。他们试图将市场营销人员的工作与“一个卑鄙的仆人”的工作区分开来，后者根据亚当·斯密(1937, 314—15)的说法，“不为任何东西增加价值”。事实上，在斯密的观点中，“一个人因为其雇佣大量制造工人而变富；而因为需要维持太多仆人而变穷”。斯密认为，社会上还有许多其他类型的工人也应该被视为非生产性的。他注意到，尽管他们的劳动是有用的，甚至是必要的，但他们“并没有生产任何在之后能获得等量服务的东西”。

巴兰和斯威齐(1966，112—41)并未在试图贬低“促销手段”所起作用的重要性，事实上他们想要确立的恰恰相反。然而，正如他们所指出的那样，不幸的是，要区分销售商品而产生的花费和设计及生产商品而产生的花费变得越来越困难(Galbraith 1967)。也许就是在这种认识的启发之下，政治经济学家开始觉得继续区分生产性和非生产性劳动力是没有什么意义的(Webster 2002，44—51)。尽管如此，一些理论家仍旧认为这两种劳动力之间的区别能帮助我们认识到资本主义正在改变的本质属性(Resnick & Wolff 1987，132—41)。即使一些身处美国经济金融结构深层位置的观察家仍然秉承古典主义的观点，认为提供金融服务所产生的成本，对许多投资者来说仍然意味着一种耗费或者分流，以及最终利润或剩余价值的损失(Bogle 2009)。

资本主义经济向信息或服务业经济的转型意味着所谓“非生产性”与“生产性”劳动力的比例已经超过了1：1，随之而来的复杂性则更甚(Schiller 1988，Castells 2000)。一种分析的解决办法在于将参与资本循环(市场营销与金融等)的工人劳动当作——作为生产组成部分的——商品来对待。然而，在关于兴起中的后福特主义“新经济”本质的争论中，一些活跃的参与者质疑按照这些思路来寻找评估方法是否是一种愚蠢的行为。尽管如此，讨论继续围绕着社会、文化资本发展的助力——特别是公共及私人投资应该被允许发挥的作用——来展开。作为政策讨论来说，这些争执也必须将效率和有效性的考量纳入其中，并且在一定程度上，这样的一种决定仍需要借助某种评估方法。

这种政策制定和分析仍然极具困难的一部分原因是我们大量的社会资本和文化资本在家中产生。居家场所也被认为是劳动力再生产发生的地方。不幸的是，关于家庭投资和生产率的详细研究一直以来都因为处于主流的经济学分析之外而被边缘化。然而，鉴于消费者和公民的再生产与培养一定程度上都发生在居家场所，这似乎说明对这方面价值生产的分析是更为重要的。

无偿劳动

对经典经济学理论的批评，特别是来自女性主义者的批评，集中在主流研究将无偿劳动或者通过税收来间接支付的劳动排除在考量范畴之外的倾向上。

无偿劳动也同样在另外的关系中扮演着重要的角色，而应该被纳入任何有关个人信息的分析当中。例如，市场营销理论家在他们的讨论中越来越清晰地谈到商贩和消费者之间的价值交换关系。我们最为熟悉的商品和服务交换首先是基于价值的象征性代表——或者说某种货币等价物的。然而，我们被告知还存在着所谓的"二次交换"，即消费者提供个人信息，将其作为一种"非货币"的资源提供来交换到更优质的物品和服务，或者以此期待在今后的购买中得到一些价格上的优惠（Gulnan & Bies 2003）。消费者往往不会意识到规制着这种"交换"的贸易条件的存在，而这一事实使得这种关系与工人通过劳动合同用劳动力来交换薪酬的关系是极为不同的。

毫无疑问，许多因交易生成的信息（transaction-generated information，TGI）被截获，这不仅仅应该被当作是对公民消费者劳动的无偿取用，而且或许甚至应该被视作小型的盗窃，因为这种行为是对某种具有价值的东西未经许可且未经补偿的获取。这并不是要否认有很大一部分个人信息是公民消费者无偿提供给商业组织和政府的。这些信息通常是经由回答某些调查问卷而自愿提供的。影响着这种随处可见的自愿行为的潜在假设是，通过作答，消费者相信自己是在帮助商家，包括政府，提升商品和服务的质量。

另一方面，越来越多的人开始拒绝参与这种调查，因为他们认为这不过是一种市场营销的欺诈行为，或者是仅仅觉得太麻烦。这一点会使我们低估相信自己在回应调查时是在服务于公共利益的人数。事实上，研究表明，甚至不需要考虑人们在调查中究竟怎样回答问题，仅仅是参加问卷调查的行为也能够产生一种针对调查问题所涉及的企业与产品的积极倾向以及后续行为（Sprott et al. 2006）。

我们可以假设市场营销人员和其他寻求从公众中收集信息的人，都希望能够为参加调查的人所花费的时间和精力提供一定的补偿。然而，证据表明象征性的金钱奖励并没有较大幅度地提高参与问卷的比率。更有甚者，有些参与问卷的人认为，研究者向那些本来不愿参加调查的人提供补偿以便将他们纳入不断缩水的数据池，这样的做法是不合适或者不公平的。这一点虽然可以理解，但戏谑的是，那些最贫穷——也因此对于市场营销人员或者政治行动者来说往往最不具备长期价值——的人，却是最可能在参加问卷调查前要求金钱奖励的。除此之外，因为研究者往往仅向那些他们猜测是贫穷的人提供金钱报酬，所以有理由认为这些报酬是强制性的，而非补偿性的。

同时，理解从“代表性样本”中收集问卷信息的特殊地位也非常重要。这不是唯一的，或者甚至不是首要的关于个人的信息。回答问卷调查的个体，事实上是数以千计的、与他们“相似的”、因为某种原因未曾参加调查的人的代理人或者未经选举而产生的代表人。从某种意义上来说，未参与调查的数百万人，在未经其本人同意的情况下被持续地观察着，而这很可能是有悖于他们的意志的。

由于联邦交易委员会(Federal Trade Commission，FTC)的“谢绝来电注册表”(Do Not Call Registry)并不对非商业性来电——例如那些具有合法性的、针对舆论的民意调查——做出限制(Link et al. 2006)，还有大量的自愿劳动应该被纳入任何关于个人信息生产成本的评估之中。这说明，虽然有越来越多的人无意参加电话调查，但仍然有一定可观数量的人自愿提供他们的时间回答关于认知、态度和行为的一系列问题。

自愿行为是价值生产的重要源泉。在美国，超过 28%的 16 岁以上可用人口曾在 2001 年无偿付出过他们的时间和精力。正如所产生的价值可能超过美国 50%国内生产总值(GDP)的无偿家庭劳动一样，自愿劳动力并没有被包括在 GDP 的计算之中，因为其不是在市场中被交易的。“独立部门”(The Independent Sector)(2008)是一家具有代表性的非营利组织，它对于 2007 年无偿提供给非营利性组织的时间的估值为每小时 19.51 美元。而这种劳动的经济价值估计则应该在国内生产总值中占比 1.9%到 5%。因此，保守估计在 2005 年的美国，这种劳动的价值在 1160 亿到 1530 亿美元之间(Pho 2008)。

我们认为志愿者一定程度上是在社群意识的驱使之下为公共利益做出贡献，而不是为了将个人利益最大化——新古典主义经济学家视其为任何理性行为的核心。正如我们稍后会讨论的那样，许多流行文化的消费者也常常与那些他们认为在为自己创作的作家、创作者与能人产生认同感。由此，他们中的许多人也自愿为这种内容生产贡献力量(Andrejevic 2007)。

消费的劳动

有许多学理层面的研究侧重于理解消费者如何通过将商品与自己的

生活相结合而使得商品具有市场价值。这样的工作拓宽了达拉斯·斯迈思(Smythe 1977)关于我们看电视的行为——以及消费其他文化材料(Arvidsson 2004,Bermejo 2007)——是为资本而工作这一洞见。当代的许多研究和理论超越了斯迈思最初关于观众对于商业广告和消费表征的关注,进而考察由营销人员及其目标客户共同创造的商业品牌的价值(Foster 2007,Zwick et al. 2008)。

通过对消费者的关注,从而掌握并理解当他们穿过布满传感器的环境时产生的交易生成信息(TGI),已经成为一个持续发展的产业。在新的经济环境中,"广告、市场调查、销售网点设备以及即时库存控制的整合,使得对消费者的监控像对工人的那样成为生产流程的一部分。工作、学校与家庭生活被重新塑造成为一个单一的、一体的构象"(Dyer-Witheford 1999,81)。

反讽的是,据说许多消费者为了那些他们自身投入大量精力发展而成的商品付出了更多的金钱。消费者的那些使得某一商品能够区分于其他同类并成为一种独特而有价值品牌的行为,却让商品提供者能够因此而索要高价,以此来显示其在市场中的独特位置(Arvidsson 2005)。正是因为这种劳动,我们才开始理解"品牌"是作为产品或商品与某种转型联系在一起的那一方面特质的表征。因为这一转型是信息性的,所以其实质上是非物质的。亚当·阿维森(Adam Arvidsson 2005,237)曾指出一些消费者通过付出某种额外费用来完成对——通过"伦理剩余"(ethical surplus)将自身区别出来的——某种产品的认同。一个现成的例子就是苹果的产品,它的价格不断攀升,但是消费者很愿意为此买单。

不幸的是,对品牌价值的评估很大程度上仰赖于那种不可信赖的关于未来收益来源——基于品牌商品期望能在市场上实现的竞争性优势——的预测。这些未来的收益来源事实上很难真正被预测,因为总有一些潜伏着的竞争者会突然出现。并且,关于品牌现有的对于一般消费者而言的价值——或者更为重要的,它们在各地市场的累计价值——也是缺乏直接评估手段的。

同样,厘清资本循环中生产、分配、流通、兑现等阶段的崩溃是如何在急剧变化的全球经济体系内发生的,这一点颇具理论难度。尽管这些困难已经在先前的一些关于"信息经济"本质的争论中提到了,但它们并没有被解决,特别是在我们所面对的金融业已经发生了巨大改变的语境下(Stiglitz 2009)。

关于消费者的信息对于基于互联网的高速市场的运转是至关重要的。市场营销人员希望能够了解到消费者和他们产品之间——以及和他们竞争对手的产品之间——不断变化的关系。他们同样有兴趣了解其顾客在网络环境中的行为。行为追踪让老练的营销人员能够在不断变化的赛博空间中为消费者划分、定位以及动态地"剪裁"内容，提供特别优惠和"讨价还价"。从事电子商务的企业同样希望了解到其客户的经济、社会以及情感状态的变化。这种"全局信息意识"(total information awareness)的必要性不仅仅在于面对一个潜在的顾客该说什么，还在于什么时候说。互联网商业的动态本质使得营销人员至少能在概念层面超越仅仅依据人口统计的群体来进行的粗放式划分，从而迈向更为个性化的市场营销(Turow 2006)。

无形资产的估值和定价

对于我们关于信息商品价值的思考来说，马克思主义的贡献并不引人瞩目。这一方面是因为价值的劳动力理论的循环性，其强调商品的价值是由产品所凝结的社会劳动力的总和决定的(Caffentzis 2005)。因为在其再生产及其随后的分配过程中，信息几乎是没有成本的，所以在一个持续扩张的全球市场中确定信息的价值几乎是不可能的。新古典主义的努力也并没做得更好(Hausman 1992，Reder 1999)。我们被告知，在将商品的价格或者说它的交换价值当作其真实价值的时候，我们是短视的(Angelis 2005)。原因是复杂的，特别是涉及信息商品与信息服务时。

信息是一种经济物品，但与其他无形资产一样，其价值难以界定，一部分是因为它的市场价格与其生产成本之间并没有必然的联系。而这一定程度上是源自我们往往是为了包装、而不是为了产品本身在付出代价的事实。正如我们早先已经提到的，信息与那些用于传达或表达它的符号性资源有所不同。信息也当然与那些使其相对永久的、适于储存和运输的物质性资源不同。信息又与那些用来存储、传输或者为使用者提供访问能力的有形标示物——比如书籍、唱片或者数据库——截然不同。

除了无形的本质，信息还极易被复制、再生产以及与他人分享，这一点也使得其市场价值非常不稳定。版权和其他形式的"知识产权"法律，包括将那些试图突破为防盗版而采取的技术安全措施的老手苛刻地认定为负刑事责任的做法，似乎仍难控制上述信息商品的令人颇感棘手的特性(National Research Council 2000)。事实上,互联网促进了对未授权信息商品全球范围内的再分配,只需要手指轻轻一点就能够扰乱市场价格和信息价值之间任何有意义的关系。

阻止未付费用户获取信息的困难并不是市场在保持信息产品价值与其价格之间的关联性上所面临的唯一挑战。信息商品的生产与消费是以一系列重要的外部效应——或者对并未参与这些交易的个体产生的影响——为标志的。因为生产者不会为他们所不能获取的价值而付费,所以外部效应意味着市场价格总是会与真正的价值或成本相背离,而这取决于它们是积极的还是消极的。另一个稍有不同的原因是,生产者明白他们不能为那些与他们没有经济联系的人所受到的伤害负责(Baker 2002)。这意味着,能够产生大量积极的外部效应或社会效益的信息商品是供给不足的;而那些产生消极的外部效应——像全球变暖或者污染——的信息商品往往被过量生产和消费。文化污染的诸多例子能够很容易被确认和想象。

需要再次强调的是,这并不意味着信息这样的无形资产因为过于麻烦所以就根本不适合市场。没有什么比这更不符合事实的了。在有些人看来,无形资产已经作为决定公司的竞争状态和市场价值的基准而取代了传统的固定资产。这些无形资产并不被认为和土地、机器还有劳动力一样是生产过程中的独特要素,但毫无疑问的是,它们是实现利润或剩余价值的一个必要的组成部分。尽管大部分有助于盈利和竞争优势的无形资产都是在组织内部产生的,也同样可以在市场获取作为产品和服务的这些资源。

但是,需要再次强调,除了对无形资产——例如信息、知识、名誉——重要性的假定之外,在如何最好地定义、衡量以及赋值这些资产上人们几乎没有什么共识。我们并不十分清楚,对于这种资本积累能否轻易确认其投资回报,尽管当一个公司的价值有一部分是由其在股票市场上的价值所决定时,公司根据这些资产的经济价值转让和索取债权都是十分普遍的(Cummins 2004)。

在给像公司管控的数据库这样的无形资产价值估值时,有三种方式是最常使用的。一种传统的成本计算方式将某种资源的价值和用于发展或生产该资源的其他资源联系在一起。然而,正如我们已经提到的知识和信息的市场,生产的成本在市场中并不一定与资源的价值有必然的关联。或许,资源的价值能够根据其使用期限内所产生的收入来评估。当然，关于未来收入预测的准确性并不是很让人满意。最普遍使用的公司无形资产的估值方式是基于市场上相似资源的给定价格或价值来估测价值。当然，同样地，缺乏合适的对照以及可信赖的数据会在确立比较价值时产生一系列问题。尽管 2007 年出现的次贷市场危机必然会引出关于“公平市场价值”评估的可信性的诸多问题，然而这种方法仍旧被认为是一种“客观”的估值手段。

在无形资产让公司和会计头疼的诸多特征中，其中一点是对某一特定资产具有某种法律地位——包括所有权和向第三方转让所有权的能力——的预期。对于公司来说，消费者或者市场营销目标个人信息的所有权是其最难以宣称拥有的。

个人信息估值

对于个人信息的估价与对其他信息商品的估价一样十分困难。然而，与可以被按件销售、单品定价的书籍、唱片和电影不同，个人信息并没有那样统一的标准单元，或者那些标准单元也没有固定、可预测的价格。然而，关于个人的信息有着不同的类别，而这些类别往往在其之于用户的“感知价值”(perceived value)的基础上与价格或者容积率(bulk rates)等相关联。

消费者所面临的给个人信息赋予适当价值的问题，突出表现为信息的价值无法反映在其每一个“单元”中。个人信息的价值作为市场歧视的附属品，主要是通过与其他信息的互相组合来实现。单独来看，没有任何一比特或者一单元的个人信息是必然重要的。当然，每增加一比特信息，消费者的形象和轮廓就更完整一点，个体的身份认定及分类也随之变得可能，如此也就可能会带来一种价值的累积。然而，最为重要的是那些起着关键性作用的信息比特，或者是那些能够提供解决身份认定迷局的线索并由此带来短期竞争优势的遗漏的环节。在某种意义上，每增加一比特的交易生成信息(TGI)所带来的额外价值都与边际生产力或者边际规模报酬概念内的累积概念相似。每一比特信息的贡献即使不完全为零，也可能是非常接近于零的。然而，在信息增量发挥作用的复杂系统中，很有可能发生状态的剧烈变化，突然取得快速的进展，在某个关键点上得出解决之道或者做出决定。

这样来说，因为一般的消费者对于复杂的、最终生成配置文件或决定的分析系统并不了解，所以几乎不太可能有任何个体可以了解哪一比特的个人信息是最有价值的(Elmer 2004)。这并不是由累积或者混合所带来的总和或者结果，而是由随着时间的推移产生的关于消费者的"知识"急剧增加而形成的。的确，对于大多数分析系统而言，它可能是涉及大量其他个体——其资料将有助于显著提升用以界定和评估个体或市场细分的模型——的信息。而在这种环境下对单个比特信息进行赋值几乎是没有希望的。

在市场数据库中获得的顾客或潜在客户列表是已经被赋予了价格的，而那些价格反映着个人信息的稀缺性及预期价值(Novek et al. 1990)。这种价值并不与关于个体的特定信息相关联，尽管市场中确实存在一些卖家对诸如"母亲婚前的名字"或者社会保险号这样的信息进行标价，因为这类信息作为分辨标记具有特别的价值。大部分个人信息则主要是在其能够有助于描绘价值区块成员的个人特征的基础上被贩卖。

预先划分的名单中的用户希望能够接触民主党人、移民、积极的选民或者热衷于慈善的人。消费者可以要求按照一系列特定的类别来建立包含个人联络信息的名单：比如将使用如下邮政编码、家庭收入超过125000美元、给共和党的捐款不少于250美元并且在过去的三次选举中投过票的所有人列在一起。而他们也可能会多花一些钱来将非洲裔美国人从这个名单中排除出去，而这样的名单往往从一开始就不会包含许多非洲裔美国人。

公司不断获取和发展分析技能，以便帮助他们在自己的数据库中判定既有客户的相对价值(Danna & Gandy 2002，Banasiewicz 2004)。因为花费在获取新的消费者信息上面的投资，其回报往往还不及在——一个已经被确定用来呈现具有最高长期价值的区块的——数据库里面确定个人信息投资回报的最低值，所以上述判定是非常重要的。而这种长期价值往往与品牌或者商品和服务类别的忠诚度有关。根据高度的品牌忠诚度和通过最低的市场营销成本所能触发的消费偏向之间的结合程度，一系列分析资源会被用来例行地将消费者划分进不同的价值组别。

就理想状态而言，市场营销者寻求界定一种特定"类型"的消费者作为目标受众，同时忽视甚至"放弃"其余的消费者。忠诚度计划(Loyalty Program)仅仅是市场营销人员对那些他们希望能够保留下来的消费者的"良好表现"的多种回馈方式之一(Yi & Jeon 2003)。忠诚度计划是被设计用来缩短在产品服务供应商与消费者之间建立起一个强健、可信赖关系所需要的时间的。研究结果表明，忠诚度计划使其成员因为其所面对的价格而认为自己正在接受比他们实际上所获得的更高的服务（Bolton et al. 2000）。与此类似的是，社群成员或者他们所认同的群体的成员，会倾向于对同一社群中的个体和组织——在关于其表现的问题出现时——给出“无罪推定”（benefit of the doubt）。

要理解这些市场的本质，需要界定个人信息对于不同种类的用户和用途所具有的价值。研究者使用调查和实验来试图评估人们赋予有关他们自己的信息的价值。最近的努力主要集中在公司所面临的又一难题上：如何评估保护个人位置隐私对人们而言所具有的价值。这对于提供位置告知服务的公司来说尤为重要。尽管关于个人动态位置信息的市场还没有真正崛起，但在将更长远的居住位置信息转换为人口地理细分和目标定位服务这一点上已经颇有进展（Burrows & Gane 2006）。

从起源上评估个人信息的价值

个人信息的市场并不能提供关于消费者为他们的交易生成信息（TGI）所赋予的价值，抑或保存或控制其分配的意愿的准确信息。我们之所以不能准确评估人们为其自身控制接触和使用个人信息的能力所赋予的价值，是因为关于个人信息的市场同“柠檬市场”（market for lemons），或者残次产品市场一样，消费者是消息不灵通的，而掠夺者则是不受约束的。最终，残次品往往将质量更为优良的产品和商贩挤出市场。

评估个人信息价值的问题是实质性的，但因为与失去控制相关的损失难以评估并被认为是微不足道的，所以人们倾向于认为其与个人信息遭到不合理使用时诉诸法律行动所造成的损失相比不值一提。而人们往往更关心个人信息的暴露会不会让他们觉得自己与“一般人”“不一样”。不同往往意味着面临更高的被歧视的风险。然而，我们并不清楚公众对于价格歧视的抵制主要是因为个人的考量，还是仅仅源自一种不公平感。因为价格歧视某种程度上是基于累积的交易生成信息（TGI）来起作用的，所以能够匿名或者以假名来完成购买行为的消费者或许可以避免，或者至少最小化这种风险。

人们会耗费资源来限制自身信息的泄露以保证其不会轻易地对自身产生危害。主流经济学理论认为我们能够基于花费在限制或控制接触信息上的资源来赋予信息以价值。消费者通常被认为很显然并没有给他们的个人信息赋予很高价值，因为他们往往并没有花费任何时间和财力来使用隐私保护技术(PETs)，或者其他被设计成保护其隐私免于一系列威胁的商业服务。

我们知道消费者也许会在其他的"自我保护"系统——例如锁和密码——中投资。然而的确，几乎所有试图服务于这种特定消费市场的商业公司都失败了。消费者在限制个人信息使用权的投资上摇摆不定，这一点是很难被理解的，特别是在与身份盗用有关的损失正不断增加的语境中(Cole & Pontell 2006)。仅 2006 年，就有约 840 万美国消费者总共损失了 490 亿美元，平均每个身份被盗用者的经济损失都达到 6000 美元(Schreft 2007)。当然，由于个人信息便于收集，使身份盗用变得可能，并且还很难避免，所以市场上也没有什么吸引人的选择(Camp 2006)。大多数向受害者提供帮助的服务都是在事发之后。而且尽管存在一个能够补偿因身份被盗用而产生的损失的保险市场，但补偿是很有限的，特别是对于诈骗所造成的损失来说。而这又再一次体现了，消费者似乎倾向于"低估"或者最小化他们因为未能保护个人信息隐私所造成的损失。

因为消费者应当与交易生成信息(TGI)联系起来的部分损失或价值是建立在消费者因为信息暴露于他人而面临的风险之上的，所以看起来消费者往往会低估这些风险(Solove 2004)。这不仅仅是因为我们中的大部分人并不具备有效评估这种可能性或者风险的能力。更为重要的是，我们很大程度上对于与交易生成信息的使用相关的危害是无知的。对于个体来说，发现他们的个人信息如何以对其不利的方式被使用并将产生怎样的结果，都是极为困难的。

消费者想象关于他们自己个人的任何一点信息会如何在将来被以各种对他们有害或不利的方式来使用的能力也是有限的。正如丹尼尔·索洛夫(Daniel Solove 2004，88)所说：

> 一个人在超市签办会员打折卡时，或许会模糊地感知到她的个人信息会因此被采集。从抽象层面而言，这种感知并不一定会那么令人感到不安。但如果这个人被告知她购买避孕药和非处方药的信息能够被她的雇主所获取呢？……不被告知信息将被如何使用的话，个体就会缺少评估献出她的个人数据意味着什么的必要知识。

以基因信息为例，因为考虑到基因信息可能被用来支持雇主或保险公司的某些歧视性政策的使用方式，美国政府最终通过了一项法案来禁止某些形式的基因歧视（Harmon 2008a）。然而一些公众成员的恐惧仍然是很明显的。因为他们认为基因研究的发展正是因为这种恐惧而放慢速度，一个志愿者小组就为个人染色体计划（Personal Genome Project）——哈佛大学的一个旨在挑战认为个人基因信息应该被保密的观点的项目——提供了支持。但即便在这个案例中，具有“遗传学硕士同等学历”的人才能被允许参加这一项目的决定，也恰恰反映了其对于将一个人的基因图谱公之于众这种决定的高风险本质的理解（Harmon 2008b）。看来要建立一个基于信任的消费市场的门槛是很高的。

并不是说消费者对于获取和有意误用他们个人信息的行为不在意。例如基于位置信息的那些新服务，被手机或 GPS 装置所获取的一个人的位置信息，对于——在顾客来到它们所在的区域时会提供服务或者优惠的——餐馆或其他一些服务行业来说很有价值。除了不希望成为被营销的对象之外，一些人可能不希望自己的行迹被记录下来，特别是当他们号称自己整个晚上都在图书馆学习，但事实上却在城里的某个地方享受所谓的“激情生活”（Life in the fast lane）。

当人们得知有些行业存在基于交易生成信息或其他个人信息的价格歧视时，往往会给出负面的评价，但他们通常不能将这种信息的截获与——包括网上搜索行为在内的——他们自己的交易行为所面临的风险联系在一起。正是因为这个原因，消费者很少能辨别出与价格歧视或者其他类型的隐私损失相关联的个人经历。即便他们能够做到这一点，他们也很少能将这种损失和某种特定的交易或者搜索行为联系在一起。

消费者并不太清楚交易生成信息在价格、服务以及质量歧视中所发挥的作用，这一部分是由于大部分分析软件所使用的个人信息都是从——将公共来源的信息打包的——中介和中间商那里获取或者整合的。

负面价值，或消费者敏感度

尽管市场价格可以用来推测出公司给收集消费者信息所赋予的价值，然而却没有相应的方法来评估消费者给保护信息隐私——或者至少不让以此为业的机构获取这些信息——赋予的价值。而这涉及一种关于公司会如何将个人信息用来助长价格歧视的忧虑。

人们似乎对于他人能够获知关于自己的信息这件事不是那么担心。他们更关心的是他人凭借其所掌握的信息危害自己或使自己处于不利地位的能力。有很大一部分熟知互联网的消费者认为电子商务公司借助消费者的信息检索和购买行为收集个人信息的行为应该是违法的。他们认为价格歧视也应该是违法的。基于这些原因,对像谷歌这样的信息服务提供者不断累积交易生成信息的焦虑不断增加。除此之外,还存在关于个人信息是否会轻易被政府或者公司调查者获取的种种担心。

个人信息以提升利润的方式支持着价格歧视。由于信息产品再生产的边际成本趋近于零,所以这一市场中的公司在短期内将剩余价值最大化的努力中承受着参与价格歧视所带来的特别强大的压力。关于消费者的信息能够帮助市场营销人员设定尽可能接近消费者心理底线的价格(Chan & Yuan 2007)。消费者自然希望能够避免价格歧视。协助收集和处理这种信息的技术——特别是这种信息的收集——是在信息所有者不知情的情况下完成的,相对于会警告消费者价格歧视的相关危害的技术来说,会被认为具有更高的价值。

正统经济学理论认为,完全竞争的市场(事实上我们从未见过)将确保个人信息在市场中自由流动的效率最大化。可以假定,这种市场能够区分不同类别的信息,并且区分其对于消费者以及那些可能希望这些信息不被揭露或分享的人群来说所具有的不同价值。

作为估值源的支付意愿

想让这样一个市场有效运转,个人信息的经济学需要能够对个体的多种"身份认同"加以识别和定价。人们在工作时所希望保持的身份和他们在居家娱乐、与邻居相处以及政治生活中的是不同的。这些差异也包括人们在(互联网)线上线下想要保持的不同身份或人格面貌。而这恰恰是一些被用来实现条件价值评估(contingent valuation)的调查方法在某种程度上所涉及的一个问题(Hanemann 1994)。尽管人们常常被问到他们最多愿意付多少钱来获取某种资源,我们同时也需要考虑这和问人们愿意付多少钱去保证他们不失去其所拥有的东西——例如对于他们个人信息的保护——是否是一样的。

尽管主流经济学家认为个人信息的价值对于其所涉及的个体来说,应该完全由他们愿意将其出售或交换的价值来体现,然而批评者则认为个体往往会低估个人信息的真实价值。如果商家/中介错误地处理这些信息——比如不保护信息、交易或者贩卖信息，或者以对消费者不利的方式使用信息，等等——消费者并不能可靠地评估他们将要面对的"预期的负面效用"或损失。这种"道德风险"(moral hazard)是真实存在的，而且我们能够假定其外延是广泛的。

个人信息的经济学特别核心的一个方面与个体名誉的实质有关。里亚尔·斯特雷韦茨(Lior Strahilevitz 2007)认为，由个体信息的可用性而引发的"声誉革命"正在显现。这也被称为"声誉市场"。这一市场的观察家注意到在线拍卖市场易趣(ebay)上的卖家评分的重要性(Josang et al. 2007)。研究者发现了一个不太令人惊讶的结果：商品价格与商家的声誉正相关。声誉的价值不仅仅被代理商的行为所形塑，同时也被那些与代理商互动的人的回应所影响。在一些声誉系统中，比如谷歌网页排行(Google Page Ranks)所体现出来的，存在着一种偏向受到其他知名代理商欢迎的那些代理商的情况。那些质量很好但不知名的信息源在这种体系内却很少获得好评，而他们也很难改变这种现状。

信用分数也是这个市场的一部分，而且可以说，这样一种个人信息的存在使得众多依赖信用延展的市场得以扩张(Mester 1997, Foust & Pressman 2008)。当然，最近的全球信用危机表明，并不是所有的房地产市场参与者都像房屋的市场价值以历史性的速度攀升之前那样关心个体在筹集资金中的"信誉"(credit worthiness)。乐意用这些"评分"(scores)来决定自己是不是一个信誉良好的贷款申请人的消费者，也可能不愿意用同样一个评分来作为决定他们能否获得汽车保险、租赁一间公寓或胜任一份工作的筛选标准，但这种尺度被常规化为"诚信"(trustworthiness)的一个指标已经成为一种历史趋势(Marron 2007)。

个人信息的获取

建立个人信息市场的困难一部分来自对信息这种无形商品建立和强制实行财产权的难度。而赋予个人信息以所有权的困难，则部分源于个体生产关于其自身的信息的行为很少被视为劳动——当然也不在任何合同或协议之下——的事实。大部分日复一日自动增加的个人信息通常都在不受个体关注、注意或者同意的情况下被累积着。因为公司行为主体有许多途径迫使个人信息被暴露，所以个人信息的财产权对消费者来说没什么价值。更麻烦的是,垄断企业能够毫不费力地强制获取这些信息。它们也能够获得那些由政府采集的信息——对于个体来说很难拒绝提供,并且也没有能力限制其曝光的信息。

仅仅通过使用像谷歌这样的搜索引擎,信息系统的使用者便会生产各种各样的交易生成信息(Andrejevic 2007)。谷歌不断增加能够获取个人信息的系统数量和种类的事实,只是再一次说明了累计数据所代表的使用价值(Zimmer 2008)。这一论点是由军事电脑安全专家格雷戈瑞·康蒂(Gregory Conti 2006)提出的,他提醒我们网络服务并不是免费的,而是由——每一次交易或者问询的过程中被获取的——个人信息形式的微额支付来提供资金的。间谍软件的横行则从另一个侧面说明,大多数人阻止个人信息被获取、被使用的能力都受到诸多限制。

消费者重视自己的隐私,担忧以商业为目的的交易生成信息的获取和售卖。重要的是,我们需要了解交易生成信息的获取和售卖会以攫取消费者剩余的方式支持市场歧视而产生危害。

不幸的是,消费者对于其自身信息的赋值必须要考虑到法庭拒绝任何关于——消费者“自愿”分享给第三方团体的——信息的隐私或者控制的合理期望的倾向(Solove & Hoofnagle 2006)。事实上,不依赖第三方中间人来完成电子交易几乎是不可能的,而这一点并没有被官方机构纳入考量。

个人信息的市场

因为个人信息之于数据主体的价值难以被确立,最好的替代方法就是评估其之于那些出于市场目的收集和处理个人信息的组织所具有的价值。针对这种市场的一项早期研究指出,价格会随着一个名单或一“组”名字中名姓所代表的社会地位和财富的变化而变化(Novek et al. 1990)。在我们最近记忆中最为剧烈的金融危机中,掠夺性的贷款机构能够以5美元一个名字的价格获取一份没有按时还款的次级贷款人的名单(Stone 2008)。

数据经纪业从20世纪90年代中期后开始急速扩张。其增长部分源自商用通信网络,以及越来越高效的多重数据库搜索技术的发展。2001年的恐怖袭击发生之后,执法部门增加了从公共和私人资源中获取个人信息的要求。数据经纪业的发展也与这种需求的增加有关。

政府和私人企业都开始仰赖于一个提供关于几乎每个美国成年人的细节化档案材料的蓬勃发展的数据经纪网络(O'Harrow 2005)。尽管原本政府服务市场在身份认证和分类服务数十亿的年收益中只占据一个很小的份额,但是2001年恐怖袭击之后这一业务急剧增长。这一行业中的一个领导者是Acxiom——一个对于那些已经被这个企业确认、分类和评估的普通人来说几乎无从得知的公司名称(Behar 2004)。

这些数据经纪中最声名狼藉的是ChoicePoint——一家发展很快的集团公司。该公司因为一个巨大的安全漏洞导致大约163000名消费者的私人财务信息泄露,而成为公众关注的对象。这一漏洞的问题非常严重,以致于联邦交易委员会(FTC)对该机构处以了其历史上最高的1000万美元民事罚款,并要求该企业在保护消费者隐私的问题上做出切实改进。然而当ChoicePoint的一个子公司被发现,其所负责的数据库中的一个错误导致几百位选民(主要是非洲裔美国人)被系统判定为重罪犯,并且在佛罗里达州被剥夺了2000年总统大选的选举权时,却并未引起什么公共关注(O'Harrow 2005)。

这些消费者情报服务的提供者表示,他们已经开发出可以高度信赖的一系列反映消费者状态变化的“触发”(trigger)或指标,从而帮助他们预测个人最有可能回应的选项。例如,作为美国三大信用咨询机构之一的Equifax,就提供了一种交叉销售的资源——基于30种事件性或预测性触发来程式化地告知其客户何时可以向其既有的消费群体兜售新的金融产品。其中一种指标承诺可以确认90天内会巩固学生贷款的个体(Equifax 2008)。Equifax的一个竞争者TransUnion则使用事件性触发和预测模型来辅助债务催缴者判断什么时候最有可能收回债务,并且通过对债务人所在地点的提示而增加这一预测的价值(Business Wire 2006)。

我们已经理解了对于数据经纪和服务中介分销错误信息而产生的成本的担忧。而对于正确但不完整或容易被误解信息的分销所产生的社会经济成本,我们往往缺乏考虑。这其中就包括支持歧视性的市场和机会排斥的信息。

根据其2005年的收益报告,ChoicePoint通过向保险公司提供信息赚取了超过4亿美元的收入;通过向商业服务组织提供信息赚取了3.8亿美元;向政府机构提供则赚得相对较少(1.4亿美元);以及通过其依然有着相当规模的市场营销服务赚取了0.91亿美元。据称他们在2007年的收入超过了9.82亿美元。信息商里德爱思唯尔集团(Reed Elsevier)在2008年以41亿美元的价格收购了这家公司(Reed Elsevier 2008)。尽管被认为是非常巨大的,但个人信息市场的规模几乎是不可评估的,一部分是因为这一市场有很大一部分是不合法的,因而往往没有涵盖在常规经济调查中(Wall 2007)。

被运用于细分市场和锁定消费者从而为商业市场营销人员服务的技术也被施加在选民和竞选捐助市场中。在新媒体以及那些升级了的、自动化的定向电话呼叫的传统媒体语境中,我们发现名单销售商提供的资源能够以更高的精确度来实现“窄播”(narrowcasting)。借助既有的选民名单,并通过公众和私人来源的数据进一步得到提升的选民侧写,已经成为一种家庭式工业。有大约22个州允许不受限制地获取选民名单,并且对其出于政治目的的使用也几乎没有任何限制。阻碍很少的同时,许多数据库市场营销人员允许他们的订阅者在线获取定制的选民名单。与消费者名单相比较,选民名单的价格甚至更为低廉。有一部分原因是因为选民名单基本上来自公共记录,然而包含捐款、杂志订阅和过去购买行为的信息的加强版名单则是独家产品。价格反应了信息的相对稀缺性。

在政治场域内,正如传统的消费品市场营销,窄播是被设计来利用关于个体的更高度细节化的信息,从而创造和满足定制化诉求。这样的传播努力往往集中在那些最可能按照我们意图行动的人,而那些还未有明确政治取向和态度可能改变的人们,也能够借由使用更新的数据库进行策略性地操纵。定向传播避开或者绕开那些最需要动员的公民的倾向值得特别关注。

明日的市场

马克·安德烈耶维奇(Mark Andrejevik 2007)指出,包括谷歌在内的一些龙头企业试图实现一种数字形式的圈地运动。在其中,无时无刻的监视能够让公民消费者作为主动的参与者被更有效地纳入他们所活动的空间的设计和持续的调整中去。谷歌一门心思地想要知道——实际上是预测——我们每一个人可能需要的信息——即使我们在当下可能自己也并不知道,这代表了我们试图理解个人信息的政治经济学所面对的最严重的挑战(Battelle 2005)。谷歌及其竞争者试图妨碍或者彻底摧毁关于信息——任何信息——拥有权和控制权的任何期望。谷歌的商业计划自然是不断改变以便适应全球信息供给的需求，并且能够不需要微末的——甚至可能不需要潜意识或嵌入式的——广告来按照需求实现。我们的交易生成信息的次级交换或许能够满足谷歌的需求。

然而，除了承诺提供可以负担的、我们每一个人认为自己需要的信息，我依然完全可以预料到，海量的个人信息会使得那些有兴趣且有能力这样做的人实实在在地去限制我们成为自己所钦佩的样子的机会。而谷歌的成功恰恰会使成为这样一种人变得尤为困难：相信有私人的时间来思考以及与那些我们信任的人交往是有价值的。

参 考 文 献

Andrejevic, M. (2007) *iSpy: Surveillance and Power in the Interactive Era*. University Press of Kansas, Lawrence.

Angelis, M. D. (2005) Value(s), measure(s) and disciplinary markets. *The Commoner*, 10, 66—86.

Arvidsson, A. (2004) On the "pre-history of the panoptic sort," mobility in market research. *Surveillance & Society*, 1(4), 456—74.

Arvidsson, A. (2005) Brands: A critical perspective. *Journal of Consumer Culture*, 5 (2), 235—58.

Baker, C. E. (2002) *Media, Markets and Democracy*. Cambridge University Press, New York.

Banasiewicz, A. (2004) Acquiring high value, retainable customers. *Journal of Database Marketing & Customer Strategy Management*, 12(1), 21—31.

Baran, P. and Sweezy, P. (1966). *Monopoly Capital: An Essay on the American Economic and Social Order*. Monthly Review Press, New York.

Battelle, J. (2005) *The Search: How Google and its Rivals Rewrote the Rules of Business and Transformed Our Culture*. Penguin Portfolio, New York.

Behar, R. (2004) Never heard of Acxiom? Chances are it's heard of you. How a little known Little Rock company - the largest processor of consumer data - found itself at the center of a very big national security debate. Fortune, February 23. Online at money. cnn. com/magazines/fortune/fortune_archive/2004/02/23/362182/index. htm(accessed October 15, 2010).

Beniger, J. (1986) *The Control Revolution: Technological and Economic Origins of the Information Society*. Harvard University Press, Cambridge, MA.

Bermejo, F. (2007) *The Internet Audience: Constitution and Measurement*. Peter Lang,

New York.

Bogle, J. C. (2007) Enough. Commencement Address, Georgetown University. Washington, DC. Online at www.scribd.com/doc/201226/Enough-Commencement-Address-John-C-Bogle-Founder-Vanguard-Group (accessed October 15, 2010).

Bolton, R., Kannan, P., and Bramlett, M. (2000) Implications of loyalty program membership and service experiences for customer retention and value. *Journal of the Academy of Marketing Science*, 28(1), 95—108.

Burrows, R. and Gane, N. (2006) Geodemographics, software and class. *Sociology*, 40(5), 793—812.

Business Wire (2006) TransUnion showcases how a triggers platform can deliver results in the collections arena. Online at www.tmcnet.com/usubmit/-transunion-showcases-how-triggers-platform-deliver-results-the-/2006/03/16/1465311.htm (accessed October 15, 2010).

Caffentzis, G. (2005) Immeasurable value? An essay on Marx's legacy. *The Commoner*, 10, 87—114.

Camp, L. J. (2006) The state of economics of information security. *I/S: A Journal of Law and Policy*, 2(2), 189—205.

Castells, M. (2000) *The Rise of the Network Society*. Blackwell, Malden, MA.

Chan, W. and Yuan, S. T. (2007). An overview of information goods pricing. *International Journal of Electronic Business*, 5(3), 294—314.

Cole, S. and Pontell, H. (2006) "Don't be low hanging fruit": Identity theft as moral panic. In: T. Monahan (ed.), *Surveillance and Security: Technological Politics and Power in Everyday Life*. Routledge, New York, pp. 125—47.

Conti, G. (2006) Googling considered harmful. *New Security Paradigms Workshop*. SchlossDagstuhl, Germany. Online at www.rumint.org/gregconti/publications/20061101_NSPW_Googlin_Conti_Final.pdf (accessed October 15, 2010).

Culnan, M. and Bies, R. (2003) Consumer privacy: Balancing economic and justice considerations. *Journal of Social Issues*, 59(2), 323—42.

Cummins, J. (2004) A new approach to the valuation of intangible capital. Board of Governors of the Federal Reserve System. Abstract online at papers.ssrn.com/sol3/papers.cfm? abstract_id=559461 (accessed October 15, 2010).

Danna, A. and Gandy, O. (2002) All that glitters is not gold: Digging beneath the surface of data mining. *Journal of Business Ethics*, 40, 373—86.

Dyer-Witheford, N. (1999) *Cyber-Marx: Circles and Circuits of Struggle in High-Technology Capitalism*. University of Illinois Press, Urbana.

Elmer, G. (2004) *Profiling Machines*. The MIT Press, Cambridge, MA.

Equifax Corporation(2008) TargetPoint Cross-Sell: Service description. Online at http://www. equifaxmarketingservices. com/pdfs/TargetPoint-Cross-Sell-F06. pdf (accessed October 15,2010).

Foster,R. J. (2007) The work of the new economy: Consumers, brands, and valuecreation. *Cultural Anthropology*,22(4),707—31.

Foust, D. and Pressman, A. (2008) Credit score: Not-so-magic numbers. *Business Week*. Online at http://www. businessweek. com/magazine/ content/08 _ 07/ b4071038384407. htm(accessed October 15,2010).

Galbraith,J. K. (1967) *The New Industrial State*. New American Library,New York.

Gandy,O. H. (1993) *The Panoptic Sort: A Political Economy of Personal Information*. Westview,Boulder,CO.

Garnham,N. (1990) *Capitalism and Communication: Global Culture and the Economics of Infomtation*. Sage,London.

Hanemann,W. M. (1994) Valuing the environment through contingent valuation. *TheJournal of Economic Perspectives*,8(4),19—43.

Harmon,A. (2008a). Congress passes bill to bar bias based on genes. *The New York Times*. Online at http://www. nytimes. com/2008/05/02/health/policy/02gene. html? (accessed October 15,2010).

Harmon,A. (2008b) Taking a peek at the experts' genetic secrets. *The New York Times*. Online at http://www. nytimes. com/2008/10/20/us/20gene. html? (accessed October 15,2010).

Hausman,D. (1992) *The Inexact and Separate Science of Economics*. Cambridge University Press,New York.

Independent Sector(2008) Value of volunteer time. Online at: http://www. independentsector. org/programs/research/volunteer_time. html#value(accessed October 15,2010).

Josang,A.,Ismail,R.,and Boyd,C. (2007) A survey of trust and reputation systems foronline service provision. *Decision Support Systems*,43(2),618—44.

Landes,W. and Posner,R. (2004) *The Political Economy of Intellectual Property Law*. The AEI Press,Washington,DC.

Link,M.,Ali,M.,Kulp,D.,and Hyton,A. (2006) Has the National Do Not Call Registryhelped or hurt state-level response rates? A time series analysis. *Public OpinionQuarterly*,70(5),794—809.

Marron,D. (2007) "Lendingby numbers," credit scoring and the constitution of risk within American consumer credit. *Economy and Society*,36(1),103—33.

Marx,K. (1971) *Value,Price and Profit*. International Publishers,New York.

Mester, L. (1997) What's the point of creditscoring? *Business Review* (September/October), 3—16.

Mosco, V (1996) *The Political Economy of Communication*. Sage, London.

National Research Council (2000) *The Digital Dilemma: Intellectual Property in the Information Age*. National Academy Press, Washington, DC.

Novek, E., Sinha, N., and Gandy, O. (1990) The value of your name. *Media, Culture and Society*, 12, 525—43.

O'Harrow, R. (2005) *No Place to Hide*. Free Press, New York.

Phillips, D. J. (2004) Privacy policy and PETS: The influence of policy regimes on the development and social implications of privacy enhancing technologies. New Media & Society, 6(6), 691—706.

Pho, Y. H. (2008) The value of volunteer labor and the factors influencing participation: Evidence for the United States from 2002 through 2005. *Review of Income and Wealth*, 54(2), 220—36.

Preston, P. (2001) *Reshaping Communications*. Sage, London.

Reder, M. (1999) *Economics: The Culture of a Controversial Science*. University of Chicago Press, Chicago.

Reed Elsevier (2008) Reed Elsevier to acquire ChokePoint, Inc. Press Release. Online at http://www.reedelsevier.com/MEDIACENTRE/PRESSRELEASES/2008/Pages/ReedElseviertoacquireChoicePoint, Inc.aspx (accessed October 15, 2010).

Resnick, S. and Wolff, R. D. (1987) *Knowledge and Class: A Marxian Critique of Political Economy*. University of Chicago Press, Chicago.

Schiller, D. (1988) How to think about information. In: Mosco, V. and Wasko, J. (eds), *The Political Economy of Information*. University of Wisconsin Press, Madison, pp. 27—43.

Schreft, S. (2007) Risks of identity theft: Can the market protect the payment system? *Economic Review, Federal Reserve Bank of Kansas City* (Fourth Quarter), 5—40.

Smith, A. (1937) *An Inquiry into the Nature and Causes of the Wealth of Nations*. Random House, New York.

Smythe, D. W. (1977) Communications: Blindspot of western Marxism. *Canadian Journal of Political and Social Theory*, 1(3), 1—27.

Solove, D. (2004) *The Digital Person: Technology and Privacy in the Information Age*. New York University Press, New York.

Solove, D. and Hoofuagle, C. J. (2006) A model regime of privacy protection. *University of Illinois Law Review*, 2006, 357—403.

Sprott, D., Spangenberg, E., Block, L., Fitzsimons, G., Morwitz, V., and Williams, P.

(2006) The question-behavior effect: What we know and where we go from here. *Social Influence*, 1(2), 128—37.

Stiglitz, J. E. (2009) Capitalist fools. *Vanity Fair*. Online at www. vanityfair. com/magazine/2009/01/stiglitz200901 (accessed October 15, 2010).

Stone, B. (2008) U. S. banks mine data and pitch to troubled borrowers. *The New York Times*. Online at http://www. nytimes. com/2008/10/22/business/worldbusiness/22iht—22-target. 17157595. html? (accessed October 15, 2010).

Strahilevitz, L. (2007) Reputation nation: Law in an era of ubiquitous personal information. Public Law and Legal Theory Working Paper Series, Chicago. Online at http://ssrn. com/abstract_id=1028875 (accessed October 18, 2010).

Turow, J. (2006) *Niche Envy: Marketing Discrimination in the Digital Age*. The MIT Press, Cambridge, MA.

Wall, D. (2007) *Cybercrime. The Transformation of Crime in the Information Age*. Polity Press, Malden, MA.

Webster, F. (2002) *Theories of the Information Society*. Routledge, New York.

Yi, Y. and Jeon, H. (2003) Effects of loyalty programs on value perception, program loyalty, and brand loyalty. *Journal of the Academy of Marketing Science*, 31(3), 229—40.

Zimmer, M. (2008) The gaze of the perfect search engine: Google as an infrastructure of dataveillance. In: Spink, A. and Zimmer, M. (eds), *Web Search*. Springer-Verlag, Berlin, pp. 77—99.

Zwick, D., Bonsu, S., and Darmody, A. (2008) Putting consumers to work. "Co-creation" and new marketing govern-mentality. *Journal of Consumer Culture*, 8(2), 163—96.

拓展阅读

Arvidsson, A. (2006) *Brands: Meaning and Value in Media Culture*. Routledge, New York.

Napoli, P. (2003) *Audience Economics: Media Institutions and the Audience Marketplace*. Columbia University Press, New York.

第二十一章　政治无知的政治经济学

索菲亚·凯塔兹-惠特洛克(Sophia Kaitatzi-Whitlock)

引　　言

我在本研究中主要关注的是"政治无知"现象,即使我们表面上生活在"知识社会"与重大科学进步的时代,这种现象却是与日俱增。我认为这种无知的现象还将持续发展,因为它的生产内在于主流的,尤其是在有关符号商品的政治经济学中。事实上,自从商业频道,尤其是电视为了控制和剥削休闲经济中的人类商品而展开激烈竞争以来,这就是一场媒体诱导的灾难。问题在于,政治知识是民主政权的基本组成部分,因此,政治知识应该在民主政体中得到明显的保障。鉴于此状况,政治无知是不应该存在的。我坚持认为这种情况无法在——不仅商品化了内容、传播过程和体制,而且商品化了公民自身的——资本主义的前提下,也就是一个使得必要(sine qua non)知识的获取受制于市场力量角逐的——不可避免地导致了我将提到的"市场审查制度"的——体系中被逆转。因此,我的目标就是分析造成公民无知现象的主流经济与权力关系。我以知识与无知的概念化作为起点,随之会列举欧洲过去几十年来政治无知及其发展的实例。有关日益增长的政治无知的研究结果会被检验并与相对应的内容分析研究进行比较,从而将主流媒体的政治信息赤字与无知联系起来。

在我关于政治经济学的主要分析里,我通过查问经济结构、动机与经济推动的角色嬗变,探究了这种无知的来龙去脉与迅疾发展的趋势。我的目的是通过正视将传播功能以及人类角色改变得面目全非的政治无知与经济结构的联系,来识别政治无知被媒介及相关体制生产出来的机制。

但是如果政治无知作为媒介嬗变的一种结果而不断增长，那么公民能够借助因特网寻求政治知识来避免这个趋势，让他们自身摆脱其影响吗？为了解决这个问题，我也会哪怕简略地关注一下在搜索引擎的主要方面以及它对获取知识的积极努力所产生的影响中政治经济所起到的作用。

公民知识与无知

即使无知貌似是一个清晰鲜明的概念，它还是非常难以概念化的，这主要是因为它意味着一个不作为的实体——一个黑洞。[①] 一般而言，我们仅仅将无知看作是知识的对立面。拉斯韦尔（Lasswell 1948，224）将无知定义为“在传播过程中的某一给定点上缺少了在社会中其他地方可以获得的知识。如果我们将事实定义为客观的、通过训练的、有目标的观察者能够寻获的东西的话，那么缺乏适当训练的参与收集和散播情报的人员就会一再误解或忽略那些事实”。此外，他还认为“纯粹的无知是一个普遍的因素，其后果从未被充分评估过”（1948，224）。

因为知识对共同体存续一直是至关重要的，所以人类社会已然将知识看作一种战略性资源（Morin 1986）。政治觉悟和意识则是现代性的基石以及人类解放的基础。知识就是力量（power），正如无知代表了无力（powerlessness）。特别当其影响深远的时候，无知会引发人格障碍，加剧文化贫乏综合征。不确定、混乱、优柔寡断、轻信、不安全与顺从或茫然不知的情绪是与无知有关的常见症状。最关键的症状则体现为缺乏如何面对挑战的策略性知识（Morin 1986）。这种现象的最坏表现是意识不到一个人的无知，或不能将事实与观点或滥用的宣传区别开来。这样的缺陷会导致政治边缘化与事实上的去政治化。

政治无知

我所关心的政治无知处在一个至高无上的公民价值——认知——的对立面。公民身份是一种需要基本信息的状态（Kellner 1990，65；Dahl 2000），反之，政治无知通过损害公民角色或遮蔽权利来使公民身份无效化并使公民彼此疏远。因此，获得政治知识对任何公民认同或行动来说

---

① 传播词典中没有“无知”（ignorance）。参见里勒克（Lilleker 2006）、沃森·安得希尔（Watson Andhill 1997）、奥苏利文等人（O'Sullivan et al. 1992）的著作。

都是必不可少的(Dagger 1997),同时对民主合作也是不可或缺的。因而辨别它的存在与否及其发展轨迹十分重要。

作为一种精神和心理无效综合征,政治无知阻碍了公民对既定权力关系的鉴别。但是如果人们忽视哪种权力机构掌控政体,他们就无法理解政治机构是为了什么目的或利益而如何运转。公民也无法影响政策,哪怕是那些直接涉及他们切身利益的政策。[①] 政治无知限制了公民评判、决定或预测行动在政治层面引发后果的能力,这等于是一种去政治化的情况。究其影响,政治无知会使公民不能够过他们的公民生活,或者从权利中获益,更不用说参与到"自治"中。可以想象,无知是一种复杂的苦难。[②]

媒介最初被合法化为社会知识的提供者,甚至是持续的政治社会化的保证人。在这个观念里,假使废除媒介将会导致民主崩塌。我的分析显示,媒介实际上通过从它们的政治任务中抽身出来,已经很大程度上抛开了其自身的政治角色并放弃了相应的责任。相反,它们已转向服务于资本主义的营利机制。因此,公民无知本身也就成了这种背离的一个证明。

一些作者选择使用一些类似"无知"的术语,例如"信息鸿沟""知识鸿沟""信息贫困"或"信息分化"(Watson & Hill 2002,Meyer 2002)。[③] 我将"无知"理解为带来复杂而持久并循序渐进的苦难的无效观点,认为其势必带来个人控制的减少并削弱对社会体制和社区组织的信任。这种无效侵蚀了自信,由此助长了怀疑,而怀疑自身就是社会混乱和政治恐吓的沃土。无知促进了轻信,使人们甚至在面对滥用的宣传时也会消除戒心。仇外情绪、种族主义与性别歧视都在无知中繁殖,培育出由商业媒介"文化"维系、意图娱乐我们至死的栖息地(Postman 1996)。

知识仍然是公民的先决条件

沙特施耐德(Schattschneider)提出了民主与知识之间的共生关系:"为数众多的人似乎对正在发生的事情知之甚少。这种大众无知的意义取决于我们如何理解民主。"(1960,128—9)公民身份所需要的知识被具有煽动性地大大低估了(Keane 1991,140)。事实上,作为公共利益的公

---

① 这一概念来自斯蒂芬·卢克斯(Steven Lukes 2004)的三维权力概念。

② 事实上,即使是知识中的事实碎片,如果是不相关的或者过度分割的,都可能导致事实上的无知。

③ "知识鸿沟"研究表明,电视消费向更多人传播、占用他们更长的时间段,并不会使得社会各阶层之间政治相关知识的储备趋同,反而是扩大了他们之间的此类鸿沟(Meyer 2002,ix)。

民防线，政治知识对民主而言是必不可少的。

导致无知的两种模式

我们可以分辨出导致无知的两种主要模式。第一种模式源于知识匮乏或者不足；而近来出现的令人担忧的第二种模式则源于人们的头脑被冗余的资料所淹没。无论哪种形式本身都是有害的，而目前正不断推进的两者的结合，其影响更是毁灭性的。在面临大学体制商业化的压力时，或者当给予有市场前景的研究课题以特权并加重对其的剥削时，针对知识生产体制的结构性攻击是显而易见的。这些趋势表明一种对知识展开的几乎全方位的商品化攻击，因此导致知识的目的、本质、供应以及与个体关系发生了彻底的变化。知识被那些将其作为一种商品所占有的人专门售卖给那些能买得起它的人。而那些基本原则——诸如人们对于作为一种公共财产的知识所享有的普遍获取的权利——也就与将知识作为公民身份前提的共识一起被推翻了。知识变异为一种——凭借其能在零和游戏中取得竞争优势的——关键的经济资产，而不再是一种政治赋权的因素。

严重的无知致使人们无法分辨有价值的知识与无用或有害的信息。然而权力关系正是由这种能力所决定的。除此之外，传播系统与内容的指数式增长使个体难以应付大量冗余信息，这就削弱了作为重要自控工具的认知能力。因此，根据“真实利益”，而不是“感知的”或“主观的”利益来理解策略性知识是极为关键的(Gramsci 1971，Lukes 2004)。

现今，个体应该不仅能够在社会政治事务领域，也能够作为对其而言知识是不可或缺的经济能动者——诸如消费者、多功能雇员(polyvalent employee)及有竞争力的企业家等——借由知识进行自我赋权。但是，公共事务中的基本知识鸿沟，尤其是与现行的权力关系相关的，往往会引起无力与挫败感，结果在恰恰是颂扬知识密集型资本的经济技术范式中削弱了个体的力量。不必怀疑，腐败会在无知和缺乏透明度的状况下逐渐盛行，因为这种状况限制了对于错综复杂的经济过程的理解(Strange 1986)。

欧盟内的政治无知

对于欧盟(EU)的大部分公民来说，欧盟是一个遥远的政治实体，然而政治无知使它进一步远离了其公民。这个公认的痼疾不时会加剧人们的担忧，尤其是与声名狼藉的“民主赤字”联系在一起时。公民无知实际上已经因为拖延了联盟一体化进程而受到责难(Wallstrom 2006,Kaitatzi-Whitlock 2008,Golding 2006,Peel 2004)。[①]

欧盟公民被用来衡量长期(几年至几十年)意识的滚动调查所监控着,这为进一步研究无知提供了资源。欧盟统计局记录了调查对象对于与欧盟机构和政策相关的信息的看法。这种水平式的社会历史或观点描述逐渐累积形成了有助于纵向比较分析的、有价值的素材库。通过纵向解读这种调查,我们可以获得历史深度,以及关于认识波动的系统性对比。[②] 这种资料的独创性在于它综合而成一个接受研究和内容分析的交互平台,从而产生了尽管悲观却有价值的研究结果。[③] 这条路径揭示了政治无知的发展趋势,并将这个结果与相应的缺席的媒体产物联系起来。将这两个过程随着时间的推移匹配起来,就可以揭示无知的起源。此外,当补充关于公民欧洲政治知识的两个特设调查的结果时,我们得到一个相辅相成的研究结果。由此我们能够无可争辩地确认生产无知的结构和过程。

对欧盟机构的认识 为了记录对于自欧洲议会(EP)设立以来[④]与其相关的媒介内容的认知情况,公民会被问及是否“最近在报纸、广播或电视上看到或听到有关欧洲议会的任何消息”(欧洲晴雨表 Eurobarometer)。在被调查的时期(25 年)内,从新闻得知有关欧洲议会消息的受访者非常少,不过随着时间的推移,统计数据显示情况发生了显著的变化。1977 年,从全国的平均水平来看,近 50%的受访者确认他们从新闻报刊上了解到了欧洲议会的信息。相反,那些给出否定回答的人数占 42%。十年之后,在 1987 年 11 月,这些比例发生了逆转,从新闻报刊上获取欧洲议会信息的公民仅占 42%,而那些对这类新闻一无所知的人所占比例上升到 50%。这种逆转是最为发人深省的。首先,存在着一个关于欧洲政治的预期认知曲线;其次,在整个 20 世纪 80 年代,欧洲议会是异常活

---

① 最引人注目的例子是 2008 年爱尔兰公投中的“你不知道,就投反对票”(You Do Not Know; Vote No)运动(www.indymedia.ie/post/87345)。

② 这并不等同于知识。然而,它是政治知识的一个重要来源。“感知的知识”(Perceived knowledge)是一个灰色的——通常潜移默化地产生反效果的——心理状态。

③ 欧洲晴雨表(Eurobarometer)每年发布两次常规的欧盟统计局调查。关于欧洲议会的调查始于 1977 年,一直持续到 2001 年;关于欧盟委员会的调查始于 1987 年。1973 年,欧盟统计局的第一次调查讨论了关于欧盟事务的“兴趣”问题。一些调查仍在继续,而另一些则已停止。

④ 欧洲议会成立于 1977 年,并于 1979 年首次直选。到目前为止,最漫长的调查是关于对欧洲议会的认识。

跃的；第三，它在欧盟内部政策制定体系中经历了一个意义重大的自我角色的加强过程，获得联合决策权力；第四，欧洲议会势力发起了富有争议的一系列项目，宣扬一个政治的而非经济的欧洲一体化路径，由此变得风头正劲。这些要素的层层加码本应当极大地提升欧洲议会的关注度。然而情况刚好相反。十年后（1998 年 11 月），情况仍在进一步恶化。欧盟统计局的受访者中只有 40％的人确认他们察觉到了关于欧洲议会的新闻，这导致持否定答案的回答者人数比例超过持肯定答案的人数比例足足 10 个百分比。[①] 受访者还就关于欧盟的“行政部门”——欧盟委员会——的类似调查问卷做出了回应。在九年多的调查期间，基于全国平均水平，否定答案再一次稳步地超过肯定答案。占大多数的——60％——受访者都没有回想起关于欧盟委员会或其政策的新闻，这个结果表明相应的政治信息的供给在急剧下降。

总的来说，新闻认知正在逐步减少，而最终十个欧洲人中只有四个人能从新闻中了解到他们直接选举产生的机构。从媒介获知关于欧洲议会的信息的公民总人数在整个调查期间整整下降了 10 个百分点。鉴于与此同时媒体机构数量指数级增长，以及媒体曝光的爆炸式增加这样的事实，此种研究结果证明欧洲人是信息匮乏的，获得的政治信息越来越少，因此产生了他们对其关键事务的高度无知。

无知者的报复　人们对欧盟事务的兴趣早在 1973 年就开始被监测，当时 12 个成员国依次加入组成了欧共体。受访者被问到：“就欧洲政治——也就是欧洲共同体的有关事务——而言，你能否说说你对它们感兴趣的程度？”“没什么兴趣”成为最普遍的选项。勾选“毫无兴趣”选项的受访者是第二多的。相比之下，那些对欧洲政治“非常”感兴趣的人只占了最少数。[②] 期间，多年来人们对欧洲政治的兴趣在缩减，尽管这种兴趣在一开始就已经是微不足道的。[③] 结合决策权被从国家层面让渡到超国家层面的事实，上述这些趋势是十分令人不安的。尽管当政治迁移至“欧洲”[④]

① 泛欧洲的欧洲议会选举年是这种模式的例外。

② 1986 年情况有所好转，但人们对欧洲政治的兴趣还是昙花一现。1986 年标志着市场和“政治”之间权力斗争的一个转折点。

③ 对政治的微弱兴趣得到了德·克莱克（De Clercq）的证实：大多数欧洲人（55％）对政治不太感兴趣或者根本不感兴趣（1993，28）。

④ 尽管出现了这种“去国有化”，但媒体继续将重点放在国家舞台上，从而滋生了一种特殊的非政治化。

时，转移到欧盟的政治特权的范围也在不断扩大，但是政治兴趣的急剧下降却是显而易见的。

特设研究

不断增长的公民无知被多方证实，但至少有两个相关的研究值得特别关注。第一个研究于20世纪90年代早期进行，第二个开展于2001年。将我对欧盟统计局调查的纵向解读与这些特设研究[①]进行交叉比较，结果很有趣，而这绝不仅仅是因为它们都关注公民关于欧洲政治的知识及其来源。它们也都将知识赤字与公民对欧洲政治的不满联系起来，并将显而易见的知识鸿沟与日益增长的政治无知归因于信息赤字。

传播赤字、政治无知与不满 丹麦国内通过反对公投表达出的对《马斯特里赫特条约》(Maastricht Treaty，1992)的抵制，为欧盟政客敲响了警钟，他们将这样一种大众裁定归咎于无知。于是一个独立专家委员会被任命进行研究并正视这次合法性危机。其受命进行的工作包括三个部分：确立有关政治知识的真相、探讨传播赤字的原因，以及提交改善问题的政策建议。实际上，德·克勒克报告(De Clercq Report)就无知做出了判断，[②]将这种状况完全与传播赤字联系起来，[③]同时着重指出“到处都充满了对当前共同体进程的巨大不满”(Clercq 1993，5)。“甚至在那些公投前展开辩论的国家，《马斯特里赫特条约》的内容与目的也根本不怎么为人所知”(1993，184)，而这是一个“混乱现象的完美例证”(185)。许多公民“谴责他们所获得信息的匮乏、不充分和不恰当”(205)。这份报告实际上强调了公民“对于有关欧洲的信息是持开放和欢迎的态度”(205)。报告建议发展一种促进媒介、政治和公民之间的互动关系，从而提倡不亚于民主制度重塑的政治传播。无知被归因于缺席的媒介实践和政治传播赤字。[④] 总的来说，德·克勒克的研究结果令人震惊且颇有启示意义，但是其中最令人震惊的是它建议极力敦促必要的传播框架与过程的民主化。

---

① 这两项研究分别于1993年和2001年受欧盟委托。

② 亚瓦德(Hjarvard 1993，90)强调“欧盟的资本增长和行政发展之间的裂痕没有与之相应的‘公共知识’”。

③ “我们各会员国批准《马斯特里赫特条约》所引起的辩论以及由此产生的各种公众或议会协商的结果表明，人们对欧洲的建设令人不安的缺乏了解，有时对其现实有一种扭曲的看法。由于公众对这一问题的期望和关切日益增加，赤字也更加突出。”(De Clercq 1993，5)

④ “欧洲信息渠道的缺失或薄弱令人忧虑。同时，对近在咫尺的信息来源的需求是明显的。”(De Clercq 1993，208)

并不意外，这些要求被激烈地断然拒绝，并被布鲁塞尔的超新自由主义建制黯然埋葬。[①]

对欧盟认知中的"极端无知" 德伯尼研究(Debony study)证实了无知的牢固存在以及其将延续至新世纪的事实。其研究结果中最引人注目的是成员国之间被观察到的知识鸿沟。"政治知识在'南部'拥护泛欧洲的国家中(希腊、葡萄牙和西班牙，也包括爱尔兰)更多一些，甚至中等乃至较低社会经济阶层的人都能够说出很多公共活动的范围。"(Debony 2001,8)在候选国(瑞典、芬兰与奥地利)之中政治知识也更多一些，而且不论"他们是否倾向于将欧盟看作一件好事"(2001,8)。[②] 在规模庞大、拥有最多人口的国家，政治知识是匮乏的，特别是"有着最严重的知识欠缺"(Debony 2001,8)的德国和英国。[③] 这些结果与相应的欧洲晴雨表的数据一致，在认知统计中，德国和英国的受访者对欧盟的认识几乎从未超过50%的门槛。除此之外，一份2004年欧盟统计局的调查确认"关于欧盟仍然存在极多的无知——旧成员国常常比新成员国更严重"(Peel 2004)。由于这些人是受过最为良好教育的欧洲人，如此的研究结果让人震惊的程度与它们令人尴尬的程度是一样的。德伯尼以犀利的语言强调了这一点：[④]

> 其他国家存在相当巨大、有时是极端的知识缺失，在那里无知、困惑，或非常粗略的估计是一种普遍现象。人们通常只能叫出欧盟

① 对它的猛烈攻击成为英国媒体的目标，导致它被埋葬。关于报告的命运及其建议，另见汤伯(Tumber 1995)。关于反对它的宣传，见布克和诺斯(Booker and North 1993)。它在官方的欧盟图书馆里不可使用——即使是出于研究目的——的事实也表明了它已被"埋葬"。

② 鉴于2005年举行了关于宪法大会的全民投票，关于公民是否知情地罢免了它的问题十分重要。见凯塔兹-惠特洛克和巴尔兹斯(Kaitatzi-Whitlock and Baltzis 2006)著作的引言部分。

③ 莱伊斯用英国的统计数据证实了这一点，这与德伯尼关于"极度无知"的说法相一致："五分之一的选民是功能性文盲，很小的一部分人对近代史有所了解……图片、音乐和其他非语言能指越来越多地取代了单词。"(Leys 2001,52—3)此外，"三分之二的青少年对政治缺乏或者根本没有兴趣并且缺少政治知识"(2001,20)。另请参见劳埃德和米奇松关于"一般无知"和"'常识'中所有错觉、错误和误解的全面和可耻的目录"的讨论(Lloyd and Mitchinson 2006,xv)。

④ "英国和德国存在着严重的无知。"(Debony 2001,9)需要结合各自国家的占主导地位的和以民族为中心的媒体和精英的作用，来进一步调查各国之间的无知的差异。更好的知识与亲欧洲立场之间的正相关是肉眼可见的。而这本身就是一个有价值的见解。此外，人们可能会猜测，反欧洲人可能会策略性地来使用它。在较小、更了解情况的国家，"相当多的受访者至少可以认出欧盟委员会和欧洲议会，并大致了解它们各自的组成和角色，(和)体制机制"(Debony 2001,9)。

委员会与欧洲议会的名字，而两个机构不时会被混淆；关于它们的作用与责任的知识十分模糊；对体制机制近乎完全无知的情况是常见的；它们看起来都是非常遥远的。(Debony 2001,9)

德伯尼通过一种不同的方法证实了无知的普遍存在，此外还详尽阐述了“极端知识鸿沟”及其给公民意愿所造成的影响。

知识鸿沟与内容赤字之间的联系

内容分析研究在过去几十年间已经探究了政治信息与针对欧洲政治的新闻报道。① 研究显示，包括最有名望的一些媒体在内，媒体都会不选择或大幅削减关于欧洲政治的新闻与时事，并将其看作是没有新闻价值的。主流媒体将欧洲政治轻视为没有什么重要性的内容。有趣的是，这种待遇甚至发生在欧盟一体化的里程碑事件中，例如《马斯特里赫特条约》、通用货币(欧元)的采用或者是 2004 年的制宪会议。② 它们的新闻报道被评估为是最低限度的，且从未产生纯粹正面的影响。鉴于这种里程碑事件标志着欧盟一体化及决策进程中非常重大的权力转移，如此的“媒体势利”是荒谬可笑的(Media Tenor 2005a,2005b;Ludes 2004;Kaitatzi-Whitlock 2005)。内容分析同时还显示出在欧盟三个最重要的机构中，欧盟委员会得到了最多的新闻报道，而横跨整个联盟的、唯一由公众投票选举产生的机构——欧洲议会——被报道得最少。欧洲议会被看作是所有机构中最不具有新闻价值的，并在事实上被从时事节目中清理了出去(Media Tenor 2005a,2005b)。③ 考虑到日常政治信息供给中存在这样显而易见的赤字，两个相互关联的现象之间的相关性——一是公民中政治无知的上升水平；二是媒介报道的相应缺失——就是不可避免的，因为没人能获取无法得到的内容。无知因此被归因于主流媒体在政治内容供给上的不足。到目前为止，我的分析阐释了无知是如何通过拒绝提供知识而被生产出来的。在随后的部分，我会探究产生无知的第二种模式，

---

① 这类研究考察了主要媒体的政治信息输出，特别是德国和英国等主要欧盟国家的期刊和频道。

② 卢德(Ludes 2004)指出甚至是关于采用共同货币这种历史性里程碑事件的媒体报道也十分贫乏。

③ 调查显示，欧洲议会是欧盟机构中辨识度最高的。地方和区域新闻机构中的平衡性报道以及 500 名欧洲议员相互交流并与当地选民对话的事实，抵消了这种主流媒体的淡化。

即俘获心灵和占据人们的注意力。

政治无知的强化生产模式

确定了政治无知增长及其与内容赤字的关系之后，了解它何以会逐步形成，以及它是如何为当代资本主义的政治经济所决定的就变得十分重要。我将缺席的，却是必不可少的公民知识归因于经济和媒介功能。因此，我需要厘清影响着人类商品各种功能的关键所在。

经济结构、行动者及角色

整体上来说经济包含构成媒介市场动力的独特的(sui generis)补充领域。正如达拉斯·斯迈思(Dallas Smythe 1977)所强调的，商业媒介为了以广告收入形式获得资金而将受众商品出售给广告业。在倒置的交易循环中，商品被出售给个人，个人因此作为消费者首先为产品的使用价值买单，但其次还要为作为给广告商和媒介报酬的广告成本买单，然后广告商和媒介再把观众打包卖出去。这个“邪恶的经济循环”牵涉了一批围绕着基本市场等式发展起来的、附属和寄生的交易与行动者。尽管电视频道与观众一起制造了商品——受众的时间——但观众完全没有意识到他们所扮演的基本经济角色。显然这种无知是必要的，因为如果媒介使公民明白了这种关系，观众势必会转身背弃，不愿再被当作商品继续遭受剥削。出于策略和竞争目的而维持无知对社会是危险的，而这恰恰就是上述状况的问题所在。隐含在这条路径里的是——在持续的全球经济危机期间出现了无数次的——无知与腐败间的联结。但是，关于自由市场经济的预想恰恰是建立在作为卖家或买家参与到市场中的双方的认知充分的基础之上的。纵然由于错误知识导致的市场缺陷被逐渐承认，但“减少知识缺陷”(Hill 1997，15)的非营利机构仍然不见踪影。

撇开企业主、产品和媒介所有者这些经济中的支配性玩家不谈，在这里粗略绘制一张这场游戏中的行动者及功能的地图的话，我们可以看到媒介中心区域里的行动者和资产包括：在他们各自能力范围内作为受众(商品)和产品买主(行动者)的个体；记者、内容创作者；政治家与政治活动；政治与文化节目(内容)；屏幕上的播放时间，特别是黄金时间；商业宣传信息与供应者；做了广告的商品；定量分析节目竞争力的收视率调查公司；民意调查者。所有这些都围绕在现今已经发生了本质变化的通信媒介利润机器周围蓬勃发展。在这些循环中，个体观众将多种经济角色与相应的剥削结合于一身。

就像在日常的市场运作中一样，强力的结构控制被施加在所有这些角色之上：(1)播放时间由电视台“出售”给广告商；(2)相反地，观众集群被出售给广告商，并随后被出售给已经首先生产出受众时间的广告业；(3)广告由广告商/广告业出售；(4)新闻、娱乐或混合的节目被表面上免费地提供给观众；(5)频道绩效评估被出售给广告商和电视台，由此来决定新闻价值和节目的优先级；(6)然而媒体委托的民意调查通常审查的是政治人物政治声望的周期性变动及其竞争力，它们在明面上充当了最重要的、可发布的新闻，但暗地里也十分有用。

中心交互式剥削将媒介和广告商裹挟其中。它们联合起来交换观众并且交替剥削观众：首先将其作为商品，随后作为消费者。然而在这两种控制机构之间转手的资本则由消费者来买单。这一过程产生了一种作为媒体的无知资助者的公众。结果就是，个体在其承担的多重角色中——(1)自由选择的观众；(2)被迫的商业信息受众以及(3)广告产品的消费者——成了整个政治经济中被剥削得最厉害的，也是被欺骗得最严重的。

收视时间这一协力生产的商品是上述这些有利可图的经济角色并发的一个先决条件。受众和广播电视网心照不宣地联合“生产了商品受众的观看时间”(Jhally 1990，75)，不论何时个人置身其中都会变成观众。然而他们一旦这么做了，就会与所观看、所选择的节目合作，不经意间退让变成被控制的商业宣传的受众，由此被困其中。自从受众被消费主义如此操控之后，他们就构成了一种独一无二的珍贵商品。商业频道在其竞争中疯狂地努力播放有吸引力的节目，以俘获最大数量的受众群。在这些过程中，所有政治行动者也被商品化和极度商业化了。这种极其重要的嬗变不仅开辟了人类商品的起源，而且也创造了商品化政治家的诞生。

符号的中介领域

关注一下中介子域(mediated subdomain)及其对于作为公民的观众所具有的特殊性，我们可以清楚了解，一旦个人被卷入中介流，各种各样的经济角色也就产生了。第一种演变发生在公众观看他们自己选择的节目时；第二种演变发生在他们被迫观看节目间隔的广告时。观众必须担任这两个角色以便能够被卖给广告商。在第一种变化过程中，广播电视公司既力求在争夺受众的艰苦竞争中吸引观众注意,又努力维持观众的着迷状态。对广播电视公司来说,令观众着迷的内容在经济层面是极其重要的,因为这首先事关他们得以将观众打包分销的条件。人们因此不知不觉"出演"了经济角色,并为消费社会中关键的经济角色铺好了路:当商品观众作为付费消费者出现时。为了在如此复杂的情境下使有针对性的剥削成为可能,占领和殖民如此多样的可剥削对象的思想就是必不可少的。这种殖民化过程只能通过提供有吸引力而不费劲的节目来保证,换句话说,抛开政治的或教育意义的内容。因此,竞争和放松管制都是至关重要的结构性前提,影响同时支撑着冗余信息供应。这种功能的重要性是十分关键的,因为它们本质上就会将最低共同特征(lowest common denominator)的——以牺牲知识供应体裁为代价来服务于娱乐目的的——节目放在更为优先的位置。面对激烈的竞争压力,不符合最低共同特征的节目编排就面临着消逝的危险。因此,这种竞争性的市场模式促进了无知的大量繁衍。

虽然如此,公民还是期待从媒介接收到政治信息。事实上,新闻媒体是唯一被认可拥有这种职权范围的机构。"电视是国家中最主要的——尽管很大程度上未被意识到——教育者。"(Schiller 1989,320)而这已不再是事实。只有电视像席勒(Schiller 1989)、加汉姆(Garnham 1990)与布尔迪厄(Bourdieu 1996)所建议的那样,主要或完全地投身于教育体制的使命,它才可以实现这样一种政治上的关键作用。不论法律上(de jure)还是事实上(de facto),这种使命现在都已经被放弃了。然而被商业媒体强烈反对的公共广播电视在提升公民意识与形成民主集会场所(democratic agora)中的作用在很大程度上被掩盖了。因此,电视的商业化标志着媒介基本作用的转变以及内在于其中的政治的根本作用的嬗变。

人类商品及其交换循环

商业媒介精心编排了剥削的几个过程:连贯的、循环的,或同时发生的。就公民真实利益而言,目前持续不断的商业化与竞争的事实大大缩小了有益媒介内容的选择。因为大多数提高知识的节目被过滤掉,所以观众的选择也同样在急剧缩水,就像上了瘾的观众被困在拼了命地循环利用空洞内容的媒介栖息地里(参见 Patrick 2009)。[①] 就像上文里恰到

① 关于"空洞的能指"(empty signifiers)的概念,参见拉克劳(Laclau 1996)。

好处地强调过的——对媒介的关注表面上是闲暇时间所做的事，正因为观众为剥削机构创造剩余价值，注意力就构成了劳动力。

当人们可利用的闲暇时间绝大多数被看电视占据时，它就变得很有限了。[①] 个人花在看电视上的时间，乘以节目和被迫接受的广告信息的数量，再乘以被兜售的广告产品的数量，正是这个获利丰厚的经济链条中的关键环节。信息内容的有关数据显示政治节目在急剧减少，同样明显的趋势也体现在新闻和生产性工作的减少中（Hobsbawm 2006）。正在浮现的失衡包含着接收了更多冗余信息的更多收看电视的时间。竞争使得节目体裁彼此对立：娱乐与政治传播和公民教育相对。前者很有市场并且积极推销自己，而后者则被打入冷宫。这些较量以知识遭受数量上减少和性质上扭曲的损害而告终。

政治传播处在"如果一家媒介公司打算从另一家抢走顾客，那么读者、听众或观众的注意力就必须被快速抢占"的过程中而逐渐衰落（Crouch 2004，46—7）。竞争"优先考虑简单化和哗众取宠，从而降低了政治讨论的质量，并弱化了公民能力"（Crouch 2004，47）。但是，如果有关政治的知识被条件性地锁在了公众可见性、扩散和传播的范围之外，那么政治是什么呢？这个最具有政治意义的部门已经——以其"基因转型"后的形态——沦为其他一些不可告人的市场游戏的核心玩家。这种注意力—时间经济也由此服务于对观众权力的剥夺。

电子公共空间很大程度上不受市场控制的束缚和商业主义的有害影响。但是，伴随着20世纪80年代以来新自由主义对电子公共空间的猛烈冲击，民主政治在传播领域已然输给了市场。迄今为止"跨境电视指令"（Transfrontier Television Directive）（Council of European Communities 1989）[②]最为人所低估的后果就是公共空间对竞争与放松管制的完全屈服。曾经内在的政治公共空间如今已被市场掌控，一心只为盈利目标服务，而市场结果则被当作媒介内容的唯一审查标准。

市场审查制度的模式：性质转变与扭曲

在这样一个高强度的市场环境中（Leiss 1976），商业宣传起到三个方

① 70%的欧洲人从电视上获取他们的信息（Wallström 2006，Vissol 2006）。

② 1989年，欧洲共同体和欧盟委员会通过其跨境电视政策，使电子公共空间服从于全球市场的力量。

面的关键作用：第一，作为货币经纪人；第二，作为人类商品中间人；以及第三，作为内容审查者。与制造无知的过程相关的最重要的因素是，如果不能牢牢控制第三个角色，前两个功能就无法实现。因此，当广告将受众提供给广告商，同时为媒介提供收入时，它就审查了所有"产生反效果的"(counter-productive)知识内容。此处就是由媒介引发的无知的关键所在：譬如政治判断、政治意愿形成、公民需求以及政策原理等概念都已经变成旧时代的奇怪说法。如此巨大的衰退造成对政治知识这个民主的基本前提的长久损害，然后这就变成了政治垄断控制的政治经济学。[①]

决定性的战争发生在物质商品市场与符号商品市场之间的交界，在这里前者占据了上风并控制了针对后者的结果。这也是为什么准备去思想市场——比如说寻找关于时事的知识——的观众最后却只买到了包装模糊的陈词滥调，除此之外还要同时为广告业买单的原因所在。媒介所扮演的两种角色互相冲突：一种是预料中的、肯负责的、受公民所托的政治代理人；另一种是冷酷无情、只闻铜臭的观众的"皮条客"。

由于观众没有意识到他们的商品化及其背后发生的交易操作，所以他们其实在参加一场自己无法掌控的权力游戏。这个骗局在于观众求助广播电视媒介寻求后者完全无法提供的信息——因为广电媒介经营的是完全不同的市场。因为广告商与媒介联盟提供的选单——只符合逐利标准——将盈利目标之外的内容统统加以审查过滤，所以观众会因为其公民认知期望得不到满足而变得沮丧。因此，全面强制采用"有销路的"体裁会使得娱乐比时事更受欢迎，从而导致公民无知的局面。

但是甚至在政治节目的范围内，相似的竞争策略也用资讯娱乐节目(infotainment)——表面上以政治素材为特色，根本上缺乏其政治本质——取代了更严肃的节目。[②] 然后，市场策略使两个主要类别互相对抗，这种情况下，政治信息类的节目要么被迫下架，要么大删大改、面目全非。由于媒介的历史合法性源于它们的公民信托人角色，它们不能够完全废弃政治传播。于是它们从中抽身出来，仅仅以资讯娱乐那种混合的讽刺风格维持着政治传播遗产的外在形式。关于时事的知识赤字也因此

---

① "媒体偏见成为公共领域所拥有的唯一真正知识。"(Lilleker 2006，119)另见克劳奇(Crouch 2004，48)。

② 达尔格伦(Dahlgren 1995，49)在援引日内瓦媒体分析员保罗·巴尔迪(Paolo Baldi 1994)提供的数据时指出："'资讯娱乐'，将脱口秀(incorporating talk shows)和基于现实的节目吸纳其中，在近几年欧洲五大市场中有着最强劲的增长趋势。"

被这种形式遮蔽了。

由于其多方面的和关键的经济角色，观众显然成了最抢手的资源。他们是惨烈竞争对战中的欲望对象，令人垂涎的观众必须被巧妙地诱惑。在残酷的竞争环境中，授予知识的节目似乎太沉重、枯燥，或平淡得难以下咽。按照市场逻辑，它们必须被引人入胜、通俗亲民的节目所取代。新颖的节目观念和秘诀被狂热渴求，目的只是为了引起观众注意。迷人的内容变成了吸引观众的诱饵，而观众随后则成为吸引广告商的诱饵。市场审查者会将所有不服从这种强制意图的节目剔除出去。在一个如此严苛的框架内部，品质因为其不宜于规模经济而变得可有可无，公民对政治知识的需求也是如此。为减少政治信息素材辩护的陈词滥调要么认为是"观众拒绝了它"，要么暗示"它不好卖"。[①] 因此，一种彻底的独特(sui generis)价值分歧被强加了上去。

仅仅是将诱人的节目和高要求的节目摆在一起，我们就会发现这种比较偏向于前者。在降低节目单的质量，开辟肤浅的娱乐方式，以至于信息的不连贯使得硬数据显得更难理解或者知识内容让人敬而远之之后，媒介却在以人们无法消化为由责怪他们。结果就是，新闻与时事节目被边缘化了，并和其他文化形式一起被从屏幕可见性中剔除掉了。

在这样一个高强度的市场里，收视率量表就变得非常关键。它们测算频道绩效，根据频道攫取更大份额的能力将其排序，从而在分配广告收益和审查内容上起作用。时事节目或纪录片被减少了，而相反地，真人秀大幅增加了。一大波的民粹主义正在扫荡电视屏幕，颠覆了之前的节目层级，并增加了市场可见度这一标准。当工作减少、转成临时性的或官僚化，新闻记者也受到了影响。[②] 通过自我审查、遵从偏见和俗套，或者让自己的工作戴上资讯娱乐的新面具，记者能够避免与市场审查相冲突(Hobsbawm 2006，Meyer 2002，Thussu 2007，Rosen 1992)。总的来说，这种市场行为将政治剔除在外，同时使公民保持政治上的麻木并很好地被压制。[③] 然后，这个市场将公民权利清扫一空，而被选举出的政治家则袖手旁观。

---

① 研究结果和政治运动都显示了公民对知识的渴望。参见上文有关对欧盟政治无知的一节。

② 2005年的电影《晚安，好运》将新闻行业(尽管付出了巨大的代价)与政治审查和麦卡锡主义的恐吓所作的斗争(虽然没能战胜市场审查)成功地展现了出来。

③ 这符合马歇尔对"资产阶级体系反对公民身份的'战争'"(Marshall 1995，103)的描述。

从最低共同特征到最高收视率

正如前面已经提到的，商业频道之间的较量旨在为积极营销的产品集聚更多受众，从而确保经济规模。在这个过程中有两种相辅相成的机制在起作用。第一种包括推出拥有广泛吸引力、与众不同的节目，它们以大众满意为目标而建构，要么来自由性、丑闻、暴力和私人生活绯闻组成的标准秘方；要么从沉闷乏味、同质的却也能看的节目中产生。时事领域里丑闻限定内容的增加（Tumber & Waisbord 2004，Thompson 2005）不能简单地用调查方法在不断提升来解释。激烈的频道间竞争使丑闻具有相对优势，而这在无休止的最高收视率竞赛中事关重大。因为所有主流媒体基本上都是为了同一群受众在展开竞争，成功的标准秘诀就压倒并结束了多样性。竞争驱动的过程使得复杂或精致的政治节目被简化、贬低，如此简单、浅薄就压倒了复杂、深刻。通常，对"什么畅销"的关注会成为普遍流行的铁律，并导致彻底的浅薄化。告知的责任与吸引受众的需要产生了冲突。这个不言自明的商业逻辑就是通过简单化或标新立异牢牢地吸引和夺取注意力。第二种机制发生在观众的协同配合中，就在他们共同生产受众时间这个商品的时候。

节目选择会在媒介经济学家所说的"最低共同特征的节目编排"（lowest-common-denominator programming）中产生（Cave 1989）。在多频道的市场上，观众通过衡量可用选项来寻找其偏好的节目。当他们找不到偏爱的节目但又想要保持看电视——作为一种廉价的娱乐形式——这一选项时，他们就会妥协选择收看次一等的节目。通过降低自己的期望——无论是针对质量或样式（例如艺术纪录片对肥皂剧）来说——最终他们会做出第二、第三或其他选择。但是当每一次观众屈从于不算最坏的节目类型时，他或她就不得不观看仅仅是部分满意的节目。虽然如此，恰恰是通过这种打折行为，观众才得以不断聚集组成更大的群体，尤其是关键的、突出的将节目变成了规模经济的大众。结果那些收看他们的第二、第三或其他选择的观众人数累计加总，就形成了备受觊觎的收视顶峰。[①] 尽管看起来似乎是自相矛盾的，那些选择毫无特色的 X 节目作为其最后选项的观众，反而帮助 X 节目提升成了有大众吸引力的节目，在这场隐秘的竞赛中为其带来了那些额外的、关键性的大众。由此，最低共

① 这被描述为霍特林原则（Hotelling's principle）（Cave，1989）。

同特征节目反而获得了支配性的等级地位。[①]

相对于如此大的市场体量，低劣的信息质量是无关紧要的。冗余节目的肆意横行恰恰是因为它们带来了规模经济，并推动着人们的消费者身份战胜公民身份(Crouch 2004)。相反，尽管高质量节目满足了将其视作首选的观众的重要需求，久而久之两者都会处于不利境地。尽管质量高，但当节目跌落至收视率名单的末尾时，它们就会因为市场审查是按照数字控制和量化标准来操作的而黯然失色。这种公民知识的牺牲所产生的影响是毁灭性的。至高无上的市场审查因而决定了集体无知及其必然结果：去政治化。

所以，公民间接遭受这种引发无知的市场审查制度，从而削弱了他们自己的政治立场。既然节目的有效性建立在观众妥协接受最低限度令人满意的节目的条件之上，那么观众就与市场审查员的指令共谋了。除此之外，因为我们侵犯了各有所好(品味无可争论)(de gustibus non est disputandum)的主观领域，所以娱乐中多元主义、多样化或质量的评判标准都是可疑的。然而关于事实的知识明显区别于审美偏好，因为它是一种不能“为了好玩”而被抛弃的公民需求。

公民无知与附带危害

如同众多应对观众背叛的积极途径一样，电视媒体已经改进了诱骗人们感官的方法。首先，电视通过占有受众时间和吸引他们的注意力，从而“圈住人们的意识”(Mander 1978,53)；其次，它通过狂热崇拜、身份操控或是议程设置等方式在意识形态上扭曲受众思想；第三，通过前述两种特设研究(参见“欧盟内的政治无知”这一章节)中所强调的混乱效果，如此高强度的市场环境会“致使个人对其需求的本质日益困惑”(Jhally 1990,19)。出于同样的原因，这种超载体系使人们弄不清他们需求中的真实兴趣和优先级(Lukes 2004，Kaitatzi-Whitlock 2007)；第四，它在不断变换的图像中将我们的批判能力偷偷悬置，戏剧技巧和拍摄技术对此损害尤甚；第五，它培养了幼儿化甚至是兽性化，这隐含在最糟糕的真人秀节目中。此外，归属于某一被胁迫的受众本身就会产生脆弱性。当批判能力在消遣的同时趋向停滞时，广告便在观众情感脆弱和意向衰弱的

---

① 该规则的例外情况也存在。高质量的节目也可能真正吸引大量观众，成为观众的首选。

时候轰炸他们。

70%的欧盟公民通过电视获取(政治)信息(Wallström 2006,Vissol 2006)。同样高比例(71%)的人认为"很少或根本没得到信息"(Peel 2004)。[①] 这种巧合是意外吗?通过聚焦电视频道基本信息枯竭的原因,同时关注人们的思想被冗余内容占据的模式,这一部分的分析将这种离谱的知识鸿沟归因于商业频道致力于牟取暴利与传送山洪般同质、冗余的内容。那是一种使公民迷失方向、困惑不已的体制,而非启发他们的体制。

积极寻求知识的政治经济学

互联网的主要问题之一是它在信息体裁和种类上的轻率。与以清楚区别事实和观点这两个类别为关键职业任务的新闻行业不同,在任何人都可以上传符号商品的互联网上,内容完全被混在一起,难以区分。没有任何基本的搜索引擎(SE)会内置地进行这样的分门别类。由于混合乃至混淆了不同种类,这种情况本身存在很大问题。如此,鉴于知识和有意义的信息都是对于学习来说的核心类别,这种情况就是有害的,也因此需要系统性地处理。互联网上搜索引擎的数据挖掘过程并未能做到这一点。而且,总的来说,知识或有意义的信息仅仅构成互联网上可获取资源的一小部分。而网络信息供应经济恰恰是妨碍认知过程的因素。

在分配信息和知识资源时避免偏见和滥用的唯一方式就是排除所有寄生性的剥削功能与机构。这条通用准则也适用于互联网。如此唯一的方法就是将检索功能设定为公共事业服务,也就是,人人皆可访问却又是为公众负责的、操作透明的设施。这就意味着要不计任何代价地避免这种网络服务的商业化。然而,考虑到网络空间几近全部商业化,替代性的选择就只存在于商业化内部,基本上都包含着直接或间接的剥削。换句话说,搜索引擎要实现可行的商业运作,他们的服务要么能够进行直接的企业对客户交易,要么通过寄生性的第三者——广告——来进行中介交易。

经验表明,可有可无的商品的市场并不适合企业对客户的交易。一种串联的剥削方案的设计——正如大众媒介正在进行的那样——也因此

---

① 30年前,即1973年,这一数字为63%(Peel,2004)。

变得不可避免。这个方案包含着将网络使用者作为商品提供给广告公司。简言之，就像在谷歌的例子中一样，当搜索引擎提供所需信息时，同时但是反向地，它们也将使用者推向了预先选好的、出价最好的公司的广告或网站。那么在这里，经纪人功能又重新回归公众，导致了心照不宣的共谋。通过假定自己扮演了表面上狡猾的搭便车的角色，用户就在同一时刻向服务于广告商剥削的功能缴械投降了。就像在大众媒介中发生的那样，搜索引擎与搜索者共同生产搜索时间这一商品，而这期间广告会不失时机地插入。

从搜索引擎视角关注这些关系之间的联系，可以看出搜索引擎要获利就必须担任经典的双重经纪人角色。它们所提供的服务面向那些在一团混乱中寻找某些秩序的个体使用者。通过在设计算法的基础上形成目录文件并过滤数据，搜索引擎得以将搜索者引导至相关网站。于是，参与到搜索引擎精心编排的过程中的行动者包括：(1)信息搜索者；(2)搜索引擎；(3)做广告的公司（通过网站广告条幅或付费点击）。但是尽管(2)和(3)直接就获利进行协商，(1)不知不觉间还是起到为了(2)和(3)的共同剥削目标充当“诱饵”的作用。因此，商业媒介，尤其是电视和搜索引擎以非常类似的方式各自剥削着观众和网络使用者。

在广阔的网络领域中运作的新兴搜索引擎市场中，谷歌已经迅速成为最受欢迎的搜索助手。它的流行取决于一种难以抗拒的、将其变为不容置疑的市场领导者的商业概念，即网页评级(PageRank)：其使用网络链接结构而不仅仅是网站或文档基本坐标的方法(O'Reilly 2005)。谷歌使自己脱颖而出，还得益于一种创新的经营方针(Vise & Malseed 2005)。除了网页评级，谷歌还推出了“广告联盟”(Ad Sense)策略，从而以一种虚拟形式的外包将使用者转变为商业盟友，用广告来抵付酬劳。然而，这种创造相对优势的策略有效地掩盖了这个搜索引擎相当多的缺点。

使用者没有意识到网页评级①其实忽视了相当数量的有益资源的事实。据估计，谷歌在网上将只为任何单个需求提供所有公共条目的——也就是事实上可检索信息的——约60%至70%。因此，不被认为是挑选对象的网站就属于网页评级信息的残次品。然而这仅是谷歌信息审查实

① 谷歌使用“超过200个搜索引擎优化(SEO)因素”来在谷歌搜索结果(SERP)中对页面进行排名。任何想寻求优化以获得高排名的人都可以在网上被确认过的谷歌搜索引擎优化规则里找到它。

践的第一阶段。第二阶段则经由独断专行的优先级划分过程，发生在大量被扫描的可检索材料当中。谷歌仅仅通过将“较少价值资源”排在巨型项目·列表的末端，就将其边缘化了。相反，它将带有最多优化程序链接的资源摆在优先位置。因此，一旦某人在因特网上开店，链接就变得具有战略意义。这自然是由大众媒介运作的最低共同特征过程的改良复制。这样一来，这个体制只提供重要信息的很小一部分——同时优化它——给实际受到损害的网络搜索者。由于选择标准——为商业考量所决定——内在地运作于网页评级算法中，持续而系统性的偏见因此产生。对于特定的条目或者需求，网页评级会优先考虑流行或“最热门的”信息，而不是最合适的或者——关键的是——最重要的网站。这个程序等同于彻底的民粹主义商业战略。不过，虽然在认知层面上表现为一个缺点，这在商业层面上却意义非凡。网站访问者点击着闪动的链接；然而，在每一次点击人工优化的付费链接时，谷歌的广告客户都在自动地以可观的预先商定的价格为其支付酬劳。这个行动将两个合作伙伴与一个临时的、不知底细的商品伙伴锁在一起。

建立在点击付费基础上的金融机制有利于满足牵涉其中的行动者，也就是个体搜索者、搜索引擎商业基金与广告推销。所以尽管相当数量的有价值信息被网页评级略去，这个方法在商业上仍然是合算的。谷歌空前的流量就证实了这一点，并且还证明了点击付费体制相较于网站广告条幅的优越性。有趣的是，这个占据支配地位的市场主体的比较优势包含着优先考虑——并由此奖赏——那些已被最大限度连接在一起的网站，从而给予“富有者”更大的名气，给已有辨识度的品牌更多的渠道优先权。这种实践解释了为何绝大多数的网络使用者会被全球最著名的信息品牌所吸引，而其中许多在线下就是知名的品牌。虽然搜索引擎流量仅占因特网流量的一部分，但这种偏见仍会使其宣称的平等与多样化受到玷污。

第二种同样至关重要的关系存在于搜索引擎与其线上线下的竞争媒体之间。谷歌点击付费应用的突破不仅极大冲击了网络市场和整个符号商品市场体制，而且极大影响了整体经济。尤其是金融资源从线下媒体转移到搜索引擎市场份额迅猛增长的线上媒体。市场研究说明搜索引擎在全部线上广告支出中所占比例遥遥领先。[①] 在如此明显的网络市场趋

---

① 由普华永道(Price Waterhouse Coopers 2007)与美国互动广告局(IAB)进行的市场研究。

势面前，信息、知识、意见、公共讨论、评价和批评的分配所产生的长期效果可见一斑。首先，广告收入快速地从线下媒体转移至线上媒体，对前者的持续发展带来可以预见的可怕影响；其次，在在线应用中，广告收入看上去正在转移至搜索引擎上，谷歌尤其如此。线上媒体广告收入的大幅提升将网络经济，特别是搜索引擎转变为网络知识的重要经纪人，以及其他知识来源可持续性的决定因素。

由此，谷歌就在市场权力和控制中领导了一个引人注目的集中趋势。线上广告资金的走向很大程度上取决于其势不可挡的成功。因此，谷歌在推进和稳固符号商品市场的集中性上的责任是至关重要的。同样，谷歌流量对于系统的、精确的知识与有意义的信息来说存在相当大的风险。换句话说，尽管积极的搜索者旨在向知识迈进，而这个虚拟系统却系统性地贯彻着其自身带有偏见的标准。因此，依托网络的进程依照知识、表面上的知识以及无知来决定权力的分配。

结　束　语

正如本研究所分析的，关于欧盟内部实质性权力关系的政治无知为一个可以说由全球受过最好教育人口组成的地区构建了一个政治窘境。面对如此倒退的状况和相关的合法性反弹，欧盟委员会着手开展以民主、对话与辩论来“振兴欧洲民主”的 D 计划(Plan-D)，旨在创造一个“公民被给予积极参与决策过程，并获得欧洲计划所有权的信息与手段的公共领域”(Commission 2005，2—3)，①以及承诺发起关于其传播政策背后原则的长期磋商。尽管是在修辞上，但这个政策声明是有着双重重要性的：一是因为欧盟的精英公认这个问题是严重的；二是因为他们承认传播媒介构成了我们获取政治知识和民主讨论的根本的集体手段。相反，因为人们的无知导致了权力的滥用，所以不断增加的政治无知无疑构成了大倒退。急剧减少的公民意识与同时不断降低的政治兴趣这两个伴生趋势引发了可怕的去政治化环境，并势必造成致命的民主赤字。

放松管制的竞争体制下的媒介市场对公民知识肯定是有害的。这些现象之间的因果关系表明，只有当政治知识和传播得到纠正时，民主赤字

---

① 欧盟委员会的“D 计划”是一项胎死腹中的政策，旨在回应(2005 年 5 月在法国和荷兰的)欧盟宪法条约的公投中所表达出的压倒性的公民蔑视。

才能找到解药良方。公民对权力关系和政治活动的理解只能通过提高政治机构、权力关系和决策的透明度来培养。当代资本主义的失败在于它拿自身的过度盈利与生产无知的媒介制度做了交易，也因此换来了民主的基本消亡。这也正是一种将知识和民主赤字结构性地设定为其自身超然地位的前提，因而势必会导致公民与政治家的商品化和边缘化的资本主义。

参考文献

Baldi, P. (1994) New trends in European programming, *Diffusion*, Summer, EBU, Geneva.

Booker, C. and North, R. (2003) *The Great Deception: The Secret History of the EU*. Continuum, London.

Bourdieu, P. (1996) *Sur la Television*. Liber-Raisons d'Agir, Paris.

Cave, M. (1989) An introduction to television economics: Regulating a partly-deregulated broadcasting system. In: Hughes, G. and Vines, D. (eds), *Deregulation and the Future of Commercial Television*. Aberdeen University Press, Aberdeen, pp. 9—39.

Commission of the European Union (2005) *Plan D for Democracy, Dialogue and Debate*, COM(2005)494 final13. 10. 2005. Brussels.

Council of European Communities (1989) *Television Without Frontiers Directive*, EEC/552/89. Brussels.

Crouch, C. (2004) *Post-Democracy*. Polity Press, Cambridge, UK.

Dagger, R. (1997) *Civic Virtues: Rights, Citizenship and Republican Liberalism*. Oxford University Press, New York.

Dahl, R. A. (2000) *On Democracy*. Yale University Press, New Haven, CT.

Dahlgren P. (1995) *Television and the Public Sphere*. Sage, London.

Debony D. (2001) Perceptions of the European Union: A qualitative study of the public's attitude to and expectations of the EU in the 15 M-S and in 9 candidate countries, Summary Results. European Commission, June, Brussels.

DeClercq, W. (1993) *Reflection on the Information and Communication Policy of the European Community*. Commission of the European Union, Brussels.

Eurobarometer electronic editions. Online at http://ec.europa.eu/public_opinion/cf/subquestion_en.cfm (accessed October 19, 2010).

Garnham N. (1990) *Capitalism and Communication: Global Culture and the Economics of Information*. Sage, London.

Golding, P. (2006) Eurocrats, technocrats and democrats: Conflicting ideologies in European information society. In: Kaitatzi-Whitlock, S. and Baltzis, A. (eds), *Innovations and Challenges in the European Media*. University Studio Press, Thessaloniki, pp. 3—24.

Gramsci, A. (1971) *Selections from the Prison Notebooks of Antonio Gramsci*, Hoare, Q. and Smith, G. (eds). Lawrence and Wishhart, London.

Hill, M. (1997) *The Policy Process in the Modem State*. Prentice Hall / Harvester Wheatsheaf, London.

Hjarvard S. (1993) PanEuropean television news. Towards a European political public sphere? In: Drummond, P., Paterson R., and Willis, J. *National Identity and Europe*, London, British Film Institute, pp. 71—94.

Hobsbawm J. (ed.) (2006) *Where the Truth Lies: Trust and Morality in PR and Journalism*. Atlantic Books, London.

Jhally, S. (1990) *The Codes of Advertising: Fetishism and the Political Economy of Meaning in the Consumer Society*. Routledge, New York.

Kaitatzi-Whitlock, S. (2005) *Europe's Political Communication Deficit*. Arima, Bury St Edmunds, UK.

Kaitatzi-Whitlock, S. (2007) Subjection and the power of ignorance. In: Kaitatzi-Whitlock, S. (ed. and trans.), *Introduction to S. Lukes: Power: a Radical View*. Savalas, Athens, pp. 9—66.

Kaitatzi-Whitlock, S. (2008) Why the political economy of the media is at the root of the European democracy deficit. In: Bondebjerg, P. and Madsen, P. (eds), *Media Democracy and European Culture*. Intellect, Bristol, pp. 25—47.

Kaitatzi-Whitlock, S. and Baltzis, A. (eds) (2006) *Innovations and Challenges in the the European Media*. University Studio Press, Thessaloniki.

Keane, J. (1991) *Media and Democracy*. Polity Press, Cambridge, UK.

Kellner, D. (1990) *Television and the Crisis of Democracy*. Westview Press, Boulder, CO.

Laclau, E. (1996) Why do empty signifiers matter to politics? In: *Emancipation(s)*. Verso, London, pp 36—46.

Lasswell, H. D. (1948) The structure and function of communication in society. In: Lyman, B. (ed.), *The Communication of Ideas*. Institute of Religious and Social Studies, New York, pp. 37—51.

Leiss, W. (1976) *The Limits to Satisfaction*. Marion Boyars, London.

Leys, C. (2001) *Market Driven Politics: Neo-liberal Democracy and the Public Inter-*

est. Verso, London.

Lilleker, D. (2006) *Key Concepts in Political Communication*. Sage, London.

Lloyd, J. and Mitchinson, J. (2006) *The Book of General Ignorance*. Faber, London.

Ludes, P. (2004) Eurovisions? Monetary union and communication puzzles. In: Bondebjerg, I. and Golding, P. (eds), *European Culture and the Media*. Intellect Books, Bristol, pp. 213—31.

Lukes, S. (2004) *Power: A Radical View*. Palgrave, New York.

Mander, J. (1978) *Four Arguments for the Elimination of Television*. William Morrow, New York.

Marshall, T. H. and Bottomore T. (1992) *Citizenship and Social Class*. Pluto Press, London.

Media Tenor(2005a) Business as usual: The media image of the EU in Germany and abroad, 2003 - 2005. April, pp. 84—7.

Media Tenor(2005b) Europe - a quantité négligeable. Long-term study: Europe in the media. January; pp. 30—5.

Meyer, T. (2002) *Media Democracy: How the Media Colonize Politics*. Polity Press, Cambridge, UK.

Morin, E. (1986) *La Méthode: 3. La Connaissance de La Connaissance*. Seuil, Paris.

O'Reilly, T. (2005) What Is Web 2. 0? Online at www. oreillynet. com/pub/a/oreilly/tim/news/2005/09/30/what-is-web—20. html(accessed October 19, 2010).

O'Sullivan, T. et al. (1992) *Key Concepts in Communication*. Routledge, London.

Patrick, A. O. (2009) Relaxation of TV restraints urged. *Wall Street Journal*, January 22. Online at http: // www. jstic. com/Newsgroup/WSJE/2009 /WSJEWJ_January_22nd. pdf(accessed October 18, 2010).

Peel, Q. (2004) A summer of heated haggling for Barroso. *Financial Times*, July 29, p. 13.

Postman, N. (1986) *Amusing Ourselves to Death: Public Discourse in the Age of Show Business*. Penguin, New York.

Rosen, J. (1992) Politics, vision, and the press: Toward a public agenda for journalism. In: Rosen, J. and Taylor, P. (eds), *The New News vs. the Old News: The Press and Politics in the 1990s*. Twentieth Century Fund, New York, pp. 3—33.

Schattschneider, E. E. (1960) *The Semi-Sovereign People: A Realist View of Democracy in America*. Dryden Press, Hinsdale, IL.

Schiller, H. (1989) The privatization of culture. In: Angus, I. and Jhally, S. (eds), *Cultural Politics in Contemporary America*. Routledge, New York., pp. 317—32.

Smythe, D. W. (1997) Communications: Blindspot of western Marxism. *Canadian Jour-*

nal of Communications,1(3),1—27.

Strange,S. (1986)*Casino Capitalism*. Blackwell,Oxford.

Thompson,J. B. (2005) *Political Scandal: Power and Visibility in the Media Age*. Polity Press,Cambridge,UK.

Thussu,K. D. (2007) *News as Entertainment: The Rise of Global Infotainment*. Sage, London.

Tumber,H. (1995) Marketing Maastricht: The EU and news management. *Media, Culture and Society*,17,511—19.

Tumber, H. and Waisbord,S. (2004) *Political Scandals and Media Across Democracies*. Sage,London.

Vise,D. A. and Malseed,M. (2005) *The Google Story*. Bantam Dell,New York.

Vissol,T. (2006)Is there a case for an EU information television station? Office for Official Publications of the European Communities,Luxembourg.

Wallstrom,M. (2006)Preface. In: Kaitatzi-Whitlock,S. and Baltzis,A. (eds),*Innovation and Challenges in the European Media*. University Studio Press,Thessaloniki, pp. xiii—xv.

Watson,J. and Hill,A. (1997)*A Dictionary of Communication and Media Studies*. Arnold,London.

第五部分

新兴议题与研究方向

第二十二章　媒介与传播研究迈向全球化

简·埃克克兰茨(Jan Ekecrantz)

引　　言

在全球化的世界里如何进行媒介研究？当全球性的相互依存关系与跨境交易的重要性高于国界内的组织结构和交互过程时，民族国家(nation state)就不再是一个毫无疑问的、可以用来衡量一切的标准，也不再是一个理所当然的概念框架。此时，寻求新的研究范式和方法是否迫在眉睫？

苏联解体所带来的地缘政治和地缘文化的影响，加上信息与通信技术的革命，使得一切和"国际化"相关的术语发生了变化，并在学术界引发对于"空间"的广泛关注。在新的千年里，不仅仅是媒介系统，就连广义上的政治经济体系都变化莫测。1989 年柏林墙的倒塌之后，尤其是 2001 年的"9·11"事件之后，一种新的动荡不安在全世界范围内被反复提及。

面对一个经历着跨国化浪潮并仍在不断变革的世界，如何还原其真实面貌，媒介研究、社会学以及政治学都面临着重重困难。一种言之凿凿且挥之不去的"方法论的民族主义"(Beck 2002)给出了如下解释：民族国家依然是人们头脑中预设的，并且往往是潜移默化的概念框架，即便关注的焦点落在超越民族国家范畴的现象时亦是如此。而这已经引起了广泛的思考，并且其中许多仍在进行当中。此中最为显著的是全球化研究，它对包括学科界限在内的各种边界进行了饱受争议的"问题化"。

几十年来，媒介与传播研究为我们理解和把握国际形势以及国际化进程做出了重大的贡献。而对于一些孕育了传播学研究的老牌学科来说，未能将这部分知识纳入其自身的学科体系将会是一个潜在的问题。在这些学科(诸如社会学、政治学、文学理论等)的视野下,现代媒介以及现代媒介研究往往是一个盲点。这或许也解释了为什么这些媒介研究的"创始"学科对其影响似乎在不断减少。但我们应当清楚地记得,很多在媒介与传播研究中独辟蹊径做出开创性贡献的思想家都来自其他领域:马克斯·霍克海默(Max Horkheimer)、西奥多·阿多诺(Theodor Adorno)、尤尔根·哈贝马斯(Jürgen Habermas)、雷蒙·威廉斯(Raymond Williams),等等。在北大西洋的另一侧,我们同样可以找到许多在这个领域里谱写经典的"外来人":从罗伯特·帕克(Robert Park)和保罗·拉扎斯菲尔德(Paul Lazarsfeld)到赫伯特·席勒(Herbert Schiller)。[①]

在媒介与传播研究成为一个独立学科的今天,它似乎已经失去了与这些学科的联系。反过来,这些学科也多半已经将媒介从它们的研究计划和课程体系中删除。因此,它们通常将媒介活动看作一种附带现象,或者完全将其忽视。[②] 而这正是一场愈演愈烈的知识劳动分工所带来的典型问题。当这个全球化的世界变得愈发错综复杂却又休戚与共时,一套完整的、真正意义上交叉学科的研究方法以及跨越国界的理论架构变得比以往任何时候都更为必要。

媒介研究(和它的先行者们)在诞生之初就承担着一项跨学科的或者交叉学科的研究任务。而现在,由于学术体制化,它在大部分地方都成了一个独立的学科。由此带来相应的学术声誉、教授职位和研究经费,但作为一个专业学科所要面对的问题和付出的代价也接踵而至。在晚期现代社会里,"媒介系统正在丧失其独特性并逐渐成为经济、文化和政治体系的一个组成部分"(Martín-Barbero 1993,215),而媒介和传播领域中日渐加剧的知识劳动分工与这一发展趋势恰恰是背道而驰。这仅仅是全球化进程影响国家体系的一个层面而已。全球化意味着变革和异质化,也就是不断增加的复杂性,而这正是跨学科整合存在的目的。

20 世纪 90 年代初期,宗教社会学家罗兰·罗伯逊(Roland Robertson)将"全球化"一词推进大众的视野。而那时,媒介研究的国际化已经开始了很长的一段时间。这些以国际为导向的媒介与传播研究开辟了一系列不同的研究路径:从国际新闻和宣传,到《报刊的四种理论》(Siebert

---

① 扎利泽(Zelizer 2004)回顾了许多不同学科对新闻研究做出的广泛贡献。对于范围更为广阔的媒介研究来说,类似的回顾需要一套系列丛书才能完成。

② 例如,参见唐宁(Downing)针对政治学忽视媒介与传播角度——当然还有它们的政治影响力——的批判。

et al. 1956)，再到媒介与发展(Lerner 1958，Lerner & Schramm 1967，Pye 1963)。其后又出现了对文化帝国主义的批判(Schiller 1969，1976)、建立新世界信息秩序的进程(参见 Clarlsson 2005)，以及媒介全球化和新媒体研究等多个方向。这其中的大多数被国际传播(Thussu 2006)这一领域所涵盖。该领域与国际政治、国际社会学以及跨地域人类学(translocal anthropology)等领域紧密相连，有时更是相互交叠在一起。媒介研究同时也创造性地吸纳了世界体系理论(McPhail 2006)、现代性理论(Thompson 1995)、媒介与移民(Appadurai 1996)、网络社会(Castells 1996)、族裔离散研究(例如 Tsagarousianou 2004)以及关于新型(信息化)战争的研究(Kalodor 1999)等一系列理论复合体。最近，有关新兴的全球社会运动和社交媒体的研究为多个领域间的"杂交育种"提供了肥沃的土壤，而公民社会媒体的相关研究就是一个很好的佐证(例如 Atton 2002，Couldry & Curran 2003)。

跟随着前人的脚步，我主张(1)与"非西方"的理论和研究视角建立更多的对话；(2)寻求更为根本性的跨学科互动；(3)将关注的焦点更多地放在全球不平等与社会变革上。这些研究课题互相联系又相互补充。全球化迫使我们一方面将注意力更多地放在那些广义的跨越国界的社会现象上，另一方面将社会变革和差异性摆在更为显著的位置。这些由全球化直接或间接带来的变革和差异，无论在速度上还是范围上都是史无前例的。稳定性与平等性不再是当代社会的特征。此外，媒介正在逐渐成为世界范围内的中枢机构，深深地植根于大多数的社会过程当中。而这恰恰要求媒介研究引入更加广泛的综合性研究方法，从而在最基本的意义上实现跨学科研究：理论架构和实证研究同时跨越学科与社会文化两条边界。这种跨国性的理论建构对于应付当代社会中出现的新的复杂情况以及其中媒介驱动的现代性来说是必不可少的。而上述复杂情况的共同之处在于其中确实存在的变化和差异，以及作为机构的媒介的核心地位。此外，对于一些已经为人们所接受的类别和差异来说，它们的假设已经站不住脚了。在一个全球化的世界里，怀疑和反思这些既有的类别和差异是构建"媒介及社会变迁"相关理论所不可或缺的一个步骤。

上述论点将在文中逐一展开。我将力图阐明媒介研究为什么需要并且如何能够对世界体系中心以外的经验和现实敞开大门，而并非要提出一套关于媒介和全球化的全新理论。我会首先回溯到半个世纪以前，当时媒介和社会发展仍然是发展研究议程中的常见议题；接下来，我将着眼于很大程度上由全球性鸿沟(global divides)以及与之相关的媒介现象所勾勒出的当代场景。在此之后，我将用很短的篇幅阐释"去西方化"的相关概念，并探讨某些根深蒂固的学科差别正在逐渐减少的适用性。这一主题随后将通过俄罗斯、巴西以及中国的例子加以具体化。

媒介与欠发展的发展[①]

媒介与社会变迁研究短暂的国际化历史发端于大众传播研究的施拉姆(Schramm)、勒纳(Lerner)和白鲁恂(Lucian Pye)时代。在20世纪五六十年代，媒介消费的增长与政治民主化，以及广义上的社会发展之间所谓的普适性联系为人们深信不疑(参见诸如 Lerner 1958、Pye 1963，以及 Lerner & Schramm 1967)。丹尼尔·勒纳(Daniel Lerner)等人认为，由于人们向往现代生活和都市的薪酬职业，媒介为生活在乡村传统社会(如前现代化社会)中的人们创造了一种精神的流动性，并随之衍生出地理的乃至社会的流动性。媒介发挥着"流动性倍增器"的作用，也因此促成了——如同勒纳在他的书名里提到的——"传统社会的消逝"。[②] 那时，一些非洲殖民地国家的自治化和拉丁美洲国家的民主化运动还未开始。至少当时在这些前殖民地区域，自治化和民主化运动与公共媒介的崛起毫无关联。那时，赫伯特·席勒还没有提出他关于文化帝国主义的论断：全世界的媒介内容都被帝国的——即美国的——军事、经济、政治和意识形态利益所左右(Schiller 1969，1976)。而那时，居住着几百万失业者和赤贫者的形形色色的贫民窟还未曾出现在亚洲、非洲以及南美洲的大城市周围。这些贫民窟正是勒纳笔下具有流动性的人群最终的落脚点，而他们迁移的理由却不仅仅是源于媒介消费那么简单。

当时，摆在人们面前的事实是，人均收音机和电视机的拥有量，和选举参与度以及一系列福利性指标，这两者在数据上的相关性很强(各国均

---

① 译注："欠发展的发展"(development of underdevelopment)由政治经济学家法兰克提出，也成为"依附理论"(dependency theory)的重要基石。

② 另见汤普森(Thompson)在《传统社会的消逝》一书出版四十年后对勒纳这本著作所进行的反思讨论和语境研究。

在+0.4左右)。值得强调的是,鼓吹独系演进论(unilinear development)[①]的发展主义是当时理论架构中的重要一环。国与国之间的社会经济差异被放在同一条时间轴上理解,也因此有了欠发达、发展中和发达国家的划分,实则是将前者与后者的差别假定为一种时间上的重大滞后。[②] 当今世界由统治和剥削裹挟而来的差异尽管还未出现在当时的媒介研究议程上,却很快在20世纪70年代成为依附理论关注的焦点。

上文提到的相关性基本上是不成立的。如果我们不厌其烦地检视部分相关性(partial correlations),能够很容易地看到它在大多数国家里都是不成立的——不管是"欠发达"国家还是大多数的"发达"国家。无论是在最贫穷的还是最富有的国度里,更多的媒介都意味着更大的市场,而不是更多的民主——媒介发展终究只是经济增长的一项成果和指标而已。对于最富庶的10个国家来说,电视机拥有量和政治参与度之间甚至呈现出强烈的负相关。而一些重要的集群同样不容忽视。其中一组国家呈现出相对的媒介饱和状态,但这与它们的社会经济或者政治发展没有任何关系:拥有更多的媒介并不意味着这些国家在其他方面也更好。这一集群中包含大多数的拉美国家,其中许多在当时为军事独裁政权所控制并被大量的美国商业电视节目所充斥,因而其发展潜力早已被拉美的知识分子所质疑。[③]

这些统计数据的使用所带来的种种教训依然历历在目。这些研究在很大程度上忽视了:

1. 国家间的社会经济差别(Sklair 1995,1997);
2. 全球权力关系——中心—边缘关系;
3. 北方与南方的两极关系在国家和地区层面的体现(Lash 2002),从而造成贫困的全球化(globalization of poverty)(Nederveen Pieterse 2003,2004);

---

① 关于当时各种模式的综述请参见麦克费尔(McPhail 2006),其中包括经济增长模式。1989年之后,罗斯托(Rostow)的阶段理论以一个新的形象被重新引入众多的"过渡期"研究当中。关于发展主义的最新争论可以在黑梅尔和图弗特(Hermer and Tufte 2005)的书中找到。

② 这是一种"同生性的否定":生活在"落后"地区的人们并不是和我们处在同一时期的人(Fabian 1983)。

③ 有关20世纪70年代到90年代晚期,包括拉丁美洲在内的世界范围内显著的持续性媒介增长的数据,请参阅卡尔森的著作(Carlsson 2005,209)。

4. 此外，集权可以与自由市场下的重商主义完美结合。而这一历史事实也为很多旨在统一国家媒介系统划分标准的尝试设置了重重阻碍（参见下文关于苏联解体后的俄罗斯的相关论述）；

5. 媒介的功能没有普适性的定论，尤其是社会经济水平和世界系统中的位置决定了媒介系统的使用，以及它对社会、文化和政治生活及其过程所产生的政治影响。

一代人之后，鉴于媒介系统反映了错综复杂而又相互区别的社会经济秩序，人们开始尝试根据媒介系统的不同将国家进行分类。在这些为了比较媒介研究而做出的努力中，寻找简易可行的分类标准所要面对的困难也显露无疑。柯兰（Curran）和朴明珍（Myung-Jin Park）在他们具有开创性意义的《去西方化媒介研究》（*De-Westernizing Media Studies*，2000）一书中引介了划分当代媒介系统的两个重要维度：民主对专制以及新自由（neoliberal）对管制（regulated）。然而，两位作者不得不为包括东欧、俄罗斯、南美以及中东在内的“转型中的或者混合型的社会”增设额外的第五个类别。这一类别从媒介与社会变迁理论化的角度来看，尤为引人注目，因为它涵盖了最为活跃的地域并蕴含着新的媒介现代性。当然我们也需要引入其他维度，甚至去质疑非转型中的或者非混合型的社会是否仍然存在。至少看起来大多数国家都在沿着这两个维度——以及其他维度——前进。

稍后我将进一步探讨这个比较模型，但是在这里，我们通过把握这个模型的核心要素，已经能够用它来推测这些国家的前进方向了。那么俄罗斯以及其他“转型中的和混合型的”国家是朝着这四个方向中的哪一个前进呢？自柯兰和朴明珍的书出版以来，它们又前进了多少呢？考虑到这个模型所提供的备选方案，有一件事我们可以肯定，那就是，上述变化的方向很大程度上将取决于全球性的和全国性的相互依赖的经济和政治发展。我们同时也知道，在这个全球化的世界里，事物的进展速度很快，而由此引发的紧张的社会和政治形势也必须纳入媒介和社会变迁理论的考量范围。

后现代的贫困

在“媒介与发展”范式出现（以及万隆会议召开）50 年与文化帝国主义的批判视角提出 25 年之后，划分第一、第二和第三世界的地缘政治结构以及两个超级大国的其中一极都已经随着冷战而烟消云散了。近50个新的国家诞生了，而电视与网络也变成世界范围内的主导性媒介。尽管互联网的访问在第三世界国家受到限制，但它仍然是一个不容忽视的重要因素。相对而言，电视在贫困国家中则有着无可争议的强大影响力。我将在下文中对这一情况作进一步的展开。同一时期，国家内部的和国家间的社会经济分化也进一步加剧。而与此同时，议会民主制被悄然引入非洲、拉丁美洲直到最近的前苏联地区。而这种经济与政治的“不适配”应当被纳入所有关于国家的或地区的媒介系统和媒介文化的分析之中。[①]

世界银行的发展报告显示了过去50年里部分国家的基尼系数发生了怎样的变化。[②] 这些是国家内部的估计，表明贫富差距将在相当长的一段时间内呈总体上升趋势。而根据这些统计数据，我们可以划分出三类不同的国家：

1. 极度不平等：许多拉丁美洲国家（根据数据来看撒哈拉以南地区的情况更糟）；基尼系数超过0.5。

2. 不平等严重且持续增加：美国、英国、中国、俄罗斯、印度；基尼系数在0.3到0.4之间。

3. 有限的不平等（因为一切都是相对的）：欧洲大陆和北欧；基尼系数低于0.35。

这正是由国家内部的差异所带来的国家间的差异，而它又和媒介系统以及媒介文化有着怎样千丝万缕的联系呢？第一类极不平等的国家中，除了少数例外，大多数有着被殖民和专制统治（包括种族隔离）的过去，而这些曾经的军事独裁政权现在已经走上民主化的、资本主义的道路。相应的是，媒介系统也得到长期的发展并严重地商业化，这一点在广播与电视媒介中尤为明显（诸如The Globo和Televisa这样的媒介帝国）。第二类国家囊括各式各样的新旧资本主义经济体，其中包含几个老牌帝国和几个最大的议会民主制国家。此外当然还包括中国（尽管根据其他一些评判标准，中国应当被归为第一类国家）。这些媒介系统尽管差异很大，但也不乏

---

① 在接下来的文章中，我使用了二手数据并做了一些简单的计算。我2006年在开罗国际媒介与传播研究学会（IAMCR）会议上所做的报告给出了更为详尽的描述。

② 简单来讲，基尼系数是衡量最富的人的收入和最穷的人的收入之间的比例。它的区间为1（不平等的最大化：一个人拥有所有财富）到0（没有人比其他人收入多）。

共同之处，比如强有力的中央(联邦)政府，以及拥有大量全国受众的或多或少全球化的大型媒介公司。第三个类别由若干欧洲国家组成(欧盟或非欧盟成员)。对于其中许多——尤其是北欧的——(后)福利社会来说，公共服务媒介(public service media)是媒介架构的一个组成部分。如果我们使用上文中提到的四个类别，这些欧洲的媒介系统将被视为“民主的和管制的”(Curran & Park 2000)；而如果我们采用哈林和曼奇尼(Hallin & Mancini 2004)所提出的分类方法，它们则将被定义为“民主法团模式/分化多元模式”(democratic corporatist/polarized pluralist)。

由经济因素、性别差异、民族差别等所造成的不平等是犯罪、暴力、腐败、非法交易、艾滋病传播及其他许多社会问题的根源所在(Marmot 2005，Wilinson 2006)。如果平等被看作是民主的一个重要表现(例如生存机会的均等)，那么我们可以断言，经济增长和市场化对于民主化进程来说毫无助益。这一观点似乎与自由主义政治学背道而驰，然而它所拥有的实证基础却毋庸置疑。

基于上述的三个类别，我挑选出14个国家进行研究。我首先将它们的经济平等性(基于基尼系数的国际排名)与新闻自由度(基于采访和官方数据的国际排名)进行对比，然后再将这些变量分为两组(世界排名中排位较高的和较低的)。研究结果显示总体相关性(overall correlation)几乎是不存在的，即平等程度与新闻自由度之间毫无关联。以埃及为例，尽管新闻自由在那里受到限制，但这个国家却拥有相对较高的平等程度。而在南非以及巴西，情况却截然相反：一面贫富分化日益加剧，另一面不受监控的商业性媒介却迎来“井喷式”的发展。而这些所勾勒出的仍只是一幅静态的图景。为了掌握媒介与经济增长之间的动态关系，我将上述国家在1990年到2004年间的经济增长情况(国际排名上的变化)与相对应的新闻自由程度进行了比较研究。

一项重要的研究结果显示出那些扩张性最强的新兴资本主义经济体在新闻自由这个问题上却有着最为糟糕的表现。而这些国家，无论其是否采用议会民主制，都或多或少具有传统的或者新型的专制主义的特质。因而，我们可以清楚地认识到许多高速发展的资本主义经济体正朝着新自由主义(neoliberalism)和新专制主义(neoauthoritarianism)的方向前进。这一趋势的形成并非借助于旧式的、国家驱动的宣传机器，而是根植于——用弗洛伊德的话说(Stallybrass 1996)——“快乐原则”(the pleasure principle)高于“现实原则”(the reality principle)的媒介环境中。而这种“快乐原则”本质上是支持民族主义与爱国主义论调的。这并非意味着人们对于这些媒介信息的接受是可以预判的，而只是阐明这样一种现状：数以亿计的人正持续暴露在社会上层所打造的舆论共识中。

更加精细的指标和数据分析应当可以引领我们在这条探索的道路上走得更远。然而，为了更好地在一个全球化的世界里理解媒介，我们必须要理清媒介和传播研究中的一些既有概念，而这其中的大多数是在欧洲/英美的研究范畴里发展起来的。

首先，超越国家限制究竟意味着什么？

去西方化即去学科化

随着全球化的相关言论在20世纪90年代崭露头角，许多概念变得疑点重重，而同时“超越”或者“解构”这些既有概念的呼声也纷至沓来。以下是我个人对于这一派观点的一些理解。

首先，学术界以及其他领域中对于“国际化”的推动催生了一系列相互联系、影响深远的概念：

国际化(例如媒介研究的国际化)：严格意义上来说，这个概念是指国家之间或者民族国家之间的相互联系或比较。对于政治学的子学科——国际政治来说，这个概念通常没有任何疑问，仅仅是指国家间的关系和活动，或者国家层面的相互比较。然而，当“国家”这个概念本身开始遭到人们质疑的时候，“国际的”就逐渐被消解为“外来的”，或者就此而言，“全球的”。[①] 正如本文在引言中所指出的，广义上这个新起的概念既包含比较的方法，又囊括了全球性的以及跨国性的过程。

跨国化一方面反映了从“多国”(没有中心)向“跨国”公司(围绕着世界经济的核心运作)的概念性转变，另一方面也体现出超越“方法论的民族主义”并实现理论“跨国化”的宏大目标。而我将这理解为走出地方产生的普世化(无论它们在哪里产生)的一条出路。这一概念的第三重意涵将焦点放在跨境或者跨域(translocal)过程上，而这些过程很大程度上反

---

① 在瑞典学界，一个“国际出版物”可能代表以下三种文本：(1)发表在一份“国际”期刊上的(使用所谓的世界性语言)；(2)在任何地方用英语发表的，比如在哥德堡的Nordicom上发表；(3)在国外用任何语言发表的。

映了传播实践的"去疆界化"(deterritorialization)。

去西方化(套用柯兰和朴明珍的书名)体现了为媒介研究打开东方与南方视角的强烈诉求。它也意味着我们将最终放弃我们西方的准则,转而聆听来自非洲、亚洲以及拉丁美洲的教诲。然而在那之前,把这些准则在真正全球化的媒介研究中进行卓有成效的相互比较将会是我们迈出的重要而坚实的一步。

这些在全球化时代敲响的警钟(或者"去……化"形式的流行语)还远不会停歇。我已经准确定位了方法论民族主义,以及它所需要的媒介研究的去国家化——即舍弃那些根植于民族国家的思维形态(或者精神容器)以及其所孕育的制度机构和国家神话中的概念。在核心的帝国主义及殖民地国家诞生的媒介和传播研究的去殖民化则需要无与伦比的想象力,以及一种"全星球的"(planetary)视角(Dussel 1998),或者一种"域外思考"模式,即摆脱欧洲和北美现代性的束缚来思考问题。

而这一切归根到底都是媒介和传播研究的去学科化(dedisciplining)。首先我们需要与"非西方的"理论和研究视角建立更多的对话,寻求更多的跨学科互动,并回归历史性的学科本源,将媒介重新放置在社会和文化的大环境中;其次,我们要反思学科中的基本范畴,并解构既有的一系列二元对立,诸如政治/文化、①符号/物质、公共/私有、真实/虚假、现实/虚构、时间/空间、②生产/消费、文字/图像、文本/读者、自我/他人、我们/他们③,等等。尽管本文并不会在注释说明以外对这些问题作进一

---

① 参见布鲁克斯班克·琼斯(Brooksbank Jones 2000,1)关于"回应不断加深的社会分化的激进的政治'文化性'改革(the progressive 'enculturing' of politics)","体制外政治中文化活动的政治意义"以及"文化与政治的堆叠覆构(作为分析范畴也作为具体实践)"的讨论。另见萨森(Sassen 2006)关于文化事件(比如街头运动)如何政治化,以及关于非正式的政治形势和场所——那些不能被正式的政治系统所容纳的真正的政治过程——不断增加的重要性的探讨。我在自己的书中(Ekcrantz 2006)尝试将这一主题系统化。

② 参见巴赫金(Bakhtin 1981/1934—5)将时空体(chronotope)作为小说容量决定性因素的相关研究。沃勒斯坦(Wallerstein 1997)向我们展现了知识的社会和历史形式中时空是如何相互联结的。

③ 我们应当看到这样一种危险:对于这种思想形态漫无边际的批判恰恰创造了一种类似的普适性的(宏大)叙事,从而完成了东方主义的再生产。萨达尔针对历史学、人类学和政治学中对于"他者"的表征提出了如下的考量:"后现代主义对小说所表现的'他者'的痴迷将会把这种表现投射回现实,并由此根据它自身的愿望塑造和重塑'他者'。"(Sardar 1998,176)我们/他们往往是一种理所当然的区分,有时更会使人们忽视相似性并使差异性愈发神秘化(尤其在"东方—西方"的二元对立被提出之后)。

步的阐释，但是我们仍然应该看到这些批判对于一些具体的社会状况的适用性。即使是一些关于“非西方”世界的粗浅研究也已经向我们证明，进一步地解构这些既有的二元对立，或者根据具体情况深入探寻那些在现实存在的社会中发挥着重要作用的固有的辩证法，将会对全球化的媒介研究大有裨益。而对于这些两分法的解构并不构成一种哲学意义上的文字游戏，相反，它反映了媒介通过其广义上的中介作用——尤其是制度机构间的调节作用——所产生的实实在在的影响。

媒介现代性的差异与变化

近年来，我对于媒介发展和媒介文化的研究涉及“后专制主义”和“新专制主义”系统、“新民主主义”，以及其他许多标签（例如柯兰和朴明珍的第五个类别）。这些包括巴西、俄罗斯等国在内的社会已经成为媒介和社会变迁研究的天然实验室（Ekecrantz et al. 2003）。

它们之间的共同之处也成为其有别于其他国家的独特之处：国家规模；快速融入世界资本系统（获准成为世界贸易组织或者北美自由贸易协定成员国）；[①]经济增长速度；大量人群由于阶级、性别和民族的原因而被排除在公共领域之外所导致的民主赤字；经济和社会分化；以及政治、文化和区域性分化，而将国家作为一个同质且有意义的单位的观点也因此受到质疑。分化不仅仅存在于北方和南方各自的国家之间，而是更多地发生在民族国家内部，在那里富裕和贫困往往只是一墙之隔。[②]

这些国家的另一个共同点在于它们都代表着媒介的现代性，或者媒介驱动的现代性。媒介是如何在社会阶级以及其他社会群体之间居中调和，进而创造出一种媒介化的社会关注度来影响社会关系和社会斗争的？无论在巴西还是俄罗斯，民族和城市资产阶级都无疑是新闻、娱乐和广告中的焦点（参见勒纳的模型）。[③]

因此，这些巨大政体的媒介现代性取决于政治、社会、地域、时间以及意识形态和文化层面上的差别。而急剧的变化不断加深着这些差别。例

① 在巴西，庞大人口的一半不到 25—27 岁。

② 巴西环球电视新闻网（Globo）的拥有者，也是巴西最富有的人，在里约热内卢的一个山坡上拥有一处安保严密的豪宅，而其上坡就是贫民窟。

③ 一部俄罗斯的真人肥皂剧展现了莫斯科河畔一个隐秘的富人街区里穷奢极侈的日常生活。该剧吸引了数量庞大的观众。

如，不同层面势必会产生不同的话语（Zhao 2003），即使在历史被刻意隐瞒或者国际新闻和互联网遭到审查的情况下，这些话语也无法被一个统一的霸权秩序所调和（Lagerkvist 2006）。[①]

在苏联解体之后的俄罗斯，媒介调节下的政治经济关系与任何一个已知模式都不契合。20 世纪 90 年代的最初几年，作为"第四权力"而运作的独立媒体是这个国家的标志（1991—1995）。随后一种高度政治化的媒介系统出现在了当时已经景观化的社会当中（1996—2000），而这种支离破碎的"媒介—政治系统"——柯兰和朴明珍称之为"媒介—政治复合体"（Curran & Park 2000，14）——运行在一个已经成熟的商业环境下。此外，"俄罗斯"媒介系统[②]的不固定性在空间维度上也有所表现。人们可以从俄罗斯总共 89 个地区中的 87 个里找到七种不同的"媒介模式"。[③] 由此，我们不禁要问，是否存在一个所谓的"俄罗斯的"媒介系统，或者按照同样的逻辑，是否存在一个"巴西的"或者其他国家的媒介系统。早在普京的总统任期（始于 2000 年）之前，布赖恩·麦克奈尔（Brian McNair）就已经在俄罗斯的国家体系中看到一种严重威胁其民主转型的全新的而且独特的资本主义形式："在这一点上，俄罗斯秉承其一贯的强盗贵族式的原始主义（robber-baron primitivism），将有可能成为 21 世纪媒介驱动型资本主义的开拓者。在那里，各种各样信息产品的——包括新闻、娱乐、计算机软件、数据服务等——控制者将会成为资产阶级的一个关键组成部分。"（McNair 2000，89）作为一个金融和政治利益双收的系统，媒介驱动的国家资本主义是对几乎所有已知的媒介模式的一种公然挑衅。然而，在学术界之外，它却早已屈服于知识分子的批判和文艺讽刺。[④] 而这些对于正在逐渐抛弃电视媒介的年轻人来说尤其具有吸引

---

① 李金铨对此做了很好的阐述："媒介一直在和意识形态的洪流抗争，并试图铸造一种可以兼顾相互冲突的认同、形象和主体性的多元化的意识形态。在这个意义上，媒介是一个意识形态相互争论和包容的场所，而这一定位则源自意识形态口号和市场化浪潮中的务实性话语之间所存在的含糊和矛盾。"（Lee 2003，17）

② 这里的论述是基于扎苏尔斯基的观点（Zassoursky 2004），但是也存在着其他的短期阶段划分。

③ 市场模式；向市场过渡模式；冲突模式；现代化苏维埃模式；家长式苏维埃模式；集权苏维埃模式；经济萧条模式（Koltsova 2006，166）。

④ 参见维克多·佩列文（Viktor Pelevin）的作品，比如《百事一代》（*Generation P*）以及还未经翻译的《帝国 V》（*Empire V*）。在其他批判分析家中，伊莉娜·佩特洛夫斯卡娅（Irina Petrovskaya）和阿雷克塞基·潘金（Alexij Pankin）的名字值得一提。

力。今天，俄罗斯的年轻人似乎已经完全脱离全国性电视频道上播出的官方政治，无论其直接还是间接地受到克里姆林宫的影响。[①] 他们趋向于“适应任何状况并将私人生活当作自我实现的领域，因而也就完全忽视了民族国家这个实际意义上的共同体”(Zassoursky 2009)。如果这是对当代俄罗斯年轻人的一种准确描述，那么它早在1991年军事政变未遂的时候就已经诞生了。那时，来自不同群体的年轻人活跃在路障前，展现一种快乐政治(politics of pleasure)，并以此来挑战政治在当时的主导性意义(Pilkington 1994，303页及后页)。又或许，当年轻的反战者抗议第一次车臣战争的时候，这种传统就已经悄然萌芽了。

尽管这些分析也许不会都得到所有人的认同，但它们无疑使我的论点变得更加清晰和具体：一些盛行的学科二分法(政治/经济/文化)以及西方的制度模式是站不住脚的。制度稳定性和国家同质性的匮乏削弱了“方法论民族主义”的基础。中国大陆南北之间的政治传播差异就和巴西不同地区的流行文化一样(从北部非裔巴西人的卡泼卫勒舞到里约热内卢的贫民窟嘻哈音乐，再到南部加乌乔人的牛仔文化)。

现代性的空间结构同样有着时间的一面。加入世界资本主义体系的时机和速度以及近一段时期社会变革的速率是其中十分重要的因素，理由至少有如下两点。首先，对于很大一部分人来说，关于社会和日常生活变化的集体性体验是存在的。张真向我们描述了这种情况是如何与“一种有关时间观念(temporality)的更大的文化焦虑……从计划体制向市场经济的快速转变……不同的时间观念——旧的和新的、社会主义的和资本主义的、全球的和地区的——相互碰撞……由速度带来的危险已经使得焦虑成为公共话语的一个核心特征”(Zhang 2001，132)相互联系的。就高速变革着的社会而言，这段引文无疑呼告着一些被普遍接受的二分法的崩塌过程。

结　论

正在兴起的社会阶层和权力结构的全球体系是“全球性”最为重要的

---

① 通过国家渠道或者政府持有的大量企业股权(比如俄罗斯天然气股份有限公司)来实现。自从像别列佐夫斯基(Berezovskij)和古金斯基(Guzinski)这样的传媒业界大佬和寡头的倒台，主要媒体的所属就已经易主了。

一个特征;这也意味着有成功者,也会有失败者,以及各种各样不断加剧的差异与分化。在社会经济这架天平上,一端是崛起的全球精英势力,另一端则是大量国家和国际的强制移民以及数以亿计的失业者。而这一现状则要归功于那些立足于跨国公司和新自由主义政府[①]中的全球化精英所主导的经济全球一体化——也可看作资本主义的新一轮全球扩张。如果我们想要知道这一切在实际存在的媒介现代性中究竟意味着什么,跨学科的比较研究将会是一条漫长的必经之路。在结论部分,我将回到有关媒介研究跨学科必要性的基本论点,并指出一些正在进行的努力和尝试。

一种新的媒介宏观社会学(macrosociology of media)将焦点放在全球和国家阶级体系的交汇之处,以及它们是如何塑造媒介、媒介文化和媒介化的冲突的。而其他跨越学科的碰撞则早已在全球媒介研究中留下深深的印记。以人类学为例,它在媒介研究领域相对来说是一张新面孔,然而,本着探路而非寻根这样一种去疆界化的文化概念(Clifford 1997),它却能够为我们理解跨地域性(translocality)以及"跨现代性"(transmodernity)提供极大的帮助。

比较文学(comparative literature)能够向我们展现北大西洋范围以外对于媒介现代性的体验。例如,拉丁美洲和亚洲都为我们提供了丰富的文学作品,反映出在远离现代世界体系中心区域的地方,生活在媒介饱和的都市环境中(如果可以这样理解的话)对人们来说意味着什么——就像许多欧洲的经典现代作家所做的那样。[②] 就当今的全球传播而言,比较媒介史(comparative media history)对于揭开当今全球传播的深刻历史结构来说是必不可少的,比如最初造就西方以及其他现代性的商业回路(在这一视角下,全球化是因,现代性是果,而非二者颠倒)。此外,还有我在前文中已经提及的新全球社会运动这一领域。

因此,媒介和传播研究的全球化并不仅仅是研究目标的扩大或者参与比较的国家数量的增多。首先,它意味着将更为多样的媒介使用者、文化生产者和政治动物纳入研究范围,而不是将目光仅仅锁定在许多研究

---

① 根据莱斯利·斯克莱尔(Leslie Sklair)的理解,跨国资产阶级包括四个群体或部分:(1)跨国公司高管和他们在本地的下属;(2)全球化国家的官僚;(3)全球化的政治家和专家;以及(4)消费主义精英(商人,媒介)(Sklair 1998,299 页及其后)。

② 例如约瑟夫·康拉德(Joseph Conrad)和詹姆斯·乔伊斯(James Joyce),参见多诺万的论述(Donovan 2001)。

所认为的具有代表性的或者有关联的人群身上——那些碰巧生活在富裕国家中，下班后舒适地坐在家里的，娱乐或者信息的目标受众或者公民。这种生活被当作富裕的象征，而战后兴起的大众传播研究也是基于这种生活模式而发展起来的。[①] 然而，众所周知，在“外面的世界”有着许许多多的穷人（即使在富裕国家里也有），他们不是消费者，不当自己是某个政体里的公民，而且他们也没法在下班后回家，因为他们没有工作也因此就没有业余时间并无处享受业余时间。然而，他们也有一点相同，那就是，他们都生活在也依赖于媒体严重饱和的社会里所发生的一切。这是一个历史性的新等式或者新悖论，它呼唤着媒介研究领域新的大联合，来联结乃至超越不同的学科范式以及其所带有的民族惯习。

【本章的另一个版本之前刊载于 *Nordicom Review* 2007 年周年特刊的 169 页到 181 页。它取材于三份会议报告，分别是 2006 年 7 月 24 日到 28 日在开罗召开的国际媒介与传播研究学会（IAMCR）会议，2006 年 9 月 15 日至 16 日在伦敦西敏寺大学召开的题为“媒介研究国际化：当务之急与重重阻碍”（Internationalising Media Studies: Imperatives and Impediments）的会议，以及 2006 年 10 月 27 日在赫尔辛基芬兰科学院召开的“变化中的俄罗斯”研究项目座谈会（The Russia in Flux Research Programme Seminar）。】

参 考 文 献

Appadurai, A. (1996) *Modernity at Large: Cultural Dimensions of Globalization*. University of Minnesota Press, Minneapolis, MN.

Atton, C. (2002) *Alternative Media*. Sage, London.

Bakhtin, M. (1981/1934—5) *The Dialogic Imagination*. University of Texas Press, Austin.

Beck, U. (2002) The cosmopolitan society and its enemies. *Theory, Culture & Society*, special issue on Cosmopolis, 19(1—2), 17—44.

Brooksbank Jones, A. (2000) Cultural politics in a Latin American frame. In: Brooks-

① 取自帕迪·斯坎内尔(Paddy Scannell)在 2006 年 9 月 15 日至 16 日于伦敦西敏寺大学召开的题为“媒介研究国际化：当务之急与重重阻碍”(Internationalising Media Studies: Imperatives and Impediments)的会议上所做的报告。

bank Jones, A. and Munck, R. (eds), *Cultural Politics in Latin America*. Macmillan, Basingstoke, UK, pp. 1—26.

Carlsson, U. (2005) From NWICO to global governance of the information society. In: Herner, O. and Tufte, T. (eds), *Media and Glocal Change*. Gothenburg. *Rethinking Communication for Development*. Clacso/Nordicom, Buenos Aires, pp. 216—46.

Castells, M. (1996) *The Information Age, Vol. I: The Rise of the Network Society*. Blackwell, Oxford.

Clifford, J. (1997) *Routes: Travel and Translation in the Late Twentieth Century*. Harvard University Press, Cambridge, MA.

Couldry, N. and Curran, J. (eds) (2003) *Contesting Media Power: Alternative Media in a Networked World*. Rowman & Littlefield Publishers, Lanham, MD.

Curran, J. and Park, M.-J. (eds) (2000) *De-Westernizing Media Studies*. Roudedge, New York.

Donovan, S. (2001) Literary modernism and the press, 1870—1922. Dissertation, Goteborg University.

Downing, J. D. H. (1996) *Internationalizing Media Theory: Transition, Power, Culture*. Sage, London.

Dussel, E. (1998) Beyond eurocentrism, the world-system and the limits of modernity. In: Jameson, F. and Miyoshi, M. (eds), *The Cultures of Globalization*, Duke University Press, Durham, NC, pp. 3—31.

Ekecrantz, J. (2006) Espetáculos midiazados e comunicações democráticas, entre a hegemonia global e a ação cívica. In: Maia, R. and Castro, M. C. (eds), *Midia, Esfera Pública e Identidades Coletivas*. Editora UFMG, Belo Horizonte, pp. 93—116.

Ekecrantz, J., Maia, R., and Castro, M. C. (2003) Media and modernities, the cases of Brazil and Russia. *Stockholm Media Studies I*. JMK, Stockholm.

Fabian, J. (1983) *Time and the Other: How Anthropology Makes its Object*. Columbia University Press, New York.

Hallin, D. and Mancini, P. (2004) *Comparing Media Systems: Three Models of Media and Politics*. Cambridge University Press, Cambridge, UK.

Herner, O. and Tufte, T. (eds) (2005) *Media and Glocal Change: Rethinking Communication for Development*. Clacso/Nordicom, Buenos Aires.

Kaldor, M. (1999) *New and Old Wars: Organized Violence in a Global Era*. Polity Press, Cambridge, UK.

Koltsova, E. (2006) *News Production and Powerin Post-Soviet Russia*. Roudedge, New York.

Lagerkvist, J. (2006) *The Internet in China: Unlocking and Containing the Public Sphere*. Department of East Asian Languages, Lund University, Sweden.

Lash, S. (2002) *Critique of Information*. London: Sage Publications.

Lee, C. C. (ed.) (2003) *Chinese Media, Global Context*. Roudedge, New York.

Lerner, D. (1958) *The Passing of Traditional Society*. The Free Press, Glencoe, IL.

Lerner, D. and Schramm, W. (eds) (1967) *Communication and Change in the Developing Countries*. East-West Center, Honolulu.

Marmot M. (2005) *Status Syndrome: How Your Social Standing Directly Affects Your Health*. Bloomsbury, London.

Martin-Barbero, J. (1993) *Communication, Culture, Hegemony*. Sage, London.

McNair, B. (2000) Power, profit, corruption, and lies, the Russian media in the 1990s. In: Curran, J. and Park, M. J. (eds), *De-Westernizing Media Studies*. Roudedge, New York, pp. 79—94.

McPhail, T. L. (2006) *Global Communication: Theories, Stakeholders, and Trends*. Blackwell, Oxford.

Mignolo, W. D. (2000) *Local Histories/Global Designs: Coloniality, Subaltern Knowledges and Border Thinking*. Princeton University Press, Princeton, NJ.

Nederveen Pieterse, J. (2003) *Globalization and Culture: Global Mélange*. Rowman & Littlefield, New York.

Nederveen Pieterse, J. (2004) *Globalization or Empire?* Roudedge, New York.

Pilkington, H. (1994) *Russia's Youth and its Culture: A Nation's Constructors and Constructed*. Roudedge, New York.

Pye, L. (ed.) (1963) *Communications and Political Development*. Princeton University Press, Princeton, NJ.

Robertson, R. (1992) *Globalization: Social Theory and Global Culture*. Sage, London.

Sardar, Z. (1998) *Postmodernism and the Other: The New Imperialism of Western Culture*. Pluto Press, London.

Sassen, S. (2006) *Territory, Authority, Rights: From Medieval to Global Assemblages*. Princeton University Press, Princeton, NJ.

Schiller, H. I. (1969) *Mass Communication and American Empire*. Beacon Press, Boston, MA.

Schiller, H. I. (1976) *Communication and Cultural Domination*. M. E. Sharp, New York.

Siebert, F. S., Peterson, T., and Schramm, W. (1956) *Four Theories of the Press: The Authoritarian, Libertarian, Social Responsibility and Soviet Communist Concepts of What the Press Should Be and Do*. UniverSity of Illinois Press, Urbana, IL.

Sklair, L. (1995) *Sociology of the Global System*. Harvester, London.

Sklair, L. (1997) Classifying the global system. In: Sreberny-Mohammadi, A., Winseck, D., McKenna, J., and Boyd-Barret, O. (eds), *Media in Global Context: A Reader*. Arnold, London, pp. 41—7.

Sklair, L. (1998) Globalization and the corporations: The case of the California *Fortune* Global 500. *International Journal of Urban and Regional Research*, 22 (2), 195—215.

Stallybrass, J. (1996) *Gargantua: Manufactured Mass Culture*. Verso, New York.

Thompson, J. B. (1995) *The Media and Modernity: A Social Theory of the Media*. Polity Press, Cambridge, UK.

Thussu, D. K. (2006) *International Communication: Continuity and Change*, 2nd edn. Hodder Education, London.

Tsagarousianou, R. (2004) Rethinking the concept of diaspora, mobility, connectivity and communication in a globalized world. *Westminster Papers in Communication and Culture*, 1(1), 52—66.

Wallerstein, I. (1997) SpaceTime as the basis of knowledge. Online at http://fbc.binghamton.edu/iwsptm.htm (accessed October 20, 2010).

Wilkinson, R. G. (2006) *The Impact of Inequality: How to Make Sick Societies Healthier*. Routledge, London.

Zassoursky, I. (2004) *Media and Power in Post-Soviet Russia*. M. E. Sharpe, London.

Zassoursky, I. (2009) Media and politics in Russia in the nineties. Online at http://www.oocities.com/zassoursky/paper.htm (accessed October 20, 2010).

Zelizer, B. (2004) *Taking Journalism Seriously: News and the Academy*. Sage, London.

Zhao, Y. (2003) "Enter the world": Neo-liberalism globalization, the dream for a strong nation, and Chinese press discourses on the WTO. In: Lee, C. (ed.), *Chinese Media, Global Context*. Routledge, New York, pp. 32—56.

Zhen, Z. (2001) The "rice bowl of youth" in fin de siècle urban China. In; Appadurai, A. (ed.), *Globalization*. Duke University Press, Durham, NC, pp. 131—54.

第二十三章　文化、信息与传播的国际新论战

阿芒·马特拉　(Armand Mattelart)

英译:利兹·利布莱切特(Liz Libbrecht)

近些年来,伴随着文化、信息和传播不断为私人或企业利益所挪用,协商讨论其状况的机构场所的形貌改变成为这些领域里一个主要的变化。联合国教科文组织(UNESCO)、世界贸易组织(WTO)、国际电信联盟(ITU)以及世界知识产权组织(WIPO)都被卷入这一国际性议程的设置当中。尽管在联合国的体系下这些组织各有分工,但是一个指导性的原则贯穿它们所涉及的诸多主题:文化多样性、服务业和视听流的自由化、信息社会、知识产权,等等。

这些议程的与会者也在其组成上发生着变化。社会政治和专业性参与者的崭新配置正在形成并为以下机构所逐渐接受:以贸易自由和自我监管为名不断向公共管制施加压力的行业协会和游说组织,以及公民社会的众多组成部分。在这当中,包括以文化多样性为目的推广文化、以全国性集体网络为中继的专业组织的国际联盟;以反对新自由主义全球化的姿态参与到信息和通信网络架构,以及互联网管治的论战当中的民间网络集合——“信息社会中的传播权”(CRIS);反对使用侵入性技术实施大规模监控和记录的各种集体;和致力于反抗“数字排斥”(digital exclusion)的城市和地方当局所组成的世界性网络。这些来自民间社会组织的形形色色的行动者已经拥有属于他们自己的集会场所:巴西阿雷格里港始于2001年的世界社会论坛(World Social Forum)就是众多会场中的一处。最后,公民集体组织还成立了文化产业和媒体的永久性批判监管机构,名为“观察台”(observatory)。

为了更为全面地把握国际机构辩论中涉及文化—信息—传播三元体系所处位置的新变化,本章的第一部分将会探讨推动联合国教科文组织最终在2005年10月通过《保护和促进文化表现形式多样性公约》(Convention on the Protection and Promotion of the Diversity of Cultural Expression)的历史进程。本文的意图不在于详细地分析这一历史事件,而在于指出其谱系中的一些重要成分,突显其作用的同时揭示其存在的盲点。更重要的是,这个案例为我们提供了一个深入思考问题、权衡利弊的机会。为什么？因为这个公约是联合国教科文组织自20世纪80年代以来发动的首个重要的政治论战。它发生在该机构中关于文化和传播政策极为丰富的辩论成果被束之高阁20多年以后,而在这20年里,以罗纳德·里根(Ronald Reagan)时代的美国和玛格丽特·撒切尔(Margaret Thatcher)治下的英国在1984年到1985年脱离联合国教科文组织为开端,一场取消公共管制的全球浪潮就此展开。在本章的第二部分,我将审视那些新的社会政治行动者在介入文化—信息—传播领域的商讨和决策过程中所秉承的理念。

联合国教科文组织关于文化表达多样性的公约

谁掌控着概念?

投射进关于全球秩序新架构辩论中的文化、信息和传播内容,使社会计划和价值体系间的差异显得愈发突出。这些关键概念构成的语义场正不断受到干扰,而这也恰恰证明这场词义斗争的重要性。可以肯定的是,它并非什么新鲜事物。1974年,米歇尔·德赛图(Michel de Certeau)在《多元文化素养》(*La Culture au pluriel*)一书中指出:“任何关于文化问题的探讨都在不稳定的语汇基础上发展着。给这些术语下一个概念性的定义是不可能的,它们的意义取决于它们在意识形态以及不同系统当中所发挥的作用。”(Certeau 1974,189)然而语言匮乏的现象也使得词汇的市场沦为市场性词汇的趋势愈演愈烈。在这一点上,由通信工程孕育而生的“信息”概念就成为一架特洛伊木马。而商业精神似乎已经打理好了剩下的一切:并非是那个将商业视为和平要素与世界大同基础的伊曼努尔·康德(Immanuel Kant)提出的商业精神,而是历史更为久远的古典政治经济学的追随者所信奉的商业精神。信息这一概念将自己视为一种意义和记忆的产物,从而与文化划清界限,并使得文化—信息—传播这个三元体系中的其他所有术语“相形见绌”。因此,国际电信联盟(ITU)这样的技术性组织通过信息媒介而被推举为探讨“社会”未来的峰会的主办者也就一点也不令人惊讶了。而且,还有什么比世界贸易组织(WTO)将

“文化”归类到“服务”中并要求对其享有特权来得更为自然呢!

再怎么强调也不为过的是,这种“不稳定的语汇基础”所固有的心理和制度工具塑造着认知和理解过程中的规范、分类、术语和模式,并以此来校准相应的行为模式、策略及政策。这种不稳定性也为遗忘的新词(amnesic neologisms)最终变成标识性概念(logotype concepts)铺平了道路;封闭的概念(closed concepts)通过将特定的行为模式设定为仅有的可能性并将其合理化,从而产生“实际的影响”。一个极具说服力的例子当属“全球化”这个黑匣子所扮演的角色。20 世纪 80 年代的前五年,伴随金融网络、电信行业和大型广告集团的放松管制,挑战公共领域的言论甚嚣尘上。在这样的情况下广为流传的“全球化”这一概念向人们描绘了在灾难的基础上重新组织起来的未来世界。这个延续了几个世纪的全球一体化运动就这样被剥夺了其历史和充满矛盾的地缘政治。由此,全球化沦为一个产生不到二三十年的现象,而这也恰恰证明抹去词语产生的痕迹不仅仅意味着忘却历史,更是和历史修正主义(historical revisionism)相伴相生。

20 世纪 50 年代,费尔南・布罗代尔(Fernand Braudel)针对当时的人类学家和社会学家沉迷于“线性因果”数学模型的情况,发起了“同短期[①]的论战”,而这一提议在今天仍然具有深刻的意义。这位历史学家注意到社会科学已经形成了为当下服务的习惯并“只为那些有影响的参与者”效劳。然而社会“这场游戏需要的是一种不同的狡诈与精明”(Braudel 1958,35)。因此,这位年鉴学派(Annales school)的历史学家鼓励人们通过来回倾倒沙漏的方式重拾社会时间的多样性以及“持续辩证法”(dialectic of duration)[②]:从结构到事件;从自由状态到任何身份建构都会

---

① 译注:在《菲利普二世时期的地中海和地中海地区》一书中,布罗代尔提出地理时间、社会时间和个人时间三个概念。后来他把这三种时间一一对应地称为“长期”“中期”和“短期”,而它们各自所对应的历史过程则分别叫做“结构”(Structures)、“局势”(conjunctures)和“事件”(events)。其中,“结构”指在历史上经常发挥深刻作用的因素,如地理气候、生态环境、社会组织和文化传统,它决定了历史的长期的性质;“局势”指在一定时期内形成周期和节奏的对历史起重要作用的现象,如人口消长、物价升降、生产增减、工资变化等,属于中期的范畴。“事件”指一些突发的事变或冲突,如地震、革命等,对历史起短期的、较小的作用。这三者相互交错,共同构成布罗代尔所谓的“总体史”的研究对象。

② 译注:在 Grumucio-Dagron 和 Tufte 编写的 *Communication for Social Change Anthropology: Historical and Contemporary Readings* 一书中,马特拉在《从历史和地缘的角度看文化多样性》(Cultural Diversity: Between History and Geopolitics)一文中将同一短语译为“dialectic of the long perspective”,即长期视角的辩证法,这也与布罗代尔提出的有关“长期”的概念一致。

带来的有限制的从属;从普适性到地域性和多样性(Braudel 1958)。从这种只着眼于现在或“现代主义”(presentism)的竞争中抽离的需求一直引领着我的谱系研究方法。

“文化产业”概念的制度化

从20世纪70年代开始,“传播权”(right to communication)和“文化产业”这两个概念在联合国教科文组织中被明确提出,并对致力于建立传播与文化公共政策的合法性的一系列辩论、草案、措施和策略发挥了重要的指导作用。

“传播权”的概念由让·达尔西(Jean d'Arcy)在1969年公开提出。达尔西是法国电视业的先驱,之后还担任联合国信息服务部(UN Information Service)驻纽约的广播和视频分部的主管。当时,联合国教科文组织中关于公民权利的论战正在成型。在为欧洲广播联盟(EBU)期刊撰写的一篇文章中他这样写道:“21年前《世界人权宣言》(Universal Declaration of Human Rights)在第十九条中确立了公众享有的知情权,然而将一种更为广泛的权利包含其中的时刻终将到来,那就是人类享有传播的权利。”(d'Arcy 1969,14)

在那以后的十年里,经过不计其数的专题讨论和论战,人们开始质疑仅仅是不断吐出内容的单向信息流——这一纵向模型——的正确性。一种将传播视为对话式和交互式过程的表述开始出现,其中获取和参与成为两个必不可少的要素。1972年,在联合国教科文组织安排的关于传播政策与规划的首次专题讨论中,与会专家纷纷表达了他们对诸如从精英到大众、从中心到边缘或者从信息富人(information-rich)到信息穷人(information-poor)的传播理念的强烈反对。从这些法律专家的会谈中还诞生了有关差异性的原则,即不同国籍、种族、语言、宗教或者性别之间没有高低贵贱之分。

“文化产业”的概念在20世纪70年代后期被提出,目的是为了改变当时盛行的对于“文化”的认知。1980年6月,在联合国教科文组织加拿大全国委员会(Canadian National Commission for UNESCO)的协助下,一个由联合国教科文组织召集的专家委员会在蒙特利尔举行会晤。以下节选自该会议的奠基性文件。

> 文化产业在联合国教科文组织的计划中所占的比重日益增加,

而这和多年来对文化的重新思考与评估是密切相关的。

[……]

在过去十年的思考里人们做出许多有益的尝试，力图将文化辩论放归到其对象所在的物质环境中，尤其是当关注的焦点被有意识地放在文化生产的相关问题上（文化产品是如何被构想、挑选、设计、制造、发售、推广和消费的）。不过仍然有一些权力机构拒绝承认“想象力产业”（industries of imagination）的重要地位。（UNESCO 1980，1、6）

从这个新的角度来看，“文化产业在经济和金融上的集中化和国际化趋势”从一开始就是一个根本性的问题。

对于一个目标详尽的反思性计划来说，经济分析始终都是重中之重。而这些分析也将针对文化产业的总体问题和各个部门做出详尽解读。在此基础上，公共部门（public sectors）建立或者发展民族文化产业的态势也将会一目了然。（UNESCO 1980，14）

蒙特利尔会议的结论中明确提出一种关于发展的基本思想：

无论如何，当务之急在于建立或者恢复文化之间的对话。这种对话不再仅仅局限于生产者与消费者之间，而是将为集体性的和真正多元的创造性努力提供条件，从而使得接收者在他的环节变成一个传递者，同时也保证这种传递者，即使在体制化的情况下，还能够学会重新变成一个接收者。而多样性和相互尊重前提下的和谐发展就是其关键所在。（UNESCO 1982a，236）

诸如“文化间的对话”和“多样性与相互尊重前提下的和谐发展”一类的主题在那时就已经十分普遍了。而这些主题在当时也极大地推进了“传播问题研究国际委员会”（International Commission for the Study of Communication Problems）的工作。该委员会由联合国教科文组织总干事、塞内加尔人马赫塔尔·姆博（Mohtar M'Bow）任命，并由来自爱尔兰的诺贝尔和平奖得主肖恩·麦克布赖德（Sean MacBride）领导。麦克布赖德报告（The MacBride Report）作为第一份由国际机构颁布的关于文化和信息交流不平等的文件，于 1980 年在贝尔格莱德召开的联合国教科文组织全体大会上一致通过，并以“一个世界，多种声音”(*Many Voices, One World*)这一极富象征意义的标题出版。该报告阐述了将传播权视为一种新型社会权利的紧迫性：其中包括知情权、传输权、讨论权和享有私人生活的权利。更为重要的是，由传播权的相关论述我们可以推导出建立新的世界秩序以及文化传播公共政策的必要性(MacBride and International Commission for the Study of Communication Problems 1980)。

文化的恢复

后殖民时代的到来颠覆了整个联合国系统中南北方国家的力量对比。那时，伴随着文化与传播的世界秩序一同遭遇危机和挑战的是扩散论者(diffusionist)的发展/现代化范式，它是线性—无限发展的意识形态的一个分支。这种当时正在逐渐瓦解的世界观从 20 世纪 50 年代开始就在联合国教科文组织中盛行，并曾经在功能主义社会学支持下将传播作为一种解决方案(communication as a solution)的意识形态神圣化。在这种发展观戛然而止的同时，人们开始意识到文化是身份认同、意义、尊严和社会创新的源泉。伴随着价值观念传递的线性视角的分崩离析，多样性就成为走出所谓欠发达困境的先决条件。这也被看成是在计算(如国民生产总值)和技术决定论的意识形态指导下的解决方法之外另辟蹊径。与文化创造力的恢复交织在一起的是对地域、民族乃至全球大团结的强调，对“地域精神”(spirit of place)的颂扬，公民参与的定言令式(categorical imperative)①，以及对生物多样性的关注。这种新的发展哲学也使一段尘封已久的历史记忆——包括圣雄甘地(Mahatma Gandi)和巴西教育

---

① 译注：定言令式，是德国哲学家康德在 1785 年出版的《道德形而上学的基础》(*Grundlegung zur Metaphysik der Sitten*)一书中所提出的哲学概念。康德认为，道德完全先天地存在于人的理性之中。道德应当，而且只应当从规律概念中引申演绎而来。尽管自然界中的一切事物都遵循某种规律，但只有理性生物(人)才具有按照规律的理念而行动的能力(自由意志)。就客观原则对意志的约束规范而言，其命令尽管是强制的，但同时也是理性的。康德把命令分为假言令式和定言令式两种。其中定言令式是无条件的、绝对的、必然的、客观的。无条件是由于定言令式本身就是行为的根据，遵从定言令式的行为是为了命令本身而行动，它唯一要遵守的是命令本身；这样，它就不需要根据其他意图或目的制定行为的准则，不需要根据具体的或特殊的情况改变准则。必然则因为它对一切理性存在都适用，一旦被选择遵守就是确定的，不会因为行为的意图或目的的改变而改变，这根源于定言令式本身就是行为的根据目的。客观则指定言令式不因个人而不同，它排除一切爱好欲望因素，对所有理性存在均是一样的。

家保罗·弗雷勒(Paul Freire)在内的第三世界思想家激起的统一性与多样性的二重奏——得以重见天日。同时,它也警告着人们追求文化多样性的错误方式:逃避共同担负的全球责任;不顾外貌、种族、阶级、性别和民族中根深蒂固的特权系统所带来的不计其数的不平等而进行的混乱无序的分裂活动(Galtung et al. 1980)。在不结盟国家运动(the Movement of Non-Alighed Countries)请求建立文化和传播领域世界新秩序的同时,77 国集团(Group of 77)则尝试着通过建立"世界经济新秩序"来改变既有的商业贸易关系。

既有的文化和传播秩序所面临的挑战也体现在一个学术研究领域的范式变革中。在那段时间,传播与文化的政治经济学——或者在更为广泛的意义上,用雷蒙·威廉斯(Raymond Williams)的话说就是"文化唯物主义"(cultural materialism)启发下的研究路径——在欧洲和拉丁美洲首先形成,并且总是和特定的语境相结合。这一来自学术界的挑战目的在于避免踏入经济简化论(economic reductionism)以及理想主义的文化自主化(autonomization)这两个圈套,同时宣扬其自身所具有的多个层面和维度:想象力和基础建设;国际、国家和地方;公共政策和草根。

1982 年,世界文化政策会议(the World Conference on Cultural Policies)在墨西哥城召开。经历了众多关于文化与传播两方面政策的地区性会议之后,一个始于 12 年前威尼斯会议的历史进程在这一刻圆满画上了句号(Mattelart et al. 1984)。这次会议强调经济与文化、经济发展与文化发展之间的联系。它简要地提出承认多样性的文化政策准则,旨在提升艺术以外其他形式的创作过程中个人和集体的创造力。而这次会议最为重要的贡献则是建立起制度引用上关于文化的人类学定义:"某一社会或社会群体所具有的一整套独特的精神、物质、智力和情感特征。除了艺术和文学以外,它还包括生活方式、聚居方式、价值体系、传统和信仰。"(UNESCO 1982b)在这一定义中,文化所扮演的角色十分广泛甚至于无所不包,从而既明确地表达人们关于基本权利的普遍共识,也能够清晰地体现某一群体的成员通过他们和其他人的联系所体验到的独特的生活方式。世界文化政策会议的另一项贡献则是架起文化政策和传播政策这两个概念之间的桥梁。这两个主题在 20 世纪 70 年代分别诞生在不同的大陆,它们有时互不干涉,有时又会在为数众多的地区性会议中协同作用。从联合国教科文组织建立以来,文化的人类学定义就一直被草率地对待。

相反，一种脱离人民历史和记忆的传播和信息的工具性概念却日渐甚嚣尘上，并在整个20世纪60年代主导社会规划者关于扩散主义发展策略的设定。因而，恢复文化的人类学定义也就成为打破这种工具性概念束缚的一种方式，而且也使得文化多样性、文化认同和跨文化关系这些概念有了各自的涵义。

由于种种原因，联合国教科文组织关于传播和文化问题，尤其是世界新秩序的辩论最终沦为一场"聋子间的对话"(dialogue of the deaf)：里根所领导的美国政府在这个问题上固执己见。遵循其一贯的信息自由流动的原则，美国试图将辩论的焦点缩小到新闻自由和新闻工作者自由的范畴上，尤其是专业新闻记者团体以及国际新闻道德规范等议题上。而苏联则表现出很强的机会主义倾向，试图利用第三世界的需求来为自己封闭通信系统以防范"外国干涉"的行为作辩护。此外，不结盟国家运动中同样矛盾丛生。一些政府将这个国际论坛当作挑选替罪羊并且忽略他们自身侵犯记者和创作者言论自由的一次大好机会(不结盟国家之间在技术装备上的极大差异也不容忽视)。最后，不结盟国家和欧洲共同体(the European Community)在各自所关心的问题上无法协调一致，后者所担心的是文化产业的国际化给他们的公共服务和文化民主化政策带来的威胁。

至于新秩序辩论中那些重要的非政府角色，我们可以说尽管一方面媒介和广告行业协会很快就意识到必须结成统一战线以面对第三世界提出的要求，但是另一方面有组织的民间团体行为依然是凤毛麟角。当时，将通信设备仅仅看作一种工具的观点依旧深深地影响着非政府组织、劳工联盟和政治党派中最为普遍的传播方式。而当很多领域的非政府组织提出"全球化思维，本土化行动"(think global，act local)的口号，情况就变得愈发自相矛盾。这些机构通过新的网络行为模式在诸如环境、人权以及跨国公司的过分行为(比如制药和农产品等部门)等问题上行动起来。1983年，在会议召开仅仅一年之后，第一个这种类型的网络组织，世界社区广播电台协会(AMARC)就在蒙特利尔组建起来。不出所料，五年之后这一组织的第三次全体大会就在弥漫着革命气息的尼加拉瓜首都马那瓜召开了。在那里，传播和大众教育正经历着蓬勃发展，广播占有支配性的地位，而成人扫盲运动也在保罗・费雷勒所写的《被压迫者的教育学》(*Pedagogy of the Opressed*)一书的启发下开展得如火如荼(Mattelart 1986)。

文化例外[①]

从 20 世纪 80 年代后期开始，为人们所普遍接受的放松管制和私有化的理念在世界范围内确立了自己作为全球化指导性原则的地位。这也让联合国体系内部关于文化和传播的公共政策讨论进入冰河期。

在 20 世纪 90 年代，只有在探讨构建大型贸易区的过程中传播空间所起的作用时，"思想的产品"（products of the mind）与其他商品不同这一原则才会依然受到质疑。作为广域融合的第一次尝试，欧盟的情况就是如此。1994 年，在关税及贸易总协定（GATT）即将改为世界贸易组织（WTO）之前，欧盟和美国在关贸总协定所谓的乌拉圭回合（Uruguay Round）中进行的拉锯战以承认"文化例外"这一条款而告终，从而将针对广播和电影的公共政策在国家和地区两个层面合法化。而欧盟内部关于文化例外的辩论经历则相当于一次预演。在这种情况下，围绕着公民的传播权和文化的商品化问题，文化专业人员的第一次大动员出现在 1987 年于法国举行的"文化总体状态"（États généraux de la culture）活动中，这一大型集会活动汇集了来自法国乃至整个欧盟的文化和艺术人士（Ralite 1987）。

文化例外规则的合法化昭示着美国文化产业自由化战略的第三次破产。1989 年，它在试图阻止欧盟通过实施"电视无国界"的政策调整联盟内电视频道中欧洲节目配额时经历了第一次挫折。同年，在美国和加拿大关于自由贸易协定的谈判过程中，后者促成一项"文化豁免"（cultural exemption）条款，并且该条款还将在签订北美自由贸易协定（NAFTA）的五年之后重新生效。这使得它能够延长或者采用有利于公共电视的政策，有助于电视发展的税务减免，支持有线和卫星电视的国家基金以及针对出版业和电影业的有效措施。而在 1994 年墨西哥政府却拒绝在它所签订的北美自由贸易协定中加入这条与加拿大相类似的条款。

在构建这一理念的过程中，加拿大和法国（受到讲法语的国家支持）是两个特立独行的国家，它们都保留了文化的独特地位。因而他们带头推动《保护和促进文化表现形式多样性公约》的进程也就不是什么巧合。而这也明确地体现出，在机构和公民参与者的新架构下，对于全球性文化

---

① 译注：文化例外是一种为了保护本国的文化不被其他文化侵袭而制定的政策。这个词最早源于 20 世纪 90 年代初，在关贸总协定的谈判中，法国人敏锐地意识到国家和民族文化独立的重要性，坚决而果断地提出反对把文化列入一般性服务贸易。

和传播政策的迫切需求也是植根于特定文化的历史发展过程的产物。对于这两个国家来说，当代的文化例外条款，公共视听服务建立背后所蕴含的理念以及20世纪二三十年代关于好莱坞电影配额的电影政策之间有着紧密的联系。

所有这些先行的文化和传播政策为2001年至2005年间关于是否通过多样性公约的论战拉开了帷幕。

文化多样性：一种冲突且矛盾的范式

2005年10月，在联合国教科文组织第33次全体会议上，与会成员国几乎全体一致地通过了《保护和促进文化表现形式多样性公约》。美国和以色列属于那些极少数投弃权票的国家。美国所表现出来的反对情绪也正体现了该文件的重要性。投票表决之后需要至少30个国家批准该公约才能生效，而这一条件直到2007年3月才得以满足。美国政府因而趁机利用这段空档期继续要求其双边贸易合作伙伴开放他们的电影和视听市场以换取其他领域的商业补偿。韩国就是一个具有代表性的案例。从1985年开始，该国以其独立的电影政策著称于世，并由此孕育出高质量的、受到国际认可的电影产业。然而在双边贸易谈判中，它屈服于美国所施加的压力，同意将本土制作的电影在本国的放映配额削减一半。

毫无疑问，这项公约迈出了极富象征意义的一步。用联合国教科文总干事的话说，它将文化多样性定义为人类的共同遗产，以此来反对"内向型的原教旨主义"(inward-looking fundamentalism)以及"人性化的全球化"(humanized globalization)(Koïchiro 2001, 3)。与塞缪尔·亨廷顿(Samuel Huntington)所强调的文化和文明间冲突的不可避免性不同，该公约的关键原则在于对话中的多样性(Huntington 1996)。此外，通过分辨文化活动、商品和服务各自具有的独特性质，这一公约还为制定一部以遏止毫无约束的自由化进程为目的的超国家法律(supranational law)打下坚实的基础。它也为国家的权力和义务建立了相应的规则："缔约方重申其所拥有的为实现本公约的宗旨而制定和实施文化政策、采取措施保护并促进文化表现形式的多样性及加强国际合作的主权。"①(Article 5)②

① 译注：中文版此处全文为"缔约方根据《联合国宪章》、国际法原则及国际公认的人权文书，重申拥有为实现本公约的宗旨而制定和实施其文化政策、采取措施以保护和促进文化表现形式多样性及加强国际合作的主权"。

② 公约文本参见 http://unesdoc.unesco.org/images/0014/001429/14291ge.pdf。

与文化例外和豁免的原则不同，该公约适用的领域已经远远超出保护视听和文化产业的范畴，而是扩展到"各群体和社会借以表现其文化的多种不同形式。这些表现形式在他们内部及其间传承"(Article 4)。这些"多种不同形式"不仅仅包括语言政策，还意在推广原住民的知识体系。

主权原则是这一法律架构的中心支柱：一个国家也能够恢复其自行制定文化政策的主权，即便这一主权曾经在之前的双边贸易协定中被放弃过。为了让该公约具有法律约束力，它和其他决定国家权利和义务的国际契约之间关系的定义就变得异常重要。而这也正是公约第20条的重要性所在，它明确了该公约和其他条约的关系是"相互支持，互为补充和不隶属"。"缔约方解释和实施其他条约或承担其他国际义务时应考虑到本公约的相关规定。"

根据公约第21条，"在其他国际场合"(未指明的)所进行的对话和协商是第20条适用的前提之一。这里的"其他场合"同样决定着文化多样性的命运：世界贸易组织，尤其是将视听和文化服务放在自由化议程上的服务贸易总协定(General Agreement on Trade in Services)，以及1974年进入联合国体系的世界知识产权组织(WIPO)。世界知识产权组织的职能是通过其条约定义管制知识和专项技术生产、分配和适用的标准。所有这些职能部门都参与制定作为国际贸易底线和所谓的后工业化技术体系驱动力的相关规则。在每一个领域中，下面两派的冲突都在所难免：一派认为国家或国家间组织所颁布的法令具有普适性的效力，因而主张对国际标准进行共同的详细阐述；而另一派则认为全球化过程中规则应当化繁为简，并主张这些精简的规则应当由市场中仅存的运营者来制定。

在2005年10月提交给联合国教科文组织大会成员国的文件经过三次政府间的会谈才最终定稿。由于当时负责这一项目的是联合国教科文组织的文化政策和跨文化对话部，文件的起草者试图在两个不同的立场之间找到一个折中方案：一方面，包括欧盟在内的绝大多数与会者都会坚持维护国际法中的一条原则，其批准文化产品和服务作为"身份认同、价值观念和意义的载体"享有特殊待遇；而另一方面，诸如美国、澳大利亚和日本等政府领导的少数派倾向于将该文件视为一个——和其他服务一样的——自由贸易应当盛行的领域里的"保护主义"的另一种表现形式。在这两者之间还有许多不同的观点，比如一些国家表示出他们对多样性原则可能会破坏民族凝聚力的恐惧。从这一点上看，这份文件也是一个跨文化的产物。

这份公约的起草经历了一个曲折的过程，期间充斥着因概念、遣词造句，甚至一些为联合国教科文组织长期认可的理念而引发的争端。这中间包括暗中提到的“文化产业”这一概念。而公约的标题也从“文化多样性”改为“文化内容和艺术表现形式的多样性”，直到最后的“文化表现形式的多样性”。“保护”一词也因其保护主义的内涵曾一度遭到反对。而最终使用这一词语则是考虑到它在联合国教科文组织已经签署的众多关于保护弱势群体和歧视受害者的国际公约里的频繁出现，针对儿童权力所起草的公约就属此列。文化的人类学定义，除了被庄严载入《世界文化多样性宣言》，在“9・11”事件之后被一致通过，以及在第一轮政府间协商席间就被提出之外，付出了多次妥协的代价。这一切都要求条文的制定具有策略性，使其能够从不同的角度被诠释。例如，当法国外交部把公约第 20 条当作一次对商品性文化概念的胜利来庆祝时，英国政府却并没有从中看到任何关于文化产品和服务摆脱世界贸易组织控制的可能性。

文化和传播的分离

然而，这些概念的模棱两可却远远没被当作一种紧要事态。而它也不是迥异的立场之间相互妥协的产物。1998 年，来自澳洲媒体与政策中心（Australian Key Center for Cultural and Media Policy）的两位研究员，托尼・贝内特（Tony Bennett）和科林・默瑟（Colin Mercer）参加了联合国教科文组织在斯德哥尔摩召开的关于文化政策的政府间会谈，并在席间提出“文化政策领域的概念缺乏清晰性”。他们将这一状况归结为一系列因素，包括：文化政策作为一个跨学科研究领域相对来说还不成熟；负责制定和实施这些政策的机构将研究经费摆在次要位置；很多研究本质上是私人的或私有化的；高等院校和文化部门之间鲜有来往；民间机构和组织资助的系统性研究缺乏资源；对于国家研究能力和国际分配不均过分关注，等等。最后，两位代表指出：“许多文化政策问题的敏感性——例如审查制度的问题——意味着关键性的政策决定往往因为政治原因而不得不忽略某些研究成果的价值。”为了阐明这一观点，这些文化和媒介政策专家进一步指出“关键性的文化政策问题——例如媒介所有权分配——很大程度上取决于那些有影响力的支持者的游说能力”（Bennett & Mercer 1997，4—5）。几乎是在“文化产业”这一概念被引入该机构的参考体系二十年之后，他们才敦促联合国教科文组织参与到“文化产业知识架构”的建设当中。

文化政策的制定很难绕开传播政策这个话题。然而《保护和促进文化表现形式多样性公约》乃至指导联合国教科文组织文化多样性行动的根本性理念都倾向于将两者分离开来，甚至直接忽略后者。公约中包含两条有关“媒体多样性”的表述：第一处出现在序言的第十二点，重申“思想、表达和信息自由以及媒体多样性使各种文化表现形式得以在社会中繁荣发展”；第二处则是公约第六条所罗列的保护和促进文化表现形式多样性的措施中的最后一条（第八条）：“旨在加强媒体多样性的措施，包括运用公共广播服务在内的多种形式的干涉。”然而这种“媒体多样性”的具体表现形式却缺乏清晰的描述。比如，“集中”（concentration）一词的缺席就让我们对这个概念感到十分不安。各种有组织的民间团体要求将这一主题纳入讨论范畴的建议都被一一回绝。[①] 国际电信联盟（ITU）2003年在日内瓦和2005年在突尼斯分别组织召开的关于信息社会的两次世界峰会同样都忽视了普遍存在的集中现象对公民占用传播空间的阻碍，以及广播者和接收者、知情者和不知情者之间不断加剧的分化和差异。

这种状况的产生是不是因为怕吓跑了美国这个——贡献了联合国教科文组织20%预算，在1984年由于反对不结盟国家运动所主张的信息流动更为均衡的世界信息和传播新秩序（New World Information and Communication Order）愤然脱离该组织，并最终在2003年回归的——大金主？当然如此。它是否体现了像联合国教科文组织这样的大型国际官僚机构各部门任务的划分？答案依然毫无悬念：是的。但原因又不止于此。该国际机构创造了属于它自己的关于20世纪70年代的黑暗传说：当时有关文化政策的辩论被认为只和传播政策有关，反之亦然。在机构内部，这一禁忌阻碍着对过去及其相关矛盾的批判性分析。而在机构之外，随着政治学、传播与文化政治经济学以及文化研究在其批判形态下逐渐将战略思考转移到传播政策上，并将其定义为构成电视、电影、广播、互联网、广告、编辑制作、唱片产业、艺术和娱乐行业规范性框架的一整套原则、宪法措施、法律、规则以及国家、公共和私人的制度，对于文化的关注也就变得愈发自成一系。从1985年到世纪之交这段时间，辩论陷入僵局；联合国教科文组织内部提出的一系列有关文化多样性的问题——我们可以说是专门针对时间的——一方面依靠人类学的方法来解决，另一

① 可参见世界网络的建议（信息社会中的传播权）：http://mail.kein.org/pipermail/incom-l/2005-October/000908.html；www.crisinfo.org。2004年11月11日。

方面也受到生物多样性与文化多样性之间相关话语的影响。尽管我们只能庆祝20世纪初发生在马塞尔·莫斯(Marcel Mauss)和他的同事之间的争执在这次与人类学研究方法的和解中终于落下了帷幕,但我们仍然应当意识到文化领域自主化所带来的风险:它会使关于文化商品和产品使用的民族志研究说出其原本从宏观社会角度不会表达的观点。而对于生物多样性和文化多样性在话语层面上的"重聚",我们必须牢记在传播思想的历史长河中与生物有关的隐喻所带来的不计其数的误解和疏忽。在任何情况下,这个类比都是以牺牲一种关于传播与文化生产、流通和消费机制的社会政治研究方法为代价的。这两种偏见的实际影响意味着,当"文化产业"这一命题于20世纪70年代国际化的大潮中被提上议程的时候,集中化的问题就成为联合国教科文组织内部文化政策话语中的一个盲点。而实际上,一种可能会被米歇尔·德赛图称为"文化主义"(culturalist)的传播方式被完全摒弃了。

联合国教科文组织为了证明其自1946年成立以来的战略中一贯的文化多样性主题而在2005年甄选出的官方文件中,找不到该机构开展过关于文化产业或者传播政策及措施的知识积累活动的任何记录(Stenou 2003)。2005年,同样的情况也在麦克布赖德报告中被人们所发现,而这已经是它被贝尔格莱德全体大会批准之后的第25个年头。和这种机构性沉默相对的是那一年全世界研究者所提出的众多倡议;他们在研究这份文件的过程中重新评估它,并将其与构建全人类的知识社会所面临的挑战和问题放在一起比较(Institut de la comunicacio 2005)。同样与其形成鲜明对比的是对一种盎格鲁-撒克逊国家霸权式思潮中的学术人物周而复始的大量引用:这一思潮始于20世纪90年代晚期人类学和文化研究领域里划定文化之争边界的经典文本,其中包括安东尼·吉登斯(Anthony Giddens)为"全球化,文化和不平等"这一话题所做的贡献,以及印度人类学家阿尔君·阿帕杜莱(Arjun Appadurai)连同文化政策与跨文化对话部主任卡特琳娜·斯泰诺(Katerina Stenou)在《2000年世界文化报告》(World Culture Report,2000)中所作的关于"可持续的发展与归属感的未来"(Sustainable Development and the Future of Belonging)的论述,而这一报告的副标题恰恰就是"文化多样性、冲突性和多元性"(UNESCO 2000)。然而,联合国教科文组织却自相矛盾地将"后国家"(post-national)的概念当作反思促进和保护文化多样性的过程中国家所扮演角色的基准。而这无疑是一个更加模糊的概念,它将国家和民族国家在全球化浪潮面前所做的形式上的改变和重新定义都排除在外。信奉这一概念的理论家甚至宣传国家和民族国家已经消亡，而新生的消费者主权社群则会直面那些跨国性的流动。马特拉和内维尤(Mattelart & Neveu)在一项关于这些由文化全球化理论家提出的理论的考古学研究的结论里写道：

> 面对一个无法简单地用一句方便的口号来表现其复杂性的世界，他们应对这种挑战的方式是滥用元话语(meta-discourse)，而非尝试将这种复杂性理论化。跟随着诺贝特·埃利亚斯(Norbert Elias)的脚步，我们想指出的是标签理论(label theory)只有在能够用其解决问题或者重塑对象可信度的概念架构下才是正当的。从现在开始，概念的复杂性中潜藏了一种因循守旧的思维，它对于在技术和生产系统泛化的语境下诞生的新兴跨文化力量平衡的复杂性感到局促不安。(Mattelart & Neveu 1996，42)

2008 年 10 月金融泡沫的破灭使得国家衰亡论成了一个天大的谎言。而这个神话已经被不止一次用来合理化那些影响到社会团结的肆无忌惮的放松管制过程。

新型社会政治行动者的生活和行动理念

今天我们能否更多地期待由主要的国际组织来推动这场辩论？可能不行。而且这并不是症结所在。当前的问题在于如何让各种公共和私营部门的参与者确切地运用那些从旷日持久的政府间磋商中诞生的管制原则，不仅仅是实施它们，更是要超越它们所固有的局限。协议的第 11 条就在邀请他们去这么做："缔约方承认公民社会在保护和促进文化表现形式多样性方面的重要作用。缔约方应鼓励公民社会积极参与到其为实现本公约各项目标所作的努力中。"实际上，在起草公约的过程中以及在那之前，在认可其作为一个法律工具的过程中，在世界上很多地方这些行动者的意识往往领先于那些被他们敦促着挺身而出的公共权力机构。而这些国家和国际层面上的大动员带给我们最为宝贵的经验在于，联合国教科文组织中关于文化多样性的辩论，以及信息社会峰会中关于网络化的探讨，都包含社会运动的过程以及专业性文化组织的国家集体形态。

在商讨文化、传媒、信息和知识的个人占用的机构场所形貌不断变化的过程中，这群新兴的社会政治行动者在其不断的介入背后所坚持的理念是什么呢？它可以被阐释为以下两个原则。

第一项原则涉及作为新型社会权利的“传播权”(communication rights)的相关实践。在20世纪70年代，一种直觉性的思维引发关于“传播权利”(the right to communication)[①]的最初讨论，尽管这种思维在当时为人所称道，但是它思考的范围还是过于宽泛。多元化权利(the right to plurality)的提法就体现了一种将现有的传播权具体化，并将它们付诸实施而非等待国际法孕育出新的法律工具的强烈愿望。“信息社会中的传播权”(CRIS)在其所制作的《传播权评估手册》(*Assessing Communication Rights Handbook*)中指出：“‘传播权’是一个与很多人都无法享有的一系列既有人权有着直接联系的有用术语，而它的完整意义只有在这些权利被放在一起、作为一个相互联系的整体考量时才能得以体现。整体大于其各个部分。”(World Association for Christian Communication 2005，20)

这些“既有权利”的定义可以在以下三个主要的人权文件里找到：1948年的《世界人权宣言》、《公民权利和政治权利国际公约》以及《经济、社会及文化权利国际公约》[②](1966)。传播权不仅包含公共空间里的传播行为(言论和出版自由、公共和政府信息的知情权、媒体及其内容的多样性和多元性)，它还囊括了知识的生产和共享、公民权利(比如隐私权)以及文化权利(比如语言的多样性)。多样性这一概念在狭义上沦为市场自律性的产物，而与之相对的是，其完整的内涵应当包括参与主体的多样性、创作源泉的多样性以及文化和媒体表现形式的多样性。

这种人权理念在被新一代的公共法律专家规范化之后，则需要反对本质主义人权观的批判性视角。传播的权利与公民和社会权利是不可分割的。只有当政治和经济、社会和文化条件保证人类能够践行斯宾诺莎(Spinoza)所谓的“努力”(conatus)[③]——让他们能够为每一个人

---

① 译注：注意此处作者表述上与“传播权”略有不同，以体现这一概念在其初期相对宽泛的内涵。

② 译注：原文对后两个国际公约的名称表述不是很准确，联合国官方的名称分别为“International Covenant on Civil and Political Rights”和“International Covenant on Economic，Social and Cultural Rights”。

③ 译注：斯宾诺莎认为万物(不只人类)都“努力于维护自己的存有”。这种努力他称为conatus。这个拉丁词的意思既是努力又是倾向。这双重涵义正是斯宾诺莎所要的，因为他认为这种自我保存的努力其实是出自万物本性的倾向。万物顺着本性就会努力维护自己。所以，努力于保存自我就是万物的本性。

的尊严而奋斗的变革力量——的时候，这种权利才有可能实现。就是说，要创造能够开发人类潜能的条件。承认这些权利——包括传播权在内——就意味着承认所有人都享有参与社会变革的权利（Herrera Flores 2005）。在当今全球地缘政治的语境下，当各个国家在人权问题上都倾向于建立双重标准时，《世界人权宣言》的这一解读就显得尤为重要。当《世界人权宣言》被转化为一份教义问答（catechism）时，它就会既服务于对外国领土上践踏人权行为的谴责，又被用以掩盖本国自身对这些权利的侵犯。

第二项将人权这一概念拉下神坛的原则可以在共同的公共财产（common public goods）的理念中找到。这一反对世界和人类私有化或者“专利化”的理念无疑仍在襁褓之中。“共同的公共财产”这一类别包括所有应当不受自由贸易法令约束的领域，因为它们是人类共同的遗产并且应当在平等和自由的条件下为人们所共享。这项原则不仅仅在传播和知识层面上，而且还在健康、生活方式、环境、水资源、软件以及无线电频谱等方面调动公民行动的热情。而所有这些领域都应当由公共服务的规则来管治。

最近在次贷和过度的金融投机所引发的危机影响下，批判经济学家提出金融网络和渠道应被当作“共同的公共财产”并且应该受到由多个权力机构共同授权的国际性法规的管辖。如此一来，一小撮商人就无法在金融流通中投机倒把以至于伤害到整个社会的利益。这样一个摆脱新自由主义全球化逻辑的激进式转向意味着需要将政治的首要性、人民的主人翁地位、公共干预和国家经济角色的意义放回到议程中去。它也意味着公民参与在知识以及困扰当今社会的主要问题的管理上的一个质的飞跃。

从另类传播到公共服务：拓宽民主化的视野

上述两项原则——传播权和“共同的公共财产”的理念——启发了各式各样的干预和言论模式。我将在两个重要的行动领域对此进行阐述。

第一个领域和传播民主化不断扩大的反思与行动密切相关。新兴的社会政治参与者已经放大他们的战略视角。当他们不仅为了公民媒体（社区、社团、自由和独立媒体）的合法化和持续性而斗争，而且试图改变整个媒体系统的组织结构并通过恢复“公共”这一概念来合理化管制的理念时，已经成长为一股不可忽视的力量。他们的目标是：(1)使传播领域的第三部门(third sector)[①]长盛不衰;(2)改造、巩固或(在其不存在时)创造一个不仅仅作为政府传声筒的公共服务部门;(3)要求私人—商业部门应当与其被授予的使用公共财产的权限(频率的范围)保持一致。像在墨西哥、阿根廷和巴西这些存在媒介垄断或者双寡头(duopolies)的国家里,有利于广播法变革的论战和运动的蓬勃发展已经很好地证明了这种"公民化"(citizenization)的过程的确在传播领域内发挥着作用。与这种行动中的批判姿态遥相呼应的是同样发生在拉美的保护传播权、反对集中化、倡导大众传播网络和另类全球化行动(alterglobalist movement)的大陆性运动。他们关于行动、研究和工作的议程也一定程度上展现了他们变革传播系统的集体愿望的成熟度。他们所提出的探讨话题包括:传播立法与管制、数字技术和社会变迁、媒介集中化以及公共广播和社区传播;其策略包括:构建传播手段的公共控制,使社团和公民获得在传播领域中采取行动的知识和能力,以及制定国家文化政策。

潮起潮落,几经浮沉,所有这些激励着他们的行动和辩论都昭示着一个问题,即质疑公共空间及其与媒体之间联系的现象在得到扭转之前,仍将经历一段极为漫长而费力的社会过程。如前所述,公权机构不愿意承认信息和传播技术领域中这些新的公民行动者的存在,无论他们是传统的还是新型的;他们同样不甘心承认那些他们在现实中应当满足其需求的公共中介者,即政府和市场之间的"中间团体"(intermediate corps)。这些新兴的集体性社会政治主体所做出的一个重要贡献,就是他们所拥有的改变传播空间民主化的政治风险范围的能力,以及他们寻找和建立新的战略联盟的能力。

构成这场社会运动的主体的多样性也是其丰富性的一种保证。而其可能存在的局限性也正是源于这种"复调音乐"的本质:囊括拥有多个目标的组织和网络的空间与过程。从民主的不同角度概念化生活只会让人们达成以下的共识:尽管民主和真理是相互依存的,但是它们也同样相互威胁。这也是福柯(Foucault)在他关于"自我与他人的治理"(government of self and others)的讲演中已经简要总结过的一个矛盾:"没有民主就没有真实(true)的话语。然而真实的话语会将差异引入民主。没有真

---

① 译注:第三部门或称为志愿部门(voluntary sector),是一个社会学与经济学名词,意指在第一部门(public sector,或称为公共部门)与第二部门(private sector,或称为私人部门)之外,既非政府单位又非一般民营企业的事业单位之总称。

实的话语就没有民主。然而民主却会威胁到真实话语的存在。"(Foucault 2008,168)

围绕知识/权力问题,迈向新的社会契约

重塑思维和批判性行为过程的第二种体现,则涉及集体组织对霸权媒体的反思和干预在其形式上所发生的变化。

众所周知,20 世纪 80 年代重新见证了接受者的活跃性和受众的非被动性(nonpassivity)。然而这些再发现中却充满模棱两可之处,这是因为在放松管制和私有化日益深入的语境下,它们往往是以质疑媒体和文化产业的剧烈变化为代价而提出的。对受众自由意志——使其能够通过"重塑语义结构"(resemantizing)来"反抗"媒体话语——的信仰中过度的和新民粹主义的成分正是上述缺陷的充分证明。

从新千年伊始至今,公民运动所做的贡献无不驳斥那个关于受众积极状态的具有讽刺意味的观点。它是基于这样一种假设:媒体使用者的自由是通过公民制衡而构建起来的,因而不能被认为是理所当然的。最近,被称为"瞭望台"(observatories)的信息、传播和文化的观察者,他们的批判性监控和研究组织的蓬勃发展就证明了这一假设。例如在拉丁美洲,在 2007 年有大约 55 个这样的文化、文化政策和媒体的组织,并且新生组织的数量还在持续增加(Albornoz & Herschmann 2007)。这种批判和干预性组织的新形式证明,在传播和文化领域中普遍存在着一种社会认知,就是关于公民参与公共议程的设置——更广泛地说就是——参与这些空间民主化进程的必要性和紧迫性。当然,我们也知道在意识到某一种现象和——"媒体瞭望"所暗示的——持续性参与这两者之间存在着一道难以逾越的鸿沟。这些公民瞭望台的短暂存在体现出它们的组织和运作模式极大地依赖当地的具体条件,即使它们必然地拥有一个共同理念亦是如此。它们在迥然不同的社会和金融持续性下建立和发展起来:各式各样的路线、主题、筹资机制、工作方法、动因以及与公民运动的其他组成部分相互融合的模式。只有通过观察这些组织的特点我们才能够比较它们,辨别出共同之处,同时总结各自不同的经验。它们当中的每一个都试图创造出一个全新的传播环境,将来自五湖四海的行动者聚集到一起。

这种媒体瞭望台的路径——我自己也曾在国家和国际层面上参与过——始于 2003 年阿雷格里港的世界社会论坛期间诞生的环球媒介观

察(Global Media Watch)(Mattelart 2007)。这种瞭望台将以下三种群体汇集一处:新闻记者、学术研究者以及媒体使用者。担任一名观察员意味着解读信息内容并分析造成缄默、审查和歪曲的结构性原因。它也意味着调查、警戒、提议和研究那些影响着记者权利和职责的信息生产模式。它还意味着要与那些深受公共或私有部门雇主压迫的,以及那些工作在抵制信息独立的公司里的人们保持团结一致。它更意味着支持基于内容和言论多样性的媒体项目。最后,它意味着时刻关注那些高等教育机构为传播专业人员设置的专项训练。这样一种三足鼎立的组织模式的优点在于,它促进了那些通常被各自的专业经验分隔开的人和组织之间的联系、交流和辩论。例如,记者和研究者之间的互动就暗含着超越法团主义(corporatist)隔离的必要性。它会同时质疑这两方各自的实践,而且这也会——或者应该会——引导双方在民间团体的协助下共同提出问题,从而使得相应分析的开展与传播和社会的非商业需求能够相得益彰。

为了调查信息与知识的生产者与社会之间的关系,我们必须将时下对"传播—民主关联说"高涨的热情放回到知识共享给民主带来的实际挑战中冷却一下。在这种意义上,为了能够在集体的框架内探讨"媒体问题"而付出的努力就会成为真正理想的瞭望站。它们让我们得以审视能真正通往一个——与关于大众利益纽带的技术决定论的海市蜃楼在过去二十年间允诺给我们的有所不同的——知识社会(knowledge society)的道路。传播民主化的斗争历程告诫我们:如果没有对知识和权力之间关系的探究,以及由此产生的对系统中所有知识生产者地位的质疑,就不会有多样性的知识社会的存在。而这当中主要的挑战就在于构想全新的同盟关系,即知识分子和新兴社会政治主体之间的一种新的社会契约。只有否定精英主义和学术象牙塔,同时又避开民粹主义游戏的科学,才能够成为与认知垄断(cognitive monopolies)以及它们的短期逻辑所描绘出的有关全球化信息社会的神话相抗衡的力量。而这种神话仅仅是将过去的扩散主义范式——信息和知识从知情者向不知情者传递——回收利用罢了。

依我之见,无论是传统的还是新兴的信息和通信技术,在开发其新的民主用途的过程中,如果传播的权利想要被充分地体现,那么这种激进的路线就是不可或缺的。这也是知识共享的新乌托邦能够帮助我们构建民主政治的唯一条件。而这种民主设想不仅仅建立在多重身份认同的基础上,而且还遵循平等与社会公正的定言令式。

参 考 文 献

Albornoz, L. A. and Herschmann, M. (2007) Balance de un proceso iberoamericano: Los observatorios iberoamericanos de informacion y cultura. *Telos*, 72.

Bennett, T. and Mercer, C. (1997) *Improving Research and International Cooperation-for Cultural Policy*. *Intergovernmental Conference on Cultural Policies for Development* (CLT—981Conf. 210/Ref. 6). UNESCO, Paris.

Braudel, F. (1958) Histoire etsciences sociales: La longue durée. *Annales. Economies, Sociétés, Civilisations*, 13(4), 725—53.

Certeau, M. de(1974) *La Culture au pluriel*. Christian Bourgois, Paris.

D'Arcy, J. (1969) Direct broadcast satellites and the right to communicate. *EBU Review*, 118, 14—18.

Foucault, M. (2008) *Le Gouvernement de soi et des autres: Cours du College de France*, 1982—1983, Ewald, F. and Fontana, A. (eds). Seuil/Gallimard, Paris.

Galtung, J., O'Brien, P., and Preiswerk, R. (eds) (1980) *Self-reliance: A Strategy for Development*. IUEDI Bogle-L'Ouverture, London.

Herrera Flores, J. (2005) *Los derechos humanos como productos culturales: critica del humanismo abstracto*. Ediciones Catarata, Madrid.

Huntington, S. (1996) *The Clash of Civilizations and the Remaking of World Order*. Simon and Schuster, New York.

Institut de la comunicacio(2005) XXV aniversario del informe MacBride: Comunicación internacional y politicas de comunicación. *Quaderns del consell de l'audiovisual de Catalunya*, 21.

KoYchiro, M. (2001) Introduction. *Universal Declaration on Cultural Diversity*. UNESCO, Paris, pp. 16—21.

MacBride, S. and International Commission for the Study of Communication Problems (1980) *Many Voices, One World*. UNESCO, Paris.

Mattelart, A. (2007) Quarante ans de critique des medias. *Contretemps*, 18(February), 62—73.

Mattelart, A. (ed.) (1986) *Communicating in Popular Nicaragua*, D. Buxton(trans.). International General Editions, New York.

Mattelart, A., Delcourt, X., and Mattelart M. (1984) *International Image Markets: In Search of an Alternative Perspective*, D. Buxton (trans.). Comedia/Methuen, London.

Mattelart, A. and Neveu, E. (1996) "Cultural studies" stories: La domestication d'une pensée sauvage? *Réseaux*, 80, 11—58.

Ralite, J. (ed.)(1987) *La Culture française se porte bien pourvu qu'on la sauve*. Messidor/ Editions Sociales, Paris.

Stenou, K. (2003) *UNESCO and the Issue of Cultural Diversity: Reviewand Strategy, 1946—2003*. UNESCO, Paris.

UNESCO(1980) *Meeting on the Place and Role of Cultural Industries in the Cultural Development of Societies. Reports and Studies of the Division of Cultural Development* (CC80/CONF. 629/COL. 10). UNESCO, Paris.

UNESCO(1982a) *Cultural Industries: A Challenge for the Future of Culture*. UNESCO, Paris.

UNESCO(1982b) *Final report, World Conference on Cultural Policies* (Mondiacult). UNESCO, Paris.

UNESCO(2000) *World Culture Report: Cultural Diversity, Conflict and Pluralism*. UNESCO, Paris.

World Association for Christian Communication (WACC) (2005) *CRIS Campaign, Assessing Communication Rights: A Handbook*. WACC, London.

第二十四章　全球资本主义、时间性和传播政治经济学

韦恩·霍普(Wayne Hope)

过去的二十年，在世界历史发展一体化的趋势下，一个时间加速的世界诞生了。在这样一个加速的世界里，时间本身无可避免地被卷入到科技所带来的瞬时性(instantaneity)和同时性(simultaneity)的洪流之中。企业、金融机构和媒介系统都由实时的通信网络搭建而成。然而，这也带来两种截然相反的影响。一方面，瞬时性和同时性通过其技术化的表现形式会将一种“全球此刻”的概念具象化，从而使人们忽略了那些强大的全球机构的历史性；而另一方面，实时技术和网络也可以反过来成为描绘和挑战全球权力结构的手段。此外，这种瞬时性与同时性并不能够消除持续性(duration)、连续性(sequentiality)和历史性(historicity)等与之相对的时间性。基于以上观点，我将进一步批判全球资本主义的加速趋势，并指出全球化与媒介化的传播过程中存在的诸多相互矛盾的时间性。

时间、空间与全球化

在对这些发展以及张力的研究上，我认为关于空间的认识论考量是不能忽视与之并存的有关时间的认识论的。理查德·埃克(Richard Ek)的文章《媒介研究、地理想象与关系空间》就在这个问题上犯了一个典型的错误。他认为，当代信息与通信技术所创造的符号世界能够给人以无地方性(placelessness)的体验，而同时正在展开的虚拟世界的现实化也抹去了媒介化(mediation)与空间化(spatialization)之间的差别。如此，“空间即媒介，媒介和通信技术就是空间”[①](Ek 2006,56)。但是，我们同

① 译注：此处楷体原文使用大写形式表示强调。

样可以观察到媒介化也意味着相应的时间和时间性的形成。按照这一观点,无地方性的体验本身就包含着时间性的一面。如果人们对于地理差异的感知变弱了,那么有关历史和未来的本土化想象也会逐渐消亡。

时间性与空间性是相互构成的,这一点对于我们理解全球化来说十分必要。正如大卫·哈维(David Harvey)在其关于"时空压缩"(time-space compression)的讨论中所指出的,"以一个通信意义上的'地球村'和一艘经济、环境相互依存的'地球号宇宙飞船'为方向"的明显的空间收缩同时也减小了相应的时间范畴,"以至于当下成为我们所拥有的全部"(Harvey 1990,240)。而时空的相互构成也并非一个直线型的过程。多琳·马西(Doreen Massey)指出,那些关于科技进步、市场扩张以及/或者发展进程的全球主义目的论(globalist teleology),意在消除空间体验上的多元性。而实际上,以所谓的发展中世界为例,相互毗邻的国家对于发展并不一定有着相同的愿景。同样,全球主义目的论也扼杀了面向未来的开放性(Massey 2005,82)。在针对"同一时期地域上的差别"以及"当今(强调为引文原有)全球化模式中同期产生的权力格局"的探讨中,马西将她对于时空相关性的细致入微的认知展露无遗。对我来说,这些系统的阐述提出了与历史变迁相关的根本性问题。我们应该如何将全球同期性(global contemporaneity)概念化,又该如何将其划分成不同的历史阶段?我在这里给出的答案采用了阿里夫·德里克(Arif Dirlik)提出的全球现代性(global modernity)的概念。传统的以欧洲为中心的现代性概念与帝国主义、殖民主义以及西方世界关于文明进程的假说紧密相连,而全球现代性这一概念的提出旨在动摇其中心地位。今天,在去殖民化运动如火如荼以及冷战空间格局寿终正寝的背景下,文化现代性相互交融(Dirlik 2007,94—7)。儒家的、阿拉伯的、伊斯兰的、非洲的、日本的、西方的,以及印度的等内在相互区别的文化共同享有这片国际舞台。在不同的尺度上甚至在虚拟的空间中,密集的交通、信息和通信网络都推动着全球现代性的发展。这些网络同时也巩固了侨民社群内部以及相互之间的社会经济的日常联系。这些联系的不固定性和偶发性引起法国社会理论家让·弗朗索瓦·巴雅特(Jean Francois Bayart)的注意。他发现马赛周边的摩洛哥小贩"与来自布鲁塞尔和法兰克福的土耳其人、来自伦敦的巴基斯坦人和印度人、塞内加尔人、意大利人、加泰罗尼亚人以及来自安达卢西亚的吉卜赛人和突尼斯人携手合作,而这又给予他们以新的渠道,使他们可以和利比亚人、黎巴嫩人或者来自撒哈拉以南地区的非洲人建立其他联系”(Bayart 2007,120—1)。

现在,让我们转而思考当代全球化的时间特征。这些特征是什么又是如何产生的?社会理论家芭芭拉·亚当(Barbara Adam)对于这些问题已经做出详尽的阐述。她注意到,在欧洲中世纪晚期,历法体系和机械时钟的出现使得精确标准的对连续时间(sequential time)的度量成为可能。而这些创新也成为商业企业、贸易网络以及早期现代国家的模板。久而久之,标准化的连续时间的度量方法成为私人和公共生活作息的规范,而季节性的和生物性的时间则逐渐退出历史舞台。1850年后工业资本主义的高速发展更使得时钟时间(clock time)成为生产力、成本和利润的绝对指标。自律的工人以及他们的家属需要将这些使用时间的原则内化吸收。银行业者、会计和零售商则本能地将时钟时间与货币价值(monetary value)等同起来。同时,这种时钟时间的标准划分也经由铁路和轮船网络向全世界输出(Adam 2004,111—17,另请参阅 Thompson 1967)。1884年召开的国际子午线会议(International Meridian Conference)商定将全球的时区标准化(Adam 2004,112)。然而,关键的是这个上升中的时间体制,不得不面对接踵而至的无线电报、电话和无线电广播而做出调整。这些革新使得传输速度超越了时钟时间持续和连续的属性。之后的技术进步,包括卫星电视和网络计算机的出现,开创了一种时间标准化的新形式并将整个全球时间环境进行重新排序。

和全球现代性以及实时(real time)的全球表现一样,全球资本主义也是一个当代现象。第三世界自由运动、苏维埃共产主义以及国家凯恩斯主义的瓦解都预示着这一现象的诞生。同时,新自由主义的广泛传播也推动了金融流通、生产网络以及营销策略的全球化。根据政治经济学家威廉·罗宾逊(William Robinson)的观点,广义上的宏观经济活动由跨国公司(在三个以上国家拥有总部的公司)所主导。从联合国贸易和发展会议(UNCTAD)发布的众多世界投资报告(World Investment Report)以及私人委托的财务报告中,他勾勒出这些跨国公司的增长态势(从1970年的7000家到2000年的60000家)以及随之而来的跨境合并/并购的增长趋势(从1980年的14起到1999年9655起)(Robinson 2004,55、58)。其中后一种趋势尤为引人注目:对于大型公司来说,母国与东道国之间的差异逐渐变小。从2000年到2007年,超过10亿美元的跨境合并以及并购交易总计1335起(相较于1992年到1999年间的479起)(UNCTAD 2008,5—6)。每一份世界投资报告都通过整合以下三个比率来体现一个公司的总体跨国性(transnationality):境外资产占总资产的比率、境外销售量占总销售量的比率,以及境外雇佣人数占总雇佣人数的比率。从1993年到2006年,世界百强跨国公司的跨国性价值平均提升40个百分点(29)。而驱动这些跨国公司内部及外部运作的正是时间加速所带来的诸多需求。本文将在接下来的部分中阐释这些发展的逻辑及其脆弱性。

全球资本主义、信息通信技术与时间加速

信息与通信技术(ICTs)推动着全球资本主义的时间加速。要理解这一过程,我们必须首先认识到信息与通信技术构成了全球资本积累的一个新的重要领域。历史学家杰瑞·哈里斯(Jerry Harris)在2001年定义了其中四种新兴的子领域:首先,诸如思科(Cisco)、惠普(Hewlett Packard)、太阳计算机系统(Sun Microsystems)和康柏(Compaq)等知名的硬件公司主要生产芯片、主板、机箱、服务器、路由器以及其他基础设施组件。紧接着涌现出一批致力于编写软件应用程序、开发操作系统以及设置网络体系结构的公司;而财捷集团(Intuit)、微软(Microsoft)、甲骨文公司(Oracle)和诺勒(Novell)很快成为其中的佼佼者。随后,互联网和网络公司开始逐渐成为投机性乃至长期性投资的宠儿;美国在线(AOL)、亚马逊(Amazon)、易趣(Ebay)、谷歌(Google)以及雅虎(Yahoo)等极具适应性的创新型企业则借此机会不断扩大其服务面,从而树立起广受欢迎的企业形象。然而同时,包括美国电话电报公司(AT&T)、英国大东电报公司(Cable & Wireless)、德国电信(Deutshe Telecom)以及日本电报电话公司(Nippon T&T)在内的固网电信公司也开始发展或者收购互联网服务、电缆及宽带连接、卫星频道以及无线通信服务。此外,工业型的电子企业也开始投身于半导体、光纤、软件无线电话以及其他信息通信产品的加工制造,其中就包括摩托罗拉、诺基亚、三星和东芝(Harris 2001,36—7)。截至2003年,世界百强非金融性企业中有18家来自信息与通信技术领域(UNCTAD 2005,267—9)。1995年到2000年间,单单是全球电信器材市场的交易额就从625亿美元增加到1417亿美元。同样,全球电信服务市场的营业额也从1990年的3000亿美元增加到2000年的9250亿美元(Yin 2005,291—2)。在同一时期,电信工业在全球合并与并购市场上紧随商业银行业位列第二(Yin 2005,

295)。在美国,电信基础设施和互联网应用的蓬勃发展鼓励来自银行的积极贷款以及源于股票交易员和基金经理人的投机性投资。被新股票发行所抬高的股价和交易额遍及信息和通信技术领域。直到股价下跌前,对于网络容量需求不断增长的夸张预测吸引了越来越多的银行贷款和投机性投资。随之而来的是那些负债累累的公司或倒闭或紧缩,而这进一步推动了信息与通信技术领域的跨国化。丹·席勒(Dan Schiller)通过传播学的批判视角向我们描绘了这一过程。2004 年,西班牙电信公司(Telefonica)从南贝尔公司(Bell South)收购南美以及中美洲的无线网络。墨西哥通信网(Telenet de México)则从美国世界通信公司(MCI)的巴西分公司和美国电话电报公司(AT&T)在阿根廷、巴西、智利、哥伦比亚和秘鲁的分公司手中购得当地的有线网络。中国网通买下了破产的环球电讯(Global Crossing)旗下主要的区域分公司。而印度塔塔集团(Tata)旗下的一个子公司则购买了泰科国际有限公司(Tyco International)的一个跨国有线网络。席勒将这些由南方世界(Global South)的跨国公司所主导的电信产权转让视为一次"历史性的巨变"(Schiller 2007,99)。

在全球资本主义当中,这个新兴的信息和通信技术领域与一个变革中的媒介—娱乐系统相互啮合。而这一变革的趋势就是技术、内容和文化消费的交汇与融合。互联网应用、数字电视以及最近的移动电话的发展使得传统意义上的广播、电脑、电信和消费性电子产品之间的界限变得愈发模糊,而这在不断演化的公司所有权结构和策略中体现得尤为明显。从大约 1980 年开始,在关键性的媒介市场中占有丰厚市场份额的媒介集团逐步取代了独立企业。那些行业的领头羊,比如时代华纳(Time-Warner)、贝塔斯曼(Bertelsmann)、维亚康姆(Viacom)、迪士尼(Disney)、美国国家广播环球公司(NBC Universal)以及新闻集团(News Corporation)等,进而开展世界范围的跨媒体资产整合。在 20 世纪 90 年代,这幅广阔的画卷初现端倪。在文化生产和休闲活动领域(包括电影、电视、唱片、平面媒体、宾馆、度假胜地、主题公园等),媒介—娱乐公司的全球寡头垄断呈现出一种无可阻挡的态势。每一个公司都试图通过垂直整合(vertical integration)控制文化内容生产及分配的每一个环节。例如在电影和电视行业,1985 年新闻集团与二十世纪福克斯公司(Twenty Century Fox)一同筹建福克斯新闻网(Fox Network);1995 年迪士尼收购美国广播公司电视网(ABC network);1999 年哥伦比亚广播公司(CBS)与维亚康姆强强联合;而在 2004 年环球电影公司(Universal)将美国国家广播公司(NBC)收归己有(Winseck 2008,38)。媒介—娱乐公司同时也将新媒体的并购纳入其市场整合的目标当中。因此,维亚康姆 2004 年斥资 1.6 亿美元买下美国一个主要的儿童网站——尼奥宠物(NeoPets)。类似的还有 2005 年新闻集团先是花费 5 亿美元购得社交网站 MySpace,然后又用 6.2 亿美元买下游戏娱乐网站 IGN.com,并一口气用 6 千万美元将美国最大的体育网站 Scout Media 收入囊中(Winseck 2008,42)。

同时,信息与通信技术企业也开始涉足媒介—娱乐领域。1988 年到 1989 年间,消费性电子产品公司索尼先后以 20 亿美元和 34 亿美元的价格分别买下哥伦比亚唱片公司(CBS records)和哥伦比亚电影公司(Columbia Pictures Entertainment),之后 15 年里不断的并购使索尼成为媒介—娱乐领域的巨擘。1998 年作为电信企业的美国电话电报公司以 1480 亿美元的价格买下有线电视供应商通信公司(TCI)外加自由媒体集团(Liberty Media Group)。两年后,互联网服务供应商美国在线(AOL)与时代华纳强强联合,市值达到 1250 亿美元(Hesmondhalgh 2007,160—2)。从 20 世纪 90 年代末期开始,微软越来越多涉足数字媒体和电子游戏领域,也稳稳地处于媒介—娱乐公司的第一集团之中。而通用电气公司则在更大层面上横跨多元化的工业制品、信息与通信技术以及媒介—娱乐三大领域(Flew 2007,71)。2006 年,占有搜索引擎市场超过 50%份额的谷歌斥资 16.5 亿美元收购视频分享网站 YouTube。而这一交易的成功则是建立在谷歌与美国国家广播环球公司、时代华纳、维亚康姆和新闻集团之间关于技术、流量和广告收入分成的计划之上。媒介政治经济学家德韦恩·温塞克(Dwayne Winseck)指出谷歌已经成为"'新''旧'媒体之间一条强有力的纽带"(Winseck 2008,42—3)。

伴随着通信—媒介企业逐渐成为跨国利润的创造者,通信—媒介的基础设施建设也推动着金融交易、生产周期与消费模式在全球范围内的提速。实时的通信网络让投资者和企业高管能够加快盈利速率、交叉分析利润率,同时压缩利润计量的时间参数。一旦政府对于汇率和资本流动的控制无法继续维持,私人金融机构就能够独立产生信贷和货币单位。由此,20 世纪 70 年代诞生的欧元市场最终成为一个巨大的不属于任何一个国家的金融交易体系的一部分。主要的银行和金融机构通过它们遍布世界各个角落的分支机构提供银团贷款(syndicated loans)、国际证券、货币交易、远期外汇合同(forward exchange contract)以及金融衍生品选择等服务。同时,国家股票交易向境外机构开放也催生了一个庞大的全球股票市场。在这个市场里，机构投资者和投机商成为跨国合并与并购背后的助力。而金融资本的全球化同样依赖微型芯片计算机的诞生以及相关的电信技术的进步。卫星、光纤和蜂窝网络扩展并加快信息在电脑终端之间的传输。所有这些发展共同创造了一个前所未有的经济环境：多种货币和价值数万亿美元的庞杂的金融资产在全球范围内进行实时交易(Castells 1996，2000；Held et al. 1999；Singh 2000)。

遍地开花的信息与通信基础设施也促进了管理、生产和分配网络的全球化。企业允许其分支机构享有更大的自主权，同时鼓励双向交流渠道的建立(例如，通过电子邮件、电子商务、内部网络、视讯会议、移动电话以及企业间的计算机联网)。面对不断变化的市场环境，上述安排巩固了对复杂的、技术创新的生产链的管理。跨国公司通过信息和通信系统实现业务的分散和外包，并同时完成金融控制的集中化。这一模式在那些原本相互分离的生产部门中屡见不鲜，例如纺织、服装、汽车以及半导体(Dicken 2003，317—436)。同时，同一行业中的大企业通过联合经营、外包、特许经营以及为特定市场设计相应产品的研究计划等形式相互协作。对于曼纽尔·卡斯特(Manuel Castells)来说，这些创新都昭示着网络化企业的诞生。在这种组织模型里，企业依然是资本积累、产权和战略管理的基本单位，然而日常的商务活动则是通过可变的临时网络来实现(Castells 1996；2001，67—78)。企业内部以及企业之间高速的交互式通信使得企业管理的时间环境发生根本性的变化。作为这一领域的资深研究员，艾达·萨贝利斯(Ida Sabelis)指出，在她为数众多的研究当中，几乎所有的高管都将"加速与速度"视为产生于过去二十年间的"核心的、组织上的挑战"(Sabelis 2007，261)。她援引一家通信公司的一位女经理的话描述道：这位经理会把电话会议安排在"白天下班后以便让亚洲和美国的同事能够实时(强调为引文原有)同步"(Sabelis 2007，262)。

通信—媒介基础设施、产品和服务的扩散也加速了人们日常的消费行为。方便现成的解决方案一直是现代消费文化里的一个固有概念。然而，最近的一些设备，比如 MP3 播放器、数码照相机、互联网搜索引擎、手持遥控器以及多功能手机，为节省时间创造了新的可能。个人媒介技术操作简便，容易上手，并让人能够即时获得一整个商场的商品信息。网络购物证明了一个广为流传的假设，即消费性商品的交付必须快速且持续。对于文化理论家约翰·汤林森(John Tomlinson)来说，消费行为的特征已经从"强调不断积累和享受持续性的占有"转变为"立即且反复地占有最新的商品”(Tomlinson 2007,137)。不断加快的消费节奏与生活经历的媒介化密不可分。具体而言,全球通信基础设施和个人媒体技术一道通过横跨电影、音乐、时尚、体育、名人推广、旅游以及相关休闲活动的文化产业将及时行乐变成一种理所当然,也让消费者生活方式中的“现在性”(nowness)成为一种社会常态。同时,快节奏的消费者生活方式的全球化也在社会经济的不平等以及文化传统的作用下缓和下来。在一项关于这些主题的重要研究中,爱德华·科莫尔(Edward Comor)指出,印度和中国不断壮大的中产阶级仍然是人口学意义上的少数群体,而这两个国家农村和城市人口的大多数依然缺乏足够的收入来实现其反复的、梦寐以求的购买行为(Comor 2008,117)。科莫尔还注意到,在中国,传统的“从零开始”的烹调方式限制了超级市场的普及以及对加工食品的需求(Comor 2008,125—6)。然而,毫无疑问的是,资本主义消费从长远来看将“‘解放’正在现代化的文化并通过更多媒介化、商品化和抽象化的形式来丰富人们的日常生活”,并借此将迅速流行的品牌和生活方式塑造成社会经济发展理所当然的指标。

全球资本主义朝着网络化的瞬时性的发展造成了人们生活状态的两极分化。富有的全球精英阶层享受着不受约束的流动性所带来的个人和物质上的优势,而穷人则受困于区域性的生活体验(比如贫民窟居民、农村劳动力、难民、办公室、工厂或者家政工人)。从时间的角度来看,那些从金钱、图像、信息和知识的快速流转中获益最多的人往往认为穷人“跟不上时代的节奏”。而在贫困的世界里,关于时间的体验也各不相同:迷失彷徨、心神不宁、精疲力尽、百无聊赖或是命中注定。在这个悲惨世界之外,学术评审机构以及技术—管理知识的培训机构培养出一大批流动性的知识工人,包括营销专家、计算机顾问、律师、会计、理财专家以及管理专家(Hoogvelt 2001,138)。

同时,企业内部和企业间的通信基础设施将全世界的都市酒店、科技园区和郊区封闭的飞地快速串联在这样一个过程中:对公共空间进行持续不断的监控,并且将多余人口驱逐到那些已经被塞得满满的抑或是正在不断蔓延的贫民窟区域中去(Davis,2006)。尽管在特定的情形下,富人和穷人也许会住得很远,但是这些分化不仅仅体现在空间上,更体现在时间上。富有的精英阶层在商务、旅行、消费和休闲活动中获得的时间体验对于穷人来说是遥不可及的。全球资本主义的实时网络也使得城市和郊区内部及其之间的时间体验产生阶层化。然而,全球资本主义的实时化趋势除了造成社会分化以外，也反过来对其自身产生破坏性效应。由于缺乏与之相抗衡的时间性，迈向网络化瞬时性的驱动力发展放大了全球资本主义体系中的不稳定性和不确定性。在通过计算机化的基金而实现的全球金融衍生品和期货交易的过程中，传输系统加快了那些影响并动摇周边经济的高风险的投机活动(Soros 1998)。1997 年的亚洲货币危机、1998 年美国长期资本管理公司(Long-Term Capital Management)的倒闭，以及 2008 年开始的华尔街金融危机已经成功地唤起人们对于建立会计、审计、保险支付、破产决议[①]以及银行同业结算等领域透明的国际标准的呼声(Rude 2005;Krugman 2008,165—91)。

全球金融业中盛行的时间认知也强烈地影响着非金融企业的任务优先级。西方资本主义世界里的机构股权投资者和投资分析师以短期利润为准则衡量企业业绩。比如，在 20 世纪 80 年代的美国，专业的并购公司打散了传统的、多元化的企业集团。利润和预期股票价格而非年度/半年度的成果，成为通用的业绩标准(Zorn & Dobbin 2005,269—89)。相反，来自东亚的企业则鼓励在互尽义务的基础上建立长期的商务关系。双边协定的建立依托于一个更为广阔的相互关联的公司体系，而多样化的工业群体则往往围绕着一个核心银行来展开(Dicken 2003,225—35)。这些企业活动在时间层面上迥异的优先级正在全球范围展开对抗，而这也将决定未来跨国公司的企业文化。

全球资本主义不断加速的短期主义趋势也和对于国家权力的民族—时间认知产生了冲突。新自由主义私有化所造成的全球性影响就很好地阐明了这一观点。在国家促进的国民经济当中，能源传输设施能够运转很长一段时间以便应付长期的社会经济需求。而在私营企业所有制下，这些基础设施被重新改造以适应短期商业利润和股东利益的需要。民族国家从而失去设定宏观经济未来的财政上和时间上的能力。在这种情况下，司法程序、选举民主和代表大会的民族—时间韵律只能是曲高和寡，乏人问津。

实时的全球媒介化：物化及批判

通过上述讨论，接下来的观点已经呼之欲出。瞬时和同时通信在技

---

① 译注：原文此处为“insurance payment bankruptcy resolution”，之间没有任何标点符号。译者认为此处缺漏分隔标点，实为两个短语。

术上的实现既促进了全球现代性的多元化表达,同时也支持着全球资本主义的常规活动。国际会议代表、侨民、博客和街头小贩、跨国政治活动家、外汇经销商、企业中层经理以及国际货币基金组织(IMF)官员都在使用互联网、移动电话和电子大众媒介。这些观察结果也给传播学的批判学者提出一个重要的问题:我们应当怎样区分瞬时性—同时性的进步的(progressive)和倒退的(pejorative)表现?这不仅仅是一个有关基础设施使用或者应用的问题,实时性的符号体现遍及传统和新兴媒介的所有领域(例如语言、图像、文本以及技术等形式)。这些体现既可以被看成全球资本主义的一种意识形态表达,也可以被当作寻求另类(alternative)通信方式的手段。我对于这一双重视角的理解是建立在约翰·汤普森(John Thompson)的深刻见解上。他认为,尽管符号构建(symbolic constructs)在意识形态层面的确为处于主导地位的权力关系的再生产服务,但它们也并不是一直被用于这同一个目的(Thompson 1994,56)。物化(reification)这一意识形态手法对于上述论点来说尤为重要。这里,汤普森写道:"统治关系的建立和维持是通过将一种短暂的、历史的状态刻画成永恒的、自然的和一成不变的。事物或者事件的发展过程被描绘成类似天然而成的,而它们的社会及历史特性则黯然失色。"(Thompson 1994,65)从这个角度来看,实时性的意识形态表征模糊了它作为全球资本主义运作基础而诞生的社会历史情况。这方面的例子包括全球电视节目中日趋显著的即时性、多媒体广告和企业品牌化、电子游戏的虚拟空间和沉浸式虚拟现实(immersive virtual reality)中关于无实体存在的幻想,以及主题公园、博览会、购物商城和移动式广告牌的创建历程。这些发展的规模、复杂性和广泛性向传播学的批判学者提出了巨大的挑战。实时性的意识形态眨眼间已遍布世界,没有地方可以例外。然而,我自己对于这一问题的探索将从批判卫星驱动的电视新闻开始。而这一选择的理由也是掷地有声的。

首先,卫星电视是实时性在全球范围内为人们所长期认识的一种表现。据电视史学家丽莎·帕克斯(Lisa Parks)所说,第一个真正意义上的全球卫星电视节目是 1967 年一个两小时的节目《我们的世界》(*Our World*)。该节目的制作由欧洲广播联盟(EBU)统筹,在伦敦英国广播公司(BBC)的工作室里剪辑,最终传送给 24 个国家的近 5 亿名观众,而这一成就的重要性在当时也得到了充分的理解。正如帕克斯指出的,"《我们的世界》的制作人充分利用他们所理解的卫星电视直播的特性:创造一种全球此刻(global now)的能力”(Parks 2005,22)。

其次,随之而来的卫星电视直播的日常化以及全球“现在性”(nowness)值得进一步的研究。全球电视新闻发端于美国有线电视新闻网(CNN)的《世界报道》(*World Report*)。该节目作为国内网络和世界新闻摘要的补充于1987年10月开播(Medina 2003,86)。之后的十年里,美国有线电视新闻网在美国以外建立起不计其数的办事处,并与不同国家的媒介公司进行合资谈判。截至2003年,其国际新闻网(CNN International)按区域划分成六个频道:北美、欧洲、中东/非洲、亚太地区、南亚和拉美(Chalaby 2003,467)。随着美国有线电视新闻网的扩张,英国广播公司电视台(BBC Television)也开始发展其全球战略。一个世界性的新闻频道在1991年建立。随后英国广播公司世界频道(BBC World)这一品牌在1995年正式确立,以此来利用该公司的国际影响力并让更多的服务分担其新闻采集的成本。辐射全球的卫星与那些具有泛区域(pan-regional)、国家和地区覆盖能力的卫星互为补充,进一步增加了全天候、全年无休(24/7)的新闻直播的可能性。一份2007年的调查显示,全世界有超过100个全天候、全年无休的新闻频道。其中四个是纯粹的全球性频道(有线电视新闻网和有线电视新闻网国际新闻网、英国广播公司世界频道、全国广播公司财经频道以及彭博财经频道),剩下一个也几乎可以算作全球性频道(福克斯新闻网)。另有27个频道可以被划入泛区域这一范畴,其中半岛新闻台(Al Jazeera)的阿拉伯语和英语频道具有相当的国际影响力(Rai and Cottle 2007,54—7)。

第三,全球卫星电视值得研究是因为它与其他实时技术相互啮合。从20世纪90年代后期开始,无线基础设施建设使电脑和通信摆脱了固定地点的束缚,进一步增加了声音和图像能够被构造和接收的场所:笔记本电脑能够与卫星电话相连;数码相机里的图片能够在笔记本电脑中进行编辑,并通过互联网从突发事件的现场传回记者的总部;微型摄像机使自由撰稿人能够从灾难现场以及冲突地区带回生动的画面,而这些新闻采集的新方法加在一起,让滚动的全天候新闻报道走上了正规化的道路(Jukes 2002,15)。信息与通信技术同样也增加了接收新闻的场所并重塑了新闻消费的体验。重大的实时新闻事件通过专业的新闻网站和滚动标题在整个互联网上传播。在2005年5月,一家韩国的财团——TV Media——首创多媒体数码广播(Digital Multimedia Broadcasting),让人们通过手机和电脑也能够获取全天候新闻频道的电视节目内容。随着移动电视的全球市场不断扩张，全世界的电信和通信公司都开始发展类似的服务(Lee 2005,59)。这些对电视接收方式不间断的改良使实时的全球电视新闻逐步融入到人们日常的工作、休闲和家庭生活当中。

第四，全球电视新闻因其与实时性的其他表现形式之间的联系而值得进一步研究。正如我将要展示的，金融、政治、军事和电视通信网络相互交叠，其共同点在于实时的全球媒介化掩盖了新生事物的历史特性。

实时反馈回路

20世纪90年代中期，在一次关于全球媒介事件的具有先见之明的分析中，麦肯齐·华克(McKenzie Wark)注意到卫星电视的技术矢量与金融、外交和军事通信的技术矢量是连接在一起的，于是，所有人和所有事物都作为潜在的"一种媒介化的关系的客体与/或主体而被立刻意识到"(Wark 1994,15)。因为这些矢量影响着整个世界，所以不存在任何纵览全局的描绘全球事件的制高点。在这些情况下，重要事件的构成和发展与这些事件的大众媒介化(mass mediation)密不可分。而同时，大众媒介化的、在全球范围内传播的某一事件的相关信息也不可避免地被卷入其他与媒介和事件相关的通信矢量当中(例如全球金融、国际政策、军事网络)。这也反过来激活了另一种过程：新闻记者、摄像团队、编辑以及有关各方对一个重大事件的描述，通过一条由电视、广播、电话和传真技术所构成的全球回路，对事件本身产生反馈作用(Wark 1994,22)。

自从华克最初的观察以来，卫星频道、计算机中介传播(computer mediated communication)以及移动电话的蓬勃发展不断创造着彼此交叉的全球性矢量以及反馈回路。例如，数字化的外汇交易市场秉承与全球电视新闻一致的时间利用方式。当市场交易及相关信息不断出现在网络计算机屏幕上的时候，全世界市场中的交易者都同时在持续关注并参与其中。在这种环境里，如同卡琳·诺儿(Karin Knorr)所观察到的，信息无法被任何外界的现实所验证。相反，"只要屏幕上的资料相较于其之前的资料是新鲜的，它就仍然能够作为'信息'"被公开。所以，"新鲜性以'刚刚发生'的形式体现，并随着更加新鲜的事物的出现而烟消云散"(Cetina 2005,43)。

由此，我们可以清楚地看到外汇交易以及其他金融交易被物化了的时间世界[①]与电视新闻所构筑起的世界遥相呼应。将这些事件与日常活

① 译注：此处作者生造了 time-world 一词用以强调时间层面上的世界观。

动联结在一起的是那些主要的商务—金融资讯代理商，其中著名的有路透社（Reuters）和彭博资讯（Bloomberg）。它们向全世界的财经媒体、商务杂志、日报、广播电台、电视频道（包括其网站）以及专业客户（交易商、分析员和投资者）提供多渠道的新闻和信息。同时，全球电视新闻节目也为人们呈现关于货币、股票、债券和期货的新鲜资讯。例如，在股票市场里，分析员为大公司核对、压缩并解读商务信息。这些相关信息包括中央银行、评级机构以及政府委派的金融管理部门所发布的公告，以及上市公司的收益报表。与此同时，这些分析评估也让财经新闻记者、专业新闻频道以及新闻代理商能够汇编证券市场活动的总体情况。而这些分析汇总也将不断地被全天候（24/7）卫星频道（全球性的、泛区域的和国家的）加以整合后再重新播出。

如此，实时通信网络将财经记者、市场交易者和市场分析者这三者的活动结合在了一起。这些群体中彼此相互关联的主要成员都顺应着由内部产生的财经信息流动。市场参与者日常的买进与售出的决定建立在对未来价格的预期之上，而这些预期的形成则在一定程度上受到来自各种媒体的新近的分析报告和财经新闻内容的影响。而这个发展中的实时反馈回路也具有其内在的不稳定性和全球传染性（Thompson 2003，34—7；2004，14—18）。

全球电视新闻的实时流动也和政府外交政策以及国际政策的决策实践相互影响。高调政治事件的即时性传播很可能会对这些事件的进程产生一个加速的影响，同时缩短决策的时间。如果无法很快地做出决策，就会造成一种政治上优柔寡断或者纷争不断的媒介形象（Gilboa 2003，99）。有时候直播新闻报道的强度甚至会影响到一项外交政策的决定。据皮尔斯·罗宾逊（Piers Robinson）所说，这种情况就在 1994 年 2 月针对萨拉热窝市集的炮击事件中出现了。当时，美国有线电视网提供了即时的关于这场平民屠杀的图片，而这也促使克林顿政府向波黑塞族的民族主义者下达最后通牒：如果其继续对萨拉热窝进行炮击，将会遭到空中打击（Robinson 2002，86—7）。

然而，这一形势的变化并非自发产生的。全球电视新闻报道不会改变一个已经决定了的政治立场。但是，从宏观上说，全球电视新闻流动和国际政治传播是持续连接在一个整体当中的。因此，无论最终的政策结果如何，不断蔓延的暴乱或者灾难的电视图像都将加速外交上的互通有无。在这个意义上，全球电视已经部分取代了外交使节和政策专家的作用，而成为重要国际事务的关键信息来源。

当然，我们也可以在电报、电话或者无线电传输的国际影响中观察到类似的情况，然而，有理由证明国际外交政策在最近发生了本质的变化。在这一点上，艾顿·吉尔博(Eyton Gilboa)进行了以下的观察："在全球通信革命以前，一个领导人可以通过本土媒介向他[①]的人民传达一条讯息，同时通过外国媒介向外国人民发送另一条不同的讯息。今天这种差别已经消失了。一项政策声明将在同一时刻传递给本土和国外的观众，这无论对于敌人还是盟友来说都一视同仁。"(Gilboa 2003，107)这一景象往往发生在战争或者军事干预的前夕。如果即将来临的冲突具有极大的新闻价值，那么主要领导人的声明和行动就会通过反馈回路引起世界范围内的众多回应。这也反过来为所有电视新闻网和其他媒体的记者提供了突发新闻事件的源源不断的素材。

全球电视新闻的实时流动还与军事通信网络和军事行动的执行有着密切的联系。1991 年的海湾战争开创了这种互动的先河。一次重要的军事干预通过电视向全球的观众展现其行动过程，这在人类历史上尚属首次。在美国轰炸巴格达期间，记者将相机镜头聚焦在他们所处的区域及周围的活动，以此展现现场的满目疮痍(Hoskins 2004，50—1)。而在这些场景背后，全球电视和军用网络所仰仗的是同样的技术，为夜间战斗而研发的夜视镜使对战区的 24 小时报道成为可能。卫星通信本身就是全球电视广播和全球军事测绘不可或缺的手段。导弹前端摄像机的设置让全球媒介通信和军事力量的运用合二为一：目标视野和导弹的最终目的地被实时地连接在了一起(Wark 1994，42—4)。对我而言，关键之处在于军事和媒介通信网络间的这些互动正在自反性地(reflexively)不断增强。在某些场合里，记者干预和新闻评判直接影响到军事声明和决定，而后者也反过来创造出新的新闻故事。1991 年之后，媒介与军事通信间这种自反性的互动不断深入，反映出全天候卫星频道的蓬勃发展以及电视新闻采集和新闻接收的数字化改革。2003 年 3 月，在美国入侵伊拉克期间，现场的实际情况被深入且快速地散播到全球的、泛区域的和国家的媒介景观(mediascape)当中。这些多样的媒介化过程也影响着军事统帅的战术和通信策略。而同时，地区性和国际性的政治传播回路也和媒介—军事事件的实时立场自反性地交叠在了一起。

---

① 译注：此处作者在原文中使用男性所有格"his"。

当然，还有许多其他的网络化组织被卷入实时性的全球媒介化过程，其中包括非金融性的公司和商业组织、新千年的恐怖分子以及冲突地带的武装抵抗势力。根据实际经验，这些多种多样的互动所带来的自反性影响体现在不同的通信领域中（比如全球的、国际的、跨国的、国家的、地区的）。然而，跨越不同维度的实时反馈回路的广阔性与密集性最终还是取决于其所针对的事件和该事件发生的地点（以及其重要性）。全球化都市中的金融崩溃、军事戒备或者政治暗杀会产生多个层面的影响，而在一个偏远地区，同样的事件则不会有这么广泛而显著的影响。

去时间化的现在与[①]时间上的同期性

正如我在上文中指出的，瞬时的和同时的媒介通信构筑起一个无所不在的即时性世界。与之相类似，社会理论家卡门·莱卡迪（Carmen Leccardi）也发现了一种去时间化的现在（detemporalized present），它不再是传统意义上介于过去与未来之间的“现在”，而是一种自我定义的现在，与任何意义上的过去和未来都没有关系。借鉴阿格妮丝·赫勒（Agnes Heller）的观点，莱卡迪认为“现在”已经变成了“一切”（all there is）（Heller 1999，7，转引自 Leccardi 2007，30）。在这种情况下，历史时刻和未来前景都不再是公开辩论的主题。然而，正如我所主张的，在我们所生活的这个具有同期性的世界里，实时信息—通信网络催生出多种多样的文化现代性。而这已经被塑造成卫星电视新闻环境的种种逆流所证明了，各种各样的侨民群体也因此能够借助特定的频道重申其语言和文化上的纽带。例如，中东的网络也迎合了北非、中亚、欧洲和北美观众的口味（Rai & Cottle 2007，63）。

以此为前提，我们才能够认识到卡塔尔半岛电视台所具有的全球性和时间性的意义。它成立于 1996 年，很快便搭建起一套演播室的基础设施，实行 24 小时全天候播报，组建一支现场记者团队，设立地区性办事处，开通网站服务并拥有一份仍在不断扩大的国际影响力，从而吸引了生活在欧洲和北美的阿拉伯侨民的关注（El-Nawawy & Gher 2003）。当美国随后决定进攻伊拉克，半岛电视台不得不面对一场空前绝后的权力与宣传的实时二重奏。这两者的编排以一种蔚为壮观的叙事方式呈现出来，“充分地融入军事和企业公共关系活动的形式”并“为 24 小时新闻频

① 译注：原文此处使用“versus”一词，表示一种相对关系。

道和网站提供了原材料”(Compton 2004,3)。作为回应,半岛电视台将其原有的直播和录播节目安排更换成24小时滚动新闻并提供从巴格达、摩苏尔、巴士拉以及库尔德地区现场发回的故事和图片。当伊拉克战争开始之后,“半岛电视台”这个词语很快便成为网络的热门搜索话题,而半岛电视台的官方网站(Aljazeera. net)也成为世界上最受欢迎的阿拉伯网站(Allan 2004,353—4)。与美国“震撼与威慑”(Shock and Awe)的叙事主题不同,半岛电视台的图片明确地以“伊拉克战争”(War on Iraq)为题。在最初的新闻公告结束时,主播说道,“我们现在将带给您巴格达的现场画面”,只见无声的全景图像里巴格达被火光点亮,旁边配着几个字“巴格达在燃烧”(Miles 2005,241—2)。接下来的几天里,图片滚动新闻里出现被炸毁的房屋,悲痛欲绝的家人,失去四肢的大人和小孩,人满为患的医院以及血迹斑斑的尸体。这些报道在中东地区激起一波抗议的浪潮,而半岛电视台则将这些抗议的声势进一步扩大,整个世界对此都产生了政治和外交的回响(Miles 2005,242)。

半岛电视台针对入侵阿富汗和伊拉克的这些全球电视新闻事件的对抗性报道以及沉淀都具有历史性意义。英国广播公司世界频道与美国有线电视新闻网国际频道不再垄断包括中东地区在内的国际事件的实时报道。时间上的同期性成功挑战了去时间化的现在。然而,这种挑战也有其固有的局限性。主要的全球网络持续散播着的全球性的实时版本仍然在模糊着经济实力的结构布局。其他的卫星频道并不具备对抗这个符号世界的运营规模或者全球覆盖能力。

勾勒全球资本主义:共生性及批判

实时的全球媒介化掩盖了全球资本主义的历史真实性和地缘社会总体性(geosocial totality)。同时,数字技术修饰下的全球新闻也生动地展现着富裕与贫穷的社会环境,这与19世纪晚期资本主义帝国主义闲适的都市生活环境形成鲜明的对比。那些环境中的居民并不“想要了解他们的殖民地或者他们的繁荣是建立在怎样的暴力和剥削之上,他们也不希望被迫承认那些掩藏在语言和刻板印象之下的不计其数的‘他者’(others)的存在,也就是那些殖民种族主义者口中的劣等人类”(Jameson 2003,700)。

这里的关键问题不在于这些都市公民缺乏关于帝国和世界资本主义

扩张的知识，而在于这些既有的知识并不是由边缘群体自己构建的，他们关于资本主义帝国主义的独特体验无法在殖民地间传播，在大都市里也没有任何舆论影响。在约翰尼斯·费边(Johannes Fabian)针对西方人类学研究所做的历史性批判中，他指出，人类学构建其研究客体的过程使其无法以历史和时间的角度审视研究中的诸多文化。这一过程被他称为"否定共生性"(Fabian 1983，30—1)。同步(synchronous)事件发生在物理上的同一个时间过程中；同期(contemporary)事件发生在人为定义的同一个时间阶段内；而共生性(coevality)则与这两者稍有不同，表达了共享时间的意思。它通过重塑历史时刻的方式给(相对于自己的)"他者"以认同；同时，它也为(那些原本毫不相干的生活方式)在同一时代背景下的理解打开了大门。此外，它也认识到这些同时产生的关联性是深深地根植于更为广阔的社会总体性和权力关系当中的(Fabian 1983，31—2)。相反，当边缘群体和殖民地人民被当作(诸如落后的、传统的、未现代化的、部落的、乡村的、农民的)"他者"以凸显"我们的"时间的中心性时，或者当关于某一历史时期的单一话语否定或者掩盖了这些受压迫群体经历的特殊性的时候，对共生性的否定就确确实实地发生了。

全球现代性、时间上的同期性以及实时通信网络共同描绘出一个由跨国性的、全球—地方间的以及跨地域性的互动所塑造的四海一家的世界。这些互动构成一个由人际的、侨民的、不同文化间的以及全世界范围的活动所组成的巨大的集合体。因此，费边的论点似乎已经被事实所推翻了，否定共生性的欧洲中心主义根基已经荡然无存。然而，如前所述，全球资本主义的电子网络和时间加速仍然只对富人开放而将穷人拒之门外。基于这些发展趋势，我们可以重铸费边的论点：实时的全球媒介化是富裕和贫穷的生活世界之间的共生性受到压抑的物化表现。从某种意义上说，这是一种自相矛盾的论调。与殖民时代相比，当今时代富裕和贫穷的媒介表现可以说是包罗万象。富庶的场景充斥着好莱坞和宝莱坞的电影以及汽车、电子产品、奢侈性房产和豪华旅行的高端广告。修饰过的全天候电视新闻在全球、泛区域、区域和国家范围内流动，这也进一步凸显世界领导人、企业执行总裁、皇室成员、电影明星、作家、艺术家、音乐家和运动员等社会名流的生活方式。而与其相关的爆炸性的新闻故事则常现于广播报道、日报、晚报以及名人八卦杂志之上。在日内瓦、魁北克城、悉尼、布拉格、达沃斯和华盛顿特区举办的全球精英峰会受到广泛的关注。财富和权力的排行榜更是在世界各地定期发布。然而与此同时，穷人和赤贫者也被援助机构和新闻媒介以洪水、地震、饥荒、疫情爆发和暴乱受害者的形象摆在了聚光灯下。借助互联网、便携式摄像机以及移动电话，关于贫穷、犯罪和暴力的描述得以自由地扩散。此外，新闻故事也常常用富裕与贫穷间的批判性比较吸引眼球。2008 年在东京召开的八国峰会期间，新闻报道就曾讽刺性地将峰会晚宴的菜单及酒单与世界食品危机的讨论摆在一起。2008 年 7 月世界各地的头条新闻包括"精神食粮"(food for thought)和"照我说的吃，别照我吃的吃——面对饥荒，富人给出的答案"。

然而，在一个即时性愈发显著的媒介化的世界里，体现富裕与贫穷之间结构上与时间上的关联性的表述是不被接受的。而这一晦涩的过程也内置于那些陈腐的、四海一家的愿景在全世界范围的广泛传播。不同文化和不同国家在民族、地域和体验上的开放性被肤浅地通过品牌产品和广告表现出来，而这些时尚、食品、音乐、美酒、运动和社会名流的图像构成了一个"现成的"具有"独特共存性"(co-presence)的全球化的世界(Urry 2000,8)。在这一背景下，媒介研究者达雅・屠苏(Daya Thussu)[①]注意到"关于时事的报道及其新形式与事实娱乐(factual entertainment)类型的节目——比如真人秀——之间的共生关系已经产生，新闻、纪实和娱乐之间的边界变得越来越模糊"(Thussu 2007,69)。

尽管全球新闻和娱乐媒介系统性地否定富裕与贫穷之间结构上和时间上的诸多关联，强有力的反向趋势也同样存在。在一个经济上相互依存的世界里，在即时的知识和信息传输的驱动下，一个人对于自己生活的定位很可能会潜移默化地与其他地方人的生活联系在一起。电视与通信基础设施投射出全球商务在本体论上的既定性，而这些设施也让工人、女权主义者、环保主义者、人权主义者和原住民能够行动起来反对全球资本主义组织，其中包括各种反对大公司(壳牌、耐克、埃克森)、超国家机构(国际货币基金组织、世界贸易组织、世界经济论坛)以及相关峰会的活动。一方面，这些反对全球资本主义的跨国社会运动开展得如火如荼；另一方面，实时的另类新闻论坛纷纷涌现，比如独立媒体中心(Indymedia)。这也迫使全球力量结构以及同时存在的贫富之间的失联走进公众的视野。电影史学家汤姆・赞尼罗(Tom Zaniello)汇编了他所谓的"全球化的影像"并为其编制索引。他指出，最近政治、调查和新闻网站上出现大

---

① 译注：原文在此处误写为"Dayan"。Daya Thussu 彼时为英国西敏寺大学教授。

量的短片，预示着“这一新兴媒介所制作的关于全球化的长片”（Zaniello 2007，16）具有不断发展的潜力。

有关这些发展的详尽调查不在本章的范畴之内，但是，针对这些可能会利用卫星传输、互联网、宽带、移动电话、卫星电话、便携式摄像机和电脑编辑实时性的反抗性传播活动，我们有必要在这里理清它们拥有“反抗性”的先决条件。反抗形式的政治表达必须避免将这个世界展现为一种自然事实或者自然力量。对于任何电影、纪录片或者新闻故事来说，各种不同的地域视角以及时间性必须被摆在最为显著的位置并相互比较。那些长期全球趋势——比如全球变暖和资源枯竭——的资本主义基础则是另一个重要的主题。金融、生产、消费、运输以及分配的全球模式取决于一个由企业设计的、威胁到生物圈的化石能源流动体系。如果这一综合性的分析不能被公开地阐述，那么全天候的卫星频道以及相关的新闻流动仍会无止境地粉饰这个慢性的全球疾病的外在症状（飓风、干旱、饥荒、洪水、道德沦丧以及社会动荡）。反抗这些报道的肤浅的即时性也需要我们对全球趋势有一个前瞻性的理解。当一个重要的新闻事件发生，活动家、新闻记者和电影制作人必须让观众对将要带来大众恐慌和惊恐行为的潮水般的爆炸性故事有心理准备。例如，禽流感爆发或者股票市场的全面崩盘可能带来的影响是可以通过过去类似事件的纪录片加以了解的。最后，媒介通信的反抗性实践需要抓住一个全球资本主义网络——比如一家石油公司、一个消费性商品制造商、一家农业综合企业或者一个对冲基金——中串联着的同时性。在不同情况下，商业交易、利润实现和人类剥削中并发的各个节点都可以在一个连贯的叙事中被直观地描绘出来。这种表现形式将会需要能够反抗实时性的全球物化过程的多媒体通信网络。对于渴求将理论转化为实践的批判传播政治经济学来说，为构建上述网络献计献策是目前的当务之急。

参考文献

Adam，B.（2004）*Time*. Polity Press，Cambridge，UK.

Allan，S.（2004）Conflicting truths：On-line news and the war in Iraq. In：Paterson，C. and Sreberny，A.（eds），*International News in the 21st Century*. John Libbey，Eastleigh，UK，pp. 285—300.

Bayart，J. F.（2007）*Global Subjects*，A. Brown（trans.）. Polity Press，Cambridge，UK.

Castells, M. (1996) *The Rise of Network Society*. Blackwell, Oxford.

Castells, M. (2000) Information technology and global capitalism. In: Hutton, W. and Giddens, A. (eds), *On the Edge: Living with Global Capitalism*. Jonathan Cape, London, pp. 52—75.

Castells, M. (2001) *The Internet Galaxy*. Oxford University Press, Oxford.

Cetina, K. K. (2005) How are global markets'global? The architecture of a flow world. In: Cetina, K. K. and Preda, A. (eds), *The Sociology of Financial Markets*. Oxford University Press, Oxford, pp. 38—61.

Chalaby, J. (2003) Television for a new global order: Transnational television networks and the formation of global systems. *Gazette: The International journal for Communication Studies*, 65(6), 457—62.

Comar, E. (2008) *Consumption and the Globalization Project*. Palgrave, MacMillan, NewYark.

Compton, J. (2004) Shocked and awed: The convergence of military and media discourse. Paper presented at International Association for Media and Communication Research(lAMCR) Conference, Porto Alegre, Brazil, July.

Davis, M. (2006) *Planet of Slums*. Verso, London.

Dicken, P. (2003) *Global Shift*, 4th edn. Sage, London.

Dirlik, A. (2007) *Global Modernity: Modernity in the Age of Global Capitalism*. Paradigm, Boulder, co.

Ek, R. (2006) Media studies, geographical imaginations and relational space. In: Falkheimer, J. and Jansson, A. (eds), *Geographies of Communication*. Goteborg University, Nordicom, Sweden, pp. 43—66.

El-Nawawy, M. and Gher, L. (2003) Al Jazeera: Bridging the East-West gap through public discourse and media diplomacy. *Transnational Broadcasting Studies*, 10 (SpringSummer) Online at http://www. tbsjournal. com/Archives/Spring03/nawawy. html(accessed October 21, 2010).

Fabian, J. (1983) *Time and the Other*. Columbia University Press, New York.

Flew, T. (2007) *Understanding Global Media*. Palgrave, London.

Gilboa, E. (2003) Television news and US foreign policy: Constraints of real-time coverage. *Press/Politics*, 8(4), 97—113.

Harris, J. (2001) Information technology and the global ruling class. *Race and Class*, 42 (4), 35—46.

Harvey, D. (1990) *The Condition of Postmodernity*. Blackwell, Oxford.

Held, D., McGrew, A., Goldblatt, D., and Perraton J. (1999) *Global Transformations*. Polity Press, Cambridge, UK.

Heller, A. (1999) *A Theory of Modernity*. Blackwell, Oxford.

Hesmondhalgh, D. (2007) *The Cultural Industries*. Sage, London.

Hoogvelt, A. (2001) *Globalization and the Post Colonial World*, 2nd edn. Palgrave, London.

Hoskins, A. (2004) *Televising War: From Vietnam to Iraq*. Continuum, London.

Jameson, F. (2003) The end of temporality. *Critical Inquiry*, 29(4), 695—718.

Jukes, S. (2002) Real-time responsibility. *Harvard International Review*, 24 (2), 14—19.

Krugman, P. (2008) *The Return of Depression Economics and the Crisis of 2008*. Penguin, London.

Leccardi, C. (2007) New temporal perspectives in the high speed society. In: Hassan, R. and Purser, R. (eds), *24/7: Time and Temporality in the Network Society*. Stanford University Press, Palo Alto, CA, pp. 25—36.

Lee, J. (2005) Getting the small picture. *Newsweek*, June 6—13, 59.

Massey, D. (2005) *For Space*. Sage, London.

Medina M. (2003) Time management and CNN strategies 1980—2000. In: Albarran, A. and Arrese, A. (eds), *Time and Media Markets*. Lawrence Erlbaum, Mahwah, NJ, pp. 81—94.

Miles, H. (2005) *Al Jazeera: How Arab Television News Challenged the World*. Abacus, London.

Parks, L. (2005) *Cultures in Orbit*. Duke University Press, Durham, NC.

Rai, M. and Cottle, S. (2007) Global mediations: on the changing ecology of satellite television news. *Global Media and Communication*, 3(1), 51—78.

Robinson, P. (2002) *The CNN Effect*. Routledge, London.

Robinson, W. (2004) *A Theory of Global Capitalism*. John Hopkins University Press, Baltimore.

Rude, C. (2005) The role of financial discipline in imperial strategy. In: Panitch, L. and-Leys, C. (eds), *Socialist Register*. Merlin Press, London, pp. 82—107.

Sabelis, I. (2007) The clock-time paradox: Time regimes in the network society. In: Hassan, R. and Purser, R. (eds), *24/7: Time and Temporality in the Network Society*. Stanford University Press, Palo Alto, CA, pp. 255—78.

Schiller, D. (2007) *How to Think About Information*. University of illinois Press, Urbana.

Singh, K. (2000) *Taming Global Financial Flows*. Zed Books, London.

Soros, G. (1998) *The Crisis of Global Capitalism*. Little Brown, London.

Thompson, E. P. (1967) Time, work-discipline and industrial capitalism. *Past and Pres-*

ent, 36, 57—97.

Thompson, J. (1994) *Ideology and Modern Culture*. Polity Press, Cambridge, UK.

Thompson, P. (2003) Making the world go round? Communication, information and global trajectories of financial capital. *Southern Review*, 36(3), 20—43.

Thompson, P. (2004) The political economy of information in the global financial markets and their insulation from democratic accountability. Paper delivered at the International Association for Media and Communication Research (IAMCR) Conference, Porto Alegre, Brazil, July.

Thussu, D. (2007) *News as Entertainment*. Sage, London.

Tomlinson, J. (2007) *The Culture of Speed*. Sage, London.

United Nations Conference on Trade and Development (UNCTAD) (2005) *World Investment Report*. United Nations, New York and Geneva.

United Nations Conference on Trade and Development (UNCTAD) (2008) *World Investment Report*. United Nations, New York and Geneva.

Urry, J. (2000) The global media and cosmopolitanism. Paper presented at Transnational American Conference, Munich, June. Online at http://www.lancs.ac.uk/fass/sociology/papers/urry-global-media.pdf (accessed October 21, 2010).

Wark, M. (1994) *Virtual Geography*. University of Indiana Press, Indianapolis.

Winseck, D. (2008) The state of media ownership and media markets: Competition orconcentration and why should we care. *Sociology Compass*, 2(1), 34—47.

Ym, D. Y. (2005) The telecom crisis and beyond. *Gazette: The International Journal for Communications Studies*, 67(3), 289—304.

Zaniello, T. (2007) *The Cinema of Globalization*. Cornell University Press, Ithaca, NY.

Zorn, D. and Dobbin, F. (2005) Managing investors: How financial markets reshaped the American firm. In: Cetina, K. K. and Preda, A. (eds), *The Sociology of Financial Markets*. Oxford University Press, Oxford, pp. 269—89.

第二十五章　全球媒介之都[①]和当地媒介政策

迈克尔·柯廷(Michael Curtin)

自20世纪初期以来，有三个城市已经成为国际媒介经济的创新和运营中心。在20世纪20年代，好莱坞取得了其电影业的领导地位，而30年后其又取得了电视行业的全球领先地位。现如今，好莱坞的公司仍然是世界各地剧院、卫星电视、有线电视和广播媒体所放映节目的首席供应商。类似的是，纽约和伦敦也早已成为新闻、出版、广告和金融信息的重镇。此外，它们也成为世界最富有的媒体集团总部的所在地。当人们在全球各地旅行时(traveling the globe)，常常会遇到这些媒体集团生产的大量文化产品，从蝙蝠侠到米老鼠，从英国广播公司(BBC)到美国有线电视新闻网(CNN)，从耐克广告到《金融时报》。因此，国际媒介政治经济学研究倾向于把重点放在位于纽约、伦敦和洛杉矶的媒体机构的权力与影响力上。

然而纵观现代传媒的历史，其他中心也同样在争夺受众的注意力。例如上海，是20世纪20年代中国电影制作的繁华中心；孟买在20世纪30年代成为数家成功的电影制片厂的所在地；而开罗在20世纪大多数时间中都是阿拉伯电影的主要产地。这些城市制作的电影数量以及其获取的利润并没有好莱坞那么多，但这些地点的文化影响力仍然是广阔而深远的。此外，从20世纪80年代开始，边缘媒介中心的多样性和重要性开始大幅度增加，某种程度上这是由不断增长的通过卫星电视、有线电视、互联网和家庭录影带实现的媒介产品的跨国流动所推动的。伦敦人现在可以在网上购买尼日利亚的电视电影(videofilm)，芝加哥人可以订

---

① 译注：原文标题Global Media Capital一语双关，既指全球媒介之都，又指全球媒介资本；作者也在下文中予以了说明。

阅印度的卫星电视频道,洛杉矶人可以观看到中国最新的电视和电影首映。有学者将这种现象看作是媒体从“他方”(the rest)到西方的反向流动,但同样重要的是,人们在非洲萨赫勒地区也能发现宝莱坞粉丝,在东南亚也有西班牙语肥皂剧观众,以及在沙特阿拉伯也能找到土耳其的电视迷。这种横向的媒体流动是世界范围内的文化影响力模式日益复杂的证明,而且,它们还可能是全球媒介经济中正在变化的制度关系和专业实践的标志。

请考虑以下几点:《蜘蛛侠 3》(*Spider-Man 3*)在 2007 年 4 月 30 日于纽约上映之前,已经在九个国家首映,包括俄罗斯、巴西和日本。目前,全球市场对好莱坞大片而言相当重要,以致电影制片厂现在会投入巨大的精力在国际推广及发行上。在影院上映期间,《蜘蛛侠 3》迅速累积超过 5 亿美元的海外票房,这个数字远远超过在美国的票房销售。事实上,全球票房已经成为大多数好莱坞大片在构思、融资和执行中的一个关键因素。尽管国际发行曾经是一种后端事业(backend enterprise),但它在过去十年中已经成为大制作的核心组成部分。像《蜘蛛侠 3》这样的电影,在其影院放映期间,能够收获接近十亿美元的全球票房,为其接下来在录影带销售、租赁和周边产品销售上的更多收入作好铺垫。

然而,这些巨大收入不能传达的是,这些大片相对有限的覆盖范围。鉴于好莱坞电影票的溢价,全球范围内实际到电影院看《蜘蛛侠 3》的人只有 1.25 亿。与此相比,印度的超级英雄电影《印度超人》(*Krrish*),几个月前刚刚在印度首映。仅在印度,它就售出了大约 1.1 亿张门票。虽然因为印度的电影制片厂对于海外市场的控制是非常少的,导致全球范围内的数据难以获得,但可想而知,在巴基斯坦、孟加拉和海湾国家的观众会同样热情,就如那些好莱坞电影的租赁费超出影院老板平均所能承受范畴的市场的观众一样。在这一对比的基础之上,人们有理由推测《印度超人》的文化影响力是等于并可能超过《蜘蛛侠 3》的。印度电影观众的空间位置分布可能不同(亚洲、非洲和中东对比欧洲、日本和澳大利亚),但其跨越国境的足迹也遍布很多地方。因此,我们当然可以认为,《印度超人》凭借自身力量成了一种全球现象。

因为《印度超人》是由一家放眼世界市场的孟买(Bombay)电影制片厂构思和制作的,所以它也是另一种意义上的全球现象。这在印度电影中并非常事,但从 20 世纪 90 年代中期以来,在所谓的宝莱坞电影制作人和发行商采取的策略中,南亚次大陆有家庭归属感的海外观众开始居于显著位置。根据孟买最成功的电影制片厂之一亚斯拉兹电影公司（Yash Raj Films）的说法，印度电影现在每年在美国销售视频和电影原声带的收入超过 1 亿美元，使其成为印度电影业最赚钱的成长性市场之一。据估计，盗版的数量大得多，这也预示着随着发行机构的成长未来将出现的巨大潜能。欧洲和海湾国家也同样成为印度电影和电视发行的重镇。仅仅 10 年前，这些市场还是相对不那么重要的。今天，他们代表着这个行业最重要的部分之一，也因此全球视角渐渐开始影响许多印度电影的构思和执行。

中国电影正在经历类似的转变。《卧虎藏龙》（*Crouching Tiger, Hidden Dragon*）是这一转变中一个引人注目的例子，但同样耐人寻味的还有周星驰主演的电影《功夫》（*Kung-fu Hustle*），全球票房收入超过 1 亿美元；李连杰主演的《英雄》（*Hero*），获得票房 1.77 亿美元。这三部影片不仅都赢得了全球观众的注意，同时也是多国合作的产物，从世界范围内的华人社会中吸取资金、人才和创意资源。同样，票房收入只展现出故事的一部分，因为它们的收入很多来自那些西方电影的票价比它们更高的市场。

中国的电视也变得越来越具跨国性。1991 年，香港的企业家创立了香港卫星电视台（Star TV），其目的是建立一个卫星电视节目的泛亚洲平台。虽然它的大陆战略最终不得不重新校准以适应不同媒体市场的特有轮廓，然而在激发该区域内的电视产业放松规制，在不断扩展的媒体服务中挑起更为活跃而广泛的竞争上，它被证明是相当成功的。过去习惯在中国香港、新加坡及中国台北设立全国性或地方性电视台的亚洲媒体公司，如今正在整个区域内进行电视的广播服务。面对当地市场日益激烈的竞争，他们已经开始尝试扩大其地域覆盖范围，不仅仅是在亚洲，还包括欧洲和北美地区的城市；那里的观众现在都可以通过有线电视、卫星和家庭录音带接触到成千上万个小时的中文节目。

在过去的 20 年中，市场力量、技术创新，以及政府的规制放松已经给中国商业电视的生产和分配带来新的条件。即使像中国这样，以国家所有制作为媒体行业标准，服务的数量和竞争者的范畴也已经大大增加。因为电视机构面临着政府补贴明显减少的局面，所以它们被鼓励去追求广告收入和新的创业方案。这导致它们与来自东京和纽约的商业伙伴建立合资企业，并且还进一步推动央视（CCTV）——这是官方授权在海外开展业务的唯一一家中国电视服务机构——签订了第一次使其在欧洲和北美得以传输的分销协议。

以孟买、金奈、海得拉巴为基地的印度企业家也同样推出了跨国电视网，如 Zee、Sun 和 ETV。它们一起向世界各地的观众提供各种印度语言的节目。同样，尼日利亚的电视电影制作人每年制作出成千上万个故事，在撒哈拉以南的非洲，以及美洲、欧洲和南亚的移民观众中传播。在阿拉伯媒体中，跨国卫星向中东、欧洲和北非的观众提供节目。

鉴于这些地理位置上的转移，本章将提供电影和电视产业的空间分析，并解释一个多世纪以来推动屏幕媒体商业发展的关键原则。这些原则聚集在媒介之都/媒介资本（media capital）这一概念之下，其调用了 capital 一词的双重内涵，既指地理的中心，也指资源、人才和名声的积累。关于媒介之都的三个原则有助于解释为什么一些城市崛起成为生产中心，并进一步说明为什么文化流通的某些模式会出现。在后面的部分，我将解释这些原则：积累的逻辑、创意迁移的轨迹和社会文化差异的轮廓。在划定影响媒体资源空间部署的因素后，本章会在全球化时代的背景下，对媒介之都的政策意涵进行总结讨论。有人建议，国家在其评估商业媒体的能力时要实事求是，而在支持广泛的不论商业还是非商业的媒体资源时要坚定不移。

积累的逻辑

积累的逻辑并不是媒体行业独有的，因为所有的资本主义企业都表现出天生的动态和扩张倾向。正如大卫・哈维（David Harvey 2001）指出的，大多数公司通过对生产资源的集中和市场的扩张寻求效率，希望可以在最短的时间内获取最大可能的投资回报。比如，企业重组工厂的空间布局从而提高效率，或它们使用新的配送模式以扩大自己的市场范围。这些在生产领域的向心（centripetal）倾向和在分配领域的离心（centrifugal）倾向是由卡尔・马克思（Karl Marx 1973，539）在一个多世纪前观察到的。他尖锐地指出，若想克服积累的障碍，资本必须"通过时间来湮灭空间"。

如果应用于当代的媒体，这种洞察则表明，即使一个电影或电视公司可能会以服务特定民族文化或当地市场为目的而创立，但是它如果想在竞争中存活下来并提升盈利能力，就必须随着时间的推移重新部署其创新资源并重塑其运营领域。在积累的逻辑中暗含着伴随着工业资本主义崛起的"管理革命"的影响力(Chandler 1977)。一个多世纪以来,现代经理人始终在寻求应用科学的监控方法和技术来改善企业的运营。在20世纪,资本主义变得不但是积累的一种模式;当它不断地重组与整合生产和销售过程——通过对生产资源的集中以及交付配送系统的持续改进来提升效率,资本主义也开始倾向于监控和适应。

美国电影业——世界上最商业化、被研究得最深入的媒体行业——的历史为这些核心趋势提供了一个启发性的例子。在20世纪的第一个十年,美国电影放映商依赖于规模很小的、合作性质的制作团队来满足人们对于电影娱乐的需求。然而,随着电影院线的出现,发行变得更加复杂,并且随着竞争的加剧,电影公司开始在大型工厂化的电影制片厂中集中创意劳动者,着眼于提高质量、降低成本并提高产量。通过重构生产的空间关系,经理人将创意劳动者集中在单一位置,在那里多样化的项目部署可以在每个电影制片厂的中央生产办公室的指导下进行。各大电影公司进一步分离计划和执行领域,为每部影片创造蓝图(或脚本)来指导遍布摄影棚的灯光、化妆以及其他许多部门的专业人员的工作。美国电影业在20世纪初进入这种工厂阶段,生产的集约化加速了输出并且产生了成本效益,为全国各地的影院运营商提供优质产品的可靠流量(Bordwell et al. 1985,Scott 2005,Bowser 1990)。

到20世纪30年代为止,随着孟买和加尔各答诞生大型的电影制片厂,类似的模式也出现在印度的商业电影业中。虽然制片厂制度因为一些原因半途而废,然而对生产资源的集中依然不断加剧,使得孟买成为南亚电影业的一个中心,并在整个次大陆上发行电影(Pendakur 2003,Prasad 1998,Rajadhyaksha 2003)。在中国电影业里,20世纪30年代出现了跨国的电影流通,但因各种原因生产方式最初比较分散。二战后这个产业重现繁荣,国泰影业(Cathay)与邵氏兄弟(Shaw Brothers)在香港成立,从事综合性生产经营,其规模与效率可以媲美其美国同行(Bordwell 2000;Curtin 2007;Fu 2002,2003年)。资本密集型工厂模式在世界各地的主要电影公司中盛行,但值得注意的是,不同于汽车或钢铁行业,电影制作人员创造的是独特的原型(prototypes),而不是可互换的冗余的一批批产品。即使生产程序变得越来越标准化,即使电影面向广大受众,每一件商品都是比较独特的(Bordwell et al. 1985)。

因为电影是经济学家所说的公共产品,所以不仅电影制作区别于工业化生产的其他形式,电影发行也是如此(Kepley 1990,Hesmondhalgh

2002)。也就是说,每部故事片都是可以在不损耗其之于其他顾客的可用性的情况下被消费的商品。考虑到相较于创建原型的成本而言相对较低的复制和传播电影拷贝的成本,制造商理应将每个作品尽可能广泛地发行。不同于需要接近现场观众或顾客的文化机构(例如杂耍和歌剧),也不同于会产生大量成品运输成本的工业制造商(例如汽车和洗衣机),电影制片厂可以广泛又经济地发行它们的影片。因此,发行部门的主要目的就是为了刺激观众的需求,并确保能够获准进入遥远地区的剧院。它们往往通过建立电影院线或通过与国内或是国际各大放映商进行合作来实现后一个目标(Thompson 1985,Gomery 1986,Balio 1993,Pendakur 2003,Curtin 2007)。

创意迁移的轨迹

因为视听产业尤其依赖创意作为其核心资源,所以媒介之都的第二个原则强调创意迁移的轨迹。反复出现的对新原型的诉求对劳动力提出了新的要求:能够有意识地通过审美创新以及市场考量进行自我激励。事实上,吸引和管理人才是电影制片商面临的最困难的挑战之一。在企业的层面上来看,这涉及提供有吸引力的薪酬和良好的工作条件,但从更广泛的层面来看,也需要保持与定期自我补充的专业劳动力储备的接触。这就是媒体公司往往集中在特定城市的主要原因之一。

然而,长期的历史视角似乎说明,创意中心很少是回应市场力量而诞生的。以前现代时期为例,艺术家和工匠聚集在君主和神职人员建立宏伟大厦或委托制作大量文化产品的地方。赞助将艺术家吸引到特定的地点,并往往让他们在其工作生活的大部分时间里待在那里,而他们又反过来将自己的技能传递给后代和新移民。我们可以设想,是精神感召和封建的赞助关系——而非市场力量——在此期间显著影响着创意迁移的轨迹,但认识到艺术家寻求同类的趋势也同样重要。艺术家希望与同行待在一个地方,因为这种亲近会产生相互学习的效果。也就是说,艺术家通过与其他艺术家的不断交往提高他们的技能,并扩大他们的视野。随着资产阶级在现代早期的声名鹊起,商业城市成为艺术赞助、制作和展览的新的中心,尽管那些已存在的中心在行家当中也保留了一定的声望(DiMaggio 1986)。工业家建造表演场地、建立画廊、资助教育机构,所有这些都将新人才吸引到诸如柏林、纽约和上海等城市。

流行文化就附着在艺术领域创造性劳动力流动的形貌之上。在主要的文化中心之外,流行艺术家和表演者会由于缺少富有的赞助者而很难在一个单一的地点生存。于是,流行表演者建立起反复迁移的巡回线路,来为不同的城镇和村庄的人表演。在19世纪,合理安排人才穿梭于区域中一系列表演场地的经纪人将这些巡演规范化。通过集中创意劳动者进入表演团体,然后安排他们进行巡演,杂耍表演使得表演者谋生成为可能,并使他们能够从同伴身上学习新的技术(Allen 1980,Gilbert 1940,McLean 1965)。随着杂耍的蓬勃发展,他们在不同区域的热心观众中吸引新的人才,把这些崭露头角的演员投入到生产的循环中。电影行业在初期为了从高雅文化和通俗戏剧中吸引人才,将其生产设施放置在既有文化中心的附近。当它们蓬勃发展时,电影工作者就搬迁到了他们认为可以建造庞大工厂来制作赛璐珞梦幻(celluloid fantasies)的地方。尽管它们取得了成功,然而美国(20世纪50年代)、印度(20世纪40年代)以及中国(20世纪70年代)电影行业的反转结束了制片厂式的生产体系。艺术家和劳动者发现自己失去了长期就业的保障,而不得不面对在越来越多的独立制作公司里充当临时工的不确定性。

那为什么好莱坞、孟买和香港能够继续充当文化劳动力的磁铁?有人可能会认为,像之前的过渡那样,这些城市的剩余光环有助于维持其作为创意努力的中心,但地理学家迈克尔·斯托波和苏珊·克里斯托弗森(Michael Storper and Susan Christopherson 1987)认为更重要的是,因为产品输出的持续变化要求承包商、分包商以及创意人才之间的频繁交易,所以电影行业中一种分裂的(或者灵活的、后福特主义的)生产模式实际上鼓励并维持着创意劳动力的集聚。他们关于好莱坞的研究表明,电影行业中企业间的交易在过去50年已大幅增长,而同时交易的规模已经减少,这表明许多小分包商现在为电影公司提供着重要服务,包括戏服、搭景、照明以及重要的人才,而许多明星也以独立企业而不是合同工的身份参与其中。斯托波和克里斯托弗森指出,虽然生产系统经过一段分裂的时期,但由于体制和创意合作的需求,劳动力的空间集聚依旧持续。也就是说,如今电影生产者之所以分包大量工程给当地的公司,是因为对其而言,这样更容易监督他们的工作,并随着项目的进展提出建议。至于工人,他们集聚于以电影公司及分包公司为基础的好莱坞,因为这样可以帮助他们"通过接近最大的就业机会池来抵消短期合同工作的不稳定"

(Storper & Christopherson 1987,110)。[①]

地理学家艾伦·J.斯科特(Allen J. Scot)的产业人才集聚这一原则延伸到珠宝、家具和时装等多种多样的行业中。他认为,文化产品的制造商倾向于落脚在分包商和熟练工人形成密集交易网络的地方。除了明显的管理和成本效益,斯科特还指出了从相互关联的生产者集群中产生的相互学习的效果。无论是通过非正式学习——如在特定的项目合作时分享想法和技术,或者通过更加正式的知识传递——工艺学校、行业协会以及颁奖典礼,集群化都会提高产品质量并推动创新。"像这样的地方型的社区不仅仅是狭义上文化劳动力的聚集之处,"斯科特观察到(Scot 2000,33),"而且是维系与传递重要的文化能力的社会再生产的中心。"

劳动力的向心凝聚促进了路径依赖式的演化,这样小的偶然事件或创新可能会引发文化产业在特定位置的出现,但是集群化会产生一个螺旋式的增长,因为创意劳动者会迁移到该地区寻找工作,并进一步提高其对其他人才的吸引力。[②] 在这样的产业中,无法较早起步的地点便会遭遇"停产",因为即使有大量的政府补贴,它也难以吸引人才远离既有的媒介之都。斯科特认为,一个新的群集能够崛起的唯一途径是,它的生产者提供一个明显与众不同的产品线。

一般来说,我们可以得出结论,文化生产尤其依赖相互学习的效果和创意迁移的轨迹,而且在特定位置不可避免地会出现创造力的中心。这些原则运作于贯彻历史的各种积累制度之中,但是现代时期是与众不同的,因为资本主义生产的向心逻辑已经与创意迁移的向心轨迹相结合,促成了跨国电影制作中心的崛起。有人可能会想,在今天商业流量日益增加、贸易壁垒逐渐减少的世界里,我们可能会进入这样一个时代:某一个城市将成为占主导地位的全球性中心,吸引来自世界各地的人才,并生产世界上大多数流行的荧幕叙事。然而,分配的复杂性削弱了这种自命不凡的独占鳌头,尤其是当媒体产品遭遇——往往由与其竞争的、自己本身也是创意迁移中心的媒体之都所服务的(即使是最低程度的)——遥远的文化领域的同类产品时。

---

① 尽管新的通信技术让创意合作穿越了广阔的领域,创意劳动者仍然需要聚集,从而建立信任和熟悉感,形成并维持远距离协作。吉登斯(Giddens 1990)对于面子工作的讨论,以及布尔迪厄(Bourdieu 1986)对于社会资本的概念都指出了物理接近的重要性。

② 虽然并没有专门涉及媒体行业,大量文献探讨了在特定地点人力资本对于商业公司集群的影响(Florida 2005,Jacobs 1984,Porter 1998)。

社会文化差异的轮廓

像好莱坞、孟买和香港这样的城市，相互之间横亘着显著的文化鸿沟，而这有助于解释为什么制片商在这些城市能够保持独特的产品线，并且能在遥远的竞争对手的冲击之下幸存。这些媒介之都由将上面概述的空间倾向修改并复杂化的干涉因素进一步支撑着。因此，媒介之都的第三个原则侧重于社会文化差异的力量，这表明不管制作和创意迁移的向心偏见以及发行的离心偏见，国家和地方机构已经并将继续作为重要的行动者。事实上，早期电影之所以例外，在很大程度上是由于媒介之都逻辑的展开并未受到国家管制的阻碍，但随着跨国电影叙事流行度的提高，许多国家制定文化政策来解决进口电影的影响力越来越大的问题。

电影给各国政府提出一个独特的政策挑战，因其发行甚至比报纸、杂志或书籍还要广泛，而后者的流通仅限于共享的语言领域内受过教育的消费者。相比之下，默片时代的电影克服了这些障碍，同样也挑战了阶级、性别和种族的界限。好莱坞电影享受到尤为广泛的发行，显著扩大了受众群体，并推动了大型电影制片厂的增长。克里斯汀·汤普森(Kristin Thompson 1985)认为，在20世纪初，美国电影公司成为占主导地位的出口商，这一趋势促进了资源和人才在洛杉矶地区进一步的集中。但是到20世纪20年代，国外的意见领袖和政治家开始警惕，文化评论家开始鼓励监管。许多国家对好莱坞电影实行了进口配额和内容管理，其中一些还设立了国家电影局来资助那些围绕本国主题、采用本国人才的电影制作(Crofts 1993，Jarvie 1992，Higson 1989，O'Regan 2002)。

最重要的是，各国政府将无线电广播这一新技术作为应对外国电影吸引力的手段。在西半球以外的几乎每一个国家，作为公共服务的电台的建立就是为了成为应对国外文化入侵的壁垒。作为其他国家的范例，英国明确要求英国广播公司为英国的价值观、文化和信息的传播腾出空间(Scannell 1991，Hilmes 2003)。收音机似乎是一个特别合适介入的媒介，因为它的许多特性有助于将国家系统与外国竞争相隔离。从技术上来讲，无线电信号从任何给定的发射器发射只能传输30至60英里。就像在英国，人们可以互相连接一连串的发射机从而覆盖整个乡村，但对于国外竞争对手而言，抵达他国国内观众的唯一途径是通过短波电台，这是一个相对难以接近大众的不稳定的技术。这种隔离进一步被一套以国家为基础分配无线电频率的国际监管体制所认可，旨在减少各国之间的技术以及文化干扰。因为电台依赖于对国家官方语言的听觉能力，所以语言则提供了另一种壁垒，有助于区分在客厅里播放的全国电台节目和在电影院里播放的好莱坞“有声电影”(talkies)。最后，公共服务广播系统是由本土文化资源带动的，因为文学和戏剧作品通常都是适用于新媒体的，民间故事和音乐也是一样。随着媒介在自身的努力下培育着共同的民族文化，国家仪式乃至最后体育赛事也充斥在电波之中。

电台同时推动着受众之间一种共享的时间性。早在19世纪，它的前身——全国性的新闻报刊——通过引导读者阅读编辑认为重要的故事，并鼓励他们每天步调一致地吸收这些故事，就已经率先引起了这种转变(Anderson 1983)。无线电将新闻报刊消费的这一日常仪式延伸到文盲群体，扩大了同步的范畴，这样的节目安排开始塑造日常家庭的惯例，并创造社会和文化活动的全国性日程。电台悄悄地走进了千家万户，将公共领域和私人领域交织在一起，并将民族文化置于其听众的日常世界之中(Hilmes 1997，Morley 2000，Scannell 1991)。尽管无线电系统在政治家、教育家和文化官僚的指导下建立了，但是随着时间的推移它也会逐渐开放受众参与，从而将另一种独特的文化资源作为其节目编排的一部分：人民的声音。在上述每一种形式中，公共服务广播都在凸显社会文化差异性的国家轮廓，以此来反抗媒介资本在世界范围内平滑的市场关系中运作的愿望。

虽然英国广播公司成为公共服务广播的模板，但是国家无线电系统是多样的，它们的成功也是多变的。全印广播电台(All India Radio)非常精英主义，因此也不那么受大众欢迎。直到国外卫星电视竞争对手入侵，印度的电台和电视台才被迫开始争夺观众的青睐(Jeffery 2006)。印度不是唯一体验到国家垄断电视广播的负面影响的国家。尼日利亚广播充斥着政治偏袒和审查，直到20世纪90年代它发现自己在与流行的尼日利亚电视电影竞争(Adesanya 2000，Haynes 2000，Haynes & Okome 1998，Larkin 2008，McCall 2004)。尽管有这样的问题存在，有关电视广播的法规使政府能够有效地重新塑造媒介之都的向心和离心倾向，让它们能够阻止外来的文化流动，并且培养国内人才和资源。法规提供了一种针对商业媒体产业的空间扩张倾向的防御性反应。

在多样的国家背景之下，法规也充当着商业媒体行业的一个有影响力的赋能者。作为媒体许可制度，知识产权(IP)法在这方面是一个特别引人注目的例子。[①] 美国广播的商业发展在法规的推动下，能够向企业经营者“出售无线电波”(sell the airwaves)。通过此举，政府在无形的公共资源中创造了一个市场驱动系统，实现了国家节目分配系统，刺激了全国性广告的增长和集中的创意资源在极少数中心城市的增加(Streeter 1996)。正如英国的制度成为世界各地公共服务体系的一个典范一样，美国广播的媒体商业许可制度则成为卫星管制的标准，从而迫使世界各国政府在20世纪90年代去适应商业模式的标准。

正如我们看到的，市场的边界和轮廓都受到激活、形塑和削弱媒体产业动态的政治干预的影响。“自由流动”(free flow)和“市场力量”(market forces)等概念在自觉的国家干预没有改变某一领域的面貌来适应商业运作时，其实是毫无意义的。市场是被制造出来的，不是给定的。积累的逻辑也因此必须就其与社会文化力量的具体和复杂混合之间的关系来被拷问。

最后，还应该指出，自觉的国家政策并不是组织和利用社会文化差异力量的唯一执行者。在孟买、开罗和香港的媒体行业自身也已经在生产和分配行为实践中利用了社会和文化的差异优势。它们采用的创作人才和文化形式与它们的观众产生了独特的共鸣，从而跨越了与好莱坞以及其他强大出口商之间的文化差异。这些产业还利用社交网络和内部信息以确保市场优势，并且在其宣传中调用文化和民族自豪感。因此，社会文化差异的力量可以为创造市场利基(market niche)以及定义国家公共服务体系提供资源。

政 策 启 示

媒介之都是调查资本、创造力、政治和文化的空间逻辑且不将其中任意一个因素摆在特殊位置的概念。正如积累的逻辑提供了一个基本的结构性的影响，创意迁移的轨迹和社会文化差异的轮廓也在形塑媒介产品

---

① 在20世纪初的美国，法院裁决电影制片厂具有自主知识产权，使它们——而不是它们的员工——可能会要求对它们“署名的”电影提供保护。虽然版权法最初的目的是促进个人创造性的努力，但法院也允许电影工厂声称其拥有艺术灵感。有趣的是，他们还裁定，在大制片厂工作和接受报酬的劳动者既不是创造者也不是作家，而都是“为了被雇佣而工作的”。在这种方式下，美国的法律制度深刻地改变了版权法，促进了电影生产的产业化，并为电影分销商提供了巨大的法律保护(Bordwell et al. 1985)。

生产和消费的多样语境。媒介之都的分析鼓励研究人员给出描绘资本运作和人才迁移的批判性考量，并在同一时间将注意力集中到文化力量和社会突发事件上，使话语、实践和空间的关系具体化。

媒介之都进一步鼓励研究人员挑战英美媒体是全球媒体用户生活中心，以及它们在可预见的未来会保持这种地位的推断。而正相反的是，有证据表明好莱坞处于一个极度怀念 20 世纪 60 年代——那时的美国汽车业高管很难想象会有来自海外的竞争性的挑战——的底特律的历史性的时刻。然而，不到二十年，全球汽车行业发生巨大转变；仅仅几十年后，美国公司发现自己处于崩溃的边缘。也许好莱坞注定在短期内没有什么戏剧性改变的命运，但随着孟买、拉各斯和迪拜等城市的媒体企业不断使其融资和运营正规化和公司化，激烈的竞争已经出现而且似乎注定要增强。我们当然可以赞扬这些制片商的勇气、坚持以及创造力，因为他们的成功让我们相信在可预见的未来，观众将能够从更多样的渠道获取电影。然而，对全球媒体的多元化竞争格局进行更深入认知只是空间分析所带来的一个好处，因为它还提供了从一个新的高度重新审视文化政策问题的机会。

很长一段时间，媒介政策都被关于地方和国家文化受到外国入侵这样的担忧所建构。随着积累的逻辑继续推动生产资源的整合，并鼓励领头的商业媒体公司执行扩张性的跨国分销策略，这些焦虑很有可能会继续增加。事实上，自 20 世纪 80 年代，这些核心趋势就已经在新自由主义的自由贸易和结构调整政策的支持下十分成熟。同样重要的是，创意人才延续了历史的集聚模式，而且如今创意工作者在全球创意中心之间寻找就业机会、美学灵感以及社会学习效果的移动更加迅速和流畅。这种流动模式为媒介之都提供了持久的优势，因此新的竞争者很难取代它们。

鉴于这些趋势，国家和城市政策的制定者已经按捺不住，希望加入全球媒介之都的行列争夺人才和资源。但是，走上这一道路需要对所提供的补贴和支持有着非常审慎的判断，将其主要用来培养那些已经证明它们跨国潜力的常驻公司和从业者，而不是将其浪费在来自远方的投机性新企业或到处跑的制片人上。许多政府都会为他们提供给好莱坞制片人、企图引诱他们来到其城市的补贴和基础设施投资感到后悔。当制片人转移到能够提供更好的补贴和设施的地方时，这些政府所享受到的短期收益就可能会很快蒸发（Goldsmith & O'Regan 2005，Miller et al. 2008，Porter 1998，Tillic 2005）。相反，政策制定者应该在审慎的评估过竞争地域的类似资源之后，对城市现有的生产能力和创意社区进行战略性投资。他们不仅应该考虑常驻生产者的增长潜力，而且还要考虑他们的财务和营销业务。因为媒介之都往往都会在创造性的努力与达成协议和分配这些司空见惯的面子工作（facework）相互交织的地方蓬勃发展。

政策制定者不能凭空创造新的媒介之都，但他们能够识别和支持那些看上去在集聚人才和资源的地区。媒介政策应该通过提供能够进一步刺激增长或者推动跨国营销和协作的基础设施、教育和财政资源，来进行选择性的干预，从而提高生产力。政策也应进一步促进知识产权法律的实施，以确保分配收入向心地流向生产者，从而促成进一步的投资和增长。尽管美国政府曾大声呼吁国际知识产权法，但实际上盗版对于拉各斯、孟买和香港的传媒行业有着比对好莱坞产生的更为有害的影响。知识产权政策应该接受并促成全球标准，同时保留使这些标准适应地方和国家环境的权利。

如上所述，将一个常驻的媒体产业培养到媒介之都地位的想法只对屈指可数的大都会中心来说才是现实的。那么对于其他地点来说呢——比如那些被强大邻邦蚕食的较小国家或者那些屈从于来自富裕国家的文化影响的贫穷国家？尼日利亚的邻居贝宁，或者印度的邻国尼泊尔的创意努力的前景会如何？那些发现自己容易受到来自遥远大都市中心的文化影响的大国的省或城市——比如墨西哥城——该做些什么呢？对于那些与其近邻争夺文化和商业影响力的大都市媒体——就像在珠江三角洲，香港的电影和电视相对于来自广州和深圳的竞争对手更占优势——又有什么可做呢？这些空间动态不完全是新的。事实上，它们是现代时期从15世纪印刷资本主义发展的初期开始就已经存在的一个持久的特征。媒体和市场早就在赋予某些地方以特权上达成了共谋，而正是因为这些不平等，现代政府才一直急于维护自己的文化主权，并为仲裁商议提供空间。这些原则相当重要，以至于政府已多次干预流行传播领域，使政治资本往往被认为与经济或创意资本——即使不是更加重要——同样重要。在极端情况下，媒体会成为国家或是独裁精英的武器，但在最好的情况下，公共媒体机构已提供了保存共同遗产、辩论政策以及想象未来的手段。

但是，媒介政策不应该被以一种防守的态势来调用，也不应该被用来支持政党或国家政府。媒介政策同样不应该以管制进口、限制访问或审查节目为目标。这些限制，虽然在过去相对有效，现如今却因可以绕开官方限制的可用技术变得适得其反。例如严格限制每年进口好莱坞电影的数量，并不会对美国电影的实际消费产生什么影响，因为它们通过黑市电影分销渠道广为传播（Wang 2003）。政府制裁不但不能限制个人对外国电影的消费，反而自相矛盾地对本国电影及电视业产生负面影响，因为这使得受众离开了正式的媒体经济并产生对政府机构的怨恨和不信任。要保持国民参与到国家媒介集会所（agora）中来，就要求各国不仅承认用户的偏好，还要承认他们摆脱官方限制的个人能力。出于这些考虑，政府应该关注政策等式的供应侧，寻找各种方法来维持和促进地方性的、全国性的和区域性的媒体提供外国企业不可能提供的特色产品。

政策应强调现代媒体的公共目标，就像公园、图书馆和托儿所这些资源一样，使得一个地方值得居住。当我们思考与自然资源相关的、诠释着何为开明政策的代管（stewardship）原则时，将其比作公园就特别耐人寻味。商业企业、私人利益方和政治运作者无疑会赢得环境规划者和决策者的注意，但是其他一些他们服务的对象也同样能够：于是城市公园为多种用途腾出空间；植物园培育植物的多样性；社区花园扩大食物的来源；农民市集支持本地农业。这些空间中的每一个都从传统的市场力量中得到补贴以及减支；而且，虽然它们可能有助于一个地方的整体商业价值，但它们的合法性主要来自它们能够提供市场所不能够提供的机会的能力。这种伦理扩展到城市之外：国家森林提供娱乐活动；国家公园让公众能够探访自然环境中多样的奇观；荒野地区则为那些自身无法承受由人口增长和商业的贪婪性所带来的压力的物种提供庇护。荒野地区尤为耐人寻味。因为支撑它们的公共政策知道绝大多数公民将永远不会冒险进入里面，探访的权利只会交予愿意在本地生态系统的特定条件下进入的那些人。

这些开明的土地管理（management）——有些人会称之为代管——原则为媒介政策提供了一个有趣的新的出发点，因为它们在多种层次上倾向于公共资源的积极创造和开发。它们假定市场会提供有限的多样性，并且因此寻求保护资源并通过很多市场无法想象的方法使其具有生产性。因为知道用途和快乐的多样性对于整个系统来说比票房销售或上座率记录等冷冰冰的问责机制更为重要，所以这些原则对于成功的评判不仅仅会考虑那些聚拢而来的承认其有价值的人群，也会考量那些不承认其价值的人群。代管原则往往是激烈斗争的对象，但是由于每个人都会从多样性中受益这一共享的假设而导致大部分公民愿意接受土地代管原则的情况依然是值得注意的。

当代管原则被应用到全球主要生产中心之外的媒介政策时，可能会有几个优点。首先，通过假定媒介之都的逻辑是空间上的扩张和侵入，它们就为维持广泛的商业和非商业服务的公共干预提供了一个基本理由。代管原则进而提出公共传媒不应该被配置为国家的附属品，同时它们也不应提倡一个单一的公共领域。相反，它们应该在目标和制度配置上多样化。一方面它们可以混合公共和私人资源，而另一方面，帮助维系那些毫无商业化潜力的小群落或者站在对立面的选区。大众媒体的特点应当是——就像任何健康的生态系统——有紧张和对立，以及相互依存和共生。它们应该是随着时间发生变化，同时在长期志向的指引下以不同的空间规模培养文化资源的多样性的千变万化的机构。

媒介之都的原则有助于解释商业电影和电视的空间趋势，并且通过这样做，它们为寻求修改市场逻辑的政策干预提供了理由。从历史上看，媒介政策建立起领土屏障并增强了国家的权威，但在目前的情况下，似乎最好把政策视为一种赋能影响，其有助于培育和维持全球化时代声音的多样性。如前所述，政策造就了市场，但它也有助于造就公众。两者可以并存，甚至相互补充，但这只会发生在政策保持对媒介之都根本趋势的警惕的基础上。

参 考 文 献

Adesanya, A. (2000) From film to video. In: Haynes, J. (ed.), *Nigerian Video Films*. Ohio University Center for International Studies, Athens, OH, pp. 37—50.

Allen, R. C. (1980) *Vaudeville and Film: 1895—1915: A Study in Media Interaction*. Arno Press, New York.

Anderson, B. (1983) *Imagined Communities: Reflections on the Origin and Spread of Nationalism*. Verso, New York.

Balio, T. (1993) *Hollywood as a Modern Business Enterprise, 1930—1939*. Scribners, New York.

Bordwell, D. (2000) *Planet Hong Kong: Popular Cinema and the Art of Entertainment*. Harvard University Press, Cambridge, UK.

Bordwell, D., Staiger, J., and Thompson, K. (1985) *The Classical Hollywood Cinema: Film Style and Mode of Production to 1960*. Routledge & Kegan Paul, London.

Bourdieu, P. (1986) The forms of capital. In: Richardson, J. G. (ed.), *Handbook for*

Theory and Research for the Sociology of Education, Greenwood, New York, pp. 241—58.

Bowser, E. (1990) *The Transformation of Cinema: 1907—1915*. Scribner, New York.

Chandler, A. D. (1977) *The Visible Hand: The Managerial Revolution in American Business*. Belknap, Cambridge, MA.

Crofts, S. (1993) Reconceptualizing national cinemas. *Quarterly Review of Film & Video*, 14(3), 49—67.

Curtin, M. (2007) *Playing to the World's Biggest Audience: The Globalization of Chinese Film and TV*. University of California Press, Berkeley, CA.

DiMaggio, P. (1986) *Non-Profit Enterprise in the Arts: Studies in Mission and Constraint*. Oxford University Press, New York.

Florida, R. (2005) *Cities and the Creative Class*. Roudedge, New York. .

Fu, P. (2002) Hong Kong and Singapore: A history of the Cathay Cinema. In: Wong, A. (ed.), *The Cathay Story*, Hong Kong Film Archive, Hong Kong, pp. 66—70.

Fu, P. (2003) *Between Shanghai and Hong Kong: The Politics of Chinese Cinemas*. Stanford University Press, Palo Alto, CA.

Giddens, A. (1990) *The Consequences of Modernity*. Stanford University Press, Palo Alto, CA.

Gilbert, D. (1940) *American Vaudeville: Its Life and Times*. McGraw-Hill, New York.

Goldsmith, B. and O'Regan, T. (2005) *The Film Studio: Film Production in the Global Economy*. Rowman & Litdefield, Lanham, MD.

Gomery, D. (1986) *The Hollywood Studio System*. St. Martin's Press, New York.

Harvey, D. (2001) *Spaces of Capital: Towards a Critical Geography*. Routledge, New York.

Haynes, J. (ed.) (2000) *Nigerian Video Films*, revised edn. Ohio University Center for International Studies, Athens, OH.

Haynes, J. and Okome, O. (1998) Evolving popular media: Nigerian video films. *Research in African Literatures*, 29(3), 106—28.

Hesmondhalgh, D. (2002) *The Cultural Industries*. Sage, London.

Higson, A. (1989) The concept of national cinema. *Screen*, 30(4), 36—46.

Hilmes, M. (1997) *Radio Voices: American Broadcasting, 1922—1952*. University of Minnesota Press, Minneapolis, MN.

Hilmes, M. (2003) Who we are, who we are not: The batde of global paradigms. In: Parks, L. and Kumar, S. (eds), *Planet TV: A Global Television Reader*, New York University Press, New York, pp. 53—73.

Jacobs, J. (1984) *Cities and the Wealth of Nations*. Random House, New York.

Jarvie, I. C. (1992) *Hollywood's Overseas Campaign: The North Atlantic Movie Trade, 1920—1950*. Cambridge University Press, Cambridge, UK.

Jeffrey, R. (2006) The Mahatma didn't like the movies and why it matters. *Global Media and Communication*, 2(2), 204—24.

Kepley, V. Jr. (1990) From "frontal lobes" to the "Bob-and-Bob" Show: NBC management and programming strategies, 1949—65. In: Balio, T. (ed.), *Hollywood in the Age of Television*, Unwin Hyman, Boston, MA, pp. 41—61.

Larkin, B. (2008) *Signal and Noise: Media, Infrastructure, and Urban Culture in Nigeria*. Duke University Press, Durham, NC.

Marx, K. (1973) *Grundrisse: Foundations of the Critique of Political Economy*. Vintage, New York.

McCall, J. C. (2004) Juju and justice at the movies: Vigilantes in Nigerian popular videos. *African Studies Review*, 47(3), 51—67.

McLean, A. F. (1965) *American Vaudeville as Ritual*. University of Kentucky Press, Lexington, KY.

Miller, T., Govil, N., McMurria, J., Maxwell, R., and Wang, T. (2008) *Global Hollywood 2*. British Film Institute, London.

Morley, D. (2000) *Home Territories: Media, Mobility, and Identity*. Routledge, New York.

O'Regan, T. (2002) A national cinema. In: Turner, G. (ed.), *The Film Cultures Reader*, Routledge, New York, pp. 139—64.

Pendakur, M. (2003) *Indian Popular Cinema: Industry, Ideology, and Consciousness*. Hampton Press, Cresskill, NJ.

Porter, M. E. (1998) Clusters and the new economics of competition. *Harvard Business Review*, November, 77—90.

Prasad, M. (1998) *Ideology of the Hindi Film: A Historical Construction*. Oxford University Press, New York.

Rajadhyaksha, A. (2003) The "Bollywoodization" of the Indian cinema: Cultural nationalism in a global arena. *Inter-Asia Cultural Studies*, 4(1), 25—39.

Scarrnell, P. (1991) *A Social History of British Broadcasting*. Blackwell, Malden, MA.

Scott, A. J. (2000) *The Cultural Economy of Cities*. Sage, Thousand Oaks, CA.

Scott, A. J. (2005) *On Hollywood: The Place, The Industry*. Princeton University Press, Princeton, NJ.

Storper, M. and Christopherson, S. (1987) Flexible specialization and regional industrial agglomerations: The case of the U. S. motion picture industry. *Annals of the Association of American Geographers*, 77(1), 104—17.

Streeter, T. (1996) *Selling the Air: A Critique of the Policy of Commercial Broadcasting in the United States*. University of Chicago Press, Chicago.

Thompson, K. (1985) *Exporting Entertainment: America in the World Film Market, 1907—34*. BFI Publishing, London.

Tinic, S. (2005) *On Location: Canada's Television Industry in a Global Market*. University of Toronto Press, Toronto.

Wang, S. (2003) *Framing Piracy: Globalization and Film Distribution in Greater China*. Rowman & Litdefield, Lanham, MD.

第二十六章　中国的挑战：对21世纪跨文化传播政治经济学的贡献[①]

赵月枝(Zhao Yuezhi)

正如我所假设的，毛泽东正确预测了中国社会主义斗争的艰难曲折。一切似乎都很明显，动力正在积聚。

——达拉斯・斯迈思(Dallas Smythe 1981,247)

我不会把赌注押在中国的任何特定结局上，就它的发展方向而言，我们必须保持一个开放的心态。

——乔万尼・阿里吉(Giovanni Arrighi 2009,84)

传播政治经济学是马克思主义传播学的基础理论，它既有很强的学术性，又强调其社会实践性。作为这一领域的最重要奠基者，加拿大知名学者达拉斯・斯迈思(Dallas Smythe)不仅发起了在本领域发展史上有里程碑意义的“盲点争论”，激发了马克思主义传播理论中有关如何坚持唯物主义立场和劳动价值论这些核心问题的持久讨论，而且以一位社会主义实践者的身份考察并力图以自己的政策建议参与中国的社会主义文化建设与传播实践。后一点，体现在他一篇题为“自行车之后是什么?”(After Bicycles,What?)的文章中。正是这篇并未在他有生之年作为学术文章发表的中国考察报告，使他在批判传播学界成为传奇人物(Guback 1994,227)。倘若“盲点争论”属于西方马克思主义学术共同体内部北美政治经济学者与英国同行之间的一场学术砥砺，那么，斯迈思在中国的经历则使得他与

① 本文的第一个中文版本见《中国的挑战：跨文化传播政治经济学刍议》，《传播与社会学刊》，2014年(总第28卷)，第151—179页。在这个版本中，作者对英文原文的个别地方进行了文献与实证资料的更新。此次修订在这个中文版本上做了部分删节和文字修改，基本不做文献与实证资料的更新。

国际共产主义运动中中国共产党的思想和政治实践联系了起来。这不仅展示了中国社会主义实践与传播政治经济学两者共有的国际性和跨文化性,更预示了这两者之间从一开就结下了不解之缘。

斯迈思于1971年12月至1972年1月期间到中国研究有关意识形态和技术哲学方面的问题。彼时,正值中国重新融入全球资本主义经济体系的前夕。这一融入以1972年2月美国总统理查德·尼克松(Richard Nixon)访华和中美关系的正式突破作为序曲,以"改革开放"时代中国在发展战略上有世界历史意义的重大变化而达到高峰。斯迈思通过对科学、教育、媒体等不同领域中官员和学者的访谈得出这样一个结论:虽然这些领域好像都是"无产阶级政治挂帅",但"我们共同的资产阶级思想文化遗产"继续阻碍中国学者去理解技术的政治本质(Smythe 1994,238)。斯迈思本能地感觉到,这可能会成为中国探索社会主义道路过程中的一个问题,并且这还不仅仅只是一个学术层面的问题。为此,斯迈思向中国官方提交了他的考察报告,作为一份来自国际社会主义运动中一位忧心忡忡的"家庭"成员的友善批评(Guback 1994,229)。在报告中,斯迈思讨论了技术的社会性与西方消费主义的不可持续性,希望中国在解决温饱问题后——也即有自行车之后——能把社会发展的重点放在公共物品和普通民众的需求的满足上,而不要走资本主义消费主义的老路。尽管中国政府从未对此直接回应,但是,对于"自行车之后,是什么?"这个有关中国发展道路的寓言性问题,中国的"改革开放"实践间接给出了一个振聋发聩的回答:"当然是汽车"(以及私家车所体现的一切消费主义社会关系)!

时至今日,全球传播政治经济学者正面临着由中国的世界历史性转型而带来的"中国的挑战"。本文要探讨的是,在全球政治经济中扮演着上升角色的中国会为21世纪的传播学提出什么样的理论难题?若干年前,我曾试图超越该领域的欧美中心主义从而为跨文化传播政治经济学贡献一己之力(Chakravatty & Zhao 2008)。在此基础上,本文将"中国的挑战"置于传播政治经济学的一些基本范畴中来检视。这些基本范畴包括国家性质,阶级、民族与帝国之间的关系,历史与文化问题,而后是作为结论的社会变革主体问题以及备选方案。

西方、其他国家与中国的向心性

"就像一个巨大的油罐,世界正在发生转向。世界经济的新增长极已经出现在南方和东方。全球化曾经属于西方，然而现在，这个榜单正在逆转。我们正在进入一个‘其他世界崛起’的时代。”社会学家彼特斯(Pieterse 2009,55)这样写道。但是，是什么让“中国崛起”如此引人注目？是中国的人口总量，领土面积，还是复杂多样的各种族裔和身份？这些都未能给出一个充分的答案。毕竟，印度次大陆，这另一块大范围的新兴力量中心，同样拥有上述一切特征。其实一个最关键的差异在于：“现代印度国家……从未拥有像中国那样的政治大一统历史遗产和列宁主义国家的近代经验。”(Cheek 2006,13)

国内的主流学术和媒体论述曾惯于把“经济落后”的毛泽东时代与创造了“经济奇迹”的改革时代两相对立，以至于习近平主席 2013 年初关于不能把改革前后的两个三十年割裂开来的说法显得非常富有新意；事实上，在美国汉学界，从谢淑丽到迈斯奈这些不同学术立场的学者早已从不同角度指出，毛泽东时代为中国在改革时代所取得的惊人发展奠定了坚实的行政、工业以及社会基础(Shirk 1993,Meisner 1996)。来自菲律宾的威尔登·般罗(Bello 1999)则从比较的视野进一步阐明，中国改革开放时代的经济活力“离不开如下一个重要事实——该事实正是南亚诸国家发展史上所缺少的，即发生于 40 年代末 50 年代初为消除土地和收入分配极端不平等而开展的一场社会革命，而这一切为 70 年代末期中国的经济腾飞做好了准备”(Bello 1999)。

般罗的观察对媒介与传播这一关键领域的意义尤其重大。正如我在另一篇文章中论及，中国的列宁主义与毛泽东遗产恰恰在这个领域仍保持着特别的影响力(Zhao,2011)。伴随着国家在媒体商业化以及在意识形态与媒体产业“制高点”方面的双重掌控，中国在信息与传播技术方面的快速发展已经成为“中国崛起”故事的关键部分，并使得中国的发展道路既不同于东欧前社会主义国家也不同于南半球的其他国家。基于此，新西兰学者布拉第(Brady 2008)甚至以颇具新冷战色彩的框架，将 20 世纪 80 年代之后中国在宣传工作中引入市场机制以及公共关系和公众劝服等西方技巧的做法，描述成“营销专政”的典型。

中国在当今全球秩序中的特殊地位，包括在联合国安全理事会中的否决权，以及灵活应对美国霸权的独特的实际或潜在能力，使它在“南方”新兴大国中获得一种“自联盟”位置。彼特斯(Pieterse 2008,712)曾指出，对于美国霸权，不同国家大致采取三种回应策略：(1)持续支持：这是基于美国市场的吸引力、美元的角色，甚至对“美国的自我修正抱有一丝希望”;(2)软平衡:从策略性不合作到建立替代性机构等多种策略;(3)硬平衡:这是一个“仅有少数国家能够承担其后果的策略”,它们要么已经与美国树敌而再无可失,要么“它们的谈判能力允许其还有回旋余地”。中国在不同领域分别采取过这三种不同策略。

中国在战后资本主义国际体系中的位置来之不易。这是现代中国作为一个民族国家,从日本帝国主义在亚洲所发动的那场旷日持久的战争中所获得的最初战利品。随后,中国共产党不仅赢得了国家政权,而且赢得了在联合国代表由中华民族组成的现代国家的资格。这不仅因为它在与国民政府的内战中夺取胜利,更来自它对第三世界国际主义的早期承诺。诚如毛泽东所言,中华人民共和国之所以能在一个为争取民族自主而一方面与西方资本主义作斗争、另一方面与苏联“社会帝国主义”相抗衡的时期加入联合国,离不开众多非洲后殖民民族国家的手足情谊:“这是非洲黑人兄弟把我们抬进去的。”因此,如果中国共产党直接回应中国底层社会特别是农民阶层对平等正义的热切渴望,为其国内政权奠定了政治与意识形态合法性的基础,那么国际上,中国对受压迫民族的平等与解放事业也有历史性义务,而这些国家的民众对更平等的国际秩序的热望,则体现在 1955 年万隆亚非会议及其后兴起的第三世界国际主义运动中。

现代中华民族的历史深受对外与帝国主义抗争以及对内进行共产主义社会革命的双重过程的影响。一方面,中国反帝反殖的民族革命历史遗产表明,即使中国要融入现存资本主义世界体系,中国的主导阶层也是“希望作为跨国资本阶级中备受尊重且有机融合的一员,而非感恩戴德的低级合伙人”的身份融入(Harris 2005,9)。另一方面,中国的共产主义社会革命历史遗产提出了一个不可避免的问题:中国能否在不失去政治和意识形态合法性的前提下,把自己构建成跨国资本阶级的成员?对传播政治经济学而言,政治与意识形态领域同经济领域间的“相对独立性”问题,以及更重要的有关中国革命遗产和国家性质的问题便由此凸显出来。

首先,在中国学界,虽然传统马克思主义有关经济基础决定上层建筑的理论存在教条化的弊端,但令人匪夷所思的是,正是许多最激进的自由主义者,抱着市场经济基础已与意识形态不相适应的观点。这样,他们就在不知不觉中坚持了教条立场。该立场的坚持者无视或根本不愿正视意识形态和政治领域的“相对独立性”及其“反作用”——包括中国的社会主义意识形态和革命历史遗产对资本主义市场关系的调节与抑制作用。

其次，无论一般的西方社会理论还是传播政治经济学，都未能贡献出必要的理论资源以解析当代中国。在西方社会理论界，早期试图发展国家理论的马克思主义政治经济学者可谓内外交困，被湮没在各种消解国家的理论范式中。一方面，全球化理论唱衰国家角色；另一方面，后马克思主义、后结构理论以及后现代主义理论将学术焦点从“国家与阶级斗争转移到了权力的微观物理学以及身份形成的问题上”（Jessop 1991，91）。这两种思潮共同导致了国家理论的“日渐式微”（Panitch 2002，93）。传播学科里，有关后殖民民族—国家的理论盲区同样显著，这不仅体现在一般的发展传播学理论上，也体现在批判传播政治经济学的范式中。诺登斯顿（Nordenstreng 2001，155）曾指出，在早期理论家所提倡的文化帝国主义范式里，国家这一概念一直未能得到充分解析，这实在令人遗憾；阿汉森（Alhassan 2004，61）也认为，文化帝国主义理论的某些关键性文本，在民族国家、民主、公民权利以及主权等概念的阐释上，实在语焉不详，暧昧不明；斯巴克斯（Sparks 2007，193、203—4）对文化帝国主义理论家提出更加尖锐的批评，指责他们没有把1991年之前的美苏冲突理解为“不同的帝国形式的斗争”，对社会内部的权力分配一直缄默不语，以及把发展中国家中的国家集权式的解决方案视为“美国资本主义”的替代，而非补充。

不过，斯巴克斯的批评也存在“一刀切”的问题。事实上，并非所有西方的批判学者在阐述文化帝国主义的过程中，都本质化地理解第三世界国家及其民族文化，并把它们与西方资本主义国家和跨国资本主义文化机械地、去历史化地对立起来。文化帝国主义的早期批判关注后殖民社会的“统治阶层”如何“*被引诱、被施压、被协迫，有时被贿赂去打造本国的社会体制，使其适应、甚至推广*”现代世界体系中“占统治中心的价值与结构”（H. Schiller 1976，9，强调为原文所有）。因此，这一批判“接近——[虽然]事实上一直没有成为——跨国阶级斗争理论”（D. Schiller 1996，101）。正如丹·席勒（D. Schiller 1996，101）所阐述的，这一理论立场与著名的第三世界反殖理论家法农（Franz Fanon）的一贯坚持交相呼应。法农认为，新独立的国家完全有必要时刻提防与遏制新生资产阶级以及特权阶层的产生。恰恰正是在此情境下，我们才能理解缘何20世纪60年代末70年代初，斯迈思会被“无产阶级政治”话语及其在中华人民共和国的“挂帅”地位深深吸引，并冲破冷战藩篱，不远万里来到中国，研究其意识形态与文化传播问题。他不仅试图理解中国国家内部“走资派”与

"走社会主义道路者"之间的斗争的实质,并试图分析在中国发展道路中居于领导地位的官员与学者的意识形态取向,以及这一阶层在技术的社会性及知识与权力关系等问题上的认识水平和理论素养。

今天,要探讨中国对当代全球传播政治经济学提出的挑战,首先必须分析信息资本主义时代下中国国家的本质。如上所述,现代中国在民族革命、社会革命和坚持第三世界国际主义的斗争中锻造而成,而且,如拉莫(Ramo 2004)所言,中国已在国际舞台上积聚了"不对称的力量"。如果中国的国家权力使其在全球资本主义的新自由主义积累时代一跃成为新的经济增长极,那么也正是对这个国家未来发展方向的不确定性判断,使"中国崛起"对于不断演进的全球资本主义秩序而言,显得如此令人不安。

毫无疑问,部分美国主流精英对中国国家的性质与未来方向深感忧虑。任易名和史国力(Economy and Segal,2009)这两位外交关系委员会的分析家曾直言不讳地阐明中美之间"不匹配的利益、价值与能力",并指出,美国应当把"世界其余部分"都并入其箝制中国的中心辐射式(hub-and-spoke)战略中。这种论调似曾相识。正如冷战问题专家瓦斯塔德(Odd A. Westad)所指出的那样:"对美国精英而言,苏联作为世界大国的崛起意味着美国从1917年就发起了一场旷日持久的战争,以遏制可替代现代性的各种形式。"(2007,25)尽管美国在冷战中赢得最后胜利,但它始终耿耿不寐,隐忧如猬:中国共产党领导下的中国崛起或许能够兑现苏联曾经允诺的"一种可替代的现代性"的历史诺言,即贫穷与受压迫的民族无须复制美国模式,也能改变他们的生存现状(Westad 2007,17)。

阶级、民族、帝国与国家:中国及全球维度

如上分析已清楚地表明,中国国家的阶级性质及其在资本主义积累模式的转变中的角色,是任何有关"中国的挑战"的讨论中一项至关重要的议题。当然,有关国家与"民族"之间关系的议题同样重要,因为大多数与文化帝国主义相关的争论最终都落在关注国家间不平等的问题上。"民族"概念很少被充分地理论化。更遗憾的是,这一领域的最新前沿,特别是莫斯可(Mosco,2009)所描述的诸如传播政治经济学的全球化、女权主义以及劳工立场在传播分析中的发展,仍旧忽视国际斗争、民族与民族主义等问题。德塞(Desai 2008,398)更一针见血地指明,以研究民族与民

族主义为核心的文化研究，同阶级中心主义的、围绕国家与国际发展而展开的政治经济学之间，存在着一种无益的学术劳动分工。“中国崛起”需要我们直面的是：一个贫穷的国家在全球资本主义秩序中崛起，同时仍须克服其国内日益加剧的不平等状况；这还是一个拥有民族、性别、城乡与地区差异的多民族国家，其海外移民的人口规模与经济实力在世界上无可匹敌，这些移民或多或少还与中国保持某种经济与文化的关联。在传播领域直面“中国的挑战”意味着，我们要对中国国内外复杂交互关系中诸如阶级、民族、地域以及身份差异等文化传播问题，进行批判性检视。

正如林春指出，在中国，社会主义、民族主义与发展主义在历史上紧密相连。更大程度上，中国共产党人属于民族主义者。考虑到帝国主义国际体系里中华民族的“阶级”位置，“中国革命……首先是一场民族革命，而后才是一场社会革命，而不可能相反”，并且中国共产党人“坚信如果社会利益与民族利益发生冲突的时候，社会利益必须让位于民族利益”(Lin 2006，40)。而中华人民共和国如今在宪法中依旧被定义为一个由工人阶级领导的、以工农联盟为基础的国家。某种程度上，中国的民族主义拥有一份牢固的社会主义和国际主义遗产。这一点在中华人民共和国的国旗上得到充分体现：中国国旗由分别代表工人阶级、农民阶级、小资产阶级以及民族资产阶级的四颗小五角星围绕着一颗代表中国共产党的大五角星组成，它恰恰强调了构成这个国家的国民——人民——的阶级特性，而并非民族文化或者“民族”特性。

中华人民共和国立国并参与“第三世界”的历史性自我认同运动，立基于被压迫民族的国际民族主义(international nationalism)，它完全迥异于欧洲民族主义。如果国旗图案突出了这个国家国民的阶级性，那么，天安门城楼上的一对口号——“中华人民共和国万岁！”和“世界人民大团结万岁！”——恰恰是作为立国原则的“国际民族主义”的最好表达。[①] 帕莎德(Vijay Prashad)认为，“如果欧洲民族主义者想当然地认为一个民族(或许也被称为一个‘种族’)只有在一个国家的组织动员下，才可能成为他们的民族”，那么后殖民民族主义者则创建了另一套民族理论，“这套理论由两个要素构成：一是他们与殖民主义抗争的历史；一是他们实现正义的纲领”(2007，12)。李北方(2013)有关“我们如何叙述中华民族”的如下

---

① 上海大学的王晓明教授首先在 2012 年的一次会议上谈到了这两句口号的政治意涵，尤其是后一句的国际主义意义。

论述用通俗的语言印证了帕莎德的观点：

> 中华民族的概念是20世纪初才出现的，是中国应对西方列强的侵略和主动学习西方民族主义知识的产物。正是列强的欺压，使得中国疆域内的各民族感受到了共同利益的存在和团结起来争取民族独立和解放的迫切需要……。与西方民族主义思想首先将民族视为一个文化实体的思路不同，中华民族一开始便是作为一个政治的和历史的概念提出来的。朝鲜、日本、越南等都属于所谓的“儒家文化圈”或“汉字文化圈”，而在新疆和西藏占主导地位的分别为伊斯兰文化和佛教文化，但是后者而不是前者被纳入中华民族的范畴，原因正在于此。

从理论到实践，有很长的路要走。中国建立现代民族国家的任务直到1949年才完成，对于一个个普通的中国人而言，作为中华民族一分子的意识也是建国后才真正逐步确立起来的。这个过程仍然是政治的：通过土地改革、废除封建人身依附关系等平等政治的实践，各族人民才切实地体会到融入作为政治共同体的中国的感觉；也只有在这样的历史背景下，才会有“翻身农奴把歌唱”，才有可能出现库尔班大叔骑着毛驴上北京的感人故事(李 2013)。

总之，不但“作为一个自觉实体的中华民族是在中国近现代的革命历史中产生的”，而且，“这里的革命是双重的，既包括以民族独立为目标的民主主义革命，也包括以实现平等为目标的社会主义革命。反过来说，离开了中国革命的历史，中华民族就无法被叙述，甚至这个概念本身都不能成立了”(李 2013)。

同时，现代中国的“民族”概念也受到中华帝国的大一统政治与民族文化融合的悠久历史的制约。汪晖的研究(2004，2011a)早已清楚地阐明，从拥有民族融合悠久历史的中华帝国中塑造出一个现代中国民族国家的过程，与欧洲民族国家的形成过程存在着根本的区别。从章太炎到孙中山，早期的中国资产阶级民族主义者最初都致力于建立一个单一文化的汉民族中国政权，但他们很快意识到这将导致中国的瓦解。因此，建立于1912年的现代中国国家的第一个化身，便是一个多民族的国家。同样，受到列宁的民族自决观念的影响，中国共产党人曾试图仿照欧洲的民族国家建立共产主义政权。然而，通过革命斗争他们很快发现，中国照搬欧洲民族国家的模式是行不通的。尤其在长征期间，大部分汉族革命者在与中国西南偏远地区的少数民族的密切接触中发现民族融合的现实性。因而，在关于中国共产党革命领导权的阐述中，民族融合的悠久历史以及超越民族文化身份的阶级友爱被突出地置于优先地位。这一做法使中国共产党领导的国家政权对"民族问题"的解决方案截然不同于苏联和南斯拉夫所实施的民族政策。正如汪晖在论及帝国与民族国家这两个范畴的关系时指出：

> 与第一次世界大战后各大帝国在"走向共和"过程中分裂为多个民族国家或加盟共和国不同，辛亥革命在"五族共和"的口号下通过"大妥协"完成了清朝与民国的主权转让，主权连续性成为此后国内政治博弈的规范前提。在苏联崩溃后，中国是前20世纪农业帝国中唯一一个将这种连续性维持至21世纪的国家。(2011b)

今天，尽管中国主流话语"容忍甚至迎合了"中华民族叙事中"知识分子"的去政治化立场(李 2013)，中国国家政权却不仅一直警惕着西方世界"西化"中国的企图——即把西方自由民主制度强加给中国，还同样警惕着其"分化"中国的野心——即通过支持台独或者任何形式的民族主义独立运动分裂中国。

始于1978年的改革开放，标志着中国政治经济发展过程中阶级与民族认同关系的重新勾连，也象征着中国民族主义的阶级本质的根本转变，以及去政治化的新自由主义文化政治的发展及其对阶级与民族关系问题的再定位。信息与传播技术和商业化的媒体——以电视为核心，电脑和手机很快紧随其后——在这些过程中起到至关重要的作用(Zhao & Schiller 2001，Hong 2008)。如果说毛泽东在20世纪上半叶动员底层社会阶级，捍卫反对帝国主义的事业并领导了社会革命，那么邓小平及其继任者则依靠国家的技术精英，利用跨国资本主义，重构了中国的政治经济，进而发动一场至上而下的"数字革命"。信息与传播技术在构建中国发展中的角色，与媒体在重新勾连阶级与民族的新自由主义文化政治中的角色，可谓"花开两朵，各表一枝"。

首先，一整套以现代化为中心的、强有力的媒介话语体制有效地将发展问题去政治化了。对有关中国"改革开放"所引发的阶级关系变革的定位问题、媒体商业化的意识形态影响问题，以及对嵌入商业化媒体服务中的市场社会关系的严肃反思的缺位，以及“新工人意识”形成的文化条件的不足，为廉价劳动力的“比较优势”的存在，奠定了坚实的政治传播与意识形态基础(Zhao and Duffy 2007)。

其次，为了在全球资本主义秩序中获得更好的机遇，决策者和主流媒体有选择地征用反霸权言论进行社会动员，着意凸显民族主义的实用主义与文化特质，借此凝聚公众向心力，以支持“中华民族的伟大复兴”。

第三，媒体放弃了毛泽东时期的阶级与阶级斗争话语之后，又重新拾起“社会阶层”的话语，并致力于“中产阶级”的打造；在国内媒体话语体系里，中产阶级队伍的壮大被视为“中国成为发达国家的民族工程的一个重要标志”(Anagnost 2008，499)。尽管中国中产阶级的规模及其具体构成依旧模糊不清，有关这个阶级可能占据全国总人口的百分比也众说纷纭，但在“社会阶层”这套话语中，“中产阶级”俨然成为一种宝贵的政治文化资本，维护社会稳定的中坚力量，甚至还可能成为中国民主的“必然推动者”。于是，我们见证了中国文化政治中最大的反讽之一：在文化大革命时期，中国社会相对公平，可关于“阶级斗争”的论述却被推向其本质主义的极端；在改革开放时代，中国社会的阶级分化不断加速，但有关阶级斗争的论述却完全缺位——或许，阶级话语的缺位正是阶级分化的必要语境。国内媒体对“中产阶级”的贡献抱以殷殷期待，并不遗余力地促成“中产阶级”的形成；与此截然相反，工人、农民这两个中华人民共和国宪法里依然认定的领导阶级与同盟阶级，则往往以“社会弱势群体”的形式重现在主流媒体话语里。

到了新世纪的开端，中国就面临着如何平衡经济增长与社会公正和生态正义，以及如何处理利益冲突与多元文化身份等一系列难题。正如林春(Lin 2006，223)所言，中国的社会主义转型一方面需要在市场动力机制与个人激励之间取得平衡，另一方面要在社会凝聚力与公平正义之间取得平衡。

发展进程中的社会矛盾和环境冲突以及领导集体的新思想和政策显示，没有中国底层社会阶级的崛起，“中国崛起”不可能在政治层面上得到真正实现，“中国梦”也绝不可能是“美国梦”的翻版。正是在这一情境下，李民琪甚至乐观地(2008，92)认为，中国工人阶级的大量产生，及其不断增强的谈判权力与组织能力，将不仅“使全球权力平衡再次有利于全球工人阶级”，并使资本积累愈加困难，最终导致我们所知的资本主义世界经济制度的“终结”。如果地球的生态容量不能容纳西方消费资本主义之后的现存资本主义体系内的“中国崛起”或者“世界其余部分的崛起”，那么斯迈思在《自行车之后是什么》一文中，对转变资本主义生产与消费关系，以及转变其科技创新制度的必要性的激进坚持，在今天就显得更加迫切与中肯。这不仅为了中国，更为了全人类生态可持续发展的未来。

这反过来又向传播政治经济学提出另一个紧迫的问题：当商业化的媒介系统因作为命脉的广告收入减少而成为全球经济危机的受害者时，民主传播的挑战与机遇又会是什么？鉴于美国主流媒体不仅不能对种种经济泡沫起到应有的“制止”与监督作用，甚至或多或少地盲目支持“反恐战争”，我们有理由担心，在支持同中国展开“即将到来的冲突”，进而再次动员美国的民族主义情感以取代国内阶级冲突的道路上，美国媒体究竟能走多远？哪种媒体结构、实践和文化情感有助于美国以“非灾难式道路”来处理它不可避免的衰落问题(Arrighi 2009，83)？在全球秩序处于高度不确定性的阶段中，美国媒体在描绘“中国崛起”时，能否超越其反共产主义与反华的种族主义的意识形态及其帝国主义和东方主义的遗产？

不仅如此，为了应对生产过剩的危机，中国政府一方面通过增加中国社会底层的福利来刺激国内消费，另一方面向南半球欠发达地区，尤其是非洲，出口过剩的资本、生产力和基础设施建设技能。这里我们有必要追问，这样的发展又将如何重构非洲等后发地区的阶级、族群和国家政治的结构呢？非洲在欧美领导的新自由主义全球化时代下成为“被遗忘的大陆”后，中国能否成为“帮助非洲实现大跨越良性转变的发展动力”？抑或这个过程正在发生(Friedman 2009，19)？“第三世界国际主义”的意识形态遗产，无论受到何种磨损，会在当前中国与非洲、阿拉伯以及拉美国家的经济文化交往的实践与话语中扮演紧要角色吗？随着经济文化全球化新阶段的到来，更多东—南、南—南金融、科技和文化流动逐渐形成，而一整套复制美国与世界其他国家之间的“中心辐射式”权力关系的全球传播政治经济学显然难当重任——事实上这种思路一直存在缺陷。

最后，在全球政治经济经历巨大转型以及不断增加的社会不平等已经在南半球导致了更大程度的政治不稳定的情境下，有论者已经提出，“南方各国相互合作，改变游戏规则，符合各自的国家利益”，由此很可能产生出一个“新万隆”，并且，在这样的“新万隆”中，从前的“第三世界”国家不仅具有政治和道义上的权威，更具有挑战西方经济的影响力(Palat 2008，721；Arrighi 2009 中译本)。如果 2009 年 6 月 16 日召开的“金砖四国”(巴西、俄罗斯、印度、中国)领导人的首次峰会标志着“新万隆”的初见雏形，那么，2013 年 3 月 26 日在南非德班举行的第 5 届金砖国家峰会不仅因为有南非的参加以及加强非洲合作的主题而具备参与的广泛性，也达成了成立金砖国家开发银行、工商理事会等更具实质性的共识。

建立一个新的世界信息传播秩序的理念与实践，在 20 世纪 70 年代谋求建立更加公正的世界秩序的运动中曾扮演过十分重要的角色。在当前信息资本主义的时代，信息传播对各种地缘政治和文化认同的分界线进行定义或重新定义，进而在阻止或促进可能的“新万隆”，或者更可能是许多“小万隆”的形成过程中扮演什么样的角色？与 20 世纪 70 年代不同，当下，全球南方的媒介与传播业已将自己融入跨国资本主义生产和消费网络之中。这一事实会不会使得它们在致力于维持新自由资本主义秩序中与西方垄断媒体串通一气？发生在全球资本主义的北大西洋中心区域的“大众传播民主化的抗争”(Hackett & Carroll 2006)会对此产生何种影响？西方、南半球以及全球的传媒民主化运动的潜在关联与亲合性又是什么？在这些正在进行的斗争中，政治经济学家如何自我定位？冷战时期，斯迈思等西方政治经济学者对“第三世界国家”在独立自主发展和抗击资本主义等方面曾抱以不切实际的希望。新自由主义全球化时代，又有许多传播学者把政治民主化和社会发展的希望不切实际地寄托在“跨国公民社会”身上——在 2003 年和 2005 年的“信息社会世界峰会”上，发展中国家几乎成了“跨国公民社会”反对信息控制的防范对象。[①] 当下，新自由主义意识形态已濒临破产，“跨国公民社会”业已去魅，传播政治经济学者又如何定位自己与社会变革以及媒体民主化主体间的关系？

历史、文化与中国“软实力”：“新文艺复兴”与国际共产主义的遗产

莫斯可认为，政治经济学的核心特征之一在于优先考虑社会变革与历史转变。然而，莫斯可也体认到，政治经济研究“主要建诸一种元叙述之上，这种元叙述将学科研究牢牢植根于西方白种男性智力活动的典型模式中”(2009，37)。马克思主义政治经济学把西方资本主义的兴起与殖民扩张的开始视为它的历史“时间零点”。然而，至少两股知识流派挑战

① 有关信息社会世界峰会中全球公民社会和国家角色的讨论，见 Bhuiyan 2010。

了这种时间观在理论层面的充分性，并为解释“中国的挑战”提供了深刻的洞见。

第一种挑战来自世界体系理论家，譬如弗兰克（《白银时代》，2000 中译本）以及阿里吉（《亚当·斯密在北京》，2009 中译本）等人。这些学者要么分析在西欧资本主义兴起以前的世界经济，并把东西方的中心—边缘关系颠倒过来（弗兰克），要么详述被殖民前中国的国家与市场的政治经济情势，阐述东亚的非资本主义市场经济制度（阿里吉），他们共同致力于去本质化地认识资本主义。紧要之处在于，他们力求避免把全球化等同于资本主义扩张（而这正是激进政治经济学者对“全球化范式”的回应），[①]因为他们坚持，有可能实现非资本主义全球化。正如阿玛蒂亚·森（Amartya Sen 2009 中译本）所言，全球化并非新鲜事物，更非魔咒，而是比西方帝国主义更宏大、影响更加深远的世界历史过程。意识到这一点，想象后资本主义全球化和国际主义新模式，或者“批判性世界主义”才具有可行性——后资本主义全球化或“批判性世界主义”应是比“移动消费主义”和宗教原教旨主义（Murdock 2006）更令人满意的替代性愿景。

通过把市场经济的发展与资本主义发展相区别，阿里吉为有关中国改革方向的讨论打开另一扇窗。在阿里吉看来，以市场为基础的发展的本质不是由资本家的存在与否决定的，而是由从属于资产阶级利益的国家权力的形成，以及在追求国外领土与市场的过程中这一国家权力的军事化所决定的，后者定义了欧洲发展道路的资本主义本质，也定义了中国明、清早期以市场为基础的发展的非资本主义特性（2009 中译本）。诚然，中国当前与全球资本主义经济体系的融合使它如今的市场经济制度与明、清时期的市场经济制度有着本质上的差异。但是，仅仅这一差异无法消除如下可能性：即“权力的领土逻辑”（无论是中国或包括中国在内的转型国家群体）或许能使“权力的资本逻辑”居于从属地位——从而结束哈维声称的以美国为中心的“资本主义类型的帝国主义”（2009 中译本）。尽管阿里吉强调，“意识形态领域的发展不是衡量社会现实的可靠指标”（2009 中译本，8，译文稍有改动），然而，社会主义话语依然是影响中国社会转型未来发展方向的重要因素。我曾指出（Zhao 2008a），社会主义话语为中国的底层社会阶级及其有机知识分子在挑战“剥夺积累”时，提供

---

① Colin Sparks 的作品是这种倾向的最好范例，当他写下：“解释他们全部（‘大约过去 25 年来的变化’）的主要分类：不是全球化而是资本主义，在它最近和最广的阶段。”（2007，188）

了强大的话语资源与意识形态合法性。就解决当前全球经济危机而言，这一话语相对于其对立面的“优越性”显而易见。哈维曾不无幽默地指出，在美国，“哪怕有关国家干预的最暧昧的暗示都能导致政治骚动，更不用说国有化”。相反，在中国，“把财富重新分配给最贫困的社会群体的政策在意识形态层面上绝对不存在任何障碍”，对此的谩骂与诋毁“只会被人当笑料”(Harvey 2009)。总之，随着新自由主义资本主义危机的加深，社会主义话语展现了新的生命力。当然，正如笔者曾论述的(2008a，343)，“不仅官方的社会主义口号本身，还有这些口号被各种社会力量的挪用，以及不断展开的使国家和市场从属于劳动人民社会需要的社会运动，才是中国社会主义的要义所在”。

与世界体系理论家几乎同步，后殖民学者则从文化角度挑战了政治经济学的历史深度。曼德尼(Mamdani 2007)曾阐述，假若没有“知识范式”的转变，或者“知识去殖民化”的过程——即从殖民地时期与前殖民地时期的历史深度来重新审视现在——政治去殖民化的任务将无法彻底实现：

> 激进政治经济学的一个不幸趋势在于，它易于把可用的过去简化为殖民时期。我们应该认识到，正是后殖民世界里的不同形式的本土主义——从种族化的黑人民族主义到种族化的民族主义再到宗教穆斯林和印度教民族主义，也即今天我们倾向于把它们叫做“宗教原教旨主义”的东西——首先提出这个问题。他们指责那些自我标榜的现代主义知识分子是殖民统治者的苍白翻版。他们强调了连接起各自社会历史的必要性。但他们唯一的问题是，他们把殖民地时期当作人为强加和对真实历史的背离而排除在外……这样，他们便忽视了殖民主义的制度和知识遗产在当下是如何被复制的而无法充分理解当下。(Mamdani 2007，95—6)

也就是说，曼德尼一方面肯定了本土主义者呼吁全面把握历史的诉求的重要性，同时也察觉到，这一诉求因本土主义者对“真实性”的本质主义理解而遭遇严重扭曲。因此，“不是要回避本土主义者的批评，而是要以恩格斯在他对路德维希・费尔巴哈的批评中如何理解扬弃黑格尔的方式来扬弃它；同时，不仅要在批评中考虑什么是相关的、有效的和有力的，并要摆脱对起源和真实的平偏执”(2007，96)。

若要理解中国如何选择性地利用本土文化传统，曼德尼的观点不失为一种有效的参考框架。一方面，作为欧洲启蒙运动和“五四”中国现代主义运动的马克思主义继承者，中国共产党领导的国家政权坚定不移地建立起现代市场经济制度，并发展现代科学技术；另一方面，改革开放时代中，中国的文化差异性再度得到国家与社会层面的肯定，有关“中国传统文化有扬弃西方资本主义现代性的能力”的文化政治论调最恰切无误地表达了这一情形。诚然，这场中华文化复兴运动也存在一定的保守或反动倾向。某些举措与全球化资本主义政治经济体制高度兼容。正如德里克所言，全球化资本主义的生存不仅直接依赖于对差异的调和，更仰仗于透过再现技术将差异转变为同质性内容的策略，这一“融合”策略只瞄准那些与资本主义扩张逻辑相容的差异化实践活动（Dirlik 2002，21）。中国不再仅仅满足于批评美国的文化帝国主义，而是大刀阔斧地采纳约瑟夫·奈（Joseph Nye）的“软实力”概念，并通过媒体和文化机构努力使中国走向世界（Sun 2010；Zhao，2013）。

在更广阔的文化思想领域，有关“中国传统文化有扬弃西方资本主义现代性的能力”的文化政治宣称也反映出一种不断增强的文化自信，以及中国“能够为人类做出较大贡献”的勃勃雄心。这其中的一种表达是呼唤新的“文艺复兴”。比如，2009 年 5 月 8 日，时任国家宗教局局长叶小文就在《人民日报》海外版头版发表《迎接新时代的“文艺复兴”》的评论文章。作者认为，虽然西欧历史上的“文艺复兴把‘人’从‘神’的束缚中解放出来，把生产力从封建社会的束缚中解放出来”，但是到了今天，解放了的“人”的“过度膨胀”及其“对自然过度开发”和对“社会为所欲为”，导致了“单边主义和恐怖主义的争斗越演越烈”，同时，“‘人’对‘人’损人利己、尔虞我诈，次贷危机引爆席卷全球的金融危机，造成全球范围的经济衰退和恐慌”。因此，时代“呼唤着一场新的文艺复兴，必须把过度膨胀的人还原为一个‘和谐’的人”。作者进一步指出：

> 中华民族的文化传统，因应着这个时代要求。英国的历史学家汤因比说过，“避免人类自杀之路，在这点上现在各民族中具有最充分准备的，是两千年来培育了独特思维方法的中华民族”。……中国政府已经提出了对内“构建和谐社会”，对外“共建和谐世界”的“双和模式”，提出了“以人为本，全面、协调、可持续”的科学发展观，这体现了中华文化的深邃智慧，涵盖了新的文艺复兴的核心思想内涵——

> 人类社会的全面发展、和谐发展、科学发展，自觉地因应着新的时代要求，肩负着新的时代使命。（叶 2009）

值得注意的是，通篇文章里，马克思主义对资本主义作为一种政治经济制度的批判难觅踪影，阶级分析更消失无踪，只有对人性沦落的泛泛批评之词。无论我们把这视为文化自信的必要表达，抑或在国际社会主义运动低潮期一种争取国内外文化领导权的策略性话语退让，甚至是中华文化本质主义的表达，它都是 21 世纪跨文化政治经济分析在理解“中国的挑战”时必须面对的新文化政治。

当然，中国主流话语也没有完全弃置国际共产主义运动的传统。例如，曾发表呼唤新“文艺复兴”评论的同一《人民日报》专栏就在 2009 年 5 月 30 日刊发了外交专家吴建民涉及这一传统的文章。该观点认为，随着“中国对国际事务的发言权在增大”，在有关“世界向何处去”的讨论中，“我们中国人必须一方面坚定维护和发展中国的国家利益，另一方面又必须考虑人类的共同利益，占领道义的制高点”。在吴建民看来，西方大国打着“民主和人权”的旗号追求本国或者一部分西方国家的利益的做法“已经碰壁”，相反，

> 国际共产主义运动从一开始就立意很高，它不仅考虑到被压迫的国家和民族的利益，而且考虑全人类的利益，要“解放全人类”。尽管今天国际共产主义运动陷入低潮，但是它推动了人类文明的进步，这是不容置疑的。在今天的国际形势下，我们可能需要继承这样一个好的传统，既考虑中华民族的利益，也考虑全人类的共同利益，把爱国主义和国际主义更加紧密地结合起来。我相信，我们这样做，就一定能够立于不败之地，中国的崛起不仅会造福于中国人民，也会造福于全人类。（吴 2009）

社会主义失败论之后是什么？重新从头再来吗？

接下来是什么？显然，中国替代美国成为弱肉强食的世界资本主义体系中下一个霸主的预测不具备吸引力。同时，马克思也并没有绘制出一幅全世界无产阶级联合起来的清晰路线图。不过，正如笔者 21 世纪初在田野调查时遇到的一位广东电影经销商所言，只要社会不公存在，共产

主义观念就永远不会过时。[①] 这一立场不一定有代表性，但这位中国“中产阶级”普通一员能持有这般观点，不可谓不是共产主义观念在中国难以被轻易抹去的印证。

正如共产主义既是一种观念，又是一场回应真实世界的对抗性社会运动，同样，传播政治经济学既是一门学科，又是一种解放性的实践。齐泽克（Zizek 2009，53—4））指出，资本主义中有四种对抗性可能阻止它的无限扩张与延续：“生态灾难将要降临的威胁；所谓的知识产权作为私有财产的不正当性；新科技尤其是生物遗传领域中新科技发展的社会—伦理含义；最后也最关键的，社会隔离的新形式——新围墙和贫民窟。”在此情形下，“新的解放政治将不再是某一特定社会主体的行为，而是不同社会主体力量的爆炸性组合。与无产阶级‘除了锁链，一无所有’的典型形象相反，把我们团结起来的，正是我们正处于失去一切的危险”。然而，齐泽克坚持，前三个对抗性与文化“公共财富”和人类的内外自然相关，而第四个对抗性，“指涉被社会排斥的人，无疑表明共产主义这一术语具有合理性”（2009，54）。正因如此，随着资本主义危机在2008年以后加深，以及世界各地那些“被排除在外”的99％的民众抗争的风起云涌，从《共产主义观念》（Ali 2009，Douzinas and Žižek 2010）到《共产主义假设》（Badiou 2010）再到《共产主义地平线》（Dean 2012），西方学术界有关共产主义思想的讨论持续升温，连深受反共冷战思维影响的传播学界也不甘落后，出版了《马克思归来》特刊（Fuchs and Mosco 2012）。

在中国，中国共产党领导中华民族在不平等的条件下融入现代世界体系的努力与斗争，产生了本文试图探讨的问题——中国崛起。这已经引发恐惧情绪，激发了左翼犬儒主义，甚至失败论的声音，但在西方学术界，一种不断壮大的声音表达了对中国的希望，阿里吉就是其中之一。他2007年出版的《亚当·斯密在北京》一书超越了西方中心主义，对中国的发展模式进行一种新的世界政治经济历史分析，并希冀“以自我为中心、以市场为基础的发展，无剥夺积累、人力而非非人力资源的流动，以及民众参与政策制定的政府等”传统，有可能使中国“为真正尊重文化差异的文明联邦的出现做出决定性贡献”（2009中译本，392，译文稍有改动）。另一方面，如果这一转向失败，阿里吉担心，“中国很可能成为新的政治和

---

① 有关我与这位人士以及在一部独立纪录片中和他想法一致的同辈的更详细的描述，见Zhao 2009b。

社会动荡的中心，这将促使北方国家重建四分五裂的全球霸权的努力，或……协助人类在与冷战世界秩序的清算相伴的暴力升级的恐怖（或荣誉）中燃烧”（2009 中译本，392，译文稍有改动）。

阿里吉也强调指出（2009，79），“中国农民和工人有着在全世界其他地区无法比拟的千年抗争传统”。正是这种传统，以及中国在资本主义体系边缘地带不堪忍受的发展状况，首先导致了中国共产党的兴起与中华人民共和国的成立；也正由于这种传统，以及改革开放时期建设“中国特色社会主义”过程中出现的新的不公与不尽人意的一些状况，引发各种各样社会主体的抵抗在各个领域中出现（Zhao 2008a，2009a，2010；Zhao and Duffy 2007）。正如齐泽克（Zezik 2009，55）提醒我们的，被排除在外的人侵入社会政治空间的名义正是“民主”。在中国，这始于一系列革命活动——它导致“人民主权”作为中华人民共和国的立国基础被正式确定下来；未来，这一“民主”还将在未竟事业的斗争中继续。

正如我在本章开头论述的，在传播政治经济学领域里，对于中国的政治、经济、文化、历史特质的学术性思考发端于斯迈思。而今天，理解“中国的挑战”已变得更加急迫。同时，从传播视角研究中国的知识群体也迅速扩大，他们的研究模式也多种多样。四十多年前，斯迈思只能靠阅读官方文件并通过翻译采访精英知识分子和政府官员；今天，研究中国传播政治经济的学者拥有更多的资源和机会。工作才刚刚开始。这是一个有趣的时代，更是一个充满挑战的时代。

参考文献

英文部分：

Ali，T.（2009）. *The Idea of Communism*. London；New York：2009，Seagull.

Alhassan，A.（2004）Communication and the postcolonial nation-state：a new political economic research agenda. In：Semati. M.（ed.），*New Frontiers in International Communication Theory*. Rowman & Littlefield，Lanham，MD，pp. 55—70.

Anagnost，A.（2008）From “class” to “social strata”：grasping the social totality in reform-era China. *Third World Quarterly*，29（3），497—519.

Arrighi，G.（2007）*Adam Smith in Beijing*. Verso，London. 中文版请参见路爱国，许安结，黄平（译），《亚当斯密在北京》，北京：社会科学文献出版社 2009 年。

Arrighi，G.（2009）The winding path of capital：interview by David Harvey. *New Left Review*，56，61—94.

Badiou, A. (2010). *The Communist Hypothesis*, translated by Macey, D. and Corcoran, S. London; New York: Verso.

Bello, W. (1999) Focus on the global south. Online at: http://focusweb.org/publications/1999/China at 50-A View from the South.htm (accessed June 28, 2009).

Bhuiyan, A. J. (2010) Postcolonial State and Internet Governance: Possibilities of a Counter-Hegemonic Bloc? Doctoral Dissertation, School of Communication, Simon Fraser University, Canada.

Brady, A. (2008) *Marketing Dictatorship: Propaganda and Thought Work in Contemporary China*. Rowman & Littlefield, Lanham, MD.

Chakravartty, P. and Zhao, Y. (2008) *Global Communications: Toward a Trancultural Political Economy*. Rowman & Littlefield, Lanham, MD.

Cheek, T. (2006) *Living with Reform: China Since 1989*. Zed Books, London.

Dean, J. (2012). *The Communist Horizon*. New York: Verso.

Desai, R. (2008) Introduction: nationalisms and their understandings in historicalperspective. *Third World Quarterly*, 29(3), 397—428.

Dirlik, A. (2002) Modernity as history: post-revolutionary China, globalization and the question of modernity. *Social History*, 27(1), 16—38.

Douzinas, C. and Žižek, S. (eds.) (2010). *The Idea of Communism*. London: Verso.

Economy, E. and Segal, A. (2009) The G-W mirage. *Foreign Affairs*, May/June, 14—23.

Frank, A. (1998) *Reorient: Global Economy in the Asia Age*. University of California Press, Berkeley, CA. 中文版请参见刘北成(译),《白银资本》,北京:中央编译出版社 2000 年。

Friedman, E. (2009) How economic superpower China could transform Africa. *Journal of Chinese Political Science*, 14, 1—20.

Fuchs, C. and Mosco, V. (eds.) (2012). *Marx is Back: The Importance of Marxist Theory and Research for Critical Communication Studies Today*. Special Issue of Triple C: Communication, Capitalism & Critique, Vol. 10, No. 2. http://www.triple-c.at/index.php/tripleC/article/view/427.

Guback, T. (1994) Editor's note. In: Smythe, D., *Counterclockwise: Perspectives on Communication*. Westview Press, Boulder, CO, pp. 227—30.

Hackett, R. A. and Carroll, W. (2006) *Remaking Media: The Struggle for Democratic Public Communication*. Routledge, London.

Harris, J. (2005) Emerging third world powers: China, India and Brazil. *Race & Class*, 46(3), 7—27.

Harvey, D. (2003) *The New Imperialism*. Oxford University Press, New York. 中文版

请参见初立忠等(译),《新帝国主义》,北京:社会科学文献出版社 2009 年。

Harvey, D. (2009) Why the U. S. stimulus package is bound to fail. *Socialist Project/The Bullet No 184*, February 12. Online at: http://www.socialistproject.ca/bullet/bullet184.html (accessed March 23, 2009).

Hong, Y. (2008) Class formation in high-tech information and communications as an aspect of China's reintegration with transnational capitalism. PhD dissertation, University of Illinois, Urbana-Champaign.

Jessop, B. (1991) On the originality, legacy, and actuality of Nicos Poulantzas. *Studies in Political Economy* 34, 75—109.

Li, M. (2008) *The Rise of China and the Demise of the Capitalist World-Economy*. Monthly Review Press, New York.

Lin, C. (2006) *The Transformation of Chinese Socialism*. Duke University Press, Durham, NC.

Mamdani, M. (2007) Postcolonialism and the new imperialism. In: Shaikh, N. (ed.), *The Present as History: Critical Perspectives on Global Power*. Columbia University Press, New York, pp. 94—108.

Meisner, M. (1996) *The Deng Xiaoping Era: An Inquiring into the Fate of Chinese Socialism*. Hill & Wang, New York.

Mosco, V. (2009) *The Political Economy of Communication*, 2nd edn. Sage, Thousand Oaks, CA. 中文版请参见胡正荣(译),《传播政治经济学》,北京:华夏出版社 2001 年版。

Murdock, G. (2006) Cosmopolitans and conquistadors: empires, nations and networks. In: Boyd-Barrett, O. (ed.), *Communications Media Globalization and Empire*. John Libbey Publishing, Eastleigh, UK, pp. 17—32.

Nordenstreng, K. (2001) Epilogue. In: Morris, N. and Waisbord, S (eds), *Media and Globalization: Why the State Matters*. Rowman & Littlefield, Lanham, MD, pp. 155—60.

Palat, R. A. (2008) A new Bandung?: Economic growth vs. distributive justice among emerging powers. *Futures*, 40(8), 721—34.

Panitch, L. (2002) The impoverishment of state theory. In: Aronowitz, S. and Bratsis, P. (eds), *State Theory Reconsidered: Paradigm Lost*. University of Minnesota Press, Minneapolis, pp. 89—104.

Pieterse, J. N. (2008) Globalization the next round: sociological perspectives. *Futures*, 40, 707—20.

Pieterse, J. N. (2009) Representing the rise of the rest as threat. *Nordicom Review*, 30 (2), 55—68.

Prashad, V. (2007) *The Darker Nations: A People's History of the Third World*. The New Press, New York.

Ramo, J. C. (2004) *The Beijing Consensus*. Research Report: The Foreign Policy Center, London.

Schiller, D. (1996) *Theorizing Communication: A History*. Oxford University Press, New York. 中文版请参见冯建三(译),《传播理论史:回归劳动》,北京:北京大学出版社 2012 年版。

Schiller, H. I. (1976) *Communication and Cultural Domination*. International Arts and Sciences Press, New York.

Sen, A. (2006) *Identity and Violence*. W. W. Norton & Company, New York. 中文版请参见李风华(译),《身份与暴力》,北京:人民大学出版社 2009 年版。

Shirk, S. (1993) *The Political Logic of Economic Reform in China*. University of California Press, Berkeley, CA.

Smythe, D. (1981) *Dependency Road*. Ablex, Norwood, NJ.

Smythe, D. (1994) After bicycles, what? In: Smythe, D., *Counterclockwise: Perspectives on Communication*, T. Guback(ed.) Westview Press, Boulder, CO, pp. 230—44.

Sparks, C. (2007) *Globalization, Development, and the Mass Media*. Sage, London.

Sun, W. (2010), Mission impossible? Soft power, communication capacity and the globalization of Chinese media. *International Journal of Communication*, 4, 54—72.

Westad, O. A. (2007) *The Global Cold War*. Cambridge University Press, New York.

Zhao, Y. (2007) After mobile phones, what? Reembedding the social in China's "digital revolution." *International Journal of Communication*, 1, 92—120.

Zhao, Y. (2008a) *Communication in China: Political Economy, Power, and Conflict*. Rowman & Littlefield, Lanham, MD.

Zhao, Y. (2008b) Neoliberal strategies, socialist legacies: communication and state transformation in China. In: Chakravartty, P. and Zhao, Y. (eds), *Global Communications: Toward a Transcultural Political Economy*. Rowman & Littlefield, Lanham, MD, pp. 23—50.

Zhao, Y. (2009a). Communication, the nexus of class and nation, and global divides: reflections on China's post-revolutionary experiences. *Nordicom Review* (Jubilee Issue), 91—104.

Zhao, Y. (2009b) Rethinking Chinese media studies: history, political economy and culture. In: Thussu, D. (ed.), *Internationalizing Media Studies*. Routledge, London, pp. 175—95.

Zhao, Y. (2010), Chinese media, contentious society. Curran, J. (ed.), *Media and Society* London: Bloomsbury, pp. 252—270.

Zhao, Y. (2011). Sustaining and contesting revolutionary legacies in media and ideology. In: Heilmann, S., and E. J. Perry (eds), *Mao's Invisible Hand: Political Foundations of Adaptive Governance in China*. Harvard University Press, Cambridge, MA, 201—236.

Zhao, Y. (2013). China's Pursuit for "Soft Power": Imperatives and Impediments, *Javnost*.

Zhao, Y. and Duffy, R. (2007) Short-circuited? The communication of labor struggles in China. In: Mosco, V. and McKercher, K. (eds), *Knowledge Workers in the Information Society*, Lexington Books, Lanham, MD, pp. 229—48.

Zhao, Y. and Schiller, D. (2001) Dances with wolves? China's reintegration with digital capitalism. *Info*, 3(2), 135—51.

Zizek, S. (2009) How to begin from the beginning. *New Left Review*, 57, 43—55.

中文部分：

李北方(2013)，我们如何叙述中华民族，http://linan2048.i.sohu.com/blog/view/268284711.htm。

汪晖(2004)，现代中国思想的兴起，北京：生活·读书·新知三联书店。

汪晖(2011a)，东西方之间的“西藏问题”，北京：生活·读书·新知三联书店。

汪晖(2011b)，革命、妥协与连续性的创制(下)，https://www.guancha.cn/wangzuo/2011_12_28_63576.shtml。

叶小文(2009)，迎接新时代的“文艺复兴”，http://news.xinhuanet.com/comments/2009-05/08/content_11334338.htm。

吴建民(2009)，世界向何处去，http://star.news.sohu.com/20090531/n264238989.shtml。

译 后 记

“传播驿站”是一个集体笔名。我们的初心，是以传帮带和集体劳动的方式，通过译介批判传播学术大型文论，来提高国内青年学生学者与国外前沿学术的对话能力，进而在此过程中构建有全球视野和中国立场的批判传播学术主体性。

2013 年暑假，“传播驿站”在中国传媒大学传播研究院启动了第一个项目。我们汇聚了海内外一批年轻华人学生与学者，围绕译介《马克思归来》，开启了一次独特的跨文化学术实践之旅。2014 年暑假，趁着《马克思归来》所开启的好势头，“传播驿站”再次起航。我们汇聚了又一批年轻学人，在复旦大学新闻学院启动了《传播政治经济学手册》的译介工作。启动工作坊上，该书英文版的两位主编珍妮特・瓦斯科(Janet Wasko)和格雷厄姆・默多克(Graham Murdock)，以及加拿大西门菲莎大学传播学院博士生、《马克思归来》的作者之一罗伯特・普雷(Rob Prey)就传播政治经济学的前沿议题，与“传播驿站”的参加者进行了深度交流。从当年英美批判传播学术圈内的“盲点辩论”，到中国学术场上几代英美学者与中国年轻学者一道，就这一辩论的最新发展进行热烈的讨论，我深深感到，批判传播学术的前沿，已经由西方转到东方。

然而，学术工作需要初心与激情，更需要耐力与韧性。正如“驿站”二字所预示，本译稿的完成，是一个在不断接力的过程中产生不断完善的版本的过程。最初译稿 1.0 版本的生产，包括除英文版导言和第 26 章之外的 25 章内容的翻译和整合工作。按照当时的安排，每位译者同时也应该是其他一章或两章的校对者。根据我们的记录，第 1 章到第 25 章的译者名单如下：伍静(第 1 章)、李静(第 2 章)、张韵(第 3 章)、罗锋(第 4 章)、林溪声(第 5 章)、左志(第 6 章)、陈思博(第 7、8、9 章)、王祎(第 10 章)、黄艾(第 11 章)、唐旻(第 12 章)、李思闽(第 13 章)、白杨(第 14 章)、李拜石(第 15 章)、曹泽熙(第 16 章)、唐觐英(第 17 章)、熊琦(第 18 章)、沙垚(第 19 章)、范松楠(第 20 章)、王满满(第 21 章)、张晓星(第 22、23、24 章)、王华(第 25 章)。

吴畅畅作为整个项目的主编助理,负责了与译者团队的联络和文稿的整合与初步校对工作。由此产生的 1.0 版本之后由笔者请王晓英女士进行了基本的文字编辑工作。此后,笔者请盛阳翻译了本书的导言,并加上了已经在《传播与社会学刊》上出版过的第 26 章(此章由陈娜、王亚鹏翻译,吴畅畅校对),此为译稿的 2.0 版本。搁置了很长时间之后,笔者在 2018 年秋天开始了对这个版本的全面校对工作。由于工作量太大,无法在两个月之内完成,笔者又不得不让自己在西门菲莎大学的博士生张晓星放下手中的论文写作,支持笔者一道先把这项工作做完。其中有一些章节,由于问题较多,我们从头到尾进行了重译。由此形成了译稿的 3.0 版本,即提交给出版社的版本。最后一轮的重译和校对,笔者负责导言、第 1 章到第 17 章和第 26 章,张晓星负责第 18 章到第 25 章。

2020 年春天,笔者开始为此书的中译本写作序言。与翻译工作一样,这成了一个马拉松式的过程,初稿竟然将近 7 万字。最后,笔者决定把序言初稿一分为二,第一部分以对本书各章的评价为主,作为本书的中文版导读付梓。而第二部分对传播政治经济学的批判和在社会主义跨文化视野中的重构,则因主题已经超越了引介本书的范围,则以《社会主义跨文化传播政治经济学:理论路径与问题意识》为题,刊登于《学术前沿》2020 年第 11 期(上)。

当笔者于 2021 年 1 月终于把此书的序言交给出版社的时候,离"传播驿站"在复旦大学新闻学院启动工作坊已相隔七年多的时间了。这七年间,全球传播的政治经济格局发生了巨大的变化,许多当年参与此书翻译的博士生,也已经成长为海内外的青年学术骨干了。

在"传播驿站"这项工作终于完结之际,感谢所有同行者的参与,感谢吴畅畅在前期的辛勤付出,感谢张晓星不但在前期承担了三章的翻译,而且在后期无条件加入重译和校对工作,感谢珍妮特·瓦斯科和格雷厄姆·默多克两位主编的信任,感谢出版社倪卫国老师的耐心,感谢王寅军编辑细致与负责任的工作。

赵月枝
2021 年"五一"节于北京

图书在版编目(CIP)数据

传播政治经济学手册/(英)格雷厄姆·默多克等编；传播驿站译.--上海：华东师范大学出版社，2021

ISBN 978-7-5760-2254-4

Ⅰ.①传… Ⅱ.①格… ②传… Ⅲ.①传播学—政治经济学—手册 Ⅳ.①G206-62②F0-62

中国版本图书馆CIP数据核字(2021)第231342号

华东师范大学出版社六点分社
企划人 倪为国

传播政治经济学手册

著　　者　[美]格雷厄姆·默多克 等
译　　者　传播驿站
责任编辑　王寅军
责任校对　彭文曼
封面设计　吴元瑛

出版发行　华东师范大学出版社
社　　址　上海市中山北路3663号　邮编　200062
网　　址　www.ecnupress.com.cn
电　　话　021-60821666　行政传真　021-62572105
客服电话　021-62865537　门市(邮购)电话　021-62869887
地　　址　上海市中山北路3663号华东师范大学校内先锋路口
网　　店　http://hdsdcbs.tmall.com

印 刷 者　上海盛隆印务有限公司
开　　本　700×1000　1/16
印　　张　39.75
字　　数　484千字
版　　次　2022年1月第1版
印　　次　2022年1月第1次
书　　号　ISBN 978-7-5760-2254-4
定　　价　98.00元

出 版 人　王　焰

（如发现本版图书有印订质量问题，请寄回本社客服中心调换或电话021-62865537联系）

The Handbook of Political Economy of Communications (9781405188807 / 140518804)
by Janet Wasko, Graham Murdock and Helena Sousa

上海市版权局著作权合同登记　图字:09－2014－400 号